浙江经济普查年鉴 2013

Zhejiang Economic Census Yearbook

第三产业卷

浙江省人民政府第三次经济普查领导小组办公室　编

图书在版编目（CIP）数据

浙江经济普查年鉴. 2013 / 浙江省人民政府第三次经济普查领导小组办公室编著. -- 北京 : 中国统计出版社, 2016.5
ISBN 978-7-5037-7770-7

Ⅰ. ①浙… Ⅱ. ①浙… Ⅲ. ①经济－普查－浙江省－2013－年鉴 Ⅳ. ①F127.55-54

中国版本图书馆 CIP 数据核字（2016）第 084697 号

浙江经济普查年鉴—2013/第三产业卷

作　　者/浙江省人民政府第三次经济普查领导小组办公室
责任编辑/王振宇　许立舫　冯燕玲
封面设计/黄俊杰　李雪燕
出版发行/中国统计出版社
通信地址/北京市丰台区西三环南路甲 6 号　邮政编码/100073
电　　话/邮购（010）63376909　书店（010）68783171
网　　址/http://www.zgtjcbs.com/
印　　刷/河北天普润印刷厂
经　　销/新华书店
开　　本/880mm×1230mm　1/16
字　　数/1340 千字
印　　张/42.75
版　　别/2016 年 5 月第 1 版
版　　次/2016 年 5 月第 1 次印刷
定　　价/1980.00 元（全七册附光盘）

本书附同版本 CD-ROM 一张，光盘内容以书面文字为准。
如有印装差错，由本社发行部调换。

编者说明

根据国务院统一部署，浙江省开展了第三次经济普查。为便于社会各界共同分享普查成果，我们将经济普查资料编辑整理，汇编成《浙江经济普查年鉴-2013》一书。全书共三卷七册，即综合卷（上、中、下册）、第二产业卷（上、中、下册）和第三产业卷。《综合卷》分四篇：第一篇为“综合”，第二篇为“企业”，第三篇为“事业、机关、社团、其他及民办非企业”，第四篇为“个体经营户”。《第二产业卷》分二篇：第一篇为“工业”，第二篇为“建筑业”。《第三产业卷》分四篇，第一篇为“批发和零售业”，第二篇为“住宿和餐饮业”，第三篇为“房地产开发经营业”，第四篇为“其他服务业”。为使读者能够更好地使用本资料，现对有关问题做如下说明：

一、本次普查的标准时点是2013年12月31日，时期资料为2013年年度。

二、本次普查采用的国民经济行业分类标准为GB/T 4754-2011。

三、本资料不包括有关部门负责的铁路运输业、中国人民解放军和中国人民武装警察部队向社会提供服务的有关单位的数据；不包括保密单位的数据；不包括金融系统所辖的企业法人单位，以及典当、非金融机构支付服务和金融信息服务业的法人单位数据。

四、规模以上工业、联网直报建筑业、限额以上批发和零售业、限额以上住宿和餐饮业、联网直报房地产开发业、国家标准的规模以上其他服务业等相关表式按纳入国家企业“一套表”联网直报范围的单位统计。

五、本资料所指的其他服务业是指除农、林、牧、渔服务业，开采辅助活动，金属制品、机械和设备修理业，批发和零售业，住宿和餐饮业，以及房地产开发经营业以外的第三产业。其他服务业各表所指的企业包括了企业以及执行企业会计制度的非企业法人单位。

六、本资料中企业规模的划分按《统计上大中小微型企业划分办法》执行。

七、本资料表中的“空项”表示无数据或数据不详或因单位个体数据不宜公布，“…”表示表中数据不足最小计量单位。

八、本资料附《第三次全国经济普查方案》，使用时请仔细阅读。使用本资料数据与以往普查数据比较时，请注意各次普查方案的异同，以及分类标准的变化（如三次产业划分、国民经济行业分类、规模以上工业划分）。

浙江省第三次经济普查资料是全省普查工作者共同辛勤工作的成果，也是广大普查对象积极支持配合的结果。在此，真诚向全省所有普查工作者，普查对象和所有参与和支持普查工作的人员致以崇高的敬意和衷心的感谢！

编　者

二〇一五年十二月

第三产业卷　目录

第一篇　批发和零售业

A. 全部批发和零售业

1-A-1　按登记注册类型、控股情况和行业小类分组的全部批发和零售业法人单位主要经济指标 …… 2
1-A-2　按地区分组的全部批发和零售业法人单位主要经济指标 …… 14

B. 限额以上批发和零售业

1-B-1　按登记注册类型、控股情况和行业小类分组的限额以上批发和零售业财务状况 …… 20
1-B-2　按地区分组的限额以上批发和零售业财务状况 …… 56
1-B-3　按登记注册类型分组的限额以上批发和零售业商品销售情况 …… 74
1-B-4　按登记注册类型分组的限额以上批发业商品销售情况 …… 75
1-B-5　按登记注册类型分组的限额以上零售业商品销售情况 …… 76
1-B-6　按行业小类分组的限额以上批发和零售业商品销售情况 …… 77
1-B-7　按地区分组的限额以上批发和零售业商品销售情况 …… 81
1-B-8　按行业小类分组的限额以上国有及国有控股批发和零售业商品销售情况 …… 84
1-B-9　按行业小类分组的限额以上国有批发和零售业商品销售情况 …… 87
1-B-10　按行业小类分组的限额以上集体批发和零售业商品销售情况 …… 89
1-B-11　按行业小类分组的限额以上股份合作企业批发和零售业商品销售情况 …… 91
1-B-12　按行业小类分组的限额以上有限责任公司批发和零售业商品销售情况 …… 92
1-B-13　按行业小类分组的限额以上股份有限公司批发和零售业商品销售情况 …… 96
1-B-14　按行业小类分组的限额以上私营企业批发和零售业商品销售情况 …… 98
1-B-15　按行业小类分组的限额以上港澳台商和外商投资企业批发和零售业商品销售情况 · 102
1-B-16　按地区分组的限额以上国有及国有控股批发和零售业商品销售情况 …… 104
1-B-17　按地区分组的限额以上国有批发和零售业商品销售情况 …… 107
1-B-18　按地区分组的限额以上集体批发和零售业商品销售情况 …… 109
1-B-19　按地区分组的限额以上股份合作企业批发和零售业商品销售情况 …… 111
1-B-20　按地区分组的限额以上有限责任公司批发和零售业商品销售情况 …… 112
1-B-21　按地区分组的限额以上股份有限公司批发和零售业商品销售情况 …… 115
1-B-22　按地区分组的限额以上私营企业批发和零售业商品销售情况 …… 118
1-B-23　按地区分组的限额以上港澳台商和外商投资企业批发和零售业商品销售情况 …… 122
1-B-24　按行业小类、人员类型和职业类型分组的限额以上批发和零售业从业人员 …… 124
1-B-25　按地区、人员类型和职业类型分组的限额以上批发和零售业从业人员 …… 132
1-B-26　按登记注册类型、控股情况和行业小类分组的限额以上批发和零售业法人单位信息化情况 …… 138
1-B-27　按地区分组的限额以上批发和零售业法人单位信息化情况 …… 150

第二篇　住宿和餐饮业

A. 全部住宿和餐饮业
2-A-1　按登记注册类型、控股情况和行业小类分组的全部住宿和餐饮业法人单位主要经济指标 …… 158
2-A-2　按地区分组的全部住宿和餐饮业法人单位主要经济指标 …… 162
B. 限额以上住宿和餐饮业
2-B-1　按登记注册类型、控股情况和行业小类分组的限额以上住宿和餐饮业财务状况 …… 168
2-B-2　按地区分组的限额以上住宿和餐饮业财务状况 …… 180
2-B-3　按登记注册类型、控股情况和行业小类分组的限额以上住宿和餐饮业经营状况 …… 198
2-B-4　按登记注册类型、控股情况和行业小类分组的限额以上住宿业经营状况 …… 200
2-B-5　按登记注册类型、控股情况和行业小类况分组的限额以上餐饮业经营状况 …… 202
2-B-6　按地区分组的限额以上住宿和餐饮业经营状况 …… 204
2-B-7　按星级分组的限额以上住宿业经营状况 …… 207
2-B-8　按行业小类分组的限额以上国有及国有控股住宿和餐饮业经营状况 …… 208
2-B-9　按行业小类分组的限额以上国有住宿和餐饮业经营状况 …… 209
2-B-10　按行业小类分组的限额以上集体住宿和餐饮业经营状况 …… 210
2-B-11　按行业小类分组的限额以上股份合作企业住宿和餐饮业经营状况 …… 211
2-B-12　按行业小类分组的限额以上有限责任公司住宿和餐饮业经营状况 …… 212
2-B-13　按行业小类分组的限额以上股份有限公司住宿和餐饮业经营状况 …… 213
2-B-14　按行业小类分组的限额以上私营企业住宿和餐饮业经营状况 …… 214
2-B-15　按行业小类分组的限额以上港澳台商和外商投资企业住宿和餐饮业经营状况 …… 215
2-B-16　按地区分组的限额以上国有及国有控股住宿和餐饮业经营状况 …… 216
2-B-17　按地区分组的限额以上国有住宿和餐饮业经营状况 …… 218
2-B-18　按地区分组的限额以上集体住宿和餐饮业经营状况 …… 220
2-B-19　按地区分组的限额以上股份合作企业住宿和餐饮业经营状况 …… 221
2-B-20　按地区分组的限额以上有限责任公司住宿和餐饮业经营状况 …… 222
2-B-21　按地区分组的限额以上股份有限公司住宿和餐饮业经营状况 …… 225
2-B-22　按地区分组的限额以上私营企业住宿和餐饮业经营状况 …… 226
2-B-23　按地区分组的限额以上港澳台商和外商投资企业住宿和餐饮业经营状况 …… 230
2-B-24　按行业小类、人员类型和职业类型分组的限额以上住宿和餐饮业从业人员 …… 232
2-B-25　按地区、人员类型和职业类型分组的限额以上住宿和餐饮业从业人员 …… 234
2-B-26　按登记注册类型、控股情况和行业小类分组的限额以上住宿和餐饮业法人单位信息化情况 …… 240
2-B-27　按地区分组的限额以上住宿和餐饮业法人单位信息化情况 …… 244

第三篇　房地产开发经营业

A. 全部房地产开发企业
3-A-1　按登记注册类型、控股情况和资质等级分组的全部房地产开发企业主要经济指标 …… 252

3-A-2　按地区分组的全部房地产开发企业主要经济指标 …… 254

B. 联网直报房地产开发企业

3-B-1　按登记注册类型、控股情况和资质等级分组的房地产开发企业财务状况 …… 260
3-B-2　按地区分组的房地产开发企业财务状况 …… 272
3-B-3　按登记注册类型、控股情况和资质等级分组的房地产开发企业投资情况 …… 290
3-B-4　按地区分组的房地产开发企业投资情况 …… 296
3-B-5　按登记注册类型、控股情况和资质等级分组的房地产开发企业施工和销售情况 …… 314
3-B-6　按地区分组的房地产开发企业施工和销售情况 …… 324
3-B-7　按登记注册类型、控股情况和资质等级分组的房地产开发企业从业人员 …… 354
3-B-8　按地区分组的房地产开发企业从业人员 …… 356
3-B-9　按登记注册类型、控股情况和资质等级分组的房地产开发企业信息化情况 …… 362
3-B-10　按地区分组的房地产开发企业信息化情况 …… 364

第四篇　其他服务业

A. 服务业企业

4-A-1　按登记注册类型和行业中类分组的服务业企业主要经济指标 …… 372
4-A-2　按地区分组的服务业企业主要经济指标 …… 388

B. 规模以上服务业企业

4-B-1　按登记注册类型和行业中类分组的规模以上服务业企业财务状况 …… 394
4-B-2　按地区分组的规模以上服务业企业财务状况 …… 418
4-B-3　按行业中类、人员类型和职业类型分组的规模以上服务业企业从业人员 …… 430
4-B-4　按地区、人员类型和职业类型分组的规模以上服务业企业从业人员 …… 440
4-B-5　按登记注册类型、控股情况和行业中类分组的规模以上服务业企业信息化情况 …… 446
4-B-6　按地区分组的规模以上服务业法人单位信息化情况 …… 458
4-B-7　按登记注册类型、控股情况和行业中类分组的规模以上服务业企业科技活动情况 …… 464

C. 行政事业单位

4-C-1　按机构类型、登记注册类型和行业中类分组的行政事业单位主要经济指标 …… 470
4-C-2　按地区分组的行政事业单位主要经济指标 …… 476

D. 社会团体及其他单位

4-D-1　按机构类型、登记注册类型和行业中类分组的社会团体及其他单位主要经济指标 …… 480
4-D-2　按地区分组的社会团体及其他单位主要经济指标 …… 486

附　录

第三次全国经济普查方案 …… 491

第1篇

批发和零售业

A.全部批发和零售业

1-A-1 按登记注册类型、控股情况和行业小类

项　　目	单位数(个)	从业人员期末人数(人)	#女性
总　计	**253574**	**2021332**	**930439**
一、按登记注册类型分			
内　资	249984	1937353	883487
国　有	492	15749	5212
集　体	1650	13055	5220
股份合作企业	1129	6911	2764
联营企业	79	581	301
国有联营	10	93	38
集体联营	19	94	35
国有与集体联营	15	194	116
其他联营	35	200	112
有限责任公司	9987	282337	142304
国有独资公司	342	15764	5955
其他有限责任公司	9645	266573	136349
股份有限公司	846	91168	50967
私营企业	226779	1454946	652487
私营独资	39648	130141	61699
私营合伙	2102	11725	6189
私营有限责任公司	183895	1296270	575266
私营股份有限公司	1134	16810	9333
其他企业	9022	72606	24232
港澳台商投资	1059	36181	20474
与港澳台商合资经营	224	10280	5255
与港澳台商合作经营	13	792	480
港澳台商独资	586	24003	14182
港澳台商投资股份有限公司	10	178	89
其他港澳台投资	226	928	468
外商投资	2531	47798	26478
中外合资经营	426	18088	10785

分组的全部批发和零售业法人单位主要经济指标

单位：万元

营业收入	#主营业务收入	营业税金及附加	#主营业务税金及附加	资产总计	实收资本
496405145	**492963951**	**1909503**	**1874064**	**291393494**	**58314594**
471553266	468356909	1836675	1802248	274556183	54477200
11356355	11325066	474075	473333	5395663	379769
1031468	1019451	8853	8625	1189263	183887
604511	599424	5537	5465	337606	91525
120307	119891	609	609	27277	5029
24946	24604	108	108	13450	679
4204	4161	41	41	1838	1190
60260	60259	129	129	7515	1866
30897	30867	332	332	4474	1294
136099082	134841420	251368	245369	70803489	10224841
7037610	6997330	11820	10927	4688118	532253
129061472	127844090	239547	234442	66115372	9692588
44296524	43721211	67471	64707	17966592	3986959
275538571	274244737	1014052	989528	177466432	38966080
6812380	6768555	85205	84567	3073646	1188799
822989	811780	7159	7070	332871	96032
263456514	262248115	911664	887916	171198110	37165028
4446688	4416287	10023	9975	2861806	516221
2506448	2485709	14710	14610	1369861	639111
8315600	8224780	30397	29945	8835132	2078949
2938908	2904865	11911	11594	2376001	467575
91345	90739	411	377	53663	27531
5152113	5096325	16994	16897	6236284	1532662
28739	28666	40	40	126923	21334
104496	104184	1040	1037	42260	29848
16536278	16382262	42432	41871	8002179	1758445
9365175	9267613	12183	12078	4240335	491951

1-A-1 续表 1

项 目	单位数(个)	从业人员期末人数(人)	#女性
中外合作经营	32	208	101
外资企业	1182	24917	13498
外商投资股份有限公司	38	839	235
其他外商投资	853	3746	1859
二、按控股情况分			
国有控股	1641	116989	59402
集体控股	3090	55883	26628
私人控股	241050	1697410	766990
港澳台商控股	733	27587	15782
外商控股	2097	38303	20782
其 他	3923	75781	37965
非企业免填	1040	9379	2890
三、按国民经济行业小类分			
批发业	179326	1341897	574068
农、林、牧产品批发	5756	49093	15661
谷物、豆及薯类批发	642	6523	1881
种子批发	328	2441	888
饲料批发	493	3300	1054
棉、麻批发	124	919	327
林业产品批发	1709	17278	4748
牲畜批发	783	6624	2230
其他农牧产品批发	1677	12008	4533
食品、饮料及烟草制品批发	16680	169199	65565
米、面制品及食用油批发	1424	15978	5969
糕点、糖果及糖批发	496	4396	1986
果品、蔬菜批发	4861	42553	16105
肉、禽、蛋、奶及水产品批发	2426	21058	7849
盐及调味品批发	279	3654	1273
营养和保健品批发	629	7145	3657
酒、饮料及茶叶批发	3295	46108	17374
烟草制品批发	63	6718	1835
其他食品批发	3207	21589	9517

单位：万元

营业收入	#主营业务收入	营业税金及附加	#主营业务税金及附加	资产总计	实收资本
17992	16583	191	191	18171	14782
6522265	6469672	25614	25161	3520477	1160147
179654	178433	388	388	84400	11366
451193	449961	4055	4053	138795	80199
84708197	83892077	560749	555862	31397854	4932073
14634957	14411309	49039	47770	9666526	1225969
350465253	348472521	1181229	1153683	224520565	46934552
6464908	6382442	21539	21155	7088215	1703799
10383847	10298625	33300	32946	5662397	1389508
29628596	29389011	63368	62372	12948394	2061459
119386	117967	279	276	109543	67233
426003165	423647321	1499984	1474362	246178723	46632272
4217392	4190665	16798	16600	3263073	894847
707089	696908	2297	2269	775376	122013
181867	179916	989	947	201625	66157
687573	686462	1525	1525	228235	72094
393997	393333	1005	989	209071	32379
900069	897823	4467	4448	846668	264693
457731	453360	1175	1174	296582	88970
889066	882864	5340	5249	705515	248541
27201744	26860562	555071	553388	17625822	3124401
3102467	3069740	9422	9075	3169322	442663
579613	570739	3048	3025	491683	88767
2289265	2253293	19020	18594	1915012	475181
2187947	2177476	7118	6971	1265091	472878
453452	448507	2936	2844	693721	111873
533654	528415	3001	2979	449942	101448
7901332	7697126	26383	26075	4028108	857481
7729090	7717639	468598	468598	3866877	78705
2424923	2397628	15544	15227	1746067	495404

1-A-1 续表 2

项　　目	单位数(个)	从业人员期末人数(人)	#女性
纺织、服装及家庭用品批发	50316	368427	190727
纺织品、针织品及原料批发	23043	142039	67708
服装批发	12548	101537	59818
鞋帽批发	1631	12603	6646
化妆品及卫生用品批发	1259	14740	7952
厨房、卫生间用具及日用杂货批发	3471	21811	10667
灯具、装饰物品批发	1298	8709	4178
家用电器批发	3079	38195	19505
其他家庭用品批发	3987	28793	14253
文化、体育用品及器材批发	8601	54634	26559
文具用品批发	2905	20382	9280
体育用品及器材批发	797	4871	2273
图书批发	220	2299	988
报刊批发	16	548	231
音像制品及电子出版物批发	65	586	269
首饰、工艺品及收藏品批发	3421	18811	10090
其他文化用品批发	1177	7137	3428
医药及医疗器材批发	3150	47577	22113
西药批发	353	16252	7693
中药批发	468	12120	5768
医疗用品及器材批发	2329	19205	8652
矿产品、建材及化工产品批发	44446	326169	124881
煤炭及制品批发	1495	15684	5002
石油及制品批发	2141	52955	27036
非金属矿及制品批发	467	2964	1026
金属及金属矿批发	13143	87043	30455
建材批发	11303	66328	23325
化肥批发	1332	7892	2334

单位：万元

营业收入	#主营业务收入	营业税金及附加	#主营业务税金及附加	资产总计	实收资本
75127481	74740899	258506	250680	49352486	9301549
36195329	36092839	107008	105221	21691788	4021407
17580700	17393218	66953	66364	10957893	2286360
3298366	3289571	8504	8460	1576005	246219
1993490	1984000	9257	9201	1268780	176799
2899568	2876001	20662	20034	1792865	568362
1150885	1143844	7027	4966	744907	253076
6793641	6765365	20791	18253	4027397	726495
5215502	5196060	18305	18182	7292852	1022831
9025127	8981982	45791	44635	6023954	1596654
4459179	4435509	16299	15675	2569529	624571
388936	386054	4325	4089	258071	82119
430648	427529	1743	1720	760509	127099
8800	8679	356	355	2492	2696
33865	33807	211	209	25995	17492
2863011	2851749	18294	18051	1674392	577934
840688	838654	4563	4537	732965	164742
11915442	11879344	33402	32908	6385514	1047728
7499925	7488137	11869	11782	3547239	355190
2021907	2017376	6716	6597	1306631	249105
2393611	2373831	14816	14529	1531645	443433
242320587	241121253	322100	312361	123650904	21088096
24824716	24742431	35217	34760	14892019	1769946
41862885	41699213	45471	43809	13972559	3282215
602271	601749	3096	3087	539672	236819
112048201	111359307	88749	85607	56085501	8475908
12197971	12111306	60562	58523	14273727	3490862
1798835	1792770	3296	3084	1088068	247278

1-A-1 续表 3

项目	单位数(个)	从业人员期末人数(人)	#女性
农药批发	726	5037	1732
农用薄膜批发	53	255	111
其他化工产品批发	13786	88011	33860
机械设备、五金产品及电子产品批发	33425	234790	91606
农业机械批发	528	2935	977
汽车批发	476	6966	2297
汽车零配件批发	3264	20890	8073
摩托车及零配件批发	271	1874	801
五金产品批发	9303	54335	22544
电气设备批发	2533	19919	7386
计算机、软件及辅助设备批发	2410	22612	8893
通讯及广播电视设备批发	896	13094	6356
其他机械设备及电子产品批发	13744	92165	34279
贸易经纪与代理	9745	52114	23510
贸易代理	7826	41781	19171
拍卖	244	2210	991
其他贸易经纪与代理	1675	8123	3348
其他批发业	7207	39894	13446
再生物资回收与批发	4051	21334	6248
其他未列明批发业	3156	18560	7198
零售业	74248	679435	356371
综合零售	3382	148082	100598
百货零售	1640	45025	29157
超级市场零售	623	85793	60741
其他综合零售	1119	17264	10700
食品、饮料及烟草制品专门零售	9317	52143	25716
粮油零售	491	3898	1826
糕点、面包零售	333	3041	2032
果品、蔬菜零售	1908	11121	4729

单位：万元

营业收入	#主营业务收　入	营业税金及附加	#主营业务税金及附加	资产总计	实收资本
534714	533236	1595	1572	298520	69538
29153	29153	178	178	12243	6417
48421840	48252087	83937	81741	22488595	3509112
39621747	39405053	159326	155908	27707874	6816119
329834	329365	1879	1857	226128	68046
4610431	4594305	10340	10225	2589001	443238
2826519	2802935	10708	10564	1950323	523082
408322	407456	912	890	270313	51089
7859622	7820919	36702	36117	4783180	1349048
4915638	4908765	18035	17855	1997102	1069292
2227580	2215624	10018	9843	1777032	596151
3110091	3093717	7668	7418	1257222	267263
13333711	13231966	63064	61138	12857574	2448911
6616058	6587676	50119	49737	5951132	1487793
5826628	5803927	35873	35613	3841316	1198139
86560	85795	4136	4061	769371	128033
702870	697954	10109	10063	1340446	161621
9957587	9879889	58871	58146	6217964	1275086
4770763	4723332	40717	40616	3179991	645494
5186825	5156557	18154	17531	3037972	629592
70401980	69316630	409519	399701	45214770	11682322
13286680	12739946	109852	104501	12183201	1715438
5472277	5214984	65088	60374	7266357	949409
7100561	6829075	36336	36174	4297893	614712
713842	695886	8428	7953	618951	151317
1942383	1920152	23917	23423	1548666	560182
226483	219791	4159	3948	135037	32344
81870	81314	1097	1092	45332	18591
256202	254373	2841	2810	302673	99449

1-A-1 续表 4

项　　目	单位数(个)	从业人员期末人数(人)	#女性
肉、禽、蛋、奶及水产品零售	1913	7910	3152
营养和保健品零售	530	2399	1283
酒、饮料及茶叶零售	1789	10753	5349
烟草制品零售	241	1744	1157
其他食品零售	2112	11277	6188
纺织、服装及日用品专门零售	10864	76346	46069
纺织品及针织品零售	1161	7058	3919
服装零售	4869	43742	28585
鞋帽零售	562	2962	1725
化妆品及卫生用品零售	527	3109	1865
钟表、眼镜零售	1063	6723	3926
箱、包零售	260	1278	693
厨房用具及日用杂品零售	313	1329	565
自行车零售	285	1501	586
其他日用品零售	1824	8644	4205
文化、体育用品及器材专门零售	3968	30901	18445
文具用品零售	763	3746	1951
体育用品及器材零售	335	2817	1811
图书、报刊零售	340	6891	3991
音像制品及电子出版物零售	58	254	110
珠宝首饰零售	874	9181	6865
工艺美术品及收藏品零售	1132	5064	2334
乐器零售	136	669	347
照相器材零售	65	459	215
其他文化用品零售	265	1820	821
医药及医疗器材专门零售	10908	62494	39498
药品零售	10024	57766	37281
医疗用品及器材零售	884	4728	2217

单位：万元

营业收入	#主营业务收　入	营业税金及附加	#主营业务税金及附加	资产总计	实收资本
358427	356323	3916	3869	182484	62198
65686	65073	849	825	51109	31457
430659	428231	4294	4221	422895	165102
139009	137156	868	863	149142	31920
384047	377892	5893	5795	259994	119120
3549228	3494925	41943	41144	3428963	1054602
440929	426619	4594	4537	422660	123960
2091262	2066528	22688	22166	2249613	592100
121293	119226	1176	1167	79654	25409
144444	142686	2526	2428	82594	45483
209060	207651	2798	2765	161358	48992
61455	60320	1046	1018	29351	45793
53381	47727	695	676	30916	26389
66492	66404	405	405	42142	14524
360911	357764	6014	5982	330675	131953
2075603	2054660	32106	31755	2533112	577425
150784	149518	1760	1694	109833	50584
98407	98098	1012	1009	107541	54105
435828	421717	3400	3285	830725	96730
7168	7073	153	153	6077	5055
1008116	1005171	20908	20789	1108427	196419
167791	166292	3163	3128	263325	128628
26059	25874	739	738	22638	5176
91680	91468	247	247	17191	7742
89771	89448	723	713	67354	32985
3225403	3210661	26529	26285	1689104	444275
2991735	2977971	22882	22641	1499833	365972
233668	232689	3648	3644	189272	78303

1-A-1 续表 5

项目	单位数(个)	从业人员期末人数(人)	#女性
汽车、摩托车、燃料及零配件专门零售	8361	151178	58926
汽车零售	4885	115843	40681
汽车零配件零售	1388	8086	2730
摩托车及零配件零售	446	2412	866
机动车燃料零售	1642	24837	14649
家用电器及电子产品专门零售	8069	64529	28577
家用视听设备零售	529	8533	4443
日用家电设备零售	2250	20612	9063
计算机、软件及辅助设备零售	2665	17052	5937
通信设备零售	1285	10874	6167
其他电子产品零售	1340	7458	2967
五金、家具及室内装饰材料专门零售	10565	47004	19139
五金零售	3002	12537	4808
灯具零售	280	1513	602
家具零售	1539	10137	4726
涂料零售	2688	7677	3107
卫生洁具零售	264	1441	716
木质装饰材料零售	598	2932	1208
陶瓷、石材装饰材料零售	789	4062	1506
其他室内装饰材料零售	1405	6705	2466
货摊、无店铺及其他零售业	8814	46758	19403
货摊食品零售	30	196	85
货摊纺织、服装及鞋零售	35	111	48
货摊日用品零售	33	117	53
互联网零售	6116	29268	13175
邮购及电视、电话零售	73	1236	637
旧货零售	89	256	64
生活用燃料零售	603	6480	2135
其他未列明零售业	1835	9094	3206

单位：万元

营业收入	#主营业务收入	营业税金及附加	#主营业务税金及附加	资产总计	实收资本
36608081	36307699	85181	84110	16177948	4803484
27412034	27197154	57303	56572	13323338	4038771
877902	868475	5256	5192	609298	147288
126858	126504	1519	1509	142662	39179
8191287	8115566	21103	20837	2102649	578246
4508510	4435316	33747	32875	3591385	1049044
795036	787074	3918	3460	440949	88532
1754746	1736696	10941	10803	1125421	299820
951423	936159	9502	9377	1330862	358475
694273	666116	5481	5388	431343	142071
313032	309272	3906	3847	262811	160147
2488561	2452112	32202	31844	2439329	830026
692147	673526	7707	7638	544235	213703
71753	71512	869	867	54956	27070
523191	518360	9486	9344	962829	275284
366305	364954	4020	4000	155449	53540
116026	113913	603	524	60026	31492
141316	141063	1828	1810	108016	42691
166714	162554	2143	2135	232361	70346
411109	406231	5545	5526	321457	115901
2717532	2701159	24043	23763	1623062	647846
2609	2604	105	105	1659	1561
6143	6143	64	64	1468	664
2785	2725	56	53	1888	1417
1018544	1010465	13630	13535	625460	305939
246941	246619	939	933	34446	14880
5945	5864	94	91	4568	3362
797651	792365	4138	4072	467723	137455
636914	634373	5016	4909	485850	182569

1-A-2 按地区分组的全部批发和

地　　区	单位数（个）	从业人员期末人数（人）	#女性	营业收入
全　省	**253574**	**2021332**	**930439**	**496405145**
杭州市	**68332**	**639589**	**299021**	**182120912**
上城区	4105	71367	40450	28996399
下城区	6770	85078	43200	39769898
江干区	9395	83821	39613	19710741
拱墅区	8700	71535	30691	25964923
西湖区	9261	92499	41915	15689502
滨江区	3091	32990	14610	10786227
萧山区	11062	81394	35637	24069762
余杭区	6586	48415	20815	9162432
桐庐县	1689	11331	5364	1184279
淳安县	935	8737	3813	526790
建德市	1384	12061	5349	772146
富阳市	3298	24385	10405	3577174
临安市	2056	15976	7159	1910639
宁波市	**41753**	**368612**	**174725**	**137036688**
海曙区	5347	60433	33695	14748367
江东区	6434	52293	24088	14459318
江北区	3138	23744	10417	6597233
北仑区	5103	55173	25550	55416923
镇海区	2060	14456	5521	7890472
鄞州区	7419	67146	31005	20479910
象山县	1670	9545	4494	1379320
宁海县	1551	10399	5193	1086860
余姚市	3501	21683	9414	6489782
慈溪市	4690	46328	21914	7300321
奉化市	840	7412	3434	1188182
温州市	**27333**	**209704**	**87448**	**32862099**
鹿城区	7131	70245	31983	13011965
龙湾区	3156	24254	9835	6475606
瓯海区	2062	13851	5622	1773989
洞头县	258	1224	460	488048
永嘉县	1775	10237	4045	1090554
平阳县	1648	10706	4302	1002348

零售业法人单位主要经济指标

单位：万元

#主营业务收入	营业税金及附加	#主营业务税金及附加	资产总计	实收资本
492963951	**1909503**	**1874064**	**291393494**	**58314594**
180288570	**476438**	**465170**	**108028482**	**21865889**
28714167	126064	120899	12499308	3039759
39534435	75717	74201	20492823	3031894
19564062	37287	36386	10177922	2275292
25400348	32008	31192	14019824	2683455
15365317	44607	43483	13294352	3207473
10687723	18441	18052	7521784	1485992
23987271	69985	69662	14508500	2629684
9097949	19442	18966	9692018	1986243
1180929	6183	6108	1188569	275500
523675	3260	3217	324162	106958
769346	3405	3400	532590	164199
3556452	23505	23148	2737491	688237
1906896	16533	16455	1039139	291202
136586673	**305551**	**297559**	**76778864**	**10710258**
14643167	36448	34904	10108664	1776489
14410135	96742	95834	6229974	1109135
6579947	11250	10770	3803938	671291
55335705	49868	49298	27491329	2770721
7863458	10062	9817	4453873	698377
20414330	36857	36486	14010856	1939358
1374936	3729	3648	1176336	266945
1080352	5423	5403	762981	163648
6464144	20516	19447	3099484	406199
7240617	31359	28717	4535861	659482
1179883	3298	3234	1105568	248613
32580002	**247168**	**244390**	**20738999**	**6733088**
12846503	130086	128701	7892982	1664139
6415754	21702	21388	5705531	985797
1761411	7918	7133	1146032	269681
487612	803	803	213401	55219
1086515	8378	8366	689376	233046
995646	13915	13908	503334	201292

1-A-2 续表 1

地 区	单位数 (个)	从业人员 期末人数 (人)	#女性	营业收入
苍南县	3083	20200	7470	1912761
文成县	420	2620	967	192534
泰顺县	404	3394	1390	133532
瑞安市	3755	21836	8687	3917338
乐清市	3641	31137	12687	2863424
嘉兴市	**18914**	**125024**	**58531**	**24553882**
南湖区	3637	31742	15684	7019811
秀洲区	2472	18043	9367	3846448
嘉善县	1970	13855	6245	1803260
海盐县	1462	8547	3790	1413459
海宁市	3555	22190	10457	4222573
平湖市	2348	11314	4803	2488600
桐乡市	3470	19333	8185	3759731
湖州市	**7636**	**75714**	**33551**	**21011668**
吴兴区	2753	31205	14697	8239076
南浔区	874	6694	2971	1496068
德清县	1084	12067	5278	2769014
长兴县	2037	18321	7057	7954176
安吉县	888	7427	3548	553334
绍兴市	**30571**	**197191**	**93360**	**37957999**
越城区	6451	48370	24370	10578290
绍兴县	12277	75554	35146	16688079
新昌县	1397	11535	4810	1120232
诸暨市	5079	30255	14788	5587977
上虞市	3123	19692	9290	2848152
嵊州市	2244	11785	4956	1135270
金华市	**29475**	**175218**	**81743**	**21641611**
婺城区	3055	27270	14452	5006396
金东区	704	7504	3060	1148003
武义县	759	4911	2352	390793
浦江县	791	5476	2338	437670
磐安县	551	5175	2343	197076
兰溪市	1716	11054	4330	1635733
义乌市	16923	83914	39716	7859026
东阳市	1505	11030	4632	2348353
永康市	3471	18884	8520	2618562

单位：万元

#主营业务收入	营业税金及附加	#主营业务税金及附加	资产总计	实收资本
1904216	12082	11971	773491	322555
192322	1709	1699	77677	35331
132753	1786	1774	68240	31723
3908437	15453	15372	1699252	914859
2848832	33336	33275	1969683	2019447
24343506	**105536**	**100443**	**16134195**	**3600417**
6958159	17225	15836	4027974	913929
3832907	49038	48768	2365022	485718
1775788	5221	5089	1309857	320581
1407334	4481	4298	955601	277438
4171587	13762	11104	2999793	558592
2462224	4687	4546	1946094	478822
3735507	11121	10803	2529855	565335
20942689	**101569**	**101145**	**9598145**	**1805273**
8192174	65114	64858	5540551	935425
1491401	5621	5607	564222	140239
2764241	13968	13897	1270625	279972
7948051	12647	12590	1725174	318096
546822	4219	4193	497573	131541
37816074	**211287**	**209180**	**22863434**	**4782640**
10542129	70110	69797	5944902	1193977
16625703	62847	61437	8741973	1958269
1117958	9257	9228	875589	166559
5571571	26287	25961	4801754	750139
2826110	35381	35360	1859253	514526
1132602	7405	7399	639964	199171
21445175	**193814**	**192396**	**11715320**	**3467241**
4898256	59749	59207	2783675	528860
1145866	2677	2671	610478	136033
388207	2832	2808	228970	71760
434546	4577	4525	244058	89674
196455	1757	1753	158836	60908
1630856	10154	10058	888153	240176
7816993	86461	85866	4121753	1613160
2327031	10070	10044	1191144	325279
2606966	15538	15465	1488252	401391

1-A-2 续表 2

地 区	单位数（个）	从业人员期末人数（人）	#女性	营业收入
衢州市	**5712**	**45460**	**20127**	**6527426**
柯城区	2065	20392	9519	3330425
衢江区	1014	7086	2367	568738
常山县	563	3884	1645	287129
开化县	473	2635	1330	111310
龙游县	722	4926	2174	1472017
江山市	875	6537	3092	757807
舟山市	**3324**	**26451**	**13468**	**8780249**
定海区	1944	15873	8400	5453417
普陀区	885	6766	3376	2993767
岱山县	362	2709	1294	168504
嵊泗县	133	1103	398	164562
台州市	**15217**	**110917**	**48732**	**18219247**
椒江区	2949	25257	11982	6122622
黄岩区	1535	9995	4456	1729413
路桥区	2393	20136	9013	4036336
玉环县	1181	9567	3755	1178799
三门县	1068	6037	2306	356186
天台县	845	4726	2296	329964
仙居县	598	4707	2124	350146
温岭市	2849	16652	6896	2920499
临海市	1799	13840	5904	1195282
丽水市	**5307**	**47452**	**19733**	**5693364**
莲都区	1562	16553	6920	2821758
青田县	649	5304	2052	273281
缙云县	665	5917	2509	343673
遂昌县	633	5256	1972	226523
松阳县	340	2658	985	131581
云和县	329	2438	1094	175161
庆元县	349	2070	1080	187522
景宁县	286	3522	1306	1146846
龙泉市	494	3734	1815	387020

单位：万元

#主营业务收入	营业税金及附加	#主营业务税金及附加	资产总计	实收资本
6483925	**51437**	**50684**	**3586576**	**937751**
3297288	31591	30873	1881443	408039
567533	2090	2085	394342	128175
285276	1528	1516	183440	72768
110397	840	838	96240	41112
1469616	7532	7518	431937	131164
753813	7856	7853	599174	156494
8721029	**28157**	**27084**	**7348483**	**1628981**
5413836	22726	21731	4383405	998219
2976663	4198	4137	2669951	407462
168151	746	740	227361	201541
162379	488	477	67766	21759
18096925	**139824**	**137919**	**11239782**	**2056755**
6083104	67514	67345	3893783	685810
1723150	7353	7319	728517	159015
3987662	28189	26773	1994319	305922
1173078	7375	7346	700104	157721
354117	1587	1481	320877	95898
327719	2102	2097	206666	72606
349738	2206	2166	184219	43878
2912025	14859	14785	1249446	304547
1186331	8640	8605	1961851	231359
5659383	**48723**	**48093**	**3361214**	**726301**
2806205	27524	27456	1865039	296834
272824	4816	4805	260689	82721
342351	2390	2385	206165	69494
213654	1013	974	149994	56002
130715	1567	1108	116264	47026
174376	2294	2294	66523	31222
187356	1082	1049	73684	34621
1146085	6214	6204	467254	58449
385816	1823	1819	155602	49931

B.限额以上批发和零售业

1-B-1 按登记注册类型、控股情况和行业小类

项　目	单位数（个）	年初存货	流动资产合　计	#应收账款	#存货	固定资产合　计
总　计	**14602**	**16831202**	**131740942**	**25538515**	**18318564**	**9474975**
一、按登记注册类型分						
内　资	14288	16036956	125282259	24375958	17424988	8546614
国　有	88	423671	4403654	193236	502094	354230
集　体	75	41420	246920	36704	39093	38684
股份合作企业	48	19623	91491	20096	23815	7730
联营企业	11	516	6444	263	717	2127
国有联营	2	50	831		132	629
国有与集体联营	7	336	4345	140	408	1046
其他联营	2	129	1267	123	178	453
有限责任公司	3164	5960006	43106469	7383880	6890754	3009711
国有独资公司	199	639776	2841687	221761	709266	414133
其他有限责任公司	2965	5320231	40264782	7162120	6181488	2595578
股份有限公司	235	2091117	8956897	1330284	1610165	1448175
私营企业	10597	7470247	68403297	15383127	8329968	3670570
私营独资	150	33553	157291	47634	38164	20405
私营合伙	83	17732	113414	26571	17973	17293
私营有限责任公司	10209	7229404	66531874	15048845	8102715	3567500
私营股份有限公司	155	189558	1600719	260077	171117	65372
其他企业	70	30356	67086	28369	28381	15387
港澳台商投资	156	313031	2854073	761064	363908	442234
与港澳台商合资经营	49	121480	861892	139083	130020	194565
与港澳台商合作经营	2	4608	26801	2507	3160	10039
港澳台商独资	102	185926	1955455	618774	229915	234978
港澳台商投资股份有限公司	3	1017	9926	700	813	2653
外商投资	158	481216	3604610	401493	529668	486128
中外合资经营	50	260170	1893865	229885	316746	270836
中外合作经营	1					
外资企业	101	211392	1635152	155765	196201	207997
外商投资股份有限公司	4	7801	60043	12601	12760	3873
其他外商投资	2	1156	8345	3102	3107	121

分组的限额以上批发和零售业财务状况

单位：万元

固定资产原　　价	累计折旧	#本年折旧	资产总计	流动负债合　　计	#应付账款	非流动负债合计	负债合计	所有者权益合计
13663623	**4903154**	**912029**	**166014321**	**122117391**	**26685618**	**6919674**	**128914073**	**37100248**
12418499	4530136	834042	157419481	116800495	25261365	6523261	122853723	34565758
684775	334651	33840	5112525	1091384	269943	44494	1122573	3989952
65145	26487	2293	320267	250659	64792	4768	254809	65459
13910	6179	779	108064	79030	10505	1506	80617	27447
3195	1154	229	9307	3649	208	59	3649	5658
781	153	25	1460	106			106	1354
1893	847	157	5458	3100	207	59	3100	2358
521	155	47	2389	443	1		443	1946
4200562	1573193	258129	55746552	41092408	9499574	2497909	43401330	12345223
508325	165745	22486	4217571	2338016	384828	363505	2703202	1514369
3692237	1407449	235644	51528982	38754392	9114746	2134404	40698128	10830854
2263623	823537	115764	15563250	9116849	2082696	1208037	10266210	5297041
5172391	1762271	422515	80470957	65121901	13304934	2761033	67663879	12807078
28907	9887	2362	184060	147863	39987	1088	151614	32446
27486	10315	1532	155946	130691	25954	1941	133574	22372
5005624	1695810	410837	78254028	63415529	13001776	2690184	65889910	12364118
110374	46260	7784	1876923	1427818	237218	67820	1488781	388142
14899	2663	493	88558	44614	28713	5456	60656	27901
556370	163166	36520	3957407	2484649	732072	155885	2657442	1299965
226362	61114	13278	1336666	820974	297330	56270	881782	454884
19266	9228	723	44169	7540	1645		7540	36628
307064	91800	21671	2562798	1644772	426463	99614	1756757	806041
3677	1024	848	13774	11362	6635		11362	2412
688754	209851	41466	4637433	2832247	692181	240529	3402909	1234524
371874	107506	19516	2466524	1393421	427661	141579	1874513	592010
304995	97178	21046	2069458	1367352	258496	98805	1456777	612681
4535	1240	628	78945	60656	2951	145	60800	18145
146	24	24	8544	5760	1196		5760	2784

1-B-1 续表 1

项目	单位数(个)	年初存货	流动资产合计	#应收账款	#存货	固定资产合计
二、按控股情况分						
国有控股	761	3750102	19705254	2342091	4093432	2168226
集体控股	339	728976	5259646	713775	914489	479378
私人控股	12683	10136672	92770967	19847141	11102206	5578371
港澳台商控股	134	274884	2289698	696651	304053	349080
外商控股	141	295428	2857573	309696	323347	385445
其他	544	1645140	8857803	1629161	1581037	514476
三、按国民经济行业小类分						
批发业	10386	11808845	110717724	23754874	13076356	5387401
农、林、牧产品批发	177	225519	722941	177825	237147	137738
谷物、豆及薯类批发	26	115548	282013	57791	131155	72962
种子批发	6	11616	42350	8355	14489	8950
饲料批发	32	15121	66142	24362	14119	5300
棉、麻批发	18	13124	112326	22877	7585	2731
林业产品批发	18	24629	38301	15672	17995	2240
牲畜批发	12	13468	33427	1743	14346	23213
其他农牧产品批发	65	32014	148382	47025	37459	22342
食品、饮料及烟草制品批发	579	1018399	9889887	1234948	1158523	870601
米、面制品及食用油批发	94	359462	1634518	107992	392572	194160
糕点、糖果及糖批发	32	29522	155293	21880	30748	8369
果品、蔬菜批发	46	18045	489700	40879	18981	250541
肉、禽、蛋、奶及水产品批发	108	55332	387294	108818	67144	64016
盐及调味品批发	35	31733	200362	20303	35630	22348
营养和保健品批发	20	13067	206837	81695	13861	3464
酒、饮料及茶叶批发	144	205809	2513106	201782	219035	47075

单位：万元

固定资产原价	累计折旧	#本年折旧	资产总计	流动负债合计	#应付账款	非流动负债合计	负债合计	所有者权益合计
3413255	1337526	179847	27321066	15340247	4164165	833099	16250726	11070340
688246	230808	35396	7194583	5270064	1017728	211892	5478249	1716334
7766149	2753069	582681	113947826	89306367	18475737	5232319	94072778	19875048
450725	128942	31684	3105804	1940678	517019	127677	2085264	1020540
550670	165888	32530	3564601	2155233	559719	212676	2607819	956782
794578	286922	49890	10880442	8104804	1951250	302012	8419237	2461205
7971238	3142554	555627	136108309	100378592	22849768	5604623	105972010	30136299
153230	41685	6548	992275	689021	124140	66817	744010	248264
80340	22020	2843	417916	282606	26671	36682	319550	98367
8071	1836	473	66560	35895	7090	13204	41465	25095
6332	1298	355	76619	57174	17597	170	57344	19275
4294	1858	273	120633	95105	22917	3829	95529	25104
2892	1421	111	46547	33288	19875		33354	13193
22652	5148	1291	67594	43908	4981	4781	48690	18905
28650	8105	1201	196405	141045	25009	8150	148079	48327
1506824	718672	84790	12391549	6398758	1415221	390036	6757949	5633600
197387	69062	7335	2521443	1761643	78241	272189	2033786	487658
8197	3984	864	181976	136562	16328	5411	141973	40003
515383	267566	29915	963268	462163	51166	16900	471347	491921
88945	28908	4920	513131	305177	91566	5857	309545	203586
38854	17308	1914	361605	171533	41169	9562	180699	180906
4966	1599	440	253496	172138	64890	15023	185998	67498
80572	34091	8430	2876706	2437891	548426	45367	2476552	400155

1-B-1 续表 2

项　　目	单位数(个)	年初存货	流动资产合　　计	#应收账款	#存货	固定资产合　　计
烟草制品批发	16	231069	3474594	44411	300458	265690
其他食品批发	84	74359	828183	607189	80096	14938
纺织、服装及家庭用品批发	2707	2087833	23272172	6944863	2520938	811276
纺织品、针织品及原料批发	1262	799810	7595635	2158847	805958	250413
服装批发	600	573366	4790871	1217331	755989	268991
鞋帽批发	204	50971	922478	338345	70930	29456
化妆品及卫生用品批发	42	79075	991066	153377	86361	6011
厨房、卫生间用具及日用杂货批发	104	37564	666099	254247	52810	23195
灯具、装饰物品批发	59	20701	244933	88540	15411	13544
家用电器批发	210	429382	2270700	287486	632289	50436
其他家庭用品批发	226	96964	5790390	2446691	101189	169232
文化、体育用品及器材批发	340	280691	2350762	623828	529881	101897
文具用品批发	189	165806	1303558	409959	181041	48535
体育用品及器材批发	22	10579	72338	35900	10702	760
图书批发	5	5553	306275	28806	210500	20933
音像制品及电子出版物批发	2	134	3394	880	42	1834
首饰、工艺品及收藏品批发	82	87356	545042	98663	113498	26362
其他文化用品批发	40	11263	120155	49620	14099	3472
医药及医疗器材批发	276	763565	4227257	1878592	847127	232457
西药批发	133	497877	2907730	1369681	589136	130925
中药批发	62	151136	753008	282605	167851	69602
医疗用品及器材批发	81	114552	566520	226305	90140	31930
矿产品、建材及化工产品批发	4455	6243020	58333242	9851715	6525299	2734072
煤炭及制品批发	502	672169	6149521	1186410	587509	134875
石油及制品批发	463	1114299	7316361	1047469	1160021	1307086
非金属矿及制品批发	30	10184	139351	41754	10560	7447
金属及金属矿批发	1874	3064202	30027451	4433485	3287875	733698
建材批发	359	217274	4342534	861266	256404	154788

单位：万元

固定资产原价	累计折旧	#本年折旧	资产总计	流动负债合计	#应付账款	非流动负债合计	负债合计	所有者权益合计
547020	285493	28820	3852823	181813	35597	12715	182011	3670812
25500	10663	2152	867102	769840	487837	7013	776039	91063
1418815	635671	161757	26535689	21653575	6634206	409872	22078167	4457522
422665	182758	33034	9147163	7073756	1624099	252148	7398092	1749071
439686	184071	34963	5759693	4454462	1180216	79096	4516142	1243551
40153	11958	3261	1011070	786346	248614	2402	787856	223213
9590	3604	698	997974	863998	640254	692	864691	133283
34975	13332	3905	720865	645137	192459	14949	646722	74143
19892	6641	1141	277767	233575	92514	1613	235432	42335
76506	26634	6674	2455774	2091947	324932	18146	2094263	361511
375349	206674	78079	6165386	5504354	2331118	40825	5534971	630415
166061	65952	10283	2815861	2051980	628979	21705	2068188	747673
76152	27762	5674	1440266	1128021	245521	7383	1128623	311643
2235	1475	350	74600	65221	29271		65221	9379
36136	15203	1225	557323	272102	215877	10531	282633	274691
4078	2243	181	10050	3793	1832		3793	6257
39626	14829	2189	600672	474677	100984	3707	478512	122160
7835	4440	664	132950	108167	35494	85	109406	23544
321600	118755	23811	4933593	3610044	1605459	101484	3653493	1280100
171939	69454	10589	3342433	2534560	1159068	39572	2560926	781507
102694	34215	9065	919065	624706	283911	50212	630089	288976
46966	15085	4157	672095	450779	162480	11700	462478	209617
3671208	1297027	216489	74228195	55183654	9250835	4102961	59398601	14829595
205474	86323	15299	7669401	6048778	1028488	568887	6523336	1146065
1629699	616644	84430	11191405	7620959	1566089	714427	8278011	2913393
10568	3383	598	225472	103394	22452	3718	107142	118330
1044577	330975	65703	37095906	28174912	3751127	1955250	30354900	6741006
192590	52713	12415	5475477	3920742	618035	253638	4198786	1276691

1-B-1 续表 3

项目	单位数(个)	年初存货	流动资产合计	#应收账款	#存货	固定资产合计
化肥批发	70	183882	665210	41803	140831	36115
农药批发	26	21781	124900	32083	22446	3857
农用薄膜批发	1					
其他化工产品批发	1130	959020	9567596	2207440	1059474	356205
机械设备、五金产品及电子产品批发	1341	920031	9488707	2338369	964769	365943
农业机械批发	16	5224	74535	11085	6585	6614
汽车批发	96	145402	1194448	178819	145879	42636
汽车零配件批发	157	51274	595743	175776	55730	26149
摩托车及零配件批发	23	12623	179474	113820	12732	859
五金产品批发	335	122051	1638908	506604	128323	80820
电气设备批发	119	74297	735806	248921	93219	20533
计算机、软件及辅助设备批发	66	36155	360207	69442	31763	3511
通讯及广播电视设备批发	66	91235	533406	128106	104299	25150
其他机械设备及电子产品批发	463	381771	4176180	905796	386240	159671
贸易经纪与代理	134	15227	442465	130928	26234	20394
贸易代理	102	10903	329421	111187	10090	13460
拍卖	1					
其他贸易经纪与代理	31	4167	109554	19735	15991	3793
其他批发业	377	254562	1990290	573806	266438	113022
再生物资回收与批发	258	182568	1217298	205106	188880	84073
其他未列明批发业	119	71993	772992	368700	77558	28949
零售业	4216	5022357	21023218	1783641	5242208	4087575
综合零售	464	1110744	6035561	326892	804298	1659426
百货零售	175	632912	3092741	132133	238917	990169
超级市场零售	235	443515	2762447	189930	523274	616562
其他综合零售	54	34318	180373	4829	42107	52696
食品、饮料及烟草制品专门零售	183	77627	368024	34429	78506	70299
粮油零售	9	8393	53818	3491	9265	1279

单位：万元

固定资产原价	累计折旧	#本年折旧	资产总计	流动负债合计	#应付账款	非流动负债合计	负债合计	所有者权益合计
53670	19658	2148	910758	509670	65008	97817	609423	301336
6066	2209	468	155709	110221	30985	1767	111943	43766
528564	185122	35428	11503747	8694950	2168648	507458	9215031	2288716
563733	214975	42281	11377744	8468656	2501204	474007	8923270	2454474
10388	3955	507	89209	59718	22522	7934	67652	21557
55171	12876	4346	1424125	1262822	293846	14020	1276241	147884
41916	16250	2783	705009	602252	224088	8716	604024	100985
2405	1546	228	187635	173907	28157	617	174328	13306
130983	51958	9474	2003801	1376607	471566	21349	1404342	599459
33416	13414	3263	800161	612586	242378	4861	618778	181383
7961	4689	554	408849	347179	35352	1092	347733	61116
41097	15928	2804	638826	478163	135378	1693	479855	158971
240397	94359	18324	5120130	3555424	1047918	413725	3950317	1169813
25637	5912	1302	482380	407722	146168	3468	407840	74540
16263	3446	867	361479	303844	107354	3441	303934	57545
4490	722	383	114227	100778	37170	27	100806	13421
144130	43906	8367	2351022	1915182	543558	34272	1940492	410531
96310	23009	5163	1453364	1208583	245406	31800	1232035	221329
47820	20897	3203	897659	706599	298152	2473	708457	189202
5692385	1760600	356402	29906012	21738800	3835850	1315050	22942063	6963949
2391703	783666	127563	9790172	6691963	1674150	526103	7232280	2557892
1339058	396785	65881	5575077	3259708	652512	444210	3702867	1872209
979437	365706	58743	3936836	3216513	949774	77281	3309177	627659
73209	21175	2940	278259	215742	71865	4613	220236	58023
92551	33137	6827	517254	312641	59729	9703	322858	194395
4004	2943	369	56425	48466	11936	243	48466	7959

1-B-1 续表 4

项 目	单位数(个)	年初存货	流动资产合计	#应收账款	#存货	固定资产合计
糕点、面包零售	8	1316	13319	2386	1292	3192
果品、蔬菜零售	40	4971	56385	6449	4630	13621
肉、禽、蛋、奶及水产品零售	30	6977	40758	9922	6992	29583
营养和保健品零售	6	2829	5569	1118	3050	307
酒、饮料及茶叶零售	42	25083	105122	6851	28819	6263
烟草制品零售	19	20466	67592	410	15568	11869
其他食品零售	29	7591	25462	3803	8890	4186
纺织、服装及日用品专门零售	199	396371	1259312	180719	444005	161554
纺织品及针织品零售	17	34581	119459	16648	33567	9195
服装零售	115	305988	1002051	148600	339886	129817
鞋帽零售	10	11632	38666	7255	20223	10392
化妆品及卫生用品零售	8	6290	21258	4094	6045	7517
钟表、眼镜零售	22	29780	46159	1776	30977	2474
箱、包零售	2	2342	1776	344	10	417
自行车零售	6	1638	6396	181	1818	145
其他日用品零售	19	4121	23549	1820	11478	1597
文化、体育用品及器材专门零售	221	367298	906521	37661	385616	233429
文具用品零售	16	6208	37153	4345	7589	2461
体育用品及器材零售	8	18557	27785	1763	10701	5747
图书、报刊零售	89	97007	439509	15001	93030	171483
珠宝首饰零售	78	225493	359250	7772	255475	20261
工艺美术品及收藏品零售	6	6914	11537	2291	4918	31879
乐器零售	7	5065	7746	496	6037	420
照相器材零售	6	2853	9513	1712	4209	216
其他文化用品零售	11	5201	14028	4281	3658	962
医药及医疗器材专门零售	219	205641	880209	370548	240548	74643
药品零售	203	203570	863320	361233	238450	70626

单位：万元

固定资产原　　价	累计折旧	#本年折旧	资产总计	流动负债合　　计	#应付账款	非流动负债合计	负债合计	所有者权益合计
6066	2888	897	18480	15673	3368		15673	2807
16784	3605	1455	96451	57719	6442	394	58563	37889
33772	12546	1758	83969	46120	8072	5567	52025	31944
857	551	91	6049	6781	5435	1	6782	-733
8967	2721	1176	129675	96200	13090	997	97212	32463
14951	4906	631	94857	20713	1433	1653	22366	72491
7150	2977	450	31347	20971	9954	848	21773	9575
210438	50067	8433	1803241	1103750	356441	245125	1340260	462981
11266	2071	-1591	188078	93535	33746	28028	121759	66319
166865	37730	8450	1442487	879899	294972	207048	1085273	357213
13409	3020	349	54047	37613	10538		37713	16334
9436	1919	393	32778	10961	3303	1981	12942	19837
4704	2662	485	49675	35735	10153	7408	35735	13940
1396	979	40	2424	7362	114	35	7362	-4938
337	192	43	6881	6655	512	19	6674	208
3026	1495	264	26871	31992	3105	607	32804	-5932
312854	77003	10618	1337331	735259	286752	79803	815468	521863
3291	1235	271	40704	19827	3824	2556	22180	18525
7832	2085	306	43104	33177	10970	839	34016	9089
236129	61762	7122	729654	359883	229819	17232	376620	353034
26659	6399	1624	415236	267611	36643	600	268194	147042
35447	3591	906	72533	30998	2018	58576	89586	-17053
894	474	55	8655	6950	-100		6950	1705
561	344	50	10980	6714	735		7049	3931
2042	1112	285	16466	10100	2843		10874	5592
109374	41608	7589	1015161	773763	365703	15165	785153	230008
104249	40499	7216	993548	761621	362273	11005	768851	224697

1-B-1 续表 5

项 目	单位数(个)	年初存货	流动资产合计	#应收账款	#存货	固定资产合计
医疗用品及器材零售	16	2071	16889	9315	2098	4017
汽车、摩托车、燃料及零配件专门零售	2058	2427790	9723504	613789	2845195	1556953
汽车零售	1551	2255663	8905066	552237	2683038	1274650
汽车零配件零售	22	11125	39149	5071	13689	7152
摩托车及零配件零售	26	7711	21376	615	8750	504
机动车燃料零售	459	153292	757914	55865	139718	274647
家用电器及电子产品专门零售	554	307916	1205486	111174	328704	103137
家用视听设备零售	122	98891	287336	23854	104369	25642
日用家电设备零售	212	135520	577332	37729	151237	48222
计算机、软件及辅助设备零售	155	47082	207637	29584	44472	8787
通信设备零售	58	23409	124925	18948	25112	19583
其他电子产品零售	7	3014	8257	1059	3515	905
五金、家具及室内装饰材料专门零售	123	55111	337634	50908	44582	133810
五金零售	38	5598	48592	18048	5704	3818
灯具零售	11	2621	11620	3725	3013	2481
家具零售	29	17098	203410	18002	16919	99750
涂料零售	6	5226	23668	3685	3948	2199
卫生洁具零售	7	3364	16569	1019	3644	4216
木质装饰材料零售	8	1137	8008	3633	950	192
陶瓷、石材装饰材料零售	10	15633	17383	1137	6917	18897
其他室内装饰材料零售	14	4435	8384	1658	3489	2257
货摊、无店铺及其他零售业	195	73860	306968	57523	70752	94325
互联网零售	49	28637	89342	14593	23628	6086
邮购及电视、电话零售	6	2248	22969	4993	2860	1410
旧货零售	1					
生活用燃料零售	114	14388	142433	23020	18400	84685
其他未列明零售业	25	28586	51361	14886	25806	2036

单位：万元

固定资产原价	累计折旧	#本年折旧	资产总计	流动负债合计	#应付账款	非流动负债合计	负债合计	所有者权益合计
5126	1109	373	21613	12142	3430	4160	16302	5311
2124671	641146	171699	12994056	10360053	769795	329291	10581015	2413041
1702855	483795	147286	11364432	9422224	648544	295556	9596612	1767820
10847	3750	642	61148	32983	3222	150	33256	27893
1977	1472	142	24040	19195	1471	12	19357	4683
408993	152129	23629	1544436	885651	116558	33574	931791	612646
151966	52496	9810	1423690	1067663	149129	45245	1080620	343070
36303	12360	2531	330066	264264	23143	4377	268822	61244
72118	25589	4406	683251	536747	90933	37809	543229	140022
15163	6651	1448	251322	138399	16257	2947	139758	111564
27191	7609	1321	148784	120159	18139	113	120718	28066
1192	287	104	10268	8094	658		8094	2174
165856	32879	6360	525792	368276	81559	24285	406059	119733
6190	2615	329	53153	40399	16374	443	41027	12125
8248	5768	710	15624	9164	1257		9164	6460
115741	16487	4332	347876	247958	57964	16822	273635	74241
2594	395	64	27992	17118	191		17118	10874
8335	4119	325	24275	14519	3197		14519	9756
239	140	26	8798	6631	1773	18	6631	2167
19602	707	294	36378	21134	408	7000	31734	4644
4907	2650	280	11696	11354	395	1	12230	-534
132971	48597	7501	499317	325430	92593	40331	378350	120967
6069	1930	601	109524	112849	49576	158	113791	-4267
4271	2861	370	27837	14242	10391	79	14377	13460
119335	42641	6320	304350	165324	14369	39594	204108	100242
3188	1166	210	56552	32828	18085	500	45885	10666

1-B-1 续表 6

项 目	#实收资本	国家资本	集体资本	法人资本	个人资本	港澳台资本
总 计	**23433253**	**2911360**	**470537**	**7567538**	**11218843**	**753767**
一、按登记注册类型分						
内 资	21744444	2866657	461340	7233345	11164287	6232
国 有	293243	220100	360	71708	1075	
集 体	36319	429	29444	4315	2131	
股份合作企业	18958		1255	7721	9982	
联营企业	1180	365	394	407	15	
国有联营	78			63	15	
国有与集体联营	907	317	346	244		
其他联营	195	48	48	100		
有限责任公司	6229713	721508	336771	3436791	1724637	1332
国有独资公司	412834	293747	43016	40062	36009	
其他有限责任公司	5816879	427760	293755	3396729	1688627	1332
股份有限公司	3054673	1905883	44150	586242	516210	980
私营企业	12100493	18373	46935	3124511	8904054	3920
私营独资	17884		164	5609	12110	
私营合伙	14277			961	13316	
私营有限责任公司	11887601	18373	46771	3050680	8765156	3920
私营股份有限公司	180732			67261	113471	
其他企业	9865		2030	1651	6184	
港澳台商投资	941596	5270	362	143993	38802	735951
与港澳台商合资经营	242114	5270	362	110460	38802	84488
与港澳台商合作经营	21604			1723		19882
港澳台商独资	673719			31810		627423
港澳台商投资股份有限公司	4158					4158
外商投资	747213	39433	8835	190200	15754	11583
中外合资经营	257297	39433	8835	114151	15359	11583
中外合作经营						
外资企业	467812			62326	245	
外商投资股份有限公司	7188			7188		
其他外商投资	2000			1850	150	

单位：万元

外商资本	营业收入	#主营业务收入	营业成本	#主营业务成本	营业税金及附加	#主营业务税金及附加	其他业务利润	销售费用
511209	**344986906**	**342383697**	**325527118**	**324030212**	**986608**	**968213**	**1100724**	**8315425**
12583	326070041	323687899	308290225	306838421	938481	920658	962786	7465832
	11151748	11125908	8962046	8955355	470492	469996	19974	141729
	620161	613404	574669	573082	2035	1994	8665	18138
	215561	214829	201767	201591	426	415	561	5287
	73823	73822	68484	68484	100	100		1629
	16746	16746	15263	15263	27	27		332
	47929	47928	44636	44636	58	58		1195
	9148	9148	8586	8586	14	14		102
8675	118447851	117236419	112390091	111625515	187343	182707	459476	2955807
	6708678	6670424	6391816	6383925	10333	9460	27293	114128
8675	111739173	110565995	105998275	105241590	177009	173247	432184	2841679
1207	43218552	42652016	41175043	40738394	57713	55015	128135	1026281
2701	152129356	151558856	144718394	144476630	220210	210269	345865	3315486
	527636	526828	491797	491722	1829	1811	1249	11444
	442094	433984	405800	405683	1050	1050	8070	20332
2701	147614272	147077566	140477512	140245305	211924	202000	321134	3189579
	3545355	3520478	3343286	3333920	5407	5407	15413	94131
	212988	212645	199731	199371	163	163	110	1475
17218	6613457	6537445	5804225	5777343	22936	22675	41296	430680
2732	2634482	2608863	2317066	2312644	9979	9751	14925	183727
	75680	75080	64077	63737	320	287	261	3496
14486	3879277	3829558	3401394	3379274	12603	12603	26037	243124
	24017	23944	21689	21689	33	33	74	333
481408	12303409	12158353	11432668	11414447	25192	24881	96641	418914
67936	7520736	7428858	7123090	7116892	9855	9834	79976	160962
405241	4551143	4501358	4095019	4083883	15038	14748	14418	253112
	165031	163810	152417	152417	240	240	1222	2776
	58361	57600	56331	55827	33	33		428

1-B-1 续表 7

项 目	#实收资本	国家资本	集体资本	法人资本	个人资本	港澳台资本
二、按控股情况分						
国有控股	4049150	2822317	47978	1024447	139301	8829
集体控股	713417	16354	294560	262395	125710	
私人控股	15894238	24991	83707	5023167	10720576	22913
港澳台商控股	793217	2770	52	73150	2229	714116
外商控股	627670	818		160630	421	2399
其他	1355561	44110	44241	1023749	230606	5510
三、按国民经济行业小类分						
批发业	17172828	2514076	361890	5524710	8277804	351695
农、林、牧产品批发	125205	29871	7099	36311	50926	998
谷物、豆及薯类批发	37876	20946	4000	4100	8830	
种子批发	15620			11622	3998	
饲料批发	9548	750		2052	5747	998
棉、麻批发	11706		599	5200	5907	
林业产品批发	7540	5000	45	255	2240	
牲畜批发	8641		245	5854	2543	
其他农牧产品批发	34275	3175	2210	7229	21662	
食品、饮料及烟草制品批发	804326	144415	13683	348038	257760	13022
米、面制品及食用油批发	225839	59871	2500	58406	95765	9298
糕点、糖果及糖批发	28866	380	380	18624	9008	474
果品、蔬菜批发	50893	1874	1963	28909	18146	
肉、禽、蛋、奶及水产品批发	58163	5323	484	24450	24657	3250
盐及调味品批发	74829	56723	1157	13295	3654	
营养和保健品批发	27192			6848	20344	
酒、饮料及茶叶批发	209506	7369	7099	127987	67050	

单位：万元

外商资本	营业收入	#主营业务收入	营业成本	#主营业务成本	营业税金及附加	#主营业务税金及附加	其他业务利润	销售费用
6279	80822388	80022446	76053421	75405976	543723	539442	162109	1244891
14398	12536675	12325101	11719815	11640553	35384	34490	129664	388349
18885	211106478	209891275	200064548	199375317	319100	307090	568841	5285767
900	5055090	4983465	4452505	4426481	16679	16511	35211	305204
463402	8570452	8488766	7811740	7798567	21698	21400	45024	348599
7345	26895826	26672644	25425090	25383319	50025	49280	159874	742616
142652	289151671	287473952	275432678	274224830	783649	772206	447627	5348502
	1741313	1728836	1651997	1651067	1690	1651	9513	26942
	525231	517772	503896	503342	250	238	5118	10668
	59282	59282	47537	47537	75	71	8	2786
	343325	343280	332714	332714	207	207	45	3629
	264230	264048	255346	255338	311	311	84	1512
	85010	85010	79322	79322	98	98		558
	139731	138815	137086	137064	101	101	753	1674
	324504	320630	296098	295752	649	626	3505	6115
27409	21505908	21220571	17834910	17639007	508568	507712	85893	1004157
	2350245	2324575	2235487	2233648	4770	4561	23342	50445
	323427	318285	305253	305174	839	834	5064	8233
	1128285	1110539	924261	922317	11379	11104	15236	21746
	1312351	1307541	1221868	1220732	2063	1983	5002	39980
	284147	281414	233356	232709	1209	1154	2784	7511
	258888	255146	216808	216524	1106	1106	306	25909
	6776801	6584493	5848589	5664305	16205	16181	7398	646860

1-B-1 续表 8

项　目	#实收资本	国家资本	集体资本	法人资本	个人资本	港澳台资本
烟草制品批发	64730	12375		52295	60	
其他食品批发	64309	500	100	17225	19075	
纺织、服装及家庭用品批发	2667385	31873	75885	892829	1523654	116528
纺织品、针织品及原料批发	1035145	13693	22053	354679	627934	9632
服装批发	646828	4031	47619	263845	289614	35301
鞋帽批发	109976	5153		40342	59553	3821
化妆品及卫生用品批发	24306		1590	13324	7564	
厨房、卫生间用具及日用杂货批发	54233	67		16522	37124	
灯具、装饰物品批发	40322	190	500	7074	31145	1413
家用电器批发	237853	5970	3018	150392	75307	
其他家庭用品批发	518722	2769	1105	46651	395414	66361
文化、体育用品及器材批发	398285	10558	18269	146099	148747	66016
文具用品批发	207076	8805	501	42805	86820	65714
体育用品及器材批发	8593		268	3212	3285	
图书批发	63500	753	247	60500	2000	
音像制品及电子出版物批发	5150			5000	150	
首饰、工艺品及收藏品批发	95618	1000	17253	23457	49676	
其他文化用品批发	18348			11126	6816	302
医药及医疗器材批发	491948	69486	4808	189440	223566	4550
西药批发	281464	59997	3724	88588	128105	1050
中药批发	117073	7119	104	70774	35577	3500
医疗用品及器材批发	93411	2370	980	30078	59884	
矿产品、建材及化工产品批发	10440184	2166048	210419	3188388	4702826	114772
煤炭及制品批发	960211	89491	23068	296957	550696	
石油及制品批发	2466203	1650893	13489	375560	419853	4138
非金属矿及制品批发	56957	314	94	22453	34096	
金属及金属矿批发	4383920	346705	59749	1425013	2479676	35853
建材批发	981530	13250	1673	495296	401210	56101

单位：万元

外商资本	营业收入	#主营业务收入	营业成本	#主营业务成本	营业税金及附加	#主营业务税金及附加	其他业务利润	销售费用
	7707674	7696234	5629778	5628147	467757	467757	9809	100743
27409	1364090	1342345	1219511	1215450	3241	3033	16953	102729
26617	43535334	43292651	40425603	40263527	72103	68592	79371	1352931
7155	16193475	16144887	15354236	15326879	20508	19342	25104	226246
6419	12075961	11923676	11126684	11008633	28641	28412	29726	375177
1107	2511633	2510316	2357021	2356641	1918	1913	1027	53196
1829	1557299	1552465	1244021	1243190	5088	5069	2654	204022
520	1511548	1504315	1408164	1406291	1006	1001	5208	42569
	679450	678210	636672	636304	2725	702	789	20913
3166	5083205	5064882	4638205	4626372	8124	8085	7442	302153
6422	3922762	3913900	3660600	3659217	4093	4069	7422	128658
8596	5422564	5397833	5140184	5124077	6871	6518	6940	119053
2431	3108635	3091993	2953483	2940579	3476	3249	3697	70642
1828	132109	132042	122156	120092	153	153	3	6188
	336942	334573	306392	306113	572	568	2333	10618
	12665	12665	11228	11228	30	30		289
4233	1474791	1469523	1410939	1410330	2278	2156	772	23205
104	357423	357035	335986	335734	361	361	136	8111
100	10110320	10092215	9231649	9228709	17518	17305	29364	363585
	7233888	7222829	6715707	6714312	10221	10159	8881	189125
	1622004	1618316	1399820	1399396	4441	4322	18293	125588
100	1254428	1251070	1116121	1115001	2856	2824	2190	48872
57731	175558862	174626400	171455059	170731267	120399	114557	196849	1729187
	14994704	14931137	14623215	14570617	16369	16131	19568	237391
2270	38153484	37995047	36987409	36856823	31991	30459	30202	538865
	208679	208509	191647	191647	981	974	105	5124
36926	82564274	82008942	81120673	80669715	38050	35742	83938	493321
14000	6038913	5999665	5794450	5778867	10810	10334	29222	73617

1-B-1 续表 9

项 目	#实收资本	国家资本	集体资本	法人资本	个人资本	港澳台资本
化肥批发	154350		55500	38180	60670	
农药批发	25703		3022	14262	7744	
农用薄膜批发						
其他化工产品批发	1411110	65396	53625	520666	748882	18680
机械设备、五金产品及电子产品批发	1832441	54515	22546	557849	1140072	35369
农业机械批发	13130	3000		4795	4368	968
汽车批发	133000	1900	1723	84286	42591	2500
汽车零配件批发	97525	438	490	38479	56920	
摩托车及零配件批发	15692			5808	9884	
五金产品批发	334258	10233	13928	149921	151806	843
电气设备批发	610183	1500	2223	56808	545648	1306
计算机、软件及辅助设备批发	58053	5500		20033	32418	
通讯及广播电视设备批发	96772	23277		34117	39379	
其他机械设备及电子产品批发	473828	8668	4182	163601	257060	29753
贸易经纪与代理	62689	6000	70	19879	36192	440
贸易代理	51381		70	18598	32166	440
拍卖						
其他贸易经纪与代理	10308	5000		1281	4027	
其他批发业	350364	1311	9113	145878	194063	
再生物资回收与批发	228167	510	7759	93352	126546	
其他未列明批发业	122198	801	1354	52526	67517	
零售业	6260425	397284	108647	2042827	2941039	402072
综合零售	1246432	37316	42246	496532	322057	120809
百货零售	698979	22055	21549	271466	185818	48655
超级市场零售	500254	10853	17581	204367	117265	72154
其他综合零售	47198	4408	3117	20699	18975	
食品、饮料及烟草制品专门零售	92868	4076	5146	44840	30775	7526
粮油零售	3221			2630	591	

单位：万元

外商资本	营业收入	#主营业务收入	营业成本	#主营业务成本	营业税金及附加	#主营业务税金及附加	其他业务利润	销售费用
	1443708	1440196	1403917	1403475	676	546	2925	20968
675	271091	270745	252993	252949	105	103	267	6300
3861	31881384	31769534	31078239	31004657	21417	20269	30621	353592
22091	23338767	23240537	21981694	21931432	30809	30332	35506	686233
	136148	136126	120691	120679	165	165	462	8675
	4137737	4130371	3948266	3946300	5179	5090	5586	178955
1198	1377749	1370719	1315100	1308416	1569	1548	1086	24467
	258177	258172	247051	247051	89	89		5200
7528	4024126	4015891	3744855	3741657	3015	3015	5789	113591
2698	3627190	3625450	3435263	3434767	5103	5102	647	105517
102	800690	798411	771220	770891	735	709	909	12077
	1889591	1878596	1789066	1786024	3032	2994	-18	43335
10564	7087359	7026802	6610183	6575648	11921	11621	21045	194416
108	1042126	1040988	1001775	1000696	673	666	126	14624
108	839603	838591	807342	806451	418	418	156	11694
	200897	200891	194081	194081	164	164	46	2930
	6896478	6833922	6709808	6655048	25020	24873	4064	51790
	3320611	3275750	3227776	3186867	22036	21999	3111	18606
	3575867	3558172	3482032	3468181	2984	2874	953	33184
368557	55835235	54909745	50094440	49805382	202959	196008	653096	2966923
227471	12277640	11745416	10164918	10101007	96900	91741	443916	1149049
149437	5123729	4879153	4172997	4139370	60039	55449	192548	332114
78034	6628548	6357718	5559147	5534465	32722	32570	237614	769183
	525363	508545	432773	427173	4140	3721	13754	47752
505	750817	739917	626287	624602	2541	2513	11500	72515
	69092	63038	55717	55421	74	74	5703	9280

1-B-1 续表 10

项 目	#实收资本					
		国家资本	集体资本	法人资本	个人资本	港澳台资本
糕点、面包零售	2570			1800	265	
果品、蔬菜零售	21574	1130	3532	4767	4619	7526
肉、禽、蛋、奶及水产品零售	12955	1306	124	1005	10521	
营养和保健品零售	1585			240	1345	
酒、饮料及茶叶零售	23162	190	339	17811	4823	
烟草制品零售	16064	1175	43	13871	975	
其他食品零售	11736	275	1110	2715	7637	
纺织、服装及日用品专门零售	411881	155	160	164368	66255	149754
纺织品及针织品零售	23566	80	17	21867	1603	
服装零售	312461			123645	43398	115214
鞋帽零售	7775			1108	6668	
化妆品及卫生用品零售	11809	50		2834	5216	2748
钟表、眼镜零售	10256	25		3426	6780	
箱、包零售	31618				200	31418
自行车零售	907			49	859	
其他日用品零售	13489		143	11439	1532	374
文化、体育用品及器材专门零售	208389	61538	7062	70436	68654	200
文具用品零售	12702	5600	52	1798	5252	
体育用品及器材零售	17730			11409	5821	
图书、报刊零售	80773	54698	220	23409	2446	
珠宝首饰零售	72929	940	6555	15686	49547	200
工艺美术品及收藏品零售	14156			13976	180	
乐器零售	1407			950	457	
照相器材零售	3351	300		726	2325	
其他文化用品零售	5342		235	2482	2625	
医药及医疗器材专门零售	132030	10949	4837	65891	43681	5772
药品零售	129069	10949	4837	64941	41670	5772

单位：万元

外商资本	营业收入	#主营业务收入	营业成本	#主营业务成本	营业税金及附加	#主营业务税金及附加	其他业务利润	销售费用
505	44097	43743	31021	30672	437	437	1183	12694
	87885	87378	75685	75560	233	230	217	8091
	163960	162677	149785	149331	318	309	1716	6506
	8815	8806	5438	5437	55	55	8	2695
	185018	184312	153231	153151	520	503	706	16741
	104796	104040	86337	86063	535	535	788	5239
	87154	85923	69074	68967	371	371	1180	11270
31190	1996640	1965906	1412956	1405437	15476	15172	21935	367804
	201133	189678	156609	156039	1780	1780	10858	19873
30204	1480138	1465144	1028379	1023289	11915	11643	8718	301533
	59225	57491	42191	41719	180	180	1261	11261
961	73061	72058	32570	31708	909	899	300	14120
26	76380	75605	56233	56232	364	342	545	11300
	15551	15081	13840	13369	44	44	…	4174
	9660	9659	8835	8835	19	19	…	398
	81492	81190	74300	74248	266	266	252	5146
500	1412874	1398664	1192971	1187333	18927	18758	11610	114488
	30250	30138	25141	25141	187	187	248	2011
500	46783	46737	39735	39735	253	253	47	8924
	405845	392113	306038	302553	1774	1674	9347	48259
	763738	763556	673947	671828	15507	15438	1807	46773
	21890	21890	17099	17099	894	894		1753
	15475	15473	13921	13920	46	46	2	495
	76774	76639	73055	73023	104	104	103	2073
	52119	52119	44035	44035	163	163	56	4200
900	2069018	2059413	1813431	1812652	5204	5087	11385	122542
900	2030563	2021388	1783973	1783195	4993	4875	10653	117757

1-B-1 续表 11

项 目	#实收资本	国家资本	集体资本	法人资本	个人资本	港澳台资本
医疗用品及器材零售	2961			950	2011	
汽车、摩托车、燃料及零配件专门零售	3638221	274522	40677	929513	2209563	106979
汽车零售	3216449	37869	32957	821164	2147352	106979
汽车零配件零售	21064	3055		6240	4929	
摩托车及零配件零售	4384			610	3774	
机动车燃料零售	396325	233598	7720	101499	53508	
家用电器及电子产品专门零售	286522	435	1370	155504	129213	
家用视听设备零售	51887	335	1020	18914	31618	
日用家电设备零售	120322		350	72344	47628	
计算机、软件及辅助设备零售	87524	100		53232	34192	
通信设备零售	23890			8915	14976	
其他电子产品零售	2900			2100	800	
五金、家具及室内装饰材料专门零售	123149	1600	3593	54716	31279	937
五金零售	7503		480	1604	5420	
灯具零售	3806		400	1140	2266	
家具零售	82082		2695	44544	12917	937
涂料零售	2360			200	2160	
卫生洁具零售	14645			5265	1149	
木质装饰材料零售	2139			1748	391	
陶瓷、石材装饰材料零售	5531			45	5486	
其他室内装饰材料零售	5083	1600	18	170	1490	
货摊、无店铺及其他零售业	120933	6694	3555	61028	39562	10094
互联网零售	35173		320	23225	11628	
邮购及电视、电话零售	11778			10950	828	
旧货零售						
生活用燃料零售	67146	6694	2333	24943	23398	9777
其他未列明零售业	5977		902	1911	2848	317

单位：万元

外商资本	营业收入	#主营业务收入	营业成本	#主营业务成本	营业税金及附加	#主营业务税金及附加	其他业务利润	销售费用
	38455	38025	29458	29456	212	212	732	4785
76967	33106601	32828491	31183484	31021146	47429	46905	119423	823424
70127	25901709	25696568	24369778	24271668	38671	38380	112496	662158
6840	133251	129341	123000	122959	447	445	1325	4711
	47348	47281	43973	43959	145	145	103	1867
	7024292	6955302	6646733	6582560	8167	7935	5499	154688
	2662246	2623025	2359303	2320310	8538	8017	27003	201125
	674399	667235	594958	592788	2437	1980	1692	52733
	1204463	1194652	1054416	1022448	3429	3415	8832	115079
	416027	408540	377577	375683	1137	1124	5504	14782
	343785	329452	311375	308737	1467	1437	10749	16664
	23573	23145	20978	20655	69	61	227	1867
31024	456725	451808	373273	368523	4680	4610	3928	29090
	66175	66071	59457	59457	193	193	81	2637
	32530	32530	25808	25808	430	430		694
20988	158057	157372	117338	116680	1690	1621	1851	15937
	62572	62395	56164	56163	30	30	177	431
8231	17925	16516	14167	13784	40	40	1026	2522
	45939	45939	43860	43860	63	63	479	1133
	8910	8910	6744	6744	102	102	4	775
1805	64617	62075	49734	46026	2131	2131	311	4962
	1102674	1097107	967817	964371	3263	3205	2397	86886
	216823	216237	170586	170548	952	952	546	45040
	237355	237353	212708	212708	759	759		15580
	564775	560042	509618	506362	1364	1309	1708	23035
	83141	82895	74405	74253	186	183	143	3231

1-B-1 续表 12

项　目	管理费用	#税金	财务费用	#利息收入	#利息支出	资产减值损失
总　计	**4663224**	**182033**	**1964254**	**983737**	**2279535**	**161601**
一、按登记注册类型分						
内　资	4265021	167268	1897981	943819	2206810	125528
国　有	348886	8028	-85027	95604	14032	4246
集　体	16863	583	3665	1068	3505	3
股份合作企业	4133	281	1441	215	1224	16
联营企业	407	81	-6	13		
国有联营	37	20	4	1		
国有与集体联营	212	52	-10	10		
其他联营	158	9	...	2		
有限责任公司	1430860	56901	555034	352379	735229	68350
国有独资公司	125495	4397	18388	11867	25237	6887
其他有限责任公司	1305365	52504	536645	340512	709992	61463
股份有限公司	472206	20196	161265	88318	225715	29348
私营企业	1989569	81168	1261081	406218	1226691	23565
私营独资	11833	730	4059	879	3182	
私营合伙	6327	255	2882	315	3017	
私营有限责任公司	1917868	77299	1234757	395063	1196393	23372
私营股份有限公司	53542	2884	19384	9962	24100	193
其他企业	2098	31	527	4	414	
港澳台商投资	208951	6289	32726	18740	34883	11346
与港澳台商合资经营	66923	1878	12200	7438	11982	8327
与港澳台商合作经营	6849	491	169	106	148	
港澳台商独资	133063	3701	20127	11201	22564	3019
港澳台商投资股份有限公司	2115	219	230	-4	189	
外商投资	189253	8477	33547	21178	37842	24728
中外合资经营	62769	2674	13032	12908	24449	23259
中外合作经营						
外资企业	119302	5675	19361	7969	13044	1352
外商投资股份有限公司	6402	64	950	300	147	118
其他外商投资	722	6	202	1	203	

单位：万元

公允价值变动收益	投资收益	营业利润	营业外收入		利润总额	应交所得税	应付职工薪酬(本年贷方累计发生额)	应交增值税
				#补贴收入				
99407	**1035714**	**4337690**	**690756**	**245380**	**4928329**	**1296466**	**4213595**	**2999122**
16903	956372	3909946	664144	236349	4499059	1142834	3863340	2786053
245	4611	1315676	8211	4362	1300303	326041	311539	359034
	504	5799	2435	1723	8366	1684	12375	12326
	83	2569	392	140	2647	466	3572	2063
	226	3208	3		3374	524	971	744
		1083			1042	275	161	234
	226	1838			2049	179	715	446
		288	3		283	71	96	64
6939	448719	1282820	274919	103235	1500068	344915	1411495	798483
562	49585	93446	55648	44934	139659	20906	123746	30977
6378	399133	1189374	219271	58301	1360409	324009	1287749	767507
-713	281812	498501	46513	14854	689753	178281	595940	273013
10432	220372	792279	331350	111788	985530	290776	1523675	1339964
	2	7292	534	43	7194	1583	8946	11311
	22	5788	1524		6846	1662	11181	2491
10259	210541	739213	267823	107911	873604	262438	1466814	1291385
173	9807	39986	61469	3834	97887	25093	36735	34776
	46	9095	320	246	9020	148	3774	426
78240	14235	184378	13507	4334	193440	62327	174544	109691
	13998	51408	4335	1001	53295	19657	67106	43270
		770	45		2391	194	3647	887
78240	237	132583	9125	3332	138143	42424	103328	65526
		-383	3	1	-388	52	464	8
4263	65107	243366	13104	4697	235830	91305	175711	103379
4263	59055	186009	7020	2815	179680	51341	83627	26386
	5409	53559	6013	1833	52267	39558	88060	75316
	419	2547	44	33	2433		3003	1361
		645	16	16	625	201	601	79

1-B-1 续表 13

项 目	管理费用	#税金	财务费用	#利息收入	#利息支出	资产减值损失
二、按控股情况分						
国有控股	977235	34942	-16242	243220	222028	67715
集体控股	205793	6168	33443	73893	73700	1787
私人控股	2865589	115522	1772750	579293	1788926	54244
港澳台商控股	169345	5768	30034	13482	30647	3988
外商控股	158864	7371	27951	15951	16754	3731
其他	286400	12263	116318	57897	147481	30135
三、按国民经济行业小类分						
批发业	3072329	123699	1510436	835222	1857964	124127
农、林、牧产品批发	32034	907	27760	3031	27056	50
谷物、豆及薯类批发	12779	305	17330	1489	16596	
种子批发	5371	11	444	16	459	163
饲料批发	2669	157	1236	122	1095	
棉、麻批发	1570	129	3308	1147	3853	
林业产品批发	975	9	115	22	53	
牲畜批发	3387	54	2096	12	1800	-113
其他农牧产品批发	5283	242	3230	223	3199	
食品、饮料及烟草制品批发	634591	14848	-10369	114652	80635	3986
米、面制品及食用油批发	54502	1295	35831	12285	38071	-408
糕点、糖果及糖批发	8166	181	3432	1257	4390	28
果品、蔬菜批发	131036	1161	11024	977	5748	-51
肉、禽、蛋、奶及水产品批发	20195	457	10311	1670	8729	3650
盐及调味品批发	27137	580	-56	1007	837	32
营养和保健品批发	7357	99	3578	585	4177	
酒、饮料及茶叶批发	68460	4140	14350	4019	15791	695

单位：万元

公允价值变动收益	投资收益	营业利润	营业外收入	#补贴收入	利润总额	应交所得税	应付职工薪酬（本年贷方累计发生额）	应交增值税
4959	277504	2244526	139379	60783	2369745	582391	1065365	680956
940	83043	236568	39069	13795	296860	53437	203135	104340
9193	544195	1153467	447910	142721	1512006	439847	2333966	1711427
78240	3492	142518	10984	3818	147664	46239	135927	77776
	6216	206504	11280	4786	200185	80329	133198	95790
6075	121264	354107	42133	19477	401870	94223	342005	328832
21155	952993	3668263	547846	206381	4219709	1037835	2512008	2207980
	2663	2466	22596	17642	25379	4691	22714	18347
	9	-19278	17365	14007	-1131	303	9290	14475
	47	2961	1106	647	4284	1579	2435	131
	1240	2787	145	57	4039	409	1925	844
	57	2183	409	84	2456	306	748	581
	17	3960	91	54	4023	78	908	11
	1227	-3248	2337	2188	-2178	220	3078	7
	65	13100	1145	606	13885	1795	4330	2298
538	107628	1632368	100180	37660	1703245	419319	583532	574816
601	30934	-7439	33940	29648	33967	8063	39304	31020
	3769	291	571	38	1404	653	6190	2508
	-1355	29453	19686	1895	41806	10248	25257	746
3	8376	24753	3200	1294	26105	6918	20474	4166
	1114	16454	2118	320	18397	4797	20162	7298
	10269	14287	598	376	14919	2620	8310	5971
-66	54558	235819	37021	2878	265366	62494	180978	130036

1-B-1 续表 14

项目	管理费用	#税金	财务费用	#利息收入	#利息支出	资产减值损失
烟草制品批发	302694	6325	-91867	92464		
其他食品批发	15044	612	3028	389	2893	42
纺织、服装及家庭用品批发	691261	22293	319135	157353	359861	24278
纺织品、针织品及原料批发	201860	8481	167332	76315	177565	3992
服装批发	275891	5713	78722	47994	104425	7866
鞋帽批发	25257	1896	15590	1820	8399	2470
化妆品及卫生用品批发	24513	547	5195	463	4347	11
厨房、卫生间用具及日用杂货批发	25230	749	11314	2462	6160	12
灯具、装饰物品批发	12602	279	4870	1008	3610	9122
家用电器批发	61531	2129	20637	18296	32353	1272
其他家庭用品批发	64379	2500	15475	8996	23003	-467
文化、体育用品及器材批发	80917	2868	30420	9947	25827	-2618
文具用品批发	44434	1461	16745	7186	16151	1024
体育用品及器材批发	2828	75	1419	102	1075	
图书批发	9836	450	-338	630	95	-3695
音像制品及电子出版物批发	1169	12	62	4	30	
首饰、工艺品及收藏品批发	15264	724	8298	1679	6980	52
其他文化用品批发	7386	147	4234	346	1496	1
医药及医疗器材批发	191555	4887	44303	12885	55140	6979
西药批发	112482	3360	31671	8118	41876	5534
中药批发	39147	1063	7892	1442	6245	940
医疗用品及器材批发	39927	464	4739	3325	7019	504
矿产品、建材及化工产品批发	1019360	57234	872689	476791	1116308	76343
煤炭及制品批发	84773	4766	129275	24300	127214	21523
石油及制品批发	231763	11965	87191	62093	132041	6838
非金属矿及制品批发	6514	112	3193	174	3171	65
金属及金属矿批发	386669	24152	479198	298149	635068	41681
建材批发	71210	3407	55639	22985	67725	2501

单位：万元

公允价值变动收益	投资收益	营业利润	营业外收入	#补贴收入	利润总额	应交所得税	应付职工薪酬(本年贷方累计发生额)	应交增值税
		1298570	1681	841	1280523	319715	268641	347569
	-39	20179	1366	371	20759	3811	14217	45502
-108	117121	741439	80371	28155	777927	158928	596141	535972
-489	26883	252194	21624	5835	238803	44360	140838	256436
-5	67446	224696	37192	13084	274806	48649	202059	142550
	3791	59551	2995	1236	61453	14677	18849	12763
	7896	74556	1892	201	84393	21495	39770	49245
	315	23426	2613	537	12964	1339	22906	3885
	607	-5505	901	409	-4583	1299	9319	-2931
307	7884	59295	7064	3344	61463	15492	109923	50455
80	2299	53227	6090	3511	48627	11619	52478	23570
1656	14270	61741	9791	2335	67176	9098	60151	38228
1082	2477	20468	6980	1067	24654	4586	30930	10940
		-637	264	163	-427	384	3088	820
	10987	24544	651	92	24921	108	7113	3061
		-112	128	3	14	6	1056	165
574	800	16135	1131	711	16327	3456	12451	21781
	7	1343	637	300	1687	557	5513	1461
-187	57462	310657	23037	10730	314671	70024	157708	129997
-14	42733	213129	11537	5431	216468	47280	95443	70078
-6	1202	45760	6155	1506	39470	11852	39692	35287
-167	13527	51768	5346	3794	58733	10892	22573	24631
13279	559476	738764	163961	70438	1003551	286960	753598	527927
383	30143	-86826	15257	6756	-2948	13705	45621	75847
306	85893	354089	21922	6764	372813	113032	301239	168807
	20765	21909	564	181	14740	1054	2317	2695
10524	317999	224366	60834	19265	357830	109705	194127	161103
327	8106	39938	22642	15492	45024	7704	61312	28365

1-B-1 续表 15

项目	管理费用	#税金	财务费用	#利息收入	#利息支出	资产减值损失
化肥批发	15894	540	8165	2267	9267	114
农药批发	5535	163	1791	890	2045	70
农用薄膜批发						
其他化工产品批发	216970	12128	108238	65934	139777	3554
机械设备、五金产品及电子产品批发	365171	17310	149047	47555	130596	14840
农业机械批发	4016	148	728	688	970	5
汽车批发	21319	3212	6210	4513	6804	257
汽车零配件批发	23748	2679	14724	1778	7104	-105
摩托车及零配件批发	2445	90	5071	632	1606	3345
五金产品批发	82109	2210	32748	7866	18891	2649
电气设备批发	38207	1356	16389	1753	9864	2174
计算机、软件及辅助设备批发	10444	240	977	1402	1820	149
通讯及广播电视设备批发	37240	2012	6881	2781	7371	78
其他机械设备及电子产品批发	145644	5363	65320	26144	76166	6288
贸易经纪与代理	11755	339	4623	1447	2964	32
贸易代理	8565	289	4284	1207	2735	32
拍卖						
其他贸易经纪与代理	2366	27	348	231	227	
其他批发业	45685	3013	72829	11562	59579	237
再生物资回收与批发	27252	1868	54080	7134	50048	25
其他未列明批发业	18433	1146	18749	4428	9531	213
零售业	1590895	58335	453818	148515	421571	37475
综合零售	552931	19498	70006	68631	66804	6654
百货零售	338698	11845	66319	40212	65980	5863
超级市场零售	192916	5879	-637	27625	-3731	789
其他综合零售	21318	1774	4324	794	4555	2
食品、饮料及烟草制品专门零售	36251	1093	5313	1012	3445	200
粮油零售	1492	72	778	11	…	

单位：万元

公允价值变动收益	投资收益	营业利润	营业外收入	#补贴收入	利润总额	应交所得税	应付职工薪酬(本年贷方累计发生额)	应交增值税
	33187	27268	9643	6661	38603	2803	12161	1433
	2145	4643	1172	292	6915	1194	3420	140
1739	61237	153310	31928	15027	170510	37762	133381	89537
6018	84805	178474	110329	11583	288291	75566	287755	163683
	-141	2325	458	204	2631	698	1687	533
16	-2392	-24672	13546	371	-23937	7960	28464	26194
3	1693	926	12304	1857	2561	1724	15761	21846
1797	2857	-369	135	75	-324	159	1633	1089
-472	5748	49501	4894	2130	66784	15531	66544	14200
364	1837	25747	3167	1844	27311	7203	27929	24579
	569	4629	491	86	4697	975	8539	3782
...	2165	12131	2801	594	13190	3544	31101	11480
4310	72468	108256	72534	4422	195377	37772	106098	59980
-41	131	8788	1382	998	10990	2025	7619	1512
-41	131	7372	1260	876	9496	1558	5760	1499
		1049	110	110	1122	375	1284	13
	9439	-6433	36198	26841	28480	11224	42790	217499
	9202	-25751	33396	25383	8614	3789	18181	206484
	237	19318	2802	1458	19866	7435	24609	11015
78252	82720	669427	142910	38999	708621	258631	1701587	791142
-3	42312	289363	43508	14738	325619	114807	564642	214905
-3	36145	190942	18237	7979	205605	76277	187781	105499
	5822	81330	23529	5678	99933	37518	347048	104479
	345	17092	1742	1080	20082	1011	29812	4927
	1073	10685	3845	2544	13868	4529	45538	14394
		1696	80		1796	418	3320	1281

1-B-1 续表 16

项 目	管理费用	#税金	财务费用	#利息收入	#利息支出	资产减值损失
糕点、面包零售	1907	41	282	3	260	
果品、蔬菜零售	5946	411	1038	35	851	
肉、禽、蛋、奶及水产品零售	6585	228	1040	52	640	
营养和保健品零售	873	3	14	6		
酒、饮料及茶叶零售	7590	169	1840	183	1001	50
烟草制品零售	6269	91	-209	698	301	
其他食品零售	5588	79	530	25	392	150
纺织、服装及日用品专门零售	128754	5639	21564	12819	16973	23832
纺织品及针织品零售	10141	215	3495	2456	5261	1721
服装零售	97269	2193	15975	10057	10495	21812
鞋帽零售	2170	24	539	2	466	102
化妆品及卫生用品零售	7384	3058	159	26		-40
钟表、眼镜零售	6094	54	874	44	529	
箱、包零售	2199	21	70	15		237
自行车零售	527	7	84	36	48	
其他日用品零售	2970	67	368	183	174	
文化、体育用品及器材专门零售	61373	2471	14943	4403	15580	-1238
文具用品零售	1950	23	672	44	531	4
体育用品及器材零售	2303	68	1575	24	1503	-1336
图书、报刊零售	33477	1705	-3027	3950	1115	89
珠宝首饰零售	16729	580	9608	282	6882	8
工艺美术品及收藏品零售	3363	9	5468	2	4912	
乐器零售	728	2	210	1	160	
照相器材零售	188	5	251	1	238	-3
其他文化用品零售	2635	79	186	99	239	
医药及医疗器材专门零售	73633	1258	13057	1201	11666	528
药品零售	71216	1208	12497	1178	11221	528

单位：万元

公允价值变动收益	投资收益	营业利润	营业外收入		利润总额	应交所得税	应付职工薪酬（本年贷方累计发生额）	应交增值税
				#补贴收入				
		-2244	84		-1032	160	4605	2069
	817	-2318	2081	1712	-644	323	5713	884
	28	1468	865	442	1311	362	6763	1230
		-191	13	5	-239	50	1165	465
	112	5162	233	105	4937	850	7634	3106
	128	6752	35		7125	1910	8818	2848
	-11	360	454	280	615	458	7522	2512
78240	10357	115618	6829	3319	120623	38885	152876	78159
	553	7519	655	619	8412	2193	8258	6229
78240	7964	90923	5538	2519	95116	33709	122936	55977
	447	2955	67		3265	780	3401	4754
	1264	19224	341		19552	1395	5485	6758
	1	1531	52	36	1453	496	7289	2638
	128	-4777	155	142	-5346	1	1544	179
		-203	3	1	-207	4	308	111
		-1555	19	2	-1623	307	3656	1512
	2470	15854	5096	2918	20282	3066	77484	28156
		424	153	37	394	84	2447	705
	1087	-4672	126	114	-3526	102	4072	1960
	58	20113	2863	1722	22391	604	43017	12539
	1267	4487	1190	764	5145	1885	22704	10533
		-6686	406		-6451	24	1537	217
	8	75	27	27	101	24	392	926
	50	1156	161	110	1306	80	466	387
		956	171	143	923	263	2849	889
	3250	44321	9460	328	46005	12214	90737	35782
	2490	42537	9208	320	44052	11938	89005	33789

1-B-1 续表 17

项　　目	管理费用	#税金	财务费用	#利息收入	#利息支出	资产减值损失
医疗用品及器材零售	2417	50	559	23	445	
汽车、摩托车、燃料及零配件专门零售	603574	24467	293298	51712	279332	7579
汽车零售	540280	20600	283331	42120	262011	7236
汽车零配件零售	3618	86	71	-288	591	257
摩托车及零配件零售	1508	39	388	63	256	
机动车燃料零售	58168	3742	9508	9816	16474	87
家用电器及电子产品专门零售	77768	2159	17476	6129	14805	-93
家用视听设备零售	19588	536	3612	2141	3236	-85
日用家电设备零售	32028	929	8884	2706	6775	26
计算机、软件及辅助设备零售	13871	328	1311	868	1756	-39
通信设备零售	11240	346	3493	349	2863	5
其他电子产品零售	1041	20	177	65	176	
五金、家具及室内装饰材料专门零售	24214	839	12996	1973	8092	-180
五金零售	2671	44	448	75	416	
灯具零售	3439	145	237	22	144	
家具零售	13923	528	8532	1532	6168	-180
涂料零售	408	9	599	33	596	
卫生洁具零售	526	68	277	1	261	
木质装饰材料零售	1091	8	27	6	32	
陶瓷、石材装饰材料零售	1132	12	451	...	449	
其他室内装饰材料零售	1024	25	2424	305	27	
货摊、无店铺及其他零售业	32398	911	5167	635	4874	193
互联网零售	10552	200	933	27	636	79
邮购及电视、电话零售	4260	36	-315	296	42	...
旧货零售						
生活用燃料零售	15601	597	4364	306	4085	114
其他未列明零售业	1918	79	183	7	110	

单位：万元

公允价值变动收益	投资收益	营业利润	营业外收入	#补贴收入	利润总额	应交所得税	应付职工薪酬(本年贷方累计发生额)	应交增值税
	761	1784	252	8	1952	276	1732	1993
...	22640	170283	46506	13446	155397	73817	622689	353569
...	11590	12128	44627	13268	-2105	37993	519919	293496
		1148	178	57	1267	290	3413	2856
	71	-382	87	4	-326	36	1502	395
	10979	157389	1614	116	156560	35497	97855	56822
	735	2018	16978	1163	2875	5823	99450	39887
	168	2420	1051	457	2547	1218	25164	11892
	356	-7468	14592	434	-6715	1927	45227	18745
	212	7491	630	211	6897	2043	16023	5697
		2	686	43	577	619	11749	3284
		-427	19	19	-431	17	1286	268
-1	177	14873	3672	302	15205	1583	16592	6714
		747	3411	203	895	302	2335	1197
	16	1938	8	1	1921	423	1005	384
	-64	3068	190	93	2707	97	8917	2056
		4942	7		4942	441	511	121
	224	392	39	2	639	208	744	221
		-235	3		87	61	528	1231
		-291	1		-292	12	646	71
-1		4311	12	4	4305	39	1906	1433
17	-293	6412	7015	242	8747	3908	31580	19578
	-562	-11863	4851	124	-7658	649	8595	11027
...	...	4362	140	97	4253	812	4967	2256
16	268	10687	1982	19	8964	2132	15978	4824
		3218	43	2	3179	314	1977	1455

1-B-2 按地区分组的限额

地区	单位数(个)	年初存货	流动资产合计	#应收账款	#存货	固定资产合计	固定资产原价
全省	**14602**	**16831202**	**131740942**	**25538515**	**18318564**	**9474975**	**13663623**
杭州市	**3683**	**6967293**	**49257073**	**7506020**	**7492700**	**2908750**	**4391303**
上城区	312	1182672	6786399	940504	1116320	924910	1382618
下城区	489	2171109	11731562	1799766	2051942	492666	857834
江干区	384	645707	4345644	780191	822837	195031	309098
拱墅区	486	887006	6483689	922052	938733	233478	336131
西湖区	277	485494	4114714	614281	752415	172391	296193
滨江区	180	432142	3587993	370584	455908	130693	190447
萧山区	614	616597	6363892	982807	723589	359145	480772
余杭区	407	292749	3668505	628125	315257	212022	266208
桐庐县	104	51763	354168	93693	51498	47970	62710
淳安县	49	17831	132653	15098	20775	15612	23920
建德市	52	29647	181884	38053	31389	15937	25286
富阳市	224	120225	1184664	274379	169810	76687	111116
临安市	105	34352	321306	46485	42228	32210	48971
宁波市	**2936**	**3488624**	**33630388**	**8556433**	**3826595**	**1773599**	**2686790**
海曙区	401	509582	4378364	980891	539302	320462	501540
江东区	386	311175	2765730	516326	414115	187266	306674
江北区	265	248305	1437257	330301	288115	112540	161432
北仑区	287	783679	7665577	1702021	718865	181065	247064
镇海区	259	239357	2338084	522726	318812	100475	130126
鄞州区	654	675018	10155191	3647162	739204	453869	752095
象山县	91	41997	522813	121080	53238	45004	60300
宁海县	103	37744	366332	66096	51171	26046	35836
余姚市	197	226293	1478598	174756	264726	96116	154961
慈溪市	215	318207	1985787	399273	332635	191057	266403
奉化市	78	97269	536654	95803	106412	59700	70360
温州市	**2068**	**1404863**	**10815966**	**1968285**	**1538870**	**791887**	**1159513**
鹿城区	561	594187	3998345	619748	642355	313357	478016
龙湾区	331	309305	2988237	439514	322574	136806	190916
瓯海区	201	88924	652732	149246	88446	58324	77430
洞头县	25	9999	123597	17757	13671	40831	76591
永嘉县	75	52226	405833	121716	88909	21120	28694
平阳县	104	27597	163360	67798	31035	28968	41164

以上批发和零售业财务状况

单位：万元

累计折旧	#本年折旧	资产总计	流动负债合计	#应付账款	非流动负债合计	负债合计	所有者权益合计
4903154	**912029**	**166014321**	**122117391**	**26685618**	**6919674**	**128914073**	**37100248**
1589323	**278294**	**64416372**	**45277763**	**8586376**	**3714707**	**48828137**	**15588235**
469554	67704	9610330	5928661	946893	332931	6262330	3347999
365512	61063	14272763	10884059	1974229	400233	11195508	3077255
115968	23168	5445444	3854510	1030796	122987	3965393	1480051
121311	23407	8188698	6089102	1077087	755867	6831002	1357696
124863	21477	6581324	3870686	851652	606809	4454368	2126956
62608	14380	5103888	3038009	449445	772095	3794542	1309346
149286	31757	7892677	6109817	1159104	459647	6562098	1330579
85696	17815	4611128	3397021	587770	190832	3567696	1043433
17666	3514	437315	373595	123719	17059	376375	60941
8435	2050	166784	133522	13619	3962	135601	31183
10018	2167	235357	168477	40638	7826	176371	58986
40266	7001	1439357	1071625	261158	34287	1145123	294234
18141	2792	431306	358680	70266	10174	361731	69576
1000057	**227298**	**38574064**	**30607130**	**8452625**	**809672**	**31567058**	**7007005**
186474	26555	5528630	3882614	916705	75783	3968900	1559729
119879	21226	3185060	2119655	793664	57507	2188805	996255
56035	12804	1702217	1410608	302388	33031	1436029	266188
96027	15371	8325893	6477727	1566753	121598	6880945	1444948
43559	9383	2593476	2233224	375920	33520	2251489	341987
310787	102151	11461680	9595396	3498988	351632	9829561	1632120
18020	3794	618822	541134	112250	34783	546674	72147
10368	2440	449176	360494	66830	9112	369504	79672
61445	10538	1643260	1512874	215493	9380	1538026	105233
82348	19148	2362619	1927454	438194	74411	1992060	370559
15115	3888	703232	545949	165440	8915	565066	138166
399893	**84550**	**13822677**	**10124732**	**1613149**	**301080**	**10425812**	**3396865**
167711	29121	5284186	3361286	498387	166614	3527900	1756286
63652	16814	3706411	3065797	381968	38630	3104427	601984
19979	4932	757712	638609	135246	3830	642439	115273
35772	2881	191681	161198	76708	523	161721	29961
8388	1855	464749	303967	65106	1817	305784	158965
13907	4398	275463	193021	42945	6792	199813	75651

1-B-2 续表 1

地区	单位数(个)	年初存货	流动资产合计	#应收账款	#存货	固定资产合计	固定资产原价
苍南县	161	60614	369057	96596	83213	34969	45240
文成县	17	6381	24251	12725	5415	778	1258
泰顺县	15	1368	6071	849	2375	2364	2730
瑞安市	316	140089	1052793	250775	144643	57219	96825
乐清市	262	114172	1031691	191562	116233	97151	120650
嘉兴市	**1300**	**979972**	**7237616**	**1614450**	**1110888**	**713247**	**1032865**
南湖区	237	300079	1827912	253893	363314	216978	330977
秀洲区	180	140810	1070641	244794	147284	122752	185674
嘉善县	94	88797	602541	307961	81780	35287	59849
海盐县	78	41220	278788	62690	42094	30747	44020
海宁市	306	168607	1911221	381679	177346	133776	188451
平湖市	109	84051	562097	136929	93776	81220	84802
桐乡市	296	156408	984416	226503	205293	92487	139094
湖州市	**583**	**457464**	**4362788**	**968284**	**497578**	**677032**	**1058193**
吴兴区	214	248681	2119221	330364	257008	445049	786048
南浔区	60	46114	275541	61864	32843	39496	44450
德清县	113	75016	625000	112363	94812	34282	43814
长兴县	133	58053	1148960	420476	77363	89120	105578
安吉县	63	29600	194066	43216	35552	69085	78304
绍兴市	**1259**	**1078142**	**8676327**	**1906287**	**1205029**	**917231**	**1265766**
越城区	315	404272	2241412	388594	427945	264437	390220
绍兴县	390	303234	3469751	771245	310368	193991	270556
新昌县	64	38663	428600	114535	64427	23171	37257
诸暨市	270	208703	1711597	392928	243899	283369	354704
上虞市	136	95942	576576	153945	110952	107008	152391
嵊州市	84	27328	248391	85039	47438	45255	60639
金华市	**1096**	**799596**	**5127370**	**872030**	**876427**	**453045**	**666721**
婺城区	243	310925	1666200	236562	271498	166927	265222
金东区	90	80351	358977	70570	87548	38364	55971
武义县	52	13890	93900	18384	16904	9952	13801
浦江县	54	22514	87679	28975	20364	11981	17744
磐安县	20	3316	28837	13484	3286	2493	3730
兰溪市	107	41007	403215	59253	62981	33283	35409
义乌市	276	163415	1097413	176377	193097	68820	107873
东阳市	93	41562	493590	133894	53587	51216	72746
永康市	161	122616	897559	134532	167161	70009	94226

单位：万元

累计折旧	#本年折旧	资产总计	流动负债合计	#应付账款	非流动负债合计	负债合计	所有者权益合计
11093	4013	456213	359500	63905	8037	367537	88676
548	77	25494	19996	2742	302	20298	5196
556	101	8890	2932	1972	370	3302	5587
40646	10295	1297401	1023329	214041	4774	1028103	269298
37640	10063	1354478	995096	130130	69392	1064488	289990
371026	**71876**	**9637664**	**6811843**	**1517441**	**503025**	**7285446**	**2352219**
117599	20017	2576963	1837621	388431	200687	2022901	554062
69041	12759	1290006	783312	194864	15229	790872	499134
24719	4159	675526	538799	181986	11756	545490	130036
13431	2587	333989	280212	34199	2853	284532	49457
65719	18525	2270706	1755348	416316	120392	1869673	401033
27016	5444	763066	542146	104999	44714	590502	172564
53500	8386	1727409	1074405	196647	107395	1181476	545934
426090	**58939**	**6161885**	**4303069**	**968414**	**200759**	**4495717**	**1666167**
358670	42382	3405596	2119981	330866	96667	2233226	1172369
9454	1647	370263	243035	29359	35234	273638	96625
12342	3128	776360	595442	173719	1899	601176	175184
25408	8436	1308596	1134404	387837	48908	1156677	151919
20215	3346	301069	210206	46632	18050	230999	70070
409077	**64986**	**11376403**	**8313223**	**1893566**	**558875**	**8951849**	**2424554**
140704	20213	2808792	2021303	458623	62305	2076864	731928
76952	16488	4068059	3211564	699369	81771	3387776	680283
14292	2259	528343	390042	188195	16197	406218	122125
113245	16122	2790577	1763377	322569	365005	2119989	670588
46637	6971	853392	677207	153545	21725	698514	154879
17247	2934	327241	249730	71265	11872	262489	64752
233214	**43366**	**6344858**	**4692324**	**903215**	**130274**	**4813518**	**1531340**
99333	15702	2141254	1329092	189493	65544	1388333	752921
18535	4432	444936	363551	60297	1003	368881	76055
3887	905	122912	96826	16233	817	97683	25230
5713	820	107479	79858	25355	311	80476	27003
1410	210	34262	27729	8197	126	27842	6420
8584	1610	515697	403240	62294	1830	405070	110627
39370	8666	1253964	1018937	189942	43985	1055946	198019
28318	5872	680993	493659	125451	16334	508982	172011
28065	5148	1043361	879431	225954	324	880307	163054

1-B-2 续表 2

地 区	单位数(个)	年初存货	流动资产合计	#应收账款	#存货	固定资产合计	固定资产原价
衢州市	**299**	**267369**	**1389832**	**246542**	**256281**	**194844**	**261364**
柯城区	96	127874	714791	104143	133892	98299	151223
衢江区	52	22727	166489	32091	28346	29489	34908
常山县	25	19304	71609	16685	16377	18877	13011
开化县	22	5704	33985	3866	7406	6345	7895
龙游县	54	61659	244600	58754	36276	27199	33885
江山市	50	30101	158358	31002	33984	14636	20444
舟山市	**296**	**408467**	**3963673**	**710780**	**478545**	**420233**	**271191**
定海区	158	166331	2299339	290173	170861	300553	142695
普陀区	99	230286	1592774	409611	298262	113039	116402
岱山县	25	4276	55503	8834	5570	2695	5096
嵊泗县	14	7575	16057	2163	3853	3946	6998
台州市	**785**	**791365**	**5315433**	**982062**	**820554**	**476054**	**672174**
椒江区	189	285189	2109557	275650	291086	225883	314386
黄岩区	61	56212	281476	53148	61643	29351	47756
路桥区	137	182033	1242952	181590	187834	66657	94514
玉环县	94	59153	377041	80125	60801	36157	55028
三门县	23	10186	88149	29509	8742	8565	9007
天台县	18	9296	50018	8353	9520	4551	7200
仙居县	28	9875	69995	30735	11569	6170	8837
温岭市	158	128433	739757	251877	129568	71412	92544
临海市	77	50989	356488	71076	59792	27307	42903
丽水市	**297**	**188048**	**1964477**	**207344**	**215096**	**149054**	**197743**
莲都区	124	135795	1257253	118695	141254	101266	138072
青田县	26	3481	55668	16673	4240	5462	7420
缙云县	41	16228	67805	16638	23539	17230	20360
遂昌县	31	7610	59372	13989	8369	7289	7541
松阳县	14	2614	27298	7315	5514	4231	5142
云和县	20	2771	30682	4134	7426	3510	3319
庆元县	11	2433	15361	899	6019	1088	1609
景宁县	14	6032	410029	11672	7027	3026	5492
龙泉市	16	11086	41009	17331	11708	5952	8787

单位：万元

累计折旧	#本年折旧	资产总计	流动负债合计	#应付账款	非流动负债合计	负债合计	所有者权益合计
86787	**16550**	**1810025**	**1289238**	**209069**	**60220**	**1331181**	**478844**
58758	10267	912853	607387	109135	34314	630882	281971
8188	2741	270056	215669	27018	14233	227197	42859
3079	511	94161	79480	10254	5783	78982	15179
2458	415	43179	33746	4716	95	34560	8619
7504	1229	294408	217465	39996	3439	222731	71677
6799	1388	195368	135490	17951	2357	136829	58539
86272	**14058**	**5043552**	**4057587**	**965570**	**324353**	**4360688**	**682864**
47767	7585	2696744	2050495	335928	116544	2169145	527599
32968	5883	2254459	1928463	622438	206867	2111895	142563
2485	321	65332	57950	5740	595	58545	6787
3052	270	27018	20680	1465	347	21102	5915
245434	**41022**	**6560295**	**4875010**	**717946**	**271381**	**5068774**	**1491522**
113359	16230	2754897	1690755	263424	166620	1839383	915514
19136	3431	339936	270062	39313	9848	277318	62618
32130	8565	1400220	1253021	121668	10930	1254445	145775
19615	3239	487503	409242	29206	11429	419113	68390
3443	497	151101	102889	22397	947	102915	48186
2649	334	57961	45457	6882	349	45866	12095
2941	519	88213	68537	31303	6240	75248	12965
33863	5485	847284	705239	131754	59037	719005	128279
18299	2722	433180	329808	72000	5982	335481	97699
55983	**11089**	**2266526**	**1765472**	**858247**	**45329**	**1785895**	**480631**
41631	7930	1466792	1109324	672370	28925	1124531	342262
1963	317	65715	44078	15258	8963	44164	21550
3574	1012	88845	55152	16665	2991	58506	30339
1489	475	74937	54817	24973	358	55520	19417
911	284	43334	31750	8318	60	31910	11424
622	174	36343	27474	11051	3593	27792	8551
490	92	16722	7534	1632	25	7713	9009
2466	283	424931	399798	85917	409	400207	24724
2836	522	48907	35546	22061	5	35552	13356

1-B-2 续表 3

地 区	#实收资本	国家资本	集体资本	法人资本	个人资本	港澳台资本	外商资本
全 省	**23433253**	**2911360**	**470537**	**7567538**	**11218843**	**753767**	**511209**
杭州市	**8960858**	**1930507**	**258593**	**3076687**	**3152939**	**237772**	**304361**
上城区	1972307	1167822	28835	431174	263799	62973	17704
下城区	1367166	203337	55546	434154	527292	25871	120967
江干区	863846	56147	24466	351672	341202	42751	47607
拱墅区	927057	24345	15044	361627	437319	49407	39315
西湖区	1073427	424486	9048	333519	247017	15010	44348
滨江区	678146	22380	83680	218189	325572	319	28006
萧山区	863904	4576	31488	296186	511658	14223	5774
余杭区	824686	15877	2774	521948	266175	17272	641
桐庐县	65829	1228	287	19370	38189	6755	
淳安县	16528	2580	1895	8439	3613		
建德市	39856	1495	1045	5951	29665	1700	
富阳市	213831	4520	4365	64635	138819	1491	
临安市	54277	1715	120	29823	22619		
宁波市	**3871865**	**225861**	**76973**	**1489802**	**1676761**	**288550**	**113918**
海曙区	807614	136581	25797	337102	274503	28381	5251
江东区	302808	6899	301	160878	116720	4425	13585
江北区	214980	1838	10583	77363	97554	12561	15082
北仑区	674023	30140	8907	252096	278380	95165	9335
镇海区	300348	31197	8268	106520	144158	8231	1973
鄞州区	1048327	3906	16200	350797	522260	100312	54853
象山县	59495	1862	485	18294	37208	1647	
宁海县	62859	1860	1566	15644	34589	9200	
余姚市	104637	2248	2907	39758	59724		
慈溪市	195387	69	600	87777	89285	5256	12400
奉化市	101388	9261	1359	43575	22380	23373	1440
温州市	**4024430**	**121869**	**13785**	**633954**	**3236984**	**10070**	**7768**
鹿城区	641227	110648	1958	200865	315369	6664	5723
龙湾区	552499	2363	3286	188173	357238	560	879
瓯海区	98303	300	77	21924	73216	2021	766
洞头县	45252	76		37452	7725		
永嘉县	68894	1188	1605	26162	39940		
平阳县	71787	585	450	13209	57543		

单位：万元

营业收入	#主营业务收入	营业成本	#主营业务成本	营业税金及附加	#主营业务税金及附加	其他业务利润	销售费用
344986906	**342383697**	**325527118**	**324030212**	**986608**	**968213**	**1100724**	**8315425**
138978706	**137436029**	**131926366**	**130857603**	**277715**	**270447**	**426511**	**3399789**
26058017	25811682	24497903	24321778	115475	110845	62760	538036
32851213	32679992	31520102	31450715	49214	48317	89013	620009
15440168	15304893	14432653	14404346	21855	21708	101471	529241
16703682	16207431	16122200	15664395	17481	17192	33559	283210
9397131	9127039	8705974	8492719	15394	14738	48975	493661
9529353	9442872	9129250	9070074	9336	9066	23460	200978
17093220	17020773	16256561	16216537	24805	24655	28774	441607
6429534	6385037	6151373	6131120	8106	8031	22134	133483
880915	879500	834396	834309	2022	1998	1238	17212
410934	409601	346843	346776	1030	1030	1010	55048
504006	502412	473902	473378	968	966	1005	23715
2587785	2575022	2404315	2400742	10483	10417	10717	43680
1092750	1089777	1050893	1050716	1545	1485	2396	19910
87234680	**86973002**	**83142393**	**83068562**	**161683**	**159761**	**187347**	**1968899**
12227403	12147907	11378592	11359242	21138	20805	49423	414277
10821865	10805479	10152025	10149150	80048	79907	14620	215926
4875111	4861183	4663128	4655112	4187	4149	7382	107287
24058180	24029324	23402116	23396161	12586	12202	39542	257269
5870581	5863378	5670013	5668397	5986	5859	2545	120178
17257037	17211294	16467281	16446566	18264	18130	18652	427829
1068288	1067207	1021493	1021151	1576	1576	768	20764
783415	779023	727627	724860	1704	1691	1022	25739
4192035	4175939	4028654	4026345	5602	4927	14039	92839
5094719	5053536	4699531	4692171	9009	8993	35412	263368
986046	978734	931932	929409	1584	1522	3942	23423
23251137	**23068084**	**21497566**	**21425491**	**104912**	**102633**	**83430**	**604700**
9235312	9143022	8395140	8344466	80081	78801	30231	251740
5482852	5429718	5143847	5126894	9307	9095	25177	160901
1395630	1385481	1309186	1308953	2039	1304	9174	32334
425443	425177	391194	390968	358	357	36	7204
808018	806523	712128	711391	1074	1072	688	35712
445002	443167	408013	406774	2799	2799	424	10480

1-B-2 续表 4

地　区	#实收资本	国家资本	集体资本	法人资本	个人资本	港澳台资本	外商资本
苍南县	80215	308	3650	24725	51532		
文成县	3729	833		366	2530		
泰顺县	3348	500	100	450	2298		
瑞安市	709916	3536	1230	48209	656541		400
乐清市	1749259	1532	1430	72421	1673052	825	
嘉兴市	**1466433**	**131076**	**24698**	**500815**	**649308**	**108145**	**52392**
南湖区	478338	115692	8701	191414	110832	34570	17127
秀洲区	210377		570	71268	104738	33032	770
嘉善县	110708	1285	3874	17484	54126	1939	32000
海盐县	50016	1700	50	17644	28924	1699	
海宁市	288945	9569	7350	84610	166518	19136	1762
平湖市	111910	1302	1225	37917	53497	17769	201
桐乡市	216139	1528	2928	80478	130673		532
湖州市	**712355**	**77353**	**34884**	**297660**	**274601**	**22561**	**5296**
吴兴区	374297	55483	21164	138552	133601	20200	5296
南浔区	61655	6580	3144	10226	41705		
德清县	116493	500	219	78661	37113		
长兴县	115901	10900	3468	63255	36601	1677	
安吉县	44009	3889	6889	6966	25581	684	
绍兴市	**1271772**	**66738**	**26964**	**444676**	**684488**	**39616**	**9290**
越城区	322810	56938	9168	132604	98653	19962	5485
绍兴县	446089	1810	10	120224	311481	12560	5
新昌县	43705	500	2510	23918	16377	300	100
诸暨市	289525	3305		102916	181705		1600
上虞市	122102	3185	13558	39051	58499	5709	2100
嵊州市	47542	1000	1718	25964	17774	1086	
金华市	**892019**	**111599**	**20034**	**347247**	**396046**	**5011**	**12082**
婺城区	290910	83514	7186	102629	87322		10259
金东区	65517	6675	695	27956	30191		
武义县	23654	3500	148	8845	11161		
浦江县	19665	3500	42	7107	8642	374	
磐安县	6314	500	10	2558	3246		
兰溪市	68132	2993	639	31117	33384		
义乌市	199157	2707	908	74964	119149		1429
东阳市	80032	2031	6505	42118	29378		
永康市	138637	6179	3901	49953	73573	4637	393

单位：万元

营业收入	#主营业务收　入	营业成本	#主营业务成　本	营业税金及附加	#主营业务税金及附加	其他业务利　润	销售费用
916451	912437	856190	855733	1705	1705	1958	22867
48346	48265	45188	45177	288	288	69	1431
53532	53432	45772	45766	556	556	26	2070
2791359	2783733	2653477	2652762	3978	3930	6621	45367
1649194	1637129	1537432	1536608	2729	2727	9027	34594
18012634	**17846923**	**16733347**	**16681418**	**76711**	**73278**	**113426**	**479014**
5590791	5550969	5291836	5278468	10115	9719	15873	145312
2901256	2894822	2550217	2548627	45104	45007	5004	115933
1178080	1156202	1099866	1096988	2044	1994	19867	47389
854634	851004	807714	807470	2520	2515	3408	24882
3318047	3271844	3077577	3065187	9043	6534	40537	62534
1742660	1717865	1665989	1645049	2450	2362	6544	30651
2427165	2404217	2240149	2239630	5436	5147	22193	52314
17049875	**16999680**	**16171645**	**16152679**	**71469**	**71353**	**39399**	**279926**
5697585	5661087	5159941	5145800	52904	52829	27855	113802
1216185	1213785	1172918	1171856	3253	3246	1438	11086
2267080	2263475	2191590	2191438	5284	5284	4872	32677
7438897	7434882	7262083	7261784	8008	7974	3605	104636
430127	426451	385114	381802	2021	2021	1629	17725
18238012	**18122392**	**16873875**	**16814781**	**78603**	**76939**	**80295**	**381888**
5775640	5746520	5263766	5254593	51129	50927	28898	151655
6210204	6161667	5805920	5760233	13702	12555	6730	64547
690946	689755	633386	632644	1152	1150	2122	35461
3694036	3678579	3456431	3454575	7145	6839	15926	74440
1385211	1365531	1268813	1267338	4317	4308	22273	42322
481976	480342	445561	445397	1159	1159	4348	13463
12658778	**12524647**	**11668003**	**11570044**	**69718**	**69001**	**55515**	**344694**
4408233	4304079	3947274	3869493	52503	52010	27044	139794
968627	966628	909609	905841	1359	1354	2805	30142
280336	278632	259299	259032	611	611	2107	8476
266578	266189	250723	250703	1046	1046	218	6007
83871	83869	79249	79249	114	114	53	2547
820833	818558	762022	761420	2512	2468	724	14725
2461569	2453816	2303831	2296243	5027	4886	8299	62657
1300200	1293171	1231966	1230905	2639	2635	7767	24224
2068531	2059706	1924030	1917157	3907	3876	6498	56122

1-B-2 续表 5

地区	#实收资本	国家资本	集体资本	法人资本	个人资本	港澳台资本	外商资本
衢州市	**291534**	**39005**	**3594**	**110560**	**134679**	**1844**	**1852**
柯城区	136521	32865	1600	66314	33890		1852
衢江区	49343	988	1864	12542	33949		
常山县	16642	1574	82	4656	10330		
开化县	10292	726	18	4195	5353		
龙游县	47797	2388	30	12638	30898	1844	
江山市	30940	464		10215	20260		
舟山市	**910383**	**78341**	**390**	**340592**	**490662**	**397**	
定海区	486187	33633	333	248370	203851		
普陀区	259748	43782	58	84831	130680	397	
岱山县	156180	845		1231	154103		
嵊泗县	8269	81		6160	2028		
台州市	**834028**	**94944**	**8135**	**266154**	**421098**	**39488**	**4210**
椒江区	336300	76777	5054	109028	133446	11995	
黄岩区	51310	500		16722	32440	1648	
路桥区	146271	4697	134	51897	84176	1497	3869
玉环县	74972	1227	1550	31311	40884		
三门县	13162	618		2087	10457		
天台县	10004	600		2344	7060		
仙居县	14619	500	550	7571	5998		
温岭市	121384	7005	795	30865	81410	968	341
临海市	66006	3019	52	14329	25225	23380	
丽水市	**197575**	**34067**	**2487**	**59390**	**101277**	**314**	**40**
莲都区	111185	24973	1020	41814	43025	314	40
青田县	9360	500		2568	6292		
缙云县	12693	834	590	3989	7280		
遂昌县	16194	500	450	698	14546		
松阳县	10150	500	357	1130	8163		
云和县	5882	500	70	1794	3518		
庆元县	8202	5000		2158	1044		
景宁县	17923	500		2680	14743		
龙泉市	5987	761		2560	2666		

单位：万元

营业收入	#主营业务收入	营业成本	#主营业务成本	营业税金及附加	#主营业务税金及附加	其他业务利润	销售费用
4613658	**4588822**	**4298831**	**4291104**	**27558**	**27527**	**20231**	**109579**
2351525	2332311	2141422	2134224	22499	22473	14903	70552
454458	454052	435116	434964	482	477	564	10218
147951	147716	138184	138151	276	276	209	4877
53897	53893	47536	47536	150	150	-7	4111
1255606	1253866	1213143	1212999	3360	3360	1504	10383
350221	346985	323431	323230	792	792	3059	9437
7394736	**7355378**	**7148054**	**7141012**	**17554**	**17476**	**34467**	**103757**
4382899	4356347	4225784	4221953	14807	14764	23666	52519
2807572	2795399	2730670	2727599	2471	2438	10410	46266
70744	70503	64876	64788	170	168	171	2626
133521	133129	126724	126672	106	106	220	2347
13009878	**12948420**	**12114359**	**12091111**	**70069**	**69733**	**47066**	**323592**
5227442	5194727	4763618	4749575	57576	57482	19378	130309
968933	964795	921082	920052	1049	1019	3443	21513
2723512	2718702	2621576	2619496	3389	3388	4672	39173
808526	808046	749761	749747	2752	2751	4357	22073
157673	155800	144916	144837	446	343	1597	3853
118468	117341	109634	109220	252	252	1172	5042
211962	211696	177534	177526	498	482	249	26034
1923489	1915586	1829864	1827775	2057	1985	6532	43234
869872	861729	796373	792884	2051	2030	5666	32363
4544814	**4520321**	**3952678**	**3936408**	**30615**	**30065**	**13036**	**319587**
2410639	2399436	2020457	2016937	23510	23485	9077	197263
119742	119570	110972	110933	378	378	214	2440
226770	226613	210694	210413	1454	1454	2045	9580
165869	153971	158921	147074	608	571	142	4902
56017	55325	52885	52829	533	76	64	848
125662	125645	120082	119958	1285	1285	69	1918
126003	125927	123208	123191	105	74	...	1153
1048432	1048224	907871	907829	2062	2062	208	93956
265680	265612	247589	247246	681	681	1216	7527

1-B-2 续表 6

地区	管理费用	#税金	财务费用	#利息收入	#利息支出	资产减值损失	公允价值变动收益
全省	**4663224**	**182033**	**1964254**	**983737**	**2279535**	**161601**	**99407**
杭州市	**1694627**	**59221**	**676321**	**412374**	**887844**	**101702**	**11188**
上城区	337524	11325	52663	97654	119696	28047	2218
下城区	386661	10685	95758	87069	139404	48076	8282
江干区	206709	7944	49202	54923	72722	10123	-2014
拱墅区	163279	6068	63398	52049	90364	2520	218
西湖区	174318	6365	131463	10924	133841	5364	3879
滨江区	103845	5150	53518	34951	80864	1866	309
萧山区	147353	5568	110595	41092	126947	835	-1639
余杭区	92544	2935	53392	16355	58212	3377	
桐庐县	15658	247	7946	360	5065	4	
淳安县	5096	439	1560	53	1312	106	3
建德市	7795	316	4490	298	3472	-48	
富阳市	40545	1659	46432	3997	39468	187	
临安市	13300	521	5905	12649	16475	1247	-66
宁波市	**941137**	**35216**	**382585**	**166378**	**412997**	**31029**	**84580**
海曙区	199411	4876	50159	23627	52706	12674	2359
江东区	145399	4169	17493	31524	34241	3543	1974
江北区	71390	2541	28618	7248	27816	1407	
北仑区	101814	5462	78169	32991	66483	8835	624
镇海区	40043	1447	54711	15805	63738	215	1
鄞州区	195679	8707	68269	34727	87784	2248	79656
象山县	15861	352	13224	1408	9406	6	8
宁海县	17545	541	8981	1041	6852	183	
余姚市	53563	3049	24991	7143	26901	181	
慈溪市	84073	3124	25674	9792	27280	1491	-41
奉化市	16361	950	12295	1074	9790	248	
温州市	**419351**	**27291**	**149546**	**103129**	**213144**	**3299**	**620**
鹿城区	199290	8889	34609	34623	58717	1425	-3
龙湾区	76409	6614	48302	40846	79086	255	623
瓯海区	25394	1265	12685	2003	11535	116	
洞头县	2133	499	731	3592	4062		
永嘉县	13063	1236	2438	1748	3498	1313	
平阳县	8922	602	3507	1174	4025	9	

单位：万元

投资收益	营业利润	营业外收入	#补贴收入	利润总额	应交所得税	应付职工薪酬(本年贷方累计发生额)	应交增值税
1035714	**4337690**	**690756**	**245380**	**4928329**	**1296466**	**4213595**	**2999122**
695787	**1462303**	**233289**	**70247**	**1702299**	**476581**	**1601370**	**965533**
111521	595747	29283	4219	616485	161542	351977	252296
213025	317622	57408	18918	403202	114504	317993	139350
73892	257248	26676	6012	274404	63374	208838	134806
24648	73802	21683	4209	47342	18614	140037	71049
103610	-99160	12347	1487	-19950	22954	206034	55517
108921	139909	22538	5837	152788	17847	76309	53647
46069	155510	27641	6444	175555	49044	151037	96909
6522	-19446	13327	6463	-8361	9771	70521	37573
2385	4507	2607	2170	6131	2825	10070	17654
189	1102	2702	1920	3634	586	19727	8580
247	-6834	1348	265	-5948	1222	8336	8289
935	38838	14327	11580	52186	13232	28149	84053
3823	3456	1402	723	4830	1066	12343	5810
150087	**801522**	**226560**	**73150**	**1093672**	**291668**	**921057**	**466528**
35456	183118	23675	7291	203169	47444	222308	73719
24515	233939	24108	5052	242183	67683	126563	85440
167	1330	8179	4255	7996	5789	62409	24693
32428	230787	34802	18217	326937	69573	82243	73996
3341	-17788	13335	3228	-7383	5997	26644	39566
42410	168914	37164	21988	232615	61058	169485	102652
627	-4422	2476	903	-657	1490	17297	2785
138	1714	1485	718	2946	1932	25648	4940
4121	-12791	9911	6663	-1733	3929	35767	15404
5495	16574	66816	3884	81233	25123	133644	37778
1389	147	4608	952	6367	1652	19049	5557
11169	**474847**	**36803**	**12721**	**471931**	**107116**	**359883**	**279542**
5802	272554	13954	7080	276859	73799	164073	119228
881	44545	5018	2235	47138	5104	69072	52759
1302	15163	1081	528	15514	3736	19929	10227
21	23846	150	9	23832	187	1966	914
-17	42273	1530	178	43045	11910	11758	12962
1	11272	313	100	2914	2062	9527	4615

1-B-2 续表 7

地　　区	管理费用	#税金	财务费用	#利息收入	#利息支出	资产减值损　失	公允价值变动收益
苍南县	16445	798	4824	3353	6912	-92	
文成县	1133	22	1206	35	1153	3	
泰顺县	2241	29	165	18	45	…	
瑞安市	44385	4908	30055	4443	25862	256	
乐清市	29937	2431	11025	11294	18250	14	
嘉兴市	**327879**	**6998**	**148658**	**55817**	**156991**	**4230**	**45**
南湖区	86594	1804	35599	9651	36657	558	227
秀洲区	62390	1467	11025	8332	15028	1059	
嘉善县	17204	408	6873	1342	7050	1480	-37
海盐县	12364	139	9194	1729	7954		
海宁市	94402	1220	36339	28211	43237	217	
平湖市	16397	514	18710	2044	15037	10	
桐乡市	38529	1447	30918	4508	32029	907	-146
湖州市	**289035**	**8017**	**76648**	**49497**	**93237**	**4220**	**195**
吴兴区	195580	3721	35297	29512	46025	1924	
南浔区	9250	537	7655	2074	9278		
德清县	25222	1145	9515	13828	19831	623	195
长兴县	40373	2133	19383	3572	15059	1673	
安吉县	18610	481	4798	510	3044		
绍兴市	**320532**	**15093**	**185574**	**67410**	**180052**	**9139**	**298**
越城区	124124	3530	34270	19272	36265	326	-3
绍兴县	66482	6182	67171	34617	77083	72	
新昌县	10895	353	3985	1281	3156	121	-5
诸暨市	69345	2693	53984	10675	47372	413	306
上虞市	36692	1798	17849	661	12471	8192	
嵊州市	12994	537	8315	905	3704	15	
金华市	**229076**	**9916**	**93439**	**32131**	**88071**	**997**	**17**
婺城区	98638	3621	21609	15761	28296	123	
金东区	15410	749	8253	2219	7733	313	
武义县	4266	184	2997	679	2552	12	
浦江县	5676	349	3088	405	2042	14	
磐安县	1735	67	332	293	410	4	
兰溪市	13362	759	12816	1387	7310	-346	16
义乌市	43699	2260	22870	5600	22096	-131	…
东阳市	21814	924	3316	2530	5765	1057	
永康市	24476	1003	18159	3258	11868	-49	

单位：万元

投资收益	营业利润	营业外收入	#补贴收入	利润总额	应交所得税	应付职工薪　酬(本年贷方累计发生额)	应交增值税
625	14212	785	394	14330	2541	20113	5475
11	-903	968	951	-104	25	1247	2770
	2706	5	…	2705	122	2124	777
3752	17566	11622	559	16544	4261	34003	47834
-1208	31614	1379	689	29153	3369	26070	21981
50342	**283435**	**26798**	**11823**	**313958**	**63573**	**277897**	**205782**
21297	41199	6919	3114	50856	12159	86283	44998
1518	118144	4517	1021	119391	31508	68526	58298
204	5698	2511	1353	6284	1794	16722	11658
192	-1880	572	146	-1555	403	12475	18349
269	48021	7925	4822	41941	6661	44096	21570
22553	9879	1099	258	35970	3373	14747	9640
4309	62375	3256	1109	61071	7675	35049	41269
18879	**179643**	**29517**	**9544**	**186602**	**51220**	**147379**	**242203**
8417	147414	12864	2620	139616	41811	78805	179245
6070	18202	2881	1957	20758	1141	20000	10252
3317	6643	4729	1751	9604	2405	18445	19290
879	4037	5172	2219	9927	4946	19866	27831
196	3347	3870	997	6698	918	10262	5585
23785	**434327**	**24999**	**13344**	**413968**	**92878**	**283338**	**367740**
3986	167388	6903	2933	163817	43644	120744	72745
3913	198883	7080	5412	165066	31081	69539	252281
361	7885	882	447	8512	2312	10330	7301
11763	49236	3981	609	56313	9811	43427	20931
438	7578	5221	3816	13283	4531	27347	9090
3324	3358	932	126	6977	1502	11951	5392
10869	**273157**	**53882**	**30697**	**263050**	**65825**	**193626**	**177700**
10080	157609	19318	4895	161691	43473	81392	70321
-266	6964	2226	221	8219	3319	20611	9196
37	5002	379	237	2804	377	3368	4212
…	-221	965	894	700	714	3623	6043
22	153	18	14	-167	59	1688	602
434	16375	16363	15683	19418	1850	9987	3983
606	26568	8662	6406	20543	5117	39078	65734
-196	18020	3095	1003	20126	7589	12640	6375
153	42687	2856	1344	29717	3327	21241	11235

1-B-2 续表 8

地　区	管理费用	#税金	财务费用	#利息收入	#利息支出	资产减值损　失	公允价值变动收益
衢州市	**73411**	**3398**	**45142**	**7268**	**27085**	**1504**	**64**
柯城区	49188	2060	10634	4995	9940	137	173
衢江区	8082	546	8354	1046	4918	-51	
常山县	2538	38	1683	111	1161	1417	
开化县	2063	34	1461	51	1228		
龙游县	5056	185	17213	631	6038		-109
江山市	6484	536	5797	435	3799	1	
舟山市	**74410**	**3149**	**88957**	**33103**	**91595**	**-160**	**692**
定海区	42339	1295	40335	17970	42005	-397	692
普陀区	26475	1763	45576	14558	46001	236	
岱山县	3289	49	2409	317	2593	1	
嵊泗县	2308	42	636	258	996		
台州市	**222125**	**10889**	**103809**	**52507**	**115757**	**5093**	**1708**
椒江区	93299	4333	37474	21355	49738	46	-625
黄岩区	21102	970	3559	1804	4334	80	
路桥区	31326	2789	18230	15980	25924	150	
玉环县	15369	667	12644	6294	7606	391	3
三门县	3383	69	3702	363	3438	-3	
天台县	3122	157	417	-137	570	117	
仙居县	6048	185	1854	119	1797	587	
温岭市	30717	1173	19644	2389	14092	3513	2331
临海市	17761	547	6285	4341	8259	213	
丽水市	**71641**	**2846**	**13577**	**4123**	**12764**	**549**	
莲都区	50603	1404	6883	3745	8816	78	
青田县	3269	54	1048	54	181	2	
缙云县	4216	315	2003	372	1340	13	
遂昌县	2121	41	1430	39	888	258	
松阳县	1680	68	454	102	551	9	
云和县	1190	92	388	6	240		
庆元县	837	24	299	13	281	22	
景宁县	1373	110	218	-227	178	168	
龙泉市	6351	740	852	18	290		

单位：万元

投资收益	营业利润	营业外收入	#补贴收入	利润总额	应交所得税	应付职工薪酬(本年贷方累计发生额)	应交增值税
10637	**67563**	**10197**	**5778**	**76727**	**26076**	**54004**	**41710**
2846	63503	3894	758	65937	18554	34442	27478
1169	-6575	1480	893	-5332	5609	4129	1629
33	360	927	766	-325	101	2662	777
111	-638	111	82	-1188	33	1851	678
6539	6579	3172	3130	12964	678	4640	8523
-60	4333	614	150	4671	1101	6281	2625
5923	**-30716**	**9279**	**3069**	**-21543**	**13274**	**58183**	**37508**
2992	12757	5543	2299	16816	12068	36556	25592
3016	-42265	1314	333	-38098	936	15350	9941
-183	-2609	2182	232	-1894	213	3468	1050
98	1400	241	205	1633	57	2808	926
42106	**221307**	**23474**	**8997**	**234598**	**64110**	**222262**	**117100**
37182	184405	6382	2294	187146	48571	92239	64553
150	1006	974	237	1330	1191	13206	5200
36	12554	5035	340	10605	3248	37182	15869
984	5965	1231	648	6717	3110	13574	7099
622	1373	655	403	2389	681	2506	1687
19	461	222	36	697	175	2416	483
	-540	1879	274	1197	216	10673	3039
3093	326	6389	4697	8816	2731	29028	9707
20	15757	708	69	15701	4188	21437	9465
16131	**170302**	**15958**	**6010**	**193068**	**44145**	**94597**	**97777**
6619	113691	2452	200	123991	34106	62928	58098
192	1846	782	757	2667	536	1398	2273
10	-306	3677	2523	4618	302	4668	12160
87	-2260	1956	1828	-401	45	1873	2974
660	631	195	131	865	180	906	630
6	1142	445	186	1240	149	1320	609
	411	124	15	430	141	1038	153
8527	51314	6298	355	56031	8523	17953	20234
31	3832	28	14	3629	163	2512	647

1-B-3 按登记注册类型分组的限额以上批发和零售业商品销售情况

单位：万元

登记注册类型	商品购进额	#进口	商品销售额	批发额	#出口	零售额	期末商品库存额
总计	**351648182**	**23864767**	**383880286**	**307868428**	**43003105**	**76011858**	**21885778**
内资	331757124	22036589	362272812	294231410	42388402	68041402	20560848
国有	10275632	201556	12765467	12127654	539248	637813	670694
集体	720362	14863	803115	449711	48309	353403	45343
股份合作企业	241740	184	245123	172799	3430	72324	19762
联营企业	80208		86372	1697		84674	1307
国有联营	18155		19593			19593	74
国有与集体联营	51953		56075	1697		54378	1056
其他联营	10100		10703			10703	178
有限责任公司	124943051	7355568	131585308	107945856	14085359	23639453	7508656
国有独资公司	7243118	258683	7443472	6592024	776919	851448	752449
其他有限责任公司	117699933	7096884	124141836	101353832	13308440	22788005	6756207
股份有限公司	41143319	2357528	50105136	31604277	3406038	18500859	1873425
私营企业	154156273	12100578	166467392	141774453	24306018	24692939	10428254
私营独资	568027	372	586440	337604	44589	248836	38319
私营合伙	457992		473587	274544		199043	22919
私营有限责任公司	149457372	11712848	161437224	138052802	23408383	23384422	10188123
私营股份有限公司	3672883	387358	3970141	3109503	853047	860638	178893
其他企业	196540	6312	214899	154963		59936	13409
港澳台商投资	6329530	568325	7548674	4098758	219084	3449916	622760
与港澳台商合资经营	2496208	195691	3215034	1522090	70505	1692944	270930
与港澳台商合作经营	52592		87890	15463		72427	3548
港澳台商独资	3759066	372470	4221807	2550152	137524	1671655	347470
港澳台商投资股份有限公司	21665	164	23944	11054	11054	12890	812
外商投资	13561528	1259853	14058800	9538260	395620	4520540	702169
中外合资经营	8915443	810396	8943667	6740046	175577	2203620	372122
中外合作经营	8057		7873			7873	1000
外资企业	4387072	449457	4850440	2610488	220042	2239952	230345
外商投资股份有限公司	181254		189399	120955		68444	95068
其他外商投资	69703		67421	66770		652	3635

1-B-4　按登记注册类型分组的限额以上批发业商品销售情况

单位：万元

登记注册类型	商品购进额	#进口	商品销售额	批发额	#出口	零售额	期末商品库存额
总　计	**293962014**	**21081707**	**320237784**	**301492071**	**42944874**	**18745713**	**15212078**
内　资	281320112	19749769	307058758	288398459	42330708	18660300	14746469
国　有	10050624	201556	12530327	12120844	539248	409484	638821
集　体	310407	14863	324346	319379	48309	4967	20376
股份合作企业	171595	184	171657	170694	3430	963	12803
有限责任公司	103998688	6668258	109214695	105827632	14082130	3387063	5276700
国有独资公司	6475375	231589	6636941	6569506	776919	67435	637031
其他有限责任公司	97523313	6436669	102577754	99258126	13305210	3319628	4639668
股份有限公司	35303065	2318768	42463534	29776619	3406038	12686914	1503962
私营企业	131345003	10540531	142199210	140032959	24251554	2166252	7287128
私营独资	307891		314015	300440	44589	13575	15181
私营合伙	240480		252513	251963		550	4147
私营有限责任公司	127803439	10306839	138373052	136397470	23353918	1975582	7137381
私营股份有限公司	2993194	233692	3259631	3083086	853047	176545	130419
其他企业	140729	5610	154989	150332		4657	6680
港澳台商投资	3509013	434249	3937020	3884337	218546	52682	191618
与港澳台商合资经营	1230895	129355	1336043	1325843	70505	10201	31156
与港澳台商合作经营	13167		15463	15463			2666
港澳台商独资	2254241	304894	2574460	2531979	136987	42482	157789
港澳台商投资股份有限公司	10711		11054	11054	11054		8
外商投资	9132888	897689	9242006	9209275	395620	32731	273990
中外合资经营	6463495	809368	6433647	6411211	175577	22436	234074
外资企业	2491554	88322	2619161	2610339	220042	8822	31290
外商投资股份有限公司	108136		121777	120955		822	4991
其他外商投资	69703		67421	66770		652	3635

1-B-5 按登记注册类型分组的限额以上零售业商品销售情况

单位：万元

登记注册类型	商品购进额	#进口	商品销售额	批发额	#出口	零售额	期末商品库存额
总 计	**57686169**	**2783060**	**63642502**	**6376357**	**58232**	**57266145**	**6673700**
内 资	50437012	2286821	55214054	5832952	57694	49381102	5814379
国 有	225008		235140	6810		228329	31874
集 体	409955		478769	130332		348436	24967
股份合作企业	70145		73466	2105		71362	6959
联营企业	80208		86372	1697		84674	1307
国有联营	18155		19593			19593	74
国有与集体联营	51953		56075	1697		54378	1056
其他联营	10100		10703			10703	178
有限责任公司	20944364	687310	22370614	2118224	3229	20252390	2231956
国有独资公司	767743	27095	806531	22518		784013	115417
其他有限责任公司	20176621	660215	21564083	2095706	3229	19468376	2116539
股份有限公司	5840253	38761	7641603	1827658		5813945	369463
私营企业	22811270	1560047	24268182	1741495	54465	22526688	3141126
私营独资	260136	372	272425	37164		235262	23138
私营合伙	217512		221075	22581		198493	18772
私营有限责任公司	21653933	1406009	23064173	1655333	54465	21408840	3050742
私营股份有限公司	679689	153666	710510	26417		684093	48473
其他企业	55811	703	59910	4630		55279	6729
港澳台商投资	2820517	134076	3611654	214421	538	3397234	431141
与港澳台商合资经营	1265313	66336	1878991	196247		1682744	239774
与港澳台商合作经营	39425		72427			72427	882
港澳台商独资	1504825	67576	1647347	18174	538	1629173	189681
港澳台商投资股份有限公司	10953	164	12890			12890	805
外商投资	4428640	362164	4816794	328985		4487809	428179
中外合资经营	2451948	1029	2510020	328835		2181184	138048
中外合作经营	8057		7873			7873	1000
外资企业	1895517	361136	2231279	149		2231130	199054
外商投资股份有限公司	73118		67622			67622	90078

1-B-6 按行业小类分组的限额以上批发和零售业商品销售情况

单位：万元

行　业	商品购进额	#进口	商品销售额	批发额	#出口	零售额	期末商品库存额
总　计	**351648182**	**23864767**	**383880286**	**307868428**	**43003105**	**76011858**	**21885778**
批发业	**293962014**	**21081707**	**320237784**	**301492071**	**42944874**	**18745713**	**15212078**
农、林、牧产品批发	1745439	226857	1817431	1709912	84143	107519	212063
谷物、豆及薯类批发	545051	17750	535597	446742	17836	88854	102275
种子批发	59323	11884	57344	55344	551	2000	17840
饲料批发	340314	65955	372736	371016	17478	1719	14497
棉、麻批发	255405	115437	280101	280101	36525		10938
林业产品批发	76353		83255	81055	818	2200	18672
牲畜批发	137990		140180	132907		7273	3923
其他农牧产品批发	331004	15831	348218	342747	10934	5472	43917
食品、饮料及烟草制品批发	19663278	549650	24090075	23675165	813979	414910	1281212
米、面制品及食用油批发	2492025	205744	2560730	2449931	211743	110800	382750
糕点、糖果及糖批发	349695	2127	363761	358613	10788	5148	34147
果品、蔬菜批发	1016381	4082	1469178	1328693	85987	140485	36734
肉、禽、蛋、奶及水产品批发	1192788	176158	1370650	1290782	366163	79869	62149
盐及调味品批发	279453	806	317407	314906		2501	35089
营养和保健品批发	245964	43250	279488	276225	16729	3263	16469
酒、饮料及茶叶批发	6237285	79991	7293211	7235485	92034	57726	233574
烟草制品批发	6472336	9249	8953463	8951805	433	1658	397348
其他食品批发	1377351	28243	1482186	1468727	30102	13460	82953
纺织、服装及家庭用品批发	41054297	2342432	45799742	45097441	22129409	702301	3258549
纺织品、针织品及原料批发	15360454	1216836	17064090	16970561	7110067	93530	1555997
服装批发	10915395	481311	12459087	12199357	8112622	259730	786599
鞋帽批发	2389032	144266	2589911	2552720	2119062	37191	71039
化妆品及卫生用品批发	1579865	4486	1642910	1636435	175790	6476	114868
厨房、卫生间用具及日用杂货批发	1324904	90604	1543042	1516367	956391	26675	66345
灯具、装饰物品批发	658383	63337	707228	705421	566824	1807	16865
家用电器批发	5262033	106090	5771972	5529209	713812	242763	541176
其他家庭用品批发	3564230	235502	4021501	3987372	2374841	34129	105661
文化、体育用品及器材批发	5592090	380534	5900729	5820054	1131597	80676	608247
文具用品批发	3209656	192787	3399893	3379747	497571	20146	206143
体育用品及器材批发	134183	882	141535	135807	79600	5728	11533

1-B-6 续表 1

单位：万元

行业	商品购进额	#进口	商品销售额	批发额	#出口	零售额	期末商品库存额
图书批发	381755		380357	379985		372	233607
音像制品及电子出版物批发	12299	25	13118	12085	10000	1033	49
首饰、工艺品及收藏品批发	1480727	186273	1581955	1534167	388566	47788	131862
其他文化用品批发	373469	568	383872	378264	155860	5609	25053
医药及医疗器材批发	10592914	621805	11642356	8114014	717031	3528341	1012697
西药批发	7843704	266702	8377775	5340390	514372	3037385	704960
中药批发	1540379	27645	1870453	1443801		426652	199438
医疗用品及器材批发	1208832	327458	1394129	1329824	202660	64305	108298
矿产品、建材及化工产品批发	184043617	15430563	197630104	184357199	9345166	13272905	7464099
煤炭及制品批发	16688626	680609	16533546	16063756	193800	469790	850700
石油及制品批发	39499583	1740553	45280757	33803137	1153193	11477620	1175430
非金属矿及制品批发	213962	35996	225233	221562	20307	3671	9418
金属及金属矿批发	86208871	7691348	91806826	91678858	4820394	127968	3617108
建材批发	6373746	818218	6690185	6523424	327420	166761	328950
化肥批发	1400651	40270	1474724	1469805	1415	4920	145267
农药批发	268999	11228	276570	275730	69788	840	26744
农用薄膜批发	2572		2574	2574			179
其他化工产品批发	33386606	4412342	35339688	34318353	2758850	1021335	1310305
机械设备、五金产品及电子产品批发	23360174	807857	24913241	24297834	7499697	615407	1050143
农业机械批发	122848		139484	136733	103213	2751	8027
汽车批发	4591698	50701	4740000	4585342	133974	154659	160354
汽车零配件批发	1292455	53445	1451524	1391560	676196	59964	66850
摩托车及零配件批发	254378	3462	260355	260154	216016	201	13755
五金产品批发	3732697	236479	4109620	4064648	2713803	44973	150188
电气设备批发	3555321	123674	3720938	3708351	734747	12587	101213
计算机、软件及辅助设备批发	848581	2574	883517	827964	17378	55553	38865
通讯及广播电视设备批发	2005641	42054	2094019	1880995	229671	213024	107470
其他机械设备及电子产品批发	6956555	295468	7513784	7442089	2674699	71695	403422
贸易经纪与代理	935003	153364	1033770	1029556	765178	4214	45508
贸易代理	782005	103657	855315	851397	655450	3918	12627
拍卖			1626	1626			153
其他贸易经纪与代理	152998	49707	176829	176533	109728	296	32728
其他批发业	6975202	568645	7410337	7390896	458675	19442	279560
再生物资回收与批发	3374961	141796	3702048	3694956	8602	7092	195298
其他未列明批发业	3600241	426849	3708289	3695940	450073	12350	84262

1-B-6　续表 2

单位：万元

行　业	商品购进额	#进口	商品销售额	批发额	#出口	零售额	期末商品库存额
零售业	**57686169**	**2783060**	**63642502**	**6376357**	**58232**	**57266145**	**6673700**
综合零售	12193577	7690	13980372	1570802		12409570	1205335
百货零售	4870621	4109	5994679	405914		5588766	431092
超级市场零售	6708997	3582	7316761	987942		6328819	722550
其他综合零售	613959		668932	176946		491985	51693
食品、饮料及烟草制品专门零售	702001	703	826669	100015		726655	69940
粮油零售	55545		70686			70686	7550
糕点、面包零售	41457		49538	12504		37034	994
果品、蔬菜零售	78566		89877	12718		77159	4433
肉、禽、蛋、奶及水产品零售	166390		178944	33907		145037	5862
营养和保健品零售	6374		10157			10157	3546
酒、饮料及茶叶零售	167400	703	211972	33452		178520	19187
烟草制品零售	97206		118586	2084		116502	17764
其他食品零售	89063		96910	5350		91560	10605
纺织、服装及日用品专门零售	1753480	33146	2351280	415193	1915	1936087	624294
纺织品及针织品零售	177626		210913	43504		167409	40168
服装零售	1262468	32573	1783839	337906	1135	1445934	505138
鞋帽零售	55854		67020	7951		59069	23025
化妆品及卫生用品零售	59009		82502	11664		70839	6719
钟表、眼镜零售	77967		85603	3022		82581	35279
箱、包零售	15253	340	17553	2687	538	14866	11
自行车零售	11531		11310	3268		8042	1868
其他日用品零售	93772	234	92541	5192	243	87349	12087
文化、体育用品及器材专门零售	1557981		1615175	302269	574	1312906	448781
文具用品零售	29984		34410	3794		30616	8175
体育用品及器材零售	49825		54309	1902		52407	14187
图书、报刊零售	483373		481002	15403		465599	158753
珠宝首饰零售	834243		866614	270230		596384	247933
工艺美术品及收藏品零售	19014		21972			21972	5803

1-B-6 续表 3

单位：万元

行业	商品购进额	#进口	商品销售额	批发额	#出口	零售额	期末商品库存额
乐器零售	16152		17539	2409		15130	5780
照相器材零售	79364		78633	1960	574	76673	3739
其他文化用品零售	46026		60697	6572		54126	4409
医药及医疗器材专门零售	2175156	2173	2382532	358009		2024523	271741
药品零售	2141475	1	2339316	351624		1987693	269665
医疗用品及器材零售	33680	2172	43216	6386		36830	2076
汽车、摩托车、燃料及零配件专门零售	35021901	2737070	37712525	2858497	55743	34854029	3526757
汽车零售	27721164	2725384	28679387	1163920	54222	27515466	3358156
汽车零配件零售	147773		149881	5528		144353	15243
摩托车及零配件零售	54076		54026	17190		36836	9490
机动车燃料零售	7098888	11686	8829232	1671858	1521	7157374	143868
家用电器及电子产品专门零售	2734575	1778	3025749	471934		2553815	383647
家用视听设备零售	727816	16	769039	74890		694150	114814
日用家电设备零售	1214839	1763	1391359	191882		1199478	185113
计算机、软件及辅助设备零售	430456		463537	103989		359547	51430
通信设备零售	336556		375095	101173		273921	28537
其他电子产品零售	24908		26719			26719	3754
五金、家具及室内装饰材料专门零售	452881	500	557148	98087		459060	82026
五金零售	61520		70517	11470		59047	6669
灯具零售	15074		33256	3244		30012	2930
家具零售	116806	500	190393	31062		159331	37085
涂料零售	70313		73002	19610		53392	4579
卫生洁具零售	16857		18599	1277		17322	4164
木质装饰材料零售	47219		46778	25746		21032	4111
陶瓷、石材装饰材料零售	59493		53460	780		52679	13221
其他室内装饰材料零售	65599		71143	4899		66245	9267
货摊、无店铺及其他零售业	1094618		1191052	201552		989500	61179
互联网零售	215248		244620	17701		226920	35452
邮购及电视、电话零售	213701		238012	1347		236664	2866
旧货零售	559		501			501	58
生活用燃料零售	586955		620964	170674		450290	11439
其他未列明零售业	78156		86956	11830		75126	11364

1-B-7　按地区分组的限额以上批发和零售业商品销售情况

单位：万元

地　区	商品购进额	#进口	商品销售额	批发额	#出口	零售额	期末商品库存额
全　省	**351648182**	**23864767**	**383880286**	**307868428**	**43003105**	**76011858**	**21885778**
杭州市	**149475391**	**8179706**	**158478301**	**129481100**	**12477808**	**28997201**	**8260962**
上城区	27862568	817705	29690166	22056567	1827546	7633599	1326584
下城区	35729885	3267359	37364280	32353454	4043698	5010826	2193158
江干区	15786132	653836	17134782	14395814	968142	2738968	808417
拱墅区	17439102	941055	18787411	15286626	941210	3500784	1051372
西湖区	12461385	144085	12433481	8041060	574078	4392420	843479
滨江区	10406144	623429	10793711	10064825	945318	728885	558054
萧山区	18066983	1182574	19196099	16858996	1657254	2337102	809983
余杭区	6193734	325725	7049152	5659589	1237827	1389562	331651
桐庐县	912396	15204	988523	784477	123910	204046	48287
淳安县	387716	1003	464682	375718	18381	88965	22993
建德市	522275	14698	546785	438370	4989	108415	38922
富阳市	2549697	189687	2840793	2272652	97725	568141	179599
临安市	1157374	3346	1188438	892950	37731	295488	48466
宁波市	**86069937**	**8493564**	**95524061**	**82494866**	**13426506**	**13029196**	**5354908**
海曙区	11751103	1286865	14207607	10911972	3323007	3295635	1536640
江东区	8588142	659487	12048040	9987840	2062825	2060201	424949
江北区	5234520	428229	5446884	4224750	571962	1222134	397443
北仑区	25483269	2319868	25700274	24802285	1364433	897989	863292
镇海区	6378937	182325	6676281	6146828	69714	529453	389186
鄞州区	16102376	2427195	18031512	16200950	3439415	1830562	798655
象山县	1109901	57152	1130819	922884	521225	207935	50789
宁海县	769490	99800	840196	494767	245740	345430	55159
余姚市	4379174	710427	4631933	3874711	567136	757222	369596
慈溪市	5216955	297762	5707656	4016166	1124535	1691490	365499
奉化市	1056071	24455	1102859	911714	136513	191145	103699
温州市	**24195809**	**1798576**	**25937650**	**18392713**	**4806581**	**7544938**	**1700962**
鹿城区	9456968	587847	10218705	7473656	2566367	2745049	674643
龙湾区	5964528	712617	6169389	4209579	807369	1959810	385465
瓯海区	1489934	46138	1551249	1100632	429303	450618	112894
洞头县	354486	214	480479	469932	2043	10547	13224
永嘉县	819952	42261	940015	740415	35664	199600	100050
平阳县	473846	6313	501380	375452	36352	125927	35718

1-B-7 续表 1

单位：万元

地　区	商品购进额	#进口	商品销售额	批发额	#出口	零售额	期末商品库存额
苍南县	988032	18133	1021151	605476	43657	415675	89882
文成县	46781	3231	53262	31562	13437	21700	7644
泰顺县	56928		58515	16573		41942	1611
瑞安市	2819350	226452	3076634	2197630	685108	879004	152350
乐清市	1725003	155371	1866872	1171806	187282	695067	127482
嘉兴市	**17308359**	**855688**	**19406380**	**15208999**	**2330787**	**4197382**	**1340978**
南湖区	4408064	188446	5610049	3541763	516258	2068286	433380
秀洲区	2882441	144354	3259694	2810477	458036	449217	163226
嘉善县	1243820	122314	1323210	1146901	90804	176309	85738
海盐县	963853	6542	962592	848202	142189	114390	73721
海宁市	3356451	165513	3556261	2848697	654897	707564	268746
平湖市	1879580	60746	1965773	1744311	219097	221462	101882
桐乡市	2574150	167773	2728802	2268648	249507	460154	214285
湖州市	**17279459**	**510236**	**18116412**	**15328762**	**824375**	**2787650**	**627699**
吴兴区	5933052	279522	6319893	4274360	474340	2045533	341672
南浔区	1203643	72583	1270838	1188983	31412	81855	52823
德清县	2310616	91413	2477724	2334055	208744	143669	100219
长兴县	7449850	64121	7603083	7276186	88315	326897	86182
安吉县	382299	2597	444875	255179	21564	189696	46804
绍兴市	**16339111**	**1048815**	**19968791**	**14067288**	**3449667**	**5901502**	**1580626**
越城区	4461628	481977	6477188	3798605	692986	2678583	636388
绍兴县	5174228	238367	6384620	5551153	1599644	833468	412693
新昌县	724336	13833	780387	682147	76986	98240	63897
诸暨市	3887657	267372	4020286	2830433	895345	1189853	229689
上虞市	1575303	47035	1773806	913725	114376	860081	158497
嵊州市	515959	230	532504	291225	70329	241279	79463
金华市	**11734429**	**718802**	**13760821**	**7932183**	**2460240**	**5828638**	**982803**
婺城区	3265333	52390	4846315	2499503	238294	2346812	288908
金东区	1065369	144659	1089704	352143	44467	737562	106414
武义县	217686	5910	295795	250964	48467	44831	15597
浦江县	248510	9908	280081	180772	76847	99310	22987
磐安县	86788		94500	56982	21191	37518	4459
兰溪市	772555	62063	896430	797817	105504	98613	74040
义乌市	2541467	153393	2653528	1167016	758702	1486512	229080
东阳市	1303092	100871	1364679	948781	616583	415898	62255
永康市	2233630	189610	2239789	1678206	550186	561583	179063

1-B-7　续表 2　　　　单位：万元

地　区	商品购进额	#进口	商品销售额	批发额	#出口	零售额	期末商品库存额
衢州市	**4781563**	**35181**	**5113917**	**3562376**	**102266**	**1551541**	**316060**
柯城区	2331163	1174	2534709	1584633	36590	950077	185974
衢江区	483984	29460	524058	309271	17800	214787	31697
常山县	145971	31	158837	117980	9120	40857	25910
开化县	73157	372	74518	40554		33964	8673
龙游县	1386040	4144	1430319	1295489	10050	134829	34352
江山市	361248		391477	214450	28706	177026	29453
舟山市	**7536272**	**1586276**	**8279431**	**7522192**	**1309405**	**757239**	**491145**
定海区	4316550	101404	5022780	4504793	64575	517987	179716
普陀区	3005280	1479501	3019987	2815198	1244830	204789	302289
岱山县	76757	5372	81451	56741		24710	5043
嵊泗县	137685		155213	145461		9752	4097
台州市	**12768313**	**605561**	**14532638**	**10293264**	**1644134**	**4239374**	**905486**
椒江区	4479198	156441	5920438	4274876	443219	1645562	317354
黄岩区	1026665	60094	1081372	837432	169028	243940	72917
路桥区	2976596	268311	3026365	2133181	235077	893184	202281
玉环县	863741	13347	916571	810583	70989	105989	64443
三门县	161667	488	172503	150147	28627	22356	9498
天台县	126446		126661	80430	656	46231	14888
仙居县	227000	3430	236720	198957	21305	37764	11609
温岭市	2013485	98895	2071526	1399832	634805	671693	144841
临海市	893517	4556	980483	407828	40428	572656	67655
丽水市	**4159540**	**32361**	**4761884**	**3584686**	**171338**	**1177198**	**324150**
莲都区	2319223	31715	2636562	1727776	56720	908786	238821
青田县	95809		123719	101185	59711	22533	4214
缙云县	220801		232075	172038	2537	60037	29266
遂昌县	168330		170829	142949	287	27880	8580
松阳县	64736		64045	53391		10654	6352
云和县	39841		127211	115085	21407	12127	7837
庆元县	90492		91222	74080		17142	2894
景宁县	912442		1042630	1029092		13538	11633
龙泉市	247867	646	273592	169091	30677	104501	14555

1-B-8 按行业小类分组的限额以上国有及国有控股批发和零售业商品销售情况

单位：万元

行业	商品购进额	#进口	商品销售额	批发额	#出口	零售额	期末商品库存额
总　计	**83425292**	**4733809**	**94210525**	**70291872**	**5389549**	**23918653**	**4555677**
批发业	**73445962**	**4607802**	**82096853**	**68260168**	**5388975**	**13836685**	**4003455**
农、林、牧产品批发	399878	100	392333	350391	22	41941	125252
谷物、豆及薯类批发	271453		264747	222805		41941	90858
种子批发	20451	100	16910	16910	22		10577
饲料批发	42779		42742	42742			37
林业产品批发	6589		7258	7258			13282
牲畜批发	10290		10297	10297			52
其他农牧产品批发	48316		50379	50379			10446
食品、饮料及烟草制品批发	8271014	143823	10790581	10704966	215372	85614	747661
米、面制品及食用油批发	897781	129358	874436	855301	203241	19135	276757
糕点、糖果及糖批发	60800		62266	62266			1511
果品、蔬菜批发	382329		403259	342910		60349	1058
肉、禽、蛋、奶及水产品批发	108296		108428	108316	3360	113	21670
盐及调味品批发	234519	806	268127	265626		2501	30836
酒、饮料及茶叶批发	105130	761	110575	108243		2331	18736
烟草制品批发	6470236	9249	8950123	8948939	433	1184	397090
其他食品批发	11924	3650	13366	13366	8338		3
纺织、服装及家庭用品批发	3429662	166626	3685560	3666096	2181363	19464	225717
纺织品、针织品及原料批发	1781981	89289	1842192	1841122	956913	1070	95870
服装批发	570730	31061	619457	619009	588868	448	49631
鞋帽批发	427925	4324	449543	449543	431273		33434
厨房、卫生间用具及日用杂货批发	6939	5328	68430	68430	64649		113
家用电器批发	502055	36625	561670	543724	55181	17946	41578
其他家庭用品批发	140031		144269	144269	84479		5092
文化、体育用品及器材批发	889408		873179	871379	30007	1800	297929
文具用品批发	479512		464623	464623			66273
图书批发	374105		372412	372040		372	229510
首饰、工艺品及收藏品批发	35791		36144	34716	30007	1428	2146
医药及医疗器材批发	3324018	168373	3490198	1864130	98058	1626069	261643
西药批发	2486666	5129	2603200	1191938		1411262	167733
中药批发	532980	27455	582916	368109		214807	74019
医疗用品及器材批发	304372	135788	304083	304083	98058		19891

1-B-8　续表 1　　　　　　　　　　　　　　　　　　　　　　　　　　单位：万元

行　业	商品购进额	#进口	商品销售额	批发额	#出口	零售额	期末商品库存额
矿产品、建材及化工产品批发	54284319	4021879	59938384	47904403	2209909	12033981	2195792
煤炭及制品批发	5912037	290283	5154638	4793997	94003	360641	239654
石油及制品批发	21161364	1157846	25909197	15165227	1089032	10743970	627004
非金属矿及制品批发	15825	315	17230	17230	14424		5
金属及金属矿批发	25040568	2325600	25724301	25724299	786353	2	1250969
建材批发	521154	210955	538144	535791	211	2354	28473
化肥批发	51973		52707	52707			2815
农药批发	7209		8650	8650			86
其他化工产品批发	1574189	36880	2533517	1606502	225886	927015	46787
机械设备、五金产品及电子产品批发	2170058	73299	2248189	2220448	625529	27742	103671
农业机械批发	49130		51345	51345	50964		16
汽车批发	762929		789025	769871		19153	17059
汽车零配件批发			5032	5032	5032		9
五金产品批发	333029	8472	336596	334894	188720	1702	26631
电气设备批发	244385	52108	288168	288168	59205		21230
计算机、软件及辅助设备批发	52474		57376	57376	5261		2513
通讯及广播电视设备批发	433954	1505	418111	418111	144624		22607
其他机械设备及电子产品批发	294156	11214	302536	295650	171723	6886	13606
贸易经纪与代理	54846	30142	51767	51767			32557
拍卖			1626	1626			153
其他贸易经纪与代理	54846	30142	50141	50141			32404
其他批发业	622760	3561	626662	626588	28717	74	13235
再生物资回收与批发	587132		585624	585624			13171
其他未列明批发业	35628	3561	41038	40964	28717	74	63
零售业	**9979330**	**126007**	**12113671**	**2031704**	**574**	**10081968**	**552222**
综合零售	1342357	3734	1687977	137264		1550713	75633
百货零售	1121097	3734	1462673	134301		1328372	58436
超级市场零售	174645		173176			173176	12949
其他综合零售	46615		52128	2964		49165	4248

1-B-8 续表 2　　　　单位：万元

行　业	商品购进额	#进口	商品销售额	批发额	#出口	零售额	期末商品库存额
食品、饮料及烟草制品专门零售	149256		173909	2455		171453	14292
果品、蔬菜零售	9688		9503			9503	515
肉、禽、蛋、奶及水产品零售	42778		46707	1473		45234	136
酒、饮料及茶叶零售	2798		4020			4020	306
烟草制品零售	87054		106509	803		105707	12823
其他食品零售	6938		7170	180		6990	512
纺织、服装及日用品专门零售	36089		43333	4890		38443	2750
纺织品及针织品零售	373		501			501	76
化妆品及卫生用品零售	10948		16761	4890		11870	2618
其他日用品零售	24768		26072			26072	57
文化、体育用品及器材专门零售	500899		499122	15442	574	483681	162898
文具用品零售	2362		2149	486		1664	1066
图书、报刊零售	455614		448068	14144		433924	149803
珠宝首饰零售	38531		44446			44446	10782
照相器材零售	4392		4458	812	574	3647	1248
医药及医疗器材专门零售	956827		992563	253549		739014	87947
药品零售	956233		991478	253549		737929	87822
医疗用品及器材零售	594		1085			1085	125
汽车、摩托车、燃料及零配件专门零售	6448530	122273	8135116	1519849		6615267	198438
汽车零售	1257897	120387	1305638	39367		1266272	122624
汽车零配件零售	7733		9233	2575		6658	1406
机动车燃料零售	5182901	1885	6820245	1477908		5342337	74408
家用电器及电子产品专门零售	9312		13947	929		13018	1466
计算机、软件及辅助设备零售	9312		13947	929		13018	1466
五金、家具及室内装饰材料专门零售	47451		50252			50252	5883
五金零售	1497		1852			1852	521
其他室内装饰材料零售	45954		48400			48400	5362
货摊、无店铺及其他零售业	488609		517452	97325		420127	2916
邮购及电视、电话零售	203182		227062			227062	1356
生活用燃料零售	285427		290390	97325		193065	1560

1-B-9　按行业小类分组的限额以上国有批发和零售业商品销售情况

单位：万元

行　　业	商　品购进额	#进口	商　品销售额	批发额	#出口	零售额	期末商品库存额
总　计	**10275632**	**201556**	**12765467**	**12127654**	**539248**	**637813**	**670694**
批发业	**10050624**	**201556**	**12530327**	**12120844**	**539248**	**409484**	**638821**
农、林、牧产品批发	173045		176559	135560		40999	17798
谷物、豆及薯类批发	152189		152950	111951		40999	9322
其他农牧产品批发	20855		23609	23609			8475
食品、饮料及烟草制品批发	6529167	1000	9007039	9005288		1752	401397
米、面制品及食用油批发	32808		30581	30289		291	3503
肉、禽、蛋、奶及水产品批发	53043		54257	54257			53
盐及调味品批发	7407		10458	10182		276	751
烟草制品批发	6435909	1000	8911744	8910559		1184	397090
纺织、服装及家庭用品批发	252717	3113	257318	257318	254397		24176
纺织品、针织品及原料批发	10146		10146	10146	10146		
服装批发	7115	447	7742	7742	7742		
鞋帽批发	235456	2667	239430	239430	236509		24176
文化、体育用品及器材批发	44590		46226	44798	30007	1428	2669
文具用品批发	7049		7214	7214			…
图书批发	1749		2868	2868			523
首饰、工艺品及收藏品批发	35791		36144	34716	30007	1428	2146
医药及医疗器材批发	16255		17289	15663		1626	1096
西药批发	12684		13699	12073		1626	998
医疗用品及器材批发	3571		3590	3590			98
矿产品、建材及化工产品批发	2692800	188019	2667452	2303772	141571	363679	171199
煤炭及制品批发	539027		487847	127207		360641	54349
石油及制品批发	989152		964196	961157		3039	35501
金属及金属矿批发	986476	78187	1031822	1031822	141571		72147
建材批发	162852	109832	165751	165751			8782
其他化工产品批发	15292		17836	17836			420

1-B-9 续表 单位：万元

行业	商品购进额	#进口	商品销售额	批发额	#出口	零售额	期末商品库存额
机械设备、五金产品及电子产品批发	341935	9424	357884	357884	113273		20474
汽车零配件批发			5032	5032	5032		9
五金产品批发	27692		29121	29121	29121		
计算机、软件及辅助设备批发	5518		10730	10730	5261		276
通讯及广播电视设备批发	243624		246667	246667	16167		18337
其他机械设备及电子产品批发	65100	9424	66334	66334	57692		1851
其他批发业	116		561	561			13
再生物资回收与批发	116		561	561			13
零售业	**225008**		**235140**	**6810**		**228329**	**31874**
综合零售	1103		1683			1683	110
其他综合零售	1103		1683			1683	110
食品、饮料及烟草制品专门零售	20011		20757			20757	1
果品、蔬菜零售	3754		3878			3878	1
肉、禽、蛋、奶及水产品零售	16257		16880			16880	
文化、体育用品及器材专门零售	50335		55248			55248	15754
图书、报刊零售	50335		55248			55248	15754
医药及医疗器材专门零售	68572		70931	3747		67184	8670
药品零售	67978		69846	3747		66099	8545
医疗用品及器材零售	594		1085			1085	125
汽车、摩托车、燃料及零配件专门零售	79840		81057			81057	7287
汽车零售	37157		34964			34964	5890
机动车燃料零售	42683		46093			46093	1397
货摊、无店铺及其他零售业	5147		5464	3063		2400	52
生活用燃料零售	5147		5464	3063		2400	52

1-B-10　按行业小类分组的限额以上集体批发和零售业商品销售情况

单位：万元

行　业	商品购进额	#进口	商品销售额	批发额	#出口	零售额	期末商品库存额
总　计	**720362**	**14863**	**803115**	**449711**	**48309**	**353403**	**45343**
批发业	**310407**	**14863**	**324346**	**319379**	**48309**	**4967**	**20376**
纺织、服装及家庭用品批发	98721	1111	101278	99241	19970	2036	3756
纺织品、针织品及原料批发	23033		23093	23093			323
服装批发	5727	1111	6215	6215	1302		
家用电器批发	52132		53301	51265		2036	3407
其他家庭用品批发	17828		18669	18669	18669		27
矿产品、建材及化工产品批发	143705	13752	148233	145382	20830	2852	11426
石油及制品批发	4779		5214	5214			81
非金属矿及制品批发	10392		10316	10316			1436
金属及金属矿批发	42248		43000	42791		209	2841
建材批发	7905		8178	8178			474
化肥批发	39491		40133	37490		2643	1829
其他化工产品批发	38889	13752	41393	41393	20830		4764
机械设备、五金产品及电子产品批发	21325		19457	19378	7510	79	5015
五金产品批发	7250		7510	7510	7510		
电气设备批发	9369		7184	7184			5002
其他机械设备及电子产品批发	4707		4764	4684		79	13
其他批发业	46656		55379	55379			179
再生物资回收与批发	46389		54617	54617			135
其他未列明批发业	267		762	762			44

1-B-10 续表

单位：万元

行业	商品购进额	#进口	商品销售额	批发额	#出口	零售额	期末商品库存额
零售业	**409955**		**478769**	**130332**		**348436**	**24967**
综合零售	220117		280809	119592		161218	15482
百货零售	73185		81547	30999		50548	8188
超级市场零售	22811		22808			22808	660
其他综合零售	124122		176455	88593		87862	6634
食品、饮料及烟草制品专门零售	1267		1318	502		815	47
果品、蔬菜零售	1267		1318	502		815	47
文化、体育用品及器材专门零售	3480		5314	33		5281	1655
图书、报刊零售			1091			1091	4
珠宝首饰零售	3480		4223	33		4190	1652
医药及医疗器材专门零售	1668		1888			1888	113
药品零售	1668		1888			1888	113
汽车、摩托车、燃料及零配件专门零售	177675		182721	6418		176303	7421
汽车零售	36899		35700			35700	3858
机动车燃料零售	140776		147021	6418		140603	3563
家用电器及电子产品专门零售	1313		1317			1317	132
家用视听设备零售	1313		1317			1317	132
五金、家具及室内装饰材料专门零售	485		577			577	53
五金零售	485		577			577	53
货摊、无店铺及其他零售业	3950		4825	3788		1037	64
生活用燃料零售	3950		4825	3788		1037	64

1-B-11　按行业小类分组的限额以上股份合作企业批发和零售业商品销售情况

单位：万元

行　业	商品购进额	#进口	商品销售额	批发额	#出口	零售额	期末商品库存额
总　计	**241740**	**184**	**245123**	**172799**	**3430**	**72324**	**19762**
批发业	**171595**	**184**	**171657**	**170694**	**3430**	**963**	**12803**
食品、饮料及烟草制品批发	6780		7033	7033			…
肉、禽、蛋、奶及水产品批发	6780		7033	7033			…
纺织、服装及家庭用品批发	19725		18157	18071	3355	86	2352
鞋帽批发	3175		3355	3355	3355		
家用电器批发	16549		14803	14717		86	2352
文化、体育用品及器材批发	6012		5902	5902			203
文具用品批发	6012		5902	5902			203
矿产品、建材及化工产品批发	129972		130635	130191		444	10130
煤炭及制品批发	21791		19754	19426		329	2037
石油及制品批发	43161		45102	45102			2753
金属及金属矿批发	39318		38827	38827			2979
建材批发	4741		4980	4870		110	1173
其他化工产品批发	20961		21973	21967		5	1189
机械设备、五金产品及电子产品批发	6762	184	7139	6706	75	433	118
五金产品批发	2252		2285	2285			44
其他机械设备及电子产品批发	4510	184	4853	4420	75	433	74
其他批发业	2345		2791	2791			
再生物资回收与批发	2345		2791	2791			
零售业	**70145**		**73466**	**2105**		**71362**	**6959**
综合零售	3911		3847			3847	707
超级市场零售	3040		2896			2896	641
其他综合零售	871		951			951	67
食品、饮料及烟草制品专门零售	2349		2349			2349	153
肉、禽、蛋、奶及水产品零售	2349		2349			2349	153
医药及医疗器材专门零售	3540		3412			3412	252
药品零售	3540		3412			3412	252
汽车、摩托车、燃料及零配件专门零售	47263		49602	1119		48483	2178
机动车燃料零售	47263		49602	1119		48483	2178
家用电器及电子产品专门零售	12033		13216			13216	3661
日用家电设备零售	12033		13216			13216	3661
货摊、无店铺及其他零售业	1049		1042	986		56	7
生活用燃料零售	1049		1042	986		56	7

1-B-12 按行业小类分组的限额以上有限责任公司批发和零售业商品销售情况

单位：万元

行业	商品购进额	#进口	商品销售额	批发额	#出口	零售额	期末商品库存额
总计	**124943051**	**7355568**	**131585308**	**107945856**	**14085359**	**23639453**	**7508656**
批发业	**103998688**	**6668258**	**109214695**	**105827632**	**14082130**	**3387063**	**5276700**
农、林、牧产品批发	419613	52140	438117	437147	4637	970	100871
谷物、豆及薯类批发	175989		168893	167951		943	73878
种子批发	2192		2192	2192			
饲料批发	47176		47632	47632			455
棉、麻批发	80328	49619	103808	103808	4591		2677
林业产品批发	6589		7258	7258			13282
牲畜批发	18332		18323	18323			1934
其他农牧产品批发	89007	2521	90011	89983	46	28	8646
食品、饮料及烟草制品批发	7087606	170388	8249954	8018782	145822	231173	516346
米、面制品及食用油批发	1209197	105002	1221634	1130712	8502	90923	302968
糕点、糖果及糖批发	221992		226513	226446		67	19344
果品、蔬菜批发	749423	907	1189558	1074850	72583	114708	23521
肉、禽、蛋、奶及水产品批发	286024		299514	298661	25904	853	32687
盐及调味品批发	230059	806	259971	257746		2225	30162
营养和保健品批发	199614	37351	229717	226647	9685	3069	8230
酒、饮料及茶叶批发	3548542	867	4127288	4115070	20378	12218	78160
烟草制品批发	34326	8249	38380	38380	433		
其他食品批发	608429	17207	657380	650271	8338	7109	21276
纺织、服装及家庭用品批发	13170966	624537	14014205	13910586	7025991	103618	833947
纺织品、针织品及原料批发	3814158	260215	4069285	4067935	1755686	1350	170541
服装批发	5042973	174283	5366181	5342146	3695182	24035	358012
鞋帽批发	410815	1852	441401	439567	393611	1835	13876
化妆品及卫生用品批发	270323		322035	318538	66682	3497	14520
厨房、卫生间用具及日用杂货批发	194117	32751	256962	254844	219779	2118	1485
灯具、装饰物品批发	134847	6745	138815	138815	127174		1002
家用电器批发	2684404	39565	2753695	2682911	335812	70784	255223
其他家庭用品批发	619329	109128	665831	665831	432064		19287
文化、体育用品及器材批发	2070023	166336	2085080	2069701	311700	15379	380323
文具用品批发	1002595	48240	1017069	1013704	175312	3365	103279

1-B-12 续表 1

单位：万元

行　业	商品购进额	#进口	商品销售额	批发额	#出口	零售额	期末商品库存额
体育用品及器材批发	4494		4852	3767	1774	1085	392
图书批发	380006		377489	377116		372	233085
音像制品及电子出版物批发	3011		3118	2085		1033	49
首饰、工艺品及收藏品批发	646521	118096	648964	640647	131730	8316	42217
其他文化用品批发	33395		33588	32381	2885	1207	1301
医药及医疗器材批发	5996150	382436	6444345	4347961	542383	2096384	552575
西药批发	4772580	213683	5086581	3198253	381672	1888328	422459
中药批发	721393	27645	831980	624728		207252	89138
医疗用品及器材批发	502176	141108	525784	524980	160712	804	40979
矿产品、建材及化工产品批发	64745898	4683367	66854122	66060558	3434627	793564	2432337
煤炭及制品批发	6546431	118537	5845499	5821179	535	24321	123749
石油及制品批发	9765267	1345114	10287196	9606299	1129026	680897	369987
非金属矿及制品批发	19362	315	20929	20929	14424		40
金属及金属矿批发	31151689	1755220	33116692	33071710	1165388	44982	1299331
建材批发	1813241	180993	1919971	1889436	51760	30536	87901
化肥批发	1060307	39690	1074876	1072600	1415	2277	107400
农药批发	83285	313	84173	84173	2453		15909
农用薄膜批发	2572		2574	2574			179
其他化工产品批发	14303744	1243186	14502211	14491659	1069626	10552	427841
机械设备、五金产品及电子产品批发	8692925	343298	9156329	9015836	2401959	140493	349853
农业机械批发	86892		104119	102614	95219	1505	726
汽车批发	3149255	39764	3240454	3192508	5719	47947	75957
汽车零配件批发	252878	5257	297391	269155	144773	28236	18850
摩托车及零配件批发	6842		6490	6490	2773		786
五金产品批发	1369011	93414	1488895	1457554	991223	31342	73268
电气设备批发	568623	70553	615940	615940	143583		43822
计算机、软件及辅助设备批发	222760		228319	222664	86	5655	7665
通讯及广播电视设备批发	871923	1505	865340	851590	186946	13751	32882
其他机械设备及电子产品批发	2164741	132806	2309379	2297322	831638	12058	95897

1-B-12 续表 2

单位：万元

行业	商品购进额	#进口	商品销售额	批发额	#出口	零售额	期末商品库存额
贸易经纪与代理	87065	32870	92445	92445	38594		32632
贸易代理	27936		29078	29078	26994		8
拍卖			1626	1626			153
其他贸易经纪与代理	59129	32870	61742	61742	11601		32471
其他批发业	1728444	212886	1880098	1874616	176416	5482	77816
再生物资回收与批发	1381798	87738	1500038	1494638	3504	5400	61011
其他未列明批发业	346646	125148	380061	379978	172913	82	16804
零售业	**20944364**	**687310**	**22370614**	**2118224**	**3229**	**20252390**	**2231956**
综合零售	5667478	3993	6195317	997910		5197406	470750
百货零售	2186603	3736	2365567	214003		2151564	197157
超级市场零售	3140386	257	3487870	749341		2738530	247667
其他综合零售	340488		341880	34567		307313	25926
食品、饮料及烟草制品专门零售	324360		397838	37661		360177	36081
粮油零售	45666		61000			61000	6968
糕点、面包零售	20479		27502	6514		20988	555
果品、蔬菜零售	16725		20902	2158		18745	538
肉、禽、蛋、奶及水产品零售	87251		93071	23394		69677	986
营养和保健品零售	1382		2155			2155	362
酒、饮料及茶叶零售	6732		21122	1888		19234	7895
烟草制品零售	86815		105722	1803		103919	13523
其他食品零售	59312		66365	1906		64459	5255
纺织、服装及日用品专门零售	614492		791643	131509	1135	660134	163222
纺织品及针织品零售	8447		10242			10242	2564
服装零售	549557		714558	125398	1135	589161	152686
鞋帽零售	5685		6426			6426	1339
化妆品及卫生用品零售	10948		16761	4890		11870	2618
钟表、眼镜零售	13109		14932			14932	3504
其他日用品零售	26746		28724	1221		27503	511
文化、体育用品及器材专门零售	588492		590373	50745	574	539628	184628
文具用品零售	20197		22609	486		22124	6735
体育用品及器材零售	356		510			510	52

1-B-12　续表 3

单位：万元

行　业	商品购进额	#进口	商品销售额	批发额	#出口	零售额	期末商品库存额
图书、报刊零售	405174		396040	12503		383538	135840
珠宝首饰零售	134642		136606	36945		99661	37412
乐器零售	4966		5817			5817	2449
照相器材零售	4392		4458	812	574	3647	1248
其他文化用品零售	18765		24333			24333	894
医药及医疗器材专门零售	935917		1063930	198130		865800	117204
药品零售	931035		1057180	198130		859050	116471
医疗用品及器材零售	4882		6750			6750	733
汽车、摩托车、燃料及零配件专门零售	11278175	683317	11572210	501191	1521	11071019	1118142
汽车零售	9560118	671631	9764339	344866		9419472	1082949
汽车零配件零售	10009		9889	57		9832	1164
摩托车及零配件零售	489		467			467	79
机动车燃料零售	1707559	11686	1797516	156268	1521	1641248	33950
家用电器及电子产品专门零售	993506		1148641	164932		983709	101331
家用视听设备零售	172105		176441	3916		172524	3466
日用家电设备零售	523918		654541	61813		592728	66674
计算机、软件及辅助设备零售	217323		232771	70359		162412	21400
通信设备零售	67194		72618	28844		43775	7658
其他电子产品零售	12966		12270			12270	2133
五金、家具及室内装饰材料专门零售	99454		115777	12316		103461	17283
五金零售	9755		11088	3976		7112	1815
灯具零售			14217			14217	55
家具零售	40659		38636	8340		30296	9667
涂料零售	1922		2187			2187	225
其他室内装饰材料零售	47118		49649			49649	5521
货摊、无店铺及其他零售业	442490		494885	23830		471055	23315
互联网零售	116854		133573	3533		130041	17862
邮购及电视、电话零售	203182		227062			227062	1356
生活用燃料零售	107626		117461	18641		98820	2944
其他未列明零售业	14827		16789	1656		15133	1153

1-B-13 按行业小类分组的限额以上股份有限公司批发和零售业商品销售情况

单位：万元

行业	商品购进额	#进口	商品销售额	批发额	#出口	零售额	期末商品库存额
总计	**41143319**	**2357528**	**50105136**	**31604277**	**3406038**	**18500859**	**1873425**
批发业	**35303065**	**2318768**	**42463534**	**29776619**	**3406038**	**12686914**	**1503962**
农、林、牧产品批发	132831	100	122279	75778	22	46501	26931
谷物、豆及薯类批发	112380		105370	58869		46501	16354
种子批发	20451	100	16910	16910	22		10577
食品、饮料及烟草制品批发	1445665	77815	1648019	1622825	203516	25194	17541
米、面制品及食用油批发	384943	77766	372264	372264	203241		12679
果品、蔬菜批发	115206		122535	99582		22954	3984
肉、禽、蛋、奶及水产品批发	20510		20653	18413		2240	471
营养和保健品批发	1481		1469	1469			179
酒、饮料及茶叶批发	923525	49	1131098	1131098	275		227
纺织、服装及家庭用品批发	2301620	231612	2890790	2824997	1730809	65793	199307
纺织品、针织品及原料批发	1022429	99576	1112116	1112116	664986		72446
服装批发	631803	88291	1076191	1024739	785162	51452	105081
家用电器批发	438930	32741	455926	441585	48551	14341	16620
其他家庭用品批发	208457	11004	246557	246557	232110		5160
文化、体育用品及器材批发	48842		52594	52528	42727	65	164
文具用品批发	37597		39617	39617	29816		164
其他文化用品批发	11245		12977	12911	12911	65	…
医药及医疗器材批发	2056559	51111	2176753	1121236		1055517	208521
西药批发	1544879	51111	1602217	646837		955380	146494
中药批发	447351		483544	387420		96125	58901
医疗用品及器材批发	64329		90992	86980		4012	3127
矿产品、建材及化工产品批发	28840298	1955454	34980388	23670642	1159447	11309745	1010637
煤炭及制品批发	1582280	247076	1711352	1711352	94003		152043
石油及制品批发	17971389	51383	22729106	12348811		10380295	385808
金属及金属矿批发	6019311	1170531	6326167	6323813	1065320	2354	303359
建材批发	14741	5526	15793	15793			1686
化肥批发	100327		100044	100044			18167
其他化工产品批发	3152250	480937	4097925	3170829	125	927096	149574
机械设备、五金产品及电子产品批发	442514	2676	562685	378586	256424	184099	35317
五金产品批发	198952	2676	272793	272793	252881		4055
计算机、软件及辅助设备批发	12874		13003	13003			36
通讯及广播电视设备批发	224660		270491	86396		184095	30598
其他机械设备及电子产品批发	6028		6398	6394	3542	4	629

1-B-13　续表　　　　单位：万元

行　业	商品购进额	#进口	商品销售额	批发额	#出口	零售额	期末商品库存额
其他批发业	34737		30027	30027	13094		5544
再生物资回收与批发	21008		16282	16282			5485
其他未列明批发业	13728		13745	13745	13094		59
零售业	**5840253**	**38761**	**7641603**	**1827658**		**5813945**	**369463**
综合零售	1462976	7	1619055	270566		1348490	170034
百货零售	828321		919879	133821		786057	90774
超级市场零售	576555	7	642331	87681		554651	73643
其他综合零售	58099		56845	49064		7782	5618
食品、饮料及烟草制品专门零售	3666		3253			3253	1145
果品、蔬菜零售	2357		1950			1950	516
其他食品零售	1309		1303			1303	629
纺织、服装及日用品专门零售	50638		71684	21141		50543	19020
纺织品及针织品零售	50638		52853	21141		31712	15422
服装零售			18831			18831	3598
文化、体育用品及器材专门零售	271846		278135	120604		157530	27814
体育用品及器材零售	24499		30239	1902		28336	10731
珠宝首饰零售	226288		222019	118702		103317	9981
工艺美术品及收藏品零售	15598		18250			18250	5278
其他文化用品零售	5461		7627			7627	1824
医药及医疗器材专门零售	518566		506947	91350		415597	40475
药品零售	518566		506947	91350		415597	40475
汽车、摩托车、燃料及零配件专门零售	3237055	38754	4866527	1226548		3639979	109540
汽车零售	538345	38754	653989	127901		526089	59297
汽车零配件零售	7733		9233	2575		6658	1406
机动车燃料零售	2690977		4203305	1096073		3107232	48837
家用电器及电子产品专门零售	36949		37154	7743		29412	71
日用家电设备零售	36949		37154	7743		29412	71
五金、家具及室内装饰材料专门零售	1068		1392			1392	325
木质装饰材料零售	1068		1392			1392	325
货摊、无店铺及其他零售业	257490		257457	89707		167750	1039
生活用燃料零售	257490		257457	89707		167750	1039

1-B-14 按行业小类分组的限额以上私营企业批发和零售业商品销售情况

单位：万元

行　业	商品购进额	#进口	商品销售额	批发额	#出口	零售额	期末商品库存额
总　计	**154156273**	**12100578**	**166467392**	**141774453**	**24306018**	**24692939**	**10428254**
批发业	**131345003**	**10540531**	**142199210**	**140032959**	**24251554**	**2166252**	**7287128**
农、林、牧产品批发	919812	160582	970233	955659	79484	14574	60383
谷物、豆及薯类批发	104492	17750	108384	107972	17836	412	2722
种子批发	36679	11784	38241	36241	530	2000	7263
饲料批发	271976	51920	303285	301566	17478	1719	12588
棉、麻批发	175077	65819	176293	176293	31934		8261
林业产品批发	10834		12472	11872	818	600	1691
牲畜批发	113081		115123	109134		5989	1966
其他农牧产品批发	207673	13310	216435	212581	10888	3855	25892
食品、饮料及烟草制品批发	3947868	300447	4494024	4348523	464641	145500	313606
米、面制品及食用油批发	808519	22976	879790	861866		17924	63322
糕点、糖果及糖批发	123897	2127	131656	126576	10788	5080	14330
果品、蔬菜批发	137739	3176	140952	138294	13404	2658	9018
肉、禽、蛋、奶及水产品批发	679977	176158	851196	782702	340259	68494	24790
盐及调味品批发	41987		46979	46979			4176
营养和保健品批发	44870	5899	48303	48108	7044	194	8060
酒、饮料及茶叶批发	1757693	79076	2026713	1982388	71382	44325	154136
烟草制品批发	2100		3340	2866		474	258
其他食品批发	351086	11036	365096	358745	21764	6351	35516
纺织、服装及家庭用品批发	24376480	1449512	27462901	26949088	12842703	513814	2111924
纺织品、针织品及原料批发	10156904	844848	11473056	11380876	4586666	92179	1306167
服装批发	5033570	207064	5780479	5610533	3563337	169946	301041
鞋帽批发	1715239	139748	1881151	1845868	1468241	35283	27804
化妆品及卫生用品批发	1209667	4486	1212687	1210360	104093	2327	85023
厨房、卫生间用具及日用杂货批发	1105794	54031	1259435	1234877	713524	24558	62969
灯具、装饰物品批发	508771	56592	551263	549455	437962	1807	13197
家用电器批发	2044902	33242	2466898	2312204	327659	154694	263177
其他家庭用品批发	2601633	109501	2837934	2804915	1641222	33020	52546
文化、体育用品及器材批发	2770126	199886	3040077	2976273	689309	63804	216386
文具用品批发	1561135	130318	1724377	1707596	277987	16781	94825

1-B-14　续表 1　　　　单位：万元

行　业	商　品购进额	#进口	商　品销售额	批发额	#出口	零售额	期末商品库存额
体育用品及器材批发	98745	797	105114	100471	49617	4642	10326
音像制品及电子出版物批发	9288	25	10000	10000	10000		
首饰、工艺品及收藏品批发	783292	68177	875112	837068	223382	38044	87483
其他文化用品批发	317667	568	325474	321138	128323	4336	23752
医药及医疗器材批发	2433678	188258	2811236	2457612	174648	353624	235047
西药批发	1456859	1908	1531021	1360146	132700	170875	122594
中药批发	341656		510341	387081		123260	48357
医疗用品及器材批发	635163	186350	769874	710386	41948	59489	64095
矿产品、建材及化工产品批发	81073140	7399818	86443244	85664980	4418360	778263	3550256
煤炭及制品批发	7999097	314996	8469093	8384593	99262	84500	518522
石油及制品批发	10141393	226820	10655251	10264298	24166	390954	379895
非金属矿及制品批发	184208	35681	193989	190318	5883	3671	7942
金属及金属矿批发	43746564	3923956	47105131	47024707	2331202	80424	1731421
建材批发	4067130	474301	4235790	4101596	275049	134194	187798
化肥批发	199994	580	259112	259112			17857
农药批发	162847	5428	173594	172754	59848	840	6771
其他化工产品批发	14571907	2418055	15351285	15267603	1622950	83681	700050
机械设备、五金产品及电子产品批发	10829966	414978	11616954	11338455	4636515	278499	591501
农业机械批发	31070		30603	29356	7994	1246	6366
汽车批发	826267	10937	853084	746372	128255	106712	76957
汽车零配件批发	1032177	48073	1140717	1108990	518650	31728	47968
摩托车及零配件批发	247536	3462	253865	253664	213243	201	12969
五金产品批发	2102226	136542	2261598	2247967	1404621	13631	68754
电气设备批发	1042781	26336	1080889	1074989	569217	5900	44858
计算机、软件及辅助设备批发	604854		628638	578740	12031	49898	30264
通讯及广播电视设备批发	665433	40548	711521	696343	26559	15178	25652
其他机械设备及电子产品批发	4277622	149080	4656038	4602034	1755945	54004	277712
贸易经纪与代理	812089	90096	904632	900418	690188	4214	12028
贸易代理	718220	73258	789545	785627	592061	3918	11771
其他贸易经纪与代理	93869	16838	115087	114791	98127	296	257
其他批发业	4181844	336955	4455911	4441952	255706	13960	195998
再生物资回收与批发	1919420	54058	2123459	2121766	5099	1692	128643
其他未列明批发业	2262424	282897	2332453	2320185	250607	12267	67355

1-B-14 续表 2 单位：万元

行业	商品购进额	#进口	商品销售额	批发额	#出口	零售额	期末商品库存额
零售业	**22811270**	**1560047**	**24268182**	**1741495**	**54465**	**22526688**	**3141126**
综合零售	2089505	3691	2405849	139775		2266075	280046
百货零售	852832	372	1087783	24349		1063434	114456
超级市场零售	1148861	3319	1228810	110703		1118108	152383
其他综合零售	87812		89257	4723		84534	13207
食品、饮料及烟草制品专门零售	324739		373401	54543		318858	31614
粮油零售	9879		9685			9685	581
糕点、面包零售	20979		22036	5989		16046	439
果品、蔬菜零售	44640		50848	3248		47600	2995
肉、禽、蛋、奶及水产品零售	51917		57973	10514		47459	4700
营养和保健品零售	4384		7388			7388	3184
酒、饮料及茶叶零售	154901		184254	31067		153187	10791
烟草制品零售	10392		12865	282		12583	4241
其他食品零售	27648		28354	3444		24909	4683
纺织、服装及日用品专门零售	757681	30345	936199	94002	243	842197	221808
纺织品及针织品零售	118541		147819	22363		125456	22182
服装零售	445434	30111	584158	52294		531864	132265
鞋帽零售	50169		60594	7951		52643	21685
化妆品及卫生用品零售	6169		6172	1250		4922	859
钟表、眼镜零售	63048		66518	3022		63497	31421
箱、包零售	567		609			609	
自行车零售	11531		11310	3268		8042	1868
其他日用品零售	62224	234	59019	3854	243	55165	11528
文化、体育用品及器材专门零售	601439		640064	130887		509177	217133
文具用品零售	9786		11800	3308		8492	1440
体育用品及器材零售	9000		8843			8843	1608
图书、报刊零售	27864		28623	2900		25722	7156
珠宝首饰零售	443414		472442	114550		357893	198889
工艺美术品及收藏品零售	3416		3722			3722	525
乐器零售	11186		11722	2409		9313	3331
照相器材零售	74972		74174	1148		73026	2492
其他文化用品零售	21800		28737	6572		22165	1692

1-B-14　续表 3　　　　单位：万元

行　业	商品购进额		商品销售额				期末商品库存额
		#进口		批发额	#出口	零售额	
医药及医疗器材专门零售	517775	2173	589639	57643		531995	89920
药品零售	489571	1	554258	51258		503000	88702
医疗用品及器材零售	28204	2172	35381	6386		28995	1218
汽车、摩托车、燃料及零配件专门零售	16220830	1521560	16784990	825776	54222	15959214	1940762
汽车零售	15109589	1521560	15620878	681508	54222	14939370	1883972
汽车零配件零售	45233		46931	2897		44035	6055
摩托车及零配件零售	53587		53560	17190		36369	9411
机动车燃料零售	1012420		1063621	124181		939440	41324
家用电器及电子产品专门零售	1690775	1778	1825422	299260		1526162	278453
家用视听设备零售	554399	16	591281	70973		520308	111216
日用家电设备零售	641939	1763	686449	122327		564122	114707
计算机、软件及辅助设备零售	213133		230766	33630		197136	30030
通信设备零售	269362		302476	72330		230147	20879
其他电子产品零售	11943		14450			14450	1621
五金、家具及室内装饰材料专门零售	327803	500	407139	85771		321368	57572
五金零售	51281		58852	7494		51358	4801
灯具零售	15074		19039	3244		15795	2875
家具零售	62368	500	131188	22722		108467	22482
涂料零售	68392		70815	19610		51205	4354
卫生洁具零售	8800		10727	1277		9450	3165
木质装饰材料零售	46151		45386	25746		19640	3786
陶瓷、石材装饰材料零售	59493		53460	780		52679	13221
其他室内装饰材料零售	16245		17673	4899		12775	2889
货摊、无店铺及其他零售业	280722		305480	53838		251642	23819
互联网零售	74848		81268	3855		77413	11404
邮购及电视、电话零售	10518		10950	1347		9602	1510
旧货零售	559		501			501	58
生活用燃料零售	169697		183298	42478		140820	6599
其他未列明零售业	25101		29464	6158		23306	4247

1-B-15　按行业小类分组的限额以上港澳台商和外商投资企业批发和零售业商品销售情况

单位：万元

行　　业	商品购进额	#进口	商品销售额	批发额	#出口	零售额	期末商品库存额
总　计	**19891058**	**1828178**	**21607474**	**13637018**	**614703**	**7970456**	**1324929**
批发业	**12641902**	**1331938**	**13179026**	**13093612**	**614166**	**85414**	**465608**
农、林、牧产品批发	14334	14035	13652	13652			1325
饲料批发	14334	14035	13652	13652			1325
食品、饮料及烟草制品批发	614044		649445	638321		11124	31740
米、面制品及食用油批发	56557		56461	54799		1662	278
糕点、糖果及糖批发	3806		5592	5592			473
肉、禽、蛋、奶及水产品批发	133825		125049	116770		8279	4104
酒、饮料及茶叶批发	2020		2632	1449		1183	726
其他食品批发	417836		459711	459711			26160
纺织、服装及家庭用品批发	834069	32546	1055093	1038140	252185	16953	83087
纺织品、针织品及原料批发	333784	12197	376395	376395	92583		6520
服装批发	194208	10116	222279	207982	59898	14296	22465
鞋帽批发	24347		24575	24501	17345	74	5183
化妆品及卫生用品批发	99875		108188	107537	5015	652	15325
厨房、卫生间用具及日用杂货批发	24992	3821	26646	26646	23088		1890
灯具、装饰物品批发	14765		17151	17151	1688		2666
家用电器批发	25116	543	27350	26528	1791	822	397
其他家庭用品批发	116983	5869	252511	251401	50776	1110	28641
文化、体育用品及器材批发	652496	14312	670852	670852	57854		8503
文具用品批发	595267	14228	605714	605714	14457		7672
体育用品及器材批发	30945	84	31569	31569	28210		815
首饰、工艺品及收藏品批发	15123		21736	21736	3447		16
其他文化用品批发	11161		11833	11833	11741		
医药及医疗器材批发	86876		189027	167852		21175	14236
西药批发	56701		144256	123081		21175	12415
中药批发	26582		40882	40882			1821
医疗用品及器材批发	3593		3889	3889			
矿产品、建材及化工产品批发	6406022	1190154	6393859	6369502	170331	24358	278002
石油及制品批发	584441	117236	594692	572256		22436	1406
金属及金属矿批发	4212014	763454	4133575	4133575	116913		204931
建材批发	303137	47566	339723	337802	612	1922	41134
农药批发	22868	5487	18803	18803	7487		4064
其他化工产品批发	1283563	256412	1307067	1307067	45320		26468
机械设备、五金产品及电子产品批发	3024748	37297	3192794	3180990	83942	11804	47866
农业机械批发	4886		4762	4762			934
汽车批发	616175		646462	646462			7441
汽车零配件批发	7400	116	8383	8383	7740		23
五金产品批发	25315	3847	47418	47418	28447		4067

1-B-15　续表　　　　单位：万元

行　业	商品购进额	#进口	商品销售额	批发额	#出口	零售额	期末商品库存额
电气设备批发	1934549	26786	2016925	2010238	21947	6687	7531
计算机、软件及辅助设备批发	2575	2574	2827	2827			623
其他机械设备及电子产品批发	433848	3975	466018	460900	25807	5118	27248
贸易经纪与代理	35849	30399	36693	36693	36396		848
贸易代理	35849	30399	36693	36693	36396		848
其他批发业	973463	13195	977612	977612	13459		1
再生物资回收与批发	1898		1952	1952			1
其他未列明批发业	971565	13195	975660	975660	13459		
零售业	**7249157**	**496240**	**8428448**	**543405**	**538**	**7885043**	**859321**
综合零售	2748486		3473812	42960		3430852	268205
百货零售	929679		1539905	2742		1537163	20517
超级市场零售	1817344		1932045	40218		1891827	247557
其他综合零售	1464		1862			1862	132
食品、饮料及烟草制品专门零售	7009		7009	6811		198	
果品、蔬菜零售	7009		7009	6811		198	
纺织、服装及日用品专门零售	329852	2801	550938	168425	538	382513	220240
服装零售	267477	2462	466292	160214		306078	216590
化妆品及卫生用品零售	41893		59569	5523		54046	3242
钟表、眼镜零售	1810		4152			4152	353
箱、包零售	14687	340	16944	2687	538	14257	11
其他日用品零售	3985		3981			3981	44
文化、体育用品及器材专门零售	42388		46041			46041	1797
体育用品及器材零售	15970		14718			14718	1797
珠宝首饰零售	26418		31324			31324	
医药及医疗器材专门零售	128671		145279	7139		138140	15107
药品零售	128671		145279	7139		138140	15107
汽车、摩托车、燃料及零配件专门零售	3885557	493439	4072769	295748		3777021	339910
汽车零售	2439056	493439	2569517	9645		2559872	322190
汽车零配件零售	84798		83828			83828	6619
机动车燃料零售	1361704		1419424	286102		1133321	11101
五金、家具及室内装饰材料专门零售	24072		32262			32262	6793
家具零售	13779		20568			20568	4937
卫生洁具零售	8057		7873			7873	1000
其他室内装饰材料零售	2236		3821			3821	857
货摊、无店铺及其他零售业	83122		100339	22324		78015	7270
互联网零售	23546		29778	10312		19466	6186
生活用燃料零售	41996		51419	12012		39407	734
其他未列明零售业	17580		19142			19142	350

1-B-16 按地区分组的限额以上国有及国有控股批发和零售业商品销售情况

单位：万元

地区	商品购进额	#进口	商品销售额	批发额	#出口	零售额	期末商品库存额
全省	**83425292**	**4733809**	**94210525**	**70291872**	**5389549**	**23918653**	**4555677**
杭州市	**54975772**	**2955286**	**56709985**	**44289656**	**2589496**	**12420330**	**2644275**
上城区	18940620	304574	20124290	13632160	631226	6492130	596895
下城区	17159619	1604540	17676672	16209827	1359596	1466845	995031
江干区	6875186	426453	7130185	6723536	187751	406649	195448
拱墅区	3549303	501973	3964874	3385779	320418	579095	291818
西湖区	6001361	115414	5294858	2527622	82764	2767235	437607
滨江区	319737		325731	318778		6953	33308
萧山区	1085345		1130131	737654		392476	37506
余杭区	669580		676733	514545		162189	27371
桐庐县	19059		18831			18831	1559
淳安县	24438		26948	23609		3339	9435
建德市	109382		112718	110070		2647	4897
富阳市	159678	1885	163574	95612		67962	6733
临安市	62467	447	64443	10463	7742	53979	6668
宁波市	**10759496**	**506850**	**13009330**	**9996649**	**736858**	**3012682**	**501996**
海曙区	2141738	42671	3781831	2346052	283305	1435780	90832
江东区	1715369	1505	3011062	1947564	128458	1063498	58566
江北区	558473		555218	396493		158725	16549
北仑区	4903789	360849	4191272	4080107	292832	111165	187760
镇海区	890574	30142	877786	847552		30234	51786
鄞州区	378264	62271	398166	250891		147275	42042
象山县	37845		40375	28737		11638	1566
宁海县	9927		32998	22768	22768	10230	1433
余姚市	86961	9411	87288	53251	9495	34038	24471
慈溪市	26799		22656	16234		6422	17692
奉化市	9759		10679	7000		3679	9299
温州市	**3817420**	**103827**	**4256399**	**2655951**	**700467**	**1600448**	**215240**
鹿城区	3382153	103599	3799340	2345281	605411	1454059	181876
龙湾区	43395		44953	7249		37704	4051
瓯海区	95142		99710	82765	82765	16945	82
洞头县	4894		5800	4311		1489	50
永嘉县	25727		27865	21324		6541	2527
平阳县	9839		10313	1773		8540	1217

1-B-16　续表 1　　　　单位：万元

地　　区	商品购进额	#进口	商品销售额	批发额	#出口	零售额	期末商品库存额
苍南县	11988		11191	2256		8936	3477
文成县	14613	229	16836	14956	12292	1880	622
泰顺县	1632		1502			1502	567
瑞安市	208845		220293	171943		48351	14604
乐清市	19192		18596	4095		14501	6168
嘉兴市	**2407640**	**3796**	**3544568**	**2468585**	**125319**	**1075983**	**246315**
南湖区	964176	3561	1834865	1130350	39868	704515	108503
秀洲区	747690		984670	871369		113301	53887
嘉善县	62288		65731	29754		35977	10220
海盐县	32556		31567	10324		21243	10494
海宁市	398701	235	422521	255367	85451	167154	37766
平湖市	157827		157119	147915		9204	9198
桐乡市	44402		48096	23506		24590	16246
湖州市	**1820300**	**1302**	**1922693**	**1197806**	**21108**	**724887**	**58776**
吴兴区	1471218	1302	1554590	865188	21108	689402	47002
南浔区	28997		29359	19092		10267	206
德清县	85775		85296	77045		8251	2995
长兴县	182328		183253	177483		5771	1546
安吉县	51982		70195	58999		11196	7026
绍兴市	**1194597**		**2782785**	**1857211**		**925574**	**125116**
越城区	924944		2501701	1692615		809086	75709
绍兴县	137668		143449	101413		42036	24728
新昌县	13001		12949	8475		4474	1378
诸暨市	38081		37814	14187		23627	12134
上虞市	70700		76533	35757		40776	9474
嵊州市	10204		10340	4764		5576	1694
金华市	**1694751**	**5631**	**3170881**	**1621744**	**91968**	**1549138**	**112997**
婺城区	995207		2433791	1184382		1249409	56117
金东区	182333	5619	190317	65253	11882	125064	14339
武义县	15686		16100	14268		1832	767
浦江县	6347		6153			6153	1076
磐安县	1529		1414			1414	967
兰溪市	78343		101546	87475		14071	9927
义乌市	105569		111002	46831		64171	4740
东阳市	29293		29671	7620		22051	2560
永康市	280444	12	280888	215916	80086	64972	22504

1-B-16 续表 2 单位：万元

地　区	商品购进额	#进口	商品销售额	批发额	#出口	零售额	期末商品库存额
衢州市	**1751534**		**1748470**	**949959**		**798511**	**131730**
柯城区	1430597		1425394	815844		609551	99963
衢江区	74530		76271	6216		70055	6179
常山县	19451		21587	8048		13539	4611
开化县	2079		1935			1935	1012
龙游县	193151		195998	104788		91211	14154
江山市	31726		27285	15065		12220	5812
舟山市	**2068197**	**1127328**	**2512582**	**2399719**	**1087540**	**112862**	**239892**
定海区	698429		1166224	1066426	1774	99798	11670
普陀区	1345446	1127328	1311824	1303853	1085766	7971	227360
岱山县	8350		11311	10094		1216	800
嵊泗县	15973		23224	19346		3878	62
台州市	**2274443**	**29789**	**3652665**	**2379608**	**36794**	**1273057**	**154761**
椒江区	1638567		3004493	2132905		871588	95103
黄岩区	35112		34927	30007	30007	4920	1984
路桥区	99311	29789	96825	23243	1755	73581	14165
玉环县	30069		35990	30471	5032	5519	4141
三门县	5338		5391	3288		2103	559
天台县	9152		9658	1739		7919	1177
仙居县	3644		3337			3337	1440
温岭市	215249		224170	134169		90001	24428
临海市	238002		237875	23787		214088	11765
丽水市	**661142**		**900167**	**474984**		**425183**	**124579**
莲都区	525920		757907	403176		354732	108760
青田县	6762		6987			6987	811
缙云县	44265		48521	44376		4145	4980
松阳县	24818		25293	23685		1608	691
云和县	1089		1111			1111	423
庆元县	1380		1384			1384	347
景宁县	1364		1408			1408	377
龙泉市	55546		57555	3747		53808	8191

1-B-17　按地区分组的限额以上国有批发和零售业商品销售情况

单位：万元

地　区	商品购进额	#进口	商品销售额	批发额	#出口	零售额	期末商品库存额
全　省	**10275632**	**201556**	**12765467**	**12127654**	**539248**	**637813**	**670694**
杭州市	**3742649**	**197890**	**4188617**	**4168557**	**228432**	**20060**	**199105**
上城区	1230507		1640088	1623791		16297	52842
下城区	2399467	188019	2427324	2427324	162998		134777
江干区	9668		10538	10538			475
西湖区	71299	9424	75554	75554	57692		2509
桐庐县	3738		3763			3763	27
淳安县	20855		23609	23609			8475
临安市	7115	447	7742	7742	7742		
宁波市	**1108804**		**1479634**	**1417831**	**10146**	**61803**	**55251**
海曙区	10146		10146	10146	10146		
江东区	1026612		1394273	1377258		17015	47412
北仑区	5551		5746			5746	22
鄞州区	16839		18015	5355		12660	4448
象山县	32365		34087	25072		9015	1442
宁海县	4802		4742			4742	1093
余姚市	9243		9289			9289	112
奉化市	3245		3335			3335	723
温州市	**1221718**	**2667**	**1558431**	**1534811**	**236509**	**23620**	**71216**
鹿城区	1094662	2438	1423871	1406779	141453	17092	67416
龙湾区	5352		5336	5045		291	691
瓯海区	80035		82765	82765	82765		...
永嘉县	23906		25934	21324		4611	1983
苍南县	1812		2256	2256			499
文成县	10698	229	12548	12548	12292		28
乐清市	5253		5721	4095		1626	598
嘉兴市	**571942**		**777930**	**769392**		**8538**	**25369**
秀洲区	559569		765802	765802			23033
海宁市	3571		3590	3590			98
桐乡市	8803		8538			8538	2238

1-B-17 续表　　　　单位：万元

地　区	商品购进额	#进口	商品销售额	批发额	#出口	零售额	期末商品库存额
湖州市	**528368**	**1000**	**529458**	**527502**		**1956**	**14909**
吴兴区	528368	1000	529458	527502		1956	14909
绍兴市	**69507**		**772107**	**767151**		**4956**	**28941**
越城区	56027		758676	758676			27413
新昌县	8475		8475	8475			
上虞市	5006		4956			4956	1529
金华市	**661437**		**883276**	**876020**	**29121**	**7257**	**34498**
婺城区	623532		843484	839279		4205	33567
东阳市	10213		10671	7620		3052	932
永康市	27692		29121	29121	29121		
衢州市	**861312**		**848788**	**446173**		**402615**	**75505**
柯城区	716193		703211	341386		361825	67323
龙游县	145119		145578	104788		40790	8182
舟山市	**171823**		**228992**	**224839**		**4154**	**8076**
定海区	127208		175870	175870			6021
普陀区	26708		26778	26778			2053
岱山县	3537		5336	5060		276	1
嵊泗县	14370		21008	17130		3878	1
台州市	**843206**		**1098958**	**1048143**	**35039**	**50815**	**51926**
椒江区	699534		949021	949021			45266
黄岩区	30007		30007	30007	30007		
路桥区	33466		31913			31913	5143
玉环县	1812		6846	5032	5032	1814	49
温岭市	62130		64291	64082		209	1468
临海市	16257		16880			16880	
丽水市	**494866**		**399276**	**347235**		**52041**	**105898**
莲都区	441151		343488	343488			98181
龙泉市	53714		55788	3747		52041	7718

1-B-18 按地区分组的限额以上集体批发和零售业商品销售情况

单位：万元

地　区	商品购进额	#进口	商品销售额	批发额	#出口	零售额	期末商品库存额
全　省	**720362**	**14863**	**803115**	**449711**	**48309**	**353403**	**45343**
杭州市	**152114**		**162278**	**98696**		**63582**	**3232**
下城区	24786		27051	8142		18908	1253
江干区	50045		50725	27777		22948	901
拱墅区	8066		8212	8212			160
萧山区	27215		27665	15088		12577	808
余杭区	7974		8333			8333	63
淳安县	1267		1318	502		815	47
富阳市	32762		38975	38975			
宁波市	**74478**	**13752**	**79390**	**40553**	**20830**	**38837**	**7482**
江北区	3480		4223	33		4190	1652
北仑区	11406		11652			11652	33
镇海区	10472		11895	1985		9910	727
鄞州区	5924		5890			5890	74
余姚市	7701		7854	659		7195	357
慈溪市	35494	13752	37877	37877	20830		4640
温州市	**59552**		**63005**	**33280**	**18669**	**29724**	**1831**
鹿城区	24218		25268	2859		22408	758
龙湾区	22678		23824	22033	18669	1791	236
瓯海区	1838		1953	1953			236
永嘉县	1313		1317			1317	132
瑞安市	7449		8010	6158		1852	399
乐清市	2057		2633	277		2357	70

1-B-18 续表

单位：万元

地区	商品购进额	#进口	商品销售额	批发额	#出口	零售额	期末商品库存额
嘉兴市	**116043**	**1111**	**119875**	**90449**	**1302**	**29426**	**5981**
南湖区	1719		2485			2485	199
嘉善县	54136		54675	30217		24458	2198
海宁市	58309	1111	59963	57480	1302	2483	3453
平湖市	1879		2752	2752			132
湖州市	**13270**		**13192**	**12042**		**1151**	**1570**
南浔区	2878		2876	1726		1151	134
长兴县	10392		10316	10316			1436
绍兴市	**163876**		**222553**	**113259**		**109294**	**11001**
绍兴县	6945		6951			6951	93
诸暨市	1681		1670			1670	10
上虞市	149346		207731	113259		94472	10840
嵊州市	5905		6200			6200	58
金华市	**107334**		**111260**	**34828**	**7510**	**76433**	**8797**
婺城区	45468		45698			45698	4156
武义县	3950		4825	3788		1037	64
兰溪市	2150		2020	2020			130
东阳市	20002		21510	21510			896
永康市	35765		37208	7510	7510	29699	3552
衢州市	**16462**		**16522**	**16522**			**245**
衢江区	13797		13907	13907			15
开化县	2665		2615	2615			230
台州市	**17232**		**15040**	**10083**		**4957**	**5202**
椒江区	9369		7184	7184			5002
路桥区	6277		6244	1476		4768	102
玉环县	1587		1613	1424		189	98

1-B-19　按地区分组的限额以上股份合作企业批发和零售业商品销售情况

单位：万元

地　区	商品购进额	#进口	商品销售额	批发额	#出口	零售额	期末商品库存额
全　省	**241740**	**184**	**245123**	**172799**	**3430**	**72324**	**19762**
杭州市	**3542**		**4208**			**4208**	**347**
西湖区	871		951			951	67
余杭区	2672		3257			3257	281
宁波市	**19694**		**19924**	**9426**		**10499**	**1052**
海曙区	9426		9426	9426			
慈溪市	10268		10499			10499	1052
温州市	**146661**	**184**	**148675**	**107613**	**3430**	**41062**	**11273**
鹿城区	92533	184	91976	87935	75	4041	7500
龙湾区	10009		10469			10469	205
瓯海区	10503		11079	3355	3355	7724	273
永嘉县	1940		2194	2194			33
平阳县	506		559	559			9
苍南县	18790		19659	5902		13756	2235
文成县	3040		2896			2896	641
瑞安市	9339		9844	7669		2176	377
嘉兴市	**20511**		**21879**	**16870**		**5009**	**1146**
南湖区	10383		11584	11584			161
秀洲区	3421		3652			3652	179
海盐县	1274		1358			1358	34
桐乡市	5433		5286	5286			772
湖州市	**13414**		**11370**	**10986**		**385**	**2044**
长兴县	13414		11370	10986		385	2044
台州市	**37918**		**39068**	**27905**		**11163**	**3900**
椒江区	14083		14361	11468		2893	1613
三门县	8076		8290	8285		5	463
天台县	11278		11718	7033		4685	1676
温岭市	4481		4699	1119		3580	148

1-B-20 按地区分组的限额以上有限责任公司批发和零售业商品销售情况

单位：万元

地 区	商品购进额	#进口	商品销售额	批发额	#出口	零售额	期末商品库存额
全 省	**124943051**	**7355568**	**131585308**	**107945856**	**14085359**	**23639453**	**7508656**
杭州市	**69715522**	**3112773**	**73436609**	**62248204**	**5392196**	**11188405**	**4016468**
上城区	9276587	479266	9394417	8279981	937060	1114435	590148
下城区	19442630	960739	20192528	17583369	1802733	2609159	1169286
江干区	8992890	264470	9638611	7882033	401691	1756578	373556
拱墅区	7916403	670632	8554678	6676730	632893	1877947	528568
西湖区	4414279	106287	4633590	3354242	260761	1279348	478885
滨江区	8110762	293875	8338493	7984775	635934	353718	402409
萧山区	7472208	219260	7882471	6849880	553856	1032591	253933
余杭区	2045014	17773	2538886	1869401	101969	669485	88393
桐庐县	326773		345224	252221	40934	93003	10795
淳安县	298054		362272	306388		55884	8389
建德市	199518		212967	177897		35070	8368
富阳市	948074	100471	1067216	849462	21962	217754	85764
临安市	272330		275256	181824	2404	93432	17973
宁波市	**25821579**	**1973239**	**26899784**	**23963680**	**4060708**	**2936104**	**1129972**
海曙区	3594657	289161	3871874	3210603	1972338	661270	211729
江东区	1661604	103251	1737468	1325153	409452	412315	56943
江北区	532247	7650	557555	456744	22849	100811	47830
北仑区	10538651	484258	10077842	9916083	434205	161759	215557
镇海区	2215177	70246	2276014	2078585	6670	197429	132976
鄞州区	5640056	787130	6667400	5871555	1000147	795846	247831
象山县	143219	3863	147007	106213	77698	40795	4718
宁海县	66332		90452	38220	25533	52232	1583
余姚市	1003177	226962	1043076	711894	62557	331183	140000
慈溪市	270505	530	268213	91488	33861	176725	47994
奉化市	155955	189	162884	157144	15399	5740	22811
温州市	**5366338**	**266951**	**5878139**	**4248693**	**1182988**	**1629446**	**426006**
鹿城区	1977072	108841	2136036	1680386	616325	455651	176713
龙湾区	1132901	100199	1191816	688853	179111	502963	93728
瓯海区	182061	194	193267	118303	91994	74964	4975
洞头县	134525		255419	253930		1489	7814
永嘉县	163108	22	167194	121961	26045	45234	11789
平阳县	278034	3474	293579	217982	20966	75597	20130

1-B-20 续表 1

单位：万元

地 区	商品购进额	#进口	商品销售额	批发额	#出口	零售额	期末商品库存额
苍南县	309122	1	306232	147919	20233	158312	32300
文成县	24535		28977	16888		12089	5061
泰顺县	27179		26502	14551		11951	1371
瑞安市	811246	47415	915604	721162	167805	194442	46895
乐清市	326553	6805	363513	266759	60510	96755	25232
嘉兴市	**3606419**	**116471**	**3908990**	**2811461**	**565111**	**1097529**	**296417**
南湖区	1167131	23230	1328572	789415	222747	539157	96064
秀洲区	260516	7109	348261	250905	14608	97356	12283
嘉善县	219525	36086	231179	147183	18229	83996	22597
海盐县	284692	33	265578	215085	42542	50493	47226
海宁市	709225	2997	749652	497520	112215	252132	59665
平湖市	719055	24298	738736	688937	141226	49799	24166
桐乡市	246275	22718	247013	222415	13545	24597	34417
湖州市	**3744872**	**77130**	**3909796**	**3083286**	**209785**	**826509**	**209949**
吴兴区	1950306	65620	2064015	1364007	184556	700008	127477
南浔区	344233		361009	312085		48924	26961
德清县	947549	11510	953089	943713	1506	9376	41402
长兴县	430438		437331	403753	23724	33578	8093
安吉县	72346		94352	59730		34623	6016
绍兴市	**4118913**	**83848**	**4468071**	**2503485**	**516793**	**1964586**	**395089**
越城区	995154	9474	1146059	455567	123497	690492	116821
绍兴县	1050193	42009	1140335	914939	62362	225396	137779
新昌县	123362	13822	160339	142017	38077	18322	8257
诸暨市	1360232	18543	1357840	725700	256102	632140	81797
上虞市	539931		614530	230224	20413	384306	44907
嵊州市	50040		48968	35038	16342	13931	5529
金华市	**2864872**	**212090**	**3059011**	**1452198**	**447901**	**1606813**	**241840**
婺城区	869863	18137	971441	313975	81399	657466	107631
金东区	583565	84571	588354	146168	18345	442186	48024
武义县	58083		68951	56382		12569	2039
浦江县	18803	8001	23437	4460	4460	18977	1076
磐安县	15729		19270	8184	8082	11086	2558
兰溪市	185437		212527	170073	2037	42454	13567
义乌市	433040	23806	456360	266589	174732	189771	20917
东阳市	374964	77563	393464	257135	107880	136330	15551
永康市	325389	12	325206	229231	50964	95975	30477

1-B-20 续表 2

单位：万元

地　　区	商品购进额	#进口	商品销售额	批发额	#出口	零售额	期末商品库存额
衢州市	**1065128**	**29610**	**1103109**	**670246**	**12881**	**432864**	**105837**
柯城区	497015	156	520808	323311		197497	61253
衢江区	174438	29343	169110	22309		146801	16176
常山县	44078	31	56690	40415	9021	16275	12926
开化县	12220		12780	8293		4487	1689
龙游县	292910	81	300976	245393	3860	55583	7907
江山市	44467		42745	30525		12220	5885
舟山市	**3569073**	**1247465**	**3624563**	**3294362**	**1092933**	**330201**	**296850**
定海区	1889067	66835	1976183	1743029	7167	233154	51169
普陀区	1576458	1180631	1536877	1445070	1085766	91807	244222
岱山县	4813		5975	5034		940	799
嵊泗县	98734		105529	101229		4300	660
台州市	**4620617**	**235345**	**4773939**	**3229992**	**571942**	**1543947**	**360901**
椒江区	2350542	92485	2408488	1797304	359751	611184	167258
黄岩区	176908	3170	184493	74495	24721	109997	17369
路桥区	481590	123167	499587	260485	67332	239102	54737
玉环县	440500	11706	474994	405516	55497	69477	27714
三门县	11876		11803	8780	4512	3023	711
天台县	99630		99842	71489	487	28353	11304
仙居县	175797	261	179113	166280	8197	12833	5326
温岭市	381290		392266	243476	37117	148789	37800
临海市	502486	4556	523355	202166	14328	321189	38683
丽水市	**449720**	**646**	**523298**	**440250**	**32121**	**83048**	**29327**
莲都区	132091		130731	82340		48391	13080
青田县	10924		11972	1445	1445	10527	1723
缙云县	67763		73614	69469		4145	5947
遂昌县	87050		86828	83069		3759	767
松阳县	24818		25293	23685		1608	691
云和县	1089		67152	64564		2589	4672
庆元县	79064		79068	72884		6184	347
景宁县	11068		11778	9660		2118	984
龙泉市	35855	646	36863	33136	30677	3728	1115

1-B-21　按地区分组的限额以上股份有限公司批发和零售业商品销售情况

单位：万元

地　区	商品购进额	#进口	商品销售额	批发额	#出口	零售额	期末商品库存额
全　省	**41143319**	**2357528**	**50105136**	**31604277**	**3406038**	**18500859**	**1873425**
杭州市	**26979827**	**787295**	**28101012**	**17948986**	**1561442**	**10152025**	**1102854**
上城区	13992124	165238	15005777	9127906	475998	5877872	371516
下城区	2805119	144032	3022184	1993434	586729	1028750	291279
江干区	2885055	306012	3024119	3013406	388732	10713	110100
拱墅区	584577	9936	740472	260710		479763	66267
西湖区	5323982	530	4895698	2466353		2429345	129558
滨江区	548288	122680	543944	543944			84833
萧山区	360432	19283	356850	263648	82563	93202	9657
余杭区	248965	14060	276768	127719	27419	149049	33864
建德市	2102		2216	1108		1108	251
富阳市	144822	5526	148264	142888		5377	385
临安市	84360		84720	7873		76848	5144
宁波市	**6674489**	**1441382**	**9544739**	**7235120**	**1239296**	**2309619**	**384556**
海曙区	1385745	59160	2934480	1797691	55316	1136789	131829
江东区	86855	32691	1031734	92400	18022	939335	2619
江北区	513291		514447	397554	3617	116892	12630
北仑区	436784	195462	514807	509409	189239	5398	75776
镇海区	116871		109109	54606		54503	7915
鄞州区	4100464	1154070	4402062	4352492	973102	49570	138321
宁海县	465		501			501	2
余姚市	12339		13024	6392		6631	4690
慈溪市	15485		17576	17576			2243
奉化市	6190		7000	7000			8533

1-B-21 续表 1

单位：万元

地　区	商品购进额	#进口	商品销售额	批发额	#出口	零售额	期末商品库存额
温州市	**1518659**	**15423**	**1553242**	**329312**	**13242**	**1223930**	**30033**
鹿城区	1447737		1476655	275316	13242	1201339	23098
龙湾区	30998	15423	36124	36124			4029
永嘉县	7830		7558	307		7251	273
平阳县	7379		7487	7345		142	862
瑞安市	24714		25419	10221		15198	1772
嘉兴市	**1739358**	**41659**	**2653526**	**1755125**	**488375**	**898401**	**170714**
南湖区	1082014	1305	1963934	1273633	191837	690301	130539
秀洲区	459685	40354	486787	393638	244908	93149	30883
海盐县	12679		12795	12795			100
海宁市	20351		20556	20556			
桐乡市	164629		169454	54503	51631	114951	9191
湖州市	**1114168**	**6694**	**1183506**	**563825**	**8004**	**619680**	**15936**
吴兴区	789772		853625	233945		619680	15126
南浔区	324396	6694	329880	329880	8004		811
绍兴市	**1212893**	**35870**	**2096457**	**1553541**	**95671**	**542916**	**82781**
越城区	453401		1281548	945008	16380	336539	27109
绍兴县	42981		107548	107548	66379		4917
新昌县	11245		12977	12911	12911	65	...
诸暨市	564805	35870	534315	473975		60341	30496
上虞市	133748		153326	7356		145971	20260
嵊州市	6713		6743	6743			

1-B-21　续表 2　　　　单位：万元

地　　区	商品购进额	#进口	商品销售额	批发额	#出口	零售额	期末商品库存额
金华市	**496634**	**29199**	**1706921**	**377801**	**9**	**1329120**	**36421**
婺城区	366456		1578220	353010		1225210	18066
金东区	53673	28818	54518			54518	10886
浦江县	3132		3073			3073	59
义乌市	42283		40942	4870		36071	2904
东阳市	9892		10248			10248	576
永康市	21199	381	19920	19920	9		3930
衢州市	**468670**		**472720**	**325159**		**147561**	**665**
柯城区	421098		421098	280354		140745	
龙游县	29120		29332	22515		6816	665
江山市	18452		22290	22290			
舟山市	**181419**		**601624**	**507148**		**94475**	**6756**
定海区	25972		441316	352063		89253	1184
普陀区	149471		154310	149087		5222	5514
嵊泗县	5976		5998	5998			58
台州市	**591329**	**7**	**1692255**	**858810**		**833445**	**32212**
椒江区	420187		1524100	708932		815169	25264
路桥区	14790		14703	8986		5716	356
玉环县	150339	7	146992	139154		7838	6479
天台县	5325		5796	1739		4057	81
仙居县	687		665			665	33
丽水市	**165874**		**499137**	**149449**		**349688**	**10498**
莲都区	50668		376601	49867		326734	6513
龙泉市	115206		122535	99582		22954	3984

1-B-22 按地区分组的限额以上私营企业批发和零售业商品销售情况

单位：万元

地区	商品购进额	#进口	商品销售额	批发额	#出口	零售额	期末商品库存额
全省	**154156273**	**12100578**	**166467392**	**141774453**	**24306018**	**24692939**	**10428254**
杭州市	**41584175**	**3160735**	**44615870**	**40734209**	**5114126**	**3881661**	**2399223**
上城区	2960228	170627	3159043	2911836	407068	247207	234481
下城区	7448167	1204709	7776609	7605666	1385994	170943	351650
江干区	3197695	75691	3675570	3323271	161326	352298	254086
拱墅区	8586550	208873	9106462	8321542	295453	784919	425950
西湖区	1992319	27146	2104335	1768074	249383	336261	170616
滨江区	1395494	131612	1541289	1446167	309384	95122	53816
萧山区	9372727	941356	10023399	9202890	1002719	820509	530551
余杭区	3539201	293399	3879018	3408053	1093105	470964	189904
桐庐县	521531	7763	576032	516074	82977	59958	34845
淳安县	64748	1003	73076	44209	18381	28867	5737
建德市	292702	14698	298609	252719	4989	45890	29081
富阳市	1420491	80960	1583064	1238755	75763	344310	93171
临安市	792322	2899	819366	694953	27585	124413	25335
宁波市	**45591563**	**4525243**	**50051312**	**44712208**	**7761479**	**5339103**	**3176020**
海曙区	5251686	887036	5630264	4914382	1248333	715882	967621
江东区	5438156	353664	7518483	7157583	1620183	360900	278931
江北区	3951892	389828	4099147	3319122	522408	780026	298172
北仑区	11386655	1442178	11901794	11403193	673747	498602	418814
镇海区	3603059	100163	3814514	3583176	45096	231339	211641
鄞州区	5883681	439068	6309046	5605957	1374094	703089	369012
象山县	910330	53289	921139	787810	443527	133329	44627
宁海县	668000	99636	718400	438014	220207	280386	48190
余姚市	3346714	483466	3558690	3155766	504579	402924	224438
慈溪市	4432382	252651	4831975	3711497	988192	1120478	261806
奉化市	719008	24266	747859	635709	121115	112150	52768

1-B-22　续表 1　　单位：万元

地　区	商品购进额	#进口	商品销售额	批发额	#出口	零售额	期末商品库存额
温州市	**15240658**	**1432072**	**16049172**	**11914242**	**3322995**	**4134930**	**1106592**
鹿城区	4580246	444132	4795883	3969164	1795272	826719	372098
龙湾区	4448056	547968	4568073	3300975	596130	1267097	265332
瓯海区	1200952	45944	1247150	881283	238217	365867	107350
洞头县	219961	214	225060	216002	2043	9058	5410
永嘉县	621855	42239	735818	594630	9619	141188	85841
平阳县	185578	2838	197235	147861	15386	49374	14485
苍南县	655697	18132	690393	449399	23424	240995	54849
文成县	8507	3003	8841	2126	1146	6716	1915
泰顺县	29749		32013	2022		29991	240
瑞安市	1901380	179037	2056018	1452421	517303	603598	97911
乐清市	1388677	148566	1492688	898359	124456	594329	101162
嘉兴市	**10179853**	**670058**	**10688760**	**8948511**	**1250327**	**1740249**	**780224**
南湖区	1996865	163572	2155911	1464443	101136	691468	191614
秀洲区	1316136	78718	1350300	1169544	192683	180756	90323
嘉善县	493961	84716	511606	472522	70026	39084	30700
海盐县	633749	6510	651372	620321	99648	31051	22221
海宁市	2530133	155560	2613763	2232811	528515	380952	204685
平湖市	1100839	36448	1160170	1040795	77864	119375	77561
桐乡市	2108172	144536	2245638	1948077	180455	297561	163121
湖州市	**8987234**	**404053**	**9508162**	**8260595**	**604642**	**1247566**	**367973**
吴兴区	2607416	192246	2796575	2123066	288340	673509	174773
南浔区	525307	65889	568906	537126	23408	31780	24788
德清县	1361169	79903	1522684	1388391	207238	134293	58816
长兴县	4193383	64121	4279424	4023911	64591	255513	70297
安吉县	299959	1895	340573	188102	21064	152471	39300

1-B-22 续表 2 单位：万元

地　区	商品购进额	#进口	商品销售额	批发额	#出口	零售额	期末商品库存额
绍兴市	**9986818**	**869393**	**11549093**	**8876508**	**2806852**	**2672585**	**1035004**
越城区	2371731	413029	2654528	1467593	526204	1186935	452392
绍兴县	3975624	196359	5016077	4504925	1470903	511152	266330
新昌县	541660	12	550102	474578	22551	75524	53121
诸暨市	1924095	212959	2089389	1630758	639244	458630	112824
上虞市	732401	47035	779085	549210	93964	229876	78794
嵊州市	441306		459913	249445	53987	210468	71543
金华市	**7351677**	**471361**	**7742432**	**5179212**	**1973908**	**2563220**	**645725**
婺城区	1175519	34252	1222619	993239	156894	229381	112133
金东区	428131	31270	446832	205975	26121	240858	47505
武义县	155653	5910	222020	190794	48467	31225	13494
浦江县	222589	1907	249590	176311	72387	73279	21809
磐安县	71059		75230	48798	13108	26432	1901
兰溪市	567606	56453	662375	616039	103466	46336	60285
义乌市	2053941	129587	2141524	895556	583969	1245968	203598
东阳市	888022	23308	928786	662517	508703	266269	44300
永康市	1789157	188675	1793456	1389983	460791	403473	140701
衢州市	**2354517**	**5571**	**2654033**	**2088975**	**83221**	**565058**	**133026**
柯城区	688133	1018	880744	630734	30426	250010	56797
衢江区	292249	117	336676	268755	17800	67921	15455
常山县	101893		102147	77565	100	24582	12984
开化县	58272	372	59122	29645		29477	6754
龙游县	915641	4063	948902	920640	6189	28262	17468
江山市	298329		326442	161636	28706	164806	23568

1-B-22　续表 3

单位：万元

地　区	商品购进额	#进口	商品销售额	批发额	#出口	零售额	期末商品库存额
舟山市	**3445920**	**221575**	**3655227**	**3326819**	**216473**	**328408**	**179353**
定海区	2274302	34569	2429411	2233831	57408	195580	121341
普陀区	1084606	181634	1132998	1025238	159064	107760	50391
岱山县	68407	5372	70140	46646		23494	4243
嵊泗县	18605		22679	21104		1574	3378
台州市	**6389909**	**310323**	**6619214**	**5086941**	**1032780**	**1532273**	**426688**
椒江区	940062	63956	962775	781302	83468	181473	69406
黄岩区	803465	56925	847668	732929	114300	114739	52414
路桥区	2284459	85256	2312304	1862234	167744	450070	129065
玉环县	269504	1635	286127	259457	10460	26670	30104
三门县	141716	488	152411	133082	24115	19329	8325
天台县	10213		9306	169	169	9137	1827
仙居县	50516	3169	56943	32677	13109	24266	6250
温岭市	1556405	98895	1601136	1082020	593315	519116	104491
临海市	333570		390545	203072	26100	187473	24806
丽水市	**3043948**	**30195**	**3334119**	**2646233**	**139217**	**687885**	**178425**
莲都区	1690180	30195	1779687	1250562	56720	529125	121044
青田县	84886		111747	99741	58266	12006	2491
缙云县	153038		158461	102569	2537	55892	23319
遂昌县	81280		84001	59880	287	24121	7813
松阳县	39918		38752	29706		9046	5661
云和县	38753		60059	50521	21407	9538	3165
庆元县	11428		12154	1196		10958	2547
景宁县	901374		1030852	1019432		11420	10649
龙泉市	43092		58406	32627		25779	1737

1-B-23 按地区分组的限额以上港澳台商和外商投资企业批发和零售业商品销售情况

单位：万元

地区	商品购进额	#进口	商品销售额	批发额	#出口	零售额	期末商品库存额
全省	**19891058**	**1828178**	**21607474**	**13637018**	**614703**	**7970456**	**1324929**
杭州市	**7142081**	**921014**	**7804520**	**4193637**	**181613**	**3610883**	**534422**
上城区	403121	2575	490841	113053	7421	377788	77597
下城区	3609715	769860	3918585	2735519	105243	1183066	244914
江干区	625496	7664	708500	138789	16392	569710	68420
拱墅区	315870	51615	347683	17734	12864	329949	30241
西湖区	654395	698	718718	376838	6242	341880	61768
滨江区	351600	75263	369985	89940		280045	16997
萧山区	820055	2675	890925	512701	18117	378224	14933
余杭区	292712	493	284592	198048	15334	86544	18020
桐庐县	44787	7441	45903	8557		37346	1258
建德市	21600		26332			26332	
富阳市	2731	2731	2456	2456			274
宁波市	**6734689**	**539948**	**7401765**	**5105891**	**334047**	**2295874**	**594681**
海曙区	1499444	51508	1751417	969723	36873	781694	225461
江东区	374915	169882	366083	35447	15169	330636	39044
江北区	233609	30751	271512	51297	23088	220215	37160
北仑区	3098599	197970	3182361	2973600	67243	208761	153062
镇海区	426209	11917	456940	428477	17949	28463	35742
鄞州区	447958	46927	620820	363241	92072	257578	38907
象山县	20219		24794			24794	
宁海县	29891	164	26102	18533		7569	4291
慈溪市	452820	30829	541516	157728	81653	383788	47765
奉化市	151024		160220	107845		52375	13250
温州市	**619768**	**81281**	**662885**	**223056**	**28747**	**439829**	**53668**
鹿城区	240499	32253	269017	51218		217800	27060
龙湾区	314534	49028	333748	156550	13459	177199	21243
瓯海区	12593		13046	12973	12973	74	24
瑞安市	49678		44757			44757	4922
乐清市	2463		2316	2316	2316		420
嘉兴市	**1049143**	**26389**	**1203819**	**788582**	**25673**	**415237**	**59531**
南湖区	149952	340	147563	2687	538	144876	14803
秀洲区	283113	18174	304893	230588	5838	74304	6525
嘉善县	476199	1512	525751	496980	2550	28770	30243
海盐县	31461		31488			31488	4140
海宁市	34864	5845	108737	36740	12866	71996	845
平湖市	57807		64116	11828	6	52288	25
桐乡市	15747	518	21272	9758	3876	11513	2950

1-B-23　续表　　　　单位：万元

地　　区	商品购进额	#进口	商品销售额	批发额	#出口	零售额	期末商品库存额
湖州市	**2865501**	**20657**	**2947063**	**2859262**	**1944**	**87801**	**13860**
吴兴区	57191	20657	76221	25841	1444	50380	9387
德清县	1898		1952	1952			1
长兴县	2802223		2864641	2827220		37421	4312
安吉县	4189		4249	4249	500		160
绍兴市	**785516**	**59704**	**857880**	**251215**	**30352**	**606665**	**27767**
越城区	585315	59474	636377	171760	26905	464617	12654
绍兴县	98486		113710	23741		89968	3574
新昌县	39593		48495	44166	3447	4329	2520
诸暨市	36843		37071			37071	4562
上虞市	13283		11547	11547			2123
嵊州市	11996	230	10679			10679	2334
金华市	**241116**	**543**	**245920**	**2440**	**1791**	**243480**	**15499**
婺城区	184496		184854			184854	13356
浦江县	3985		3981			3981	44
兰溪市	7640		9317			9317	41
义乌市	12202		14701			14701	1662
永康市	32792	543	33067	2440	1791	30627	397
衢州市	**11974**		**14380**	**11001**	**6164**	**3378**	**731**
柯城区	8723		8848	8848	6164		602
龙游县	3251		5531	2153		3378	129
舟山市	**168037**	**117236**	**169025**	**169025**			**110**
普陀区	168037	117236	169025	169025			110
台州市	**268102**	**59887**	**294165**	**31390**	**4373**	**262775**	**24657**
椒江区	45422		54508	19666		34843	3545
黄岩区	16285		19204			19204	3134
路桥区	156014	59887	161614			161614	12879
温岭市	9178		9135	9135	4373		934
临海市	41203		49704	2590		47115	4165
丽水市	**5133**	**1520**	**6055**	**1518**		**4536**	**3**
莲都区	5133	1520	6055	1518		4536	3

1-B-24 按行业小类、人员类型和职业

行业	从业人员期末人数	#女性	从业人员期末人数(按人员类型分)		
			在岗职工	劳务派遣人员	其他从业人员
总计	**691555**	**362509**	**619908**	**48709**	**22938**
批发业	**351997**	**168107**	**309257**	**31841**	**10899**
农、林、牧产品批发	4578	1560	4229	10	339
谷物、豆及薯类批发	1438	396	1405		33
种子批发	391	171	368		23
饲料批发	485	103	448	10	27
棉、麻批发	172	56	166		6
林业产品批发	368	126	351		17
牲畜批发	728	300	723		5
其他农牧产品批发	996	408	768		228
食品、饮料及烟草制品批发	55007	19596	52575	1216	1216
米、面制品及食用油批发	6450	2581	6109	204	137
糕点、糖果及糖批发	1157	507	1066	8	83
果品、蔬菜批发	3712	1360	3472	175	65
肉、禽、蛋、奶及水产品批发	4889	1850	4179	72	638
盐及调味品批发	1518	454	1408	45	65
营养和保健品批发	1967	1350	1881		86
酒、饮料及茶叶批发	25198	8115	24516	580	102
烟草制品批发	6460	1709	6319	121	20
其他食品批发	3656	1670	3625	11	20
纺织、服装及家庭用品批发	97770	58814	92156	3984	1630
纺织品、针织品及原料批发	22076	11626	21229	334	513
服装批发	31717	21595	29430	1862	425
鞋帽批发	3833	2290	3559	251	23
化妆品及卫生用品批发	6304	3169	6043	56	205
厨房、卫生间用具及日用杂货批发	3546	1934	3504		42
灯具、装饰物品批发	1954	1312	1765	103	86
家用电器批发	19480	11780	18405	876	199
其他家庭用品批发	8860	5108	8221	502	137
文化、体育用品及器材批发	10879	5728	10017	625	237
文具用品批发	5298	2497	5137	70	91
体育用品及器材批发	628	326	610	2	16

类型分组的限额以上批发和零售业从业人员

单位：人

从业人员期末人数(按职业类型分)					从业人员平均人数
单位负责人	专业技术人　员	办事人员和有关人员	商业、服务业人员	生产、运输设备操作人员及有关人员	
47549	**83058**	**219189**	**215534**	**126225**	**686011**
28916	**44124**	**133323**	**70944**	**74690**	**351283**
483	547	1434	743	1371	4472
159	118	411	324	426	1450
44	134	75	91	47	367
45	25	131	56	228	477
36	21	61	26	28	167
24	41	243	28	32	367
33	84	204	24	383	689
142	124	309	194	227	955
2751	3523	21427	8611	18695	54049
597	884	2177	1181	1611	6453
121	92	348	354	242	1142
177	187	1416	891	1041	3673
283	507	1661	1218	1220	5031
299	255	672	163	129	1575
81	59	1497	238	92	1864
520	498	9982	2108	12090	24355
375	666	2565	1084	1770	6448
298	375	1109	1374	500	3508
7732	11917	41053	29691	7377	97186
2424	3163	11473	2863	2153	21778
2637	4630	13644	8777	2029	31626
423	444	2281	599	86	3848
184	936	2039	2810	335	6176
374	418	1995	438	321	3500
187	307	590	821	49	1943
785	1050	5228	10730	1687	19656
718	969	3803	2653	717	8659
923	1269	5003	2249	1435	10890
492	560	3042	710	494	5419
63	65	297	197	6	637

1-B-24 续表 1

行　业	从业人员期末人数	#女性	从业人员期末人数(按人员类型分)		
			在岗职工	劳务派遣人员	其他从业人员
图书批发	891	327	432	451	8
音像制品及电子出版物批发	263	135	263		
首饰、工艺品及收藏品批发	2598	1737	2417	100	81
其他文化用品批发	1201	706	1158	2	41
医药及医疗器材批发	24655	11657	22839	857	959
西药批发	13667	6295	12811	313	543
中药批发	7800	3799	7041	491	268
医疗用品及器材批发	3188	1563	2987	53	148
矿产品、建材及化工产品批发	106701	48099	77900	23291	5510
煤炭及制品批发	6554	2125	6250	74	230
石油及制品批发	41497	22759	17404	22853	1240
非金属矿及制品批发	438	177	408	15	15
金属及金属矿批发	25175	9601	24273	212	690
建材批发	11279	4932	8972	35	2272
化肥批发	1920	497	1574		346
农药批发	535	168	523		12
农用薄膜批发	5	2	4		1
其他化工产品批发	19298	7838	18492	102	704
机械设备、五金产品及电子产品批发	44371	19577	41784	1779	808
农业机械批发	309	127	306	1	2
汽车批发	4142	1302	3982	122	38
汽车零配件批发	3222	1412	3122	26	74
摩托车及零配件批发	340	163	317	16	7
五金产品批发	9828	4998	9567	99	162
电气设备批发	3647	1590	3548	56	43
计算机、软件及辅助设备批发	1940	743	1869	49	22
通讯及广播电视设备批发	6109	3268	4821	1250	38
其他机械设备及电子产品批发	14834	5974	14252	160	422
贸易经纪与代理	1610	849	1525	40	45
贸易代理	1221	635	1173	23	25
拍卖	68	32	49		19
其他贸易经纪与代理	321	182	303	17	1
其他批发业	6426	2227	6232	39	155
再生物资回收与批发	4200	1323	4037	27	136
其他未列明批发业	2226	904	2195	12	19

单位：人

从业人员期末人数(按职业类型分)					从业人员平均人数
单位负责人	专业技术人员	办事人员和有关人员	商业、服务业人员	生产、运输设备操作人员及有关人员	
54	85	159	95	498	917
20	61	20	162		266
181	325	1061	938	93	2454
113	173	424	147	344	1197
1992	6840	8066	4594	3163	24801
1278	4367	3881	2170	1971	13427
450	1736	2659	2055	900	8234
264	737	1526	369	292	3140
9993	11704	35274	14249	35481	107726
966	880	3027	672	1009	6591
1612	3578	6358	3218	26731	42666
52	66	177	33	110	435
3480	3507	11644	3016	3528	25295
1055	815	3813	4350	1246	10958
244	231	716	539	190	1927
42	78	362	50	3	542
1	2	2			5
2541	2547	9175	2371	2664	19307
4090	7442	17742	9889	5208	43955
45	92	93	31	48	314
323	756	1551	832	680	4109
406	370	1424	615	407	3200
58	39	121	42	80	338
993	1563	4253	1625	1394	9732
378	602	1531	869	267	3418
177	291	782	583	107	1963
198	494	1889	3154	374	5846
1512	3235	6098	2138	1851	15035
216	182	993	150	69	1600
162	137	767	112	43	1210
4	14	40	10		70
50	31	186	28	26	320
736	700	2331	768	1891	6604
512	389	1542	382	1375	4383
224	311	789	386	516	2221

1-B-24 续表 2

行业	从业人员期末人数	#女性	从业人员期末人数(按人员类型分)		
			在岗职工	劳务派遣人员	其他从业人员
零售业	**339558**	**194402**	**310651**	**16868**	**12039**
综合零售	119493	82875	109681	1626	8186
百货零售	33750	22909	32582	396	772
超级市场零售	74288	52149	67157	497	6634
其他综合零售	11455	7817	9942	733	780
食品、饮料及烟草制品专门零售	11200	6991	10417	445	338
粮油零售	1151	897	1141	10	
糕点、面包零售	1120	904	1013	93	14
果品、蔬菜零售	2158	995	1989	5	164
肉、禽、蛋、奶及水产品零售	1888	696	1732	83	73
营养和保健品零售	255	174	246	2	7
酒、饮料及茶叶零售	1790	1069	1665	88	37
烟草制品零售	690	515	532	141	17
其他食品零售	2148	1741	2099	23	26
纺织、服装及日用品专门零售	26240	18883	23901	2097	242
纺织品及针织品零售	1556	1012	1522		34
服装零售	20731	15179	18669	1898	164
鞋帽零售	687	515	678		9
化妆品及卫生用品零售	597	432	442	154	1
钟表、眼镜零售	1741	1160	1671	45	25
箱、包零售	126	75	125		1
自行车零售	105	44	103		2
其他日用品零售	697	466	691		6
文化、体育用品及器材专门零售	13314	9286	12111	994	209
文具用品零售	570	398	511	54	5
体育用品及器材零售	1161	969	1087	34	40
图书、报刊零售	5755	3424	4803	822	130
珠宝首饰零售	4699	3921	4599	81	19
工艺美术品及收藏品零售	235	126	226		9

单位：人

从业人员期末人数(按职业类型分)					从业人员平均人数
单位负责人	专业技术人　员	办事人员和有关人员	商业、服务业人员	生产、运输设备操作人员及有关人员	
18633	**38934**	**85866**	**144590**	**51535**	**334728**
4502	6593	28389	67713	12296	116115
1812	2419	9524	18108	1887	34113
2458	3849	17835	40232	9914	73827
232	325	1030	9373	495	8175
601	509	2144	6728	1218	11163
10	28	181	932		1173
61	63	102	892	2	1105
137	114	328	1298	281	2034
117	134	334	899	404	1927
39	39	56	104	17	262
119	40	680	654	297	1717
31	29	79	530	21	704
87	62	384	1419	196	2241
1139	1353	6692	15804	1252	26533
81	118	416	785	156	1545
789	754	5433	12831	924	21036
36	14	211	423	3	714
42	18	160	371	6	628
74	381	208	952	126	1586
34		92			150
20	19	15	36	15	101
63	49	157	406	22	773
1031	935	2751	7448	1149	13130
30	38	138	358	6	554
15	26	95	1024	1	1075
629	575	725	2735	1091	5754
270	129	1330	2943	27	4614
22	18	82	100	13	242

1-B-24 续表 3

行　业	从业人员期末人数	#女性	从业人员期末人数(按人员类型分)		
			在岗职工	劳务派遣人员	其他从业人员
乐器零售	127	55	124		3
照相器材零售	85	56	79	3	3
其他文化用品零售	682	337	682		
医药及医疗器材专门零售	20514	14608	19309	301	904
药品零售	20214	14445	19021	299	894
医疗用品及器材零售	300	163	288	2	10
汽车、摩托车、燃料及零配件专门零售	114385	44927	102584	10469	1332
汽车零售	94806	32972	92212	1545	1049
汽车零配件零售	638	244	628	6	4
摩托车及零配件零售	577	244	565		12
机动车燃料零售	18364	11467	9179	8918	267
家用电器及电子产品专门零售	23886	12268	23012	401	473
家用视听设备零售	5929	3346	5802	109	18
日用家电设备零售	9967	4842	9434	258	275
计算机、软件及辅助设备零售	4174	1552	4083	1	90
通信设备零售	3517	2398	3397	33	87
其他电子产品零售	299	130	296		3
五金、家具及室内装饰材料专门零售	3357	1440	3301	4	52
五金零售	565	255	541		24
灯具零售	222	84	216	4	2
家具零售	1309	643	1294		15
涂料零售	163	69	163		
卫生洁具零售	145	75	145		
木质装饰材料零售	151	56	151		
陶瓷、石材装饰材料零售	166	54	163		3
其他室内装饰材料零售	636	204	628		8
货摊、无店铺及其他零售业	7169	3124	6335	531	303
互联网零售	2456	1327	2225	105	126
邮购及电视、电话零售	857	476	699	158	
旧货零售	25	4	25		
生活用燃料零售	3356	1183	2946	251	159
其他未列明零售业	475	134	440	17	18

单位：人

从业人员期末人数(按职业类型分)					从业人员平均人数
单位负责人	专业技术人员	办事人员和有关人员	商业、服务业人员	生产、运输设备操作人员及有关人员	
14	15	32	55	11	127
10	1	10	64		105
41	133	339	169		659
1413	8068	3097	5561	2375	20397
1371	7988	2972	5545	2338	20103
42	80	125	16	37	294
7535	17290	32475	26817	30268	112899
6579	15967	29254	19549	23457	93038
66	158	233	53	128	652
60	54	96	289	78	578
830	1111	2892	6926	6605	18631
1562	2876	6291	11566	1591	23764
372	439	1504	3355	259	5952
550	861	3117	4672	767	9785
417	1174	942	1185	456	4258
207	345	685	2213	67	3459
16	57	43	141	42	310
336	287	903	1620	211	3364
73	42	192	225	33	562
17	12	88	81	24	219
154	133	355	605	62	1299
15	7	58	55	28	164
10	13	37	57	28	148
18	20	60	48	5	146
19	7	61	74	5	187
30	53	52	475	26	639
514	1023	3124	1333	1175	7363
127	253	1325	555	196	2746
26	165	616	50		741
1	3	3		18	22
318	530	1006	634	868	3348
42	72	174	94	93	506

1-B-25 按地区、人员类型和职业类型

地　　区	从业人员期末人数	#女性	从业人员期末人数(按人员类型分)		
			在岗职工	劳务派遣人　　员	其他从业人　　员
全　省	**691555**	**362509**	**619908**	**48709**	**22938**
杭州市	**240876**	**125873**	**202481**	**29613**	**8782**
上城区	46681	28132	25419	19718	1544
下城区	40319	22051	37113	1314	1892
江干区	31841	16042	28382	2490	969
拱墅区	23331	11594	20604	1609	1118
西湖区	30492	14868	27851	1489	1152
滨江区	9267	4263	8474	625	168
萧山区	25703	12401	23888	1149	666
余杭区	14399	6619	12511	926	962
桐庐县	2999	1868	2926	31	42
淳安县	3868	1614	3812	7	49
建德市	1968	1109	1872	46	50
富阳市	6706	3463	6391	184	131
临安市	3302	1849	3238	25	39
宁波市	**142110**	**79857**	**131825**	**5162**	**5123**
海曙区	33392	20981	27400	3355	2637
江东区	17342	9930	16360	312	670
江北区	10160	4754	9696	74	390
北仑区	11983	6604	11137	585	261
镇海区	4583	1836	4226	221	136
鄞州区	25031	13364	24276	278	477
象山县	3285	1924	3204	13	68
宁海县	4210	2487	4046	81	83
余姚市	5771	2631	5438	101	232
慈溪市	22830	13412	22535	140	155
奉化市	3523	1934	3507	2	14
温州市	**66151**	**31058**	**63340**	**1733**	**1078**
鹿城区	24378	12193	22841	1162	375
龙湾区	11861	5418	11531	157	173
瓯海区	4519	1935	4454	42	23
洞头县	394	145	366	10	18
永嘉县	2682	1343	2621	54	7
平阳县	3114	1589	3053	3	58

分组的限额以上批发和零售业从业人员

单位：人

从业人员期末人数(按职业类型分)					从业人员平均人数
单位负责人	专业技术人员	办事人员和有关人员	商业、服务业人员	生产、运输设备操作人员及有关人员	
47549	**83058**	**219189**	**215534**	**126225**	**686011**
15211	**28795**	**69806**	**63917**	**63147**	**235794**
1940	4937	9999	7194	22611	47933
3110	6685	10529	13158	6837	37141
2054	3317	12190	10612	3668	30092
1636	2189	8761	6352	4393	22616
1579	3284	5431	7133	13065	30417
735	1348	4225	2131	828	9250
1489	2596	10047	7491	4080	25793
1340	2150	4507	3361	3041	14051
202	478	528	1347	444	3000
147	128	696	522	2375	3770
152	335	473	719	289	2010
566	813	1690	2415	1222	6490
261	535	730	1482	294	3231
9783	**13203**	**51026**	**50363**	**17735**	**142719**
2100	2174	14799	11681	2638	34735
1330	1464	4963	7533	2052	17782
963	1109	3185	3201	1702	9925
791	1019	3997	4585	1591	11828
616	445	1607	876	1039	4630
1703	2748	12154	5553	2873	24420
250	528	779	1218	510	3296
241	682	957	1828	502	4222
690	651	1588	1792	1050	5745
731	2005	6010	10959	3125	22592
368	378	987	1137	653	3544
5898	**8546**	**24387**	**18788**	**8532**	**65771**
1904	3662	8580	7545	2687	24585
887	1332	3978	4114	1550	11689
490	739	1647	856	787	4512
56	58	120	67	93	423
240	214	1233	648	347	2729
200	259	1532	934	189	2852

1-B-25 续表 1

地 区	从业人员期末人数	#女性	从业人员期末人数(按人员类型分)		
			在岗职工	劳务派遣人 员	其他从业人 员
苍南县	4761	1910	4596	88	77
文成县	358	175	346	3	9
泰顺县	842	453	796		46
瑞安市	6991	3123	6732	110	149
乐清市	6251	2774	6004	104	143
嘉兴市	**45706**	**23976**	**41524**	**2311**	**1871**
南湖区	13387	6966	11040	1846	501
秀洲区	7655	4700	7012	132	511
嘉善县	3831	2228	3670	31	130
海盐县	2531	1365	2329	70	132
海宁市	8672	4203	8222	124	326
平湖市	3325	1674	3138	52	135
桐乡市	6305	2840	6113	56	136
湖州市	**29149**	**14927**	**24167**	**2373**	**2609**
吴兴区	14754	7529	12453	1966	335
南浔区	3382	1665	1303	32	2047
德清县	4547	2315	4343	146	58
长兴县	4334	2326	3994	221	119
安吉县	2132	1092	2074	8	50
绍兴市	**48399**	**26862**	**45224**	**2025**	**1150**
越城区	17113	9832	14978	1721	414
绍兴县	10279	5348	9863	127	289
新昌县	2581	1309	2445	45	91
诸暨市	10004	5509	9855	36	113
上虞市	5518	3132	5251	71	196
嵊州市	2904	1732	2832	25	47
金华市	**40187**	**20298**	**38156**	**1104**	**927**
婺城区	12532	7445	11810	616	106
金东区	4094	1684	3856	135	103
武义县	935	540	902	25	8
浦江县	1112	473	1066	41	5
磐安县	482	310	382	10	90
兰溪市	2242	1073	2142	17	83
义乌市	9954	4368	9671	108	175
东阳市	3825	1721	3464	83	278
永康市	5011	2684	4863	69	79

单位：人

从业人员期末人数(按职业类型分)					从业人员平均人数
单位负责人	专业技术人员	办事人员和有关人员	商业、服务业人员	生产、运输设备操作人员及有关人员	
419	314	1894	1319	815	4752
22	56	150	45	85	363
46	31	237	528		786
899	1191	3119	1192	590	6957
735	690	1897	1540	1389	6123
3832	**5722**	**12457**	**16938**	**6757**	**45709**
973	1596	3308	5710	1800	13465
570	851	1900	3480	854	7583
283	354	946	1796	452	3895
194	288	658	747	644	2609
809	1285	2460	2305	1813	8621
377	432	1000	808	708	3363
626	916	2185	2092	486	6173
1330	**2704**	**9423**	**11501**	**4191**	**28795**
680	1716	4734	4253	3371	14628
99	116	516	2227	424	3329
213	318	1708	2205	103	4343
255	383	1557	1997	142	4361
83	171	908	819	151	2134
3170	**7091**	**16434**	**15730**	**5974**	**47448**
928	1853	6598	5603	2131	17054
844	1578	4717	1793	1347	9689
199	507	548	701	626	2573
648	1790	2550	4183	833	9894
325	851	1374	2487	481	5485
226	512	647	963	556	2753
2841	**5001**	**14622**	**12624**	**5099**	**40579**
742	1255	4661	4843	1031	13136
363	650	1927	619	535	3974
91	152	246	369	77	931
106	127	327	448	104	1084
33	59	135	227	28	491
209	377	697	534	425	2221
685	1326	3624	2425	1894	9937
304	454	901	1739	427	3816
308	601	2104	1420	578	4989

1-B-25 续表 2

地　区	从业人员期末人数	#女性	从业人员期末人数(按人员类型分)		
			在岗职工	劳务派遣人员	其他从业人员
衢州市	**12789**	**7018**	**12029**	**431**	**329**
柯城区	6608	3282	6006	376	226
衢江区	1163	602	1121	10	32
常山县	934	608	889	17	28
开化县	696	505	690	4	2
龙游县	1593	804	1549	9	35
江山市	1795	1217	1774	15	6
舟山市	**10946**	**6502**	**9733**	**1021**	**192**
定海区	6882	4375	5768	981	133
普陀区	3070	1626	3010	24	36
岱山县	691	380	671	7	13
嵊泗县	303	121	284	9	10
台州市	**39473**	**18941**	**36640**	**2078**	**755**
椒江区	12861	6769	10937	1705	219
黄岩区	3057	1477	2930	18	109
路桥区	5900	2612	5594	92	214
玉环县	3492	1462	3438	33	21
三门县	694	306	663	13	18
天台县	783	517	767	14	2
仙居县	1648	815	1638	2	8
温岭市	6220	2735	6076	110	34
临海市	4818	2248	4597	91	130
丽水市	**15769**	**7197**	**14789**	**858**	**122**
莲都区	9337	4004	8459	821	57
青田县	449	243	432	15	2
缙云县	1429	900	1418	4	7
遂昌县	607	312	605		2
松阳县	313	157	292	5	16
云和县	408	240	387	10	11
庆元县	341	240	339		2
景宁县	2020	600	2001	1	18
龙泉市	865	501	856	2	7

单位：人

从业人员期末人数(按职业类型分)					从业人员平均人数
单位负责人	专业技术人员	办事人员和有关人员	商业、服务业人员	生产、运输设备操作人员及有关人员	
800	**1861**	**2994**	**4305**	**2829**	**12768**
386	1176	1442	1492	2112	6685
85	225	497	65	291	1157
51	83	186	294	320	907
61	156	99	365	15	680
103	94	339	1021	36	1567
114	127	431	1068	55	1772
938	**1270**	**2547**	**4175**	**2016**	**10850**
464	861	1374	2899	1284	6773
369	270	840	936	655	3048
81	95	246	228	41	723
24	44	87	112	36	306
2753	**6447**	**10796**	**12232**	**7245**	**40056**
842	1689	3051	4149	3130	13664
291	557	1104	612	493	3020
291	854	1968	1884	903	5864
173	451	1240	927	701	3449
98	70	228	136	162	700
57	54	145	484	43	815
150	821	234	321	122	1634
517	878	1872	1945	1008	6157
334	1073	954	1774	683	4753
993	**2418**	**4697**	**4961**	**2700**	**15522**
614	1817	1893	3075	1938	9055
36	74	158	156	25	449
87	174	338	771	59	1419
49	57	228	184	89	614
30	74	85	79	45	298
45	37	156	135	35	416
54	13	69	191	14	339
38	76	1719	162	25	2048
40	96	51	208	470	884

1-B-26 按登记注册类型、控股情况和行业小类分组的

项 目	单位数(个)	#有计算机的单位数	#有网站的单位数
总 计	**14602**	**14559**	**5724**
一、按登记注册类型分			
内 资	14288	14247	5539
国 有	88	88	39
集 体	75	75	15
股份合作企业	48	48	14
联营企业	11	11	3
国有联营	2	2	
国有与集体联营	7	7	3
其他联营	2	2	
有限责任公司	3164	3157	1403
国有独资公司	199	199	88
其他有限责任公司	2965	2958	1315
股份有限公司	235	233	134
私营企业	10597	10565	3908
私营独资	150	148	28
私营合伙	83	83	7
私营有限责任公司	10209	10179	3806
私营股份有限公司	155	155	67
其他企业	70	70	23
港澳台商投资	156	155	88
与港澳台商合资经营	49	49	35
与港澳台商合作经营	2	2	1
港澳台商独资	102	101	51
港澳台商投资股份有限公司	3	3	1
外商投资	158	157	97
中外合资经营	50	49	29
中外合作经营	1	1	
外资企业	101	101	64
外商投资股份有限公司	4	4	3
其他外商投资	2	2	1

限额以上批发和零售业法人单位信息化情况

#有电子商务采购的单位数	#有电子商务销售的单位数	年末在用计算机数（台）	年末拥有网站数（个）	全年电子商务采购金额（万元）	全年电子商务销售金额（万元）
14336	**14336**	**341730**	**6755**	**161730**	**4839922**
14027	14027	320385	6547	161730	4822691
88	88	11647	60		3489115
73	73	793	20		
48	48	249	16		
11	11	55	7		
2	2	15			
7	7	27	7		
2	2	13			
3089	3089	100456	1684	19337	434867
188	188	5483	101		59547
2901	2901	94973	1583	19337	375320
233	233	46192	183	329	24646
10419	10419	160820	4549	142064	874010
141	141	780	29		…
81	81	1221	7		
10044	10044	154829	4427	52335	869651
153	153	3990	86	89729	4359
66	66	173	28		52
153	153	11129	105		17058
49	49	4028	42		8443
2	2	139	1		
99	99	6868	61		8614
3	3	94	1		
156	156	10216	103		174
48	48	4826	31		
1	1	46			
101	101	4991	67		174
4	4	318	3		
2	2	35	2		

1-B-26 续表 1

项 目	单位数(个)	#有计算机的单位数	#有网站的单位数
二、按控股情况分			
国有控股	761	761	367
集体控股	339	338	139
私人控股	12683	12644	4790
港澳台商控股	134	134	75
外商控股	141	139	79
其 他	544	543	274
三、按国民经济行业小类分			
批发业	10386	10356	3938
农、林、牧产品批发	177	177	38
谷物、豆及薯类批发	26	26	6
种子批发	6	6	2
饲料批发	32	32	2
棉、麻批发	18	18	3
林业产品批发	18	18	4
牲畜批发	12	12	9
其他农牧产品批发	65	65	12
食品、饮料及烟草制品批发	579	576	193
米、面制品及食用油批发	94	94	22
糕点、糖果及糖批发	32	32	9
果品、蔬菜批发	46	46	22
肉、禽、蛋、奶及水产品批发	108	108	23
盐及调味品批发	35	35	12
营养和保健品批发	20	19	8
酒、饮料及茶叶批发	144	144	57

		年末在用计算机数（台）	年末拥有网站数（个）	全年电子商务采购金额（万元）	全年电子商务销售金额（万元）
#有电子商务采购的单位数	#有电子商务销售的单位数				
735	735	57359	450		3561017
334	334	14326	171		66322
12463	12463	229380	5613	142064	1069372
132	132	8867	90		17058
138	138	7367	83		174
534	534	24431	348	19666	125979
10218	10218	199010	4552	116849	4449055
169	169	1514	39		3653
26	26	554	6		3653
6	6	207	2		
31	31	136	2		
18	18	79	3		
17	17	67	5		
12	12	127	9		
59	59	344	12		
565	565	27861	244	18	3508580
93	93	2211	26		25505
30	30	420	13		180
46	46	857	28		
107	107	1159	30		
35	35	807	13		
17	17	382	8		
142	142	11700	67	18	2075

1-B-26 续表 2

项　　目	单位数(个)	#有计算机的单位数	#有网站的单位数
烟草制品批发	16	16	12
其他食品批发	84	82	28
纺织、服装及家庭用品批发	2707	2699	1161
纺织品、针织品及原料批发	1262	1258	475
服装批发	600	598	298
鞋帽批发	204	203	75
化妆品及卫生用品批发	42	42	17
厨房、卫生间用具及日用杂货批发	104	104	58
灯具、装饰物品批发	59	59	27
家用电器批发	210	210	89
其他家庭用品批发	226	225	122
文化、体育用品及器材批发	340	339	151
文具用品批发	189	188	80
体育用品及器材批发	22	22	10
图书批发	5	5	3
音像制品及电子出版物批发	2	2	1
首饰、工艺品及收藏品批发	82	82	37
其他文化用品批发	40	40	20
医药及医疗器材批发	276	274	157
西药批发	133	132	85
中药批发	62	62	38
医疗用品及器材批发	81	80	34
矿产品、建材及化工产品批发	4455	4441	1365
煤炭及制品批发	502	498	115
石油及制品批发	463	462	128
非金属矿及制品批发	30	30	11
金属及金属矿批发	1874	1869	521
建材批发	359	358	96

#有电子商务采购的单位数	#有电子商务销售的单位数	年末在用计算机数(台)	年末拥有网站数(个)	全年电子商务采购金额(万元)	全年电子商务销售金额(万元)
15	15	9052	28		3480820
80	80	1273	31		
2683	2683	57638	1358	12	243868
1249	1249	15221	548		36783
594	594	21684	353		111798
203	203	2973	83		32964
42	42	2040	25	12	9616
104	104	2454	69		3288
59	59	1298	37		13034
208	208	5750	101		1466
224	224	6218	142		34918
335	335	6732	174	765	33503
185	185	3124	94		3503
22	22	397	11		3346
5	5	697	3		
2	2	72	1		
81	81	1660	43	765	21592
40	40	782	22		5062
274	274	13991	197	89729	36230
132	132	8555	101	89729	36230
62	62	3327	52		
80	80	2109	44		
4372	4372	57326	1524	19325	238610
486	486	3261	134		8
453	453	20372	150		44
30	30	236	11		
1836	1836	15988	588	19325	92018
354	354	3818	105		28981

1-B-26 续表 3

项目	单位数（个）	#有计算机的单位数	#有网站的单位数
化肥批发	70	70	26
农药批发	26	26	14
农用薄膜批发	1		
其他化工产品批发	1130	1127	454
机械设备、五金产品及电子产品批发	1341	1339	728
农业机械批发	16	16	7
汽车批发	96	96	43
汽车零配件批发	157	157	84
摩托车及零配件批发	23	23	10
五金产品批发	335	334	194
电气设备批发	119	119	66
计算机、软件及辅助设备批发	66	66	29
通讯及广播电视设备批发	66	66	25
其他机械设备及电子产品批发	463	462	270
贸易经纪与代理	134	134	49
贸易代理	102	102	34
拍卖	1		
其他贸易经纪与代理	31	31	14
其他批发业	377	377	96
再生物资回收与批发	258	258	51
其他未列明批发业	119	119	45
零售业	4216	4203	1786
综合零售	464	464	241
百货零售	175	175	109
超级市场零售	235	235	110
其他综合零售	54	54	22
食品、饮料及烟草制品专门零售	183	182	76
粮油零售	9	9	3

		年末在用计算机数(台)	年末拥有网 站 数(个)	全年电子商务采购金额(万元)	全年电子商务销售金额(万元)
#有电子商务采购的单位数	#有电子商务销售的单位数				
69	69	876	27		
26	26	376	15		610
1117	1117	12395	494		116950
1322	1322	30016	850	7000	355480
16	16	227	9		
95	95	2612	55		890
153	153	2215	98		47938
23	23	275	12		
329	329	7151	221		16989
119	119	2764	74		15027
64	64	1511	32		228455
65	65	2703	31		6530
458	458	10558	318	7000	39651
132	132	1317	58		5964
100	100	986	40		4403
31	31	302	17		1560
366	366	2615	108		23168
249	249	1271	56		
117	117	1344	52		23168
4118	4118	142720	2203	44881	390867
457	457	36765	288	329	36938
175	175	11795	137		735
228	228	21418	126	329	32753
54	54	3552	25		3450
178	178	3829	92		594
9	9	259	5		

1-B-26 续表 4

项　　目	单位数(个)	#有计算机的单位数	#有网站的单位数
糕点、面包零售	8	8	5
果品、蔬菜零售	40	39	16
肉、禽、蛋、奶及水产品零售	30	30	8
营养和保健品零售	6	6	1
酒、饮料及茶叶零售	42	42	22
烟草制品零售	19	19	5
其他食品零售	29	29	16
纺织、服装及日用品专门零售	199	199	84
纺织品及针织品零售	17	17	10
服装零售	115	115	51
鞋帽零售	10	10	4
化妆品及卫生用品零售	8	8	7
钟表、眼镜零售	22	22	4
箱、包零售	2	2	1
自行车零售	6	6	
其他日用品零售	19	19	7
文化、体育用品及器材专门零售	221	221	118
文具用品零售	16	16	7
体育用品及器材零售	8	8	3
图书、报刊零售	89	89	60
珠宝首饰零售	78	78	25
工艺美术品及收藏品零售	6	6	3
乐器零售	7	7	6
照相器材零售	6	6	4
其他文化用品零售	11	11	10
医药及医疗器材专门零售	219	218	84
药品零售	203	202	81

#有电子商务采购的单位数	#有电子商务销售的单位数	年末在用计算机数(台)	年末拥有网站数(个)	全年电子商务采购金额(万元)	全年电子商务销售金额(万元)
8	8	409	6		
37	37	519	18		285
30	30	264	11		
6	6	87	1		
41	41	1155	26		2
18	18	282	7		6
29	29	854	18		300
195	195	11990	114	24552	9079
17	17	1022	18		
114	114	9586	65	24552	9058
10	10	283	6		
8	8	253	8		
20	20	338	4		
2	2	123	1		8
5	5	33			
19	19	352	12		13
220	220	5871	137	20000	37437
16	16	210	7		1
8	8	692	5		
89	89	2656	65		28741
77	77	1392	30		13
6	6	131	3		
7	7	77	7		
6	6	108	8	20000	6281
11	11	605	12		2400
216	216	9109	95		30870
200	200	8871	92		30870

1-B-26 续表 5

项 目	单位数（个）	#有计算机的单位数	#有网站的单位数
医疗用品及器材零售	16	16	3
汽车、摩托车、燃料及零配件专门零售	2058	2051	893
汽车零售	1551	1546	791
汽车零配件零售	22	22	7
摩托车及零配件零售	26	26	4
机动车燃料零售	459	457	91
家用电器及电子产品专门零售	554	552	176
家用视听设备零售	122	122	35
日用家电设备零售	212	212	56
计算机、软件及辅助设备零售	155	153	60
通信设备零售	58	58	22
其他电子产品零售	7	7	3
五金、家具及室内装饰材料专门零售	123	122	48
五金零售	38	38	15
灯具零售	11	11	4
家具零售	29	29	15
涂料零售	6	5	3
卫生洁具零售	7	7	1
木质装饰材料零售	8	8	3
陶瓷、石材装饰材料零售	10	10	4
其他室内装饰材料零售	14	14	3
货摊、无店铺及其他零售业	195	194	66
互联网零售	49	48	30
邮购及电视、电话零售	6	6	3
旧货零售	1		
生活用燃料零售	114	114	23
其他未列明零售业	25	25	10

		年末在用计算机数(台)	年末拥有网站数(个)	全年电子商务采购金额(万元)	全年电子商务销售金额(万元)
#有电子商务采购的单位数	#有电子商务销售的单位数				
16	16	238	3		
1998	1998	55645	1118		160646
1538	1538	48182	1002		159712
22	22	346	7		675
26	26	147	4		
412	412	6970	105		259
544	544	14006	205		43809
122	122	3831	42		14
207	207	6125	72		28677
150	150	2728	66		2871
58	58	1212	22		12248
7	7	110	3		
121	121	1260	60		521
38	38	224	22		21
11	11	46	4		
29	29	618	18		500
5	5	42	4		
7	7	93	1		
8	8	74	3		
9	9	57	4		
14	14	106	4		
189	189	4245	94		70974
48	48	2113	49		66775
6	6	875	3		2266
109	109	1076	32		
25	25	180	10		1933

1-B-27 按地区分组的限额以上

地区	单位数（个）	#有计算机的单位数	#有网站的单位数	#有电子商务采购的单位数
全省	**14602**	**14559**	**5724**	**14336**
杭州市	**3683**	**3671**	**1469**	**3607**
上城区	312	312	174	311
下城区	489	483	190	464
江干区	384	383	170	371
拱墅区	486	486	179	482
西湖区	277	277	136	274
滨江区	180	180	97	178
萧山区	614	614	241	612
余杭区	407	407	121	406
桐庐县	104	104	24	100
淳安县	49	47	19	44
建德市	52	50	12	50
富阳市	224	223	63	211
临安市	105	105	43	104
宁波市	**2936**	**2930**	**1374**	**2880**
海曙区	401	401	210	399
江东区	386	386	210	380
江北区	265	265	123	259
北仑区	287	285	110	279
镇海区	259	259	77	252
鄞州区	654	650	348	641
象山县	91	91	45	90
宁海县	103	103	55	101
余姚市	197	197	88	195
慈溪市	215	215	81	209
奉化市	78	78	27	75
温州市	**2068**	**2062**	**653**	**2046**
鹿城区	561	558	194	558
龙湾区	331	331	104	331
瓯海区	201	200	60	195
洞头县	25	25	4	25
永嘉县	75	75	33	75
平阳县	104	104	24	98

批发和零售业法人单位信息化情况

#有电子商务销售的单位数	年末在用计算机数(台)	年末拥有网站数(个)	全年电子商务采购金额(万元)	全年电子商务销售金额(万元)
14336	**341730**	**6755**	**161730**	**4839922**
3607	**125606**	**1756**	**133605**	**496733**
311	22849	203	24552	31949
464	24780	238	19325	147448
371	15302	204		71157
482	11413	210		3353
274	20685	171		196504
178	6069	112		28408
612	11217	282	89729	2351
406	6642	138		7058
100	974	27		
44	891	20		2
50	728	16		
211	2741	71		2309
104	1315	64		6195
2880	**72446**	**1612**	**8107**	**1150490**
399	18794	235	329	6641
380	9481	248	7000	909821
259	5530	136	765	37220
279	6558	131		34556
252	2140	87		46905
641	14831	433	12	21974
90	1375	55		
101	1619	63		12
195	2867	105		35875
209	7842	90		49646
75	1409	29		7840
2046	**34381**	**769**	**20000**	**886794**
558	14465	229		819599
331	6302	121	20000	3216
195	2415	73		7346
25	155	5		
75	1381	37		31600
98	1270	30		1275

1-B-27 续表 1

地　区	单位数(个)	#有计算机的单位数	#有网站的单位数	#有电子商务采购的单位数
苍南县	161	160	33	160
文成县	17	17	2	17
泰顺县	15	15	6	15
瑞安市	316	315	109	314
乐清市	262	262	84	258
嘉兴市	**1300**	**1300**	**422**	**1277**
南湖区	237	237	99	236
秀洲区	180	180	61	176
嘉善县	94	94	32	94
海盐县	78	78	27	78
海宁市	306	306	91	301
平湖市	109	109	34	106
桐乡市	296	296	78	286
湖州市	**583**	**580**	**223**	**568**
吴兴区	214	213	105	211
南浔区	60	60	13	57
德清县	113	111	31	105
长兴县	133	133	49	132
安吉县	63	63	25	63
绍兴市	**1259**	**1254**	**510**	**1237**
越城区	315	313	142	309
绍兴县	390	387	161	383
新昌县	64	64	21	64
诸暨市	270	270	100	267
上虞市	136	136	53	131
嵊州市	84	84	33	83
金华市	**1096**	**1091**	**446**	**1076**
婺城区	243	240	90	238
金东区	90	90	44	90
武义县	52	52	17	52
浦江县	54	54	23	51
磐安县	20	20	5	20
兰溪市	107	106	29	106
义乌市	276	276	120	272
东阳市	93	93	33	90
永康市	161	160	85	157

#有电子商务销售的单位数	年末在用计算机数(台)	年末拥有网站数(个)	全年电子商务采购金额(万元)	全年电子商务销售金额(万元)
160	1505	42		1530
17	156	2		
15	124	8		
314	3557	127		1364
258	3051	95		20864
1277	**21342**	**487**		**31775**
236	7558	123		2384
176	3790	69		12777
94	1248	41		2890
78	931	29		
301	3666	105		3006
106	1380	37		9431
286	2769	83		1287
568	**12515**	**263**		**72721**
211	7378	126		65672
57	698	17		751
105	1626	34		6298
132	1806	56		
63	1007	30		
1237	**21449**	**595**	**18**	**578004**
309	7718	166	18	509855
383	4872	191		22
64	768	23		6842
267	4602	114		30342
131	2332	65		30943
83	1157	36		
1076	**20510**	**540**		**633472**
238	6424	116		562947
90	2394	63		
52	420	19		6392
51	557	30		
20	202	5		
106	1015	32		4018
272	5531	138		26447
90	1517	37		111
157	2450	100		33558

1-B-27 续表 2

地 区	单位数(个)	#有计算机的单位数	#有网站的单位数	#有电子商务采购的单位数
衢州市	**299**	**298**	**109**	**294**
柯城区	96	96	40	95
衢江区	52	52	20	52
常山县	25	25	10	25
开化县	22	22	5	22
龙游县	54	54	17	51
江山市	50	49	17	49
舟山市	**296**	**296**	**99**	**290**
定海区	158	158	62	157
普陀区	99	99	29	96
岱山县	25	25	7	24
嵊泗县	14	14	1	13
台州市	**785**	**781**	**317**	**776**
椒江区	189	188	93	188
黄岩区	61	61	29	61
路桥区	137	137	60	135
玉环县	94	94	39	93
三门县	23	23	7	23
天台县	18	18	5	18
仙居县	28	28	6	28
温岭市	158	155	45	154
临海市	77	77	33	76
丽水市	**297**	**296**	**102**	**285**
莲都区	124	123	51	117
青田县	26	26	5	26
缙云县	41	41	10	39
遂昌县	31	31	8	30
松阳县	14	14	3	14
云和县	20	20	7	20
庆元县	11	11	4	11
景宁县	14	14	6	14
龙泉市	16	16	8	14

#有电子商务销售的单位数	年末在用计算机数(台)	年末拥有网站数(个)	全年电子商务采购金额(万元)	全年电子商务销售金额(万元)
294	**6183**	**124**		**226387**
95	3649	47		214647
52	625	21		
25	238	10		
22	240	5		
51	459	24		12
49	972	17		11728
290	**4777**	**116**		**7093**
157	3092	71		5737
96	1367	37		1356
24	196	7		
13	122	1		
776	**16813**	**357**		**697476**
188	6369	109		664702
61	1346	30		
135	2171	67		
93	1304	41		21876
23	258	8		
18	193	5		
28	771	6		2383
154	2438	52		8516
76	1963	39		
285	**5708**	**136**		**58977**
117	3643	71		47472
26	151	5		
39	488	15		2630
30	290	9		173
14	133	3		
20	187	9		8202
11	137	4		500
14	455	6		
14	224	14		

第2篇

住宿和餐饮业

A.全部住宿和餐饮业

2-A-1 按登记注册类型、控股情况和行业小类

项　目	单位数（个）	从业人员期末人数（人）	#女性	营业收入
总　计	**13884**	**414594**	**227872**	**6930117**
一、按登记注册类型分				
内　资	13626	368547	201576	5877949
国　有	206	12343	6814	217009
集　体	209	3766	2268	61411
股份合作企业	158	2181	1050	28810
联营企业	10	896	446	13758
集体联营	4	258	160	1806
国有与集体联营	2	201	116	4353
其他联营	4	437	170	7600
有限责任公司	933	82038	43715	1488844
国有独资公司	40	5927	3126	109403
其他有限责任公司	893	76111	40589	1379440
股份有限公司	58	7814	4057	151250
私营企业	11873	257678	142209	3898194
私营独资	5058	58862	32715	761699
私营合伙	614	11407	6724	156227
私营有限责任公司	6116	176742	96048	2808970
私营股份有限公司	85	10667	6722	171297
其他企业	179	1831	1017	18673
港澳台商投资	113	14552	7484	407926
与港澳台商合资经营	40	6891	3557	217880
与港澳台商合作经营	3	173	113	20290
港澳台商独资	66	6546	3354	154400
港澳台商投资股份有限公司	2	868	427	13975
其他港澳台投资	2	74	33	1382
外商投资	145	31495	18812	644242
中外合资经营	41	25275	15275	505430
中外合作经营	2	302	155	4126
外资企业	96	5795	3313	132037
外商投资股份有限公司	2	62	36	1361
其他外商投资	4	61	33	1288

分组的全部住宿和餐饮业法人单位主要经济指标

单位：万元

#主营业务收　入	营业税金及附加	#主营业务税金及附加	资产总计	实收资本
6839967	**360815**	**357354**	**15185505**	**4934103**
5805939	303124	300208	12623781	4040163
213307	11046	10979	356216	115395
59878	3330	3228	125598	44346
28664	1601	1585	43286	19355
13546	688	688	37910	3890
1594	32	32	2647	1970
4353	241	241	6255	820
7600	415	415	29008	1100
1466110	81192	80156	4367826	1326650
106726	5974	5858	272168	111225
1359384	75218	74298	4095659	1215424
145591	7695	7549	449176	153938
3860251	196750	195200	7214345	2362616
752825	31372	31044	728785	322995
155003	7195	7124	178804	72239
2781820	148936	147803	5799806	1841429
170602	9247	9230	506950	125953
18594	822	821	29424	13974
396155	23312	22917	1546666	535455
211994	12728	12728	586489	140226
20290	1172	1172	42865	43941
148576	8590	8195	864399	331974
13913	749	749	52041	18858
1382	73	73	872	456
637873	34379	34229	1015058	358485
499944	27179	27097	580475	171566
4065	224	221	38131	18338
131215	6837	6774	394032	166456
1361	78	78	1213	1060
1288	61	61	1207	1065

2-A-1 续表

项 目	单位数（个）	从业人员期末人数（人）	#女性	营业收入
二、按控股情况分				
国有控股	337	37302	19681	723353
集体控股	334	14735	8034	266140
私人控股	12698	302234	166380	4708260
港澳台商控股	94	10273	5254	235627
外商控股	103	8570	4872	216185
其他	300	41130	23465	780410
非企业免填	18	350	186	141
三、按国民经济行业小类分				
住宿业	6112	192824	110540	3376248
旅游饭店	1608	139695	76405	2595003
旅游饭店	1608	139695	76405	2595003
一般旅馆	4237	49836	32126	743110
一般旅馆	4237	49836	32126	743110
其他住宿业	267	3293	2009	38135
其他住宿业	267	3293	2009	38135
餐饮业	7772	221770	117332	3553869
正餐服务	5924	170074	87526	2698554
正餐服务	5924	170074	87526	2698554
快餐服务	580	35517	21613	650093
快餐服务	580	35517	21613	650093
饮料及冷饮服务	562	6527	3342	63332
茶馆服务	162	1382	844	16964
咖啡馆服务	191	2231	1161	20300
酒吧服务	117	1948	866	15976
其他饮料及冷饮服务	92	966	471	10091
其他餐饮业	706	9652	4851	141890
小吃服务	340	4718	2424	61256
餐饮配送服务	140	2299	1119	51487
其他未列明餐饮业	226	2635	1308	29148

单位：万元

#主营业务收　入	营业税金及附加	#主营业务税金及附加	资产总计	实收资本
702788	38695	38235	1943272	683514
262597	14599	14248	692015	164064
4662992	239836	238062	9432146	3075263
229810	13229	12834	1176081	445925
211221	11059	10913	742509	295676
770427	43385	43051	1199261	269351
133	12	12	220	310
3312542	181955	180035	11006290	3530850
2542768	143865	142471	9277939	2910449
2542768	143865	142471	9277939	2910449
732044	36103	35620	1627562	587804
732044	36103	35620	1627562	587804
37730	1987	1944	100790	32597
37730	1987	1944	100790	32597
3527425	178859	177319	4179215	1403253
2677700	137446	136135	3648896	1213813
2677700	137446	136135	3648896	1213813
647968	33843	33812	328280	98891
647968	33843	33812	328280	98891
60954	2857	2681	76028	35619
16409	673	656	22606	8577
18582	927	813	26949	13999
15952	745	743	17340	8523
10011	513	470	9133	4519
140804	4713	4691	126012	54930
60642	2664	2663	40640	19924
51044	1024	1003	56089	18034
29119	1025	1025	29283	16972

2-A-2 按地区分组的全部住宿和

地区	单位数(个)	从业人员期末人数(人)	#女性	营业收入
全 省	**13884**	**414594**	**227872**	**6930117**
杭州市	**3790**	**140547**	**77563**	**2689441**
上城区	501	18735	9457	448495
下城区	375	15406	8583	328124
江干区	352	11206	6090	214434
拱墅区	353	8447	4218	143116
西湖区	788	44140	24687	916188
滨江区	143	3362	1703	60106
萧山区	304	17621	10321	281057
余杭区	326	7016	3728	84044
桐庐县	105	2195	1344	30821
淳安县	180	4632	2796	72125
建德市	72	1591	996	23499
富阳市	115	3462	2009	44031
临安市	176	2734	1631	43402
宁波市	**2191**	**65228**	**34542**	**972259**
海曙区	311	10835	5570	176859
江东区	416	10883	5506	161893
江北区	139	3504	1694	49280
北仑区	126	3368	1949	52933
镇海区	125	3950	2304	46724
鄞州区	314	11639	6022	179710
象山县	91	2995	1625	42019
宁海县	123	3171	1592	48228
余姚市	207	5674	3028	83329
慈溪市	263	7187	4035	105165
奉化市	76	2022	1217	26120
温州市	**2216**	**52621**	**26528**	**918513**
鹿城区	419	17070	8599	335480
龙湾区	140	3181	1554	53479
瓯海区	114	2936	1607	41877
洞头县	47	712	381	10404
永嘉县	181	2968	1600	49829
平阳县	158	2871	1556	48247

餐饮业法人单位主要经济指标

单位：万元

#主营业务收入	营业税金及附加	#主营业务税金及附加	资产总计	实收资本
6839967	**360815**	**357354**	**15185505**	**4934103**
2653393	**146024**	**144694**	**5223937**	**1683990**
438965	25145	24917	851450	301678
322632	17951	17753	629909	233345
210802	11596	11545	356856	181790
141255	7906	7788	277240	80311
909135	50056	49596	1125063	285792
59871	3538	3537	71558	24103
280348	14470	14433	753258	162945
82187	4570	4496	220006	91320
30383	1790	1789	265507	118287
68004	3717	3568	252025	79385
23296	1031	1030	48582	16833
43268	2262	2259	254614	64950
43248	1993	1984	117868	43250
954430	**51432**	**50895**	**2584867**	**848232**
173327	10146	10093	491980	106503
160877	9355	9166	508906	141915
48679	2563	2562	104862	40554
52696	2391	2375	90220	43223
45646	2623	2600	85502	42923
176614	9371	9347	362482	198859
41829	1767	1767	158132	39588
48222	2547	2547	73532	32582
78229	4286	4202	231602	57109
103053	4994	4873	378369	111750
25259	1388	1364	99279	33224
909240	**42610**	**42070**	**1335159**	**509057**
331031	17858	17813	534732	192256
50727	2841	2449	72631	22489
40939	2001	1995	114151	39752
10329	326	326	14475	5344
49753	2334	2328	96997	35152
48130	1366	1328	62719	35704

2-A-2 续表 1

地　　区	单位数（个）	从业人员期末人数（人）	#女性	营业收入
苍南县	455	6641	3481	104924
文成县	49	820	392	8981
泰顺县	49	1136	570	13339
瑞安市	423	7973	4079	141289
乐清市	181	6313	2709	110664
嘉兴市	**833**	**23663**	**13035**	**360734**
南湖区	255	6437	3508	95464
秀洲区	104	1754	1039	23089
嘉善县	81	2626	1450	40455
海盐县	46	2041	1146	26023
海宁市	171	4136	2185	59093
平湖市	75	3242	1920	58710
桐乡市	101	3427	1787	57900
湖州市	**616**	**18391**	**10773**	**294564**
吴兴区	241	8590	5083	147645
南浔区	83	1804	1029	32909
德清县	76	2424	1337	33576
长兴县	104	3339	2011	51472
安吉县	112	2234	1313	28962
绍兴市	**766**	**24013**	**13691**	**477316**
越城区	184	7852	4277	145826
绍兴县	150	3866	2198	60758
新昌县	48	1621	1037	22545
诸暨市	171	4817	2899	97408
上虞市	135	3917	2188	118808
嵊州市	78	1940	1092	31971
金华市	**1225**	**29838**	**16258**	**439863**
婺城区	135	4003	2397	55202
金东区	19	265	142	2681
武义县	41	1741	1046	21535
浦江县	31	1042	533	11391
磐安县	23	802	528	8217
兰溪市	86	1617	1020	25751
义乌市	562	11421	5956	163917
东阳市	124	4750	2320	81775
永康市	204	4197	2316	69395

单位：万元

#主营业务收　入	营业税金及附加	#主营业务税金及附加	资产总计	实收资本
104310	3020	2979	114327	64472
8981	298	298	13083	6099
13313	560	560	34841	21229
141153	6643	6633	133436	41316
110572	5364	5363	143767	45244
355689	**19623**	**19321**	**1002221**	**333630**
95328	5304	5300	279122	74505
23049	1218	1215	27774	14079
40201	2062	2062	146947	47285
24272	1419	1268	89669	24716
58613	3248	3225	142827	55574
58577	3245	3213	164775	54700
55650	3127	3039	151107	62771
292610	**15128**	**15082**	**655063**	**234261**
146452	7860	7830	257285	70429
32901	1020	1020	42160	18349
33532	1740	1740	85262	33932
50838	2977	2962	148948	52116
28887	1530	1530	121407	59435
473615	**23451**	**23309**	**1075982**	**298365**
145080	7789	7768	277346	147791
60480	3123	3121	172611	41751
22407	1104	1102	92135	13778
95700	3761	3680	194362	32705
118644	6021	6021	232689	42983
31304	1652	1617	106838	19358
434801	**21881**	**21657**	**1146186**	**308055**
54788	3176	3104	125784	31515
2681	133	133	3540	2037
21243	1234	1222	142760	35377
11231	650	649	23852	6988
7993	379	379	27196	15833
25675	1172	1163	45642	13757
161096	7255	7154	330340	97976
81371	4387	4387	362519	70364
68724	3495	3466	84553	34208

2-A-2 续表 2

地　　区	单位数（个）	从业人员期末人数（人）	#女性	营业收入
衢州市	**179**	**5648**	**3742**	**69430**
柯城区	56	2433	1650	33656
衢江区	12	163	106	1239
常山县	24	947	615	10443
开化县	32	498	314	4906
龙游县	23	721	496	9088
江山市	32	886	561	10098
舟山市	**429**	**13603**	**8434**	**183780**
定海区	123	4713	2965	59912
普陀区	210	7062	4292	101185
岱山县	40	879	585	9521
嵊泗县	56	949	592	13162
台州市	**1104**	**30164**	**16799**	**401334**
椒江区	101	4612	2535	64978
黄岩区	110	3741	2057	52537
路桥区	173	4180	2572	49030
玉环县	38	2533	1188	37493
三门县	38	1248	743	14359
天台县	205	2676	1472	32705
仙居县	34	1192	572	12484
温岭市	308	6230	3329	90484
临海市	97	3752	2331	47263
丽水市	**535**	**10878**	**6507**	**122882**
莲都区	170	3651	2240	52432
青田县	93	2319	1140	20493
缙云县	15	670	469	8803
遂昌县	30	1130	733	11779
松阳县	70	730	460	6714
云和县	12	436	241	4102
庆元县	13	232	144	1324
景宁县	9	362	234	3435
龙泉市	123	1348	846	13800

单位：万元

#主营业务收　入	营业税金及附加	#主营业务税金及附加	资产总计	实收资本
66345	**3679**	**3517**	**189648**	**55481**
30826	1821	1666	99401	24450
1220	87	87	6268	2858
10436	567	565	23416	9096
4820	204	203	14500	3358
8985	473	469	19011	5614
10058	528	527	27052	10105
180205	**10992**	**10925**	**640876**	**250101**
58517	3475	3460	127151	34434
99697	6141	6118	398557	171627
9021	558	530	78850	32633
12970	818	817	36318	11407
397908	**20482**	**20378**	**985607**	**306423**
64469	3735	3735	106088	50516
52444	2702	2702	92466	30482
46903	2341	2251	62834	20151
37396	2038	2038	187899	44429
14359	852	852	60749	20306
32362	1138	1138	50939	21901
12484	672	670	37605	18504
90368	4609	4598	143237	48712
47124	2395	2394	243790	51422
121732	**5513**	**5506**	**345958**	**106508**
51617	2468	2467	136871	45968
20447	718	717	42106	13051
8798	384	383	13167	4453
11741	523	522	44616	16799
6714	376	376	20744	12005
4075	149	149	19468	5100
1264	71	67	2204	780
3324	178	178	11270	3320
13753	647	647	55512	5032

B.限额以上住宿和餐饮业

2-B-1 按登记注册类型、控股情况和行业小类

项目	单位数(个)	年初存货	流动资产合计	#应收账款	#存货	固定资产合计
总计	**2793**	**322055**	**4104361**	**236849**	**292453**	**4767056**
一、按登记注册类型分						
内资	2693	209715	3452622	201616	182426	3749184
国有	93	5798	123895	4814	5268	137373
集体	32	888	28095	610	1793	57631
股份合作企业	11	648	9184	957	651	6834
联营企业	4	150	5492	193	127	3105
集体联营	2	35	1405	26	35	1159
国有与集体联营	2	115	4087	167	92	1947
有限责任公司	558	66602	1142709	76315	56356	1899765
国有独资公司	33	3338	88965	2489	3442	109596
其他有限责任公司	525	63264	1053744	73825	52915	1790169
股份有限公司	26	5377	229125	1932	4673	87878
私营企业	1959	130110	1912219	116601	113382	1551829
私营独资	338	18668	70713	9820	6317	82622
私营合伙	100	3652	36652	3187	3076	30814
私营有限责任公司	1484	100453	1641959	101722	96304	1357652
私营股份有限公司	37	7338	162896	1871	7685	80741
其他企业	10	140	1902	195	176	4769
港澳台商投资	55	85018	400647	28078	87943	620079
与港澳台商合资经营	24	79463	237496	8001	82607	208463
与港澳台商合作经营	1					
港澳台商独资	27	4666	147285	19817	4491	374295
港澳台商投资股份有限公司	2	870	15004	257	804	36641
其他港澳台投资	1					
外商投资	45	27323	251092	7155	22084	397793
中外合资经营	22	24433	131398	3463	19256	310982
中外合作经营	2	259	18981	127	249	18493
外资企业	19	2630	100050	3536	2553	68272
外商投资股份有限公司	2	1	663	29	26	46

分组的限额以上住宿和餐饮业财务状况

单位：万元

固定资产原价	累计折旧	#本年折旧	资产总计	流动负债合计	#应付账款	非流动负债合计	负债合计	所有者权益合计
6953600	**2526118**	**365220**	**11570442**	**5953443**	**615922**	**2987640**	**8953999**	**2616443**
5441718	1987219	273830	9510353	5036671	533648	2360334	7410155	2100197
284665	153242	11227	308141	122570	18703	17933	141095	167046
102209	50883	4344	101092	60117	3392	15723	76246	24847
12840	6006	673	18948	11916	681	1048	12964	5984
9021	5916	361	8833	1778	208		1778	7055
2716	1558	125	2578	689			689	1889
6305	4359	236	6255	1089	208		1089	5166
2602623	834204	116200	4009311	1763623	186213	1290954	3077666	931646
178742	79820	8217	256828	128578	10983	29379	157957	98871
2423882	754384	107984	3752483	1635044	175231	1261575	2919709	832775
179675	91859	7322	446180	209667	11895	91846	262148	184032
2243667	842856	133664	4606525	2861940	312160	942631	3833000	773525
105309	30040	5748	197272	83744	17353	17506	100706	96567
41752	16880	2878	84428	44416	10266	6951	52058	32370
1964843	742708	115959	3923118	2520731	260842	785598	3334590	588528
131763	53228	9079	401706	213050	23698	132577	345645	56061
7019	2254	40	11323	5060	397	199	5260	6064
956246	366691	44428	1196371	478234	27413	354700	825286	371085
412657	208274	17360	514477	190449	10574	111969	294770	219707
483798	134764	24256	628066	263295	15329	228831	492126	135939
55952	20494	2671	52041	22870	1430	13900	36770	15271
555636	172208	46962	863718	438538	54861	272606	718557	145161
433485	129703	40112	556093	302990	40977	149128	452118	103975
24313	6028	628	38131	20319	1768	9000	29319	8811
97426	36111	6015	268281	114356	11912	114478	236248	32034
412	365	207	1213	872	204		872	341

2-B-1 续表 1

项 目	单位数(个)	年初存货	流动资产合计	#应收账款	#存货	固定资产合计
二、按控股情况分						
国有控股	210	53754	555152	17818	45651	814058
集体控股	93	6655	133688	4697	6790	369554
私人控股	2272	174010	2587333	177603	150949	2338288
港澳台商控股	42	48016	253286	22306	58012	430056
外商控股	36	8107	201513	4668	7806	333260
其他	140	31513	373390	9757	23245	481841
三、按国民经济行业小类分						
住宿业	1288	181993	2876659	125287	176824	3674991
旅游饭店	875	170014	2602833	108162	165830	3370091
旅游饭店	875	170014	2602833	108162	165830	3370091
一般旅馆	397	11299	267055	16561	10338	301146
一般旅馆	397	11299	267055	16561	10338	301146
其他住宿业	16	680	6771	564	656	3754
其他住宿业	16	680	6771	564	656	3754
餐饮业	1505	140062	1227702	111562	115629	1092065
正餐服务	1388	115509	1091753	101691	95330	1006204
正餐服务	1388	115509	1091753	101691	95330	1006204
快餐服务	49	19819	89535	4053	15281	70272
快餐服务	49	19819	89535	4053	15281	70272
饮料及冷饮服务	21	1047	6490	446	1031	965
茶馆服务	10	244	3689	375	181	480
咖啡馆服务	4	106	396	45	90	34
酒吧服务	4	79	695	26	88	313
其他饮料及冷饮服务	3	619	1710		672	138
其他餐饮业	47	3688	39924	5372	3988	14624
小吃服务	17	774	11979	200	797	3274
餐饮配送服务	18	2659	23599	4677	2816	10098
其他未列明餐饮业	12	256	4346	496	375	1253

单位：万元

固定资产原价	累计折旧	#本年折旧	资产总计	流动负债合计	#应付账款	非流动负债合计	负债合计	所有者权益合计
1303506	508061	53600	1821107	699485	61786	329077	990099	831007
540370	197311	20792	626778	264853	18359	300438	585680	41097
3306896	1199353	186657	6513004	3869782	417331	1516546	5396993	1116012
585955	186194	28834	828096	385034	16316	269111	646566	181529
439066	116468	26889	663087	337481	35537	213409	558304	104783
777807	318731	48449	1118371	396808	66593	359059	776356	342014
5499052	2095762	258317	8574390	3943665	361136	2648754	6596973	1977417
5134423	1973054	236145	7825990	3488950	302142	2520619	6020703	1805287
5134423	1973054	236145	7825990	3488950	302142	2520619	6020703	1805287
358309	120139	21587	734927	445913	57242	125110	564294	170632
358309	120139	21587	734927	445913	57242	125110	564294	170632
6320	2569	585	13473	8803	1752	3025	11976	1497
6320	2569	585	13473	8803	1752	3025	11976	1497
1454549	430356	106902	2996051	2009778	254786	338886	2357025	639026
1297831	358103	82581	2663624	1787104	218947	305456	2117559	546065
1297831	358103	82581	2663624	1787104	218947	305456	2117559	546065
131178	61716	22311	264197	186461	28504	32619	199071	65127
131178	61716	22311	264197	186461	28504	32619	199071	65127
2059	1183	176	8183	4142	1420		4142	4041
1102	710	117	4643	3312	1172		3312	1331
171	137	18	626	69	-6		69	557
318	5	2	1036	207	70		207	829
469	332	39	1878	554	184		554	1324
23480	9355	1834	60048	32071	5916	810	36253	23794
5053	1779	762	16162	5443	2194	112	9355	6807
16075	6476	927	37041	22392	2161	562	22592	14449
2353	1100	145	6845	4236	1561	137	4307	2539

2-B-1 续表 2

项目	#实收资本	国家资本	集体资本	法人资本	个人资本	港澳台资本
总计	**3144316**	**497036**	**88789**	**1279197**	**844147**	**274673**
一、按登记注册类型分						
内资	2499533	465206	65490	1145654	823071	106
国有	97864	92740		5124		
集体	32299		26189	6110		
股份合作企业	5576	250	15	3484	1827	
联营企业	2709	540	2169			
集体联营	1889		1889			
国有与集体联营	820	540	280			
有限责任公司	1059467	302495	28548	549868	178506	50
国有独资公司	109240	87376		20864	1000	
其他有限责任公司	950226	215119	28548	529003	177506	50
股份有限公司	151973	63550	7487	63814	17123	
私营企业	1146735	4632	1022	515755	625265	56
私营独资	70926	23	22	21745	49135	1
私营合伙	24122			4910	19212	
私营有限责任公司	960436	4609	1000	470215	484552	55
私营股份有限公司	91251			18885	72366	
其他企业	2910	1000	60	1500	350	
港澳台商投资	365753	27102	1599	55050	4285	274232
与港澳台商合资经营	129167	25602	1599	24021	3087	71873
与港澳台商合作经营						
港澳台商独资	215323			27406		187917
港澳台商投资股份有限公司	18858			3623	1198	14037
其他港澳台投资						
外商投资	279030	4729	21700	78493	16791	335
中外合资经营	157771	4729	21700	71316	16791	335
中外合作经营	18338			300		
外资企业	101861			6777		
外商投资股份有限公司	1060			100		

单位：万元

外商资本	营业收入	#主营业务收入	营业成本	#主营业务成本	营业税金及附加	#主营业务税金及附加	其他业务利润	销售费用
160473	**5391823**	**5323405**	**2252237**	**2240598**	**293071**	**290779**	**87206**	**1685433**
6	4389492	4339109	1855472	1846948	237527	235769	69752	1376852
	203044	199379	66829	65748	10451	10387	2699	63868
	48112	47921	14765	14757	2753	2753	1413	17006
	13955	13955	7986	7986	752	752	-20	2397
	5909	5697	2233	2180	259	259		1588
	1556	1344	1137	1084	19	19		13
	4353	4353	1096	1096	241	241		1576
	1411869	1391068	505350	501174	77576	76883	18232	480172
	105674	102997	33524	32908	5728	5612	1366	37022
	1306195	1288072	471827	468267	71847	71272	16866	443151
	147668	142016	56769	56769	7550	7404	13985	50717
6	2555046	2535221	1199264	1196072	137962	137107	33116	759994
1	182987	182556	107317	107001	8941	8800	629	30099
	74237	74081	40432	40418	3581	3559	105	15547
5	2133509	2114962	982040	979186	116427	115752	31800	650987
	164314	163622	69475	69466	9012	8996	581	63360
	3888	3853	2276	2263	225	225	326	1109
3486	379721	367972	107909	106088	21729	21345	10311	107808
2986	216761	210887	63248	62008	12665	12665	4610	51924
	147183	141370	39974	39404	8215	7831	5675	48194
	13975	13913	4014	4004	749	749	27	6851
156982	622610	616324	288856	287562	33814	33665	7143	200773
42900	494168	488704	244881	243747	27101	27018	3186	137002
18038	4126	4065	700	700	224	221	455	1121
95084	122956	122194	42668	42507	6412	6349	3502	61834
960	1361	1361	608	608	78	78	…	815

2-B-1 续表 3

项　　目	#实收资本	国家资本	集体资本	法人资本	个人资本	港澳台资本
二、按控股情况分						
国有控股	606215	460380	5208	113764	8374	17989
集体控股	136912	392	50912	83682	1927	
私人控股	1645291	8845	6039	818919	800282	3597
港澳台商控股	273627	665	1599	15569	2458	251161
外商控股	227986	4729	21700	57182	3075	
其他	254285	22026	3332	190082	28032	1925
三、按国民经济行业小类分						
住宿业	2336434	486874	57583	967206	490394	232754
旅游饭店	2137200	478814	46977	892508	389861	229087
旅游饭店	2137200	478814	46977	892508	389861	229087
一般旅馆	195954	7988	10606	73481	98608	3600
一般旅馆	195954	7988	10606	73481	98608	3600
其他住宿业	3281	72		1217	1926	66
其他住宿业	3281	72		1217	1926	66
餐饮业	807881	10162	31206	311991	353753	41919
正餐服务	727191	9454	31134	274932	340925	41774
正餐服务	727191	9454	31134	274932	340925	41774
快餐服务	66721	600	15	31349	7309	95
快餐服务	66721	600	15	31349	7309	95
饮料及冷饮服务	2639	25		1055	1510	50
茶馆服务	1344			755	590	
咖啡馆服务	380				380	
酒吧服务	810			300	510	
其他饮料及冷饮服务	105	25			30	50
其他餐饮业	11331	84	58	4655	4009	
小吃服务	4059	21	58	1337	1319	
餐饮配送服务	5790	63		3263	1264	
其他未列明餐饮业	1482			55	1427	

单位：万元

外商资本	营业收入	#主营业务收入	营业成本	#主营业务成本	营业税金及附加	#主营业务税金及附加	其他业务利润	销售费用
500	700495	680708	227248	222709	37610	37189	12914	220422
	234381	232472	77339	76726	13170	13131	13521	87782
7608	3289670	3263528	1500775	1497164	177556	176589	42094	1008153
2175	208246	202451	60652	59999	11677	11293	5428	71309
141302	199262	194380	69792	69346	10685	10539	5581	81941
8889	759770	749865	316432	314655	42373	42040	7668	215827
101623	2802170	2747539	908841	899837	155786	154338	69449	913732
99953	2448975	2398561	798444	790034	136233	134906	63041	788166
99953	2448975	2398561	798444	790034	136233	134906	63041	788166
1670	340067	335851	105835	105242	18865	18744	6408	120522
1670	340067	335851	105835	105242	18865	18744	6408	120522
	13129	13127	4562	4561	689	689		5045
	13129	13127	4562	4561	689	689		5045
58850	2589653	2575866	1343396	1340761	137285	136441	17757	771701
28972	1925774	1913766	1010311	1007929	103218	102428	13072	565384
28972	1925774	1913766	1010311	1007929	103218	102428	13072	565384
27353	574487	573364	278373	278219	30769	30750	4155	189873
27353	574487	573364	278373	278219	30769	30750	4155	189873
	13781	13508	6253	6253	661	647	282	3391
	6361	6088	2988	2988	346	331	259	1215
	1870	1870	1120	1120	60	60		390
	1872	1872	1103	1103	55	55	24	384
	3678	3678	1042	1042	200	200		1403
2525	75611	75228	48459	48360	2637	2616	248	13053
1325	29841	29834	17704	17703	1523	1523	46	5986
1200	36906	36530	26016	25918	637	616	156	4545
	8864	8864	4738	4738	477	477	46	2522

2-B-1 续表 4

项目	管理费用	#税金	财务费用	#利息收入	#利息支出	资产减值损失
总计	**1178177**	**33205**	**250743**	**22973**	**201340**	**3274**
一、按登记注册类型分						
内资	983589	28360	210372	19091	166696	2283
国有	56198	1659	746	1141	1201	60
集体	14313	401	853	53	671	1
股份合作企业	1851	141	192	8	174	-1
联营企业	1583	34	-64	91		27
集体联营	48	5	...	...		
国有与集体联营	1536	29	-65	91		27
有限责任公司	393941	10756	86587	4925	65637	2142
国有独资公司	34340	937	2159	700	2308	-3
其他有限责任公司	359601	9819	84428	4225	63329	2146
股份有限公司	32052	787	7558	1725	6410	-9
私营企业	482425	14562	114492	11148	92603	64
私营独资	25266	1162	3420	22	2421	67
私营合伙	9035	309	1628	134	1400	35
私营有限责任公司	427109	12561	97484	5359	72444	28
私营股份有限公司	21015	529	11960	5633	16337	-66
其他企业	1227	21	9	...		
港澳台商投资	101969	3671	28129	2912	26143	-6
与港澳台商合资经营	47070	1596	9579	384	7017	-6
与港澳台商合作经营	346		1			
港澳台商独资	50940	1800	17495	1992	17597	
港澳台商投资股份有限公司	3513	275	1042	536	1529	
其他港澳台投资	100	1	13	...		
外商投资	92618	1174	12242	970	8502	998
中外合资经营	71923	866	7802	771	6046	996
中外合作经营	2259	121	1335	2	1411	
外资企业	18297	187	3096	197	1045	2
外商投资股份有限公司	139		9			

单位：万元

公允价值变动收益	投资收益	营业利润	营业外收入		利润总额	应交所得税	应付职工薪酬（本年贷方累计发生额）
				#补贴收入			
79	**39345**	**-231176**	**59623**	**20738**	**-175971**	**42638**	**1119477**
83	35835	-238689	55118	20036	-194256	26188	913759
	659	5359	3835	1350	8951	2641	46528
	67	-1481	490	161	-1082	248	10686
		778	7	2	782	114	2757
		283	1		270	8	1312
		340			340		450
		-57	1		-70	8	862
23	18458	-114160	23293	6922	-97262	6245	328091
	239	-6856	2495	1732	-4633	614	31310
23	18219	-107304	20798	5190	-92629	5631	296781
	9986	3593	3499	324	6735	1369	35289
60	6666	-132053	22656	10265	-112829	15538	487886
-1	30	8107	630	102	6193	1578	35058
	5	3945	185	111	3670	507	16381
61	2056	-139283	20999	9692	-118256	12831	400848
	4576	-4822	842	361	-4436	622	35600
		-1009	1339	1013	179	25	1210
	3695	14052	1532	68	21576	9419	72350
	296	32553	617	30	31517	8532	34202
		-247			-247		190
	3409	-16028	909	38	-7327	730	33772
	-9	-2203	7		-2344	158	3931
		-23	...		23		255
-4	-185	-6540	2973	633	-3290	7031	133368
-4	8	4304	2436	562	5342	6480	103245
		-1514	42		-1473	2	1532
	-193	-9041	495	71	-6831	549	28347
		-288			-328		244

续表 5

项　目	管理费用	#税金	财务费用	#利息收入	#利息支出	资产减值损失
二、按控股情况分						
国有控股	201328	6488	22564	4949	23695	-60
集体控股	56324	1909	11202	746	3140	41
私人控股	640405	18746	168916	12818	134673	2144
港澳台商控股	63241	2518	19287	2527	19926	
外商控股	50878	851	8835	880	5399	2
其他	166002	2693	19940	1053	14507	1147
三、按国民经济行业小类分						
住宿业	828521	23996	188212	20389	160995	1581
旅游饭店	731883	21990	173327	19487	150876	1498
旅游饭店	731883	21990	173327	19487	150876	1498
一般旅馆	94100	1927	14499	900	10021	83
一般旅馆	94100	1927	14499	900	10021	83
其他住宿业	2538	79	386	2	98	…
其他住宿业	2538	79	386	2	98	…
餐饮业	349655	9209	62531	2583	40345	1694
正餐服务	290339	8290	56478	2156	36059	697
正餐服务	290339	8290	56478	2156	36059	697
快餐服务	49690	82	4982	264	3203	996
快餐服务	49690	82	4982	264	3203	996
饮料及冷饮服务	2746	61	95	2	22	
茶馆服务	1691	24	66	1	22	
咖啡馆服务	186		6	…		
酒吧服务	273	37	2			
其他饮料及冷饮服务	596	…	22			
其他餐饮业	6880	776	976	162	1061	1
小吃服务	2664	690	56	73	117	
餐饮配送服务	3462	69	825	89	897	1
其他未列明餐饮业	755	18	95	1	47	

单位：万元

公允价值变动收益	投资收益	营业利润	营业外收入		利润总额	应交所得税	应付职工薪酬(本年贷方累计发生额)
				#补贴收入			
	19022	9976	14976	4625	20218	9301	175083
	331	-10305	1281	234	-8390	955	53151
83	13519	-193223	35862	14002	-165524	22038	634217
	3465	-17773	978	68	-9570	2025	47070
	-185	-24231	1759	329	-20853	638	45008
-4	3193	4381	4768	1481	8148	7682	164949
72	28522	-165108	40952	11642	-129089	22119	626422
23	27943	-152295	37879	10484	-118365	19349	555835
23	27943	-152295	37879	10484	-118365	19349	555835
49	578	-12722	3035	1142	-10651	2631	66455
49	578	-12722	3035	1142	-10651	2631	66455
		-91	38	15	-74	140	4133
		-91	38	15	-74	140	4133
7	10823	-66069	18671	9096	-46881	20518	493055
11	11016	-91482	15486	6857	-76405	11963	361877
11	11016	-91482	15486	6857	-76405	11963	361877
-4	-193	21193	2687	1862	24862	7425	116740
-4	-193	21193	2687	1862	24862	7425	116740
		634	34	10	634	172	2318
		55	16	9	53	20	738
		108	...	...	107	19	342
		56			52	16	471
		416	18		422	117	769
		3587	464	367	4028	958	12120
		1949	103	85	2057	530	4389
		1317	196	163	1493	305	5881
		322	165	119	478	123	1850

2-B-2 按地区分组的限额

地　区	单位数(个)	年初存货	流动资产合计	#应收账款	#存货	固定资产合计	固定资产原价
全　省	**2793**	**322055**	**4104361**	**236849**	**292453**	**4767056**	**6953600**
杭州市	**874**	**115438**	**1534315**	**51600**	**107170**	**1728926**	**2629171**
上城区	144	41448	363678	5071	36732	253552	469833
下城区	111	7105	197581	7515	7620	141252	263179
江干区	100	4596	66704	3434	3709	192568	271150
拱墅区	62	1942	52105	2329	1611	44035	87111
西湖区	178	29556	297340	9196	23914	401270	669086
滨江区	23	2605	46455	2331	2491	5386	10590
萧山区	67	14091	270552	9500	18738	230107	321531
余杭区	42	4923	73085	4387	4773	47663	70618
桐庐县	19	724	23680	2374	603	63633	78221
淳安县	45	3702	45773	1674	2191	125439	164092
建德市	16	541	14347	1490	430	12584	19159
富阳市	32	3090	65787	1529	3118	150494	156895
临安市	35	1116	17228	770	1241	60944	47706
宁波市	**471**	**37946**	**726387**	**62250**	**26080**	**766553**	**1170004**
海曙区	73	4514	171341	3631	3930	114769	207430
江东区	69	11267	131663	6220	3717	212216	311906
江北区	31	923	11600	692	840	22491	35457
北仑区	22	1066	38178	8205	929	20308	31435
镇海区	29	1168	27696	918	1370	18760	25833
鄞州区	97	6765	95183	5235	4184	78465	122681
象山县	23	2203	43686	922	1735	67175	97057
宁海县	27	1346	16040	1789	1272	30001	45496
余姚市	31	2929	73698	15768	3040	70223	95292
慈溪市	50	3825	88116	18478	3955	100895	143652
奉化市	19	1941	29186	392	1108	31250	53766
温州市	**332**	**38525**	**282177**	**16738**	**25485**	**429551**	**611178**
鹿城区	88	10953	117927	3725	10823	170697	285583
龙湾区	21	935	15259	613	1044	33666	46519
瓯海区	17	1328	5978	93	1263	62998	20695
洞头县	8	329	3630	142	359	1523	2328
永嘉县	18	1932	22282	862	1778	27551	40921
平阳县	36	818	4410	1099	769	18220	22048

以上住宿和餐饮业财务状况

单位：万元

累计折旧	#本年折旧	资产总计	流动负债合　　计	#应付账款	非流动负债合计	负债合计	所有者权益合计
2526118	**365220**	**11570442**	**5953443**	**615922**	**2987640**	**8953999**	**2616443**
980767	**136004**	**4146213**	**2076488**	**208904**	**1013780**	**3060380**	**1085833**
217779	14068	750879	263650	26514	262668	486097	264782
123126	13812	498091	279976	27976	123932	408811	89280
84406	11678	307759	116979	21948	70941	192628	115131
46516	4921	131400	53883	9298	38306	93222	38177
273165	50432	965514	523507	46104	124093	647245	318269
5241	1065	53863	15957	-1755	25903	41862	12002
111298	16388	586559	380943	47582	95120	495677	90882
23959	4122	151612	108111	4549	20548	127822	23790
16859	3876	133795	71839	3794	53816	118069	15726
38795	9257	201693	77149	10872	110620	188450	13243
7410	730	32150	21926	2270	11269	32986	-836
19182	3030	238361	104002	6411	38873	154006	84355
13030	2624	94539	58566	3342	37691	73506	21033
436701	**58534**	**1870948**	**1087314**	**87594**	**531299**	**1605912**	**265036**
97976	9835	343412	192812	17277	129195	321593	21820
104268	13665	405091	131134	15178	200381	340312	64779
13095	1607	58766	32330	4388	25231	57819	947
11145	1690	66998	42406	1524	10591	52812	14186
7192	1149	50890	28424	3725	9045	37021	13869
47321	9064	203690	157398	16488	48167	171015	32675
32922	4357	136981	123719	2177	15414	145298	-8316
17140	2690	55296	22813	3154	1203	25121	30175
31440	5209	204863	122070	8152	28296	150707	54156
51682	6986	268861	186728	10563	36046	229004	39857
22522	2282	76102	47483	4968	27731	75213	889
249236	**38112**	**991650**	**426649**	**50396**	**171729**	**598378**	**393272**
115440	16175	442433	161403	22157	87942	249345	193089
12854	2979	60009	31589	2385	22183	53772	6237
11154	879	79665	55769	2193	14940	70709	8955
804	150	8623	4707	204		4707	3916
14601	1781	60023	14114	2311	7588	21703	38321
4041	1947	33432	12397	518	5840	18237	15196

2-B-2 续表 1

地　区	单位数（个）	年初存货	流动资产合　计	#应收账款	#存货	固定资产合　计	固定资产原　价
苍南县	33	14546	15835	1631	1733	33948	47961
文成县	6	149	3130	404	363	1596	3480
泰顺县	8	240	7538	487	194	12795	9749
瑞安市	54	2948	38732	3527	2515	37134	71734
乐清市	43	4348	47457	4155	4644	29422	60161
嘉兴市	**194**	**54989**	**282620**	**14117**	**63705**	**365359**	**501346**
南湖区	43	2970	71402	4016	2720	93035	124525
秀洲区	15	1259	12547	951	614	8575	14560
嘉善县	18	43689	75994	2534	53636	40741	55614
海盐县	15	986	18692	1058	728	12391	19866
海宁市	34	1361	28926	1523	1224	32634	54825
平湖市	25	2021	32792	2531	2159	94368	125120
桐乡市	44	2702	42268	1504	2625	83615	106837
湖州市	**113**	**8352**	**177863**	**9382**	**8684**	**147672**	**223842**
吴兴区	33	3169	83053	3172	3438	66154	106448
南浔区	12	612	6790	1977	512	4015	3784
德清县	21	1984	22491	705	1583	29878	38850
长兴县	26	2103	47162	1947	2045	26874	41535
安吉县	21	484	18367	1582	1106	20751	33225
绍兴市	**201**	**33007**	**330138**	**40463**	**21764**	**302501**	**483315**
越城区	38	17958	100436	24496	9250	88768	164856
绍兴县	37	2891	29653	1735	3620	54102	73561
新昌县	16	3429	20612	903	393	12524	27515
诸暨市	75	4683	44070	5503	4956	50414	68503
上虞市	20	3315	66939	5720	2821	78533	121660
嵊州市	15	731	68428	2106	724	18159	27221
金华市	**201**	**10539**	**260264**	**9223**	**10961**	**388477**	**533029**
婺城区	25	1654	64981	1514	1730	23028	48871
金东区	1						
武义县	15	801	16452	389	654	52194	50324
浦江县	15	147	7642	953	147	11825	17840
磐安县	9	126	5555	444	416	11594	16303
兰溪市	22	1107	12678	1085	1034	12719	19692
义乌市	57	2883	68769	1156	2849	37253	74642
东阳市	32	2044	62802	2316	2227	223275	279414
永康市	25	1700	21269	1339	1816	15678	24592

单位：万元

累计折旧	#本年折旧	资产总计	流动负债合计	#应付账款	非流动负债合计	负债合计	所有者权益合计
15110	2537	66852	36435	3324	1649	38084	28769
1884	383	6899	3672	505	550	4222	2677
5307	453	22906	10571	358	595	11167	11739
36408	4903	93969	23613	5835	19409	43022	50947
31632	5926	116839	72378	10607	11034	83412	33427
156839	**25109**	**836441**	**466155**	**51679**	**192241**	**641535**	**194906**
32756	5329	235815	151943	15389	61846	192621	43194
6059	1236	23260	15046	1185	9264	19646	3614
23978	3577	137431	99997	11444	16922	117418	20014
11981	1334	67906	47247	2701	2071	50818	17089
22522	3366	81463	40298	6612	18729	56644	24819
34489	5656	153639	60347	7160	43739	113205	40434
25054	4613	136926	51277	7188	39670	91184	45742
86485	**15968**	**430155**	**210777**	**39475**	**126550**	**327218**	**102937**
46201	5655	178718	75328	9386	47369	125423	53295
1605	684	21630	16658	7085	957	17568	4062
10982	4148	60603	40142	14234	10700	50862	9740
14661	2270	105855	40717	6099	49062	76519	29336
13035	3211	63349	37933	2672	18462	56846	6504
201973	**25127**	**880852**	**449654**	**36193**	**201858**	**667385**	**213467**
81477	7261	237837	127758	16958	41846	169690	68148
25641	3255	143730	101941	4947	46170	144422	-692
14990	1882	51414	28829	1491	17430	46259	5155
18860	3354	131651	77313	4864	13146	91495	40155
47940	7099	219625	58738	4324	71267	133444	86181
13065	2275	96595	55074	3608	12000	82075	14521
160565	**21425**	**823449**	**342453**	**32996**	**418650**	**789800**	**33650**
26203	2991	109126	40256	6234	61519	101709	7418
12956	2257	106684	48926	7670	15655	93992	12692
6084	1068	21103	6900	940	23010	29826	-8723
4710	2820	19565	5767	569	5400	11167	8398
7028	583	30051	31581	1790	440	32078	-2027
38463	4225	158657	84613	6390	59352	143344	15313
55766	6083	329369	99785	4950	248924	348710	-19340
8914	958	47377	24455	4284	3054	27508	19869

2-B-2 续表 2

地　区	单位数(个)	年初存货	流动资产合计	#应收账款	#存货	固定资产合计	固定资产原价
衢州市	**53**	**2410**	**70580**	**3213**	**2101**	**40026**	**57714**
柯城区	15	1239	55381	807	1246	13459	23359
衢江区	3	95	1481	88	74	1163	1689
常山县	7	424	5664	517	155	9260	13137
开化县	10	100	1144	350	97	1327	2909
龙游县	8	253	3480	657	238	9349	7566
江山市	10	300	3431	795	291	5468	9054
舟山市	**119**	**6953**	**131686**	**12710**	**12245**	**141395**	**178116**
定海区	35	1615	41467	2562	1853	11225	18990
普陀区	59	2365	67730	9049	3631	111329	131992
岱山县	16	2674	19739	778	6524	10099	13733
嵊泗县	9	299	2749	321	237	8742	13402
台州市	**160**	**9243**	**223814**	**12016**	**10289**	**367326**	**449704**
椒江区	21	1926	26391	1370	1606	48367	86971
黄岩区	10	791	20956	342	778	52142	62545
路桥区	17	1585	33827	1709	2420	7739	16964
玉环县	14	880	40967	1105	1264	119742	135741
三门县	10	381	27413	608	370	18133	27540
天台县	14	915	12657	833	803	8501	15032
仙居县	10	268	1691	585	302	11645	17855
温岭市	41	1416	18720	2662	1443	59002	31701
临海市	23	1083	41192	2803	1303	42055	55356
丽水市	**75**	**4654**	**84518**	**5138**	**3970**	**89272**	**116182**
莲都区	23	1128	28419	1523	1257	36736	48710
青田县	7	1055	24042	470	474	2958	5049
缙云县	6	793	5618	738	698	1994	4522
遂昌县	12	565	9854	767	578	17049	20260
松阳县	8	590	4432	125	483	6676	8000
云和县	6	109	3873	191	122	999	1128
庆元县	1						
景宁县	2	122	3359	332	79	6182	8150
龙泉市	10	257	4622	916	245	16627	20293

单位：万元

累计折旧	#本年折旧	资产总计	流动负债合计	#应付账款	非流动负债合计	负债合计	所有者权益合计
23982	**3921**	**146748**	**87340**	**7037**	**22672**	**111262**	**35486**
11715	1431	95226	54932	3560	12598	68262	26964
526	50	2704	2213	165	2860	5073	-2369
4378	775	20584	17057	855		17357	3228
1747	190	4155	2515	497	382	2855	1301
1923	799	14211	9017	948	3540	13267	944
3693	677	9868	1607	1012	3292	4449	5419
56988	**11413**	**352504**	**189132**	**16863**	**73373**	**284673**	**67831**
9831	1733	81549	54949	5309	17855	74309	7240
38373	8585	219777	90239	10446	51838	162708	57069
3747	501	34743	29588	658	3680	33301	1442
5038	594	16435	14356	451		14356	2080
139812	**23818**	**825549**	**462707**	**67801**	**183223**	**652647**	**172902**
39573	3625	87519	50966	7997	14542	59159	28360
12259	3608	77084	35006	1863	25525	60583	16501
9225	1182	46865	23495	6473	12020	36303	10562
18688	6209	181322	98680	32924	40839	156789	24533
9458	1422	47287	23748	2439	24990	48738	-1451
8584	631	28044	22426	1413	2434	27490	554
6429	760	34374	15921	1316	9430	25351	9023
10576	1624	92263	64464	2834	1347	66344	25919
25020	4757	230792	128002	10543	52095	171890	58902
32771	**5789**	**265934**	**154774**	**16983**	**52263**	**214809**	**51125**
13148	2648	98825	72293	9916	25975	98565	260
2109	183	27194	12054	2302	2479	12193	15001
2528	251	11721	6921	639		6921	4800
4709	882	39230	25558	696	4804	30396	8834
1886	308	11530	3857	508	3400	7257	4273
374	147	16707	4855	298	8803	13529	3178
1968	550	10917	8635	312	200	8835	2082
6030	811	49399	20565	2277	6601	37077	12321

2-B-2 续表 3

地区	#实收资本	国家资本	集体资本	法人资本	个人资本	港澳台资本	外商资本
全 省	**3144316**	**497036**	**88789**	**1279197**	**844147**	**274673**	**160473**
杭州市	**1152102**	**335257**	**61083**	**435312**	**194898**	**45293**	**80259**
上城区	274325	105943	9555	81708	40848	28651	7620
下城区	146546	41686	2891	46339	17970	365	37295
江干区	150425	103707	13440	10209	18430	3921	718
拱墅区	42333	11016	2000	21610	7707		
西湖区	203743	45744	21833	74881	39125	6571	15589
滨江区	14128	1000		9899	3229		
萧山区	105803	17763	2365	57363	27112		1200
余杭区	46835			36528	6913	3394	
桐庐县	23148			14812	5946	2390	
淳安县	51521	5908		38531	7082		
建德市	9027	800	1200	3461	3566		
富阳市	56965	1490	1300	29795	6543		17838
临安市	27302	200	6500	10176	10426		
宁波市	**483400**	**57968**	**4161**	**154298**	**131404**	**120706**	**14862**
海曙区	68382	2828	550	38466	18433	7832	273
江东区	117076	11277		10985	18434	65260	11120
江北区	16930	62		10870	5780	217	
北仑区	32086	20450	50	8304	2974	69	240
镇海区	21411	11178		5299	4934		
鄞州区	64875	1736	3256	37857	17551	4475	
象山县	29344	8700		12020	8624		
宁海县	26313			5891	20422		
余姚市	48039	238	5	925	4017	42854	
慈溪市	39095		300	16416	22379		
奉化市	19849	1500		7266	7854		3229
温州市	**286798**	**38757**	**9176**	**52146**	**130274**	**52466**	**3979**
鹿城区	119630	17038	4449	13138	42638	38900	3468
龙湾区	13838		…	3846	2867	6614	511
瓯海区	14656	1274	473	480	12429		
洞头县	3450			3010	440		
永嘉县	16461	350		4011	12100		
平阳县	17038	1954	20	2973	5139	6952	

单位：万元

营业收入	#主营业务收入	营业成本	#主营业务成本	营业税金及附加	#主营业务税金及附加	其他业务利润	销售费用
5391823	**5323405**	**2252237**	**2240598**	**293071**	**290779**	**87206**	**1685433**
2300265	**2271451**	**910070**	**903042**	**125734**	**125036**	**37561**	**742633**
400424	391934	142808	141435	22410	22284	7040	124556
283582	279698	102088	101276	15595	15433	5155	115462
179272	176076	63321	61504	9730	9722	4248	61482
99574	98315	40176	39747	5533	5476	10860	33859
815867	810901	348985	348490	44264	44154	2314	235882
44475	44403	16758	16758	2631	2631	561	13800
250726	250262	105454	105314	13076	13056	3731	89091
63405	62105	26397	26308	3480	3415	1198	16953
25376	24982	10225	10216	1557	1557	456	10032
59988	55961	19496	17931	3308	3161	758	20688
15323	15152	5939	5904	817	817	266	6738
36325	35734	17084	16818	1952	1950	713	7342
25928	25928	11341	11341	1381	1381	263	6748
768825	**754058**	**307756**	**306588**	**41926**	**41547**	**12339**	**267969**
154784	151573	55819	55243	8389	8345	2442	60945
133011	132163	59321	59215	7668	7537	687	40854
37654	37146	15345	15344	2079	2079	325	13961
27617	27594	12129	12117	1599	1599	534	10028
40381	39539	17754	17665	2278	2259	38	17301
150983	148082	61368	61150	8254	8239	910	46446
32950	32776	12222	12221	1558	1558	1444	11292
38737	38732	14640	14640	2040	2040	10	18269
62706	59040	25344	25218	3228	3184	2851	14930
69971	68073	26033	26024	3703	3589	1768	25982
20031	19341	7780	7751	1132	1119	1332	7962
598215	**591493**	**291238**	**290414**	**31173**	**30677**	**4673**	**138301**
242869	239848	102158	101923	13306	13266	2081	63793
36655	34337	17768	17312	2280	1895	1447	10083
31075	30277	15016	15004	1595	1595	785	7762
3493	3442	1554	1554	180	180		548
33734	33688	19165	19165	1867	1867	46	7571
27476	27364	16477	16465	965	927	99	6292

2-B-2 续表 4

地区	#实收资本	国家资本	集体资本	法人资本	个人资本	港澳台资本	外商资本
苍南县	29015	294	3890	9900	14931		
文成县	2748			485	2263		
泰顺县	12586	7906		3084	1596		
瑞安市	23833	3766	337	8157	11573		
乐清市	33543	6175	7	3063	24298		
嘉兴市	**256740**	**987**	**2182**	**147625**	**37683**	**22943**	**45320**
南湖区	57207	175	1000	32476	6610		16946
秀洲区	12100			10330	1770		
嘉善县	38852			9351	7380	22122	
海盐县	15038	720	980	9310	4028		
海宁市	29813	92		23215	6506		
平湖市	51407		50	25883	3978	822	20675
桐乡市	52323		152	37061	7411		7700
湖州市	**124054**	**29245**	**1075**	**45081**	**40098**	**66**	**8490**
吴兴区	52751	22139	850	19916	9117		729
南浔区	3751			850	2901		
德清县	16871	2669		4440	1935	66	7761
长兴县	37997			19116	18881		
安吉县	12685	4437	225	759	7264		
绍兴市	**232516**	**16547**	**1834**	**104329**	**96009**	**13797**	
越城区	126495	10897	874	42099	62138	10487	
绍兴县	27476			20520	6956		
新昌县	8320	2000		2288	4032		
诸暨市	22397		960	11653	9784		
上虞市	34093	150		23015	7617	3311	
嵊州市	13735	3500		4753	5483		
金华市	**161517**	**2971**	**5358**	**104926**	**46379**	**1877**	**6**
婺城区	21569	20	2222	10059	9268		
金东区							
武义县	28961		60	22998	4534	1369	
浦江县	5620			3551	2069		
磐安县	12494		1689	1147	9658		
兰溪市	3673	759	5	1447	950	507	5
义乌市	27029	2	2	17436	9587	1	1
东阳市	52090		1380	42789	7921		
永康市	10031	2190		5499	2342		

单位：万元

营业收入	#主营业务收入	营业成本	#主营业务成本	营业税金及附加	#主营业务税金及附加	其他业务利润	销售费用
39446	39231	22595	22591	1552	1530	211	7561
4934	4934	2746	2746	231	231		818
6749	6747	2927	2927	321	321	2	1415
93142	93053	50223	50164	4821	4811	15	13775
78643	78572	40608	40564	4055	4055	-14	18685
302246	**298853**	**134499**	**134040**	**16867**	**16688**	**3571**	**99500**
83051	83022	37910	37910	4714	4714	149	28946
19277	19277	8985	8985	981	978	47	7902
32624	32373	14767	14750	1781	1781	297	10412
19372	18929	9950	9864	1077	1027	283	5978
45552	45255	19057	19019	2572	2565	902	14479
52496	52372	23717	23661	2914	2883	-9	15754
49875	47625	20112	19851	2828	2740	1901	16029
213785	**213036**	**93018**	**92674**	**11641**	**11626**	**5616**	**65725**
110569	110488	44034	44027	6085	6085	3246	39430
17467	17467	10774	10774	630	630		2739
25186	25185	10201	10183	1402	1402	1	7453
37012	36378	17562	17301	2183	2168	26	9918
23553	23518	10448	10390	1341	1341	2343	6185
379246	**376090**	**167471**	**166854**	**19653**	**19518**	**8792**	**100873**
112999	112310	46037	45940	6522	6505	648	37818
50109	49966	20515	20500	2736	2736	6025	15523
16181	16181	9052	9052	882	882		2201
74995	73335	38676	38583	2977	2897	1797	17801
98377	98377	41671	41564	5012	5012		18987
26586	25922	11520	11214	1523	1488	322	8544
286331	**282964**	**117505**	**117078**	**15804**	**15626**	**6992**	**90677**
45864	45539	17946	17811	2596	2526	85	14587
18948	18853	9993	9991	1106	1099	611	4827
9681	9681	4008	4008	593	593	263	3065
7231	7019	3718	3665	331	331	770	1904
14444	14368	8015	7978	790	781	6	3522
84763	82470	32110	31948	4616	4539	4949	26791
67194	67032	20405	20374	3842	3842	106	27713
37508	37305	20938	20933	1891	1876	203	7531

2-B-2 续表 5

地区	#实收资本	国家资本	集体资本	法人资本	个人资本	港澳台资本	外商资本
衢州市	**35486**	**3226**		**14608**	**17653**		
柯城区	20335	3180		4713	12442		
衢江区	170			170			
常山县	7381			6381	1000		
开化县	1172	46		58	1068		
龙游县	2499			1901	598		
江山市	3930			1385	2545		
舟山市	**112779**	**6575**	**3333**	**69927**	**32922**	**23**	
定海区	14765			6666	8077	23	
普陀区	88661	6525	3203	58107	20825		
岱山县	6288		10	3154	3125		
嵊泗县	3065	50	120	2000	895		
台州市	**237470**	**1963**	**537**	**127037**	**84034**	**17502**	**6398**
椒江区	43611	268	…	37795	5548		
黄岩区	22041	195		11241	3358	7247	
路桥区	12814			3181	9633		
玉环县	40730	1500	500	29338	9266	125	
三门县	14090			11340	2750		
天台县	11159			5400	5759		
仙居县	16830			11389	5441		
温岭市	29114			3049	15936	10130	
临海市	47082		37	14305	26342		6398
丽水市	**61453**	**3540**	**50**	**23909**	**32795**		**1160**
莲都区	22523	2469		12180	6714		1160
青田县	5678	821			4857		
缙云县	3534			1244	2290		
遂昌县	14210			5590	8620		
松阳县	5636			908	4728		
云和县	4360			560	3800		
庆元县							
景宁县	3050			3000	50		
龙泉市	2112	250	50	76	1736		

单位：万元

营业收入	#主营业务收入	营业成本	#主营业务成本	营业税金及附加	#主营业务税金及附加	其他业务利润	销售费用
55845	**53030**	**23347**	**23281**	**3127**	**2971**	**228**	**18411**
28810	26119	10903	10884	1653	1498	196	9417
874	868	271	271	62	62	3	456
8908	8907	3140	3140	534	534	1	4076
4165	4082	2690	2645	175	174	10	583
6860	6842	2775	2775	377	377	18	2539
6229	6213	3568	3568	325	325		1341
154110	**151238**	**57411**	**57002**	**9161**	**9117**	**3021**	**51009**
49991	48975	21207	21173	2856	2856	1490	16021
87744	86374	28692	28684	5319	5301	1485	29727
8102	7625	3998	3633	501	474	45	2376
8274	8264	3514	3513	486	486	1	2885
251252	**250344**	**114267**	**114173**	**14009**	**13996**	**3611**	**83917**
53834	53520	20963	20887	3021	3021	2856	18753
20418	20325	7586	7582	1074	1074	20	8596
28042	28038	13185	13183	1493	1493		10646
29665	29665	12375	12375	1738	1738	102	13551
9802	9802	3313	3313	635	635		3206
12396	12058	6150	6150	692	692	474	3237
10566	10566	4616	4616	619	617		2804
52407	52342	28572	28565	2878	2867	47	13348
34123	34028	17509	17502	1860	1860	111	9775
81702	**80849**	**35655**	**35452**	**3976**	**3976**	**803**	**26420**
33805	33098	15137	14933	1789	1789	527	11164
8720	8720	2657	2657	289	289	95	3349
7322	7322	3085	3085	350	350	31	2806
9712	9708	4404	4404	432	432	3	3057
4318	4318	3385	3385	249	249		402
3810	3810	1972	1972	146	146		1451
2734	2622	820	820	144	144	111	1151
10943	10911	3993	3993	556	556	36	3004

2-B-2 续表 6

地 区	管理费用	#税金	财务费用	#利息收入	#利息支出	资产减值损失	公允价值变动收益
全 省	**1178177**	**33205**	**250743**	**22973**	**201340**	**3274**	**79**
杭州市	**496614**	**11728**	**83583**	**7434**	**63599**	**3044**	**67**
上城区	88798	2050	14385	1581	10424	90	
下城区	56500	1460	7519	673	4540	1	
江干区	51869	1159	5983	436	4344	187	
拱墅区	18934	287	2917	694	1377	…	49
西湖区	158120	3300	12888	3025	12644	1019	-4
滨江区	9692	23	2594	68	2335		23
萧山区	38617	1407	21132	643	14767	5	
余杭区	23583	217	2238	104	1516	1727	
桐庐县	8943	526	2014	5	1893	8	
淳安县	20565	390	4787	143	4126	8	
建德市	2474	93	1306	2	1214		
富阳市	11038	546	3921	14	2691		
临安市	7480	271	1898	47	1729		
宁波市	**196690**	**5851**	**47627**	**5735**	**38763**	**2**	
海曙区	37871	511	13775	728	12392	3	
江东区	37087	920	10602	1314	9802		
江北区	7934	216	831	7	539	…	
北仑区	6388	214	640	239	325		
镇海区	5680	222	881	3	658	7	
鄞州区	37097	755	5141	35	3169	-5	
象山县	12944	552	2580	18	794		
宁海县	5734	259	316	203	187	3	
余姚市	20078	1167	5023	790	5508		
慈溪市	20208	699	5668	2374	3368	-7	
奉化市	5670	337	2169	24	2020	2	
温州市	**107101**	**5925**	**18363**	**1267**	**15366**	**-58**	
鹿城区	55552	2738	9745	523	9103	6	
龙湾区	5877	156	2310	39	1206		
瓯海区	5844	187	644	54	588		
洞头县	500	12	223	4	168		
永嘉县	4410	98	180	91	154		
平阳县	2831	121	628	1	553		

单位：万元

投资收益	营业利润	营业外收入		利润总额	应交所得税	应付职工薪酬（本年贷方累计发生额）
			#补贴收入			
39345	**-231176**	**59623**	**20738**	**-175971**	**42638**	**1119477**
22071	**-38919**	**22750**	**4512**	**-19318**	**19828**	**446939**
10919	18210	7132	57	23416	5952	63242
8449	-4944	1957	406	-5822	779	58817
-42	-13001	5015	1326	-6135	630	33114
199	-1792	596	181	-1114	1028	17147
1532	15502	2244	32	16814	9977	154392
331	454	89	62	-675	26	7847
-33	-15880	1612	669	-13857	1157	57795
9	-10950	316	133	-9434	-265	16558
	-7403	267	136	-6352	40	5651
126	-8658	1076	265	-7299	54	15061
34	-1802	114	40	-1799	33	2808
548	-6004	1967	1095	-4439	102	9713
	-2651	367	112	-2622	316	4792
4204	**-93186**	**13273**	**8117**	**-72728**	**4727**	**203812**
-30	-21933	2462	1654	-19440	338	39494
241	-22287	1350	609	-21759	270	37012
336	-2327	169	44	-2206	106	9012
	-3127	1943	1741	-1277	99	7611
	-3520	313	183	-3478	49	10596
-67	-7491	3215	1389	-4583	1160	37981
13	-7399	1093	877	-6300	273	9290
	-2259	289	5	-1562	415	10023
3412	-6542	753	351	2356	919	17544
	-11619	1628	1224	-9832	1047	19752
300	-4682	58	41	-4648	52	5498
199	**12063**	**1487**	**195**	**9560**	**5184**	**112161**
64	-1743	489	4	-1484	1940	46182
	-1663	163	50	-1613	187	6670
…	214	102	55	281	354	6036
	488	4		491	36	805
	542	269	31	801	204	5365
	321	40	30	236	185	4510

2-B-2 续表 7

地　区	管理费用	#税金	财务费用	#利息收入	#利息支出	资产减值损　失	公允价值变动收益
苍南县	3681	66	789	1	591	66	
文成县	580	6	229	…	190		
泰顺县	1681	66	31	1	1		
瑞安市	14658	1965	1529	388	1510	-130	
乐清市	11487	511	2054	166	1302		
嘉兴市	**60859**	**1431**	**21592**	**1208**	**19766**	**…**	
南湖区	17080	279	7629	61	6600	…	
秀洲区	3442	53	674	2	467		
嘉善县	8146	284	826	22	693		
海盐县	4555	29	2162	17	2019		
海宁市	8444	271	1648	10	1406		
平湖市	9223	94	6660	534	6568	…	
桐乡市	9971	421	1994	564	2015		
湖州市	**49497**	**988**	**9608**	**268**	**7211**	**…**	
吴兴区	23725	472	3377	95	2825		
南浔区	3737	5	505	71	432		
德清县	7408	23	1089	86	240		
长兴县	7901	230	3156	4	2423		
安吉县	6726	259	1480	12	1292	…	
绍兴市	**77748**	**2342**	**15082**	**542**	**10873**	**342**	
越城区	27952	943	4448	360	3939	313	
绍兴县	13174	449	2857	4	1784		
新昌县	3987	205	973	1	762		
诸暨市	9198	176	2612	113	2282	29	
上虞市	17046	418	3483	26	1440		
嵊州市	6392	151	708	37	666		
金华市	**61035**	**1251**	**14652**	**95**	**8898**	**30**	**12**
婺城区	10554	273	2883	11	2540	6	
金东区							
武义县	4930	145	1587	7	631	2	2
浦江县	3212	84	1847	1	1804		
磐安县	2479	20	88		45		
兰溪市	2701	75	625		42	5	9
义乌市	19016	214	4743	8	3176	6	1
东阳市	12796	353	2301	25	205	10	
永康市	5348	87	573	42	458		

单位：万元

投资收益	营业利润	营业外收入	#补贴收入	利润总额	应交所得税	应付职工薪酬(本年贷方累计发生额)
135	3203	49		3026	81	7706
	331	72	17	259	115	1532
	374	55	8	385	3	1944
	8264	65		5492	755	17766
	1734	182		1687	1326	13648
614	**-30338**	**3521**	**1716**	**-27404**	**727**	**66437**
250	-13009	2120	1561	-10881	114	17992
	-2657	48	21	-2631	9	4002
-72	-3244	352	24	-3142	190	7546
	-4374	212	23	-4131	6	4898
448	-119	113	13	-140	150	9479
-60	-5878	248	32	-5580	190	9849
49	-1059	429	43	-899	69	12672
103	**-14533**	**2639**	**1232**	**-10398**	**1553**	**39254**
85	-5768	737	389	-5073	676	19243
	-39	403	353	337	316	3057
	-2349	558	371	-1984	198	6459
19	-3786	818	95	-2840	278	5990
	-2591	123	24	-838	85	4505
509	**-804**	**4327**	**1694**	**3318**	**5694**	**68306**
338	-9803	710	478	-9078	1340	21901
	-4172	1214	505	-3162	117	11466
60	-855	371	32	-436	3	3740
111	3843	158	46	3449	291	14252
	12285	1770	578	14602	3929	10877
	-2102	105	55	-2058	15	6070
980	**-11432**	**1860**	**124**	**-9989**	**1217**	**60131**
28	-2726	129	65	-2682	101	8816
6	-2508	238		-2458	52	3888
	-3094	4		-3202	150	1968
	-1288	24	4	-1013	38	1800
9	-1189	33	3	-995	10	2857
937	-1533	1292	46	-380	290	21401
	123	100	6	-35	98	12388
	1240	40		1233	478	6792

2-B-2 续表 8

地　区	管理费用	#税金	财务费用	#利息收入	#利息支出	资产减值损　失	公允价值变动收益
衢州市	**11748**	**160**	**3703**	**38**	**2119**	**10**	
柯城区	6259	96	1753	26	1216	-6	
衢江区	237		489				
常山县	1251	50	645	1	545		
开化县	620	8	155	10	111	16	
龙游县	2135	3	282	1	13	...	
江山市	1247	4	380	...	235		
舟山市	**42328**	**1263**	**12262**	**492**	**10182**	**...**	
定海区	12801	392	3428	365	3002		
普陀区	25959	866	7515	56	5914	...	
岱山县	2117	4	492	71	495		
嵊泗县	1451	1	828	1	771		
台州市	**56132**	**2015**	**18181**	**5869**	**21372**	**-96**	
椒江区	12956	247	2342	440	2350	-44	
黄岩区	5199	592	2119	373	2251		
路桥区	3740	145	645	7	386	14	
玉环县	7575	49	4783	...	4055	3	
三门县	3390	12	3142	17	2918		
天台县	2884	94	586	1	470		
仙居县	2608	58	1449	6	1325		
温岭市	7547	323	653	11	286		
临海市	10235	497	2462	5014	7332	-69	
丽水市	**18425**	**251**	**6091**	**24**	**3192**		
莲都区	7223	26	2072	7	268		
青田县	1477	20	249	...	202		
缙云县	1548	12	379	14	106		
遂昌县	2547	32	533	...	579		
松阳县	875	45	433	...	421		
云和县	451	5	681	...	679		
庆元县							
景宁县	1332	54	229	1	219		
龙泉市	2926	58	1514	1	717		

单位：万元

投资收益	营业利润	营业外收入	#补贴收入	利润总额	应交所得税	应付职工薪　酬(本年贷方累计发生额)
8	**-3896**	**446**	**156**	**-4143**	**471**	**11130**
8	-541	129		-905	372	4610
	-637	2		-634		268
	-737	73	70	-824		2321
	-86	92	48	-54	63	892
	-1247	1		-1229	23	1543
	-648	149	38	-498	12	1497
146	**-17639**	**4825**	**662**	**-16841**	**1158**	**34558**
39	-5815	4249	297	-5501	462	10557
34	-9507	491	362	-9203	677	20442
73	-1420	9	3	-1370	12	1915
	-898	77		-766	6	1644
9807	**-23742**	**1033**	**197**	**-23704**	**1637**	**58422**
	-2674	165	17	-2809	222	12235
	-4225	34		-4204	27	4925
	-1669	39		-1333	436	5641
4997	-5290	149	28	-5291	60	8573
	-3884	150	52	-3734	40	2161
	-1017	29		-1392	28	3347
	-1529	14	5	-1563	9	2840
	-590	90	43	-709	602	9440
4810	-2864	363	52	-2669	213	9260
704	**-8751**	**3463**	**2132**	**-4325**	**443**	**18329**
37	-3581	1079	100	-2452	94	5623
-3	124	65		125	66	1606
630	-184	41		-166	97	1960
	-1262	380	354	-1017	46	2713
34	-1027	153	136	486	77	2807
	-890	501	501	-389	28	968
	-943	798	798	-147	2	721
6	-1020	442	244	-800	24	1923

2-B-3 按登记注册类型、控股情况和行业小类分组的限额以上住宿和餐饮业经营状况

项目	营业额(万元)	#客房收入	#餐费收入	#商品销售额	床位数(个)	餐位数(位)
总计	**5348578**	**1377300**	**3579005**	**69513**	**369417**	**1390274**
一、按登记注册类型分						
内资	4372200	1201217	2837773	63971	344394	1242582
国有	199860	82105	94549	2048	17636	31955
集体	46860	25084	15661	351	7396	8693
股份合作企业	14503	3534	10323	133	1072	3180
联营企业	5909	2702	2190	219	2410	5490
集体联营	1556	590	747	219	1880	4320
国有与集体联营	4353	2112	1443		530	1170
有限责任公司	1401598	475506	769899	33457	119904	312788
国有独资公司	104120	38599	53753	1991	9111	20058
其他有限责任公司	1297478	436907	716146	31466	110793	292730
股份有限公司	148503	35122	95180	5943	7131	34421
私营企业	2551167	575990	1847413	21775	188347	842185
私营独资	184677	32015	144812	3516	13281	93048
私营合伙	71975	16541	53591	537	7522	32126
私营有限责任公司	2128828	497697	1517028	16643	160637	659322
私营股份有限公司	165688	29738	131982	1079	6907	57689
其他企业	3800	1175	2558	44	498	3870
港澳台商投资	352595	121931	188146	1788	15543	46458
与港澳台商合资经营	193943	66044	96500	752	7326	29200
与港澳台商合作经营	644	279	314		199	200
港澳台商独资	142937	51222	82814	980	7391	14262
港澳台商投资股份有限公司	13913	4386	7360	57	627	2586
其他港澳台投资	1158		1158			210
外商投资	623783	54153	553085	3755	9480	101234
中外合资经营	491906	33397	447899	3297	6057	77611
中外合作经营	3996	2777	784	106	160	166
外资企业	126521	17130	103892	350	3096	22937
外商投资股份有限公司	1361	849	511	1	167	520

2-B-3 续表

项　目	营业额（万元）	#客房收入	#餐费收入	#商品销售额	床位数（个）	餐位数（位）
二、按控股情况分						
国有控股	667314	245210	348851	8869	48524	123661
集体控股	233274	93059	116593	2951	31316	54031
私人控股	3278669	779728	2275058	48024	241237	1021275
港澳台商控股	203268	62106	121845	1530	9726	29630
外商控股	200785	45137	144548	847	7323	33347
其他	765269	152061	572111	7293	31291	128330
三、按国民经济行业小类分						
住宿业	2759392	1194533	1280988	34453	305247	560309
旅游饭店	2408577	973031	1178232	31215	233245	503198
旅游饭店	2408577	973031	1178232	31215	233245	503198
一般旅馆	337495	213764	98768	3012	69161	54759
一般旅馆	337495	213764	98768	3012	69161	54759
其他住宿业	13320	7739	3987	227	2841	2352
其他住宿业	13320	7739	3987	227	2841	2352
餐饮业	2589186	182768	2298017	35060	64170	829965
正餐服务	1920678	181431	1643582	31499	57500	696699
正餐服务	1920678	181431	1643582	31499	57500	696699
快餐服务	578115	1073	566811	2400	6500	115383
快餐服务	578115	1073	566811	2400	6500	115383
饮料及冷饮服务	14359	191	13401	203	70	6082
茶馆服务	6361	191	5898		70	3597
咖啡馆服务	2424		2294	42		970
酒吧服务	1872		1669			494
其他饮料及冷饮服务	3702		3541	161		1021
其他餐饮业	76034	72	74224	958	100	11801
小吃服务	29841		29557	20		5423
餐饮配送服务	37096	72	35807	930	100	1331
其他未列明餐饮业	9098		8860	7		5047

2-B-4 按登记注册类型、控股情况和行业小类分组的限额以上住宿业经营状况

项目	营业额(万元)	#客房收入	#餐费收入	#商品销售额	床位数(个)	餐位数(位)
总计	**2759392**	**1194533**	**1280988**	**34453**	**305247**	**560309**
一、按登记注册类型分						
内资	2357555	1034013	1086688	32188	282550	512182
国有	186533	80919	82598	1873	17329	27673
集体	46420	25084	15221	351	7396	8278
股份合作企业	5062	3471	1281	36	1021	780
联营企业	5514	2548	1956	212	2330	4770
集体联营	1162	437	513	212	1800	3600
国有与集体联营	4353	2112	1443		530	1170
有限责任公司	1005037	429615	464714	14515	105063	187405
国有独资公司	84155	35393	38276	1447	8020	14787
其他有限责任公司	920882	394222	426438	13069	97043	172618
股份有限公司	86271	33340	36328	4934	6621	12881
私营企业	1021538	458399	484079	10257	142479	268395
私营独资	44539	23421	17894	724	8937	15750
私营合伙	24527	13266	9869	317	5719	6827
私营有限责任公司	903302	395770	436756	8137	121980	236304
私营股份有限公司	49171	25942	19561	1079	5843	9514
其他企业	1180	637	511	8	311	2000
港澳台商投资	298455	114860	142836	1409	14276	31397
与港澳台商合资经营	163949	65066	68101	430	7003	19534
与港澳台商合作经营	644	279	314		199	200
港澳台商独资	119949	45129	67061	922	6447	9077
港澳台商投资股份有限公司	13913	4386	7360	57	627	2586

2-B-4　续表

项　　目	营业额(万元)	#客房收入	#餐费收入	#商品销售额	床位数(个)	餐位数(位)
外商投资	103382	45660	51464	857	8421	16730
中外合资经营	70715	26047	40214	400	5642	12148
中外合作经营	3996	2777	784	106	160	166
外资企业	27820	15987	10464	350	2452	4396
外商投资股份有限公司	851	849	1	1	167	20
二、按控股情况分						
国有控股	564618	239014	255304	7252	46658	79697
集体控股	203827	88816	94444	1691	29693	41223
私人控股	1461162	634842	691459	19154	186628	362319
港澳台商控股	149346	55109	76667	1150	8500	14548
外商控股	86351	37053	43702	847	6532	13360
其他	294089	139700	119413	4360	27236	49162
三、按国民经济行业小类分						
住宿业	2759392	1194533	1280988	34453	305247	560309
旅游饭店	2408577	973031	1178232	31215	233245	503198
旅游饭店	2408577	973031	1178232	31215	233245	503198
一般旅馆	337495	213764	98768	3012	69161	54759
一般旅馆	337495	213764	98768	3012	69161	54759
其他住宿业	13320	7739	3987	227	2841	2352
其他住宿业	13320	7739	3987	227	2841	2352

2-B-5 按登记注册类型、控股情况和行业小类况分组的限额以上餐饮业经营状况

项　目	营业额(万元)	#客房收入	#餐费收入	#商品销售额	床位数(个)	餐位数(位)
总　计	**2589186**	**182768**	**2298017**	**35060**	**64170**	**829965**
一、按登记注册类型分						
内　资	2014645	167204	1751086	31783	61844	730400
国　有	13326	1187	11951	175	307	4282
集　体	440		440			415
股份合作企业	9441	63	9041	97	51	2400
联营企业	395	153	235	7	80	720
集体联营	395	153	235	7	80	720
有限责任公司	396560	45890	305185	18942	14841	125383
国有独资公司	19965	3206	15478	545	1091	5271
其他有限责任公司	376595	42685	289708	18397	13750	120112
股份有限公司	62232	1783	58853	1009	510	21540
私营企业	1529629	117592	1363333	11518	45868	573790
私营独资	140138	8594	126918	2792	4344	77298
私营合伙	47448	3275	43722	220	1803	25299
私营有限责任公司	1225526	101927	1080272	8505	38657	423018
私营股份有限公司	116517	3796	112421		1064	48175
其他企业	2620	538	2047	35	187	1870
港澳台商投资	54140	7071	45310	379	1267	15061
与港澳台商合资经营	29994	978	28399	322	323	9666
港澳台商独资	22988	6093	15754	58	944	5185
其他港澳台投资	1158		1158			210
外商投资	520401	8492	501621	2897	1059	84504
中外合资经营	421190	7350	407684	2897	415	65463
外资企业	98701	1142	93427		644	18541
外商投资股份有限公司	510		510			500

2-B-5　续表

项　　目	营业额(万元)	#客房收入	#餐费收入	#商品销售额	床位数(个)	餐位数(位)
二、按控股情况分						
国有控股	102696	6197	93547	1617	1866	43964
集体控股	29447	4243	22150	1260	1623	12808
私人控股	1817507	144886	1583598	28870	54609	658956
港澳台商控股	53922	6997	45179	379	1226	15082
外商控股	114435	8083	100846		791	19987
其他	471180	12361	452699	2934	4055	79168
三、按国民经济行业小类分						
餐饮业	2589186	182768	2298017	35060	64170	829965
正餐服务	1920678	181431	1643582	31499	57500	696699
正餐服务	1920678	181431	1643582	31499	57500	696699
快餐服务	578115	1073	566811	2400	6500	115383
快餐服务	578115	1073	566811	2400	6500	115383
饮料及冷饮服务	14359	191	13401	203	70	6082
茶馆服务	6361	191	5898		70	3597
咖啡馆服务	2424		2294	42		970
酒吧服务	1872		1669			494
其他饮料及冷饮服务	3702		3541	161		1021
其他餐饮业	76034	72	74224	958	100	11801
小吃服务	29841		29557	20		5423
餐饮配送服务	37096	72	35807	930	100	1331
其他未列明餐饮业	9098		8860	7		5047

2-B-6 按地区分组的限额以上住宿和餐饮业经营状况

地　区	营业额(万元)				床位数(个)	餐位数(位)
		#客房收入	#餐费收入	#商品销售额		
全　省	**5348578**	**1377300**	**3579005**	**69513**	**369417**	**1390274**
杭州市	**2268902**	**524421**	**1609138**	**14842**	**118336**	**470505**
上城区	373286	112069	242426	2645	19294	69789
下城区	279427	67378	194577	3337	12740	54522
江干区	182787	55208	103362	298	15319	36369
拱墅区	99610	24351	66789	266	7210	18517
西湖区	811270	136950	634743	2977	22606	129426
滨江区	44610	14169	28854	64	3362	9334
萧山区	247562	39105	202325	549	10880	76558
余杭区	62618	15335	40059	2388	5271	18318
桐庐县	26174	8998	15823	342	3790	10092
淳安县	63017	27800	29859	656	8299	15161
建德市	15323	3577	10510	138	1863	6222
富阳市	37059	9565	25086	1127	3314	14684
临安市	26159	9917	14725	56	4388	11513
宁波市	**763579**	**208246**	**484468**	**12555**	**56285**	**194865**
海曙区	151913	30188	106611	3640	7912	34038
江东区	132881	38338	83340	1309	7886	25624
江北区	37238	10457	24994	130	2525	10935
北仑区	26068	6777	18114	206	2515	8508
镇海区	40433	10302	27874	420	2974	14793
鄞州区	149234	39852	92462	5107	10955	39737
象山县	32938	14953	16742	187	4726	11346
宁海县	39908	11250	25435	198	2485	9676
余姚市	63088	15706	40796	166	3363	13731
慈溪市	69994	23698	36136	1149	7751	17924
奉化市	19884	6725	11966	42	3193	8553
温州市	**594873**	**127851**	**437969**	**3352**	**28873**	**164978**
鹿城区	243885	56200	168293	1382	10427	48091
龙湾区	35082	7968	25954	420	1658	11290
瓯海区	30978	5980	24125	84	1918	11549
洞头县	3493	670	2584		194	4455
永嘉县	33789	7771	25584	26	1701	10818
平阳县	27372	4633	22372	21	1550	11823

2-B-6　续表 1

地　区	营业额（万元）				床位数（个）	餐位数（位）
		#客房收入	#餐费收入	#商品销售额		
苍南县	36269	7562	28490	140	2234	13932
文成县	4949	1336	2920	672	670	2660
泰顺县	7075	2654	4295	88	861	2634
瑞安市	93266	17131	74064	442	3651	20272
乐清市	78714	15947	59289	77	4009	27454
嘉兴市	**298655**	**78581**	**191123**	**10271**	**32330**	**95828**
南湖区	80934	18777	55151	1430	12572	25627
秀洲区	19630	4229	11993	2390	1482	6933
嘉善县	32484	8767	20130	1400	3011	11194
海盐县	19413	4598	12820	281	1786	7758
海宁市	45279	12435	30358	655	3675	12153
平湖市	52378	15007	31360	3034	4180	14578
桐乡市	48536	14767	29311	1080	5624	17585
湖州市	**214326**	**50500**	**148643**	**4053**	**15088**	**76127**
吴兴区	110715	20518	82980	2222	4559	33694
南浔区	17290	2637	13404	221	812	7012
德清县	25761	8515	15436	698	2704	8928
长兴县	36929	9118	24495	637	3284	15801
安吉县	23631	9713	12327	275	3729	10692
绍兴市	**382635**	**97808**	**224486**	**12827**	**23172**	**92681**
越城区	112536	24829	58689	7654	6367	21720
绍兴县	50118	16591	28875	1180	4376	16153
新昌县	16745	5244	10749	257	1801	8865
诸暨市	74938	16038	51802	3177	5110	25105
上虞市	102465	28377	56719	191	3677	12697
嵊州市	25833	6728	17652	369	1841	8141
金华市	**283886**	**111145**	**150112**	**4765**	**39053**	**98426**
婺城区	45484	14590	27601	284	4493	9875
金东区	697		697			260
武义县	18839	7623	6634	40	2984	7245
浦江县	9540	2820	5568	60	944	4811
磐安县	7242	2877	3936	252	2908	7946
兰溪市	14448	4086	8629	1526	1351	6913
义乌市	83290	34611	42296	1941	8363	23266
东阳市	66931	30803	34931	8	15212	29012
永康市	37416	13735	19820	654	2798	9098

2-B-6 续表 2

地　区	营业额(万元)	#客房收入	#餐费收入	#商品销售额	床位数(个)	餐位数(位)
衢州市	**55864**	**17940**	**30233**	**2393**	**7296**	**32178**
柯城区	28826	8278	15558	1121	2598	11688
衢江区	874	458	406	8	498	700
常山县	8904	3024	4210	713	1098	4488
开化县	4165	1271	2415	409	720	4588
龙游县	6902	2459	4117	63	1126	4820
江山市	6193	2451	3527	79	1256	5894
舟山市	**152204**	**64267**	**82663**	**664**	**17734**	**41032**
定海区	47769	15996	30242	513	3868	11896
普陀区	87473	42423	42287	123	10140	22138
岱山县	7836	3484	4034	27	3049	5478
嵊泗县	9126	2363	6101	1	677	1520
台州市	**252569**	**69697**	**172782**	**2304**	**21187**	**82153**
椒江区	53834	15080	36724	411	3588	14152
黄岩区	20312	7392	12038	199	1897	6298
路桥区	28150	7167	20418	4	2001	8978
玉环县	29975	7383	21830	48	2690	6999
三门县	10853	3792	6542		1149	2508
天台县	12444	2954	7953	936	1104	5116
仙居县	10566	3170	6680	309	1331	5692
温岭市	52407	11218	39155	397	3986	20267
临海市	34028	11542	21443		3441	12143
丽水市	**81088**	**26845**	**47388**	**1488**	**10063**	**41501**
莲都区	33644	11143	19675	437	3095	12493
青田县	8720	3534	4958		1265	4404
缙云县	7322	1887	4837	141	787	2718
遂昌县	9756	3202	5176	686	1999	5752
松阳县	4317	1226	2213		705	3774
云和县	3808	1133	2564	86	461	3140
庆元县	339		339			650
景宁县	2622	987	1291		351	2000
龙泉市	10560	3732	6336	138	1400	6570

2-B-7 按星级分组的限额以上住宿业经营状况

指标	总计	五星	四星	三星	二星	一星	其他
单位数(个)	1288	57	159	281	127	11	653
营业额(万元)	2759392	531973	691327	460352	106140	12331	957270
客房收入	1194533	196841	253971	173842	45704	4030	520145
餐费收入额	1280988	270533	366778	229612	43124	7295	363646
商品销售额	34453	7226	8710	9031	1579	177	7730
其他收入	249418	57371	61867	47866	15734	830	65750
客房数(间)	187281	18509	32265	36002	11866	905	87734
床位数(个)	305247	28256	52226	61465	20260	1488	141552
餐位数(位)	560309	70595	140285	150555	33077	3042	162755

2-B-8 按行业小类分组的限额以上国有及国有控股住宿和餐饮业经营状况

行业	营业额（万元）	#客房收入	#餐费收入	#商品销售额	床位数（个）	餐位数（位）
总　计	**667314**	**245210**	**348851**	**8869**	**48524**	**123661**
住宿业	**564618**	**239014**	**255304**	**7252**	**46658**	**79697**
旅游饭店	537658	221940	248317	7091	40775	75609
旅游饭店	537658	221940	248317	7091	40775	75609
一般旅馆	24947	16207	6744	161	5371	3738
一般旅馆	24947	16207	6744	161	5371	3738
其他住宿业	2012	866	243		512	350
其他住宿业	2012	866	243		512	350
餐饮业	**102696**	**6197**	**93547**	**1617**	**1866**	**43964**
正餐服务	91298	6197	82309	1456	1866	37582
正餐服务	91298	6197	82309	1456	1866	37582
快餐服务	5835		5835			5500
快餐服务	5835		5835			5500
饮料及冷饮服务	2526		2365	161		816
其他饮料及冷饮服务	2526		2365	161		816
其他餐饮业	3037		3037			66
餐饮配送服务	3037		3037			66

2-B-9　按行业小类分组的限额以上国有住宿和餐饮业经营状况

行　　业	营业额（万元）	#客房收入	#餐费收入	#商品销售额	床位数（个）	餐位数（位）
总　计	**199860**	**82105**	**94549**	**2048**	**17636**	**31955**
住宿业	**186533**	**80919**	**82598**	**1873**	**17329**	**27673**
旅游饭店	164509	67629	76454	1835	12800	24423
旅游饭店	164509	67629	76454	1835	12800	24423
一般旅馆	20747	13076	5900	38	4229	2900
一般旅馆	20747	13076	5900	38	4229	2900
其他住宿业	1278	213	243		300	350
其他住宿业	1278	213	243		300	350
餐饮业	**13326**	**1187**	**11951**	**175**	**307**	**4282**
正餐服务	6559	1187	5345	14	307	1400
正餐服务	6559	1187	5345	14	307	1400
快餐服务	3939		3939			2000
快餐服务	3939		3939			2000
饮料及冷饮服务	2526		2365	161		816
其他饮料及冷饮服务	2526		2365	161		816
其他餐饮业	302		302			66
餐饮配送服务	302		302			66

2-B-10 按行业小类分组的限额以上集体住宿和餐饮业经营状况

行　业	营业额（万元）	#客房收入	#餐费收入	#商品销售额	床位数（个）	餐位数（位）
总　计	**46860**	**25084**	**15661**	**351**	**7396**	**8693**
住宿业	**46420**	**25084**	**15221**	**351**	**7396**	**8278**
旅游饭店	39665	21121	13856	308	5807	7258
旅游饭店	39665	21121	13856	308	5807	7258
一般旅馆	6755	3963	1366	43	1589	1020
一般旅馆	6755	3963	1366	43	1589	1020
餐饮业	**440**		**440**			**415**
正餐服务	440		440			415
正餐服务	440		440			415

2-B-11　按行业小类分组的限额以上股份合作企业住宿和餐饮业经营状况

行　业	营业额（万元）	#客房收入	#餐费收入	#商品销售额	床位数（个）	餐位数（位）
总　计	**14503**	**3534**	**10323**	**133**	**1072**	**3180**
住宿业	**5062**	**3471**	**1281**	**36**	**1021**	**780**
旅游饭店	3717	2168	1248	36	629	750
旅游饭店	3717	2168	1248	36	629	750
一般旅馆	1345	1303	34		392	30
一般旅馆	1345	1303	34		392	30
餐饮业	**9441**	**63**	**9041**	**97**	**51**	**2400**
正餐服务	8080	63	7680	97	51	2300
正餐服务	8080	63	7680	97	51	2300
快餐服务	1362		1362			100
快餐服务	1362		1362			100

2-B-12 按行业小类分组的限额以上有限责任公司住宿和餐饮业经营状况

行业	营业额（万元）	#客房收入	#餐费收入	#商品销售额	床位数（个）	餐位数（位）
总计	**1401598**	**475506**	**769899**	**33457**	**119904**	**312788**
住宿业	**1005037**	**429615**	**464714**	**14515**	**105063**	**187405**
旅游饭店	900641	371310	425735	13145	90322	171485
旅游饭店	900641	371310	425735	13145	90322	171485
一般旅馆	99592	54959	37779	1349	13862	15574
一般旅馆	99592	54959	37779	1349	13862	15574
其他住宿业	4804	3346	1200	21	879	346
其他住宿业	4804	3346	1200	21	879	346
餐饮业	**396560**	**45890**	**305185**	**18942**	**14841**	**125383**
正餐服务	378530	45890	290014	16393	14841	117960
正餐服务	378530	45890	290014	16393	14841	117960
快餐服务	7328		5014	2314		4758
快餐服务	7328		5014	2314		4758
饮料及冷饮服务	824		824			25
其他饮料及冷饮服务	824		824			25
其他餐饮业	9878		9333	235		2640
小吃服务	5209		5108	20		1000
餐饮配送服务	2950		2735	215		10
其他未列明餐饮业	1720		1489			1630

2-B-13　按行业小类分组的限额以上股份有限公司住宿和餐饮业经营状况

行　业	营业额（万元）	#客房收入	#餐费收入	#商品销售额	床位数（个）	餐位数（位）
总　计	**148503**	**35122**	**95180**	**5943**	**7131**	**34421**
住宿业	**86271**	**33340**	**36328**	**4934**	**6621**	**12881**
旅游饭店	78626	27652	35780	4918	4751	11756
旅游饭店	78626	27652	35780	4918	4751	11756
一般旅馆	7645	5688	548	16	1870	1125
一般旅馆	7645	5688	548	16	1870	1125
餐饮业	**62232**	**1783**	**58853**	**1009**	**510**	**21540**
正餐服务	62232	1783	58853	1009	510	21540
正餐服务	62232	1783	58853	1009	510	21540

2-B-14 按行业小类分组的限额以上私营企业住宿和餐饮业经营状况

行业	营业额(万元)	#客房收入	#餐费收入	#商品销售额	床位数(个)	餐位数(位)
总计	**2551167**	**575990**	**1847413**	**21775**	**188347**	**842185**
住宿业	**1021538**	**458399**	**484079**	**10257**	**142479**	**268395**
旅游饭店	827454	328533	433371	8695	95507	233523
旅游饭店	827454	328533	433371	8695	95507	233523
一般旅馆	188845	126886	48764	1557	45430	33576
一般旅馆	188845	126886	48764	1557	45430	33576
其他住宿业	5238	2979	1945	6	1542	1296
其他住宿业	5238	2979	1945	6	1542	1296
餐饮业	**1529629**	**117592**	**1363333**	**11518**	**45868**	**573790**
正餐服务	1378467	116256	1218848	10667	39198	525040
正餐服务	1378467	116256	1218848	10667	39198	525040
快餐服务	89111	1073	84098	86	6500	34755
快餐服务	89111	1073	84098	86	6500	34755
饮料及冷饮服务	10157	191	9360	42	70	5031
茶馆服务	6361	191	5898		70	3597
咖啡馆服务	1571		1441	42		760
酒吧服务	1872		1669			494
其他饮料及冷饮服务	352		352			180
其他餐饮业	51895	72	51027	723	100	8964
小吃服务	18494		18487			4293
餐饮配送服务	26023	72	25169	715	100	1254
其他未列明餐饮业	7378		7371	7		3417

2-B-15 按行业小类分组的限额以上港澳台商和外商投资企业住宿和餐饮业经营状况

行 业	营业额（万元）	#客房收入	#餐费收入	#商品销售额	床位数（个）	餐位数（位）
总 计	**976379**	**176083**	**741232**	**5543**	**25023**	**147692**
住宿业	**401837**	**160520**	**194300**	**2266**	**22697**	**48127**
旅游饭店	387724	151884	189322	2057	20931	47233
旅游饭店	387724	151884	189322	2057	20931	47233
一般旅馆	12113	7436	4378	9	1646	534
一般旅馆	12113	7436	4378	9	1646	534
其他住宿业	2000	1200	600	200	120	360
其他住宿业	2000	1200	600	200	120	360
餐饮业	**574542**	**15563**	**546932**	**3277**	**2326**	**99565**
正餐服务	83655	15563	60420	3277	2326	25564
正餐服务	83655	15563	60420	3277	2326	25564
快餐服务	476375		472398			73770
快餐服务	476375		472398			73770
饮料及冷饮服务	553		553			100
咖啡馆服务	553		553			100
其他餐饮业	13959		13561			131
小吃服务	6139		5961			130
餐饮配送服务	7820		7600			1

2-B-16 按地区分组的限额以上国有及国有控股住宿和餐饮业经营状况

地 区	营业额（万元）	#客房收入	#餐费收入	#商品销售额	床位数（个）	餐位数（位）
全 省	**667314**	**245210**	**348851**	**8869**	**48524**	**123661**
杭州市	**415675**	**156874**	**213654**	**4180**	**26033**	**69901**
上城区	125859	46118	69513	1119	4971	21802
下城区	41414	17031	19562	265	3084	4757
江干区	44743	17100	20122	67	3337	4149
拱墅区	24151	8514	11343	111	2162	2620
西湖区	153569	57050	81004	2031	8515	29707
滨江区	3971	1530	2288		617	1130
萧山区	8157	3882	3665	62	678	1480
淳安县	12729	4945	5805	515	2365	3790
建德市	451	416	21	11	127	36
富阳市	162	41	121		85	180
临安市	468	246	209		92	250
宁波市	**50536**	**16245**	**27865**	**881**	**5298**	**9747**
海曙区	10993	3497	4918	44	1456	2761
江东区	14690	4612	9226		783	1850
江北区	734	653			212	
北仑区	3813	1359	1827		599	1428
镇海区	3193	1120	1705	42	314	950
鄞州区	7177	1793	4937	48	809	1060
象山县	833	122	712		56	250
余姚市	6115	2016	3709		660	898
慈溪市	2344	794	517	747	210	350
奉化市	644	279	314		199	200
温州市	**58040**	**18930**	**33342**	**725**	**4680**	**8060**
鹿城区	26380	8834	12928	578	2139	3073
瓯海区	554	146	141	37	210	300
永嘉县	11746	2194	9545		435	1780
平阳县	428	330	85		210	80
苍南县	307	85	222		147	150
泰顺县	2813	905	1834	73	321	687
瑞安市	11636	3893	7325	14	601	1280
乐清市	4175	2543	1260	23	617	710

2-B-16　续表

地　区	营业额（个）	#客房收入	#餐费收入	#商品销售额	床位数（个）	餐位数（位）
嘉兴市	**20199**	**7456**	**9909**	**230**	**2130**	**5780**
南湖区	13332	4325	6549	74	1354	3800
海盐县	1677	499	982	118	300	980
海宁市	5191	2632	2378	38	476	1000
湖州市	**8574**	**3870**	**4018**	**460**	**1328**	**3300**
吴兴区	3177	645	2264	193	247	1900
德清县	2514	1796	649	30	738	750
长兴县	385		385			150
安吉县	2498	1429	719	236	343	500
绍兴市	**17276**	**5069**	**11095**	**404**	**1288**	**3400**
越城区	7216	2790	3989	124	661	1400
新昌县	969	231	432	197	116	500
上虞市	1986	496	1271		206	500
嵊州市	7106	1552	5402	84	305	1000
金华市	**35007**	**12539**	**18144**	**1244**	**2335**	**7138**
婺城区	2637	926	1697	14	205	600
兰溪市	429	225	140	54	110	378
义乌市	17357	7586	7756	560	1432	4360
永康市	14585	3802	8551	616	588	1800
衢州市	**12214**	**3048**	**5466**	**105**	**912**	**3449**
柯城区	9472	2544	3973	13	452	1571
常山县	2553	408	1399	92	353	1728
开化县	189	96	94		107	150
舟山市	**25489**	**15116**	**9809**	**64**	**2637**	**3110**
普陀区	25129	14984	9591	64	2584	3040
嵊泗县	361	132	219		53	70
台州市	**9436**	**3134**	**5811**	**28**	**1009**	**3120**
椒江区	2443	832	1359	12	340	1520
黄岩区	4197	1191	2978	16	263	800
玉环县	2796	1111	1474		406	800
丽水市	**14868**	**2931**	**9739**	**549**	**874**	**6656**
莲都区	9348	1587	6259	437	352	4766
青田县	289	76	132		60	340
缙云县	3310	723	2173		178	650
遂昌县	87	20	20		130	200
龙泉市	1835	525	1156	112	154	700

2-B-17 按地区分组的限额以上国有住宿和餐饮业经营状况

地　区	营业额(万元)	#客房收入	#餐费收入	#商品销售额	床位数(个)	餐位数(位)
全　省	**199860**	**82105**	**94549**	**2048**	**17636**	**31955**
杭州市	**132874**	**60439**	**56378**	**878**	**9879**	**15165**
上城区	36589	18052	13781	142	1979	2229
下城区	7141	3850	2378		642	678
江干区	3701	1671	1517	67	530	875
拱墅区	19305	6342	9286	60	1676	1845
西湖区	61348	29091	26604	431	4514	8288
萧山区	3375	844	2166	44	190	800
淳安县	948	342	436	134	256	200
临安市	468	246	209		92	250
宁波市	**9591**	**3680**	**4960**	**2**	**1695**	**2480**
海曙区	4894	2313	2327	2	898	1220
江东区	1508	464	519		292	350
镇海区	494	89	405		26	150
鄞州区	1862	692	997		423	510
象山县	833	122	712		56	250
温州市	**14815**	**3998**	**9886**	**52**	**1658**	**3242**
鹿城区	3882	1576	1792		588	1442
瓯海区	554	146	141	37	210	300
永嘉县	7010	1151	5859		211	780
平阳县	428	330	85		210	80
苍南县	307	85	222		147	150
泰顺县	1928	409	1519		112	310
乐清市	707	302	267	16	180	180

2-B-17　续表

地　　区	营业额（万元）	#客房收入	#餐费收入	#商品销售额	床位数（个）	餐位数（位）
嘉兴市	**3170**	**598**	**1744**	**6**	**467**	**700**
南湖区	3170	598	1744	6	467	700
湖州市	**5691**	**2441**	**2914**	**223**	**985**	**2650**
吴兴区	3177	645	2264	193	247	1900
德清县	2514	1796	649	30	738	750
绍兴市	**8185**	**3021**	**4421**	**320**	**777**	**1900**
越城区	7216	2790	3989	124	661	1400
新昌县	969	231	432	197	116	500
金华市	**13533**	**3333**	**8058**	**549**	**543**	**1978**
婺城区	2637	926	1697	14	205	600
兰溪市	429	225	140	54	110	378
永康市	10467	2183	6222	481	228	1000
衢州市	**189**	**96**	**94**		**107**	**150**
开化县	189	96	94		107	150
舟山市	**4417**	**2817**	**1423**	**5**	**855**	**1030**
普陀区	4417	2817	1423	5	855	1030
台州市	**2443**	**832**	**1359**	**12**	**340**	**1520**
椒江区	2443	832	1359	12	340	1520
丽水市	**4951**	**849**	**3313**		**330**	**1140**
莲都区	4576	753	3162		140	600
青田县	289	76	132		60	340
遂昌县	87	20	20		130	200

2-B-18 按地区分组的限额以上集体住宿和餐饮业经营状况

地　　区	营业额（万元）	#客房收入	#餐费收入	#商品销售额	床位数（个）	餐位数（位）
全　省	**46860**	**25084**	**15661**	**351**	**7396**	**8693**
杭州市	**32144**	**19521**	**7918**	**244**	**5098**	**3608**
上城区	3979	2595	879		751	350
下城区	230	88	108	14	154	360
江干区	10047	7343	227	22	1954	78
拱墅区	2567	765	1436	44	237	900
西湖区	8053	5725	1244	143	1279	500
萧山区	4010	1398	2559	4	410	1000
建德市	2122	526	1466		110	420
富阳市	1138	1081		17	203	
宁波市	**7023**	**2239**	**4065**	**6**	**1018**	**2300**
北仑区	841	306	404	6	300	250
鄞州区	1854	553	1003		312	600
余姚市	1930	507	1411		218	750
慈溪市	2399	874	1246		188	700
温州市	**3000**	**1713**	**808**	**63**	**744**	**920**
鹿城区	1323	949	187	28	352	150
苍南县	513	124	362	26	174	420
瑞安市	1164	640	259	9	218	350
嘉兴市	**2680**	**859**	**1626**	**26**	**250**	**800**
桐乡市	2680	859	1626	26	250	800
舟山市	**815**	**617**	**198**		**198**	**150**
普陀区	815	617	198		198	150
台州市	**440**		**440**			**415**
临海市	440		440			415
丽水市	**757**	**134**	**606**	**13**	**88**	**500**
龙泉市	757	134	606	13	88	500

2-B-19　按地区分组的限额以上股份合作企业住宿和餐饮业经营状况

地　区	营业额（万元）	#客房收入	#餐费收入	#商品销售额	床位数（个）	餐位数（位）
全　省	**14503**	**3534**	**10323**	**133**	**1072**	**3180**
杭州市	**3477**	**1214**	**2022**	**25**	**218**	**350**
下城区	2116	1214	660	25	218	250
萧山区	1362		1362			100
温州市	**11026**	**2320**	**8301**	**108**	**854**	**2830**
鹿城区	231	220			160	
龙湾区	5294		5197	97		980
瓯海区	965	63	902		51	820
苍南县	520	520			152	
泰顺县	1370	734	587	11	251	500
瑞安市	630	630			126	
乐清市	2016	153	1615		114	530

2-B-20 按地区分组的限额以上有限责任公司住宿和餐饮业经营状况

地区	营业额(万元)	#客房收入	#餐费收入	#商品销售额	床位数(个)	餐位数(位)
全省	**1401598**	**475506**	**769899**	**33457**	**119904**	**312788**
杭州市	**559294**	**211349**	**288981**	**4989**	**48143**	**106240**
上城区	75858	36647	31445	1393	7777	8411
下城区	79849	28620	43055	381	5843	13432
江干区	82039	30304	37928	110	7417	10667
拱墅区	17365	5696	10546	50	1810	2826
西湖区	139577	48503	76685	845	8250	29612
滨江区	22473	9569	12024	64	2152	4206
萧山区	57102	19613	34786	154	5052	16695
余杭区	36061	10007	21465	848	2907	7309
桐庐县	2597	1110	1011	326	522	564
淳安县	33347	16761	12830	480	4227	6420
建德市	2469	1310	977	11	573	936
富阳市	4455	780	3100	324	450	2134
临安市	6103	2430	3129	5	1163	3028
宁波市	**172664**	**49394**	**98532**	**5397**	**12000**	**37224**
海曙区	30380	5264	21466	115	1860	7723
江东区	30134	7887	18505	122	1639	6079
江北区	1755	653	1021		212	180
北仑区	5013	1911	2441		895	1748
镇海区	13348	5237	7124	42	1045	1530
鄞州区	58076	16422	30522	4141	3049	10331
象山县	11020	3749	6954	73	745	4150
宁海县	5131	2475	1344	54	418	1008
余姚市	6470	2204	3789		860	1248
慈溪市	11337	3591	5366	850	1277	3227
温州市	**94963**	**29577**	**58600**	**1306**	**6467**	**20353**
鹿城区	23763	8494	11137	588	1837	1631
龙湾区	3176	1135	1629	309	230	1100
瓯海区	5252	1485	3722	4	536	1152

2-B-20　续表 1

地　区	营业额(万元)	#客房收入	#餐费收入	#商品销售额	床位数(个)	餐位数(位)
永嘉县	5233	1043	4182		224	1310
平阳县	9325	1465	7835	16	450	3390
苍南县	12637	3860	8686	15	839	3452
文成县	2806	838	1740	207	376	1340
泰顺县	885	496	315	73	209	377
瑞安市	18090	8351	8492	87	1372	1670
乐清市	13796	2408	10862	8	394	4931
嘉兴市	**111684**	**29870**	**67409**	**6412**	**8568**	**25569**
南湖区	41619	9403	27411	358	3426	10799
秀洲区	7463	1890	3042	2317	642	2464
嘉善县	6576	1180	5310	21	655	2550
海盐县	5744	1171	3877	151	433	1950
海宁市	23960	7644	14854	541	1723	4222
平湖市	19250	6246	9419	2379	1055	1984
桐乡市	7073	2336	3496	646	634	1600
湖州市	**39165**	**12949**	**24156**	**825**	**2472**	**9773**
吴兴区	28112	11708	14702	586	1844	6613
南浔区	5908		5908			120
德清县	2333	301	1674	239	260	1368
长兴县	2813	939	1873		368	1672
绍兴市	**137551**	**31573**	**73249**	**10695**	**6776**	**22512**
越城区	65167	9881	32962	7262	2208	9153
绍兴县	10260	5519	3161	1034	1652	2219
诸暨市	22816	6629	11060	2125	1612	5844
上虞市	32203	7992	20663	191	999	4296
嵊州市	7106	1552	5402	84	305	1000
金华市	**114489**	**48898**	**58411**	**1180**	**18178**	**34313**
婺城区	25941	9098	14076	181	1984	3774
浦江县	3382	1544	1727		373	2140

2-B-20 续表 2

地　　区	营业额(万元)	#客房收入	#餐费收入	#商品销售额	床位数(个)	餐位数(位)
磐安县	2170	589	1581		282	2120
兰溪市	1585	612	900	13	297	1300
义乌市	29843	11587	15185	843	1998	6710
东阳市	44900	23849	20062	8	12884	16809
永康市	6668	1620	4879	135	360	1460
衢州市	**18562**	**6679**	**9838**	**813**	**2736**	**12248**
柯城区	5117	1810	3068	100	689	3280
常山县	8904	3024	4210	713	1098	4488
江山市	4541	1845	2560		949	4480
舟山市	**58335**	**28559**	**28249**	**104**	**5207**	**12072**
定海区	9736	3037	6501	22	946	2201
普陀区	45228	24163	19787	71	3776	9178
岱山县	1831	846	948	9	270	343
嵊泗县	1541	513	1013	1	215	350
台州市	**73877**	**20437**	**50148**	**783**	**7171**	**21608**
椒江区	15138	3065	11670	54	952	4924
黄岩区	6880	2559	4023	57	699	1698
路桥区	318	318			168	
玉环县	23531	5318	17521	33	2159	5669
三门县	2329	971	1269		395	460
天台县	7064	2484	3710	313	781	2620
仙居县	4922	1879	2538	309	616	1400
温岭市	7322	2773	4115	16	1073	2655
临海市	6372	1070	5302		328	2182
丽水市	**21013**	**6222**	**12327**	**955**	**2186**	**10876**
莲都区	4772	834	3097	437	212	4166
缙云县	3310	723	2173		178	650
遂昌县	5433	1721	2923	403	782	1990
龙泉市	7499	2944	4134	115	1014	4070

2-B-21　按地区分组的限额以上股份有限公司住宿和餐饮业经营状况

地　区	营业额（万元）	#客房收入	#餐费收入	#商品销售额	床位数（个）	餐位数（位）
全　省	**148503**	**35122**	**95180**	**5943**	**7131**	**34421**
杭州市	**82454**	**13119**	**64516**	**1912**	**2048**	**21624**
上城区	40758	4404	34824	893	748	16590
拱墅区	13276	5164	6742	64	386	496
西湖区	25743	2984	21122	956	446	3078
滨江区	1590		1590			400
余杭区	499	351			200	700
淳安县	589	216	238		268	360
宁波市	**36421**	**12425**	**15504**	**3309**	**3304**	**6976**
海曙区	21083	4368	10147	2960	883	3650
江东区	973		913			312
镇海区	6020	1813	3896	189	429	1889
鄞州区	6085	4610	86	15	1400	525
象山县	1560	1077	462	1	470	600
宁海县	701	557		144	122	
温州市	**2316**		**2316**			**1200**
龙湾区	2316		2316			1200
金华市	**8652**	**3960**	**2979**	**534**	**665**	**1210**
义乌市	8652	3960	2979	534	665	1210
衢州市	**11110**	**3127**	**4902**	**139**	**620**	**1611**
柯城区	11110	3127	4902	139	620	1611
台州市	**7550**	**2491**	**4964**	**49**	**494**	**1800**
椒江区	6234	2251	3983		355	800
天台县	1316	240	982	49	139	1000

2-B-22 按地区分组的限额以上私营企业住宿和餐饮业经营状况

地区	营业额(万元)				床位数(个)	餐位数(位)
		#客房收入	#餐费收入	#商品销售额		
全省	**2551167**	**575990**	**1847413**	**21775**	**188347**	**842185**
杭州市	**789105**	**146886**	**612024**	**3705**	**45166**	**224049**
上城区	145693	27376	115750	170	5869	31964
下城区	71766	20273	48300	125	4669	16548
江干区	67300	14945	48762	48	5047	21249
拱墅区	47098	6384	38778	48	3101	12450
西湖区	138087	22906	106775	509	5961	27653
滨江区	20547	4600	15240		1210	4728
萧山区	173894	17249	153853	346	5228	57962
余杭区	24612	3750	18375	1540	1888	10209
桐庐县	21723	7058	14228	16	2671	9028
淳安县	20399	7971	11601	41	2761	7123
建德市	10732	1741	8067	128	1180	4866
富阳市	27665	5392	20909	684	2448	12034
临安市	19588	7241	11387	51	3133	8235
宁波市	**450830**	**112154**	**309981**	**3358**	**33752**	**134683**
海曙区	77569	13205	60475	563	3592	20010
江东区	62680	17880	40940	981	4551	15848
江北区	30615	8374	20822	118	1880	9335
北仑区	15560	2552	12727	104	919	5164
镇海区	20572	3163	16449	189	1474	11224
鄞州区	79873	16786	59204	951	5411	27141
象山县	19525	10005	8615	113	3455	6346
宁海县	34076	8218	24091		1945	8668
余姚市	36207	6754	26164	11	1518	9387
慈溪市	56258	19234	29524	299	6286	13997
奉化市	17894	5984	10971	29	2721	7563

2-B-22　续表 1

地　区	营业额(万元)	#客房收入	#餐费收入	#商品销售额	床位数(个)	餐位数(位)
温州市	**384703**	**64533**	**308484**	**1391**	**15577**	**126054**
鹿城区	151018	29177	115285	341	5462	39377
龙湾区	14128	2611	11023	13	794	6010
瓯海区	24207	4286	19360	44	1121	9277
洞头县	3493	670	2584		194	4455
永嘉县	21547	5576	15543	26	1266	8728
平阳县	15001	1933	13019	6	608	6903
苍南县	21395	2819	18482	92	842	8690
文成县	2142	498	1180	465	294	1320
泰顺县	2892	1015	1873	4	289	1447
瑞安市	73382	7510	65313	347	1935	18252
乐清市	55498	8439	44821	54	2772	21595
嘉兴市	**151744**	**36792**	**106074**	**3070**	**19439**	**58874**
南湖区	33506	7770	24421	1066	8410	13228
秀洲区	12167	2339	8951	74	840	4469
嘉善县	21973	6053	13538	1277	1756	7944
海盐县	13330	3249	8781	130	1143	5328
海宁市	20241	4596	15132	114	1911	7646
平湖市	23583	4587	17245	370	1663	7676
桐乡市	26942	8198	18008	40	3716	12583
湖州市	**161663**	**31066**	**118237**	**2653**	**10670**	**60204**
吴兴区	78034	7527	65456	1291	2207	23961
南浔区	11382	2637	7496	221	812	6892
德清县	14498	3011	10335	228	1006	4530
长兴县	34117	8179	22622	637	2916	14129
安吉县	23631	9713	12327	275	3729	10692

2-B-22 续表 2

地　区	营业额(万元)	#客房收入	#餐费收入	#商品销售额	床位数(个)	餐位数(位)
绍兴市	**170976**	**42513**	**118630**	**1579**	**13379**	**57931**
越城区	22722	7128	12354	97	2591	6879
绍兴县	39131	10888	25203	137	2556	11934
新昌县	14553	4664	9577	42	1505	6865
诸暨市	51909	9409	40564	1017	3498	19111
上虞市	23934	5248	18681		1693	6001
嵊州市	18727	5176	12250	285	1536	7141
金华市	**143618**	**53757**	**78705**	**2065**	**17684**	**55905**
婺城区	16907	4566	11828	89	2304	5501
金东区	697		697			260
武义县	17706	6863	6263	40	2801	6795
浦江县	5748	1276	3430	60	571	2611
磐安县	3910	1851	1842	40	826	2226
兰溪市	11844	3249	7224	1233	944	4435
义乌市	44794	19065	24132	565	5700	15346
东阳市	22031	6954	14870	1	2328	12203
永康市	19981	9933	8419	38	2210	6528
衢州市	**26002**	**8039**	**15401**	**1441**	**3833**	**18169**
柯城区	12598	3341	7589	882	1289	6797
衢江区	874	458	406	8	498	700
开化县	3975	1175	2322	409	613	4438
龙游县	6902	2459	4117	63	1126	4820
江山市	1652	606	967	79	307	1414

2-B-22　续表 3

地　　区	营业额(万元)	#客房收入	#餐费收入	#商品销售额	床位数(个)	餐位数(位)
舟山市	**87030**	**32200**	**51274**	**555**	**11433**	**27380**
定海区	36980	12886	22774	490	2881	9395
普陀区	36460	14826	20326	47	5311	11680
岱山县	6005	2639	3086	18	2779	5135
嵊泗县	7585	1849	5088		462	1170
台州市	**140057**	**32703**	**101760**	**1440**	**10686**	**51338**
椒江区	19451	5453	12958	345	1376	4708
黄岩区	7086	2475	4295	121	860	3214
路桥区	27832	6848	20418	4	1833	8978
玉环县	5848	1468	4309	16	376	1330
三门县	8524	2821	5273		754	2048
天台县	4065	230	3261	574	184	1496
仙居县	5049	915	3928		479	3956
温岭市	40576	4445	34776	381	2307	17562
临海市	21627	8048	12542		2517	8046
丽水市	**45440**	**15349**	**26842**	**519**	**6728**	**27598**
莲都区	15370	5266	9116		2012	6340
青田县	8431	3458	4826		1205	4064
缙云县	4012	1164	2664	141	609	2068
遂昌县	4236	1461	2233	282	1087	3562
松阳县	4317	1226	2213		705	3774
云和县	3808	1133	2564	86	461	3140
庆元县	339		339			650
景宁县	2622	987	1291		351	2000
龙泉市	2305	654	1597	10	298	2000

2-B-23 按地区分组的限额以上港澳台商和外商投资企业住宿和餐饮业经营状况

地　区	营业额（万元）	#客房收入	#餐费收入	#商品销售额	床位数（个）	餐位数（位）
全　省	**976379**	**176083**	**741232**	**5543**	**25023**	**147692**
杭州市	**665011**	**69732**	**575714**	**3088**	**7332**	**98429**
上城区	70410	22995	45748	49	2170	10245
下城区	118325	13334	100076	2793	1214	23254
江干区	19701	944	14928	52	371	3500
西湖区	434450	25807	401033	93	1836	59605
萧山区	7820		7600			1
余杭区	1446	1226	219		276	100
桐庐县	1854	831	584		597	500
淳安县	7734	2510	4753		787	1058
富阳市	3272	2085	774	102	81	166
宁波市	**86660**	**28153**	**51238**	**484**	**4491**	**10752**
海曙区	17988	5038	12196		679	1435
江东区	37585	12108	22462	206	1404	3035
江北区	4868	1430	3152	12	433	1420
北仑区	4654	2008	2541	96	401	1346
鄞州区	1094	587	460		335	180
余姚市	18481	6241	9432	156	767	2346
奉化市	1990	741	995	13	472	990
温州市	**82699**	**25105**	**48837**	**425**	**3350**	**9159**
鹿城区	63669	15785	39892	425	2028	5491
龙湾区	10168	4223	5789		634	2000
平阳县	2619	904	1432		282	1450
乐清市	6244	4193	1724		406	218

2-B-23　续表

地　区	营业额（万元）	#客房收入	#餐费收入	#商品销售额	床位数（个）	餐位数（位）
嘉兴市	**29037**	**10284**	**14107**	**757**	**3396**	**9405**
南湖区	2638	1006	1576		269	900
嘉善县	3936	1535	1282	102	600	700
海宁市	1077	195	373		41	285
平湖市	9545	4174	4695	286	1462	4918
桐乡市	11841	3374	6181	369	1024	2602
湖州市	**7807**	**4045**	**3337**	**352**	**961**	**3500**
吴兴区	1391	638	558	152	261	1220
德清县	6415	3407	2778	200	700	2280
绍兴市	**64982**	**20516**	**27498**	**190**	**2072**	**8188**
越城区	17431	5030	9383	172	907	4288
新昌县	1223	349	740	18	180	1500
上虞市	46328	15137	17374		985	2400
金华市	**1448**	**651**	**571**	**226**	**153**	**1000**
武义县	857	651	207		153	200
兰溪市	591		365	226		800
舟山市	**1606**	**74**	**1519**		**41**	**400**
定海区	1053	74	966		41	300
普陀区	553		553			100
台州市	**28203**	**13234**	**14111**	**21**	**2496**	**5472**
椒江区	10569	3479	6755		565	2200
黄岩区	6346	2359	3720	21	338	1386
玉环县	596	596			155	
仙居县	595	376	213		236	336
温岭市	4508	4000	263		606	50
临海市	5589	2424	3159		596	1500
丽水市	**8926**	**4290**	**4299**		**731**	**1387**
莲都区	8926	4290	4299		731	1387

2-B-24 按行业小类、人员类型和职业类型

行业	从业人员期末人数		从业人员期末人数(按人员类型分)		
		#女性	在岗职工	劳务派遣人员	其他从业人员
总 计	**282214**	**154708**	**255049**	**11361**	**15804**
住宿业	**145708**	**80892**	**137949**	**3375**	**4384**
旅游饭店	125831	68610	118954	2815	4062
旅游饭店	125831	68610	118954	2815	4062
一般旅馆	18838	11678	17992	524	322
一般旅馆	18838	11678	17992	524	322
其他住宿业	1039	604	1003	36	
其他住宿业	1039	604	1003	36	
餐饮业	**136506**	**73816**	**117100**	**7986**	**11420**
正餐服务	103290	53511	92494	7705	3091
正餐服务	103290	53511	92494	7705	3091
快餐服务	28750	18048	20634	199	7917
快餐服务	28750	18048	20634	199	7917
饮料及冷饮服务	742	374	655	72	15
茶馆服务	270	169	262	8	
咖啡馆服务	121	70	121		
酒吧服务	176	52	176		
其他饮料及冷饮服务	175	83	96	64	15
其他餐饮业	3724	1883	3317	10	397
小吃服务	1831	1030	1483		348
餐饮配送服务	1218	557	1162	10	46
其他未列明餐饮业	675	296	672		3

分组的限额以上住宿和餐饮业从业人员

单位：人

从业人员期末人数(按职业类型分)					从业人员平均人数
单位负责人	专业技术人员	办事人员和有关人员	商业、服务业人员	生产、运输设备操作人员及有关人员	
12920	**21517**	**38808**	**168358**	**40611**	**286758**
7637	**11726**	**21791**	**86223**	**18331**	**149241**
6337	10279	18261	74119	16835	129082
6337	10279	18261	74119	16835	129082
1212	1321	3381	11469	1455	19035
1212	1321	3381	11469	1455	19035
88	126	149	635	41	1124
88	126	149	635	41	1124
5283	**9791**	**17017**	**82135**	**22280**	**137517**
4815	8838	13213	65197	11227	103399
4815	8838	13213	65197	11227	103399
280	506	3210	14472	10282	29805
280	506	3210	14472	10282	29805
41	138	101	452	10	743
18	27	21	200	4	278
5	2	2	112		123
12	36	12	110	6	162
6	73	66	30		180
147	309	493	2014	761	3570
95	126	250	1278	82	1793
37	112	161	284	624	1218
15	71	82	452	55	559

2-B-25 按地区、人员类型和职业类型

地区	从业人员期末人数	#女性	从业人员期末人数(按人员类型分)		
			在岗职工	劳务派遣人员	其他从业人员
全　省	**282214**	**154708**	**255049**	**11361**	**15804**
杭州市	**105111**	**58727**	**83816**	**9995**	**11300**
上城区	14728	7493	12377	947	1404
下城区	11548	6504	9475	1154	919
江干区	8015	4385	7169	451	395
拱墅区	3794	1929	3310	441	43
西湖区	36851	20899	27430	1401	8020
滨江区	1978	990	1770	147	61
萧山区	14348	8511	8948	5234	166
余杭区	4004	2194	3911	47	46
桐庐县	1494	882	1417	30	47
淳安县	3262	1938	3096	83	83
建德市	880	520	846	27	7
富阳市	2608	1507	2467	33	108
临安市	1601	975	1600		1
宁波市	**45323**	**23676**	**43368**	**400**	**1555**
海曙区	8080	4130	7325	203	552
江东区	6890	3488	6275	140	475
江北区	2241	1042	2116	3	122
北仑区	1704	991	1673		31
镇海区	3051	1775	3026		25
鄞州区	8862	4531	8655	12	195
象山县	2098	1117	2021	6	71
宁海县	2227	1095	2227		
余姚市	3846	1981	3764	36	46
慈溪市	4950	2700	4922		28
奉化市	1374	826	1364		10
温州市	**30674**	**14900**	**30110**	**136**	**428**
鹿城区	11322	5505	11036	36	250
龙湾区	1863	901	1834	6	23
瓯海区	1781	983	1778		3
洞头县	345	173	345		
永嘉县	1587	890	1587		
平阳县	1559	809	1519	26	14

分组的限额以上住宿和餐饮业从业人员

单位：人

从业人员期末人数(按职业类型分)					从业人员平均人数
单位负责人	专业技术人员	办事人员和有关人员	商业、服务业人员	生产、运输设备操作人员及有关人员	
12920	**21517**	**38808**	**168358**	**40611**	**286758**
4958	**6506**	**12762**	**58794**	**22091**	**107117**
968	942	1338	8471	3009	14926
801	721	1344	7544	1138	11650
584	536	938	5170	787	7855
203	199	484	2230	678	3893
1001	1436	3758	17897	12759	37922
45	141	502	1239	51	2022
492	954	1855	9270	1777	14512
229	343	624	2197	611	4076
61	109	309	636	379	1635
187	587	782	1459	247	3455
73	77	106	467	157	933
207	199	427	1436	339	2736
107	262	295	778	159	1502
2192	**3345**	**5282**	**29944**	**4560**	**47060**
296	638	870	5101	1175	8556
406	477	867	4174	966	7304
111	138	363	1529	100	2341
149	145	150	1142	118	1744
181	202	223	2185	260	3125
302	577	1128	6140	715	8935
111	159	179	1371	278	2190
75	218	306	1536	92	2311
220	285	546	2455	340	4009
246	298	535	3462	409	5072
95	208	115	849	107	1473
1370	**2588**	**4861**	**19418**	**2437**	**30020**
394	1019	1660	7240	1009	11139
99	102	182	1266	214	1773
104	93	193	1239	152	1757
41	46	30	187	41	305
64	121	152	1159	91	1602
93	111	148	1129	78	1472

2-B-25 续表 1

地　区	从业人员期末人数	#女性	从业人员期末人数(按人员类型分)		
			在岗职工	劳务派遣人员	其他从业人员
苍南县	2335	1168	2274	42	19
文成县	540	260	519		21
泰顺县	550	297	550		
瑞安市	4412	2221	4349	21	42
乐清市	4380	1693	4319	5	56
嘉兴市	**16920**	**9213**	**16050**	**66**	**804**
南湖区	4559	2379	4149	36	374
秀洲区	1253	747	1151	23	79
嘉善县	1970	1071	1878	7	85
海盐县	1263	676	1215		48
海宁市	2424	1272	2317		107
平湖市	2744	1650	2696		48
桐乡市	2707	1418	2644		63
湖州市	**11944**	**7017**	**11557**	**41**	**346**
吴兴区	5615	3375	5573	10	32
南浔区	958	530	950	2	6
德清县	1797	969	1631	28	138
长兴县	2046	1285	1926		120
安吉县	1528	858	1477	1	50
绍兴市	**17572**	**10051**	**17096**	**94**	**382**
越城区	5694	3064	5465		229
绍兴县	2918	1659	2839	1	78
新昌县	1063	712	1047		16
诸暨市	3766	2279	3707	32	27
上虞市	2658	1501	2568	61	29
嵊州市	1473	836	1470		3
金华市	**17768**	**9323**	**17038**	**397**	**333**
婺城区	2857	1695	2533	269	55
金东区	40	30	40		
武义县	1365	823	1361	1	3
浦江县	775	389	769		6
磐安县	669	465	626	3	40
兰溪市	854	548	853		1
义乌市	5411	2606	5228	72	111
东阳市	3719	1685	3560	52	107
永康市	2078	1082	2068		10

单位：人

从业人员期末人数(按职业类型分)					从业人员平均人数
单位负责人	专业技术人员	办事人员和有关人员	商业、服务业人员	生产、运输设备操作人员及有关人员	
105	285	955	967	23	2119
14	38	182	306		543
43	12	110	376	9	545
220	465	410	2878	439	4361
193	296	839	2671	381	4404
865	**958**	**2294**	**10126**	**2677**	**17307**
187	171	458	3246	497	4644
64	20	135	952	82	1260
84	131	220	983	552	1966
71	43	262	566	321	1374
159	290	330	1351	294	2479
130	126	422	1441	625	2751
170	177	467	1587	306	2833
409	**1140**	**2409**	**6788**	**1198**	**11935**
116	437	1254	3471	337	5599
45	193	320	272	128	967
104	205	260	855	373	1793
103	230	252	1195	266	1959
41	75	323	995	94	1617
711	**1608**	**3058**	**9619**	**2576**	**18069**
181	539	1067	2711	1196	5841
175	299	692	1531	221	3163
39	113	103	730	78	1038
167	308	720	1996	575	3854
89	292	194	1663	420	2698
60	57	282	988	86	1475
759	**1847**	**2379**	**11076**	**1707**	**17799**
126	155	398	1789	389	2825
1		10	29		46
35	103	105	1097	25	1322
54	44	137	476	64	764
35	30	96	411	97	674
79	100	179	402	94	867
226	395	759	3603	428	5585
136	599	482	2102	400	3616
67	421	213	1167	210	2100

2-B-25 续表 2

地区	从业人员期末人数	#女性	从业人员期末人数(按人员类型分)		
			在岗职工	劳务派遣人员	其他从业人员
衢州市	**4015**	**2729**	**3880**	**60**	**75**
柯城区	1645	1147	1602	26	17
衢江区	106	80	106		
常山县	794	515	760	34	
开化县	343	237	343		
龙游县	555	387	521		34
江山市	572	363	548		24
舟山市	**9064**	**5594**	**8826**	**64**	**174**
定海区	2876	1780	2872		4
普陀区	5047	3068	4868	64	115
岱山县	668	446	650		18
嵊泗县	473	300	436		37
台州市	**17246**	**9490**	**16764**	**88**	**394**
椒江区	3366	1872	3276	27	63
黄岩区	1442	721	1416		26
路桥区	1968	1220	1956	4	8
玉环县	1910	911	1874		36
三门县	813	490	779	32	2
天台县	1001	570	990		11
仙居县	963	438	963		
温岭市	3266	1689	3055	11	200
临海市	2517	1579	2455	14	48
丽水市	**6577**	**3988**	**6544**	**20**	**13**
莲都区	2239	1348	2228		11
青田县	976	468	975		1
缙云县	574	400	573		1
遂昌县	896	586	896		
松阳县	393	248	377	16	
云和县	364	201	364		
庆元县	46	25	46		
景宁县	293	195	293		
龙泉市	796	517	792	4	

单位：人

从业人员期末人数(按职业类型分)					从业人员平均人数
单位负责人	专业技术人员	办事人员和有关人员	商业、服务业人员	生产、运输设备操作人员及有关人员	
155	**381**	**710**	**2360**	**409**	**4046**
64	199	187	917	278	1572
4	3	20	73	6	112
14	47	208	476	49	813
25	53	59	168	38	358
32	41	207	267	8	575
16	38	29	459	30	616
490	**895**	**1230**	**5584**	**865**	**9418**
159	329	375	1785	228	2994
278	362	654	3175	578	5232
43	128	134	319	44	694
10	76	67	305	15	498
670	**1660**	**2688**	**10648**	**1580**	**17581**
150	226	485	2113	392	3456
65	335	209	549	284	1464
30	232	141	1531	34	2018
39	173	474	1152	72	1983
47	74	143	488	61	824
71	69	184	550	127	1055
19	65	229	650		965
137	193	467	2288	181	3225
112	293	356	1327	429	2591
341	**589**	**1135**	**4001**	**511**	**6406**
120	86	251	1500	282	2277
26	49	413	472	16	759
31	15	88	431	9	588
74	76	109	614	23	902
22	33	56	241	41	388
14	36	68	230	16	364
3	3	5	16	19	45
6	205	43		39	296
45	86	102	497	66	787

2-B-26 按登记注册类型、控股情况和行业小类分组的

项　　目	单位数（个）	#有计算机的单位数	#有网站的单位数
总　计	**2793**	**2778**	**1326**
一、按登记注册类型分			
内　资	2693	2678	1259
国　有	93	92	55
集　体	32	32	17
股份合作企业	11	11	5
联营企业	4	4	3
集体联营	2	2	1
国有与集体联营	2	2	2
有限责任公司	558	557	323
国有独资公司	33	33	20
其他有限责任公司	525	524	303
股份有限公司	26	26	19
私营企业	1959	1946	832
私营独资	338	335	105
私营合伙	100	99	20
私营有限责任公司	1484	1475	691
私营股份有限公司	37	37	16
其他企业	10	10	5
港澳台商投资	55	55	34
与港澳台商合资经营	24	24	13
与港澳台商合作经营	1		
港澳台商独资	27	27	18
港澳台商投资股份有限公司	2	2	2
其他港澳台投资	1		
外商投资	45	45	33
中外合资经营	22	22	19
中外合作经营	2	2	2
外资企业	19	19	11
外商投资股份有限公司	2	2	1

限额以上住宿和餐饮业法人单位信息化情况

#有电子商务采购的单位数	#有电子商务销售的单位数	年末在用计算机数（台）	年末拥有网站数（个）	全年电子商务采购金额（万元）	全年电子商务销售金额（万元）
2728	**2728**	**71484**	**1501**	**288**	**3318**
2628	2628	64086	1429	288	1616
92	92	3488	58	37	21
32	32	964	17		2
11	11	128	5		30
4	4	90	4		
2	2	37	2		
2	2	53	2		
551	551	21721	378		500
33	33	1856	23		22
518	518	19865	355		478
26	26	1798	23		5
1903	1903	35805	939	251	1052
317	317	2463	110		9
97	97	1714	22		
1452	1452	29663	791	251	1031
37	37	1965	16		12
9	9	92	5		5
55	55	4239	36		1702
24	24	1755	13		1007
27	27	2151	18		694
2	2	314	3		
45	45	3159	36		
22	22	2119	21		
2	2	56	2		
19	19	941	12		
2	2	43	1		

2-B-26 续表

项 目	单位数(个)	#有计算机的单位数	#有网站的单位数
二、按控股情况分			
国有控股	210	209	132
集体控股	93	92	54
私人控股	2272	2259	1002
港澳台商控股	42	42	27
外商控股	36	36	24
其他	140	140	87
三、按国民经济行业小类分			
住宿业	1288	1284	770
旅游饭店	875	872	594
旅游饭店	875	872	594
一般旅馆	397	396	171
一般旅馆	397	396	171
其他住宿业	16	16	5
其他住宿业	16	16	5
餐饮业	1505	1494	556
正餐服务	1388	1377	515
正餐服务	1388	1377	515
快餐服务	49	49	19
快餐服务	49	49	19
饮料及冷饮服务	21	21	8
茶馆服务	10	10	3
咖啡馆服务	4	4	2
酒吧服务	4	4	1
其他饮料及冷饮服务	3	3	2
其他餐饮业	47	47	14
小吃服务	17	17	4
餐饮配送服务	18	18	5
其他未列明餐饮业	12	12	5

		年末在用计算机数(台)	年末拥有网站数(个)	全年电子商务采购金额(万元)	全年电子商务销售金额(万元)
#有电子商务采购的单位数	#有电子商务销售的单位数				
208	208	9834	146	37	256
92	92	3645	60		25
2210	2210	47012	1141	251	1931
42	42	2920	28		1006
36	36	1922	26		
140	140	6151	100		100
1277	1277	48920	881	272	2908
869	869	40567	675	266	2700
869	869	40567	675	266	2700
392	392	7859	201	6	208
392	392	7859	201	6	208
16	16	494	5		
16	16	494	5		
1451	1451	22564	620	16	410
1337	1337	20026	573	16	410
1337	1337	20026	573	16	410
49	49	1983	24		
49	49	1983	24		
20	20	125	8		
10	10	39	3		
4	4	24	2		
4	4	39	1		
2	2	23	2		
45	45	430	15		
16	16	99	5		
17	17	242	5		
12	12	89	5		

2-B-27 按地区分组的限额以上住宿

地 区	单位数（个）	#有计算机的单位数	#有网站的单位数	#有电子商务采购的单位数
全 省	**2793**	**2778**	**1326**	**2728**
杭州市	**874**	**870**	**428**	**854**
上城区	144	144	63	140
下城区	111	111	44	107
江干区	100	100	45	100
拱墅区	62	62	25	62
西湖区	178	176	93	172
滨江区	23	23	15	23
萧山区	67	67	43	67
余杭区	42	42	17	42
桐庐县	19	19	9	19
淳安县	45	44	25	42
建德市	16	15	11	15
富阳市	32	32	20	32
临安市	35	35	18	33
宁波市	**471**	**466**	**249**	**455**
海曙区	73	73	39	72
江东区	69	67	34	65
江北区	31	31	13	31
北仑区	22	21	12	21
镇海区	29	29	13	25
鄞州区	97	95	61	94
象山县	23	23	13	23
宁海县	27	27	9	26
余姚市	31	31	23	29
慈溪市	50	50	20	50
奉化市	19	19	12	19
温州市	**332**	**330**	**117**	**329**
鹿城区	88	87	37	87
龙湾区	21	21	7	21
瓯海区	17	17	7	17
洞头县	8	8	2	8
永嘉县	18	18	5	18
平阳县	36	36	8	35

和餐饮业法人单位信息化情况

#有电子商务销售的单位数	年末在用计算机数（台）	年末拥有网站数（个）	全年电子商务采购金额（万元）	全年电子商务销售金额（万元）
2728	**71484**	**1501**	**288**	**3318**
854	**22736**	**481**		**318**
140	3713	65		42
107	2810	54		100
100	2328	50		1
62	974	26		3
172	5690	99		11
23	574	16		...
67	2949	48		146
42	894	20		...
19	477	10		
42	1048	34		15
15	315	14		
32	501	25		2
33	463	20		
455	**11461**	**289**	**22**	**510**
72	1549	39		31
65	1844	38		40
31	391	17		9
21	479	13		
25	766	14		
94	2149	74	6	10
23	740	15		35
26	462	14		
29	1073	25		363
50	1717	26		11
19	291	14	16	10
329	**7643**	**132**		**837**
87	2489	39		661
21	434	8		112
17	377	10		
8	140	2		
18	533	5		20
35	429	8		

2-B-27 续表 1

地 区	单位数(个)	#有计算机的单位数	#有网站的单位数	#有电子商务采购的单位数
苍南县	33	32	10	32
文成县	6	6	1	6
泰顺县	8	8	5	8
瑞安市	54	54	20	54
乐清市	43	43	15	43
嘉兴市	**194**	**194**	**101**	**192**
南湖区	43	43	25	43
秀洲区	15	15	7	14
嘉善县	18	18	12	18
海盐县	15	15	10	15
海宁市	34	34	21	34
平湖市	25	25	9	25
桐乡市	44	44	17	43
湖州市	**113**	**113**	**57**	**113**
吴兴区	33	33	18	33
南浔区	12	12	5	12
德清县	21	21	13	21
长兴县	26	26	12	26
安吉县	21	21	9	21
绍兴市	**201**	**200**	**87**	**198**
越城区	38	38	22	38
绍兴县	37	36	20	36
新昌县	16	16	5	16
诸暨市	75	75	26	75
上虞市	20	20	10	20
嵊州市	15	15	4	13
金华市	**201**	**199**	**95**	**193**
婺城区	25	25	12	25
金东区	1			
武义县	15	15	6	15
浦江县	15	14	4	13
磐安县	9	9	4	9
兰溪市	22	22	9	22
义乌市	57	57	30	52
东阳市	32	31	16	31
永康市	25	25	13	25

#有电子商务销售的单位数	年末在用计算机数（台）	年末拥有网站数（个）	全年电子商务采购金额（万元）	全年电子商务销售金额（万元）
32	751	10		
6	148	1		
8	90	5		30
54	1393	21		4
43	859	23		10
192	**4361**	**110**		**341**
43	1049	28		25
14	365	7		1
18	723	12		315
15	303	10		
34	538	22		
25	622	9		
43	761	22		
113	**3371**	**65**		**131**
33	1558	19		108
12	185	5		
21	530	14		15
26	662	14		8
21	436	13		
198	**5027**	**98**	**266**	**697**
38	1394	27	266	7
36	1015	22		
16	270	5		
75	893	29		
20	1128	11		690
13	327	4		
193	**5814**	**110**		**62**
25	628	16		
15	522	6		
13	301	4		
9	268	6		2
22	449	13		
52	1971	35		12
31	1110	16		48
25	560	13		

2-B-27 续表 2

地　区	单位数(个)	#有计算机的单位数	#有网站的单位数	#有电子商务采购的单位数
衢州市	**53**	**52**	**20**	**49**
柯城区	15	15	8	13
衢江区	3	3	2	3
常山县	7	7	1	7
开化县	10	10	3	10
龙游县	8	8	3	7
江山市	10	9	3	9
舟山市	**119**	**119**	**54**	**116**
定海区	35	35	18	35
普陀区	59	59	29	59
岱山县	16	16	6	16
嵊泗县	9	9	1	6
台州市	**160**	**160**	**78**	**156**
椒江区	21	21	14	21
黄岩区	10	10	7	10
路桥区	17	17	7	17
玉环县	14	14	9	14
三门县	10	10	4	8
天台县	14	14	6	14
仙居县	10	10	5	10
温岭市	41	41	15	40
临海市	23	23	11	22
丽水市	**75**	**75**	**40**	**73**
莲都区	23	23	11	22
青田县	7	7	4	7
缙云县	6	6	4	6
遂昌县	12	12	7	12
松阳县	8	8	4	8
云和县	6	6	2	5
庆元县	1			
景宁县	2	2	1	2
龙泉市	10	10	6	10

#有电子商务销售的单位数	年末在用计算机数（台）	年末拥有网站数（个）	全年电子商务采购金额（万元）	全年电子商务销售金额（万元）
49	**1435**	**24**		**5**
13	677	8		
3	49	6		5
7	250	1		
10	102	3		
7	204	3		
9	153	3		
116	**2308**	**65**		**346**
35	872	23		80
59	1222	34		265
16	140	7		1
6	74	1		
156	**5124**	**85**		**59**
21	1140	15		
10	482	7		
17	464	9		3
14	558	11		
8	226	4		
14	179	6		11
10	220	7		
40	1270	15		45
22	585	11		
73	**2204**	**42**		**13**
22	475	11		
7	281	4		
6	207	5		
12	296	8		12
8	73	4		1
5	175	2		
2	146	1		
10	541	6		

第3篇

房地产开发经营业

A.全部房地产开发企业

3-A-1 按登记注册类型、控股情况和资质等级

项　目	企业数（个）	从业人员期末人数（人）	#女性
总　计	**7396**	**134912**	**51310**
一、按登记注册类型分			
内　资	**6992**	**124079**	**47030**
国　有	**65**	**2315**	**879**
集　体	28	340	125
股份合作企业	6	136	43
联营企业	4	61	19
国有与集体联营	2	41	12
其他联营	2	20	7
有限责任公司	2688	53656	20273
国有独资公司	148	3293	1141
其他有限责任公司	2540	50363	19132
股份有限公司	99	3562	1310
私营企业	4100	63981	24370
私营独资	6	39	16
私营合伙	2	2	1
私营有限责任公司	4026	62849	23942
私营股份有限公司	66	1091	411
其他企业	2	28	11
港澳台商投资	**240**	**6909**	**2693**
与港澳台商合资经营	99	2722	982
与港澳台商合作经营	1		
港澳台商独资	135	4032	1644
港澳台商投资股份有限公司	5	140	59
外商投资	**164**	**3924**	**1587**
中外合资经营	87	1657	622
中外合作经营	2	21	4
外资企业	72	2145	901
外商投资股份有限公司	3	101	60
二、按控股情况分			
国有控股	497	12193	4362
集体控股	215	3771	1294
私人控股	5854	98976	37882
港澳台商控股	217	6307	2458
外商控股	127	3350	1434
其　他	486	10315	3880
三、按资质等级分			
一　级	168	8359	3066
二　级	659	19243	7570
三　级	1733	31292	11913
四　级	905	11185	4411
暂　定	2630	46941	17825
其　他	1301	17892	6525

分组的全部房地产开发企业主要经济指标

单位：万元

营业收入	#主营业务收入	营业税金及附加	#主营业务税金及附加	资产总计	实收资本
46091278	**45629151**	**4294048**	**4253497**	**341606646**	**56327372**
41164173	**40707009**	**3829538**	**3791496**	**302845218**	**43814332**
382002	**374965**	**79890**	**79890**	**4701384**	**392874**
116939	116648	8627	8627	379031	35008
35990	35990	2552	2552	188636	16009
2763	2373	256	256	21488	3201
2219	2219	235	235	13464	1700
544	154	20	20	8024	1501
24568218	24232527	2275181	2250540	182379050	26134265
972437	957741	54311	54234	21943218	2832363
23595781	23274787	2220871	2196306	160435833	23301903
1422230	1411728	139537	137424	8949325	1303678
14636030	14532778	1323494	1312207	106194590	15918398
100	100	1885	1885	40951	8850
				32799	200
14402955	14299785	1296891	1285642	104310743	15673657
232974	232893	24719	24680	1810097	235691
				31712	10900
3897661	**3893630**	**370748**	**370232**	**23378904**	**9105149**
1085406	1083523	86162	86119	9734863	2576023
2695831	2693683	274725	274252	13003770	6244202
101264	101264	8934	8934	499279	274906
1029444	**1028511**	**93761**	**91770**	**15382525**	**3407891**
484416	484416	41870	41788	4196959	1215953
				255842	105080
544649	543715	51870	49960	10905868	2071959
379	379	21	21	23856	14899
4692015	4456553	431471	414498	55500662	6815485
1560991	1559214	140551	140542	7647065	3157082
28535104	28365235	2722468	2699985	204033399	29548215
3433955	3430002	331492	330976	21318418	8293414
1418183	1417180	117918	117795	13994585	3166911
6451030	6400967	550147	549702	39112517	5346265
3274524	3219096	342388	339288	35352735	3169936
7278198	7230543	636967	636003	50399884	6049333
11921200	11890424	1126901	1125664	69351768	9339906
2747023	2738303	231426	230230	15023168	2589999
17121217	16852699	1639275	1608376	126439268	26338054
3749116	3698086	317091	313937	45039823	8840145

3-A-2 按地区分组的全部房地产

地　　区	企业数(个)	从业人员期末人数(人)	#女性	营业收入
全　省	**7396**	**134912**	**51310**	**46091278**
杭州市	**1723**	**35482**	**13582**	**16069395**
上城区	72	1789	663	681734
下城区	91	1971	771	773514
江干区	193	4887	1896	2928856
拱墅区	87	2019	803	1687110
西湖区	146	3391	1330	2128513
滨江区	91	1923	727	1373770
萧山区	267	5717	2015	1538599
余杭区	284	6551	2616	3298033
桐庐县	129	1930	713	338100
淳安县	93	1053	390	308051
建德市	71	900	373	101015
富阳市	87	1436	543	489271
临安市	112	1915	742	422830
宁波市	**999**	**20069**	**7128**	**8348450**
海曙区	46	926	334	945501
江东区	77	2120	738	599402
江北区	70	1247	462	626467
北仑区	93	1741	649	889994
镇海区	71	1226	444	743544
鄞州区	221	4475	1478	2060116
象山县	69	1311	427	316203
宁海县	39	748	257	199578
余姚市	153	2755	1068	692488
慈溪市	124	2770	1023	1093358
奉化市	36	750	248	181798
温州市	**808**	**14965**	**5375**	**3180753**
鹿城区	139	2835	1093	1146682
龙湾区	74	1437	558	569302
瓯海区	51	1778	597	223500
洞头县	25	296	109	14777
永嘉县	65	1110	408	42454
平阳县	102	1437	554	105569

开发企业主要经济指标

单位：万元

#主营业务收入	营业税金及附加	#主营业务税金及附加	资产总计	实收资本
45629151	**4294048**	**4253497**	**341606646**	**56327372**
15795030	**1355003**	**1333755**	**123699428**	**20709438**
669937	61183	60258	7305803	1075534
744749	79163	79041	9146315	1628922
2923059	236155	235959	22609515	4059823
1685938	145603	145549	11250078	1917560
1918438	162779	145816	19631721	2891446
1369468	143893	143885	8189941	1679711
1536931	125344	124186	13643922	1791787
3295148	253771	253760	18615383	2942144
331205	30086	28293	2369777	388657
308021	24839	24838	2098695	392460
100888	8323	8316	1482936	278179
489262	51173	51173	4192953	890793
421985	32690	32681	3162387	772423
8285469	**935702**	**932644**	**61774191**	**14075991**
933401	112541	111960	4018561	551893
591189	55128	55061	9755988	2142614
624069	107787	107728	4422663	1381338
881397	65671	64951	5807683	3624377
740666	53575	53479	4433710	766364
2048586	298817	298279	12678359	2828992
309795	25207	25207	2442398	335501
192079	17106	16823	3429942	318603
690329	94977	94283	6033273	950130
1092248	94764	94746	6304110	923788
181709	10128	10128	2447505	252391
3163897	**284406**	**277780**	**33343797**	**3481810**
1144745	75898	75783	8411737	1233524
569153	50271	50246	6374849	480223
222465	17156	17155	3516287	294338
14777	1109	1109	404419	48667
42454	12909	12909	1326396	183219
105569	11098	11084	1776581	245095

3-A-2 续表 1

地　　区	企业数(个)	从业人员期末人数(人)	#女性	营业收入
苍南县	81	1536	491	50806
文成县	26	340	106	34353
泰顺县	21	332	110	45233
瑞安市	100	1583	580	452569
乐清市	124	2281	769	495508
嘉兴市	**760**	**12782**	**5178**	**3799019**
南湖区	166	3040	1262	852902
秀洲区	109	1779	749	595341
嘉善县	100	1695	710	348298
海盐县	53	935	341	249697
海宁市	93	1877	754	567248
平湖市	97	1318	505	465076
桐乡市	142	2138	857	720457
湖州市	**505**	**8344**	**3120**	**2093980**
吴兴区	147	3401	1206	849030
南浔区	60	776	288	169846
德清县	78	1174	453	480753
长兴县	129	1707	638	325237
安吉县	91	1286	535	269114
绍兴市	**941**	**14427**	**5590**	**4269922**
越城区	186	2962	1111	1022002
绍兴县	228	3710	1375	1417387
新昌县	83	1011	371	239501
诸暨市	222	3601	1512	964668
上虞市	153	1721	683	399964
嵊州市	69	1422	538	226401
金华市	**547**	**9254**	**3642**	**2426270**
婺城区	144	2474	1043	597513
金东区	34	821	325	224087
武义县	29	549	237	200696
浦江县	31	308	113	128647
磐安县	19	310	108	74299
兰溪市	56	966	399	298456
义乌市	94	1286	448	294023
东阳市	104	1699	675	355823
永康市	36	841	294	252726

单位：万元

#主营业务收　入	营业税金及附加	#主营业务税金及附加	资产总计	实收资本
50806	14913	14913	2364754	211133
34333	2836	2835	250389	30854
31626	10508	6028	442175	37000
452461	43295	43191	3449549	280621
495508	44414	42528	5026661	437137
3772555	**335164**	**329672**	**23812342**	**4274700**
843212	73603	69213	6860648	1344448
594770	47170	46425	3051476	687041
346898	26710	26679	2253675	362507
248885	22385	22358	2041100	282973
553343	52504	52235	3798662	603133
465076	42124	42124	2869705	461781
720372	70669	70638	2937077	532816
2080782	**233483**	**231030**	**15724630**	**2840434**
846332	126893	124844	8093867	1340966
169845	13229	13229	920780	206338
472072	37503	37465	1812278	336511
323588	31519	31434	3172991	692983
268943	24339	24057	1724714	263636
4260758	**384779**	**383742**	**28658724**	**4181872**
1021032	98103	97745	7547446	1035062
1414161	117783	117731	6785986	1286347
239501	33820	33251	1274219	161581
960712	77778	77778	7734170	794351
399101	32093	32035	3910041	768546
226252	25202	25202	1406860	135985
2405532	**191504**	**191433**	**19365909**	**2503360**
577071	45723	45676	4014651	654161
224087	17370	17370	1414716	242676
200696	15134	15134	681117	99451
128647	6538	6538	667994	100790
74299	5912	5900	210930	52148
298426	22793	22793	1103162	149167
293757	17237	17225	6477276	661566
355823	28822	28822	2913423	377204
252726	31974	31974	1882639	166199

3-A-2 续表 2

地　　区	企业数(个)	从业人员期末人数(人)	#女性	营业收入
衢州市	**250**	**3333**	**1365**	**904811**
柯城区	93	1496	628	395847
衢江区	27	436	166	54944
常山县	22	217	91	71152
开化县	24	279	100	46851
龙游县	38	399	139	177647
江山市	46	506	241	158370
舟山市	**233**	**4032**	**1556**	**1432936**
定海区	117	1821	680	449272
普陀区	76	1667	658	828978
岱山县	29	374	142	151900
嵊泗县	11	170	76	2787
台州市	**454**	**9110**	**3523**	**2875460**
椒江区	90	2023	777	728235
黄岩区	36	855	354	143501
路桥区	55	1106	413	274464
玉环县	38	668	246	190292
三门县	45	722	289	115991
天台县	35	562	205	166108
仙居县	20	559	267	115333
温岭市	70	1284	503	768473
临海市	65	1331	469	373063
丽水市	**176**	**3114**	**1251**	**690282**
莲都区	69	1166	442	328485
青田县	43	820	336	100208
缙云县	13	286	115	80438
遂昌县	8	139	59	26814
松阳县	10	165	61	28071
云和县	10	121	46	11884
庆元县	7	102	38	16246
景宁县	4	95	41	42934
龙泉市	12	220	113	55202

单位：万元

#主营业务收入	营业税金及附加	#主营业务税金及附加	资产总计	实收资本
878795	**85044**	**84886**	**4092482**	**684230**
395202	42054	41933	1718575	327565
30022	4241	4241	470767	61563
71152	5189	5189	262870	27461
46851	5959	5959	418248	64898
177198	16972	16935	333886	60895
158370	10630	10630	888137	141848
1426724	**143272**	**143130**	**7962229**	**1153180**
448674	45235	45122	3870300	596992
823363	85964	85935	3446894	458882
151900	11684	11684	518943	72806
2787	389	389	126093	24500
2869351	**288255**	**288032**	**18097994**	**1898901**
722561	69138	69052	5411626	536836
143501	10258	10228	1450170	169234
274143	29879	29869	2340695	272229
190264	16081	16066	1342912	132066
115991	10578	10578	739757	110570
166108	14133	14120	865148	111701
115333	9161	9161	695602	86260
768386	98798	98729	3010191	303071
373063	30229	30229	2241894	176936
690257	**57435**	**57394**	**5074920**	**523455**
328485	22445	22405	3001930	281800
100208	6981	6981	729603	91764
80438	13838	13838	443790	17863
26814	2017	2017	90626	24600
28046	2506	2504	177641	26509
11884	920	920	67249	5829
16246	1219	1219	59817	19500
42934	3244	3244	98759	17800
55202	4266	4266	405506	37791

B.联网直报房地产开发企业

3-B-1 按登记注册类型、控股情况和

项目	企业数(个)	年初存货	流动资产合计	#应收账款	#存货	固定资产合计
总计	**6114**	**152458858**	**271877572**	**4333930**	**178141975**	**6629801**
一、按登记注册类型分						
内资	5790	137811467	240418878	4016978	160180284	5912122
国有	56	910100	2516405	32055	1096203	182397
集体	25	158502	238643	3435	84997	14800
股份合作企业	5	168283	182633	306	141781	892
联营企业	2	8135	12567	268	8189	234
国有与集体联营	2	8135	12567	268	8189	234
有限责任公司	2449	84360032	148101899	2134207	97462238	3372131
国有独资公司	133	6999140	16047773	266875	9624366	553800
其他有限责任公司	2316	77360892	132054126	1867332	87837872	2818331
股份有限公司	91	2208828	5710047	116509	2585266	234158
私营企业	3160	49974420	83625229	1730198	58770787	2107472
私营独资	4	20265	38361	893	31913	6
私营合伙	2		32483		30845	16
私营有限责任公司	3097	49071965	82157776	1726409	57738934	2025645
私营股份有限公司	57	882190	1396609	2897	969095	81805
其他企业	2	23167	31455		30823	36
港澳台商投资	195	10872836	20058329	162533	13445868	389802
与港澳台商合资经营	84	4811770	8681164	104684	6038269	155677
与港澳台商合作经营	1					

资质等级分组的房地产开发企业财务状况

单位：万元

固定资产原　　价	累计折旧	#本年折旧	在建工程	资产总计	流动负债合　　计	#应付账款	非 流 动负债合计	负债合计
7022268	**1855055**	**419878**	**7768538**	**314746717**	**202784737**	**13179702**	**44190839**	**246975575**
6231569	1703488	378725	7360837	279683810	183455144	11094037	41158657	224613801
187213	16045	1954	373811	3675590	1652127	38293	903877	2556004
15399	6255	963	11268	297447	258928	15479	2228	261156
3843	2899	829	44	187934	124588	7751	12000	136588
472	344	78		13464	9438	2570		9438
472	344	78		13464	9438	2570		9438
2736219	769906	164977	4942043	172311004	108270118	6393876	29356313	137626431
186268	32340	7534	2042166	20441438	8823989	521088	6039796	14863785
2549951	737566	157443	2899877	151869567	99446128	5872788	23316518	122762646
254000	88139	15548	43671	8642430	4438267	303006	550686	4988953
3034373	819887	194367	1990000	94524228	68680347	4333062	10333553	79013901
10	5	2		38367	36073	20217		36073
16	...	...		32799	126	126	30836	30962
2980262	799495	190995	1939833	92736798	67292715	4215184	10152412	77445127
54084	20387	3369	50167	1716264	1351434	97535	150306	1501739
50	13	9		31712	21330			21330
409570	95650	25741	230956	21461228	10959624	1162634	1959708	12919332
175563	39554	8866	75812	9422184	5917110	500217	815632	6732742

3-B-1 续表 1

项目	企业数(个)	年初存货	流动资产合计	#应收账款	#存货	固定资产合计
港澳台商独资	105	5845207	10843912	57838	7050930	146436
港澳台商投资股份有限公司	5	191445	479317		334644	3501
外商投资	129	3774555	11400365	154420	4515823	327878
中外合资经营	67	2030463	3306643	135120	1582082	54460
中外合作经营	2	57397	255387	6	163387	34
外资企业	58	1685663	7831284	18793	2769409	273179
外商投资股份有限公司	2	1032	7051	500	946	205
二、按控股情况分						
国有控股	438	17661074	38567536	837162	21754613	1064156
集体控股	186	3743739	5979190	83555	3813515	198165
私人控股	4732	96507514	164093162	2969359	113165042	4187367
港澳台商控股	186	10059026	18585852	137960	12651706	298393
外商控股	110	3558559	10570868	31798	3993024	319251
其 他	462	20928946	34080964	274096	22764076	562471
三、按资质等级分						
一 级	130	8975152	23158445	178341	9642462	464720
二 级	610	21614035	39036433	785691	23339851	902500
三 级	1599	32083237	56637855	1076572	36139666	2137158
四 级	817	7551750	12793752	259993	8138586	339452
暂 定	2275	65650839	112010927	1628957	81028052	2036709
其 他	683	16583847	28240160	404376	19853359	749263

单位：万元

固定资产原　价	累计折旧	#本年折旧	在建工程	资产总计	流动负债合　计	#应付账款	非流动负债合计	负债合计
120019	29802	10224	155144	11398774	4818262	657010	991588	5809849
4232	726	238		499279	208047	4583	20000	228047
381130	55916	15413	176745	13601679	8369969	923031	1072474	9442443
77019	24639	4461	53432	3570942	1820633	388201	404067	2224700
111	77	25		255842	98309	10517	55000	153309
302827	30232	10811	123313	9761038	6448127	524314	613407	7061533
1174	969	116		13856	2901	-1		2901
674088	121775	24386	3586488	49266531	24391330	1431148	12151769	36543099
197937	62693	9686	146309	6984152	4344813	399093	884714	5229527
4718156	1379984	308295	3260596	187465900	130626548	7930749	23651404	154277952
289961	67462	18881	231727	19870835	10313504	1046632	1637920	11951424
371979	54093	14772	168471	12725779	7899345	1004147	855025	8754369
770147	169047	43858	374948	38433521	25209197	1367933	5010007	30219205
684222	239810	39395	54118	34250332	22182259	1124792	3416462	25598722
1310384	453222	84749	1338186	48912494	32995875	1447573	5723928	38719803
2575115	554063	128091	2151441	66386166	42482736	3439926	9565836	52048572
395045	137265	32532	631034	14415227	9758372	590512	1670701	11429074
1662351	362255	108099	2994102	119995558	76789851	5209403	18475041	95264892
395150	108440	27012	599657	30786942	18575643	1367495	5338870	23914513

3-B-1 续表 2

项目	所有者权益合计	#实收资本	营业收入	#主营业务收入	土地转让收入	商品房屋销售收入
总计	**67771142**	**49557566**	**45214833**	**44813002**	**39541**	**43672108**
一、按登记注册类型分						
内资	55070009	38854502	40313306	39916369	39541	38942197
国有	1119586	237424	307050	305317		211856
集体	36292	23926	113007	112716		111938
股份合作企业	51346	15001	35990	35990		35972
联营企业	4026	1700	2219	2219		1652
国有与集体联营	4026	1700	2219	2219		1652
有限责任公司	34684574	24406680	24365711	24064406	26228	23577418
国有独资公司	5577653	2703798	954466	939999	18065	823043
其他有限责任公司	29106921	21702882	23411246	23124406	8163	22754375
股份有限公司	3653477	1257550	1414153	1408934	8646	1369018
私营企业	15510328	12901323	14075177	13986788	4668	13634344
私营独资	2294	5250				
私营合伙	1837	200				
私营有限责任公司	15291671	12688763	13844070	13755763	4668	13404950
私营股份有限公司	214525	207109	231107	231025		229393
其他企业	10382	10900				
港澳台商投资	8541897	7627866	3889607	3885646		3846692
与港澳台商合资经营	2689441	2352343	1081403	1079520		1060229
与港澳台商合作经营						

单位：万元

房屋出租收　　入	其他收入	营业成本	#主营业务成　　本	营业税金及附加	#主营业务税金及附加	其　　他业务利润	销售费用	管理费用
356799	**744554**	**32397018**	**32124358**	**4165072**	**4128249**	**220342**	**1430195**	**2261029**
277824	656807	29142683	28871996	3707441	3672662	206041	1236586	2058520
3104	90357	200809	199875	16432	16431	7475	2048	35646
249	529	94083	93867	8576	8576	458	311	4502
	18	29433	29433	2552	2552		1189	2007
	568	1186	1186	235	235	119	23	834
	568	1186	1186	235	235	119	23	834
164807	295953	17578172	17354559	2261019	2238310	111123	719433	1054488
14803	84088	771911	768596	53228	53153	13378	10469	66098
150005	211865	16806261	16585963	2207791	2185157	97745	708964	988391
17249	14020	765597	761137	138687	137273	12388	20547	73753
92414	255363	10473403	10431939	1279941	1269285	74479	492916	886948
				1884	1884		109	133
								113
91154	254991	10311577	10270391	1253365	1242748	72551	485451	869348
1261	371	161826	161548	24691	24653	1928	7357	17355
							118	341
36388	2567	2613662	2613276	369829	369777	9368	128057	121936
18434	857	777636	777388	85904	85862	4634	42082	50453

3-B-1 续表 3

项目	所有者权益合计	#实收资本	营业收入	#主营业务收入	土地转让收入	商品房屋销售收入
港澳台商独资	5588925	4990600	2691780	2689702		2682728
港澳台商投资股份有限公司	271232	274906	101264	101264		99543
外商投资	4159236	3075198	1011920	1010986		883219
中外合资经营	1346243	1016065	472907	472907		461378
中外合作经营	102533	105080				
外资企业	2699505	1949155	538634	537701		421463
外商投资股份有限公司	10955	4899	379	379		379
二、按控股情况分						
国有控股	12723432	5906309	4562106	4338015	27709	4013457
集体控股	1754625	3069263	1543771	1541994		1514374
私人控股	33187948	25466787	27845671	27724656	11832	27190838
港澳台商控股	7919411	7051442	3432458	3428505		3403045
外商控股	3971409	2926927	1407220	1406287		1279026
其他	8214317	5136838	6423608	6373545		6271368
三、按资质等级分						
一级	8651610	2973227	3236241	3186096		3066106
二级	10192691	5531635	7216385	7169766	998	6998705
三级	14337593	8662226	11768161	11742809	23320	11288432
四级	2986153	2453588	2657746	2650881	4307	2625584
暂定	24730666	24522589	16912562	16656105	10858	16380886
其他	6872429	5414301	3423739	3407346	59	3312395

单位：万元

房屋出租收入	其他收入	营业成本	#主营业务成本	营业税金及附加	#主营业务税金及附加	其他业务利润	销售费用	管理费用
6809	165	1749118	1748980	274063	274053	3597	80226	63804
177	1544	78485	78485	8934	8934	1138	5377	5320
42587	85180	640673	639086	87802	85811	4933	65552	80573
7711	3819	293464	291943	36228	36147	364	17206	26042
							1091	510
34876	81362	346960	346894	51552	49642	4576	47255	53792
		249	249	21	21	-7		229
47993	248857	3278226	3159006	365394	349149	38005	99633	257729
8947	18674	1024268	1021067	138704	138694	4325	30566	61001
192076	329910	20349026	20274654	2670232	2650285	137960	927608	1525575
22893	2567	2287343	2286957	330923	330871	6689	121664	114311
42473	84788	986090	986043	114763	114640	7415	55797	76602
42418	59759	4472065	4396632	545056	544610	25949	194927	225811
44290	75701	1994642	1965355	338950	336548	49535	58838	227274
82124	87938	5097691	5016462	631791	630909	52696	165712	386771
124334	306722	8610340	8590367	1057741	1056508	59303	273049	595089
9028	11961	1891415	1890143	226099	225021	8889	80020	181840
70642	193720	12386905	12260944	1619060	1588578	36847	708237	696944
26381	68512	2416025	2401088	291432	290685	13073	144339	173111

3-B-1 续表 4

项目	#税金	财务费用	#利息收入	#利息支出	资产减值损失
总计	**150154**	**1047547**	**393513**	**960550**	**87539**
一、按登记注册类型分					
内资	135233	1015015	362889	927850	60474
国有	1065	35934	2887	32798	-95
集体	93	2990	82	3066	
股份合作企业	11	-22	22		
联营企业	50	...		...	
国有与集体联营	50	...		...	
有限责任公司	82494	625914	223421	558753	16508
国有独资公司	4136	33461	3554	27149	785
其他有限责任公司	78358	592453	219867	531604	15723
股份有限公司	9931	59999	39690	70160	15260
私营企业	41589	290200	96787	263073	28801
私营独资	16	196	6	196	
私营合伙		-1	1		
私营有限责任公司	40389	280097	95895	252667	28801
私营股份有限公司	1184	9909	885	10210	
其他企业		1			
港澳台商投资	11106	38125	17105	39960	26868
与港澳台商合资经营	6308	22404	6617	23774	24593
与港澳台商合作经营					

单位：万元

公允价值变动收益	投资收益	营业利润	营业外收入	#补贴收入	营业外支出	利润总额	应交所得税	应付职工薪酬（本年贷方累计发生额）
14183	**1529612**	**5227956**	**298157**	**80777**	**314909**	**5545524**	**1115846**	**1029337**
13700	1399448	4363705	266942	77736	288042	4668393	889795	914547
444	501	23955	7364	17621	1285	44398	1061	18337
	241	3064	669		366	3528	2251	2173
	3	833	178		194	817		422
		60			34	26	60	192
		60			34	26	60	192
13465	819711	2846934	178640	56779	171367	3034197	590576	507932
	25417	39547	30392	21592	3435	85670	26786	31118
13465	794294	2807387	148248	35187	167933	2948526	563790	476814
132	411152	753597	20544	55	18800	764183	54845	31548
-341	167841	735723	59548	3282	95995	821704	241002	353789
		-2321			1	-2322	123	91
		-112			3	-115		14
-341	164065	724110	57288	2436	92282	810023	230487	347031
	3775	14046	2261	846	3710	14118	10392	6653
		-460				-460		156
484	95604	681665	20441	2209	21370	688408	184042	77026
742	91686	163595	9881	15	10750	170221	51159	29097

3-B-1 续表 5

项目	#税金	财务费用	#利息收入	#利息支出	资产减值损失
港澳台商独资	4356	4187	10149	6668	2275
港澳台商投资股份有限公司	373	2049	298	-5	
外商投资	3814	-5592	13518	-7260	197
中外合资经营	1322	9605	5088	10361	195
中外合作经营	65	543	30		2
外资企业	2423	-15740	8401	-17620	
外商投资股份有限公司	4	...	...		
二、按控股情况分					
国有控股	33244	193204	51772	149547	7377
集体控股	3412	18877	10447	25048	-121
私人控股	87061	706901	241698	673586	54058
港澳台商控股	9116	27615	15734	28200	26868
外商控股	4203	-12205	12979	-12481	-6
其他	13118	113156	60882	96650	-638
三、按资质等级分					
一级	14110	233982	136015	242660	10734
二级	18641	229126	49153	212185	9082
三级	34995	220654	78098	172670	16741
四级	30232	36283	15598	36756	16508
暂定	43090	273944	88708	257985	42230
其他	9085	53558	25942	38295	-7756

单位：万元

公允价值变动收益	投资收益	营业利润	营业外收入	#补贴收入	营业外支出	利润总额	应交所得税	应付职工薪酬（本年贷方累计发生额）
-258	3859	522238	9241	911	10292	521305	130396	46069
	60	2238	35	4	65	2268	2487	1526
	34559	182586	10774	831	5497	188724	42009	37765
	-1143	91057	9247	208	2064	98135	27538	16147
		-2146	5		2	-2143	-417	326
	35702	93804	1522	623	3432	92860	14888	21243
		-128			...	-128		48
10993	374694	739332	90180	69848	15852	868046	143942	138158
	23192	280270	9421	6	8204	301046	22572	24020
2520	804848	2330420	153471	6339	231190	2486774	576720	640013
484	95603	614270	18885	929	18146	622679	166264	72503
	35136	224478	10983	781	7462	229244	47984	34802
187	196140	1039187	15218	2874	34055	1037735	158363	119841
393	829028	1154242	57849	5430	29860	1268385	76789	88625
3912	471938	1146125	61036	6947	50368	1208456	199972	149084
10200	152428	1105878	90608	14935	118197	1176066	258611	238570
-292	2984	249385	15026	254	16897	248720	56092	68477
-29	26645	1193733	62466	44854	74813	1232270	398173	371236
-1	46589	378595	11172	8356	24773	411628	126209	113346

3-B-2 按地区分组的房地产

地　　区	企业数(个)	年初存货	流动资产合　　计	#应收账款	#存货	固定资产合　　计	固定资产原　　价
全　省	**6114**	**152458858**	**271877572**	**4333930**	**178141975**	**6629801**	**7022268**
杭州市	**1437**	**52567591**	**96000730**	**1112058**	**59655855**	**1848820**	**1826169**
上城区	66	1749748	4386422	65284	1864906	60083	83973
下城区	78	3510147	6829098	11487	4418270	70208	97069
江干区	174	10962513	18670969	128417	12036801	375055	430171
拱墅区	79	6211752	9097200	83423	6863643	133900	172685
西湖区	122	5619518	13649004	77633	5723270	461880	161047
滨江区	80	3390003	7162787	47600	4553156	36306	56988
萧山区	193	5530717	10174433	97730	6463953	218248	218370
余杭区	239	9514163	15038545	271584	10033846	210932	287763
桐庐县	107	1034556	1705004	50152	1136129	63314	46968
淳安县	72	583044	1330103	132069	675212	118992	132376
建德市	62	516254	1292005	-5683	967487	51469	61420
富阳市	77	2394603	3738178	144708	2791608	36022	52107
临安市	88	1550572	2926981	7655	2127574	12412	25231
宁波市	**831**	**27427620**	**47760713**	**926952**	**31161141**	**2142483**	**1765364**
海曙区	40	1776443	2821242	15052	1628626	73832	180821
江东区	65	3160268	7052973	44136	4519323	189952	171714
江北区	56	1790710	3242250	22140	2328408	160104	152443
北仑区	71	2380205	4349815	200470	2553391	71854	124192
镇海区	56	2765161	3937804	123463	2651228	440228	106923
鄞州区	187	4987633	8959804	204736	5169080	659606	605658
象山县	59	1376765	2191217	82653	1547634	24032	29183
宁海县	31	1693079	2955288	67042	1949088	131628	42949
余姚市	146	2922823	5004859	82772	3504556	222085	138460
慈溪市	95	3434181	5142814	65794	4110207	157198	125729
奉化市	25	1140353	2102647	18695	1199600	11964	87294
温州市	**684**	**15995999**	**27507435**	**411414**	**19836574**	**155297**	**580121**
鹿城区	131	3893899	6777433	132403	4132669	41726	89802
龙湾区	67	2587415	3815747	24460	2827314	27010	56601
瓯海区	45	1412396	3172788	4708	2403877	9575	297315
洞头县	23	265748	393896	11305	323861	1658	2994
永嘉县	53	763870	1170129	8120	887077	6450	9356
平阳县	86	1139190	1665555	12113	1389995	27557	21375

开发企业财务状况

单位：万元

累计折旧	#本年折旧	在建工程	资产总计	流动负债合计	#应付账款	非流动负债合计	负债合计
1855055	**419878**	**7768538**	**314746717**	**202784737**	**13179702**	**44190839**	**246975575**
488036	**118017**	**2121117**	**112925134**	**70130586**	**4041538**	**16116342**	**86246928**
36393	4617	620043	6665432	3351080	190340	1563041	4914121
33940	6087	21086	8971335	4809221	163203	1628589	6437810
60320	22932	126765	21088076	12926704	1075475	2516527	15443231
39427	7560	93607	10209120	6801174	253182	1580469	8381643
57485	9879	63453	17129391	11638257	438322	1367182	13005439
19683	6428	97063	7821234	4720348	159571	1013153	5733501
71649	16562	404103	12174195	7887187	422139	1915317	9802504
83207	17946	385226	16308160	10237103	797205	2680101	12917204
14064	3350	248063	2145725	1603541	121681	156511	1760052
26096	10354	25977	1828333	915626	117606	452674	1368300
15057	3597	45	1431373	653169	32482	400950	1054119
16639	5360	34506	4062104	2589804	144443	520354	3110157
14075	3345	1182	3090658	1997372	125891	321475	2318847
365168	**95402**	**1514911**	**57273992**	**32680450**	**2898368**	**9727207**	**42407658**
25576	7464	1	3703416	2215910	138242	414523	2630433
43054	10213	983285	9327998	4360875	293884	2094186	6455061
13155	6250	20491	3923040	2152229	130703	443362	2595590
25585	5663	64668	4769083	2759048	392790	880390	3639438
25567	6023	71	4267007	2208484	312743	783555	2992039
109524	34489	58417	11721370	6823216	478288	1586477	8409693
10765	2281		2346389	1552696	122024	356581	1909277
6488	2206	27358	3393381	1648556	101825	677785	2326341
47048	8699	116816	5794509	3546546	262511	1260117	4806663
52309	9510	238556	5696105	4001794	533838	656495	4658289
6097	2603	5250	2331693	1411098	131519	573738	1984835
168957	**32586**	**448979**	**30571354**	**22939959**	**1094948**	**3463068**	**26403027**
45765	6919	223485	8305192	5410715	447032	787697	6198412
30590	3704	3539	4482817	3343235	125661	664078	4007312
14929	3320		3287302	2702425	50316	387035	3089459
1399	453		403475	359372	8685	685	360057
4043	853	1916	1270694	1101007	4827	84884	1185892
12100	3153	417	1704196	1401684	30813	70043	1471727

3-B-2 续表 1

地 区	企业数(个)	年初存货	流动资产合计	#应收账款	#存货	固定资产合计	固定资产原价
苍南县	67	1015263	2183080	79747	1626588	7939	18304
文成县	13	101515	136895	995	98846	1403	2227
泰顺县	14	214683	375789	38991	264674	1555	5278
瑞安市	91	1464721	3057080	65922	2241452	14008	37818
乐清市	94	3137300	4759045	32650	3640222	16416	39053
嘉兴市	**634**	**10668222**	**19263924**	**398294**	**12683587**	**437281**	**558345**
南湖区	150	2788095	5785312	21093	3377900	49213	74182
秀洲区	90	1608529	2594800	63312	1866160	102005	116955
嘉善县	87	1196074	1989858	61000	1360658	38698	48069
海盐县	44	925531	1541889	22664	1003454	31697	33657
海宁市	62	1442922	2575157	21225	1928465	25557	38649
平湖市	83	1357510	2470442	32851	1605189	103360	97299
桐乡市	118	1349562	2306467	176150	1541761	86751	149535
湖州市	**412**	**6240072**	**11426607**	**415458**	**7400571**	**197996**	**188662**
吴兴区	120	2831372	5301637	129123	3453648	78410	84624
南浔区	41	452559	732479	45264	485638	10045	10837
德清县	64	694622	1351271	-11431	766257	28827	38647
长兴县	116	1453446	2732012	214989	1803969	69836	38267
安吉县	71	808073	1309207	37513	891060	10878	16287
绍兴市	**691**	**13347212**	**23277090**	**226840**	**16187727**	**595256**	**706619**
越城区	164	4164484	6476324	61790	4858843	173819	215156
绍兴县	178	3651186	5746215	41790	4057020	166189	210680
新昌县	46	673879	999949	12094	853865	33679	38843
诸暨市	148	2605279	5713810	50608	3348961	129603	162699
上虞市	103	1522724	3046585	52748	2095097	82292	62366
嵊州市	52	729660	1294208	7811	973942	9673	16876
金华市	**485**	**9307271**	**16882828**	**268821**	**10851520**	**489309**	**429292**
婺城区	135	1995519	3544777	32846	2550468	82868	133867
金东区	29	594054	1215207	24384	794090	17124	26033
武义县	24	339013	561265	13458	374430	19650	30849
浦江县	30	498130	644751	12712	484045	6413	15254
磐安县	13	136154	177414	209	111073	7909	10271
兰溪市	49	496850	847020	76600	525786	8120	18805
义乌市	88	3245500	6011709	60959	3498994	41233	74308
东阳市	87	1194046	2118314	16349	1437379	285975	87541
永康市	30	808004	1762373	31304	1075256	20017	32365

单位：万元

累计折旧	#本年折旧	在建工程	资产总计	流动负债合　　计	#应付账款	非 流 动负债合计	负债合计
10224	3080	13676	2308584	1926358	119079	219317	2145674
896	355	27446	158946	82844	7946	54386	137230
3174	667	7316	388977	376900	59607	20413	397313
22125	4649	146747	3369346	2387966	123600	557813	2945778
23712	5435	24438	4891827	3847454	117381	616718	4464172
132981	**34681**	**758019**	**21889638**	**13925045**	**1555322**	**3186846**	**17111891**
25516	5636	114130	6598742	4262235	784647	883523	5145758
19817	4446	7207	2890352	1678558	214232	444578	2123137
13099	3984	149307	2139285	1285706	81025	304406	1590111
7305	1632	337124	2013428	922011	120712	563421	1485432
13593	2591	15245	2703937	2110957	106912	184638	2295596
17881	6001	114865	2745645	1804756	170926	493776	2298532
35770	10391	20141	2798249	1860822	76866	312504	2173326
61612	**12907**	**174158**	**12833489**	**7850631**	**595309**	**1953656**	**9804287**
30210	5161	69966	6078469	3505078	272097	1160438	4665516
5213	1550		791026	598768	41423	33072	631841
8615	1967	62860	1606680	972875	63817	228095	1200970
9917	2798	41322	2986962	1822925	173463	450096	2273021
7658	1431	10	1370352	950985	44509	81955	1032940
193185	**42113**	**922260**	**27101310**	**19088304**	**1279978**	**2509668**	**21597972**
51897	8233	236070	7355724	5515225	471299	589175	6104400
61848	12414	153202	6378095	4346617	447717	583699	4930316
9170	1551	69627	1072702	905067	66209	37925	942991
38187	13904	408979	7233979	4597967	158967	1020563	5618530
23254	3938	42386	3722378	2541416	112156	240021	2781437
8829	2072	11996	1338432	1182012	23630	38286	1220298
167688	**34942**	**1380898**	**18934678**	**12990207**	**653998**	**2483399**	**15473607**
53627	10280	545187	3873618	2781923	204536	392332	3174255
7805	2177	87011	1391323	740890	91777	398951	1139842
9874	2641	3	642573	436910	33550	60801	497711
8127	1432	12	667494	540797	16300	60243	601040
2362	466	8763	189258	147151	4139	100	147251
10050	1900	31254	1025697	670892	81826	105739	776631
35738	4677	26736	6466343	4497671	133489	859753	5357424
26748	7010	643309	2807949	1770298	79533	455756	2226054
13357	4358	38623	1870423	1403675	8848	149724	1553400

3-B-2 续表 2

地　　区	企业数(个)	年初存货	流动资产合计	#应收账款	#存货	固定资产合计	固定资产原价
衢州市	**232**	**2105066**	**3571343**	**59535**	**2432138**	**58531**	**107513**
柯城区	85	895002	1468359	17779	945195	37342	59202
衢江区	26	265775	462092	3283	326696	1833	3822
常山县	22	199844	243461	4065	197018	1803	3883
开化县	22	240499	382919	19592	286923	3978	7521
龙游县	33	169296	304116	5207	201339	8916	14176
江山市	44	334650	710395	9608	474967	4658	18909
舟山市	**198**	**3828845**	**6457977**	**142707**	**4266310**	**399625**	**464932**
定海区	107	1643393	3042789	88061	1906362	298529	343507
普陀区	66	1884885	2914436	47494	1990476	78505	92958
岱山县	16	277506	407883	5839	313319	6342	9956
嵊泗县	9	23061	92870	1313	56153	16249	18511
台州市	**361**	**8468627**	**15304421**	**296649**	**10725901**	**244965**	**301500**
椒江区	76	2727790	4697991	45759	3287079	113182	156568
黄岩区	30	557134	1283414	1276	888728	9061	15102
路桥区	42	1291155	2148054	50814	1674856	54038	31311
玉环县	32	582207	906491	3981	677640	4972	8416
三门县	32	403325	587098	17662	448966	1952	3985
天台县	25	332897	621295	19350	376099	19342	20248
仙居县	15	395792	641147	3935	538557	6642	11643
温岭市	60	1405970	2737912	124434	1799943	13521	25612
临海市	49	772358	1681019	29439	1034034	22256	28614
丽水市	**149**	**2502335**	**4424504**	**75203**	**2940651**	**60240**	**93750**
莲都区	63	1534348	2627632	31247	1758647	37120	56087
青田县	32	418374	634146	7884	415549	11682	18286
缙云县	12	218492	420464	7113	322906	3987	6092
遂昌县	6	59085	86360	1057	68506	545	1218
松阳县	8	38424	130314	4616	69182	4452	6932
云和县	9	19420	50967	2046	37668	339	725
庆元县	5	13614	43716	9	18585	173	247
景宁县	3	43228	95623		67079	230	409
龙泉市	11	157350	335282	21230	182528	1713	3755

单位：万元

累计折旧	#本年折旧	在建工程	资产总计	流动负债合　计	#应付账款	非流动负债合计	负债合计
47122	**9314**	**108546**	**3997928**	**2866609**	**179196**	**349116**	**3215725**
21832	4136	400	1651127	1133356	62901	120381	1253736
2021	771	11012	469767	311938	6638	92744	404682
2338	657	801	262870	225014	13368	9518	234532
3916	752	695	412218	294569	28618	19697	314266
5427	876		324714	265214	32024	1246	266460
11588	2124	95637	877233	636518	35647	105530	742048
95548	**13125**	**154101**	**7596254**	**4845758**	**262511**	**1314181**	**6159938**
71178	7043	84987	3666402	2220248	126999	733073	2953321
19031	4660	67377	3383652	2203098	91828	539067	2742165
3077	762		427574	336155	35680	29438	365592
2262	660	1737	118625	86256	8004	12603	98860
99985	**20905**	**91264**	**16721265**	**11519980**	**481141**	**2727702**	**14247681**
43906	8700	5417	5110714	3549624	165327	868404	4418028
5872	1264		1381802	828852	19078	238417	1067269
9834	2354	58855	2283440	1624978	96861	367346	1992324
3176	833		919853	646057	5551	154916	800973
2907	644		660590	493287	20178	62031	555318
5560	959	287	817123	579176	21891	99424	678600
5015	1735	8049	677376	571675	13082	35780	607455
12230	2292	10158	2963117	1738128	58383	722176	2460304
11486	2124	8498	1907251	1488204	80790	179206	1667410
34773	**5887**	**94286**	**4901677**	**3947208**	**137395**	**359655**	**4306862**
19286	3249	92737	2932005	2278555	75236	316828	2595383
7795	865	1446	704401	570547	44192	34411	604958
2154	498	8	443290	448628	2698		448628
673	189		88297	64953	1084	156	65109
2167	457		155456	122459	1805		122459
386	59		52286	42198	4538	6254	48452
74	12		44424	33766	1342	700	34466
188	137		96759	57013	186		57013
2051	421	95	384759	329090	6314	1305	330395

3-B-2 续表 3

地区	所有者权益合计	#实收资本	营业收入	#主营业务收入	土地转让收入	商品房屋销售收入	房屋出租收入
全省	**67771142**	**49557566**	**45214833**	**44813002**	**39541**	**43672108**	**356799**
杭州市	**26678206**	**18023128**	**15914339**	**15674508**		**15257189**	**129955**
上城区	1751310	887400	680898	669101		605494	18343
下城区	2533524	1554252	771546	742930		719825	12214
江干区	5644845	3524953	2928841	2923043		2796432	44686
拱墅区	1827476	1650885	1676800	1675628		1646620	5841
西湖区	4123952	2459108	2068277	1892476		1821240	10534
滨江区	2087733	1614761	1373298	1369063		1352075	7390
萧山区	2371691	1484582	1516829	1515165		1488602	15568
余杭区	3390956	2389480	3295876	3293010		3261549	10155
桐庐县	385673	333237	293347	286455		285281	934
淳安县	460034	283496	304983	304972		289960	830
建德市	377253	265709	98551	98424		92883	645
富阳市	951947	849355	488939	488930		482158	2588
临安市	771812	725912	416155	415310		415071	226
宁波市	**14866334**	**12719884**	**8189693**	**8132496**	**6411**	**7804435**	**105528**
海曙区	1072984	401731	944767	932667		789552	3617
江东区	2872937	1808843	586159	577946		555380	16638
江北区	1327450	1148099	624176	621777		608653	11720
北仑区	1129645	3548616	853072	850148		838218	11255
镇海区	1274968	706867	694109	691231		685778	1910
鄞州区	3311677	2590939	2047492	2036072		1980133	42109
象山县	437113	280303	316203	309795	4307	302732	2317
宁海县	1067041	308293	193400	185901		174850	3344
余姚市	987846	920070	691128	688969	2104	667119	5787
慈溪市	1037816	789101	1061841	1060731		1027503	4606
奉化市	346857	217023	177347	177259		174518	2227
温州市	**4168327**	**3010835**	**3133074**	**3116388**	**20**	**3022581**	**18517**
鹿城区	2106780	1217173	1146366	1144429	20	1065211	12478
龙湾区	475504	302533	566239	566239		562076	3594
瓯海区	197842	233826	222478	221442		218188	196
洞头县	43418	46667	14777	14777		14737	34
永嘉县	84802	142219	41667	41667		40424	60
平阳县	232469	206415	88629	88629		86921	28

单位：万元

其他收入	营业成本	#主营业务成本	营业税金及附加	#主营业务税金及附加	其他业务利润	销售费用	管理费用
744554	**32397018**	**32124358**	**4165072**	**4128249**	**220342**	**1430195**	**2261029**
287364	**11197138**	**10987912**	**1342649**	**1323314**	**84565**	**499087**	**694179**
45265	439242	439111	61125	60201	11412	7791	46048
10891	417358	345942	79027	78914	4204	27393	57733
81925	1998533	1997910	236154	235958	9784	89999	100702
23167	1272139	1269985	144973	144920	3214	50889	44456
60702	1432186	1319474	159701	144633	7826	57919	92588
9599	919206	918970	143838	143838	8011	36551	42760
10995	1069224	1048368	121895	120737	28017	43040	80118
21306	2474436	2473404	253616	253605	9733	121893	120108
240	207666	207642	25972	24179	953	8540	17747
14181	236352	236351	24631	24631	169	16386	20302
4896	91192	91151	8317	8310	-594	5108	14997
4184	321288	321288	51115	51115	1006	17051	26540
13	318317	318317	32285	32275	831	16527	30081
216123	**5731380**	**5721968**	**923659**	**921324**	**20408**	**212452**	**384634**
139499	684532	681279	112472	111890	4605	12785	40684
5928	399571	399361	53731	53663	1005	20801	41740
1404	359929	359309	107652	107593	1720	19158	19487
676	665450	664035	64166	64146	1210	19438	28846
3543	561813	560455	49897	49801	14	16818	18892
13831	1367408	1366448	295338	294823	5031	51975	110835
438	231457	230900	25207	25207	1674	7482	14188
7708	114041	113980	17072	16789	307	2543	13405
13960	428661	427842	94877	94183	3761	32021	51717
28623	766625	766479	93155	93137	1000	26531	36020
513	151894	151879	10093	10093	81	2900	8822
75270	**2159873**	**2149981**	**280255**	**273655**	**18957**	**135724**	**186069**
66720	850391	849829	75845	75730	12384	19133	58004
568	299041	298989	50216	50216	3600	28575	28097
3059	172023	172023	17084	17084	1024	37804	17948
6	10349	10349	1109	1109		1071	2542
1183	35779	35779	12892	12892	107	4704	7825
1680	60972	60936	10341	10327	991	10484	12584

3-B-2 续表 4

地　　区	所有者权益合计	#实收资本	营业收入	#主营业务收入	土　地转让收入	商品房屋销售收入	房屋出租收　入
苍南县	162910	198873	50626	50626		49002	1622
文成县	21716	15289	27564	27564		27444	
泰顺县	-8337	27000	45233	31626		31626	
瑞安市	423568	270983	452323	452215		449954	389
乐清市	427655	349857	477174	477174		476998	116
嘉兴市	**4777746**	**3701905**	**3715426**	**3700871**	**14135**	**3632747**	**38321**
南湖区	1452984	1241227	850093	840407		814920	22944
秀洲区	767215	636512	586784	586280		579952	4089
嘉善县	549174	326260	329442	328042		325632	1793
海盐县	527996	270223	245338	244526	14135	229845	380
海宁市	408341	321178	534475	532397		531111	731
平湖市	447114	408610	461952	461952		454185	2217
桐乡市	624923	497895	707342	707267		697101	6166
湖州市	**3029202**	**2196502**	**1940085**	**1928404**	**8704**	**1908091**	**2100**
吴兴区	1412953	999571	749711	748529		746128	691
南浔区	159185	143481	163299	163299		163215	83
德清县	405710	279911	477376	468695		464982	219
长兴县	713941	556308	290680	289032	8704	276399	392
安吉县	337412	217230	259020	258849		257366	715
绍兴市	**5503338**	**3768864**	**4146036**	**4136872**		**3994292**	**38824**
越城区	1251324	996171	1015466	1014497		999201	11346
绍兴县	1447779	1171768	1389755	1386529		1367218	17415
新昌县	129711	133050	216393	216393		215039	366
诸暨市	1615449	646410	915029	911074		808078	8515
上虞市	940941	699477	387065	386202		384201	680
嵊州市	118134	121989	222328	222179		220556	502
金华市	**3461072**	**2360813**	**2392853**	**2372145**	**1827**	**2345959**	**13960**
婺城区	699363	613061	596748	576307		568247	5596
金东区	251482	232788	220965	220965		217475	84.
武义县	144863	82355	199113	199113		198274	839
浦江县	66453	100445	127902	127902		126864	910
磐安县	42007	40848	69056	69056		68723	
兰溪市	249067	139167	297241	297241		294011	1252
义乌市	1108919	654406	291809	291542		288376	1098
东阳市	581895	338546	337671	337671	1827	331891	3930
永康市	317024	159199	252349	252349		252098	251

单位：万元

其他收入	营业成本	#主营业务成本	营业税金及附加	#主营业务税金及附加	其他业务利润	销售费用	管理费用
2	28837	28837	14911	14911	-91	8865	11701
120	15249	15249	2412	2412	117	185	1632
…	35437	26310	10508	6028		3389	3685
1872	282266	282149	43282	43177	506	8575	18270
60	369531	369531	41655	39770	318	12939	23782
15669	**2695047**	**2690213**	**324509**	**319916**	**9921**	**186835**	**211823**
2542	587321	584408	73223	68834	1211	64727	58780
2239	411287	411263	45863	45836	157	24864	25607
618	249112	248409	25342	25311	1211	12905	22773
165	202232	201272	21052	21025	1139	6279	13143
555	390162	390159	47881	47790	7927	14616	22247
5550	373729	373503	41495	41495	113	12628	25101
3999	481204	481200	69654	69625	-1836	50816	44171
9508	**1360468**	**1356614**	**163607**	**161239**	**26024**	**64391**	**109597**
1710	543871	540920	61270	59306	3985	33784	44087
…	129848	129848	12852	12852	230	2982	11471
3493	335428	334924	37270	37232	20516	7217	17292
3536	178640	178623	30523	30438	797	12844	21997
768	172682	172300	21692	21411	496	7564	14750
103756	**3132240**	**3107232**	**375205**	**374169**	**21552**	**129187**	**238395**
3949	762543	761455	97065	96708	4378	45133	58846
1896	1111615	1089132	115902	115850	6194	32271	65434
987	179693	179693	32811	32241	743	7754	15912
94481	642753	642153	73812	73812	6982	18762	55344
1322	291794	291187	30827	30770	2871	8998	28245
1121	143842	143611	24788	24788	384	16268	14616
10400	**1778743**	**1777377**	**188426**	**188355**	**8889**	**81434**	**172175**
2465	454569	453514	45683	45637	4818	41488	44906
3405	161541	161541	17132	17132	…	13061	15167
	157204	157173	14313	14313	267	3143	9542
128	116617	116614	6537	6537	210	743	5705
332	53940	53940	5467	5455	2	1417	3425
1977	226367	226161	22726	22726	89	5127	11838
2068	196926	196853	17168	17156	3016	2262	41943
24	238302	238302	27448	27448	1175	10755	25682
	173278	173278	31951	31951	-688	3439	13968

3-B-2 续表 5

地 区	所有者权益合计	#实收资本	营业收入	#主营业务收入	土地转让收入	商品房屋销售收入	房屋出租收入
衢州市	**782203**	**656110**	**892831**	**866879**		**855097**	**2329**
柯城区	397391	315065	385089	384507		377678	1311
衢江区	65085	60563	54944	30022		29922	20
常山县	28338	27461	71152	71152		71049	103
开化县	97952	62878	46801	46801		44732	
龙游县	58254	51795	176476	176027		173426	868
江山市	135184	138348	158370	158370		158289	27
舟山市	**1436316**	**1051744**	**1372320**	**1372044**		**1359009**	**4397**
定海区	713081	528992	448809	448614		442483	4148
普陀区	641487	447354	815271	815191		810226	82
岱山县	61982	53398	105453	105453		105415	
嵊泗县	19766	22000	2787	2787		885	167
台州市	**2473583**	**1597279**	**2844670**	**2838912**	**8163**	**2821097**	**2149**
椒江区	692685	409459	724325	718674		716469	730
黄岩区	314532	155304	143381	143381	998	140169	132
路桥区	291116	250515	267576	267576		266974	602
玉环县	118879	103492	185720	185700		185669	25
三门县	105272	85906	111809	111809		110746	343
天台县	138524	90561	158500	158500		158283	186
仙居县	69921	72158	115333	115333		115059	7
温岭市	502814	276267	768473	768386		765657	25
临海市	239841	153618	369552	369552	7164	362072	100
丽水市	**594815**	**470504**	**673507**	**673482**	**282**	**671610**	**719**
莲都区	336622	271200	315184	315184		314296	247
青田县	99443	67112	97345	97345		97117	228
缙云县	-5338	17363	80438	80438		80406	31
遂昌县	23188	23600	26814	26814		26814	
松阳县	32997	24009	28071	28046		27714	103
云和县	3834	5629	11284	11284		11284	
庆元县	9959	9000	16246	16246		16246	
景宁县	39747	15800	42924	42924		42924	
龙泉市	54364	36791	55202	55202	282	54809	111

单位：万元

其他收入	营业成本	#主营业务成本	营业税金及附加	#主营业务税金及附加	其他业务利润	销售费用	管理费用
9452	**656894**	**654171**	**84423**	**84265**	**1920**	**22313**	**43408**
5517	291638	289123	41451	41330	804	10210	18850
79	24486	24486	4241	4241	10	3884	4276
	59531	59531	5189	5189	73	1205	2465
2069	28697	28657	5954	5954	586	1227	3042
1733	128771	128602	16959	16921	-969	3136	5374
55	123771	123771	10630	10630	1416	2651	9401
8638	**992316**	**987160**	**139378**	**139308**	**6044**	**26997**	**70520**
1983	318019	312893	45160	45117	1291	10254	32594
4883	595654	595652	85252	85224	4752	12002	31245
37	77932	77932	8577	8577	1	3054	4407
1735	712	683	389	389		1688	2274
7504	**2137677**	**2136503**	**287012**	**286798**	**18460**	**61643**	**116257**
1475	501310	500597	68853	68767	11885	20841	32213
2082	103782	103782	10253	10223	143	5524	10298
	194079	194079	29656	29656	1340	8284	11410
6	135953	135880	15925	15910		3115	6957
721	83239	83239	10391	10391	947	3731	7333
31	115436	115435	13963	13950	2268	3173	8819
267	89573	89573	9161	9161	781	2565	6755
2705	620510	620130	98798	98729	580	8266	18616
216	293796	293788	30012	30012	517	6146	13855
870	**555240**	**555230**	**55949**	**55907**	**3603**	**10131**	**33974**
641	244415	244407	21236	21196	2290	6498	14998
...	70914	70914	6756	6756	978	1893	6468
	68090	68090	13838	13838	42	608	4767
	22556	22556	2017	2017		231	1066
229	30762	30761	2506	2504	148	454	2412
...	10194	10194	870	870	106	63	794
	12446	12446	1219	1219	7	56	701
	53707	53707	3242	3242		163	296
	42155	42155	4266	4266	32	165	2473

3-B-2 续表 6

地 区	#税 金	财务费用	#利息收入	#利息支出	资产减值损失	公允价值变动收益
全 省	**150154**	**1047547**	**393513**	**960550**	**87539**	**14183**
杭州市	**33218**	**369831**	**171773**	**293677**	**47517**	**1140**
上城区	2392	45058	15331	52993	6027	
下城区	1345	93475	15391	31485	10305	17
江干区	6048	35823	26421	25036	-12415	21
拱墅区	2107	34342	19490	34481	224	
西湖区	2650	17934	15986	21569	38045	184
滨江区	2202	18255	8938	9667	144	742
萧山区	4282	43571	48959	71987	689	-1
余杭区	4787	45563	15526	18886	6289	177
桐庐县	840	6219	1427	4242	252	
淳安县	930	10413	449	6333	-1884	
建德市	765	3846	311	3496	-42	…
富阳市	2669	2169	1364	2575	-68	
临安市	2202	13164	2179	10929	-47	
宁波市	**39215**	**185911**	**97323**	**220552**	**21962**	**10264**
海曙区	7356	-404	28209	26213	426	
江东区	2704	31715	17640	39111	-1447	10263
江北区	2746	9503	2722	8491	-294	
北仑区	2659	9757	3024	11148		1
镇海区	1759	9954	4474	4537	7277	
鄞州区	10061	74844	35265	84086	1282	
象山县	946	3684	1521	963	1097	
宁海县	494	3204	56	1796	-1	
余姚市	6536	20341	2317	20806	426	
慈溪市	2747	11109	1632	10870	13197	
奉化市	1209	12203	464	12532		
温州市	**8102**	**75273**	**10738**	**72064**	**706**	
鹿城区	1553	21894	3195	21908	726	
龙湾区	1089	16836	788	15565	-23	
瓯海区	622	3629	2405	5531		
洞头县	18	247	20	106	-1	
永嘉县	231	-743	2468	641		
平阳县	547	5597	301	5757	2	

单位：万元

投资收益	营业利润	营业外收入		营业外支出	利润总额	应交所得税	应付职工薪酬（本年贷方累计发生额）
			#补贴收入				
1529612	**5227956**	**298157**	**80777**	**314909**	**5545524**	**1115846**	**1029337**
918622	**2632556**	**83368**	**10970**	**84287**	**2750009**	**475680**	**381298**
143932	225589	20586	92	4325	246716	4062	28281
131558	196663	4264	778	13642	187253	37830	28112
142386	612493	8930	50	12731	623919	87791	60248
12770	135338	3689	37	5999	142428	51040	29680
145483	413045	4148	10	7753	417441	76859	43373
101841	302132	851	148	2794	321230	46801	20644
163511	347885	5968	1357	5122	368484	35759	37877
76683	317210	17867	10	17856	356785	97350	83745
212	29311	475		4604	25395	9250	9018
-134	-1283	860		818	-1308	3449	9931
27	-24711	983		444	-24154	955	4429
373	72296	5368	2	3667	73874	15034	12672
-18	6589	9379	8488	4533	11946	9500	13289
332378	**1014476**	**97244**	**18580**	**47002**	**1138850**	**246548**	**166332**
71510	134490	35132	2093	3407	198080	28137	14699
26525	73505	27885	1858	3749	97756	23588	20552
14933	123404	1732	270	955	124452	33926	9844
4104	69485	7975	1879	4206	73257	27792	13006
2179	31320	5891	1700	2459	35006	17722	10857
203300	322720	13204	2292	12699	353275	38539	39527
9	28918	128		2640	26404	7876	8061
449	36001	149	7515	3720	40363	2210	4088
4636	66523	2559	100	2582	70137	23891	21367
4731	136668	2066	873	7821	130916	39044	20431
1	-8558	523	1	2762	-10796	3823	3902
7015	**316104**	**16732**	**189**	**24193**	**306271**	**60412**	**86497**
11919	135253	11349		7056	141188	19623	26625
3255	147869	1996		3989	148367	4636	7646
195	-26031	498		1866	-27204	1686	12692
-44	-585	193	189	51	-443	24	3307
-6848	-18683	22		589	-26098	303	4304
-1693	-12422	481		1723	-13656	3520	5642

3-B-2 续表 7

地　　区	#税　金	财务费用	#利息收入	#利息支出	资产减值损　　失	公允价值变动收益
苍南县	316	5485	131	1588	2	
文成县	191	421	19	302		
泰顺县	480	896	13	821		
瑞安市	1747	6360	691	5131		
乐清市	1309	14653	707	14714		
嘉兴市	**8817**	**55282**	**12143**	**49224**	**1632**	**-289**
南湖区	2412	19744	6188	20460	406	6
秀洲区	757	8628	887	6454	963	
嘉善县	1450	4271	358	3616	-629	
海盐县	423	953	443	1078	-144	
海宁市	594	1817	699	1611	759	
平湖市	1804	5846	883	5709	360	
桐乡市	1379	14023	2685	10297	-82	-294
湖州市	**4481**	**40887**	**13120**	**41288**	**368**	**464**
吴兴区	1588	23167	2990	17922	149	444
南浔区	304	4070	106	4091		
德清县	850	3666	4019	6738	-7	12
长兴县	922	12877	344	10303	226	9
安吉县	818	-2892	5661	2236		
绍兴市	**13414**	**154006**	**20909**	**143760**	**2073**	**2516**
越城区	4076	34990	9311	38929	-254	
绍兴县	3817	48112	2609	38719	-194	-68
新昌县	1568	5840	179	3413	24	
诸暨市	2332	43725	5862	41313	2212	2643
上虞市	1099	18608	1320	19124	203	-60
嵊州市	523	2731	1627	2263	82	
金华市	**28573**	**36499**	**51705**	**33815**	**5466**	**77**
婺城区	1363	7249	3195	4674	123	
金东区	576	3818	1086	4103	1216	
武义县	455	2210	606	2031		
浦江县	137	1318	50	785		
磐安县	75	1228	101	1272		
兰溪市	751	1763	304	791	25	
义乌市	23447	7997	41416	9442	-14	77
东阳市	1540	7391	4527	8824	4117	
永康市	230	3526	418	1894		

单位：万元

投资收益	营业利润	营业外收入	#补贴收入	营业外支出	利润总额	应交所得税	应付职工薪酬(本年贷方累计发生额)
294	-19263	83		972	-19858	1316	7008
87	7782	4		148	7725	225	1315
	-8681	4		228	-8905	261	1463
-226	93970	533		1523	92740	25902	7691
76	16894	1572		6049	12417	2915	8804
39108	**267914**	**44276**	**21199**	**16661**	**320400**	**74988**	**84552**
4174	52512	5586	167	7768	51689	26042	24277
12748	82617	6389	5065	1710	86870	7301	14290
3136	15680	15323	15000	1374	33271	7452	9511
4	3079	3249	681	358	6654	3231	4700
14352	63467	2049	23	1289	78603	11100	11459
6256	3178	9013	50	1868	16579	7224	7825
-1561	47381	2667	213	2293	46735	12638	12491
7896	**214357**	**18379**	**4190**	**12120**	**221092**	**44833**	**70570**
1394	49353	7034	3641	4799	51591	10447	15450
-65	2011	193		1763	441	754	3306
5855	82194	9390	436	1337	90410	17230	6754
29	34617	1406	113	2384	33748	8736	36099
683	46183	355		1836	44902	7666	8961
66927	**189266**	**10241**	**15608**	**21945**	**220623**	**76844**	**79360**
19879	28192	4239	3	5022	39279	24399	21481
6775	39600	2154	325	9305	39446	26135	22570
-48	-24965	91	60	914	-25709	897	4264
4484	79413	2974	14186	3694	101504	14692	16150
33891	44673	595	1034	1896	44617	2809	8836
1947	22353	189		1114	21486	7912	6060
16735	**142981**	**5148**	**9629**	**16327**	**152595**	**45510**	**49466**
12084	7660	2106	184	7041	11989	7600	14195
-7	9031	418		2270	7171	2528	6614
2194	14008	1369		775	15756	3133	2240
8	-2796	33		76	-2839	828	1818
	3580	68	50	173	3475	833	1057
431	29886	757		2360	28310	7263	4237
1323	29156	434	10	289	30022	7167	8115
225	25096	-71	9385	1791	32868	5350	7898
478	27360	35		1552	25843	10808	3292

3-B-2 续表 8

地　区	#税　金	财务费用	#利息收入	#利息支出	资产减值损　失	公允价值变动收益
衢州市	**2566**	**16444**	**1526**	**16541**	**1578**	
柯城区	1362	2569	1069	3068	1547	
衢江区	156	1528	93	1605	...	
常山县	68	82	8	84		
开化县	40	1861	17	1101		
龙游县	488	3406	44	3406	31	
江山市	453	6998	296	7277		
舟山市	**3316**	**50703**	**4880**	**31810**	**-692**	
定海区	1420	23925	1899	11558		
普陀区	1506	24289	2946	17830	-751	
岱山县	255	199	16	197		
嵊泗县	136	2291	20	2225	59	
台州市	**6492**	**52232**	**8005**	**49388**	**5269**	**11**
椒江区	1968	17657	3455	16185	5	
黄岩区	156	3848	478	4243		
路桥区	1059	5099	635	4573	5217	
玉环县	378	13179	96	12970		
三门县	220	2337	54	2132		
天台县	255	1153	258	1167		
仙居县	310	2689	504	2877		
温岭市	726	4993	573	2181	47	
临海市	1420	1276	1954	3061	1	11
丽水市	**1959**	**10480**	**1392**	**8432**	**1661**	
莲都区	311	6638	622	4251	1797	
青田县	95	748	274	800	-137	
缙云县	1348	2664	70	2679		
遂昌县	12	3	5	7		
松阳县	74	-177	386	153		
云和县	30	-6	10	2		
庆元县	73	-6	6	...		
景宁县	5	-5	5	...		
龙泉市	13	620	13	540		

单位：万元

投资收益	营业利润	营业外收入	#补贴收入	营业外支出	利润总额	应交所得税	应付职工薪酬(本年贷方累计发生额)
380	**45870**	**2898**		**6297**	**43319**	**15139**	**13718**
701	20945	2543		2530	22129	7144	6455
704	-8383	7		124	-7797	69	1534
10	2753	20		127	2656	796	1056
-2010	6646	128		391	4373	1896	1084
116	17573	7		572	17124	2937	1635
859	6337	193		2553	4835	2298	1954
29450	**103001**	**1806**	**256**	**15373**	**119109**	**15786**	**31917**
13322	25013	869	140	6994	32424	1834	14259
15999	71309	737	10	6792	81240	12424	15079
...	11285	110		1502	9893	1528	1768
129	-4605	90	106	86	-4448	1	810
103245	**290110**	**17262**	**156**	**66252**	**257729**	**56084**	**49409**
84704	170436	2599	12	49249	128455	27240	13928
1078	10108	117		274	10735	3052	4349
-100	20388	11837		1180	30946	5595	6794
-213	10648	348	5	879	9848	2088	3337
	5724	14		2045	3693	1245	2725
4528	17892	224		345	22299	475	2413
	5370	57	20	309	5138	761	2450
6576	24452	1153		10786	15105	10393	7413
6673	25092	913	120	1186	31510	5235	6002
7856	**11321**	**803**		**4451**	**15529**	**4022**	**16219**
2362	23673	700		3391	23345	1330	8462
8	11544	6		170	11387	568	3209
1	-9487	...		67	-9553	155	1527
72	941	5		47	970	29	474
5137	-7738	38		24	-2588		751
	-525	5		37	-557		171
	1837	1		176	1662	334	240
	-14478	38		121	-14561	571	480
276	5555	11		418	5425	1036	905

3-B-3 按登记注册类型、控股情况和资质

项 目	计 划 总投资	自开始 建设累计 完成投资	本 年 完成投资	本年完成	
				建筑工程	安装工程
总 计	**276835922**	**191619843**	**62162493**	**30367939**	**3529098**
一、按登记注册类型分					
内 资	247080013	173025806	55080615	27076351	3237984
国 有	1833693	1361878	384239	316161	2936
集 体	421227	372572	58901	18910	2254
股份合作企业	230264	215066	25311	19426	1550
联营企业	8300	4538	257	242	
国有与集体联营	8300	4538	257	242	
有限责任公司	147247696	103991280	32137908	14848909	1741156
国有独资公司	10473236	6865645	2505669	1448242	105093
其他有限责任公司	136774460	97125635	29632239	13400667	1636063
股份有限公司	4824434	3555115	908750	497172	77225
私营企业	92464399	63507968	21547860	11368784	1412863
私营独资	44000	23211	12128	5730	898
私营合伙	18576	7496	7496	4000	
私营有限责任公司	90760435	62343506	21235974	11173982	1386591
私营股份有限公司	1641388	1133755	292262	185072	25374
其他企业	50000	17389	17389	6747	
港澳台商投资	20590511	12949389	5307921	2166160	180960
与港澳台商合资经营	8400611	5408639	2303374	1021200	84253
港澳台商独资	11805604	7290905	2878545	1080044	87492
港澳台商投资股份有限公司	384296	249845	126002	64916	9215
外商投资	9165398	5644648	1773957	1125428	110154
中外合资经营	2834471	1847438	486107	285560	22838
中外合作经营	344936	162245	162112	13813	105
外资企业	5985991	3634965	1125738	826055	87211
二、按控股情况分					
国有控股	28700825	19827906	6459811	3524345	308653
集体控股	7369304	5907339	1518982	659714	132769
私人控股	178909114	122522554	40048401	19959904	2450101
港澳台商控股	18730597	11965775	5015953	2027047	165650
外商控股	8668716	5557625	1803145	1187760	111582
其 他	34457366	25838644	7316201	3009169	360343
三、按资质等级分					
一 级	14325403	10888069	2655583	1345544	139721
二 级	37120461	27172313	7745797	4191320	326358
三 级	54523984	41665612	11430654	6651780	868846
四 级	13942117	9566470	2682541	1708843	227092
暂 定	128144230	83774099	31640597	13822614	1626149
其 他	28779727	18553280	6007321	2647838	340932

等级分组的房地产开发企业投资情况

单位：万元

投资(按构成分)				本年完成投资(按工程用途分)				
设备工器具购置	其他费用	#旧建筑物购置费	#土地购置费	住宅	#90平方米以下住房	#140平方米以上住房	#别墅、高档公寓	办公楼
647061	**27618395**	**69309**	**21217263**	**40892167**	**11031805**	**13389541**	**3625127**	**3774281**
556088	24210192	66639	18348877	36532997	9804547	11754939	3148725	3307501
1260	63882	3702	10000	297500	144745	42500	150	10359
	37737		30684	45925	718	10623		
3665	670			19671	1053	8032		5
	15							
	15							
275840	15272003	16949	11338297	21188201	6276396	7121556	1607820	2187141
11702	940632	11887	600200	1634306	754727	237514	10307	142600
264138	14331371	5062	10738097	19553895	5521669	6884042	1597513	2044541
46555	287798		204033	606401	94529	324823	68619	51826
228768	8537445	45988	6759538	14364098	3283383	4247405	1472136	1058170
	5500		5500	7273	4186	1274	1274	648
	3496		2770	5377				
224525	8450876	45988	6680816	14221267	3256920	4188578	1469842	1022709
4243	77573		70452	130181	22277	57553	1020	34813
	10642		6325	11201	3723			
48172	2912629	2670	2469261	3424228	940936	1313302	306712	341389
17030	1180891	2670	995637	1597687	286699	623679	63568	98909
20444	1690565		1445445	1780320	639275	685248	243144	211300
10698	41173		28179	46221	14962	4375		31180
42801	495574		399125	934942	286322	321300	169690	125391
1763	175946		136751	251638	71159	107632	57951	46895
	148194		135293	71902				11285
41038	171434		127081	611402	215163	213668	111739	67211
60677	2566136	15589	1650576	3976668	1735016	747165	82794	682790
17149	709350		492162	996063	137014	245847	74366	106894
408123	17230273	51050	13388348	26718147	6374399	9106777	2359113	2212200
39931	2783325	2670	2341636	3242738	928226	1216092	320572	323824
46535	457268		398344	1051506	265871	439312	227041	97462
74646	3872043		2946197	4907045	1591279	1634348	561241	351111
63868	1106450		715091	1924444	345649	669700	99085	85521
70934	3157185	507	2180878	5330516	1416467	1655572	337633	275809
107056	3802972	29199	2577735	7715849	1954270	2537651	1006111	668524
32245	714361	17648	539398	1837201	498192	578131	255367	116552
319802	15872032	16291	12856466	20556063	5871247	6940485	1670269	2123836
53156	2965395	5664	2347695	3528094	945980	1008002	256662	504039

3-B-3 续表 1

项目	商业营业用房	其他	本年新增固定资产	本年实际到位资金合计	上年末结余资金
总计	**7175352**	**10320693**	**20477551**	**117726276**	**29143818**
一、按登记注册类型分					
内资	5922273	9317844	18855802	103991844	24908016
国有	13801	62579	37618	598239	242945
集体	5962	7014	51660	97431	18289
股份合作企业	1622	4013		27255	680
联营企业		257		1487	669
国有与集体联营		257		1487	669
有限责任公司	2965048	5797518	11548569	64126060	16759762
国有独资公司	148677	580086	1217243	3623679	771392
其他有限责任公司	2816371	5217432	10331326	60502381	15988370
股份有限公司	82961	167562	514759	1900458	382963
私营企业	2850427	3275165	6703196	37223564	7502708
私营独资	2540	1667		20902	716
私营合伙	405	1714		18576	
私营有限责任公司	2746698	3245300	6628243	36798132	7429238
私营股份有限公司	100784	26484	74953	385954	72754
其他企业	2452	3736		17350	
港澳台商投资	755326	786978	1131913	10440655	3582601
与港澳台商合资经营	229564	377214	344194	4127589	1444754
港澳台商独资	504590	382335	787719	6133323	2114664
港澳台商投资股份有限公司	21172	27429		179743	23183
外商投资	497753	215871	489836	3293777	653201
中外合资经营	127484	60090	241706	967030	234697
中外合作经营	29376	49549		282332	165852
外资企业	340893	106232	248130	2044415	252652
二、按控股情况分					
国有控股	483948	1316405	3150020	11067075	2855892
集体控股	202013	214012	507433	3488741	1212872
私人控股	4649965	6468089	13216062	74153960	16893508
港澳台商控股	733747	715644	899886	9874547	3435311
外商控股	465593	188584	602767	3056915	558488
其他	640086	1417959	2101383	16085038	4187747
三、按资质等级分					
一级	151029	494589	1106846	6044010	1053177
二级	680217	1459255	3737817	13449169	2860605
三级	1198438	1847843	5497645	21626503	5362985
四级	434242	294546	1132005	4972099	1089964
暂定	3722052	5238646	7119835	59474252	15609754
其他	989374	985814	1883403	12160243	3167333

单位：万元

本年实际到位资金小计	国内贷款			利用外资		自筹资金	
		银行贷款	非银行金融机构贷款		#外商直接投资		#自有资金
88582458	**15906485**	**13416385**	**2490100**	**470329**	**462518**	**27650698**	**9050353**
79083828	14680899	12423310	2257589	1000	1000	25316050	8136035
355294	86015	56015	30000			82612	39587
79142	200	200				43399	8118
26575	13050	13050				12918	1005
818						257	257
818						257	257
47366298	9835792	8362582	1473210	1000	1000	13769873	4557535
2852287	1217084	1126084	91000			1022220	280827
44514011	8618708	7236498	1382210	1000	1000	12747653	4276708
1517495	276777	191907	84870			595096	283152
29720856	4469065	3799556	669509			10794545	3245381
20186						18402	10380
18576						18576	2000
29368894	4463065	3793556	669509			10571562	3169512
313200	6000	6000				186005	63489
17350						17350	1000
6858054	949668	816990	132678	126115	118304	1547158	705179
2682835	315215	240711	74504	16760	16760	490085	116505
4018659	614453	556279	58174	109355	101544	1009053	558674
156560	20000	20000				48020	30000
2640576	275918	176085	99833	343214	343214	787490	209139
732333	126833	93000	33833	16904	16904	198147	56161
116480	20500	20500				29127	
1791763	128585	62585	66000	326310	326310	560216	152978
8211183	2382317	2221317	161000	4500	4500	2834311	833140
2275869	411288	338850	72438	3750	3750	774068	239566
57260452	9816709	7985705	1831004			18996040	6033622
6439236	871130	807606	63524	121615	113804	1439750	633674
2498427	229203	133169	96034	340464	340464	672593	157291
11897291	2195838	1929738	266100			2933936	1153060
4990833	1105150	944861	160289	8560	8560	1488957	1155737
10588564	1762360	1681660	80700			3087330	1205992
16263518	2908734	2275034	633700	22607	22607	4255053	1586648
3882135	391701	338188	53513			1166395	350754
43864498	8225658	6935442	1290216	368447	368447	14665112	4145002
8992910	1512882	1241200	271682	70715	62904	2987851	606220

3-B-3 续表 2

项 目	#股东投入资金	#借入资金	其他资金来源	#定金及预收款	#个人按揭贷款
总 计	**7770322**	**7375835**	**44554946**	**28279767**	**13929603**
一、按登记注册类型分					
内 资	7045742	7058972	39085879	24792662	12146417
国 有		7200	186667	82555	3289
集 体	17247	5612	35543	22514	13029
股份合作企业	2563	350	607		
联营企业			561	200	361
国有与集体联营			561	200	361
有限责任公司	3986998	3475994	23759633	15166570	7486168
国有独资公司	148367	439778	612983	314602	65636
其他有限责任公司	3838631	3036216	23146650	14851968	7420532
股份有限公司	167325	107380	645622	388490	239729
私营企业	2864409	3453286	14457246	9132333	4403841
私营独资	3000	5022	1784	446	1338
私营合伙	16576				
私营有限责任公司	2830279	3384732	14334267	9051548	4361647
私营股份有限公司	14554	63532	121195	80339	40856
其他企业	7200	9150			
港澳台商投资	472830	253979	4235113	2690836	1363324
与港澳台商合资经营	241527	71620	1860775	1246085	585760
港澳台商独资	213303	182359	2285798	1386162	754019
港澳台商投资股份有限公司	18000		88540	58589	23545
外商投资	251750	62884	1233954	796269	419862
中外合资经营	77905	14266	390449	291637	91517
中外合作经营	29127		66853	40385	26468
外资企业	144718	48618	776652	464247	301877
二、按控股情况分					
国有控股	767184	942574	2990055	1921517	661419
集体控股	352741	108859	1086763	707337	336911
私人控股	5043506	5335475	28447703	18162360	8775134
港澳台商控股	369273	333066	4006741	2546168	1279640
外商控股	174245	96548	1256167	812580	426186
其 他	1063373	559313	6767517	4129805	2450313
三、按资质等级分					
一 级	93771	142112	2388166	1664409	630034
二 级	409007	663136	5738874	3522854	1718825
三 级	846082	1207947	9077124	5821225	2710707
四 级	251370	521212	2324039	1463038	690642
暂 定	5011387	4059704	20605281	13151332	6587140
其 他	1158705	781724	4421462	2656909	1592255

单位：万元

本年各项应付款合计	#工程款	待开发土地面积(万平方米)	本年土地购置面积(万平方米)	本年土地成交价款	#拆迁补偿费	#土地使用权出让金	契税
12819867	**7490035**	**1461**	**1761**	**10067340**	**100709**	**9263581**	**243789**
11386255	6525599	1210	1597	8793056	100705	8006639	231237
98153	38659	1	1	3300	3300		
13264	5964		2	20064		20064	
269	269						
1386	1386						
1386	1386						
5732319	3269216	596	677	4389509	69438	4090014	132739
439968	288844	33	40	247473		236434	7333
5292351	2980372	563	637	4142036	69438	3853580	125406
145655	101379	27	29	242453		237647	5285
5390209	3105926	586	888	4137730	27967	3658914	93213
4726	4726	2	2	13850			
5286077	3034711	583	881	4099150	27967	3634184	92467
99406	66489	1	6	24730		24730	746
5000	2800						
1072219	773989	155	90	755763	4	738993	8939
658433	457482	95	21	116380		116380	2825
413666	316407	60	47	578901	4	578897	6114
120	100		22	60482		43716	
361393	190447	96	74	518521		517949	3613
154437	79901	63	31	73423		72851	1166
3326	3326						
203630	107220	33	42	445098		445098	2447
1196939	714990	73	92	580149	3300	502910	15320
292179	210447	74	52	240939		240939	19427
8817213	5014378	1028	1317	7019727	33529	6472332	160941
1028900	752420	149	89	732989	4	716219	8257
333697	163319	47	49	454025		453453	3019
1150939	634481	89	162	1039511	63876	877728	36825
427703	208922	44	36	300805		297979	4945
1238570	597378	100	135	765147	7019	676005	16437
3160757	1985086	329	271	1205698	6057	1117964	29441
897292	483737	156	95	283713	1271	274712	8480
5897542	3415909	620	988	6011213	41350	5491662	149677
1198003	799003	211	236	1500764	45012	1405259	34809

3-B-4 按地区分组的房地产

地区	计划总投资	自开始建设累计完成投资	本年完成投资	本年完成		
				建筑工程	安装工程	设备工器具购置
全省	**276835922**	**191619843**	**62162493**	**30367939**	**3529098**	**647061**
杭州市	**88506195**	**62406514**	**18532841**	**7117600**	**944754**	**214877**
上城区	2809497	1992144	518088	222337	24774	6191
下城区	5248011	3719266	1314185	368284	19321	5525
江干区	17564208	13521757	3411496	1090233	138487	67603
拱墅区	8812439	7081655	2308842	676968	119364	17248
西湖区	9469257	8082344	1842185	862999	87991	37162
滨江区	6974784	4278067	1441755	404772	32048	9869
萧山区	9840400	6201267	2478324	925631	106012	21022
余杭区	14993947	9562318	2663595	1356250	268454	21555
桐庐县	1984740	1582823	504011	257551	24086	6959
淳安县	1720238	1386604	352567	181565	10243	2369
建德市	1118739	624894	275004	99438	16354	2845
富阳市	3852886	2170095	785661	355753	48224	7087
临安市	4117049	2203280	637128	315819	49396	9442
宁波市	**45269290**	**29182130**	**11231401**	**5918024**	**766030**	**170895**
海曙区	2145945	1486025	449835	185082	49539	15405
江东区	5514535	3381812	1239083	482437	72810	18886
江北区	3347885	1678865	848391	311653	19486	851
北仑区	4091065	3248065	1148504	808284	102221	6707
镇海区	4619827	3011893	1037298	603965	67816	8587
鄞州区	9165841	5108054	2049938	1039149	154557	39791
象山县	1853483	1250494	517465	292752	20005	4253
宁海县	1191964	864825	347056	126098	35299	100
余姚市	4562787	3441341	1329157	676076	103237	40909
慈溪市	6771971	4392924	1728934	1171171	105286	34285
奉化市	2003987	1317832	535740	221357	35774	1121
温州市	**31761531**	**24540731**	**7343708**	**3261484**	**192016**	**52067**
鹿城区	5006331	4015064	931260	408272	8744	10398
龙湾区	3834023	3469262	878332	475972	35187	9966
瓯海区	3958629	2902499	1171998	419570	3083	314
洞头县	304188	224391	64552	42279	127	240
永嘉县	2692046	2018992	704387	377799	33848	2292
平阳县	2286049	1646237	436608	237710	19513	9402

开发企业投资情况

单位：万元

投资(按构成分)			本年完成投资(按工程用途分)				
其他费用	#旧建筑物购置费	#土地购置费	住宅	#90平方米以下住房	#140平方米以上住房	#别墅、高档公寓	办公楼
27618395	**69309**	**21217263**	**40892167**	**11031805**	**13389541**	**3625127**	**3774281**
10255610		**8020681**	**11695643**	**4550757**	**3703576**	**704039**	**1687874**
264786		168334	282856	139902	120558	29799	58681
921055		759390	464667	285215	142589		344563
2115173		1563152	1681070	894526	248059	24059	482793
1495262		1240382	1658872	619151	593997		152635
854033		598827	1293251	544416	336994	102231	163858
995066		791375	792734	331502	252344		121497
1425659		1283284	1660830	581219	626331	35863	242513
1017336		753826	2056338	944809	560087	127591	47076
215415		145213	378145	34022	156160	26503	17686
158390		135688	186761	58211	55444	42868	3244
156367		124591	173930	38182	19822	8930	3494
374597		303518	545498	40548	334897	162285	45549
262471		153101	520691	39054	256294	143910	4285
4376452	**41052**	**3170393**	**6423263**	**1258462**	**2304505**	**805936**	**958136**
199809		146436	181956	51500	87983	330	125464
664950	2670	522029	454796	43528	278726	49179	261644
516401		427335	447768	86314	134867		77368
231292		144936	632554	177190	178351	88570	114012
356930	2000	252573	706104	224754	101211	31852	89619
816441	138	615657	1206286	271619	380113	137871	219597
200455	422	158202	375530	88754	118434	110089	8492
185559		58354	240635	24659	121842	1843	9590
508935	3702	380836	715269	111212	365936	103493	18798
418192	31699	245334	1068426	128268	425519	201133	31184
277488	421	218701	393939	50664	111523	81576	2368
3838141	**3963**	**3069634**	**5222031**	**1253102**	**1903791**	**86629**	**170877**
503846		320008	647709	207936	181695		40866
357207		238460	596165	278062	205482	17934	79639
749031		693470	970939	200766	182964	4664	5454
21906		17070	52422	14254	15317	5950	336
290448	359	242597	496852	75313	138325		1267
169983		114430	339917	15922	79539	13960	

3-B-4 续表 1

地　区	计　划 总投资	自开始 建设累计 完成投资	本　年 完成投资	本年完成		
				建筑工程	安装工程	设备工 器具购置
苍南县	2237503	1861398	719154	324061	16070	3126
文成县	386877	257112	84016	59872	516	
泰顺县	372515	356883	164946	89558	5336	2472
瑞安市	4863727	3492970	1045882	401697	26743	10737
乐清市	5819643	4295923	1142573	424694	42849	3120
嘉兴市	**23207469**	**16064240**	**5108262**	**2867873**	**331337**	**41951**
南湖区	6624430	4165855	1210553	609941	56344	5022
秀洲区	3415840	2002269	647971	318131	42142	14887
嘉善县	2674811	1734102	556665	412314	39894	10812
海盐县	1938043	1559696	438151	233578	36437	3789
海宁市	3166906	2388358	836266	458671	31887	509
平湖市	2345681	1855080	508789	282015	62150	1421
桐乡市	3041758	2358880	909867	553223	62483	5511
湖州市	**15200384**	**8874022**	**2676379**	**1768927**	**225867**	**46083**
吴兴区	6336472	3953607	1137134	723117	118939	22752
南浔区	715960	473215	163653	117662	8225	5927
德清县	1737564	1035112	314315	226756	22755	6853
长兴县	4209712	2309969	744026	519410	47811	6100
安吉县	2200676	1102119	317251	181982	28137	4451
绍兴市	**24693378**	**17403179**	**5369907**	**3007727**	**322098**	**47100**
越城区	6945533	5212964	1679386	912926	89232	10364
绍兴县	6622317	4735122	1248690	717302	84714	19762
新昌县	1261296	889285	245713	145238	14906	3434
诸暨市	5598871	3372377	1171396	685163	65432	9357
上虞市	2856233	2243953	736691	380904	52218	4047
嵊州市	1409128	949478	288031	166194	15596	136
金华市	**16219244**	**11040512**	**3849707**	**2011677**	**247294**	**21126**
婺城区	3667820	2168626	742474	453376	46264	3958
金东区	1510630	806298	409777	316319	40775	2950
武义县	537125	391055	157282	76638	3717	262
浦江县	562474	491491	148721	69079	9104	18
磐安县	231330	168255	50523	34307	3245	906
兰溪市	1215883	835945	205353	143545	22594	1011
义乌市	5252310	3635111	1293316	471466	32687	2172
东阳市	1894137	1388041	461410	237693	54051	5296
永康市	1347535	1155690	380851	209254	34857	4553

单位：万元

投资(按构成分)			本年完成投资(按工程用途分)				
其他费用	#旧建筑物购置费	#土地购置费	住宅	#90平方米以下住房	#140平方米以上住房	#别墅、高档公寓	办公楼
375897	3604	227905	482517	43230	191838	28309	4318
23628		19750	41472	10859	9127		95
67580		54857	116524	73322	15244	3156	468
606705		542260	670872	159177	324951	12656	31024
671910		598827	806642	174261	559309		7410
1867101	**5333**	**1380756**	**3337967**	**848286**	**813822**	**271163**	**220943**
539246	408	335169	701803	133322	235884	89299	103906
272811		213541	374816	86548	73500	35706	40993
93645		77588	361810	172887	120643	23832	15594
164347	273	138615	322801	94811	63075	4301	9189
345199		229342	656663	196364	106573	34747	20126
163203		128018	376629	106651	36903	17223	11090
288650	4652	258483	543445	57703	177244	66055	20045
635502	**3633**	**459554**	**1790217**	**370663**	**460331**	**259338**	**161616**
272326	2550	182999	753906	188529	228881	158422	83607
31839	520	24584	118426	42023	34668	10559	649
57951	285	51307	256018	32549	35211	8203	5953
170705	78	108658	444269	68863	116921	54490	64419
102681	200	92006	217598	38699	44650	27664	6988
1992982		**1518765**	**4182912**	**632901**	**2024666**	**689020**	**245894**
666864		455143	1401108	280266	754397	255775	68478
426912		383173	985673	62343	648245	305647	44436
82135		75379	200671	25829	49161	8988	7105
411444		284324	782707	55588	378805	109337	68295
299522		242838	621157	142902	161821	8545	57199
106105		77908	191596	65973	32237	728	381
1569610	**3554**	**1354544**	**2519876**	**607258**	**547662**	**306319**	**71133**
238876		148313	560010	182602	153830	55427	30929
49733		40466	148548	58765	68927	19785	3298
76665		58625	140319	3630	30817	57669	
70520		69427	88186	26908	42061	28270	1047
12065		8892	34893	7517	6301	3805	3579
38203		23627	146249	42346	37577	21474	1521
786991		745934	833861	120688	33424	57929	1140
164370	3554	141523	276880	12647	130905	53576	10359
132187		117737	290930	152155	43820	8384	19260

3-B-4 续表 2

地　区	计　划 总投资	自开始 建设累计 完成投资	本　年 完成投资	本年完成		
				建筑工程	安装工程	设备工 器具购置
衢州市	**4293136**	**2546432**	**888211**	**508767**	**54461**	**5679**
柯城区	1844462	1087807	398566	186494	26903	1175
衢江区	656375	337940	143634	98517	7187	494
常山县	363683	157779	58814	43200	1808	570
开化县	272209	228085	45181	27714	4331	2000
龙游县	387550	214945	114325	68080	6400	1360
江山市	768857	519876	127691	84762	7832	80
舟山市	**5481809**	**3745791**	**1437890**	**728395**	**110442**	**10774**
定海区	2467491	1613887	605497	285550	68580	614
普陀区	2349225	1666690	718348	350905	33726	8270
岱山县	588613	431078	102672	83415	8136	1890
嵊泗县	76480	34136	11373	8525		
台州市	**17791386**	**12877229**	**4535381**	**2552868**	**286010**	**33465**
椒江区	5241760	3748298	1369844	823936	101920	22165
黄岩区	1215506	843650	271990	120133	27917	38
路桥区	2797028	2041402	724421	404582	49016	3150
玉环县	1167472	822367	275855	144696	4419	510
三门县	791989	672351	217755	136041	8716	851
天台县	721840	530086	205382	91327	8854	1635
仙居县	1035910	696253	265484	145863	16447	
温岭市	3183619	2366771	813177	422551	44466	2531
临海市	1636262	1156051	391473	263739	24255	2585
丽水市	**4412100**	**2939063**	**1188806**	**624597**	**48789**	**3044**
莲都区	2162482	1510907	558719	297165	17106	1130
青田县	731038	433254	131526	82995	10148	495
缙云县	756170	429436	201453	93467	5956	
遂昌县	134653	92376	47454	27681		
松阳县	119628	71622	46737	20259		
云和县	50103	46159	14285	2175	3280	700
庆元县	53960	42476	28511	18500		26
景宁县	104020	81026	45626	20749	9862	593
龙泉市	300046	231807	114495	61606	2437	100

单位：万元

投资(按构成分)			本年完成投资(按工程用途分)				
其他费用	#旧建筑物购置费	#土地购置费	住宅	#90平方米以下住房	#140平方米以上住房	#别墅、高档公寓	办公楼
319304		**281063**	**705324**	**196729**	**145257**	**86375**	**14631**
183994		162648	340499	84698	46985	31249	8608
37436		27670	106265	41679	18624	19285	4836
13236		12200	34321	6484	13279	9725	
11136		9440	40707	10405	16570	5844	
38485		36915	89976	35912	21814	15522	826
35017		32190	93556	17551	27985	4750	361
588279	**11544**	**432434**	**948212**	**384881**	**192556**	**82265**	**90944**
250753	11228	159908	404904	128212	92489	25153	58968
325447	316	270561	478210	240427	89998	40981	25381
9231		1965	63482	15515	10052	16131	6595
2848			1616	727	17		
1663038		**1100952**	**3188965**	**699230**	**1168117**	**281788**	**141114**
421823		240529	967917	136333	340344	77405	77989
123902		71886	199006	39270	120691	27695	4235
267673		202955	528929	166233	253824	73423	35030
126230		85900	213729	28449	65875	4195	2654
72147		58072	123781	30007	43572	20424	1468
103566		33000	133204	24414	43155	18630	119
103174		96200	191876	19065	70377	9200	6046
343629		228659	589312	176179	165401	9117	3220
100894		83751	241211	79280	64878	41699	10353
512376	**230**	**428487**	**877757**	**229536**	**125258**	**52255**	**11119**
243318	150	191526	462361	113571	77991	24918	2379
37888		27894	102854	15582	18336	3377	2568
102030		90450	143536	49890	12190	8000	1090
19773	50	18700	32113	8283	7222	7222	
26478		25726	26384	8414	1732	2338	
8130		7930	3893	27	537		
9985		9985	8699	170			
14422		13100	25021	1417	2755		727
50352	30	43176	72896	32182	4495	6400	4355

3-B-4 续表 3

地　　区	商　　业 营业用房	其　他	本年新增 固定资产	本年实际到 位资金合计	上 年 末 结余资金	本年实际到 位资金小计
全　省	**7175352**	**10320693**	**20477551**	**117726276**	**29143818**	**88582458**
杭州市	**1748301**	**3401023**	**5041388**	**43411437**	**14366944**	**29044493**
上城区	45448	131103	25243	1477806	592320	885486
下城区	199198	305757	260086	2411995	1058785	1353210
江干区	469602	778031	1131618	9297938	3187164	6110774
拱墅区	115476	381859	336404	5542298	2261596	3280702
西湖区	145455	239621	867785	5071185	1191765	3879420
滨江区	148849	378675	371440	4143714	1494658	2649056
萧山区	191440	383541	670999	4343913	1838809	2505104
余杭区	127248	432933	511025	6513882	1522710	4991172
桐庐县	61760	46420	275860	746719	198462	548257
淳安县	32041	130521	136699	519262	155072	364190
建德市	76878	20702	3080	472277	137165	335112
富阳市	91045	103569	233894	1711731	577401	1134330
临安市	43861	68291	217255	1158717	151037	1007680
宁波市	**1530845**	**2319157**	**4420168**	**16070991**	**2160698**	**13910293**
海曙区	30858	111557	316291	613867	142454	471413
江东区	136568	386075	295377	1658511	518852	1139659
江北区	89022	234233	297946	1214114	251263	962851
北仑区	172931	229007	491570	1453492	115164	1338328
镇海区	73137	168438	761168	1231733	110638	1121095
鄞州区	285508	338547	1272426	3858333	398455	3459878
象山县	44065	89378	203195	648964	9485	639479
宁海县	30316	66515	7261	420610	9840	410770
余姚市	288423	306667	272246	1775462	251054	1524408
慈溪市	339375	289949	311875	2482633	208098	2274535
奉化市	40642	98791	190813	713272	145395	567877
温州市	**580648**	**1370152**	**2047931**	**10555370**	**1847036**	**8708334**
鹿城区	53612	189073	521617	1347072	145925	1201147
龙湾区	56781	145747	382967	1621053	653729	967324
瓯海区	66953	128652	267153	1411422	87534	1323888
洞头县	5085	6709	2636	80708	11344	69364
永嘉县	61848	144420	95551	755489	43379	712110
平阳县	22307	74384	77715	734049	218354	515695

单位：万元

国内贷款	银行贷款	非银行金融机构贷款	利用外资	#外商直接投资	自筹资金	#自有资金
15906485	**13416385**	**2490100**	**470329**	**462518**	**27650698**	**9050353**
6372858	**5704222**	**668636**	**107942**	**100131**	**6223936**	**2083225**
431028	401028	30000			149998	50862
589733	509733	80000			183356	37560
1280145	1170145	110000	57191	49380	1552708	707377
729400	699400	30000			442552	112753
974122	815968	158154	20000	20000	779264	80602
314055	214055	100000			863578	510311
408298	356298	52000			437210	100527
914345	892863	21482	18519	18519	747379	199261
92403	52403	40000			185770	50761
31000	24000	7000			117051	23071
59470	59470				161435	11177
312385	302385	10000	12232	12232	256163	144107
236474	206474	30000			347472	54856
3148780	**2801730**	**347050**	**269922**	**269922**	**5468753**	**2507058**
64819	64819				105155	46416
245683	236683	9000			475315	282788
110760	110760		23	23	623738	159391
401899	346849	55050	8899	8899	484083	177638
212856	212856				541632	305246
880611	693611	187000	261000	261000	1203799	642286
160140	157140	3000			293709	92250
169899	165899	4000			166168	30045
355224	298224	57000			506445	238636
353874	321874	32000			900298	455901
193015	193015				168411	76461
1111179	**828261**	**282918**			**3505217**	**882135**
201385	195285	6100			523738	40350
130066	124516	5550			198403	47713
181843	92843	89000			393177	168947
					57566	1670
78480	61200	17280			288463	179883
39729	39729				197795	19105

3-B-4 续表 4

地　　区	商　　业 营业用房	其　他	本年新增 固定资产	本年实际到 位资金合计	上 年 末 结余资金	本年实际到 位资金小计
苍南县	60866	171453	239878	1212296	263434	948862
文成县	37622	4827	36265	116235	9377	106858
泰顺县	21232	26722	107641	190896	24892	166004
瑞安市	113670	230316	121014	1445947	208710	1237237
乐清市	80672	247849	195494	1640203	180358	1459845
嘉兴市	**919588**	**629764**	**2264807**	**9928971**	**2640447**	**7288524**
南湖区	206374	198470	520782	2945687	981471	1964216
秀洲区	152889	79273	342238	1440161	404111	1036050
嘉善县	132236	47025	107174	869047	206949	662098
海盐县	59030	47131	264182	731607	232753	498854
海宁市	83759	75718	240501	1459923	212153	1247770
平湖市	47638	73432	263310	1040770	327246	713524
桐乡市	237662	108715	526620	1441776	275764	1166012
湖州市	**448810**	**275736**	**967289**	**5102901**	**1128141**	**3974760**
吴兴区	163203	136418	239149	2289254	607750	1681504
南浔区	24082	20496	24738	265695	53196	212499
德清县	9705	42639	302719	773360	105537	667823
长兴县	190863	44475	330773	1244775	221120	1023655
安吉县	60957	31708	69910	529817	140538	389279
绍兴市	**541636**	**399465**	**1645827**	**10171645**	**2626357**	**7545288**
越城区	123915	85885	254268	2934944	800850	2134094
绍兴县	132334	86247	687980	2737464	1223616	1513848
新昌县	20080	17857	144122	422175	178577	243598
诸暨市	160838	159556	306799	2301528	172196	2129332
上虞市	41558	16777	207650	1188047	140197	1047850
嵊州市	62911	33143	45008	587487	110921	476566
金华市	**566503**	**692195**	**1204296**	**7306736**	**907659**	**6399077**
婺城区	97673	53862	185076	1573424	209314	1364110
金东区	213268	44663	37884	715624	129810	585814
武义县	8919	8044	11658	209941	35451	174490
浦江县	6490	52998	222459	163984	42690	121294
磐安县	8591	3460	49959	66993	3162	63831
兰溪市	34584	22999	239654	455120	85251	369869
义乌市	98783	359532	230227	2373620	221812	2151808
东阳市	87413	86758	116289	961728	117092	844636
永康市	10782	59879	111090	786302	63077	723225

单位：万元

国内贷款	银行贷款	非银行金融机构贷款	利用外资	#外商直接投资	自筹资金	#自有资金
133393	67305	66088			435170	119378
					78229	23180
5000	5000				64428	20781
123348	119448	3900			600316	145893
217935	122935	95000			667932	115235
965725	**751055**	**214670**	**61298**	**61298**	**2347886**	**521110**
309738	197018	112720	53237	53237	557613	102985
251075	173625	77450	611	611	297954	49781
49301	48501	800			271592	103602
109365	89365	20000			79703	5936
56794	56494	300	7450	7450	445832	87776
108085	107885	200			182567	27329
81367	78167	3200			512625	143701
632446	**529530**	**102916**	**22607**	**22607**	**1389336**	**276427**
326280	288900	37380	22607	22607	558876	160943
32473	28390	4083			71641	4468
111814	105994	5820			215732	68088
121466	96246	25220			377990	36877
40413	10000	30413			165097	6051
1148375	**1041513**	**106862**			**2151972**	**543001**
288699	268099	20600			586437	163739
244177	232377	11800			290572	122724
550	300	250			86719	14224
556398	485186	71212			661309	128545
39116	36116	3000			445559	105709
19435	19435				81376	8060
640244	**532791**	**107453**	**8560**	**8560**	**2543847**	**1082576**
199544	181590	17954	8560	8560	268725	74477
150408	150408				90709	26031
263	263				28313	19567
30000	30000				961	
					24480	13089
67530	37530	30000			105577	39356
54699	15000	39699			1590568	760746
99800	80000	19800			280535	71516
38000	38000				153979	77794

3-B-4 续表 5

地　区	商　业 营业用房	其　他	本年新增 固定资产	本年实际到 位资金合计	上 年 末 结余资金	本年实际到 位资金小计
衢州市	**81764**	**86492**	**356674**	**1967445**	**550097**	**1417348**
柯城区	24686	24773	147391	954462	374758	579704
衢江区	15181	17352	39251	252518	19491	233027
常山县	16419	8074		97661	4135	93526
开化县	3481	993	12731	162895	80827	82068
龙游县	14024	9499	25068	167855	30581	137274
江山市	7973	25801	132233	332054	40305	291749
舟山市	**160972**	**237762**	**585141**	**2463079**	**451383**	**2011696**
定海区	39231	102394	178185	1257647	286937	970710
普陀区	93147	121610	313459	1034183	146924	887259
岱山县	20937	11658	93497	157774	13824	143950
嵊泗县	7657	2100		13475	3698	9777
台州市	**455742**	**749560**	**1598647**	**8887396**	**2178268**	**6709128**
椒江区	134653	189285	659396	2259260	337869	1921391
黄岩区	38228	30521	54332	637622	87133	550489
路桥区	37385	123077	97107	1056206	185301	870905
玉环县	28040	31432	58201	473753	130829	342924
三门县	52956	39550	137537	312094	69460	242634
天台县	13863	58196	126439	493079	150392	342687
仙居县	28475	39087	111839	408694	52552	356142
温岭市	63579	157066	132222	2450493	993416	1457077
临海市	58563	81346	221574	796195	171316	624879
丽水市	**140543**	**159387**	**345383**	**1860305**	**286788**	**1573517**
莲都区	34774	59205	136491	892625	179721	712904
青田县	8738	17366	127902	211671	15985	195686
缙云县	21647	35180	15820	308892	16089	292803
遂昌县	10744	4597	30412	63960	24017	39943
松阳县	13642	6711	1460	83326	17076	66250
云和县	4764	5628		11951	70	11881
庆元县	17827	1985	15519	35227	6027	29200
景宁县	13668	6210		70271	27803	42468
龙泉市	14739	22505	17779	182382		182382

单位：万元

国内贷款	银行贷款	非银行金融机构贷款	利用外资	#外商直接投资	自筹资金	#自有资金
151825	**142110**	**9715**			**315367**	**174179**
76815	67100	9715			99549	70118
23000	23000				62007	15255
					33287	15601
5120	5120				17560	7090
1390	1390				55841	32230
45500	45500				47123	33885
405920	**272320**	**133600**			**725521**	**224667**
199300	99300	100000			281964	66852
189150	168550	20600			357792	153215
16170	3170	13000			77995	4600
1300	1300				7770	
1227633	**711853**	**515780**			**2267615**	**557056**
311544	231544	80000			717197	198160
133130	37550	95580			194158	20485
96989	96989				349200	39280
86300	86300				138834	787
17819	17819				120369	27611
43772	43572	200			27280	12280
12000	12000				104326	29217
425479	85479	340000			413070	156855
100600	100600				203181	72381
101500	**101000**	**500**			**711248**	**198919**
70300	70300				233188	43027
28200	27700	500			89987	10124
1000	1000				177952	11000
					17950	16000
					18179	2000
					9150	
					23500	
					33900	33900
2000	2000				107442	82868

3-B-4 续表 6

地区	#股东投入资金	#借入资金	其他资金来源	#定金及预收款	#个人按揭贷款	本年各项应付款合计
全省	**7770322**	**7375835**	**44554946**	**28279767**	**13929603**	**12819867**
杭州市	**2221661**	**1353574**	**16339757**	**10028176**	**5974011**	**1680981**
上城区	64750	23338	304460	238642	59991	31326
下城区	34054	56500	580121	332757	240127	35082
江干区	479152	236769	3220730	1978263	1168119	362559
拱墅区	262278	65818	2108750	1241406	798920	131591
西湖区	549487	111342	2106034	1291044	780698	160770
滨江区	176558	129489	1471423	989878	449135	99751
萧山区	186095	85215	1659596	1084180	543142	177935
余杭区	155829	254531	3310929	1919866	1358220	291344
桐庐县	62758	57556	270084	168411	80694	92992
淳安县	23625	59380	216139	141929	64426	66375
建德市	84879	41266	114207	78540	31341	32264
富阳市	52041	60015	553550	328659	213517	134863
临安市	90155	172355	423734	234601	185681	64129
宁波市	**1271838**	**819446**	**5022838**	**3138095**	**1608223**	**2700230**
海曙区	17391	26765	301439	216232	85207	114283
江东区	119259	25823	418661	300312	98589	140928
江北区	359246	85301	228330	191045	29351	68744
北仑区	105801	180922	443447	242950	174033	272001
镇海区	60137	46164	366607	183195	92562	276438
鄞州区	340741	112643	1114468	690269	343093	592214
象山县	62280	70517	185630	73544	99083	134640
宁海县	18800	41132	74703	36249	26978	109833
余姚市	64147	132276	662739	491098	155711	348187
慈溪市	91318	87043	1020363	603959	406586	570667
奉化市	32718	10860	206451	109242	97030	72295
温州市	**979361**	**1326995**	**4091938**	**2541342**	**855921**	**771512**
鹿城区	141710	298363	476024	228280	73178	99550
龙湾区	80975	52792	638855	391623	203687	88490
瓯海区	95578	119534	748868	712162	24220	52405
洞头县		50631	11798	7211	4587	29906
永嘉县	28506	63357	345167	238746	61854	108033
平阳县	103564	61474	278171	116911	81268	49351

单位：万元

#工程款	待开发土地面积（万平方米）	本年土地购置面积（万平方米）	本年土地成交价款	#拆迁补偿费	#土地使用权出让金	契税
7490035	**1461**	**1761**	**10067340**	**100709**	**9263581**	**243789**
1332730	**218**	**228**	**2430139**	**41220**	**2279201**	**58996**
29515	2	5	173547		173547	3376
30314						
226549	19	32	457335		372200	9254
120379	6	16	226517		226517	18522
147272	10	18	287698	41220	246478	3966
92885		34	613868		613868	7812
136869	13	25	227222		223575	6084
235378	82	15	210396		207126	3972
73619	7	13	16117		15568	663
52992	24	18	28648		28297	888
18860	2	19	68984		68984	2679
123755	47	10	59280		59280	1779
44343	6	22	60527		43761	1
1653271	**281**	**240**	**1999116**	**7041**	**1906409**	**40638**
52470	10	5	60000			
87845	19	15	188668		188668	5655
58645	44	20	463942		463942	13918
185687	10	10	48590		48590	1457
206208	7	11	51758		51758	309
322370	93	104	880459	2896	853408	12130
104413	29	10	39773	45	39572	586
48055	1	3	21188		21188	764
173025	12	15	66231	3300	62783	646
379658	48	44	176707		175500	5173
34895	8	2	1800	800	1000	
568791	**56**	**87**	**1015834**		**872489**	**36988**
66014	18	14	281500		281500	8112
83697		4	52950		52950	1645
41982		13	252341		252341	21663
8182	9					
84855		16	85369		70369	1002
37583	18	2	8897		8897	268

3-B-4 续表 7

地 区	#股东投入资金	#借入资金	其他资金来源	#定金及预收款	#个人按揭贷款	本年各项应付款合计
苍南县	204377	88281	380299	244767	103020	100816
文成县		2890	28629	26709		19640
泰顺县	1000	37216	96576	59145	26565	45603
瑞安市	132825	212492	513573	187916	87188	56451
乐清市	190826	339965	573978	327872	190354	121267
嘉兴市	**732291**	**937329**	**3913615**	**2720149**	**1027931**	**1627038**
南湖区	245817	147154	1043628	768053	239790	333347
秀洲区	150161	92057	486410	314590	163273	355042
嘉善县	30046	125562	341205	220978	114069	159644
海盐县	1320	31824	309786	187173	104832	101489
海宁市	89446	261352	737694	491445	187937	143854
平湖市	52735	102503	422872	293289	94914	108537
桐乡市	162766	176877	572020	444621	123116	425125
湖州市	**336611**	**657178**	**1930371**	**1287552**	**530609**	**1473555**
吴兴区	111624	280995	773741	501741	263699	542028
南浔区	37230	29893	108385	56130	40907	107130
德清县	86212	61377	340277	218609	62243	263463
长兴县	68632	182352	524199	419693	95243	380789
安吉县	32913	102561	183769	91379	68517	180145
绍兴市	**819422**	**651300**	**4244941**	**2796917**	**1340622**	**1513046**
越城区	255864	132250	1258958	908599	313165	410321
绍兴县	78103	69212	979099	660324	310725	382359
新昌县	46485	15210	156329	94478	57403	87480
诸暨市	212782	282577	911625	592757	296860	322785
上虞市	219715	87286	563175	321509	210865	257657
嵊州市	6473	64765	375755	219250	151604	52444
金华市	**257814**	**472752**	**3206426**	**2050069**	**905960**	**1380728**
婺城区	105714	76104	887281	630536	246922	456314
金东区	9170	26358	344697	303666	34957	96615
武义县	663	8083	145914	85443	60471	75663
浦江县		513	90333	43341	45701	42000
磐安县	1450	9941	39351	23758	11325	22215
兰溪市	5145	33557	196762	110020	69402	143606
义乌市	33617	161859	506541	334648	65149	363048
东阳市	65185	117401	464301	269887	167066	118573
永康市	36870	38936	531246	248770	204967	62694

单位：万元

#工程款	待开发土地面积(万平方米)	本年土地购置面积(万平方米)	本年土地成交价款	#拆迁补偿费	#土地使用权出让金	契税
72423		11	66498		65326	1086
10978		3	11700		11700	356
29610						
47637	1	9	144900		34225	
85830	10	14	111679		95181	2856
887282	**188**	**322**	**832380**	**15509**	**784561**	**19203**
193632	47	47	212885	4	207400	4856
140870	35	30	73267		72841	1774
88635	41	23	52524	25	52033	1393
57812	8	17	32197		24246	753
77287	16	67	201400	208	200177	5715
85017	22	28	64990		64990	1679
244029	20	110	195117	15272	162874	3033
738889	**194**	**112**	**225459**	**2871**	**204756**	**5617**
275920	39	18	59498		52926	1712
71627	12	4	13485		13200	255
92569	42	23	39276	1600	36623	609
209191	62	36	61365		52782	820
89582	40	30	51835	1271	49225	2221
861587	**126**	**276**	**1173385**	**24819**	**1135018**	**27447**
228998	41	64	227745	23551	194311	5506
231796	28	72	210843	140	210166	4971
68919	6	5	21480		21480	916
140377	26	65	352790	1016	348779	6207
158886	14	66	344906	109	344664	9373
32611	10	4	15621	3	15618	474
651837	**152**	**95**	**392180**	**4624**	**364199**	**8744**
154970	50	26	80202		79312	2017
60844	27					
40144	6	3	8290		7720	
42000						
8050	10	5	19878		8812	138
65275	7	13	45423		45423	1129
194933	11	18	92784		92784	1795
57048	32	24	78117	1200	66446	1731
28573	9	6	67486	3424	63702	1934

3-B-4 续表 8

地区	#股东投入资金	#借入资金	其他资金来源	#定金及预收款	#个人按揭贷款	本年各项应付款合计
衢州市	**82435**	**49703**	**950156**	**527262**	**387363**	**51547**
柯城区	20000	9431	403340	245019	158318	17295
衢江区	19856	23896	148020	79320	41035	13064
常山县	8700	6886	60239	27743	32496	5326
开化县	10420	50	59388	26582	28944	4352
龙游县	18831	4780	80043	39186	36871	5069
江山市	4628	4660	199126	109412	89699	6441
舟山市	**191597**	**152477**	**880255**	**604693**	**163362**	**480233**
定海区	46772	92021	489446	336132	95460	253333
普陀区	112745	37993	340317	229599	56372	165931
岱山县	32080	22263	49785	38255	11530	59087
嵊泗县		200	707	707		1882
台州市	**806157**	**787720**	**3213880**	**2075668**	**917832**	**925562**
椒江区	314566	136941	892650	640108	156783	262523
黄岩区	72867	94504	223201	124947	69521	40667
路桥区	197592	95615	424716	319057	102671	100862
玉环县	18055	119992	117790	71285	46450	120692
三门县	38403	54227	104446	70876	32989	101545
天台县	9000	4800	271635	145575	109805	36663
仙居县	21503	50006	239816	148373	91437	58385
温岭市	92380	147776	618528	430206	171584	170164
临海市	41791	83859	321098	125241	136592	34061
丽水市	**71135**	**167361**	**760769**	**509844**	**217769**	**215435**
莲都区	22200	100058	409416	281745	125542	92094
青田县	22835	52574	77499	55276	14023	27819
缙云县	15000	1200	113851	61821	34875	12719
遂昌县			21993	14929	1562	12246
松阳县	5400	10779	48071	27348	20723	19250
云和县	5700	2750	2731	1772	959	5996
庆元县			5700	5000	700	
景宁县			8568	5451	2947	570
龙泉市			72940	56502	16438	44741

单位：万元

	待开发土地面积（万平方米）	本年土地购置面积（万平方米）	本年土地成交价款			契税
#工程款				#拆迁补偿费	#土地使用权出让金	
36457	**87**	**68**	**212881**		**212881**	**6361**
8787	42	44	80410		80410	2414
12325	13	1	6841		6841	186
3997	1	12	67540		67540	2016
2854	8					
4470	14	2	2900		2900	87
4024	9	10	55190		55190	1658
207435	**36**	**47**	**173012**	**271**	**154431**	**4535**
89651	19	37	90313	271	89732	1994
73703	8	10	82665		64665	2541
42718	7	…	34		34	
1363	2					
442122	**122**	**205**	**1168538**	**914**	**1147266**	**29548**
150212	41	36	238609		233588	6703
9077	2	12	59571		57701	1619
68546	17	10	10715	500	10210	312
16181		24	116720	76	116015	2609
39145	6	15	42493	338	33723	1084
19262	9	15	74380		71286	
9698		8	40860		40860	416
107703	36	50	374114		373775	10468
22298	10	35	211076		210108	6337
109634	**1**	**81**	**444416**	**3440**	**202370**	**5712**
41677	1	37	238587		60103	1807
25066		25	61956	3440	57866	1761
12719		4	54000			
12246		4	22800		22800	684
12400		5	31882		26410	794
5059		2	11208		11208	253
		1	9985		9985	385
467		2	13100		13100	
		2	898		898	28

3-B-5 按登记注册类型、控股情况和资质

项目	房屋施工面积	住宅	#90㎡以下住房	#144㎡以上住房	#别墅、高档公寓	办公楼	商业营业用房
总计	**37647.24**	**23828.31**	**5733.70**	**7186.58**	**1693.55**	**2477.02**	**4226.99**
一、按登记注册类型分							
内资	**34192.01**	**22008.24**	**5375.74**	**6566.51**	**1530.87**	**2188.34**	**3589.44**
国有	**399.35**	**313.82**	**140.82**	**29.16**	**1.27**	**6.08**	**14.83**
集体	52.96	36.54	2.83	14.83		0.39	5.41
股份合作企业	39.83	28.69	2.65	12.23		0.82	2.58
联营企业	2.01						
国有与集体联营	2.01						
有限责任公司	18896.71	12003.61	3347.44	3591.42	681.58	1315.96	1774.60
国有独资公司	2010.28	1374.79	607.44	171.92	4.74	94.98	105.03
其他有限责任公司	16886.43	10628.82	2740.00	3419.51	676.84	1220.98	1669.58
股份有限公司	578.71	363.06	58.68	162.34	49.27	24.57	92.21
私营企业	14210.02	9254.52	1820.67	2756.52	798.74	840.52	1698.05
私营独资	11.16	2.88	1.18	0.36	0.36	1.28	4.98
私营合伙	7.49	5.38					0.40
私营有限责任公司	13970.14	9127.29	1811.76	2724.16	797.54	811.48	1649.56
私营股份有限公司	221.23	118.98	7.73	32.00	0.84	27.75	43.11
其他企业	12.42	8.00	2.66				1.75
港澳台商投资	**2292.53**	**1294.02**	**285.43**	**420.77**	**83.73**	**154.76**	**349.21**
与港澳台商合资经营	1083.23	611.83	86.23	163.29	29.54	54.04	143.64
与港澳台商合作经营							
港澳台商独资	1112.82	634.23	181.76	254.91	54.19	85.08	193.25
港澳台商投资股份有限公司	96.48	47.96	17.45	2.57		15.65	12.32
外商投资	**1162.70**	**526.05**	**72.53**	**199.31**	**78.94**	**133.92**	**288.35**
中外合资经营	328.19	156.14	15.49	84.00	49.25	54.46	70.85
中外合作经营	23.68	7.38				5.55	2.73
外资企业	810.84	362.52	57.04	115.30	29.69	73.91	214.77
二、按控股情况分							
国有控股	4789.33	3142.98	1324.78	531.85	51.64	352.50	309.63
集体控股	1095.81	678.94	113.86	212.31	58.42	72.00	153.65
私人控股	24938.48	15946.80	3292.93	5101.94	1251.64	1577.92	2848.71
港澳台商控股	2105.75	1170.93	271.46	346.82	85.30	146.00	331.99
外商控股	1035.45	478.37	66.13	191.95	52.94	96.51	259.47
其他	3682.42	2410.30	664.55	801.71	193.61	232.09	323.54
三、按资质等级分							
一级	1782.20	1230.93	225.35	394.31	54.01	66.55	92.36
二级	5553.56	3807.12	995.98	1169.77	177.48	189.60	429.66
三级	8829.44	5817.23	1322.27	1723.00	516.33	489.08	860.46
四级	2259.41	1548.63	388.02	425.42	178.69	92.42	308.59
暂定	15657.72	9407.88	2237.87	2925.13	657.30	1315.32	2011.25
其他	3564.90	2016.52	564.20	548.95	109.74	324.05	524.68

等级分组的房地产开发企业施工和销售情况

单位：万平方米

其他房屋	新开工面积	住宅				办公楼	营业用房	其他房屋	房屋竣工面积	住宅
			#90㎡以下住房	#144㎡以上住房	#别墅、高档公寓					
7114.92	**9315.10**	**5787.98**	**1227.29**	**1108.94**	**347.37**	**576.71**	**1123.97**	**1826.44**	**4692.34**	**3187.62**
6405.99	**8352.07**	**5230.62**	**1126.24**	**1021.86**	**305.69**	**502.28**	**946.22**	**1672.95**	**4373.21**	**2994.62**
64.63	**12.89**	**11.58**	**4.94**	**0.32**			**1.15**	**0.16**	**14.04**	**6.73**
10.62	14.29	10.35		3.06			1.69	2.25	8.14	7.09
7.74										
2.01										
2.01										
3802.53	4398.72	2716.28	670.48	569.53	101.02	295.43	469.92	917.10	2606.38	1843.55
435.48	251.77	183.66	78.77	24.01		3.86	10.24	54.01	316.32	223.59
3367.05	4146.95	2532.62	591.71	545.52	101.02	291.56	459.67	863.09	2290.05	1619.96
98.86	90.34	61.00	9.04	26.66	6.10	3.12	4.43	21.78	75.40	54.04
2416.93	3823.41	2423.40	439.12	422.30	198.57	203.73	467.29	728.99	1669.25	1083.21
2.01	3.97					1.04	1.54	1.39		
1.71	7.49	5.38					0.40	1.71		
2381.82	3767.83	2391.63	436.95	421.68	198.57	198.89	457.54	719.77	1653.53	1072.07
31.39	44.11	26.40	2.17	0.62		3.80	7.79	6.12	15.72	11.14
2.67	12.42	8.00	2.66				1.75	2.67		
494.54	**612.12**	**392.44**	**78.82**	**68.41**	**27.97**	**43.52**	**68.20**	**107.97**	**202.33**	**142.73**
273.73	264.36	190.47	13.93	33.35	8.61	17.44	17.79	38.66	74.99	42.04
200.26	301.78	175.79	60.15	33.64	19.36	26.08	41.08	58.82	127.34	100.69
20.55	45.98	26.17	4.74	1.43			9.33	10.48		
214.39	**350.91**	**164.92**	**22.24**	**18.67**	**13.72**	**30.91**	**109.56**	**45.52**	**116.80**	**50.27**
46.74	102.00	47.24	10.62	12.34	10.82	14.57	24.42	15.78	67.62	27.97
8.02	23.68	7.38				5.55	2.73	8.02		
159.63	225.23	110.30	11.62	6.32	2.89	10.79	82.41	21.72	49.18	22.29
984.22	835.38	512.41	195.95	83.58		80.77	58.05	184.15	719.09	522.79
191.22	188.16	91.48	21.42	20.52	0.31	22.07	30.94	43.66	131.37	84.38
4565.06	6542.27	4135.54	771.63	806.71	261.09	377.87	762.06	1266.81	3148.08	2115.51
456.83	606.70	368.11	73.67	62.71	30.51	42.26	85.15	111.18	174.02	123.84
201.10	272.41	123.13	10.09	12.99	8.38	15.57	102.17	31.53	105.86	43.66
716.50	870.19	557.32	154.54	122.43	47.08	38.16	85.60	189.11	413.93	297.44
392.37	288.54	187.46	34.73	46.35	3.90	20.23	14.07	66.78	256.87	183.66
1127.18	1046.37	716.22	154.48	150.78	35.13	25.44	85.88	218.83	813.28	586.22
1662.68	1691.77	1117.70	210.61	236.21	113.77	79.21	165.30	329.56	1339.60	934.28
309.78	440.73	276.97	72.49	48.43	22.69	16.47	70.56	76.73	285.04	187.76
2923.27	4895.39	3011.40	652.57	564.53	150.03	321.95	628.96	933.09	1580.80	1028.28
699.64	952.30	478.24	102.41	62.64	21.85	113.41	159.21	201.44	416.76	267.42

3-B-5 续表 1

项　　目							竣　　工 房屋价值 (万元)
	#90㎡以 下住房	#144㎡以 上住房	#别墅、 高档公寓	办公楼	营业用房	其他房屋	
总　计	**744.61**	**1022.82**	**247.97**	**246.44**	**471.99**	**786.29**	**15292537**
一、按登记注册类型分							
内　资	**703.71**	**936.43**	**224.39**	**216.33**	**434.30**	**727.96**	**14032589**
国　有	**5.21**			**4.27**	**0.78**	**2.26**	**35562**
集　体	0.40	0.40			0.48	0.57	25648
股份合作企业							
联营企业							
国有与集体联营							
有限责任公司	455.92	595.48	150.64	115.11	186.23	461.49	8602701
国有独资公司	85.36	31.29	2.62	17.34	21.19	54.21	845123
其他有限责任公司	370.56	564.18	148.02	97.77	165.04	407.28	7757578
股份有限公司	7.16	28.96	11.27	2.32	6.29	12.75	258256
私营企业	235.02	311.60	62.48	94.63	240.52	250.89	5110422
私营独资							
私营合伙							
私营有限责任公司	234.71	307.79	62.48	94.52	240.07	246.87	5052688
私营股份有限公司	0.31	3.80		0.11	0.45	4.02	57734
其他企业							
港澳台商投资	**40.11**	**60.83**	**9.86**	**1.53**	**20.00**	**38.06**	**849432**
与港澳台商合资经营	6.41	17.37	1.25		16.25	16.70	288342
与港澳台商合作经营							
港澳台商独资	33.70	43.46	8.61	1.53	3.76	21.36	561090
港澳台商投资股份有限公司							
外商投资	**0.79**	**25.55**	**13.72**	**28.58**	**17.69**	**20.27**	**410516**
中外合资经营		14.32	11.41	19.59	8.36	11.69	198910
中外合作经营							
外资企业	0.79	11.24	2.31	8.98	9.32	8.58	211606
二、按控股情况分							
国有控股	163.03	93.00	2.62	40.59	48.58	107.13	2466865
集体控股	16.53	18.45	10.98	13.03	12.81	21.14	385283
私人控股	467.37	713.87	174.55	146.15	350.85	535.58	9805182
港澳台商控股	38.58	45.71	9.86	1.53	20.00	28.65	640401
外商控股	2.32	27.99	4.88	23.18	11.95	27.06	521364
其　他	56.78	123.79	45.08	21.96	27.80	66.73	1473442
三、按资质等级分							
一　级	43.66	58.61	11.62		20.12	53.09	810582
二　级	141.10	165.95	30.58	23.79	69.27	134.01	2714534
三　级	203.58	267.13	72.09	55.46	122.99	226.86	4010839
四　级	38.71	50.83	21.11	11.98	52.93	32.37	873465
暂　定	234.19	406.30	110.46	129.57	155.94	267.01	5588131
其　他	83.39	74.01	2.11	25.65	50.73	72.95	1294986

单位：万平方米

住　宅	#90㎡以下住房	#144㎡以上住房	#别墅、高档公寓	办公楼	营业用房	其他房屋	出　租房屋面积	住　宅	#90㎡以下住房	#144㎡以上住房
10358219	**2320454**	**3824464**	**1041429**	**967148**	**1678634**	**2288536**	**173.99**	**5.74**	**2.77**	
9577037	**2165722**	**3394511**	**954934**	**844711**	**1528379**	**2082462**	**146.15**	**5.43**	**2.54**	
16117	**11549**			**10643**	**3069**	**5733**	**2.55**			
22353	1257	1270			1493	1802				
6061437	1462417	2249732	655628	523426	708524	1309314	89.41	2.84	1.84	
574268	221413	95756	8354	95452	55570	119833	5.01	0.97	0.13	
5487169	1241004	2153976	647274	427974	652954	1189481	84.40	1.87	1.72	
197754	21618	133073	70650	5215	17443	37844	8.19	2.05	0.70	
3279376	668881	1010436	228656	305427	797850	727769	46.00	0.54		
3238218	667306	998881	228656	304868	794554	715048	45.75	0.54		
41158	1575	11555		559	3296	12721	0.25			
634848	**153612**	**345291**	**39021**	**4473**	**81586**	**128525**	**16.38**	**0.31**	**0.23**	
144374	15054	71774	2980		67725	76243	5.38			
							11.00	0.31	0.23	
490474	138558	273517	36041	4473	13861	52282				
146334	**1120**	**84662**	**47474**	**117964**	**68669**	**77549**	**11.45**			
80371		44879	34232	62808	24135	31596	1.62			
65963	1120	39783	13242	55156	44534	45953	9.83			
1755332	532228	412545	8354	228797	218119	264617	20.96	0.97	0.13	
252366	40211	59481	38762	52447	33098	47372	10.33	2.05	0.70	
6598472	1429734	2404798	662457	467330	1174993	1564387	106.88	2.41	1.71	
451817	134212	181660	39021	4473	81586	102525	5.38			
270030	20520	227574	39361	102769	52291	96274	11.45			
1030202	163549	538406	253474	111332	118547	213361	18.98	0.31	0.23	
552736	128579	219815	39725		82421	175425	8.61	2.05	0.70	
1924923	447299	607878	108097	86925	273423	429263	38.47	0.31	0.23	
2740304	596055	830257	235811	228165	391750	650620	78.76	2.11	1.71	
566984	98333	182982	95138	30625	191649	84207	8.49	1.03	0.13	
3728429	788235	1673908	558630	543268	579424	737010	31.11	...	...	
844843	261953	309624	4028	78165	159967	212011	8.56	0.23		

3-B-5 续表 2

项 目					商品房销售面积		
	#别墅、高档公寓	办公楼	营业用房	其他房屋		住 宅	#90㎡以下住房
总 计		**16.55**	**138.34**	**13.36**	**4886.99**	**4097.63**	**1012.45**
一、按登记注册类型分							
内 资		**12.32**	**115.67**	**12.73**	**4436.41**	**3726.21**	**923.02**
国 有			**0.36**	**2.19**	**40.39**	**38.09**	**9.88**
集 体					5.13	4.16	0.05
股份合作企业					7.02	6.86	
联营企业					0.04	0.03	
国有与集体联营					0.04	0.03	
有限责任公司		5.90	75.64	5.03	2283.49	1952.06	524.05
国有独资公司		0.02	4.02		153.89	139.31	49.05
其他有限责任公司		5.88	71.62	5.03	2129.60	1812.75	475.00
股份有限公司		0.91	4.74	0.49	70.00	55.45	16.49
私营企业		5.51	34.93	5.03	2030.07	1669.30	372.40
私营独资					0.46		
私营合伙							
私营有限责任公司		5.51	34.68	5.03	2015.52	1657.95	371.03
私营股份有限公司			0.25		14.09	11.35	1.37
其他企业					0.26	0.26	0.15
港澳台商投资		**2.60**	**12.84**	**0.63**	**300.02**	**259.87**	**63.42**
与港澳台商合资经营		2.60	2.15	0.63	147.12	132.41	21.64
与港澳台商合作经营			10.69		0.22	0.04	0.03
港澳台商独资					145.91	120.71	39.68
港澳台商投资股份有限公司					6.76	6.71	2.07
外商投资		**1.62**	**9.83**		**150.56**	**111.56**	**26.01**
中外合资经营		1.62			44.12	33.50	12.16
中外合作经营					4.05	3.21	
外资企业			9.83		102.39	74.85	13.85
二、按控股情况分							
国有控股		2.92	14.03	3.04	422.52	372.10	124.59
集体控股		0.41	5.42	2.45	132.83	111.61	15.71
私人控股		8.99	90.05	5.43	3378.77	2803.41	665.10
港澳台商控股		2.60	2.15	0.63	288.80	250.22	63.79
外商控股		1.62	9.83		131.86	94.96	16.03
其 他			16.87	1.81	532.21	465.33	127.23
三、按资质等级分							
一 级		2.51	3.90	0.14	244.11	214.42	44.94
二 级		0.23	32.71	5.22	644.56	553.15	152.12
三 级		9.07	63.22	4.35	1077.14	899.92	178.89
四 级		1.57	4.75	1.13	381.47	315.86	68.20
暂 定		3.17	25.93	2.01	2178.74	1823.09	489.98
其 他			7.82	0.50	360.96	291.19	78.32

单位：万平方米

#144㎡以上住房	#别墅、高档公寓	办公楼	营业用房	其他房屋	现房销售面积	住宅	#90㎡以下住房	#144㎡以上住房	#别墅、高档公寓	办公楼
1105.02	**225.93**	**218.29**	**344.41**	**226.66**	**720.59**	**503.57**	**127.72**	**172.10**	**39.93**	**53.54**
1005.94	**210.98**	**190.65**	**305.50**	**214.05**	**682.13**	**478.05**	**123.46**	**160.92**	**36.45**	**49.30**
11.92	**0.49**	**1.80**	**0.41**	**0.10**	**6.94**	**6.69**	**4.51**	**0.29**	**0.26**	
3.41			0.75	0.22	3.20	2.47	0.05	1.85		
0.97			0.16							
				0.01	0.04	0.03				
				0.01	0.04	0.03				
574.43	103.05	124.32	119.69	87.42	350.67	265.62	80.75	92.06	17.97	28.95
23.67	1.23	0.09	6.89	7.60	54.03	44.17	19.84	3.58	0.89	0.09
550.76	101.83	124.23	112.80	79.82	296.64	221.45	60.91	88.48	17.08	28.86
19.20	2.59	0.13	6.97	7.45	24.85	15.12	4.04	4.93	1.58	0.13
396.02	104.84	64.39	177.53	118.85	296.43	188.12	34.12	61.79	16.64	20.21
			0.46							
390.13	104.80	63.53	176.15	117.90	292.79	185.89	33.56	61.01	16.60	20.06
5.88	0.04	0.86	0.93	0.95	3.63	2.24	0.56	0.78	0.04	0.16
70.45	**6.65**	**6.43**	**24.69**	**9.03**	**19.39**	**15.06**	**2.77**	**6.70**	**2.79**	**0.58**
27.33	0.78	1.59	6.89	6.22	8.29	7.56	2.15	2.24	0.09	
			0.19		0.22	0.04	0.03			
42.98	5.87	4.84	17.56	2.80	10.81	7.46	0.59	4.45	2.70	0.58
0.14			0.05		0.05					
28.63	**8.30**	**21.21**	**14.22**	**3.58**	**19.08**	**10.46**	**1.48**	**4.48**	**0.69**	**3.67**
6.78	3.40	5.11	3.40	2.10	12.05	5.68	0.68	1.52	0.48	3.67
				0.84						
21.85	4.90	16.10	10.81	0.63	7.03	4.78	0.80	2.96	0.20	
76.76	5.24	16.55	14.86	19.01	122.61	105.91	46.75	16.86	1.82	2.24
46.72	5.57	9.62	6.14	5.46	25.50	19.10	4.38	6.97	2.63	1.96
756.13	164.54	144.60	259.70	171.06	481.23	315.90	66.08	121.17	29.47	40.12
60.83	6.65	6.28	23.27	9.03	17.97	15.02	2.75	6.70	2.79	0.58
30.80	5.81	15.62	16.91	4.36	15.61	9.79	1.48	4.04	0.29	0.35
133.78	38.11	25.61	23.53	17.74	57.66	37.86	6.28	16.35	2.92	8.29
85.18	6.66	2.49	6.75	20.46	49.49	40.39	20.00	12.17	1.08	1.82
152.18	29.50	19.55	35.06	36.80	129.09	95.43	29.84	27.83	4.29	5.32
243.72	69.77	52.37	68.44	56.41	199.62	141.80	25.97	52.71	16.23	12.76
75.92	21.75	7.99	37.79	19.84	80.33	55.46	13.91	14.51	4.07	1.91
470.10	85.01	109.00	166.95	79.70	222.37	144.98	30.26	56.29	12.23	24.49
77.91	13.23	26.89	29.42	13.46	39.70	25.50	7.74	8.60	2.03	7.24

3-B-5 续表 3

项　　目	营业用房	其他房屋	期　房 销售面积	住　宅	#90m²以 下住房	#144m²以 上住房	#别墅、 高档公寓
总　计	**95.41**	**68.07**	**4166.40**	**3594.06**	**884.73**	**932.92**	**186.00**
一、按登记注册类型分							
内　资	**87.70**	**67.08**	**3754.28**	**3248.16**	**799.56**	**845.02**	**174.53**
国　有	**0.22**	**0.02**	**33.46**	**31.39**	**5.38**	**11.63**	**0.23**
集　体	0.51	0.22	1.93	1.69		1.56	
股份合作企业			7.02	6.86		0.97	
联营企业		0.01					
国有与集体联营		0.01					
有限责任公司	31.39	24.71	1932.82	1686.44	443.30	482.37	85.08
国有独资公司	4.83	4.94	99.85	95.13	29.21	20.09	0.33
其他有限责任公司	26.56	19.77	1832.97	1591.31	414.09	462.27	84.75
股份有限公司	4.07	5.53	45.14	40.33	12.46	14.27	1.01
私营企业	51.51	36.58	1733.65	1481.18	338.28	334.23	88.20
私营独资			0.46				
私营合伙							
私营有限责任公司	50.96	35.89	1722.73	1472.07	337.47	329.12	88.20
私营股份有限公司	0.55	0.69	10.46	9.11	0.81	5.10	
其他企业			0.26	0.26	0.15		
港澳台商投资	**2.95**	**0.80**	**280.63**	**244.81**	**60.65**	**63.76**	**3.86**
与港澳台商合资经营	0.22	0.52	138.82	124.85	19.48	25.09	0.68
与港澳台商合作经营	0.19						
港澳台商独资	2.49	0.28	135.10	113.25	39.09	38.53	3.17
港澳台商投资股份有限公司	0.05		6.71	6.71	2.07	0.14	
外商投资	**4.76**	**0.19**	**131.49**	**101.10**	**24.53**	**24.14**	**7.62**
中外合资经营	2.55	0.15	32.07	27.82	11.48	5.26	2.92
中外合作经营			4.05	3.21			
外资企业	2.21	0.04	95.37	70.07	13.05	18.89	4.70
二、按控股情况分							
国有控股	6.71	7.75	299.91	266.19	77.84	59.90	3.42
集体控股	2.22	2.22	107.32	92.50	11.33	39.75	2.95
私人控股	72.80	52.42	2897.54	2487.51	599.02	634.96	135.07
港澳台商控股	1.57	0.80	270.83	235.21	61.05	54.13	3.86
外商控股	5.38	0.09	116.24	85.17	14.55	26.76	5.51
其　他	6.73	4.79	474.55	427.48	120.96	117.42	35.19
三、按资质等级分							
一　级	2.32	4.95	194.63	174.03	24.94	73.01	5.58
二　级	14.09	14.25	515.46	457.71	122.28	124.36	25.21
三　级	23.76	21.29	877.53	758.12	152.92	191.02	53.54
四　级	14.40	8.56	301.15	260.40	54.29	61.42	17.68
暂　定	35.68	17.22	1956.37	1678.11	459.72	413.81	72.78
其　他	5.16	1.80	321.26	265.69	70.59	69.32	11.20

单位：万平方米

办公楼	营业用房	其他房屋	商品房销售额(万元)	住　宅	#90㎡以下住房	#144㎡以上住房	#别墅、高档公寓	办公楼	营业用房
164.74	**249.00**	**158.59**	**53960320**	**45138822**	**10944791**	**15470939**	**3331768**	**3037836**	**4811812**
141.35	**217.80**	**146.97**	**47577290**	**39946686**	**9754034**	**13611775**	**2969930**	**2519317**	**4206279**
1.80	**0.18**	**0.08**	**252750**	**230340**	**47674**	**84948**	**2349**	**14604**	**7633**
	0.24		59550	49247	387	43516			9764
	0.16		73055	71335		9659			1720
			177	144					
			177	144					
95.37	88.30	62.71	27381949	23329980	5969164	8672154	1690946	1887738	1793578
	2.06	2.66	889908	813901	200692	205754	17246	1433	52082
95.37	86.24	60.05	26492041	22516079	5768472	8466400	1673700	1886305	1741496
	2.90	1.92	859817	733111	210652	317173	36076	1850	96852
44.18	126.03	82.27	18948182	15530719	3525183	4484325	1240559	615125	2296732
	0.46		3422						3422
43.47	125.19	82.01	18815942	15423018	3514178	4415689	1240206	609627	2280227
0.70	0.38	0.26	128818	107701	11005	68636	353	5498	13083
			1810	1810	974				
5.85	**21.74**	**8.23**	**4505851**	**3938855**	**961603**	**1468079**	**205914**	**81134**	**431125**
1.59	6.68	5.70	1995546	1816021	360850	533354	5528	15679	125083
			3556	838	567				2718
4.25	15.07	2.53	2468100	2083637	588259	933824	200386	65455	303034
			38649	38359	11927	901			290
17.54	**9.46**	**3.39**	**1877179**	**1253281**	**229154**	**391085**	**155924**	**437385**	**174408**
1.44	0.86	1.95	522419	410858	111178	146084	87561	44496	61568
		0.84	61278	58491					
16.10	8.60	0.59	1293482	783932	117976	245001	68363	392889	112840
14.31	8.16	11.26	3698636	3131184	829941	944279	61681	312515	192603
7.66	3.92	3.23	1538016	1206116	147235	615806	134099	180098	128434
104.48	186.90	118.64	35261776	29549077	7086776	9902585	2210143	1516279	3467812
5.70	21.69	8.23	4218608	3667470	959252	1220232	205914	80138	416263
15.27	11.53	4.27	1725882	1121868	132387	456081	87216	383958	203980
17.32	16.80	12.95	7517402	6463107	1789200	2331956	632715	564848	402720
0.67	4.43	15.50	2908371	2705770	426987	1289208	110796	22255	99803
14.23	20.97	22.55	7011541	6072748	1528535	2111536	459785	207315	567057
39.61	44.68	35.12	10910375	8897007	1697080	3185295	1063015	808066	992581
6.07	23.39	11.28	2919734	2361759	421649	749618	237944	57963	440044
84.51	131.27	62.48	25623313	21458542	5831972	6878059	1289337	1524350	2257002
19.65	24.26	11.66	4586986	3642996	1038568	1257223	170891	417887	455325

3-B-5 续表 4

项 目	其他房屋	现房销售额（万元）	住 宅	#90㎡以下住房	#144㎡以上住房	#别墅、高档公寓	办公楼
总 计	**971850**	**6470454**	**4460160**	**874997**	**2093062**	**536414**	**643007**
一、按登记注册类型分							
内 资	**905008**	**6062463**	**4217125**	**839541**	**1966959**	**499969**	**609130**
国 有	**173**	**34482**	**31130**	**19989**	**1234**	**999**	
集 体	539	26873	22060	387	17034		
股份合作企业							
联营企业	33	177	144				
国有与集体联营	33	177	144				
有限责任公司	370653	3540607	2581778	529342	1317130	331360	449569
国有独资公司	22492	203331	158015	60513	26694	13893	1433
其他有限责任公司	348161	3337276	2423763	468829	1290436	317467	448136
股份有限公司	28004	223136	157128	31089	68911	19883	1850
私营企业	505606	2237188	1424885	258734	562650	147727	157711
私营独资							
私营合伙							
私营有限责任公司	503070	2211411	1408917	254641	556086	147374	156547
私营股份有限公司	2536	25777	15968	4093	6564	353	1164
其他企业							
港澳台商投资	**54737**	**211626**	**154724**	**26201**	**69617**	**24987**	**4526**
与港澳台商合资经营	38763	84563	77402	20472	30862	1339	
与港澳台商合作经营		3556	838	567			
港澳台商独资	15974	123217	76484	5162	38755	23648	4526
港澳台商投资股份有限公司		290					
外商投资	**12105**	**196365**	**88311**	**9255**	**56486**	**11458**	**29351**
中外合资经营	5497	116053	34855	2450	18077	7602	29351
中外合作经营	2787						
外资企业	3821	80312	53456	6805	38409	3856	
二、按控股情况分							
国有控股	62334	756771	596991	179999	191026	23637	51959
集体控股	23368	226846	172775	19588	114968	77640	22447
私人控股	728608	4267463	2891255	555405	1413612	360445	373290
港澳台商控股	54737	197974	153886	25634	69617	24987	4526
外商控股	16076	175003	82916	9255	52809	7856	7560
其 他	86727	846397	562337	85116	251030	41849	183225
三、按资质等级分							
一 级	80543	385925	323069	75766	170796	15690	15173
二 级	164421	1105268	810381	230453	267968	54520	49894
三 级	212721	1777702	1258867	190670	596016	173277	154891
四 级	59968	561273	366120	70133	155798	39668	13821
暂 定	383419	2219292	1429677	256090	763522	211104	349256
其 他	70778	420994	272046	51885	138962	42155	59972

单位：万平方米

营业用房	其他房屋	期房销售额(万元)	住宅	#90㎡以下住房	#144㎡以上住房	#别墅、高档公寓	办公楼	营业用房	其他房屋
1124182	**243105**	**47489866**	**40678662**	**10069794**	**13377877**	**2795354**	**2394829**	**3687630**	**728745**
996923	**239285**	**41514827**	**35729561**	**8914493**	**11644816**	**2469961**	**1910187**	**3209356**	**665723**
3314	**38**	**218268**	**199210**	**27685**	**83714**	**1350**	**14604**	**4319**	**135**
4274	539	32677	27187		26482			5490	
		73055	71335		9659			1720	
	33								
	33								
410904	98356	23841342	20748202	5439822	7355024	1359586	1438169	1382674	272297
30636	13247	686577	655886	140179	179060	3353		21446	9245
380268	85109	23154765	20092316	5299643	7175964	1356233	1438169	1361228	263052
47981	16177	636681	575983	179563	248262	16193		48871	11827
530450	124142	16710994	14105834	3266449	3921675	1092832	457414	1766282	381464
		3422						3422	
523651	122296	16604531	14014101	3259537	3859603	1092832	453080	1756576	380774
6799	1846	103041	91733	6912	62072		4334	6284	690
		1810	1810	974					
49129	**3247**	**4294225**	**3784131**	**935402**	**1398462**	**180927**	**76608**	**381996**	**51490**
4409	2752	1910983	1738619	340378	502492	4189	15679	120674	36011
2718									
41712	495	2344883	2007153	583097	895069	176738	60929	261322	15479
290		38359	38359	11927	901				
78130	**573**	**1680814**	**1164970**	**219899**	**334599**	**144466**	**408034**	**96278**	**11532**
51478	369	406366	376003	108728	128007	79959	15145	10090	5128
		61278	58491						2787
26652	204	1213170	730476	111171	206592	64507	392889	86188	3617
79118	28703	2941865	2534193	649942	753253	38044	260556	113485	33631
25333	6291	1311170	1033341	127647	500838	56459	157651	103101	17077
817458	185460	30994313	26657822	6531371	8488973	1849698	1142989	2650354	543148
36315	3247	4020634	3513584	933618	1150615	180927	75612	379948	51490
84234	293	1550879	1038952	123132	403272	79360	376398	119746	15783
81724	19111	6671005	5900770	1704084	2080926	590866	381623	320996	67616
26686	20997	2522446	2382701	351221	1118412	95106	7082	73117	59546
191614	53379	5906273	5262367	1298082	1843568	405265	157421	375443	111042
295447	68497	9132673	7638140	1506410	2589279	889738	653175	697134	144224
162884	18448	2358461	1995639	351516	593820	198276	44142	277160	41520
365676	74683	23404021	20028865	5575882	6114537	1078233	1175094	1891326	308736
81875	7101	4165992	3370950	986683	1118261	128736	357915	373450	63677

3-B-6 按地区分组的房地产

地区	房屋施工面积	住宅	#90㎡以下住房	#144㎡以上住房	#别墅、高档公寓	办公楼	商业营业用房	其他房屋
全省	**37647.24**	**23828.31**	**5733.70**	**7186.58**	**1693.55**	**2477.02**	**4226.99**	**7114.92**
杭州市	**9327.52**	**5509.11**	**2061.11**	**1644.09**	**311.24**	**1006.58**	**846.90**	**1964.94**
上城区	303.70	178.92	97.91	43.44	20.03	32.00	15.92	76.86
下城区	468.23	144.02	75.45	32.89		146.36	78.48	99.36
江干区	1801.87	858.54	427.64	175.29	2.18	269.83	242.81	430.69
拱墅区	665.54	382.36	187.36	111.25		75.08	52.79	155.31
西湖区	761.25	445.34	179.07	186.48	8.07	75.30	50.25	190.37
滨江区	479.32	250.77	117.74	73.69		61.60	47.12	119.83
萧山区	1273.75	637.41	230.93	191.53	23.64	257.28	117.02	262.04
余杭区	1993.20	1476.94	592.00	427.25	94.63	44.00	73.61	398.65
桐庐县	420.02	310.53	31.99	102.02	15.22	19.05	47.75	42.69
淳安县	236.66	149.72	51.72	28.10	18.91	1.52	42.25	43.18
建德市	165.64	125.85	25.14	21.49	3.83	2.75	16.20	20.84
富阳市	304.34	204.88	15.76	125.55	54.10	19.85	31.72	47.90
临安市	453.99	343.83	28.37	125.10	70.62	1.96	30.98	77.22
宁波市	**6833.96**	**3627.94**	**646.18**	**1159.36**	**263.69**	**601.47**	**912.34**	**1692.21**
海曙区	246.38	112.22	32.94	55.55	1.53	51.41	23.02	59.73
江东区	701.05	242.01	34.70	103.91	6.43	141.89	105.29	211.85
江北区	359.71	169.72	32.07	59.61		53.04	38.21	98.75
北仑区	837.40	428.41	76.71	96.25	29.52	88.55	107.02	213.42
镇海区	802.66	495.87	142.77	104.89	2.58	61.67	66.96	178.16
鄞州区	1152.62	549.12	119.48	141.88	49.79	153.68	185.83	263.98
象山县	321.29	218.11	46.42	55.31	32.34	6.64	19.18	77.36
宁海县	236.15	153.91	22.91	49.78	2.59	6.13	18.31	57.80
余姚市	718.32	398.27	63.33	186.31	26.74	5.91	134.95	179.18
慈溪市	1103.47	614.28	38.07	252.75	76.08	32.52	175.95	280.72
奉化市	354.92	246.02	36.79	53.11	36.07	0.01	37.62	71.26
温州市	**4242.04**	**2865.54**	**628.01**	**1084.77**	**32.40**	**98.24**	**377.02**	**901.23**
鹿城区	753.52	511.82	155.08	154.42		31.00	38.31	172.40
龙湾区	406.15	209.35	73.59	93.50	6.54	49.41	55.95	91.43
瓯海区	412.61	301.67	61.42	71.69	1.50	1.36	24.23	85.34
洞头县	62.70	40.89	8.85	7.86	4.90	0.41	12.81	8.58
永嘉县	420.01	302.40	26.01	90.20		2.09	38.06	77.46
平阳县	405.64	304.81	20.28	76.80	3.59		22.96	77.87

开发企业施工和销售情况

单位：万平方米

新开工面积	住宅	#90㎡以下住房	#144㎡以上住房	#别墅、高档公寓	办公楼	营业用房	其他房屋	房屋竣工面积	住宅
9315.10	**5787.98**	**1227.29**	**1108.94**	**347.37**	**576.71**	**1123.97**	**1826.44**	**4692.34**	**3187.62**
2039.06	**1143.75**	**419.20**	**234.50**	**33.77**	**246.97**	**224.46**	**423.88**	**1172.24**	**845.12**
44.28	16.48	13.77	2.71		7.93	4.28	15.58	3.27	
175.55	36.96	27.61	6.00		75.60	28.37	34.62	55.24	50.29
381.43	161.69	87.82	3.98	1.32	61.61	55.83	102.30	261.43	156.32
126.81	72.32	44.63	6.37		11.08	15.88	27.54	53.50	19.41
111.91	74.31	49.13	15.25	3.43	3.97	18.02	15.61	120.46	98.81
95.43	49.64	10.61	18.10		14.85	11.76	19.18	37.10	23.84
260.13	131.19	29.38	44.48	6.88	47.85	23.27	57.82	182.27	136.83
441.80	325.49	119.65	67.80	1.13	9.18	15.02	92.11	210.46	160.87
88.14	64.34	4.47	13.07	8.11	2.20	10.73	10.86	89.68	74.63
68.62	43.01	14.86	1.73	0.68	1.23	11.02	13.37	42.62	33.67
41.87	33.09	1.86	4.03	2.25	0.11	5.97	2.70	0.85	0.54
71.17	44.76	4.00	24.58	4.26	9.44	4.93	12.04	56.61	40.46
131.93	90.46	11.39	26.41	5.69	1.92	19.39	20.16	58.74	49.46
1837.20	**1003.10**	**154.05**	**194.65**	**82.72**	**122.68**	**294.35**	**417.08**	**867.48**	**462.51**
41.13	18.06	7.57	3.21		9.46	3.72	9.89	50.78	27.44
196.06	65.60	1.03	23.83	2.31	40.37	32.08	58.00	56.96	18.70
142.10	72.02	12.20	15.71		14.55	14.32	41.21	60.91	29.67
104.07	26.67	7.61	0.22		7.83	34.31	35.26	119.27	72.11
270.32	180.54	48.45	4.57		10.28	10.41	69.09	172.11	103.61
387.88	239.48	45.60	39.40	15.47	29.31	52.97	66.12	207.21	105.62
87.19	64.23	6.58	12.69	12.98	0.10	7.47	15.38	37.81	25.38
69.67	48.38	3.25	18.04			7.50	13.79		
123.49	61.38	13.19	11.84		2.26	25.59	34.26	58.76	31.47
345.45	191.31	3.02	62.08	40.70	8.50	96.09	49.54	62.81	29.44
69.84	35.42	5.54	3.07	11.26	0.01	9.89	24.53	40.87	19.07
827.77	**571.31**	**94.41**	**146.94**	**13.85**	**14.91**	**47.15**	**194.39**	**367.05**	**253.86**
88.41	57.48	10.04	13.43		2.46	2.90	25.57	110.01	67.63
33.48	16.91	5.43	5.11		7.28	1.71	7.58	38.77	24.33
131.80	107.62	15.90	10.23	1.50	0.80	8.07	15.31	55.57	42.93
7.39	5.50		1.60			0.34	1.54	0.83	0.79
77.67	46.94	6.37	3.30			6.75	23.98	10.35	7.21
44.16	31.08	1.57	0.49	3.59		2.05	11.03	19.04	13.60

3-B-6 续表 1

地区	房屋施工面积							
		住宅	#90㎡以下住房	#144㎡以上住房	#别墅、高档公寓	办公楼	商业营业用房	其他房屋
苍南县	337.78	227.25	21.34	87.58	10.69	2.13	27.75	80.65
文成县	85.09	26.53	6.02	3.48		0.05	55.83	2.68
泰顺县	84.63	55.76	26.69	8.93	1.69	0.30	15.64	12.93
瑞安市	629.20	435.89	132.59	199.14	3.49	7.18	42.13	144.00
乐清市	644.71	449.17	96.15	291.17		4.30	43.35	147.89
嘉兴市	**4330.81**	**2724.90**	**580.94**	**638.17**	**163.44**	**236.12**	**698.21**	**671.59**
南湖区	1154.54	635.71	123.53	181.96	60.06	96.08	169.20	253.55
秀洲区	569.54	326.45	40.70	79.07	22.22	56.96	102.55	83.59
嘉善县	468.79	307.28	109.20	75.06	21.66	37.55	91.75	32.22
海盐县	408.45	289.15	59.57	37.22	5.16	7.41	31.59	80.30
海宁市	515.75	379.02	93.40	88.29	13.81	11.43	69.12	56.19
平湖市	588.23	400.77	113.49	49.26	17.62	14.60	88.02	84.84
桐乡市	625.52	386.52	41.06	127.30	22.91	12.10	145.98	80.91
湖州市	**2105.94**	**1482.28**	**210.49**	**352.34**	**182.85**	**83.94**	**286.15**	**253.56**
吴兴区	815.94	550.72	108.80	123.09	86.55	43.16	112.32	109.74
南浔区	130.63	97.09	28.28	42.26	15.83	0.46	15.43	17.65
德清县	368.75	295.94	26.49	72.64	30.03	6.70	11.01	55.10
长兴县	511.61	345.53	22.58	63.98	39.51	31.45	88.60	46.03
安吉县	279.01	193.01	24.34	50.37	10.93	2.18	58.79	25.03
绍兴市	**3603.59**	**2536.23**	**328.15**	**1011.44**	**264.72**	**257.59**	**408.64**	**401.13**
越城区	808.33	614.66	118.03	210.85	36.53	65.93	63.31	64.43
绍兴县	912.49	623.07	40.66	343.24	134.24	65.67	125.52	98.23
新昌县	259.93	201.60	20.71	63.02	15.52	6.70	20.62	31.01
诸暨市	928.15	568.54	31.85	272.68	66.85	81.27	128.66	149.68
上虞市	416.46	339.93	58.79	84.12	11.32	37.52	21.13	17.88
嵊州市	278.22	188.42	58.11	37.54	0.26	0.50	49.40	39.89
金华市	**2197.55**	**1552.99**	**429.75**	**365.42**	**191.65**	**42.81**	**238.76**	**362.99**
婺城区	521.84	375.35	105.59	93.43	35.61	17.45	56.77	72.27
金东区	148.93	87.32	18.28	29.69	15.73	1.61	46.66	13.34
武义县	86.97	69.35	7.92	9.02	14.81		5.44	12.18
浦江县	81.74	66.84	22.58	15.68	14.02	0.33	3.09	11.48
磐安县	52.20	33.91	5.17	12.23	2.09	4.10	11.01	3.18
兰溪市	179.09	134.15	24.94	28.06	21.67	0.20	31.69	13.06
义乌市	527.91	366.30	145.08	28.85	31.93	2.84	31.14	127.63
东阳市	369.74	250.29	6.43	118.37	53.76	8.46	45.75	65.25
永康市	229.13	169.48	93.76	30.10	2.03	7.81	7.23	44.60

单位：万平方米

新开工面积								房屋竣工面积	
	住宅	#90㎡以下住房	#144㎡以上住房	#别墅、高档公寓	办公楼	营业用房	其他房屋		住宅
99.36	68.28	9.64	18.39	7.86		6.14	24.94	31.43	22.44
7.97	7.07		0.09		0.05	0.24	0.62	5.62	3.11
30.69	22.86	12.29	3.10			1.69	6.14	29.71	22.00
190.99	126.51	15.10	55.87	0.90	4.33	10.29	49.87	35.66	26.30
115.85	81.06	18.08	35.33			6.98	27.81	30.06	23.51
1171.79	**682.92**	**128.24**	**94.62**	**26.16**	**78.97**	**187.07**	**222.85**	**680.33**	**496.02**
395.92	188.11	25.84	43.77	12.18	51.21	66.97	89.62	162.13	120.13
204.33	111.50	9.82	8.15	5.53	15.57	40.54	36.72	80.63	58.30
96.20	46.28	25.07	1.42		4.69	28.54	16.69	29.52	24.58
77.11	57.70	8.30	0.04		0.26	2.90	16.26	92.22	70.61
105.49	79.32	5.62	9.41	3.09	2.49	8.82	14.86	82.80	65.66
103.94	86.39	42.47	0.03		0.20	6.61	10.75	94.89	68.97
188.80	113.61	11.12	31.80	5.35	4.54	32.70	37.95	138.15	87.77
502.41	**344.98**	**47.18**	**52.38**	**32.55**	**20.16**	**73.93**	**63.35**	**242.82**	**169.42**
125.78	76.84	13.86	19.53	13.33	9.56	24.54	14.84	50.67	21.92
26.06	16.53	7.75	2.62	0.11	0.02	4.35	5.16	5.38	4.47
132.55	112.37	15.01	8.48	3.81		2.52	17.66	79.84	63.10
175.49	109.24	4.64	20.71	14.07	10.58	37.57	18.10	89.07	67.42
42.53	30.00	5.92	1.04	1.24		4.95	7.59	17.87	12.52
1019.15	**722.69**	**89.11**	**193.27**	**66.58**	**41.60**	**100.44**	**154.42**	**462.09**	**292.46**
250.82	191.75	25.79	62.44	12.25	3.58	20.57	34.92	60.93	46.22
161.78	135.16	3.53	44.52	34.12	1.36	7.02	18.23	188.28	119.75
44.11	32.32	5.82	5.28	3.67	1.36	2.35	8.08	42.31	32.18
334.24	197.06	25.67	58.19	16.55	26.45	41.24	69.49	92.63	47.88
123.52	102.00	15.80	11.76		8.46	7.37	5.69	60.46	37.04
104.68	64.38	12.50	11.08		0.39	21.89	18.01	17.48	9.38
519.11	**359.45**	**82.56**	**42.27**	**40.75**	**6.41**	**65.60**	**87.66**	**211.21**	**159.60**
150.55	92.02	29.45	9.21	1.92	2.05	31.37	25.11	44.65	36.01
54.27	46.85	15.52	4.60	0.86	1.38	1.80	4.24	7.64	7.22
31.73	28.42	2.68	2.59	4.48		0.34	2.98	3.03	2.91
1.05	0.75			0.75			0.30	29.30	21.71
14.75	5.49	1.94	0.54	1.01	2.82	5.01	1.42	10.60	5.47
35.47	31.90	6.59	4.76	3.16		2.13	1.43	40.93	26.95
81.88	54.67	14.94	1.93	23.71	0.06	11.78	15.36	31.09	28.36
112.18	73.06	2.62	17.07	3.50	0.09	12.62	26.41	29.51	17.80
37.23	26.29	8.83	1.57	1.34		0.55	10.40	14.45	13.17

3-B-6 续表 2

地　区	房屋施工面积	住宅	#90㎡以下住房	#144㎡以上住房	#别墅、高档公寓	办公楼	商业营业用房	其他房屋
衢州市	**723.25**	**555.27**	**146.93**	**123.00**	**59.73**	**20.68**	**43.81**	**103.49**
柯城区	199.56	161.06	40.66	29.36	10.97	12.05	7.57	18.88
衢江区	161.26	124.31	44.64	17.62	14.53	7.84	11.32	17.79
常山县	58.07	42.53	6.37	15.66	13.40		7.71	7.83
开化县	46.71	43.06	11.39	13.12	7.51		1.80	1.84
龙游县	79.20	64.56	23.43	17.10	9.62	0.27	6.94	7.43
江山市	178.46	119.74	20.43	30.15	3.72	0.52	8.47	49.72
舟山市	**838.49**	**534.30**	**169.50**	**99.95**	**44.73**	**60.12**	**88.64**	**155.44**
定海区	343.78	216.44	54.79	48.47	17.92	42.18	21.06	64.11
普陀区	384.56	238.88	90.94	37.25	16.70	14.50	49.10	82.08
岱山县	94.74	70.54	20.50	14.16	10.11	3.44	11.71	9.05
嵊泗县	15.42	8.44	3.27	0.08			6.78	0.20
台州市	**2712.55**	**1897.03**	**442.96**	**613.40**	**153.58**	**64.28**	**273.26**	**477.98**
椒江区	711.19	505.65	75.87	170.18	21.86	17.77	64.04	123.73
黄岩区	108.31	74.53	17.20	31.87	11.20	1.23	21.40	11.15
路桥区	433.18	273.51	110.74	98.07	18.31	30.29	39.76	89.62
玉环县	181.50	129.50	13.38	35.93	2.10	2.99	19.63	29.37
三门县	240.76	178.41	26.55	67.57	51.36	0.57	33.77	28.01
天台县	137.71	102.10	34.37	33.06	6.03	0.06	9.47	26.08
仙居县	149.34	118.62	12.43	36.31	7.12	1.65	11.05	18.02
温岭市	403.16	300.07	84.20	79.06	2.96	0.68	42.78	59.64
临海市	347.41	214.64	68.22	61.34	32.65	9.05	31.37	92.36
丽水市	**731.54**	**542.72**	**89.68**	**94.63**	**25.51**	**5.21**	**53.25**	**130.37**
莲都区	286.24	223.07	52.37	33.41	8.61	1.56	12.83	48.79
青田县	164.78	130.78	9.40	33.94	8.03	0.70	7.76	25.53
缙云县	115.80	77.15	11.52	2.37	0.94	1.50	11.29	25.87
遂昌县	28.48	21.58	3.19	3.61	3.61		3.67	3.24
松阳县	30.13	20.78	3.58	2.86	1.23		2.66	6.69
云和县	11.29	8.83	0.22	2.55			2.12	0.34
庆元县	7.81	4.30	0.28				2.00	1.50
景宁县	16.64	11.08	0.74	1.28		0.37	5.00	0.20
龙泉市	70.37	45.16	8.39	14.61	3.09	1.08	5.92	18.21

单位：万平方米

新开工面积								房屋竣工面积	
	住宅	#90㎡以下住房	#144㎡以上住房	#别墅、高档公寓	办公楼	营业用房	其他房屋		住宅
279.94	**214.26**	**61.25**	**28.90**	**15.28**	**14.15**	**19.20**	**32.34**	**138.55**	**102.52**
91.68	76.34	17.23	13.26	8.97	6.51	2.95	5.88	52.40	38.18
81.08	58.54	23.04	2.12		7.62	8.65	6.27	11.52	10.10
24.78	17.96	3.64	2.92	2.92		0.80	6.02		
11.72	10.94	2.07	4.37	0.44		0.57	0.21	7.25	6.00
38.21	29.84	10.39	4.47	1.19	0.02	3.86	4.49	6.80	4.67
32.46	20.63	4.88	1.76	1.76		2.37	9.47	60.58	43.57
229.19	**147.68**	**56.85**	**11.74**	**6.59**	**11.44**	**19.55**	**50.51**	**128.10**	**92.02**
108.84	73.79	20.45	7.24	1.04	3.24	7.46	24.35	26.24	16.34
105.22	61.11	32.25	4.09	4.74	8.21	10.35	25.56	78.88	55.65
8.82	6.69	1.10	0.33	0.81		1.60	0.53	22.98	20.04
6.31	6.10	3.06	0.08			0.13	0.08		
653.97	**428.01**	**69.78**	**97.08**	**18.50**	**19.23**	**74.53**	**132.19**	**333.78**	**246.95**
155.79	101.94	6.18	31.61	4.23	8.29	12.02	33.54	129.10	98.89
22.32	15.20	0.56	5.79	2.54	0.98	4.15	1.99	8.90	6.01
89.12	44.17	11.73	13.89	4.38	3.84	13.40	27.72	18.07	10.02
56.82	40.90	5.09	3.27	0.61	0.01	5.17	10.74	6.68	5.94
42.64	25.09	4.71	3.20	0.68	0.57	7.84	9.14	31.94	25.77
10.89	10.23	3.07	7.16			0.50	0.16	12.00	9.34
62.55	46.46	1.76	7.02	2.92	1.65	6.47	7.96	25.54	19.28
95.19	71.74	12.60	14.10	0.91	0.49	10.64	12.33	28.07	19.67
118.63	72.29	24.09	11.05	2.23	3.40	14.34	28.61	73.48	52.03
235.51	**169.83**	**24.66**	**12.59**	**10.62**	**0.20**	**17.70**	**47.78**	**88.68**	**67.13**
45.66	37.41	6.36	3.18	3.97	0.01	1.08	7.16	32.69	21.67
62.54	48.85	6.32	3.04	4.02	0.11	1.87	11.70	34.55	26.08
72.92	46.64	5.09	0.81	0.94		6.37	19.91	5.37	4.54
12.41	10.67	0.02	1.27	1.27		0.67	1.08	10.14	9.79
17.77	10.73	3.12	0.53	0.42		2.34	4.70	0.70	
4.60	2.81					1.77	0.01		
4.46	1.15					1.81	1.50	3.39	3.20
0.60	0.42				0.08	0.10			
14.56	11.15	3.75	3.76			1.68	1.72	1.85	1.85

3-B-6 续表 3

地区							竣工房屋价值(万元)	
	#90㎡以下住房	#144㎡以上住房	#别墅、高档公寓	办公楼	营业用房	其他房屋		住宅
全省	**744.61**	**1022.82**	**247.97**	**246.44**	**471.99**	**786.29**	**15292537**	**10358219**
杭州市	**235.42**	**291.08**	**59.15**	**68.31**	**78.67**	**180.13**	**3698881**	**2703723**
上城区				3.27			23310	
下城区	20.68	5.50		0.96	1.91	2.08	193010	174807
江干区	68.20	37.71		28.03	23.69	53.40	746262	371316
拱墅区	6.52	7.98		15.24	6.05	12.81	168515	63006
西湖区	20.20	60.00		0.07	0.38	21.20	759759	679353
滨江区	13.27	7.76		5.48	2.08	5.70	177742	125231
萧山区	33.47	55.95	11.12	6.42	15.62	23.40	535653	414219
余杭区	55.65	39.56	10.04	1.58	7.92	40.09	412710	314213
桐庐县	7.21	18.37	2.91	0.54	10.12	4.39	242898	205584
淳安县	6.35	8.43	0.99	0.12	1.06	7.76	74306	55915
建德市					0.25	0.06	2108	1340
富阳市	1.19	33.80	19.80	6.56	6.13	3.46	194434	157617
临安市	2.69	16.02	14.29	0.04	3.46	5.79	168174	141122
宁波市	**113.65**	**124.97**	**27.31**	**86.38**	**102.55**	**216.03**	**3405651**	**1769616**
海曙区	14.14	10.07		11.02	1.89	10.44	251380	162403
江东区	8.83	6.54		13.91	6.94	17.42	245389	96331
江北区	7.34	1.43		5.02	9.58	16.65	249693	97107
北仑区	14.06	9.67		10.24	15.52	21.40	443693	242880
镇海区	29.17	12.61	1.83	12.04	15.64	40.83	560018	310215
鄞州区	21.95	41.06	10.92	28.06	20.31	53.22	888144	495359
象山县	5.52	3.62			1.00	11.43	124503	84187
宁海县								
余姚市	2.70	22.69	14.56	0.04	9.52	17.74	223994	96794
慈溪市	4.39	10.90		6.08	11.26	16.03	290171	123777
奉化市	5.57	6.37			10.91	10.89	128666	60563
温州市	**81.38**	**95.31**	**0.06**	**6.08**	**37.12**	**69.98**	**1228716**	**855856**
鹿城区	24.47	25.07		5.27	11.82	25.28	336285	212686
龙湾区	8.15	10.98			3.72	10.72	128927	80586
瓯海区	14.83	14.79			2.91	9.74	198472	150809
洞头县	0.56	0.09			0.04		2120	2010
永嘉县		4.66		0.78	0.38	1.98	43063	28559
平阳县	0.69	2.99			3.00	2.45	50543	36939

单位：万平方米

#90㎡以下住房	#144㎡以上住房	#别墅、高档公寓	办公楼	营业用房	其他房屋	出租房屋面积	住宅	#90㎡以下住房	#144㎡以上住房
2320454	**3824464**	**1041429**	**967148**	**1678634**	**2288536**	**173.99**	**5.74**	**2.77**	
701475	**1149840**	**205082**	**303213**	**219540**	**472405**	**19.64**	**0.97**	**0.13**	
			23310						
73034	17663		4310	6355	7538				
159816	102800		170457	76436	128053	15.06			
20417	33566		38956	22931	43622				
135611	431608		535	2435	77436				
67161	46090		24707	6774	21030				
96345	178612	38414	18909	37049	65476	0.97	0.97	0.13	
108502	79879	16089	2403	17698	78396	2.70			
18897	52738	8701	1080	26314	9920	0.40			
10478	13438	1228	283	2348	15760	0.52			
				632	136				
4775	142340	92041	18187	9893	8737				
6439	51106	48609	76	10675	16301				
418567	**563877**	**115969**	**385615**	**445873**	**804547**	**61.62**	**0.31**	**0.23**	
73159	62224		33116	10575	45286	1.26			
41458	41980		41349	30931	76778	21.95	0.31	0.23	
20579	5937		29715	49031	73840	0.77			
46985	35019		50095	86378	64340	0.89			
90364	53522	5480	83750	57132	108921	0.23			
82546	215329	61527	119263	68838	204684	34.91			
21231	7663			2093	38223				
6881	72030	48962	55	50477	76668	1.62			
18484	51080		28272	55901	82221				
16880	19093			34517	33586				
250255	**362061**	**165**	**16238**	**119160**	**237462**	**15.04**	**...**	**...**	
69365	93004		12523	35053	76023	9.13	...	...	
27704	39466			16240	32101	5.91			
46851	73341			8412	39251				
1442	212			110					
	17171		3677	1469	9358				
1978	8680			6968	6636				

3-B-6 续表 4

地　区	#90m²以下住房	#144m²以上住房	#别墅、高档公寓	办公楼	营业用房	其他房屋	竣　工房屋价值(万元)	住　宅
苍南县	2.59	7.24			4.32	4.66	163208	118923
文成县		0.93			2.50	…	20253	11595
泰顺县	8.25	4.43	0.06		4.60	3.11	84310	61605
瑞安市	10.81	11.76		0.02	2.92	6.42	86570	61773
乐清市	11.02	12.38			0.91	5.63	114965	90371
嘉兴市	**115.18**	**140.94**	**20.05**	**10.96**	**85.36**	**87.99**	**1910271**	**1398668**
南湖区	32.77	29.62	4.18	1.38	16.41	24.20	405207	298597
秀洲区	9.81	21.73	8.12	5.90	10.22	6.21	322581	238787
嘉善县	8.31	0.79		0.04	3.45	1.46	97477	84233
海盐县	15.88	6.63			6.92	14.69	176517	133809
海宁市	16.18	21.49	1.20	0.08	8.02	9.03	211965	175499
平湖市	23.28	12.40	4.58	0.33	11.73	13.87	202798	153659
桐乡市	8.96	48.28	1.97	3.23	28.63	18.52	493726	314084
湖州市	**11.10**	**46.56**	**25.24**	**15.30**	**33.83**	**24.27**	**768583**	**527782**
吴兴区	0.69	8.91	2.57	9.26	14.75	4.74	169526	84084
南浔区	2.22	1.54	0.38		0.82	0.09	20103	15475
德清县	0.91	25.26	13.29	0.40	3.03	13.31	234986	196171
长兴县	5.19	6.59	5.10	5.64	10.27	5.75	275403	189425
安吉县	2.10	4.25	3.89		4.96	0.39	68565	42627
绍兴市	**34.33**	**150.15**	**41.12**	**48.85**	**62.51**	**58.26**	**1343504**	**888996**
越城区	5.88	30.92	9.93	4.79	3.94	5.97	234896	191392
绍兴县	19.74	66.08	20.86	22.17	23.66	22.70	542481	377375
新昌县	0.45	3.97	2.12	1.35	5.12	3.66	104204	81083
诸暨市	1.37	32.49	2.65	5.29	21.12	18.34	243048	121888
上虞市	5.13	14.34	5.56	15.25	1.28	6.89	179268	100081
嵊州市	1.76	2.35			7.40	0.70	39607	17177
金华市	**43.59**	**51.91**	**30.11**	**2.17**	**27.57**	**21.88**	**766764**	**604088**
婺城区	15.59	8.15	7.98		0.85	7.79	166096	147162
金东区	0.28	5.73	5.73		0.13	0.29	30260	27740
武义县	0.24	0.80	0.13		0.09	0.04	9141	8765
浦江县	11.98	6.75	2.34	0.17	2.17	5.25	86291	63696
磐安县	1.40	0.75		1.26	3.83	0.04	28130	14501
兰溪市	5.63	12.35	7.30		9.14	4.84	155758	107779
义乌市	0.64	5.67		0.72	1.45	0.56	165573	144429
东阳市	0.89	7.87	6.62	0.01	8.84	2.86	83007	51310
永康市	6.93	3.84			1.07	0.21	42508	38706

单位：万平方米

#90m²以下住房	#144m²以上住房	#别墅、高档公寓	办公楼	营业用房	其他房屋	出租房屋面积	住宅	#90m²以下住房	#144m²以上住房
5894	39903			18006	26279				
	5120			8651	7				
23828	12435	165		13714	8991				
29386	26165		38	7766	16993				
43807	46564			2771	21823				
293804	**433349**	**117317**	**40834**	**297943**	**172826**	**33.46**	**2.05**	**0.70**	
71418	93768	18037	3446	53394	49770	13.27	2.05	0.70	
31658	84169	58249	21921	40225	21648	1.02			
29794	3234		42	10898	2304	4.33			
29611	8726			14935	27773	5.42			
42938	59194	2561	237	21880	14349	2.89			
48327	36653	21864	731	26918	21490	4.05			
40058	147605	16606	14457	129693	35492	2.48			
32349	**166820**	**91155**	**47494**	**139037**	**54270**	**2.33**	**0.06**		
1101	44594	26119	30048	48124	7270				
4200	8301	1891		4518	110	0.03			
2929	86640	41059	1195	8846	28774	0.32			
13087	21944	17586	16251	52718	17009	1.59	0.06		
11032	5341	4500		24831	1107	0.40			
108743	**499151**	**183392**	**137324**	**167205**	**149979**	**17.35**	**0.23**		
29614	124338	36279	14371	11548	17585	2.70			
56289	232565	117145	47446	63875	53785	6.05	0.23		
1272	16277	12400	2280	10554	10287				
3915	84315	6368	15524	56569	49067	4.74			
14824	36680	11200	57703	3456	18028	1.29			
2829	4976			21203	1227	2.57			
133060	**229959**	**163483**	**5054**	**105474**	**52148**	**10.54**	**0.02**		
50469	55926	60989		3567	15367	1.88	0.02		
650	25240	25240		320	2200				
329	1127	180		326	50	0.13			
35538	19590	7013	512	6345	15738				
2799	1782		2525	11024	80				
19758	65268	50281		38589	9390	6.32			
1800	26492		1997	17584	1563				
2651	23334	19780	20	24517	7160	2.20			
19066	11200			3202	600				

3-B-6 续表 5

地　区	#90㎡以下住房	#144㎡以上住房	#别墅、高档公寓	办公楼	营业用房	其他房屋	竣　工房屋价值(万元)	住　宅
衢州市	**26.29**	**19.13**	**9.02**	**3.15**	**8.59**	**24.29**	**297148**	**224422**
柯城区	12.13	7.09		2.69	3.35	8.17	123723	88244
衢江区	1.86	3.84	3.84	0.22	0.55	0.65	29397	25623
常山县								
开化县	0.27	3.23	2.88		1.08	0.17	12599	10699
龙游县	3.21	0.68	0.68		1.09	1.04	15260	11558
江山市	8.82	4.29	1.62	0.24	2.52	14.25	116169	88298
舟山市	**20.68**	**6.51**		**4.11**	**10.75**	**21.23**	**442446**	**316044**
定海区	8.01	1.95		2.19	4.53	3.18	144591	92469
普陀区	8.26	4.18		1.91	3.87	17.45	231330	164227
岱山县	4.41	0.38			2.34	0.60	66525	59348
嵊泗县								
台州市	**51.76**	**72.95**	**30.65**	**1.04**	**20.48**	**65.32**	**1226297**	**917126**
椒江区	24.25	21.33	6.65		7.84	22.37	508904	390861
黄岩区	4.22	1.58		0.02	0.30	2.56	37473	28826
路桥区	1.42	4.52	0.23	0.97	3.38	3.70	96556	54226
玉环县	1.82	3.80			0.19	0.55	49364	42238
三门县	2.80	6.40	1.27		1.27	4.91	85302	68419
天台县	1.78	2.57		0.02	0.20	2.44	33602	26722
仙居县	2.55	3.99			2.38	3.88	103005	83982
温岭市	6.15	3.05	1.54	0.03	4.19	4.18	90517	61902
临海市	6.77	25.71	20.97		0.72	20.72	221574	159950
丽水市	**11.23**	**23.31**	**5.27**	**0.09**	**4.56**	**16.91**	**204276**	**151898**
莲都区	4.43	0.76			0.83	10.19	82433	53154
青田县	1.35	18.09	2.13	0.09	2.01	6.37	78996	60653
缙云县	2.00	1.22			0.83		15820	13385
遂昌县	3.17	2.34	2.34			0.35	12764	12476
松阳县					0.70		1460	
云和县								
庆元县	0.28				0.19		9983	9410
景宁县								
龙泉市		0.90	0.79				2820	2820

单位：万平方米

						出　租 房屋面积			
			办公楼	营业用房	其他房屋		住　宅		
#90㎡以 下住房	#144㎡以 上住房	#别墅、 高档公寓						#90㎡以 下住房	#144㎡以 上住房
54515	**45576**	**21655**	**8965**	**18873**	**44888**	**8.22**			
25699	18395		7875	8546	19058	1.10			
4989	9540	9432	627	1384	1763				
451	6536	5885		1671	229	3.13			
7707	1488	1488		2044	1658	3.99			
15669	9617	4850	463	5228	22180				
82985	**34466**		**17214**	**39459**	**69729**	**1.94**	**1.87**	**1.71**	
35158	16727		12398	21718	18006				
23691	16374		4816	11512	50775				
24136	1365			6229	948	1.94	1.87	1.71	
225771	**290255**	**135704**	**4923**	**115451**	**188797**				
114786	96353	47072		63232	54811				
24099	4727		63	912	7672				
11360	19686	1030	4684	17858	19788				
17520	21678			1810	5316				
7316	15618	3798		3735	13148				
4963	6876		36	440	6404				
10327	23745			7788	11235				
18143	12834	8132	140	17579	10896				
17257	88738	75672		2097	59527				
18930	**49110**	**7507**	**274**	**10619**	**41485**	**3.85**	**0.22**		
6441	1291			1745	27534	3.43			
3357	39527	2510	274	4406	13663				
5685	3636			2435					
2624	4017	4017			288				
				1460		0.42	0.22		
823				573					
	639	980							

3-B-6 续表 6

地　区	#别墅、高档公寓	办公楼	营业用房	其他房屋	商品房销售面积	住　宅	#90m²以下住房	#144m²以上住房	#别墅、高档公寓
全　省		**16.55**	**138.34**	**13.36**	**4886.99**	**4097.63**	**1012.45**	**1105.02**	**225.93**
杭州市		**2.16**	**16.13**	**0.38**	**1139.13**	**968.78**	**390.19**	**215.39**	**32.49**
上城区					21.04	17.37	14.70	2.44	1.49
下城区					31.36	21.13	7.89	4.16	
江干区		2.16	12.52	0.38	189.07	132.89	77.59	13.92	
拱墅区					85.94	71.72	31.61	21.58	
西湖区					94.09	79.07	32.09	31.67	2.28
滨江区					61.12	50.23	25.50	14.23	
萧山区					114.83	93.18	38.21	21.92	1.26
余杭区			2.70		324.67	309.20	136.67	53.19	11.91
桐庐县			0.40		59.79	52.13	9.52	12.64	0.47
淳安县			0.52		25.95	24.47	5.41	4.34	0.88
建德市					19.31	16.01	1.60	1.16	0.14
富阳市					49.98	43.43	4.44	20.96	9.05
临安市					61.99	57.95	4.97	13.18	5.00
宁波市		**7.53**	**52.96**	**0.81**	**730.09**	**581.95**	**91.59**	**172.64**	**42.73**
海曙区		0.63	0.64		39.33	27.71	10.98	8.52	
江东区		6.13	14.87	0.63	44.60	30.80	2.22	18.17	
江北区		0.07	0.54	0.15	39.17	35.71	7.12	12.77	
北仑区			0.89		98.46	78.70	14.60	21.92	7.14
镇海区			0.23		76.86	59.14	12.79	9.20	
鄞州区		0.70	34.21		140.39	105.59	21.29	25.55	6.08
象山县					28.73	27.18	4.45	7.55	4.88
宁海县					36.18	28.31	3.46	13.55	0.21
余姚市			1.60	0.02	79.21	61.35	7.94	15.28	1.66
慈溪市					125.83	108.18	4.47	34.39	22.36
奉化市					21.31	19.29	2.28	5.75	0.40
温州市		**0.90**	**12.49**	**1.65**	**349.73**	**317.41**	**88.46**	**93.49**	**0.24**
鹿城区		0.90	7.55	0.69	26.81	24.12	3.66	8.57	
龙湾区			4.94	0.97	33.71	21.20	9.65	6.05	
瓯海区					70.15	66.58	19.62	11.24	0.03
洞头县					3.70	3.62	1.14	0.59	
永嘉县					19.39	18.49	1.17	2.65	
平阳县					53.75	50.53	2.93	11.27	

单位：万平方米

办公楼	营业用房	其他房屋	现房销售面积	住宅	#90㎡以下住房	#144㎡以上住房	#别墅、高档公寓	办公楼
218.29	**344.41**	**226.66**	**720.59**	**503.57**	**127.72**	**172.10**	**39.93**	**53.54**
94.63	**52.92**	**22.80**	**163.35**	**123.15**	**43.21**	**36.84**	**6.91**	**16.86**
3.18	0.37	0.12	1.67	1.18		1.14	0.99	0.14
7.10	3.08	0.05	8.03	5.93	1.57	0.20		0.21
37.27	10.49	8.42	30.16	14.56	3.98	4.68		9.76
9.14	4.01	1.07	1.86	0.93	0.03	0.83		0.47
11.30	2.43	1.29	8.19	6.45	0.52	5.30	0.35	0.11
6.02	1.83	3.04	4.48	1.00	0.24	0.25		2.59
12.49	8.45	0.71	15.34	11.65	6.29	2.11	0.07	2.58
3.30	6.90	5.27	44.24	40.27	22.48	9.40	3.00	0.31
0.69	6.55	0.42	16.50	13.36	3.37	1.79		
	1.13	0.36	12.93	11.99	3.01	2.48	0.55	
0.79	2.10	0.41	0.93	0.67	0.09	0.48	0.14	
3.27	2.93	0.34	6.48	4.52	0.56	3.76	0.26	0.61
0.08	2.64	1.32	12.53	10.64	1.09	4.43	1.54	0.08
49.59	**55.71**	**42.84**	**134.93**	**87.27**	**21.52**	**27.63**	**3.67**	**11.68**
6.42	1.88	3.32	10.51	4.11	0.40	1.96		3.44
8.94	2.78	2.08	5.14	3.60	0.37	1.06		0.22
0.55	0.78	2.13	8.82	6.85	0.39	5.51		0.25
5.55	9.34	4.87	30.41	20.30	5.30	2.14		2.40
3.48	5.46	8.78	35.45	22.37	8.76	2.35		0.81
20.10	7.26	7.44	23.38	12.70	1.54	7.98	0.54	4.41
0.67	0.57	0.31	4.90	4.19	0.58	1.74	1.30	0.15
1.36	2.59	3.92	2.88	1.66	0.65	0.80	0.07	
1.04	13.14	3.68	8.44	7.32	3.34	1.07	0.05	
1.48	10.78	5.40	2.82	2.24	0.03	2.00	1.66	0.01
	1.12	0.91	2.18	1.94	0.16	1.01	0.05	
7.67	**22.45**	**2.19**	**26.85**	**19.55**	**11.32**	**6.80**	**0.03**	**0.46**
0.26	1.62	0.82	2.84	0.99	0.29	0.49		
6.78	5.47	0.26	2.73	1.21	0.31	0.48		0.02
0.44	3.13		1.06	0.21		0.21	0.03	0.44
	0.09		0.07					
0.02	0.87		0.02	0.02		0.02		
	2.11	1.12	1.67	0.21	0.01			

3-B-6 续表 7

地　区	#别墅、高档公寓	办公楼	营业用房	其他房屋	商品房销售面积	住　宅	#90m²以下住房	#144m²以上住房	#别墅、高档公寓
苍南县					29.08	25.80	1.62	13.02	0.20
文成县					6.49	6.42	2.01	2.74	
泰顺县					21.18	20.55	13.83	3.05	
瑞安市					37.14	33.93	18.16	8.37	
乐清市					48.32	46.18	14.65	25.93	
嘉兴市		**0.73**	**29.06**	**1.62**	**601.13**	**496.25**	**108.53**	**85.20**	**17.04**
南湖区		0.52	10.70		149.53	114.29	22.90	21.30	5.47
秀洲区		0.20	0.80	0.03	83.61	70.93	14.61	9.04	2.05
嘉善县			4.33		67.98	59.77	23.72	9.24	3.52
海盐县		0.02	5.40		41.87	35.46	8.61	2.61	0.55
海宁市			1.84	1.06	86.30	73.19	14.01	14.61	1.06
平湖市			4.05		77.50	70.25	17.14	5.67	3.22
桐乡市			1.94	0.54	94.33	72.36	7.54	22.73	1.17
湖州市		**1.43**	**0.80**	**0.04**	**308.48**	**250.93**	**41.16**	**61.38**	**19.06**
吴兴区					120.44	96.14	21.56	28.21	8.16
南浔区			0.03		22.24	18.01	4.67	7.30	3.33
德清县			0.29	0.04	48.18	44.02	3.14	7.78	2.51
长兴县		1.43	0.09		66.34	51.73	3.83	7.60	2.31
安吉县			0.40		51.28	41.02	7.96	10.49	2.75
绍兴市		**2.73**	**10.79**	**3.59**	**607.74**	**506.66**	**67.38**	**202.51**	**48.14**
越城区		0.13	2.57		142.86	120.50	16.18	57.80	9.80
绍兴县		2.35	1.02	2.45	159.54	136.88	6.13	72.98	25.34
新昌县					31.23	27.72	5.27	3.56	0.98
诸暨市		0.03	4.71		148.28	110.99	16.98	46.66	10.36
上虞市			0.16	1.13	80.92	72.40	15.01	17.09	1.62
嵊州市		0.23	2.34		44.90	38.17	7.80	4.42	0.04
金华市		**0.11**	**7.42**	**2.99**	**392.68**	**323.68**	**75.95**	**110.39**	**19.98**
婺城区		0.11	1.43	0.32	122.49	112.44	32.41	47.12	5.91
金东区					46.58	27.01	9.12	6.64	2.32
武义县			0.13		18.72	16.86	3.32	2.23	1.68
浦江县					15.24	9.69	0.97	5.73	2.58
磐安县					6.06	5.30	1.52	1.77	0.06
兰溪市			5.86	0.46	34.97	28.66	3.15	5.34	2.23
义乌市					29.84	20.96	2.29	5.61	
东阳市				2.20	68.50	58.91	2.76	24.39	3.74
永康市					50.30	43.85	20.43	11.56	1.46

单位：万平方米

办公楼	营业用房	其他房屋	现房销售面积	住宅	#90㎡以下住房	#144㎡以上住房	#别墅、高档公寓	办公楼
0.17	3.11		1.50	1.28	0.05	0.79		
	0.08		1.69	1.69	0.22	1.47		
	0.64		11.55	11.32	8.98	2.34		
	3.21		2.60	1.97	1.33	0.48		
	2.15		1.12	0.66	0.13	0.53		
13.27	**58.91**	**32.71**	**109.93**	**73.42**	**15.86**	**21.61**	**4.69**	**7.55**
7.15	19.59	8.50	32.01	18.08	2.14	7.37	2.75	3.98
2.44	7.89	2.35	18.15	12.25	2.73	3.70	0.87	1.83
0.95	4.89	2.36	12.56	9.31	2.03	0.62	0.25	0.07
0.16	1.97	4.28	8.58	6.70	4.23	0.32	0.12	
2.00	8.28	2.82	11.20	5.87	2.62	1.23		1.48
0.10	3.53	3.63	4.77	3.94	0.59	1.18	0.31	0.10
0.46	12.75	8.76	22.66	17.27	1.52	7.19	0.40	0.09
7.61	**30.30**	**19.65**	**51.50**	**27.98**	**3.40**	**8.79**	**3.62**	**3.89**
6.26	8.38	9.66	18.71	3.72	0.72	2.06	0.81	3.43
0.04	3.44	0.75	4.21	2.49	0.22	1.20	0.48	
0.05	2.37	1.74	4.16	3.42	0.03	2.26	0.82	0.05
1.26	11.64	1.71	20.14	16.47	2.03	2.03	0.68	0.41
	4.47	5.79	4.28	1.89	0.40	1.25	0.83	
32.76	**48.40**	**19.92**	**74.80**	**49.30**	**7.62**	**23.60**	**3.21**	**9.69**
14.25	7.16	0.95	12.85	8.58	2.23	3.94	0.10	1.64
8.29	12.29	2.08	25.14	15.13	0.98	11.14	1.32	5.31
1.43	0.85	1.23	5.70	4.15	0.27	1.24	0.98	0.52
3.70	20.94	12.66	17.02	11.87	1.63	5.04	0.71	2.08
5.02	2.07	1.43	10.18	7.47	2.11	1.06	0.05	0.06
0.07	5.09	1.58	3.90	2.11	0.40	1.18	0.04	0.07
6.06	**39.78**	**23.16**	**68.45**	**53.32**	**8.31**	**19.31**	**6.03**	**1.61**
0.52	4.67	4.86	11.60	9.46	1.25	3.68	1.92	0.38
	18.28	1.29	3.65	1.92	0.09	0.64	0.57	
	0.27	1.59	1.35	1.10				
	0.69	4.86	6.89	4.21	0.79	1.62	0.36	
	0.76		1.24	0.58	0.15	0.13		
	5.11	1.20	4.55	2.98	0.63	0.23		
0.89	2.84	5.16	4.12	3.65	0.45	2.08		
0.72	4.78	4.09	13.13	11.12	0.80	5.75	1.72	
3.94	2.39	0.13	21.92	18.31	4.15	5.19	1.46	1.23

3-B-6 续表 8

地区	#别墅、高档公寓	办公楼	营业用房	其他房屋	商品房销售面积	住宅	#90㎡以下住房	#144㎡以上住房	#别墅、高档公寓
衢州市			**5.93**	**2.29**	**170.19**	**144.78**	**32.29**	**33.27**	**19.99**
柯城区			1.10		71.23	65.13	14.34	15.37	8.50
衢江区					26.16	24.09	5.58	1.45	0.32
常山县					13.33	10.50	2.18	3.98	3.22
开化县			3.03	0.10	10.03	9.37	0.81	3.95	3.88
龙游县			1.81	2.19	12.61	10.22	5.14	2.99	2.71
江山市					36.82	25.47	4.24	5.53	1.36
舟山市			**0.07**		**107.01**	**96.65**	**29.66**	**13.18**	**4.50**
定海区					56.25	55.17	11.86	8.60	2.46
普陀区					40.37	33.60	15.97	4.22	1.36
岱山县			0.07		9.12	7.89	1.83	0.36	0.68
嵊泗县					1.27				
台州市					**351.75**	**301.16**	**70.98**	**101.00**	**16.49**
椒江区					97.23	87.78	6.42	52.05	7.32
黄岩区					17.81	12.22	2.53	5.37	
路桥区					42.88	36.51	17.04	8.78	0.38
玉环县					10.38	8.95	1.96	3.12	
三门县					25.64	24.42	2.56	2.26	1.29
天台县					26.54	23.42	8.89	7.23	2.82
仙居县					23.34	21.05	0.56	7.93	
温岭市					60.28	53.98	19.80	6.47	0.14
临海市					47.65	32.85	11.23	7.78	4.54
丽水市		**0.95**	**2.68**		**129.07**	**109.39**	**16.26**	**16.58**	**5.27**
莲都区		0.95	2.48		62.12	51.63	9.70	7.13	1.36
青田县					16.38	13.98	0.35	3.45	1.04
缙云县					13.62	12.41	2.43	2.10	0.08
遂昌县					3.06	2.43	0.01	0.44	0.44
松阳县			0.20		7.62	6.47	1.24	1.74	1.41
云和县					1.82	1.44		0.22	
庆元县					0.97	0.06			
景宁县					5.73	4.91	0.74	0.33	
龙泉市					17.76	16.05	1.79	1.17	0.94

单位：万平方米

办公楼	营业用房	其他房屋	现　房 销售面积	住　宅	#90㎡以 下住房	#144㎡以 上住房	#别墅、 高档公寓	办公楼
0.94	**7.48**	**16.99**	**32.08**	**23.90**	**3.05**	**8.68**	**4.21**	**0.94**
0.70	1.21	4.19	21.11	17.19	1.85	5.46	1.58	0.70
	1.21	0.86	0.89	0.84	0.01	0.33	0.32	
	1.74	1.10	0.60	0.08				
	0.53	0.13	2.71	2.30	0.07	1.57	1.50	
	1.89	0.49	3.30	1.66	0.90	0.58	0.58	
0.24	0.90	10.22	3.47	1.82	0.22	0.74	0.23	0.24
2.37	**5.57**	**2.42**	**8.78**	**6.10**	**2.54**	**0.62**	**0.03**	**0.67**
	0.86	0.22	3.22	3.00	1.63	0.37	0.03	
2.31	2.98	1.48	4.51	2.12	0.83	0.10		0.67
0.06	0.46	0.71	0.98	0.98	0.08	0.14		
	1.27		0.07					
2.37	**16.37**	**31.84**	**34.38**	**29.02**	**5.72**	**15.46**	**6.05**	**0.13**
0.12	3.45	5.87	13.71	12.05	0.48	11.11	4.19	0.12
0.38	1.70	3.51	3.42	2.02	1.45	0.54		
1.86	1.56	2.95	0.52	0.51	0.09			
	0.86	0.57	2.76	2.31	0.29	1.21		
0.01	0.91	0.30	4.99	4.66	0.33	0.57	0.80	0.01
	0.33	2.80	0.41	0.41	0.03	0.38	0.22	
	1.30	0.99						
	2.07	4.23	6.29	5.50	3.03	0.62	0.14	
	4.19	10.61	2.28	1.56	0.01	1.04	0.70	
1.02	**6.52**	**12.13**	**15.56**	**10.56**	**5.17**	**2.74**	**1.48**	**0.06**
0.25	1.60	8.64	12.76	8.39	5.12	0.92	0.18	0.06
	0.62	1.78	1.36	0.88	0.06	0.52		
	0.75	0.46						
	0.45	0.18	0.08	0.08		0.08	0.08	
	0.26	0.89	1.37	1.21		1.21	1.21	
	0.24	0.14						
	0.90							
	0.81	…						
0.77	0.89	0.04						

3-B-6 续表 9

地　区	营业用房	其他房屋	期　房销售面积	住　宅	#90㎡以下住房	#144㎡以上住房	#别墅、高档公寓	办公楼
全　省	**95.41**	**68.07**	**4166.40**	**3594.06**	**884.73**	**932.92**	**186.00**	**164.74**
杭州市	**17.45**	**5.89**	**975.79**	**845.63**	**346.98**	**178.55**	**25.58**	**77.77**
上城区	0.22	0.12	19.37	16.19	14.70	1.30	0.49	3.03
下城区	1.87	0.03	23.33	15.19	6.32	3.96		6.90
江干区	3.32	2.51	158.91	118.33	73.61	9.25		27.50
拱墅区	0.44	0.01	84.09	70.79	31.58	20.74		8.67
西湖区	0.70	0.93	85.90	72.62	31.58	26.37	1.93	11.18
滨江区	0.70	0.19	56.64	49.23	25.26	13.98		3.43
萧山区	1.11	0.01	99.48	81.53	31.91	19.81	1.19	9.91
余杭区	3.01	0.66	280.43	268.93	114.19	43.79	8.92	3.00
桐庐县	2.88	0.25	43.29	38.77	6.15	10.85	0.47	0.69
淳安县	0.60	0.34	13.02	12.48	2.40	1.86	0.33	
建德市	0.10	0.17	18.38	15.34	1.51	0.68		0.79
富阳市	1.10	0.25	43.50	38.91	3.89	17.20	8.79	2.66
临安市	1.38	0.43	49.45	47.31	3.87	8.75	3.47	
宁波市	**14.29**	**21.68**	**595.16**	**494.68**	**70.08**	**145.01**	**39.06**	**37.91**
海曙区	0.40	2.56	28.82	23.60	10.58	6.56		2.98
江东区	0.80	0.52	39.46	27.20	1.84	17.11		8.72
江北区	0.16	1.57	30.35	28.87	6.73	7.26		0.30
北仑区	4.01	3.71	68.05	58.39	9.30	19.77	7.14	3.16
镇海区	4.74	7.53	41.41	36.77	4.03	6.85		2.67
鄞州区	2.05	4.21	117.02	92.90	19.75	17.57	5.54	15.68
象山县	0.27	0.29	23.84	22.99	3.87	5.81	3.58	0.52
宁海县	0.40	0.82	33.30	26.66	2.81	12.75	0.14	1.36
余姚市	0.76	0.36	70.77	54.04	4.59	14.20	1.61	1.04
慈溪市	0.51	0.06	123.01	105.93	4.44	32.39	20.71	1.47
奉化市	0.18	0.05	19.14	17.34	2.12	4.74	0.35	
温州市	**5.11**	**1.73**	**322.88**	**297.86**	**77.13**	**86.69**	**0.20**	**7.21**
鹿城区	1.04	0.82	23.97	23.13	3.37	8.08		0.26
龙湾区	1.24	0.26	30.98	19.99	9.34	5.57		6.76
瓯海区	0.41		69.09	66.37	19.62	11.03		
洞头县	0.07		3.64	3.62	1.14	0.59		
永嘉县	0.01		19.36	18.48	1.17	2.63		0.02
平阳县	0.81	0.65	52.08	50.32	2.91	11.27		

单位：万平方米

营业用房	其他房屋	商品房销售额(万元)	住　宅	#90m²以下住房	#144m²以上住房	#别墅、高档公寓	办公楼	营业用房
249.00	**158.59**	**53960320**	**45138822**	**10944791**	**15470939**	**3331768**	**3037836**	**4811812**
35.47	**16.91**	**17111998**	**14220307**	**5205427**	**4606671**	**785852**	**1829293**	**926659**
0.15		336855	234308	96942	129013	86971	92924	8067
1.22	0.02	745166	556019	152479	196458		132312	54871
7.17	5.91	3381831	2196300	1189738	308367		889391	230434
3.56	1.06	2111153	1808006	671514	738636		171130	125200
1.73	0.36	2169194	1853786	658345	880503	167959	229955	79996
1.13	2.85	1431624	1223806	575495	399911		123109	65615
7.34	0.70	1738186	1491184	491670	484287	28087	121123	120446
3.89	4.61	3393966	3262049	1235421	848699	259031	26403	88508
3.67	0.16	378181	321757	37353	125595	3550	4325	51305
0.53	0.02	204443	192847	33056	60843	19658		10869
2.00	0.24	144200	115173	12542	11319	875	8548	18439
1.83	0.09	631472	550633	23976	298070	154525	29873	49569
1.26	0.89	445727	414439	26896	124970	65196	200	23340
41.42	**21.16**	**8104011**	**6637387**	**878306**	**2495513**	**618145**	**483513**	**764926**
1.48	0.76	581683	449558	146957	141800		74732	42315
1.99	1.56	755846	604007	31842	389726		97307	40860
0.62	0.56	607676	557424	86974	220326		8601	26310
5.33	1.17	790014	680595	100051	230952	81892	39990	52397
0.72	1.25	593136	491143	79595	100478		22540	54461
5.21	3.23	1851466	1509486	241377	471641	127309	200602	90605
0.30	0.03	303643	283737	47441	75211	46245	6010	12211
2.19	3.10	294486	247203	28870	125469	3493	13621	23694
12.38	3.31	918333	629785	55391	231019	40361	5598	253734
10.27	5.34	1193812	989081	43611	441500	311284	14512	153622
0.94	0.86	213916	195368	16197	67391	7561		14717
17.34	**0.47**	**5759267**	**5060338**	**1288235**	**1753055**	**5684**	**165097**	**526543**
0.58		653525	615210	84462	252683		6688	28585
4.23		802289	495495	176422	169471		151156	153818
2.72		1410614	1298088	366097	247793	980	4607	107919
0.02		30834	29908	9061	5739			926
0.86		322949	300187	17655	68569		624	22138
1.30	0.47	526029	502721	27856	112832			20881

3-B-6 续表 10

地　区	营业用房	其他房屋	期　房 销售面积	住　宅	#90㎡以 下住房	#144㎡以 上住房	#别墅、 高档公寓	办公楼
苍南县	0.22		27.58	24.52	1.57	12.23	0.20	0.17
文成县			4.80	4.73	1.80	1.26		
泰顺县	0.23		9.63	9.23	4.85	0.72		
瑞安市	0.63		34.54	31.97	16.83	7.89		
乐清市	0.46		47.20	45.52	14.52	25.41		
嘉兴市	**20.30**	**8.66**	**491.20**	**422.83**	**92.67**	**63.58**	**12.34**	**5.72**
南湖区	5.11	4.85	117.52	96.21	20.76	13.93	2.71	3.17
秀洲区	3.12	0.94	65.47	58.68	11.87	5.34	1.18	0.61
嘉善县	3.15	0.03	55.42	50.46	21.69	8.61	3.27	0.88
海盐县	0.80	1.09	33.29	28.76	4.39	2.29	0.44	0.16
海宁市	3.46	0.39	75.10	67.32	11.40	13.38	1.06	0.52
平湖市	0.60	0.15	72.73	66.31	16.55	4.49	2.91	
桐乡市	4.08	1.22	71.67	55.09	6.02	15.53	0.77	0.37
湖州市	**8.85**	**10.78**	**256.98**	**222.94**	**37.76**	**52.59**	**15.44**	**3.72**
吴兴区	2.15	9.42	101.73	92.42	20.84	26.16	7.35	2.83
南浔区	1.68	0.04	18.03	15.52	4.45	6.10	2.85	0.04
德清县	0.60	0.09	44.02	40.60	3.11	5.52	1.69	
长兴县	2.05	1.21	46.20	35.26	1.80	5.57	1.64	0.85
安吉县	2.38	0.01	47.00	39.13	7.55	9.24	1.92	
绍兴市	**11.70**	**4.11**	**532.94**	**457.36**	**59.76**	**178.91**	**44.92**	**23.07**
越城区	2.08	0.54	130.01	111.92	13.95	53.86	9.69	12.61
绍兴县	4.43	0.27	134.40	121.75	5.16	61.84	24.01	2.98
新昌县	0.72	0.32	25.53	23.58	5.00	2.31		0.91
诸暨市	1.81	1.27	131.26	99.12	15.35	41.62	9.65	1.62
上虞市	1.48	1.17	70.74	64.93	12.90	16.03	1.56	4.95
嵊州市	1.17	0.54	41.01	36.06	7.40	3.24		
金华市	**9.26**	**4.26**	**324.23**	**270.36**	**67.64**	**91.08**	**13.95**	**4.45**
婺城区	1.37	0.39	110.89	102.98	31.16	43.44	3.99	0.14
金东区	1.57	0.17	42.92	25.09	9.02	6.00	1.75	
武义县	0.13	0.12	17.36	15.76	3.32	2.23	1.68	
浦江县	0.33	2.35	8.34	5.48	0.18	4.11	2.22	
磐安县	0.66		4.82	4.72	1.37	1.64	0.06	
兰溪市	0.85	0.72	30.42	25.68	2.52	5.12	2.23	
义乌市	0.43	0.05	25.72	17.31	1.84	3.52		0.89
东阳市	1.54	0.47	55.37	47.79	1.96	18.64	2.03	0.72
永康市	2.39		28.37	25.54	16.28	6.37		2.71

单位：万平方米

营业用房	其他房屋	商品房销售额(万元)	住 宅				办公楼	营业用房
				#90㎡以下住房	#144㎡以上住房	#别墅、高档公寓		
2.89		372115	319989	18541	186868	4704	2022	50104
0.08		68305	67322	23286	30450			983
0.41		161134	149715	99538	23108			11419
2.58		674579	576395	274441	207483			98184
1.68		736894	705308	190876	448059			31586
38.60	**24.05**	**4397802**	**3493480**	**682059**	**752350**	**179451**	**78924**	**705302**
14.49	3.65	1225825	859842	153979	197806	58881	43073	291773
4.77	1.41	563111	476088	97247	77464	23701	15144	65826
1.74	2.33	453822	373884	140746	87583	32083	6182	64821
1.17	3.19	257915	227698	41522	21260	6609	2236	16668
4.83	2.43	736117	646519	98445	149953	10836	9694	66521
2.93	3.48	514068	470786	104341	54961	38129	230	30891
8.67	7.55	646944	438663	45779	163323	9212	2365	168802
21.44	**8.87**	**2157080**	**1751971**	**263040**	**507374**	**203698**	**54240**	**294386**
6.23	0.24	919997	761364	149358	254634	93630	45345	88232
1.76	0.71	140706	113829	24070	52476	26871	617	24870
1.77	1.65	351692	328700	21616	79373	25179	438	13662
9.59	0.50	448212	311659	18265	65086	25581	7840	122761
2.09	5.78	296473	236419	49731	55805	32437		44861
36.70	**15.81**	**5686506**	**4811246**	**540993**	**2364127**	**747936**	**276002**	**514663**
5.07	0.41	1616218	1410270	153421	803459	227319	136020	64896
7.86	1.81	1442199	1244196	39505	805221	339211	57546	132838
0.13	0.91	216728	196326	27268	31014	12168	10967	6641
19.13	11.39	1328836	1003376	124373	500971	154401	35252	230183
0.59	0.26	689704	632472	130862	183407	14632	35558	17813
3.92	1.03	392821	324606	65564	40055	205	659	62292
30.52	**18.90**	**3742018**	**3026399**	**696285**	**1265667**	**238662**	**95777**	**518274**
3.30	4.48	1096730	982213	263232	515866	83125	4965	56891
16.72	1.12	457924	235824	71329	92875	42039		216652
0.14	1.46	148889	140466	20061	24314	20954		2426
0.35	2.51	102813	83261	6231	55009	27424		10472
0.10		40072	33693	8889	12878	1228		6379
4.26	0.48	256961	193545	22499	36859	18473		59641
2.41	5.11	412076	343862	31843	131528		8877	47578
3.24	3.62	553232	447756	21026	199802	30481	5150	89865
	0.13	673321	565779	251175	196536	14938	76785	28370

3-B-6 续表 11

地区	营业用房	其他房屋	期房销售面积	住宅	#90㎡以下住房	#144㎡以上住房	#别墅、高档公寓	办公楼
衢州市	**2.99**	**4.26**	**138.11**	**120.88**	**29.24**	**24.59**	**15.78**	
柯城区	0.65	2.56	50.12	47.93	12.49	9.91	6.92	
衢江区	0.02	0.03	25.27	23.25	5.57	1.12		
常山县	0.39	0.13	12.73	10.41	2.18	3.98	3.22	
开化县	0.41		7.32	7.07	0.74	2.38	2.38	
龙游县	1.29	0.35	9.31	8.56	4.24	2.40	2.13	
江山市	0.23	1.18	33.35	23.65	4.02	4.79	1.13	
舟山市	**1.41**	**0.61**	**98.23**	**90.55**	**27.12**	**12.56**	**4.47**	**1.70**
定海区	0.15	0.07	53.03	52.17	10.23	8.23	2.43	
普陀区	1.18	0.54	35.86	31.48	15.13	4.11	1.36	1.64
岱山县			8.14	6.91	1.75	0.22	0.68	0.06
嵊泗县	0.07		1.20					
台州市	**2.44**	**2.78**	**317.37**	**272.14**	**65.27**	**85.54**	**10.44**	**2.23**
椒江区	1.31	0.22	83.52	75.73	5.94	40.95	3.13	
黄岩区	0.46	0.94	14.39	10.19	1.07	4.83		0.38
路桥区	0.01		42.36	36.00	16.95	8.78	0.38	1.86
玉环县	0.30	0.14	7.62	6.64	1.67	1.92		
三门县	0.06	0.26	20.65	19.76	2.23	1.70	0.48	
天台县			26.13	23.01	8.86	6.85	2.61	
仙居县			23.34	21.05	0.56	7.93		
温岭市	0.30	0.49	53.99	48.48	16.76	5.85		
临海市		0.73	45.36	31.29	11.22	6.74	3.84	
丽水市	**1.62**	**3.32**	**113.51**	**98.83**	**11.09**	**13.83**	**3.80**	**0.96**
莲都区	1.02	3.29	49.36	43.24	4.58	6.21	1.18	0.19
青田县	0.45	0.03	15.03	13.10	0.30	2.92	1.04	
缙云县			13.62	12.41	2.43	2.10	0.08	
遂昌县			2.98	2.35	0.01	0.36	0.36	
松阳县	0.15		6.25	5.26	1.24	0.53	0.20	
云和县			1.82	1.44		0.22		
庆元县			0.97	0.06				
景宁县			5.73	4.91	0.74	0.33		
龙泉市			17.76	16.05	1.79	1.17	0.94	0.77

单位：万平方米

营业用房	其他房屋	商品房销售额(万元)	住宅	#90㎡以下住房	#144㎡以上住房	#别墅、高档公寓	办公楼	营业用房
4.49	**12.74**	**1158619**	**1016362**	**184616**	**275819**	**164933**	**8536**	**86128**
0.56	1.63	534904	503963	87992	124834	65252	4977	11934
1.19	0.83	140099	119510	25683	9181	3357		18653
1.35	0.97	84897	67351	8787	32978	28036		14415
0.13	0.13	69292	62164	4620	30024	29910		6492
0.60	0.14	88797	66416	24503	24575	22923		20811
0.67	9.03	240630	196958	33031	54227	15455	3559	13823
4.17	**1.81**	**1277412**	**1143011**	**303092**	**223786**	**110992**	**23172**	**100788**
0.71	0.15	717442	694949	114192	142359	61401		21774
1.80	0.94	481542	391354	175575	78116	44898	22319	62954
0.46	0.71	68071	56708	13325	3311	4693	853	5703
1.20		10357						10357
13.93	**29.07**	**3398341**	**2995371**	**785701**	**1042355**	**210912**	**14042**	**255874**
2.14	5.65	996810	912463	74924	520543	101063	801	64039
1.24	2.58	193747	149339	30149	71258		1846	30287
1.56	2.95	420487	380835	167343	101948	9910	11355	21887
0.55	0.43	122484	106934	22857	47820			12484
0.85	0.04	123641	117361	11989	12324	11894	40	5458
0.33	2.80	210214	194118	43219	72974	31427		5938
1.30	0.99	192586	174124	4538	62061			14340
1.77	3.74	689128	634584	304967	68679	1487		38643
4.19	9.89	449244	325613	125715	84748	55131		62798
4.91	**8.82**	**1167266**	**982950**	**117037**	**184222**	**65503**	**9240**	**118269**
0.58	5.35	580553	515576	69439	100508	27023	1933	21297
0.18	1.75	118959	105114	3018	34188	5541		9290
0.75	0.46	126460	114454	20100	16936	1511		9512
0.45	0.18	34047	20057	67	3772	3772		13060
0.11	0.89	56457	47397	8374	15574	13152		3105
0.24	0.14	13641	9418		1475			3532
0.90		22299	589					21710
0.81	...	43834	33582	4852	2253			10217
0.89	0.04	171016	136763	11187	9516	14504	7307	26546

3-B-6 续表 12

地　　区	其他房屋	现　房 销售额 (万元)	住　宅	#90㎡以 下住房	#144㎡以 上住房	#别墅、 高档公寓	办公楼
全　省	**971850**	**6470454**	**4460160**	**874997**	**2093062**	**536414**	**643007**
杭州市	**135739**	**1961653**	**1338904**	**280643**	**639372**	**186926**	**330582**
上城区	1556	76926	62386		61681	59070	8700
下城区	1964	194656	155861	31551	4855		4312
江干区	65706	527964	229285	56494	91755		221063
拱墅区	6817	43858	20554	453	17964		7576
西湖区	5457	191134	169495	10734	137893	12618	1471
滨江区	19094	93405	21040	6874	5641		52373
萧山区	5433	150802	103618	42175	26948	1370	26867
余杭区	17006	384663	340607	104266	167408	75279	3380
桐庐县	794	75037	57849	13119	10209		
淳安县	727	63183	56313	6782	29662	11957	
建德市	2040	6838	4277	423	3453	875	
富阳市	1397	76597	52683	3495	46994	5408	4640
临安市	7748	76590	64936	4277	34909	20349	200
宁波市	**218185**	**1181748**	**821281**	**125238**	**426003**	**64619**	**127809**
海曙区	15078	122309	69139	5166	39089		35379
江东区	13672	61175	48675	6014	18996		3072
江北区	15341	156278	132360	4048	117503		3593
北仑区	17032	169220	104896	21995	10618		20811
镇海区	24992	169722	108416	39004	23939		3838
鄞州区	50773	296108	189217	18646	127122	9233	59835
象山县	1685	51246	41882	4586	17405	12560	1259
宁海县	9968	20454	17800	6054	9688	1166	
余姚市	29216	57373	47829	18519	9904	850	
慈溪市	36597	60459	46718	230	44311	40530	22
奉化市	3831	17404	14349	976	7428	280	
温州市	**7289**	**289820**	**214716**	**107611**	**87595**	**980**	**4811**
鹿城区	3042	37573	21959	7229	11697		
龙湾区	1820	48806	32464	7542	13443		204
瓯海区		21694	6868		6868	980	4607
洞头县		590					
永嘉县		365	164		164		
平阳县	2427	7181	635	93			

单位：万平方米

营业用房	其他房屋	期　房 销售额 (万元)	住　宅	#90㎡以 下住房	#144㎡以 上住房	#别墅、 高档公寓	办公楼	营业用房	其他房屋
1124182	**243105**	**47489866**	**40678662**	**10069794**	**13377877**	**2795354**	**2394829**	**3687630**	**728745**
257492	**34675**	**15150345**	**12881403**	**4924784**	**3967299**	**598926**	**1498711**	**669167**	**101064**
4284	1556	259929	171922	96942	67332	27901	84224	3783	
33014	1469	550510	400158	120928	191603		128000	21857	495
59735	17881	2853867	1967015	1133244	216612		668328	170699	47825
15650	78	2067295	1787452	671061	720672		163554	109550	6739
16886	3282	1978060	1684291	647611	742610	155341	228484	63110	2175
17456	2536	1338219	1202766	568621	394270		70736	48159	16558
20290	27	1587384	1387566	449495	457339	26717	94256	100156	5406
37934	2742	3009303	2921442	1131155	681291	183752	23023	50574	14264
16495	693	303144	263908	24234	115386	3550	4325	34810	101
6211	659	141260	136534	26274	31181	7701		4658	68
997	1564	137362	110896	12119	7866		8548	17442	476
18347	927	554875	497950	20481	251076	149117	25233	31222	470
10193	1261	369137	349503	22619	90061	44847		13147	6487
146759	**85899**	**6922263**	**5816106**	**753068**	**2069510**	**553526**	**355704**	**618167**	**132286**
7371	10420	459374	380419	141791	102711		39353	34944	4658
6902	2526	694671	555332	25828	370730		94235	33958	11146
8094	12231	451398	425064	82926	102823		5008	18216	3110
31936	11577	620794	575699	78056	220334	81892	19179	20461	5455
37417	20051	423414	382727	40591	76539		18702	17044	4941
23453	23603	1555358	1320269	222731	344519	118076	140767	67152	27170
6575	1530	252397	241855	42855	57806	33685	4751	5636	155
935	1719	274032	229403	22816	115781	2327	13621	22759	8249
7892	1652	860960	581956	36872	221115	39511	5598	245842	27564
13317	402	1133353	942363	43381	397189	270754	14490	140305	36195
2867	188	196512	181019	15221	59963	7281		11850	3643
63688	**6605**	**5469447**	**4845622**	**1180624**	**1665460**	**4704**	**160286**	**462855**	**684**
12572	3042	615952	593251	77233	240986		6688	16013	
14318	1820	753483	463031	168880	156028		150952	139500	
10219		1388920	1291220	366097	240925			97700	
590		30244	29908	9061	5739			336	
201		322584	300023	17655	68405		624	21937	
4803	1743	518848	502086	27763	112832			16078	684

3-B-6 续表 13

地 区	其他房屋	现 房 销售额 (万元)	住 宅	#90㎡以下住房	#144㎡以上住房	#别墅、高档公寓	办公楼
苍南县		11408	9978	244	7303		
文成县		19432	19432	2354	17078		
泰顺县		79891	76704	59553	17151		
瑞安市		55210	41311	29350	9936		
乐清市		7670	5201	1246	3955		
嘉兴市	**120096**	**716924**	**437997**	**78503**	**157840**	**42436**	**37332**
南湖区	31137	260163	138425	16982	64632	26238	20239
秀洲区	6053	118446	81791	17040	26654	7647	10592
嘉善县	8935	91393	39358	8616	2569	1060	194
海盐县	11313	37297	32095	14264	2328	1059	
海宁市	13383	60697	34069	10937	11675		5720
平湖市	12161	31810	26740	2966	9280	3493	230
桐乡市	37114	117118	85519	7698	40702	2939	357
湖州市	**56483**	**314016**	**168502**	**16305**	**81424**	**37539**	**27367**
吴兴区	25056	100056	34634	3960	25761	12948	24100
南浔区	1390	27751	13205	846	7599	3199	
德清县	8892	35247	30357	176	23407	8021	438
长兴县	5952	114191	74263	8393	12897	4426	2829
安吉县	15193	36771	16043	2930	11760	8945	
绍兴市	**84595**	**597140**	**408538**	**59836**	**210354**	**32109**	**69992**
越城区	5032	104308	73523	18857	32831	1515	14190
绍兴县	7619	215023	131916	6900	103798	13363	37056
新昌县	2794	44138	34522	2009	13396	12168	3288
诸暨市	60025	127819	93267	13767	43408	3936	14336
上虞市	3861	75272	59270	14137	9919	922	463
嵊州市	5264	30580	16040	4166	7002	205	659
金华市	**101568**	**664089**	**525172**	**68728**	**259381**	**63664**	**27388**
婺城区	52661	102019	81484	10994	43625	24716	4086
金东区	5448	20690	13451	646	6364	5767	
武义县	5997	8498	6800				
浦江县	9080	40297	30865	5274	10738	4624	
磐安县		9556	3896	1428	1156		
兰溪市	3775	25843	14638	3646	1878		
义乌市	11759	110370	100311	5424	68100		
东阳市	10461	99179	77762	4000	46003	13619	
永康市	2387	247637	195965	37316	81517	14938	23302

单位：万平方米

营业用房	其他房屋	期房销售额（万元）	住宅	#90㎡以下住房	#144㎡以上住房	#别墅、高档公寓	办公楼	营业用房	其他房屋
1430		360707	310011	18297	179565	4704	2022	48674	
		48873	47890	20932	13372			983	
3187		81243	73011	39985	5957			8232	
13899		619369	535084	245091	197547			84285	
2469		729224	700107	189630	444104			29117	
219668	**21927**	**3680878**	**3055483**	**603556**	**594510**	**137015**	**41592**	**485634**	**98169**
88542	12957	965662	721417	136997	133174	32643	22834	203231	18180
23525	2538	444665	394297	80207	50810	16054	4552	42301	3515
51799	42	362429	334526	132130	85014	31023	5988	13022	8893
3091	2111	220618	195603	27258	18932	5550	2236	13577	9202
19623	1285	675420	612450	87508	138278	10836	3974	46898	12098
4472	368	482258	444046	101375	45681	34636		26419	11793
28616	2626	529826	353144	38081	122621	6273	2008	140186	34488
90245	**27902**	**1843064**	**1583469**	**246735**	**425950**	**166159**	**26873**	**204141**	**28581**
18035	23287	819941	726730	145398	228873	80682	21245	70197	1769
14422	124	112955	100624	23224	44877	23672	617	10448	1266
4026	426	316445	298343	21440	55966	17158		9636	8466
33072	4027	334021	237396	9872	52189	21155	5011	89689	1925
20690	38	259702	220376	46801	44045	23492		24171	15155
105659	**12951**	**5089366**	**4402708**	**481157**	**2153773**	**715827**	**206010**	**409004**	**71644**
13623	2972	1511910	1336747	134564	770628	225804	121830	51273	2060
45393	658	1227176	1112280	32605	701423	325848	20490	87445	6961
5424	904	172590	161804	25259	17618		7679	1217	1890
15445	4771	1201017	910109	110606	457563	150465	20916	214738	55254
13537	2002	614432	573202	116725	173488	13710	35095	4276	1859
12237	1644	362241	308566	61398	33053			50055	3620
99734	**11795**	**3077929**	**2501227**	**627557**	**1006286**	**174998**	**68389**	**418540**	**89773**
14499	1950	994711	900729	252238	472241	58409	879	42392	50711
6851	388	437234	222373	70683	86511	36272		209801	5060
1158	540	140391	133666	20061	24314	20954		1268	5457
4232	5200	62516	52396	957	44271	22800		6240	3880
5660		30516	29797	7461	11722	1228		719	
9429	1776	231118	178907	18853	34981	18473		50212	1999
9776	283	301706	243551	26419	63428		8877	37802	11476
19759	1658	454053	369994	17026	153799	16862	5150	70106	8803
28370		425684	369814	213859	115019		53483		2387

3-B-6 续表 14

地 区	其他房屋	现 房 销售额 (万元)	住 宅	#90㎡以 下住房	#144㎡以 上住房	#别墅、 高档公寓	办公楼
衢州市	**47593**	**212913**	**159943**	**15771**	**64245**	**26437**	**8536**
柯城区	14030	133634	114319	7702	41545	8879	4977
衢江区	1936	6147	5870	40	3386	3357	
常山县	3131	4161	609				
开化县	636	17052	12207	427	7581	7467	
龙游县	1570	26447	12649	5858	4760	4760	
江山市	26290	25472	14289	1744	6973	1974	3559
舟山市	**10441**	**93107**	**43815**	**12454**	**7105**	**558**	**7755**
定海区	719	30838	23796	8529	4583	558	
普陀区	4915	54722	13190	3155	1485		7755
岱山县	4807	6829	6829	770	1037		
嵊泗县		718					
台州市	**133054**	**323190**	**262975**	**73944**	**134277**	**68573**	**841**
椒江区	19507	134459	101494	10706	81965	46502	801
黄岩区	12275	34686	23233	17059	5895		
路桥区	6410	2091	1741	1073			
玉环县	3066	31547	27902	3171	19395		
三门县	782	29179	28150	1697	3133	8425	40
天台县	10158	5108	5108	183	4925	3577	
仙居县	4122						
温岭市	15901	69111	62028	40020	9314	1487	
临海市	60833	17009	13319	35	9650	8582	
丽水市	**56807**	**115854**	**78317**	**35964**	**25466**	**12573**	**594**
莲都区	41747	87412	57945	35675	7220	1194	594
青田县	4555	15498	8993	289	6867		
缙云县	2494						
遂昌县	930	598	598		598	598	
松阳县	5955	12346	10781		10781	10781	
云和县	691						
庆元县							
景宁县	35						
龙泉市	400						

单位：万平方米

营业用房	其他房屋	期房销售额(万元)	住宅	#90㎡以下住房	#144㎡以上住房	#别墅、高档公寓	办公楼	营业用房	其他房屋
31409	**13025**	**945706**	**856419**	**168845**	**211574**	**138496**		**54719**	**34568**
6167	8171	401270	389644	80290	83289	56373		5767	5859
135	142	133952	113640	25643	5795			18518	1794
3272	280	80736	66742	8787	32978	28036		11143	2851
4845		52240	49957	4193	22443	22443		1647	636
12730	1068	62350	53767	18645	19815	18163		8081	502
4260	3364	215158	182669	31287	47254	13481		9563	22926
38674	**2863**	**1184305**	**1099196**	**290638**	**216681**	**110434**	**15417**	**62114**	**7578**
6860	182	686604	671153	105663	137776	60843		14914	537
31096	2681	426820	378164	172420	76631	44898	14564	31858	2234
		61242	49879	12555	2274	4693	853	5703	4807
718		9639						9639	
49259	**10115**	**3075151**	**2732396**	**711757**	**908078**	**142339**	**13201**	**206615**	**122939**
31441	723	862351	810969	64218	438578	54561		32598	18784
8876	2577	159061	126106	13090	65363		1846	21411	9698
350		418396	379094	166270	101948	9910	11355	21537	6410
2650	995	90937	79032	19686	28425			9834	2071
325	664	94462	89211	10292	9191	3469		5133	118
		205106	189010	43036	68049	27850		5938	10158
		192586	174124	4538	62061			14340	4122
5617	1466	620017	572556	264947	59365			33026	14435
	3690	432235	312294	125680	75098	46549		62798	57143
21595	**15348**	**1051412**	**904633**	**81073**	**158756**	**52930**	**8646**	**96674**	**41459**
13565	15308	493141	457631	33764	93288	25829	1339	7732	26439
6465	40	103461	96121	2729	27321	5541		2825	4515
		126460	114454	20100	16936	1511		9512	2494
		33449	19459	67	3174	3174		13060	930
1565		44111	36616	8374	4793	2371		1540	5955
		13641	9418		1475			3532	691
		22299	589					21710	
		43834	33582	4852	2253			10217	35
		171016	136763	11187	9516	14504	7307	26546	400

3-B-7 按登记注册类型、控股情况和

项　目	从业人员期末人数	#女性	从业人员期末人数(按人员类型分)		
			在岗职工	劳务派遣人员	其他从业人员
总　计	**117300**	**45204**	**110901**	**1250**	**5149**
一、按登记注册类型分					
内　资	107889	41461	101893	1204	4792
国　有	2188	840	1686	98	404
集　体	297	108	240	24	33
股份合作企业	129	41	118		11
联营企业	41	12	38		3
国有与集体联营	41	12	38		3
有限责任公司	50100	19111	47265	719	2116
国有独资公司	3054	1061	2703	118	233
其他有限责任公司	47046	18050	44562	601	1883
股份有限公司	3404	1271	3252	28	124
私营企业	51702	20067	49266	335	2101
私营独资	26	10	22		4
私营合伙	2	1	1		1
私营有限责任公司	50716	19688	48359	330	2027
私营股份有限公司	958	368	884	5	69
其他企业	28	11	28		
港澳台商投资	6225	2425	5946	33	246
与港澳台商合资经营	2502	905	2372	4	126
与港澳台商合作经营	15	8	12		3
港澳台商独资	3568	1453	3431	29	108
港澳台商投资股份有限公司	140	59	131		9
外商投资	3186	1318	3062	13	111
中外合资经营	1374	526	1299	12	63
中外合作经营	21	4	21		
外资企业	1780	781	1731	1	48
外商投资股份有限公司	11	7	11		
二、按控股情况分					
国有控股	11113	4044	9731	424	958
集体控股	3419	1168	3051	163	205
私人控股	84032	32687	80304	490	3238
港澳台商控股	5889	2291	5624	33	232
外商控股	2913	1254	2819	12	82
其　他	9934	3760	9372	128	434
三、按资质等级分					
一　级	7518	2793	7158	79	281
二　级	18407	7277	17108	280	1019
三　级	29674	11346	27999	215	1460
四　级	10181	4045	9610	93	478
暂　定	41979	16062	40097	453	1429
其　他	9541	3681	8929	130	482

资质等级分组的房地产开发企业从业人员

单位：人

从业人员期末人数(按职业类型分)					从业人员平均人数
单位负责人	专业技术人员	办事人员和有关人员	商业、服务业人员	生产、运输设备操作人员及有关人员	
16410	**42877**	**46801**	**4465**	**6747**	**115967**
15319	39767	42500	4006	6297	106549
260	544	852	3	529	2131
52	58	169	6	12	304
14	43	72			129
3	23	4		11	41
3	23	4		11	41
7367	19627	18789	1633	2684	49405
526	1526	781	31	190	3047
6841	18101	18008	1602	2494	46358
375	1492	956	389	192	3369
7245	17973	21640	1975	2869	51147
4	13	9			26
1		1			6
7116	17537	21283	1950	2830	50147
124	423	347	25	39	968
3	7	18			23
729	1940	2870	315	371	6039
384	701	1082	107	228	2473
1	6	7		1	16
323	1167	1733	205	140	3414
21	66	48	3	2	136
362	1170	1431	144	79	3379
159	438	680	42	55	1579
2	6	13			21
198	723	733	102	24	1768
3	3	5			11
1758	4577	3253	521	1004	10873
441	1499	1233	59	187	3392
11663	30017	34497	3123	4732	82918
697	1859	2754	284	295	5719
313	1087	1274	152	87	3155
1538	3838	3790	326	442	9910
1009	3689	2331	126	363	7480
2721	7030	6754	342	1560	18394
4395	10603	11862	1148	1666	30015
1396	3547	4314	381	543	10287
5504	14646	17583	2037	2209	40668
1385	3362	3957	431	406	9123

3-B-8 按地区分组的房地产

地　区	从业人员期末人数	#女性	从业人员期末人数(按人员类型分)		
			在岗职工	劳务派遣人　员	其　他从业人员
全　省	**117300**	**45204**	**110901**	**1250**	**5149**
杭州市	**31207**	**12138**	**29477**	**402**	**1328**
上城区	1708	636	1518	49	141
下城区	1770	707	1639	68	63
江干区	4439	1749	4210	88	141
拱墅区	1774	710	1633	22	119
西湖区	2861	1120	2753	34	74
滨江区	1788	673	1753	2	33
萧山区	4591	1731	4507	3	81
余杭区	5876	2366	5505	42	329
桐庐县	1709	627	1604	14	91
淳安县	848	330	793	4	51
建德市	830	339	743	14	73
富阳市	1301	490	1230	35	36
临安市	1712	660	1589	27	96
宁波市	**17675**	**6357**	**16685**	**155**	**835**
海曙区	834	309	768	11	55
江东区	1936	673	1730	59	147
江北区	1033	395	974		59
北仑区	1449	551	1364	4	81
镇海区	1089	414	1043		46
鄞州区	3898	1306	3743	9	146
象山县	1187	396	1125	14	48
宁海县	682	236	629		53
余姚市	2661	1025	2539	51	71
慈溪市	2269	847	2213	7	49
奉化市	637	205	557		80
温州市	**12975**	**4782**	**12327**	**135**	**513**
鹿城区	2721	1048	2468	65	188
龙湾区	1265	505	1229	6	30
瓯海区	1680	561	1627	21	32
洞头县	283	104	257		26
永嘉县	958	364	912		46
平阳县	1212	480	1150		62

开发企业从业人员

单位：人

从业人员期末人数(按职业类型分)					从业人员平均人数
单位负责人	专业技术人员	办事人员和有关人员	商业、服务业人员	生产、运输设备操作人员及有关人员	
16410	**42877**	**46801**	**4465**	**6747**	**115967**
4480	**12259**	**11167**	**1502**	**1799**	**30618**
376	775	446	21	90	1684
266	926	498	24	56	1721
598	1828	1443	521	49	4092
290	657	734	27	66	1776
432	1236	861	35	297	2939
140	713	790	20	125	1716
550	1595	1880	154	412	4486
858	2199	1978	486	355	5810
267	597	701	39	105	1640
138	318	279	55	58	855
137	259	345	16	73	832
162	601	461	31	46	1351
266	555	751	73	67	1716
2503	**6423**	**6588**	**944**	**1217**	**17737**
194	340	272		28	835
298	931	563	41	103	2137
173	376	446	14	24	1016
200	562	477	127	83	1480
181	328	444	64	72	1095
484	1484	1600	166	164	3871
163	376	486	14	148	1165
47	324	170	36	105	669
416	822	1061	76	286	2549
235	658	802	402	172	2284
112	222	267	4	32	636
2013	**4590**	**5127**	**289**	**956**	**12807**
440	1254	915	48	64	2730
209	435	566	13	42	1263
214	589	629	18	230	1585
55	61	139	7	21	287
124	396	337	33	68	949
202	376	563	39	32	1198

3-B-8 续表 1

地　区	从业人员期末人数	#女性	从业人员期末人数(按人员类型分)		
			在岗职工	劳务派遣人　员	其　他从业人员
苍南县	1366	445	1321		45
文成县	174	62	166		8
泰顺县	267	93	265	1	1
瑞安市	1458	542	1432	1	25
乐清市	1591	578	1500	41	50
嘉兴市	**11066**	**4519**	**10248**	**105**	**713**
南湖区	2863	1198	2598	50	215
秀洲区	1515	629	1399	3	113
嘉善县	1546	643	1425	26	95
海盐县	856	315	818		38
海宁市	1347	563	1214	4	129
平湖市	1088	410	1035		53
桐乡市	1851	761	1759	22	70
湖州市	**7014**	**2654**	**6313**	**143**	**558**
吴兴区	3031	1075	2619	81	331
南浔区	559	222	509	17	33
德清县	925	356	858	1	66
长兴县	1537	581	1418	23	96
安吉县	962	420	909	21	32
绍兴市	**11580**	**4564**	**11175**	**83**	**322**
越城区	2700	1012	2555	34	111
绍兴县	3205	1243	3154	23	28
新昌县	693	263	670		23
诸暨市	2606	1092	2545	24	37
上虞市	1411	585	1322	2	87
嵊州市	965	369	929		36
金华市	**8575**	**3374**	**8263**	**66**	**246**
婺城区	2344	994	2266	31	47
金东区	768	305	725	4	39
武义县	462	205	446	7	9
浦江县	301	111	300		1
磐安县	232	85	225		7
兰溪市	887	362	846	14	27
义乌市	1253	434	1238	4	11
东阳市	1532	601	1440	2	90
永康市	796	277	777	4	15

单位：人

从业人员期末人数(按职业类型分)					从业人员平均人数
单位负责人	专业技术人　员	办事人员和有关人员	商业、服务业人员	生产、运输设备操作人员及有关人员	
170	361	626	19	190	1344
19	73	80		2	175
24	95	137		11	267
292	480	584	45	57	1446
264	470	551	67	239	1563
1647	**3256**	**5046**	**500**	**617**	**10894**
400	833	1385	138	107	2803
302	522	520	72	99	1508
141	497	826	35	47	1508
125	289	408	11	23	814
228	439	512	59	109	1319
229	267	427	35	130	1102
222	409	968	150	102	1840
798	**2340**	**3110**	**219**	**547**	**6907**
284	1013	1246	42	446	2941
93	93	320	13	40	561
75	314	499	28	9	926
227	538	652	89	31	1517
119	382	393	47	21	962
1300	**4457**	**5079**	**329**	**415**	**11502**
264	1195	1151	45	45	2693
329	1077	1539	101	159	3213
117	233	290	25	28	704
240	1174	1018	89	85	2489
231	483	598	44	55	1437
119	295	483	25	43	966
1221	**3151**	**3366**	**352**	**485**	**8347**
308	813	978	72	173	2302
99	280	350	9	30	703
79	167	147	46	23	456
39	88	171	3		300
40	102	82		8	244
123	387	310	33	34	881
221	326	548	26	132	1249
241	638	422	157	74	1514
71	350	358	6	11	698

3-B-8 续表 2

地　区	从业人员期末人数	#女性	从业人员期末人数(按人员类型分)		
			在岗职工	劳务派遣人　员	其　他从业人员
衢州市	**3097**	**1266**	**3010**	**13**	**74**
柯城区	1329	556	1272	13	44
衢江区	428	163	423		5
常山县	217	91	205		12
开化县	268	96	267		1
龙游县	359	121	359		
江山市	496	239	484		12
舟山市	**3687**	**1439**	**3413**	**86**	**188**
定海区	1713	646	1583	30	100
普陀区	1566	627	1443	56	67
岱山县	272	103	255		17
嵊泗县	136	63	132		4
台州市	**7726**	**3009**	**7395**	**45**	**286**
椒江区	1658	658	1533	32	93
黄岩区	759	305	728	5	26
路桥区	941	335	923	5	13
玉环县	563	207	550		13
三门县	548	229	538		10
天台县	420	151	401		19
仙居县	489	243	480		9
温岭市	1197	477	1128		69
临海市	1151	404	1114	3	34
丽水市	**2698**	**1102**	**2595**	**17**	**86**
莲都区	984	362	908	17	59
青田县	687	290	679		8
缙云县	276	113	274		2
遂昌县	128	56	126		2
松阳县	143	58	143		
云和县	112	43	97		15
庆元县	69	33	69		
景宁县	88	39	88		
龙泉市	211	108	211		

单位：人

从业人员期末人数(按职业类型分)					从业人员平均人数
单位负责人	专业技术人　员	办事人员和有关人员	商业、服务业人员	生产、运输设备操作人员及有关人员	
404	**1302**	**1334**	**33**	**24**	**3026**
141	508	665	13	2	1287
54	194	166	13	1	389
44	94	78		1	223
50	96	106	5	11	276
37	166	156			358
78	244	163	2	9	493
569	**1207**	**1566**	**93**	**252**	**3673**
248	643	703	9	110	1699
250	425	701	69	121	1565
55	97	97	3	20	278
16	42	65	12	1	131
1086	**2995**	**3239**	**165**	**241**	**7778**
232	649	695	18	64	1726
121	389	228	2	19	735
96	393	372	41	39	948
64	212	268	3	16	561
90	148	288	3	19	530
57	189	159	1	14	426
70	213	198	2	6	465
194	411	455	90	47	1234
162	391	576	5	17	1153
389	**897**	**1179**	**39**	**194**	**2678**
181	316	346	14	127	978
55	258	340	14	20	670
20	96	160			277
26	54	48			132
32	53	42	5	11	152
13	38	61			102
12	31	18		8	73
10	17	30	5	26	88
40	34	134	1	2	206

3-B-9 按登记注册类型、控股情况和资质

项 目	企业数(个)	#有计算机的企业数	#有网站的企业数
总 计	**6114**	**5841**	**1707**
一、按登记注册类型分			
内 资	5790	5526	1579
国 有	56	54	16
集 体	25	20	
股份合作企业	5	5	
联营企业	2	2	1
国有与集体联营	2	2	1
有限责任公司	2449	2370	757
国有独资公司	133	132	40
其他有限责任公司	2316	2238	717
股份有限公司	91	85	42
私营企业	3160	2988	763
私营独资	4	3	2
私营合伙	2	1	
私营有限责任公司	3097	2929	737
私营股份有限公司	57	55	24
其他企业	2	2	
港澳台商投资	195	192	77
与港澳台商合资经营	84	83	31
与港澳台商合作经营	1		
港澳台商独资	105	103	45
港澳台商投资股份有限公司	5	5	1
外商投资	129	123	51
中外合资经营	67	64	26
中外合作经营	2	2	
外资企业	58	55	24
外商投资股份有限公司	2	2	1
二、按控股情况分			
国有控股	438	428	122
集体控股	186	174	37
私人控股	4732	4503	1275
港澳台商控股	186	183	73
外商控股	110	104	40
其 他	462	449	160
三、按资质等级分			
一 级	130	129	103
二 级	610	595	261
三 级	1599	1537	412
四 级	817	754	142
暂 定	2275	2183	621
其 他	683	643	168

等级分组的房地产开发企业信息化情况

#有电子商务采购的企业数	#有电子商务销售的企业数	年末在用计算机数（台）	年末拥有网站数（个）	全年电子商务采购金额（万元）	全年电子商务销售金额（万元）
29	**16**	**81686**	**1841**		**871**
26	14	73705	1694		860
		1089	20		
		196			
		97			
		29	1		
		29	1		
10	5	38047	802		555
	1	2659	41		
10	4	35388	761		555
1	2	2539	52		1
15	7	31690	819		303
		18	2		
		1			
15	6	31043	792		303
	1	628	25		
		18			
2	2	4816	89		9
		1759	36		
2	2	2920	52		9
		123	1		
1		3165	58		3
		1186	28		
		26			
1		1940	29		3
		13	1		
1	2	8816	130		2
		2528	38		
21	12	55087	1374		836
2	2	4513	85		9
2		2890	45		9
3		7852	169		16
1		6503	114		3
3	1	13181	270		18
6	5	19898	443		222
5	3	6142	148		34
11	6	28954	682		584
3	1	7008	184		10

3-B-10 按地区分组的房地产

地区	企业数（个）	#有计算机的企业数	#有网站的企业数	#有电子商务采购的企业数
全 省	**6114**	**5841**	**1707**	**29**
杭州市	**1437**	**1388**	**468**	**5**
上城区	66	65	19	
下城区	78	74	31	1
江干区	174	174	68	
拱墅区	79	76	40	
西湖区	122	119	53	1
滨江区	80	80	23	
萧山区	193	189	71	1
余杭区	239	226	74	1
桐庐县	107	105	16	
淳安县	72	62	10	1
建德市	62	62	14	
富阳市	77	71	20	
临安市	88	85	29	
宁波市	**831**	**792**	**293**	**9**
海曙区	40	40	17	1
江东区	65	63	17	1
江北区	56	56	23	
北仑区	71	70	18	1
镇海区	56	55	20	
鄞州区	187	178	87	2
象山县	59	58	18	
宁海县	31	31	15	
余姚市	146	142	43	4
慈溪市	95	74	28	
奉化市	25	25	7	
温州市	**684**	**654**	**125**	**1**
鹿城区	131	129	26	
龙湾区	67	66	18	
瓯海区	45	45	15	
洞头县	23	22	3	
永嘉县	53	51	5	
平阳县	86	79	10	

开发企业信息化情况

#有电子商务销售的企业数	年末在用计算机数（台）	年末拥有网站数（个）	全年电子商务采购金额（万元）	全年电子商务销售金额（万元）
16	**81686**	**1841**		**871**
4	**24478**	**503**		**25**
	1484	19		
	1503	33		1
1	3705	78		
	1604	44		
	2536	59		3
1	1550	25		
	3314	75		21
1	4581	76		1
	856	18		
1	516	11		1
	504	15		
	1006	21		
	1319	29		
2	**13088**	**327**		**34**
	700	17		12
	1756	18		5
	886	23		
	1207	20		5
	854	24		
1	3265	93		3
	664	21		
	429	15		
1	1734	54		10
	1247	35		
	346	7		
1	**7793**	**127**		**1**
	1809	26		
1	824	18		
	892	15		
	185	3		
	385	5		
	684	11		

3-B-10 续表 1

地 区	企业数(个)	#有计算机的企业数	#有网站的企业数	#有电子商务采购的企业数
苍南县	67	67	7	
文成县	13	13	6	
泰顺县	14	13	3	
瑞安市	91	79	16	
乐清市	94	90	16	1
嘉兴市	**634**	**616**	**187**	**4**
南湖区	150	148	50	2
秀洲区	90	90	29	1
嘉善县	87	80	21	
海盐县	44	44	13	1
海宁市	62	61	24	
平湖市	83	83	17	
桐乡市	118	110	33	
湖州市	**412**	**389**	**104**	**2**
吴兴区	120	114	45	1
南浔区	41	38	8	
德清县	64	64	12	
长兴县	116	112	18	1
安吉县	71	61	21	
绍兴市	**691**	**662**	**167**	**2**
越城区	164	160	52	2
绍兴县	178	178	45	
新昌县	46	46	14	
诸暨市	148	123	28	
上虞市	103	103	21	
嵊州市	52	52	7	
金华市	**485**	**450**	**102**	**4**
婺城区	135	127	34	
金东区	29	28	12	
武义县	24	23	7	
浦江县	30	28	3	
磐安县	13	13	1	
兰溪市	49	48	11	3
义乌市	88	67	14	
东阳市	87	86	18	
永康市	30	30	2	1

#有电子商务销售的企业数	年末在用计算机数（台）	年末拥有网站数（个）	全年电子商务采购金额（万元）	全年电子商务销售金额（万元）
	783	7		
	101	7		
	153	3		
	972	16		
	1005	16		1
2	**7661**	**198**		**14**
1	2072	54		12
1	1216	30		2
	780	21		
	587	14		...
	1004	27		
	819	19		
	1183	33		
	4527	**111**		**6**
	1717	47		3
	307	10		
	628	12		
	1182	20		3
	693	22		
3	**7572**	**182**		**24**
1	2054	54		24
	2080	50		
	474	14		
1	1586	36		
1	861	21		
	517	7		
1	**5404**	**110**		**557**
	1621	39		
	441	13		
	300	7		
	161	3		
	121	1		
1	496	11		57
	796	16		
	989	18		
	479	2		500

3-B-10 续表 2

地 区	企业数(个)	#有计算机的企业数	#有网站的企业数	#有电子商务采购的企业数
衢州市	**232**	**220**	**50**	**1**
柯城区	85	82	25	1
衢江区	26	24	8	
常山县	22	21	2	
开化县	22	22	4	
龙游县	33	30	5	
江山市	44	41	6	
舟山市	198	191	52	
定海区	107	104	25	
普陀区	66	64	21	
岱山县	16	14	3	
嵊泗县	9	9	3	
台州市	**361**	**355**	**122**	**1**
椒江区	76	73	37	
黄岩区	30	30	8	
路桥区	42	42	19	1
玉环县	32	30	8	
三门县	32	32	5	
天台县	25	24	6	
仙居县	15	15	7	
温岭市	60	60	13	
临海市	49	49	19	
丽水市	**149**	**124**	**37**	
莲都区	63	47	18	
青田县	32	26	6	
缙云县	12	12	4	
遂昌县	6	6	2	
松阳县	8	8	1	
云和县	9	7	2	
庆元县	5	4		
景宁县	3	3		
龙泉市	11	11	4	

#有电子商务销售的企业数	年末在用计算机数（台）	年末拥有网站数（个）	全年电子商务采购金额（万元）	全年电子商务销售金额（万元）
1	**1740**	**56**		**200**
	757	29		200
	230	9		
	107	2		
1	165	5		
	183	5		
	298	6		
	2728	56		
	1297	26		
	1171	24		
	188	3		
	72	3		
2	**5052**	**131**		**10**
	1334	42		
	535	9		
	664	19		10
	299	8		
	296	5		
	232	6		
	259	8		
1	736	15		
1	697	19		
	1643	**40**		
	688	19		
	357	6		
	138	4		
	107	2		
	87	1		
	45	3		
	28			
	46			
	147	5		

第4篇

其他服务业

A.服务业企业

4-A-1 按登记注册类型和行业中类

项　　目	企业数(个)	从业人员期末人数	#女性
总　计	**170102**	**2795782**	**944561**
一、按登记注册类型分			
内　资	167853	2690668	901833
国　有	2089	147535	38877
集　体	5699	70472	17826
股份合作企业	1385	15238	4910
联营企业	152	2524	945
国有联营	17	921	340
集体联营	76	605	165
国有与集体联营	18	307	99
其他联营	41	691	341
有限责任公司	15661	719684	227547
国有独资公司	2181	162274	48541
其他有限责任公司	13480	557410	179006
股份有限公司	1072	94348	29558
私营企业	133809	1572790	555535
私营独资	15407	97926	42120
私营合伙	6104	47242	19968
私营有限责任公司	111418	1407769	485596
私营股份有限公司	880	19853	7851
其他企业	7986	68077	26635
港澳台商投资	874	69360	28945
与港澳台商合资经营	311	22439	7074
与港澳台商合作经营	12	396	176
港澳台商独资	534	44106	20844
港澳台商投资股份有限公司	10	2342	825
其他港澳台投资	7	77	26
外商投资	1375	35754	13783
中外合资经营	501	16265	5687

分组的服务业企业主要经济指标

单位：万元

营业收入	#主营业务收入	营业税金及附加	#主营业务税金及附加	资产总计	实收资本
102418963	**99619336**	**1991645**	**1825508**	**747121580**	**161529673**
90204416	87957654	1806596	1662478	705327305	144853720
4413290	4203365	66567	62873	20612512	2756260
1643579	1586926	52218	50662	12709702	1293564
299453	270069	10475	10397	1219946	234527
68951	67225	1377	1306	150394	47086
35991	34960	805	768	38511	7763
12902	12887	220	220	24725	17261
4375	4084	110	77	43631	9922
15683	15294	242	242	43528	12140
35040666	33885643	639436	557847	471902239	72971683
7896256	7413377	147412	133054	220080942	28412466
27144410	26472266	492024	424793	251821297	44559217
7343133	7222310	219982	179377	46648141	8573083
40103963	39466845	800210	784001	147838336	58065012
1465143	1442023	42172	41901	1548293	665664
1028186	1021763	29694	29510	10068493	9440160
36499135	35900835	700975	685426	129117921	45605829
1111499	1102224	27369	27163	7103629	2353359
1291383	1255271	16331	16016	4246034	912504
9023218	8557591	147488	126533	29980970	12603353
1199723	1174616	30499	29244	10751714	4077799
10286	10208	564	487	214224	41391
7359407	6928182	111824	92459	18014593	8346058
452567	444100	4562	4314	1000011	137797
1235	485	39	29	427	308
3191329	3104092	37561	36497	11813306	4072600
1841281	1813327	21048	20726	6770162	1909082

4-A-1 续表 1

项　　目	企业数(个)	从业人员期末人数	#女性
中外合作经营	23	1124	652
外资企业	798	17902	7256
外商投资股份有限公司	18	272	109
其他外商投资	35	191	79
二、按国民经济行业中类分			
农、林、牧、渔业	**7**	**43**	**9**
农、林、牧、渔服务业	7	43	9
农业服务业	7	43	9
交通运输、仓储和邮政业	**16572**	**509272**	**128931**
铁路运输业	1		
铁路货物运输	1		
道路运输业	8385	278882	67412
城市公共交通运输	456	70053	17058
公路旅客运输	496	58573	16494
道路货物运输	6644	118931	23815
道路运输辅助活动	789	31325	10045
水上运输业	1050	45972	6359
水上旅客运输	86	5841	1644
水上货物运输	669	28664	2796
水上运输辅助活动	295	11467	1919
航空运输业	43	8341	2514
航空客货运输	4	548	215
通用航空服务	18	206	68
航空运输辅助活动	21	7587	2231
管道运输业	3	161	43
管道运输业	3	161	43
装卸搬运和运输代理业	5279	83201	27185
装卸搬运	850	23095	2938
运输代理业	4429	60106	24247

单位：万元

营业收入	#主营业务收　　入	营业税金及 附 加	#主营业务税金及附加	资产总计	实收资本
78507	66740	3118	3116	155502	61370
1172779	1125264	12794	12053	4549715	2012127
94212	94210	502	502	328243	82232
4550	4550	100	100	9684	7788
1113	**1113**	**11**	**11**	**921**	**215**
1113	1113	11	11	921	215
1113	1113	11	11	921	215
24660282	**24027388**	**243889**	**234902**	**73620055**	**19173043**
10374056	9962668	140932	136089	40669654	10151123
808886	627854	4913	3959	10353192	2964196
1395328	1283927	10909	9935	2896626	615326
5778571	5711174	48800	47318	4866977	1594971
2391271	2339713	76310	74878	22552859	4976630
3021171	2978652	21077	18966	13743708	2919240
135686	127761	1658	1502	309371	71390
2028752	2012089	11958	11351	8794544	1496070
856733	838803	7461	6113	4639792	1351779
269348	255107	6474	6450	2774542	1298904
9414	9404	19	18	49658	13613
5558	5378	44	44	66247	26560
254376	240325	6410	6387	2658637	1258731
16375	16375	177	177	45291	9089
16375	16375	177	177	45291	9089
7341335	7296169	32591	32023	5915707	2105765
350810	346967	4154	3938	1362258	551204
6990525	6949202	28437	28085	4553449	1554561

4-A-1 续表 2

项　目	企业数（个）	从业人员期末人数	#女性
仓储业	854	21873	5865
谷物、棉花等农产品仓储	142	4267	827
其他仓储业	712	17606	5038
邮政业	957	70565	19530
邮政基本服务	42	20771	7656
快递服务	915	49794	11874
信息传输、软件和信息技术服务业	**16164**	**293861**	**111694**
电信、广播电视和卫星传输服务	554	66312	32700
电信	436	56397	29181
广播电视传输服务	118	9915	3519
互联网和相关服务	1359	32347	13287
互联网接入及相关服务	176	2448	747
互联网信息服务	991	27659	11850
其他互联网服务	192	2240	690
软件和信息技术服务业	14251	195202	65707
软件开发	10182	143938	48320
信息系统集成服务	1271	21892	6863
信息技术咨询服务	1663	17015	5517
数据处理和存储服务	257	3102	1415
集成电路设计	168	1955	623
其他信息技术服务业	710	7300	2969
金融业	**3451**	**24518**	**9670**
货币金融服务	416	5564	2584
货币银行服务	4	666	337
非货币银行服务	412	4898	2247
资本市场服务	2407	13844	5112
证券市场服务	37	268	103
期货市场服务	25	306	132
资本投资服务	2190	12610	4603
其他资本市场服务	155	660	274

单位：万元

营业收入	#主营业务收入	营业税金及附加	#主营业务税金及附加	资产总计	实收资本
2061293	2004494	11830	11239	9061323	2375313
594142	563651	973	685	1275834	127151
1467150	1440843	10857	10554	7785489	2248162
1559619	1496873	30240	29389	1398181	308608
604020	545766	6219	5414	741211	123763
955599	951107	24022	23976	656970	184846
21549848	**20739703**	**392473**	**279243**	**43807050**	**12346696**
8369913	8067676	258356	151816	20015663	6143745
7996938	7706930	250307	145679	18268566	5747672
372975	360747	8049	6137	1747097	396072
5997342	5723789	62895	57904	8774754	1120581
258474	253665	8152	7172	439600	39381
5696353	5428089	54106	50104	8248653	1031698
42515	42035	637	627	86501	49502
7182594	6948238	71222	69524	15016633	5082370
4813353	4656889	46362	44942	10737949	3638503
1516542	1448199	13710	13576	2320373	680015
523985	519734	6396	6298	1244043	356057
102402	100493	666	654	193371	110552
52813	52103	483	482	91508	47879
173499	170819	3605	3572	429389	249364
2677363	**2647721**	**108445**	**107752**	**47309831**	**19736295**
1424139	1416738	78975	78671	9698364	5887367
1424139	1416738	78975	78671	9698364	5887367
895381	881840	21618	21269	32146190	11855245
7417	7394	324	324	75834	48778
5403	5362	128	128	16529	16488
798083	785390	20686	20375	31863994	11670919
84478	83694	480	442	189833	119061

4-A-1 续表 3

项 目	企业数(个)	从业人员期末人数	#女性
保险业	73	630	274
人身保险	3	41	28
财产保险	6	39	18
再保险	1		
保险经纪与代理服务	38	349	140
其他保险活动	25	200	87
其他金融业	555	4480	1700
金融信托与管理服务	311	2134	815
控股公司服务	51	879	327
其他未列明金融业	193	1467	558
房地产业	**15975**	**316806**	**118652**
房地产业	15975	316806	118652
物业管理	4697	233831	85981
房地产中介服务	6603	46826	20203
自有房地产经营活动	4016	28573	9719
其他房地产业	659	7576	2749
租赁和商务服务业	**63031**	**867940**	**270041**
租赁业	3480	21564	5895
机械设备租赁	3345	19634	5019
文化及日用品出租	135	1930	876
商务服务业	59551	846376	264146
企业管理服务	17311	173129	57622
法律服务	1234	16399	6118
咨询与调查	16059	114636	54579
广告业	10795	66483	26744
知识产权服务	753	4879	2413
人力资源服务	2100	248037	55830
旅行社及相关服务	2704	33462	21026
安全保护服务	457	100984	6185
其他商务服务业	8138	88367	33629

单位：万元

营业收入	#主营业务收　　入	营业税金及 附 加	#主营业务税金及附加	资产总计	实收资本
6801	6800	203	203	492754	20129
28	28	…	…	473235	6023
3587	3586	135	135	16017	11929
3187	3187	69	69	3499	2177
351042	342343	7649	7608	4972523	1973554
90422	87761	3139	3104	2453605	1247205
186536	184719	1733	1733	1815443	352986
74084	69863	2776	2771	703475	373362
4479128	**4338321**	**212084**	**205139**	**34661334**	**9541700**
4479128	4338321	212084	205139	34661334	9541700
1978614	1913730	91513	88522	4684855	1439745
758151	746754	32157	31841	2575796	928037
1069245	1016879	62864	59330	12063740	2970248
673118	660958	25549	25446	15336942	4203671
29052818	**28206739**	**617282**	**590685**	**471321890**	**82867183**
647053	635642	12258	12019	3702274	923945
624169	612991	11635	11417	3321954	819088
22884	22652	623	603	380320	104857
28405765	27571097	605024	578666	467619617	81943238
14695280	14099528	282261	261040	420322635	64575584
422859	419968	7973	7851	349572	38962
2144165	2116139	47669	46746	19140585	8324088
2612904	2593132	41730	41086	2355726	927093
90758	89689	1712	1696	120068	48976
2380969	2348923	44151	44006	695221	240087
2248567	2215760	16066	15744	2824339	1163717
624367	608423	12968	12802	450215	142767
3185896	3079534	150493	147695	21361258	6481964

4-A-1 续表 4

项目	企业数(个)	从业人员期末人数	#女性
科学研究和技术服务业	**21919**	**300330**	**94076**
研究和试验发展	2551	26603	8621
自然科学研究和试验发展	117	1047	340
工程和技术研究和试验发展	1712	19189	5670
农业科学研究和试验发展	354	2356	833
医学研究和试验发展	341	3719	1588
社会人文科学研究	27	292	190
专业技术服务业	12880	220891	66431
气象服务	36	314	88
地震服务	2	6	1
海洋服务	30	486	104
测绘服务	367	7243	1996
质检技术服务	1085	22850	8049
环境与生态监测	233	3131	1057
地质勘查	90	2223	447
工程技术	6610	148764	40668
其他专业技术服务业	4427	35874	14021
科技推广和应用服务业	6488	52836	19024
技术推广服务	5520	46628	16660
科技中介服务	545	3392	1242
其他科技推广和应用服务业	423	2816	1122
水利、环境和公共设施管理业	**3993**	**104777**	**36882**
水利管理业	303	4844	1323
防洪除涝设施管理	37	420	117
水资源管理	73	1115	302
天然水收集与分配	67	1613	459
水文服务	6	39	5
其他水利管理业	120	1657	440
生态保护和环境治理业	481	8467	2470
生态保护	63	1678	703
环境治理业	418	6789	1767

单位：万元

营业收入	#主营业务收　　入	营业税金及 附 加	#主营业务税金及附加	资产总计	实收资本
9476663	**9373495**	**172407**	**168953**	**26271310**	**7366218**
932944	923440	10867	10436	2975580	1223692
28120	26664	744	676	88239	49361
759697	753127	8520	8265	2209824	825510
61558	60821	688	644	378733	128177
77808	77089	785	722	283108	210500
5760	5740	130	130	15675	10144
6639881	6573442	139458	137561	17918638	4185722
15239	15231	228	228	36988	2555
32	32	…	…	13	13
8864	8821	60	44	34747	5978
175829	175073	5124	5123	192649	33249
490804	484756	8742	8601	790610	222241
65539	65313	1334	1282	156150	49309
77834	77752	2097	2094	136194	26863
4954498	4913243	107161	105854	14965919	3113341
851242	833223	14713	14334	1605368	732173
1903838	1876613	22081	20956	5377091	1956804
1762817	1739223	18773	17718	4311566	1653489
80670	78530	2390	2325	944640	213135
60351	58859	918	913	120885	90180
2912494	**2834982**	**77134**	**74968**	**32275488**	**5493629**
142014	138581	4239	3990	5104805	663077
12322	11824	683	654	2752403	220817
25020	24552	945	752	1116477	186751
51045	49603	1700	1674	885645	141209
411	411	12	12	14561	11259
53215	52191	899	898	335720	103041
277672	265687	3794	3791	1236757	269846
41890	40999	1008	1008	443284	44013
235782	224688	2786	2783	793473	225834

4-A-1 续表 5

项 目	企业数(个)	从业人员期末人数	#女性
公共设施管理业	3209	91466	33089
市政设施管理	501	9072	2567
环境卫生管理	431	24654	10953
城乡市容管理	74	836	305
绿化管理	1334	30165	8568
公园和游览景区管理	869	26739	10696
居民服务、修理和其他服务业	**11381**	**143163**	**62566**
居民服务业	4113	53388	30405
家庭服务	691	12469	7753
托儿所服务	16	143	126
洗染服务	247	3739	1994
理发及美容服务	819	8263	5504
洗浴服务	459	8900	5047
保健服务	664	10132	6771
婚姻服务	470	2162	1232
殡葬服务	255	3937	767
其他居民服务业	492	3643	1211
机动车、电子产品和日用产品修理业	5164	50234	12026
汽车、摩托车修理与维护	3999	42382	9742
计算机和办公设备维修	437	2736	896
家用电器修理	564	4113	1128
其他日用产品修理业	164	1003	260
其他服务业	2104	39541	20135
清洁服务	1622	36175	19043
其他未列明服务业	482	3366	1092
教育	**3688**	**62808**	**30573**
教育	3688	62808	30573
学前教育	680	11154	9982

单位：万元

营业收入	#主营业务收入	营业税金及附加	#主营业务税金及附加	资产总计	实收资本
2492808	2430713	69101	67187	25933926	4560705
512462	497540	7180	6559	15682827	2301858
183199	175341	3583	3520	404839	140942
21413	20928	640	616	1725476	268068
1246668	1223078	36804	35868	2133444	620770
529064	513827	20893	20624	5987341	1229066
1893924	**1861247**	**45874**	**45294**	**2659187**	**1456552**
590658	583274	18002	17899	1046172	353349
79566	79144	3452	3441	71588	38494
1166	1166	2	2	5729	4853
49703	49305	2029	2014	48470	19080
85205	83997	3032	3016	59507	34807
77286	75832	2926	2893	185200	56554
93623	91895	3348	3339	122979	35329
24471	24188	557	539	18242	11669
109739	108259	1278	1278	229994	46788
69901	69490	1379	1376	304464	105776
929744	908147	16868	16449	1195447	380752
757357	743693	13789	13503	1026814	305840
57626	54088	823	808	75538	33022
92860	88567	1945	1825	72150	34652
21900	21798	311	311	20945	7237
373522	369826	11004	10947	417568	722451
261756	260016	9591	9536	197375	624546
111766	109811	1413	1412	220193	97905
802008	**777323**	**25192**	**24417**	**2002188**	**555133**
802008	777323	25192	24417	2002188	555133
71780	70782	992	990	94922	40858

4-A-1 续表 6

项 目	企业数(个)	从业人员期末人数	#女性
初等教育	29	1134	770
中等教育	54	2061	1074
高等教育	26	3077	1706
特殊教育	3	19	12
技能培训、教育辅助及其他教育	2896	45363	17029
卫生和社会工作	**1522**	**38914**	**24160**
卫生	1338	36280	22374
医院	299	23730	14997
社区医疗与卫生院	73	882	488
门诊部(所)	922	10958	6542
计划生育技术服务活动	3	6	3
妇幼保健院(所、站)	1		
专科疾病防治院(所、站)	5	15	6
疾病预防控制中心	3	9	3
其他卫生活动	32	660	320
社会工作	184	2634	1786
提供住宿社会工作	103	2017	1413
不提供住宿社会工作	81	617	373
文化、体育和娱乐业	**12011**	**131272**	**56548**
新闻和出版业	165	12861	5694
新闻业	15	435	176
出版业	150	12426	5518
广播、电视、电影和影视录音制作业	1383	32547	14086
广播	14	207	60
电视	85	7620	3123
电影和影视节目制作	914	17060	7079
电影和影视节目发行	37	619	275
电影放映	317	6930	3499
录音制作	16	111	50

单位：万元

营业收入	#主营业务收　入	营业税金及附加	#主营业务税金及附加	资产总计	实收资本
15128	10043	46	46	12898	1716
31790	29667	349	348	68396	10831
55424	54565	825	823	209987	56089
557	557	1	1	652	78
627330	611710	22980	22210	1615333	445560
855718	**848424**	**4767**	**4732**	**2405952**	**378749**
830096	824297	4564	4528	878242	297159
567137	562169	2234	2218	664959	222131
15640	15450	135	135	18634	7869
231588	230948	1893	1880	152087	53811
10	10	…	…	563	621
387	387	9	9	89	60
14	14	…	…	89	62
15312	15312	292	286	41729	12506
25622	24127	204	204	1527710	81590
17879	16647	92	92	1475315	49478
7744	7480	111	111	52394	32113
4047187	**3952730**	**91884**	**89210**	**10753530**	**2603901**
759964	727357	10576	9515	2133422	323230
10059	10059	143	143	9935	3876
749905	717298	10433	9372	2123487	319355
2077407	2043752	30649	29516	5443882	1073493
4052	4012	112	110	14297	8848
940140	929780	8372	8050	2023328	366140
847524	845491	14606	14593	2832333	567120
33443	32010	573	379	70873	15788
249290	229630	6962	6370	496295	112832
2959	2830	23	14	6756	2765

4-A-1 续表 7

项　目	企业数（个）	从业人员期末人数	#女性
文化艺术业	1161	13807	6187
文艺创作与表演	446	8786	4002
艺术表演场馆	38	1432	577
图书馆与档案馆	54	350	225
文物及非物质文化遗产保护	36	273	115
博物馆	52	399	167
烈士陵园、纪念馆	2	14	2
群众文化活动	130	658	280
其他文化艺术业	403	1895	819
体育	1071	11941	5260
体育组织	13	300	74
体育场馆	31	473	182
休闲健身活动	895	10260	4625
其他体育	132	908	379
娱乐业	8231	60116	25321
室内娱乐活动	7734	55647	23436
游乐园	78	1574	636
彩票活动	3	61	31
文化、娱乐、体育经纪代理	201	1194	580
其他娱乐业	215	1640	638
公共管理、社会保障和社会组织	**388**	**2078**	**759**
社会保障	3	52	25
社会保障	3	52	25
群众团体、社会团体和其他成员组织	385	2026	734
群众团体	9	102	52
社会团体	316	1502	510
基金会	11	60	22
宗教组织	49	362	150

单位：万元

营业收入	#主营业务收　入	营业税金及附加	#主营业务税金及附加	资产总计	实收资本
155155	151429	4231	4149	594497	245094
89685	87985	2400	2321	185627	77605
10777	9160	357	357	72931	18839
6046	6012	251	249	8015	1733
3329	3259	100	100	85381	24807
7607	7597	83	83	35619	18475
440	440	…	…	284	30
8079	7973	253	253	20458	19068
29192	29004	787	785	186183	84537
177703	164337	7315	7231	1203586	341467
30481	30480	785	751	204157	27256
6150	6059	237	237	42077	24679
130357	117100	5884	5838	863976	234561
10716	10697	408	405	93377	54971
876957	865855	39114	38799	1378144	620616
799545	788847	36583	36271	843968	433055
25186	25100	817	816	358031	86236
347	347	6	6	13	60
32434	32386	847	845	50811	34849
19445	19176	861	861	125321	66417
10417	**10149**	**203**	**202**	**32845**	**10359**
796	796	45	45	150	150
796	796	45	45	150	150
9621	9353	158	156	32696	10209
215	215	10	10	574	167
7016	6997	118	117	9607	6022
1298	1298	25	25	4030	2048
1093	843	4	4	18484	1972

4-A-2 按地区分组的服务业

地　区	企业数(个)	从业人员期末人数(人)	#女性	营业收入
全　省	**170102**	**2795782**	**944561**	**102418963**
杭州市	**57976**	**990277**	**359990**	**44855785**
上城区	3880	69624	26579	3096107
下城区	5583	124173	46934	7157034
江干区	6215	94071	33461	3098466
拱墅区	5555	78182	28284	3114322
西湖区	13161	230737	89807	8230157
滨江区	5281	155468	51522	8228543
萧山区	6542	86074	28889	3079140
余杭区	5435	72415	25725	6617941
桐庐县	1144	13782	4866	436571
淳安县	813	11606	4788	277424
建德市	1159	14061	4378	335813
富阳市	1950	24036	8924	781613
临安市	1258	16048	5833	402655
宁波市	**27917**	**621540**	**177695**	**21181470**
海曙区	4594	85175	30730	4368179
江东区	4128	95573	32065	4172794
江北区	2067	85111	18654	2206931
北仑区	3169	73291	20668	3542937
镇海区	1517	45927	11502	1197574
鄞州区	5147	136844	29483	3064322
象山县	1277	15276	5057	491088
宁海县	922	16780	5628	373826
余姚市	1589	21788	8043	547899
慈溪市	2790	35306	12063	975912
奉化市	717	10469	3802	240007
温州市	**22160**	**287423**	**93315**	**7623509**
鹿城区	5429	99459	35735	3584052
龙湾区	1753	32392	9156	783335
瓯海区	1886	20527	7108	386342
洞头县	287	3888	1214	120694
永嘉县	1562	13531	4682	222610
平阳县	1777	13218	3823	366830

企业主要经济指标

单位：万元

#主营业务收入	营业税金及附加	#主营业务税金及附加	资产总计	实收资本
99619336	**1991645**	**1825508**	**747121580**	**161529673**
43610418	**766985**	**685693**	**285095420**	**72236729**
3016113	56060	50747	30090148	7645050
7003459	128010	93157	25428655	5399591
3034736	86428	64889	25184482	9033182
3077435	44078	42415	17964478	9342926
8104110	153198	148363	85695810	13494487
7754502	99055	91312	29008382	11862193
2984362	67623	66172	24809582	5223155
6485310	86229	82831	27731373	6193217
433672	11201	11179	3262392	671103
272975	6250	6189	2308737	622668
332412	6095	6078	1687508	368079
718429	14691	14406	8383802	1642663
392904	8068	7955	3540072	738414
20653045	**327937**	**317451**	**178217228**	**31275780**
4298051	56062	54489	57714674	5332806
3994796	83019	79582	17000622	4643341
2175013	33031	32734	10289497	1373316
3485342	40718	39729	21257193	9606404
1171607	16180	15109	9968140	1324606
2978615	38721	37840	21355634	4231829
481824	6685	6663	5749203	807391
366564	7698	7608	2238248	523158
523737	13799	13608	5306666	871318
946222	26532	24995	24952506	1828113
231274	5492	5095	2384846	733499
7431501	**180547**	**141407**	**36179364**	**12146653**
3494354	89732	52410	16746578	5395160
752986	18550	17642	4267912	1634476
372560	7735	7455	3062475	796473
119508	1338	1275	839939	324931
216091	5724	5662	2415608	705316
360996	5911	5884	1619712	734081

4-A-2 续表 1

地 区	企业数(个)	从业人员期末人数(人)	#女性	营业收入
苍南县	2486	21972	6876	364545
文成县	684	7008	1910	146131
泰顺县	354	4874	1598	150927
瑞安市	3449	36912	9962	699029
乐清市	2493	33642	11251	799014
嘉兴市	**11094**	**178244**	**59259**	**5421054**
南湖区	3011	50470	19054	1506187
秀洲区	1409	27425	8643	893253
嘉善县	1090	14510	5199	324634
海盐县	905	16330	5048	411889
海宁市	1694	25780	9089	1043676
平湖市	1350	18625	5084	479269
桐乡市	1635	25104	7142	762147
湖州市	**5077**	**78556**	**27370**	**2980011**
吴兴区	1627	34384	11417	1344877
南浔区	461	4339	1309	116161
德清县	956	13612	5318	760610
长兴县	1292	15849	5760	510845
安吉县	741	10372	3566	247519
绍兴市	**10959**	**142876**	**50750**	**4911263**
越城区	2683	45080	17294	1667439
绍兴县	2644	30629	10867	861547
新昌县	750	11968	3536	383846
诸暨市	2228	23527	8376	998901
上虞市	1545	16490	5684	696782
嵊州市	1109	15182	4993	302749
金华市	**13407**	**178384**	**66249**	**6294432**
婺城区	2989	43886	17104	1356003
金东区	534	12794	4508	577228
武义县	1019	9868	3491	163580
浦江县	547	5032	1593	101709
磐安县	376	4850	1916	76590
兰溪市	597	5955	1903	218149
义乌市	4150	45586	16647	1433082
东阳市	1627	32752	13464	1894849
永康市	1568	17661	5623	473242

单位：万元

#主营业务收　　入	营业税金及附加	#主营业务税金及附加	资产总计	实收资本
360292	7954	7926	1103707	422399
142898	1210	1203	232758	87770
149449	6107	6099	350308	132832
689845	15359	15274	4145699	1447107
772521	20927	20577	1394668	466108
5222256	**158536**	**154664**	**69162684**	**13936278**
1423629	41430	39638	20277015	3954881
874056	24063	23439	7561149	2184306
311627	6078	5874	3768086	926536
405235	9195	9108	5478781	849209
1000961	52106	51435	15326767	3054950
467654	7289	7111	9104920	1687227
739094	18375	18059	7645966	1279168
2888193	**65986**	**63478**	**27698159**	**4946843**
1310690	35216	34352	9803666	1681718
95134	2940	2588	2684350	354409
751402	12051	11468	5948766	1299441
495578	9463	9043	5255198	1064329
235389	6317	6026	4006178	546947
4804872	**137633**	**135718**	**49046417**	**6867986**
1616186	44805	43702	13935279	1662455
833277	35696	35333	9594845	1974897
381293	8081	8037	3151366	588350
992092	26880	26839	3713840	910183
683521	14800	14472	3910850	1110263
298503	7371	7336	14740238	621836
6119887	**149947**	**142394**	**25898995**	**5885536**
1317571	29511	27184	3246107	661938
565482	18561	17195	2363892	464671
154481	3034	3016	291441	94418
95512	2982	2965	357388	105505
72946	2115	2112	408331	105198
214408	4156	4152	1171392	395295
1351904	45920	42519	6276648	1390000
1888611	31817	31625	9544801	1498819
458971	11851	11627	2238994	1169692

4-A-2 续表 2

地　区	企业数(个)	从业人员期末人数(人)	#女性	营业收入
衢州市	**3397**	**45283**	**15999**	**1367669**
柯城区	1299	21006	7958	628004
衢江区	301	3109	1041	129120
常山县	416	3874	1186	110708
开化县	338	3107	1084	49150
龙游县	397	5650	1819	135358
江山市	646	8537	2911	315328
舟山市	**3652**	**71268**	**21814**	**2759573**
定海区	1843	37885	12024	1767484
普陀区	1139	22209	7001	656507
岱山县	374	7084	1651	176134
嵊泗县	296	4090	1138	159447
台州市	**10773**	**152915**	**54205**	**3939632**
椒江区	2232	40812	14492	1595275
黄岩区	1105	11721	4185	308106
路桥区	1242	17340	6703	332305
玉环县	1185	15774	5467	382328
三门县	566	6461	1926	108794
天台县	577	7940	2526	92629
仙居县	458	5208	1874	60058
温岭市	2184	25052	8597	480647
临海市	1224	22607	8435	579490
丽水市	**3690**	**49016**	**17915**	**1084565**
莲都区	1328	21893	8077	634401
青田县	590	5681	2175	75962
缙云县	422	4430	1547	113352
遂昌县	303	3477	1353	56039
松阳县	201	2397	858	38685
云和县	161	1755	717	28182
庆元县	207	1985	684	36014
景宁县	207	4312	1571	40911
龙泉市	271	3086	933	61019

单位：万元

#主营业务收　入	营业税金及附加	#主营业务税金及附加	资产总计	实收资本
1322985	**26894**	**20618**	**10289857**	**1140459**
599019	13395	7456	3354745	295449
127890	1301	1267	326533	67417
109412	1967	1960	896147	208440
48443	918	916	465290	145398
128094	3038	3029	3385550	143691
310128	6275	5990	1861592	280064
2705141	**44906**	**36216**	**23784092**	**5935700**
1732610	25565	17742	15646172	3602964
646793	15435	14651	5205413	1266896
172351	2107	2104	1222757	338440
153387	1799	1718	1709750	727400
3815876	**101454**	**99059**	**29689555**	**5172018**
1539882	41482	40135	10635833	1880037
296403	7102	7072	1197105	245089
321343	10120	9778	1847062	552750
368192	8327	8062	2187703	363483
105415	3751	3698	2220015	267579
91457	2059	2017	1893301	267585
59432	1871	1809	488315	134890
476041	14583	14531	3754159	656250
557710	12158	11957	5466059	804355
1045163	**30821**	**28811**	**12059809**	**1985691**
611356	15487	15048	7189714	814978
73147	2464	2441	378755	90428
110197	3521	2404	1379639	276230
54505	1332	1190	814439	146044
35804	1120	1103	666733	140657
27109	888	884	518287	116930
34616	634	554	206175	66964
38217	1488	1332	247437	44981
60212	3888	3855	658629	288480

B.规模以上服务业企业

4-B-1 按登记注册类型和行业中类分组的

项　　目	企业数（个）	年初存货	固定资产原　　价	本年折旧	资产总计
总　计	**7565**	**8312589**	**68822785**	**4101460**	**222204309**
一、按登记注册类型分					
内　资	7271	8221576	59429936	3318930	195710975
国　有	389	433570	2823487	161821	10545875
集　体	158	10055	677367	30652	1897526
股份合作企业	28	873	250013	6965	367078
联营企业	9	13	52886	2683	96026
国有联营	3	…	26185	1181	32574
集体联营	3	…	1145	143	978
国有与集体联营	1				
其他联营	2	13	21494	1187	24788
有限责任公司	2587	6306390	34049219	1702906	140308047
国有独资公司	420	2494293	12043094	504396	69522342
其他有限责任公司	2167	3812098	22006126	1198510	70785705
股份有限公司	224	245606	12404852	776403	18471012
私营企业	3820	1219911	9089188	631379	23775337
私营独资	83	3666	72209	6872	101354
私营合伙	96	2689	47567	6359	96342
私营有限责任公司	3539	1182087	7378866	548922	21374054
私营股份有限公司	102	31470	1590546	69226	2203588
其他企业	56	5158	82924	6122	250075
港澳台商投资	133	48518	7538646	655661	20699977
与港澳台商合资经营	59	27636	2141059	94501	8728455
与港澳台商合作经营	4	174	8954	473	19252
港澳台商独资	66	19599	5082219	419009	11085886
港澳台商投资股份有限公司	4	1109	306414	141678	866384
外商投资	161	42495	1854203	126869	5793357
中外合资经营	73	12058	1476223	107664	4025607
中外合作经营	8	8550	121429	5159	125967
外资企业	79	21887	256402	14029	1481684
外商投资股份有限公司	1				

规模以上服务业企业财务状况

单位：万元

负债合计	所有者权益合计	营业收入	#主营业务收入	营业成本	#主营业务成本	营业税金及附加	#主营业务税金及附加
113147138	**109057171**	**65531628**	**63479373**	**43838546**	**42872127**	**1084931**	**1037463**
103601925	92109050	54210814	52680072	39109452	38405843	927271	889883
4706174	5839701	3609413	3422319	2621210	2551944	47210	44143
994632	902894	498239	480533	216726	210989	23719	23256
139926	227152	95810	71100	49741	26031	3096	3091
53533	42493	43223	42583	26547	26537	789	755
6197	26376	26621	26584	15447	15447	576	576
841	137	4009	4007	3792	3792	30	30
9992	14796	10526	10155	7151	7140	137	137
73491388	66816659	27109382	26184118	19404137	19015934	452012	427668
34939320	34583022	5806107	5382057	4241498	4158031	110952	99961
38552068	32233637	21303275	20802062	15162639	14857903	341060	327706
8454792	10016220	6003028	5901297	3522660	3454645	168339	164557
15653472	8121866	16632055	16362408	13124303	12979054	229519	223939
54656	46698	123164	117618	78548	78517	2793	2791
56803	39539	174097	173769	60445	60383	2692	2663
14229376	7144678	15673275	15415048	12532214	12394321	210414	204965
1312637	890951	661518	655974	453096	445834	13621	13520
108009	142066	219666	215714	144128	140712	2587	2474
6124196	14575781	8531581	8087564	2597850	2382542	132420	122927
2414631	6313825	1018609	995864	512512	475702	23934	23336
14949	4303	10241	10208	3270	3250	564	487
3678329	7407557	7058591	6645627	1927505	1759014	103506	94937
16288	850096	444140	435865	154563	144576	4417	4169
3421017	2372340	2789233	2711738	2131244	2083742	25240	24653
2282745	1742862	1675298	1651128	1231300	1226672	18206	17909
87916	38051	75185	63518	45669	39506	3087	3087
926448	555236	950279	908622	774824	738113	3588	3298

4-B-1 续表 1

项　　目	企业数（个）	年初存货	固定资产原　　价	本年折旧	资产总计
二、按国民经济行业中类分					
交通运输、仓储和邮政业	**2412**	**1911943**	**27569959**	**1507477**	**47270626**
铁路运输业	1				
铁路货物运输	1				
道路运输业	1279	100028	13261666	729355	24036980
城市公共交通运输	119	7581	1187839	139686	5892877
公路旅客运输	191	12106	1338934	123332	2567020
道路货物运输	869	32876	1145310	126238	2214447
道路运输辅助活动	100	47466	9589583	340099	13362636
水上运输业	382	114223	9254266	516461	11734126
水上旅客运输	27	2104	204050	16559	257465
水上货物运输	293	65862	6359686	361851	7399034
水上运输辅助活动	62	46257	2690530	138051	4077626
航空运输业	9	250	1197533	44447	2187527
航空客货运输	1				
航空运输辅助活动	8	163	1189747	43803	2141329
管道运输业	1				
管道运输业	1				
装卸搬运和运输代理业	514	41267	1043339	57066	3000428
装卸搬运	60	1146	661879	27953	1087518
运输代理业	454	40121	381461	29113	1912910
仓储业	164	1635000	2060425	117709	5027424
谷物、棉花等农产品仓储	48	395779	208346	5522	805609
其他仓储业	116	1239221	1852079	112187	4221816
邮政业	62	21153	705889	40048	1229905
邮政基本服务	17	18685	601237	21090	732478
快递服务	45	2468	104652	18958	497427
信息传输、软件和信息技术服务业	**672**	**355373**	**18890209**	**1551148**	**31866479**
电信、广播电视和卫星传输服务	107	79512	17558060	1366992	16222591
电信	73	67236	17027612	1315175	14699690
广播电视传输服务	34	12276	530448	51817	1522902

单位：万元

负债合计	所有者权益合计	营业收入	#主营业务收入	营业成本	#主营业务成本	营业税金及附加	#主营业务税金及附加
28833261	**18437365**	**18408967**	**17870366**	**15501916**	**15268066**	**158571**	**152290**
13827662	10209319	7101524	6743286	5732938	5622612	93719	90344
3398091	2494786	655092	489667	860035	827588	3195	2737
1375024	1191996	1219352	1112811	936342	906730	8303	7487
1429591	784857	3277897	3238056	2921878	2888047	20461	19644
7624956	5737681	1949182	1902752	1014683	1000248	61760	60476
7952133	3781993	2644128	2605543	2063395	2033210	17103	15449
131800	125665	122434	115176	83772	81255	1323	1213
5536735	1862300	1730480	1716682	1543020	1528545	9608	9101
2283597	1794029	791215	773685	436603	423410	6172	5136
983752	1203775	261174	247126	197369	184819	6388	6365
950090	1191240	252936	238888	188557	176007	6380	6356
1803884	1196544	5382731	5358719	4960102	4936666	10814	10413
581924	505594	211418	209743	137825	135780	1904	1748
1221960	690950	5171312	5148975	4822277	4800886	8910	8665
3602705	1424720	1662970	1617924	1424150	1412710	5165	4860
611817	193791	487118	461748	451551	449086	512	318
2990887	1230928	1175852	1156176	972599	963625	4653	4542
654886	575019	1325561	1266926	1108901	1062985	24675	24154
456720	275758	599412	541161	537663	507556	5916	5412
198165	299261	726149	725766	571238	555429	18759	18742
10326807	**21539673**	**18482465**	**17749143**	**7932179**	**7435035**	**339806**	**322848**
3325009	12897582	8023306	7729136	3774618	3406733	247269	235270
2494081	12205609	7708788	7420590	3557354	3259395	240495	230382
830929	691973	314518	308546	217264	147338	6774	4888

4-B-1 续表 2

项目	企业数(个)	年初存货	固定资产原价	本年折旧	资产总计
互联网和相关服务	56	7481	531055	83859	8009882
互联网接入及相关服务	2	7	10281	937	10026
互联网信息服务	51	7469	518753	82487	7993634
其他互联网服务	3	5	2022	435	6222
软件和信息技术服务业	509	268380	801094	100298	7634006
软件开发	377	159619	539763	72541	5400604
信息系统集成服务	92	104074	161974	16908	1806975
信息技术咨询服务	18	1896	41633	2611	210232
数据处理和存储服务	3		4573	1460	70114
集成电路设计	7	2190	1735	243	21583
其他信息技术服务业	12	602	51415	6536	124497
房地产业	**575**	**12623**	**569023**	**30534**	**1700607**
房地产业	575	12623	569023	30534	1700607
物业管理	510	5691	308802	18368	1092391
房地产中介服务	56	6317	45295	3127	261356
自有房地产经营活动	8	205	147008	5755	206636
其他房地产业	1				
租赁和商务服务业	**1747**	**4305833**	**15298031**	**595064**	**114647668**
租赁业	49	1400	349206	35760	830712
机械设备租赁	47	1400	345825	35220	823487
文化及日用品出租	2	...	3381	540	7225
商务服务业	1698	4304433	14948824	559305	113816956
企业管理服务	364	4056485	11277890	362481	100555057
法律服务	68	263	30059	4539	81442
咨询与调查	194	14396	137124	10541	1397573
广告业	166	9880	124015	11561	761847
知识产权服务	9		2495	241	68018
人力资源服务	150	2319	29153	2530	351163
旅行社及相关服务	288	1702	115983	7112	933588
安全保护服务	106	9109	101424	10892	299644
其他商务服务业	353	210280	3130682	149409	9368624

单位：万元

负债合计	所有者权益合计	营业收入	#主营业务收入	营业成本	#主营业务成本	营业税金及附加	#主营业务税金及附加
3402009	4607872	5561673	5300929	1261826	1239049	51400	47412
4423	5603	5902	5899	3492	3490	203	203
3394734	4598900	5549894	5289481	1254251	1231477	51076	47090
2852	3370	5878	5549	4083	4082	122	120
3599788	4034218	4897486	4719078	2895735	2789253	41137	40166
2722621	2677983	3253444	3134607	1797094	1740348	27164	26213
642535	1164440	1273846	1216727	860211	810989	9687	9679
100589	109643	230130	229986	147581	147569	2704	2692
53352	16763	49346	48577	45340	44876	84	84
6767	14816	19184	18603	10017	10011	176	176
73925	50573	71537	70578	35493	35460	1322	1322
1083803	**616804**	**1452595**	**1402199**	**901855**	**885525**	**69844**	**67450**
1083803	616804	1452595	1402199	901855	885525	69844	67450
627440	464951	1235089	1187529	829686	814649	57258	54936
194448	66908	164391	163926	59284	59103	8867	8866
156737	49899	33471	31100	9907	8795	2624	2553
59337689	**55309979**	**15983698**	**15455985**	**12062069**	**11962044**	**317303**	**301668**
469903	360810	286491	283139	209956	208064	4236	4141
464188	359299	286141	282951	209040	207148	4212	4135
5714	1511	350	188	916	916	23	6
58867786	54949169	15697207	15172846	11852113	11753981	313067	297527
51306583	49248474	8565278	8158225	6666230	6614240	149139	135728
47792	33650	156151	156122	38263	38263	1642	1539
685139	712434	498910	491702	277914	275933	9753	9618
438185	323662	1164578	1159456	966985	965104	10276	10185
39545	28473	12890	12789	5576	5555	286	286
257456	93707	1664912	1658969	1501265	1492640	28566	28495
574646	358941	1488799	1479782	1364992	1358496	7379	7329
125100	174544	513959	498989	300521	294388	10400	10362
5393340	3975284	1631731	1556812	730367	709361	95627	93986

4-B-1 续表 3

项　目	企业数（个）	年初存货	固定资产原　价	本年折旧	资产总计
科学研究和技术服务业	**951**	**499717**	**1318085**	**111641**	**7325848**
研究和试验发展	47	24548	110852	7656	610256
自然科学研究和试验发展	5	644	6538	357	21837
工程和技术研究和试验发展	32	19274	81275	5713	500942
农业科学研究和试验发展	6	3610	11938	752	31396
医学研究和试验发展	3	871	10991	815	55597
社会人文科学研究	1				
专业技术服务业	789	424826	941388	87234	5380864
气象服务	1				
海洋服务	2	373	1733	128	4045
测绘服务	39	5959	22844	2090	70934
质检技术服务	90	1889	120699	11189	293136
环境与生态监测	7	863	3147	409	19458
地质勘查	13	1398	17402	1257	75791
工程技术	580	378445	703729	67410	4655176
其他专业技术服务业	57	35898	71320	4741	261013
科技推广和应用服务业	115	50344	265845	16751	1334728
技术推广服务	106	50085	238166	14632	1295323
科技中介服务	5	1	24186	1713	31759
其他科技推广和应用服务业	4	258	3493	406	7646
水利、环境和公共设施管理业	**333**	**726348**	**2838005**	**149449**	**11525349**
水利管理业	21	2614	528435	13725	3157395
防洪除涝设施管理	2		15467	535	2318167
水资源管理	4		115767	5187	415641
天然水收集与分配	11	64	395956	7857	402118
其他水利管理业	4	2550	1246	145	21469
生态保护和环境治理业	36	7259	114606	8874	338314
生态保护	8	758	25737	1918	78405
环境治理业	28	6501	88868	6955	259909
公共设施管理业	276	716475	2194964	126851	8029640
市政设施管理	28	435051	915738	43082	3443335

单位：万元

负债合计	所有者权益合计	营业收入	#主营业务收入	营业成本	#主营业务成本	营业税金及附加	#主营业务税金及附加
4291824	**3034024**	**5655821**	**5612008**	**3955481**	**3920223**	**89626**	**87753**
375325	234931	497341	493751	379885	379498	2709	2550
11261	10577	9921	9574	7931	7716	91	32
337860	163082	426572	423588	330404	330231	2464	2364
7688	23708	25386	25126	21280	21280	29	29
18102	37495	34531	34531	19798	19798	77	77
3167156	2213708	4117786	4092703	2740907	2727261	77335	76541
451	3594	2739	2729	1347	1340	13	13
17688	53246	71375	71306	36455	36451	1570	1570
113079	180057	246809	245039	121337	121019	2764	2760
7311	12147	16202	16036	6313	6292	148	148
37354	38437	59238	59214	44091	44076	1664	1664
2873070	1782107	3485914	3466878	2359018	2346387	67564	66915
118012	143001	234043	230034	171481	170829	3527	3387
749343	585385	1040693	1025555	834688	813465	9582	8661
734188	561134	1022664	1009498	823909	804659	9128	8207
13250	18509	7041	6268	3163	2971	261	261
1905	5742	10989	9789	7616	5835	193	193
5899992	**5625357**	**1889651**	**1838240**	**1294680**	**1259284**	**52783**	**51063**
1071360	2086035	66097	65521	44886	44846	2129	2092
665197	1652970	48				28	
229825	185816	10958	10945	10988	10984	443	441
167007	235111	30401	29886	14894	14859	1243	1236
9331	12138	24690	24690	19003	19003	415	415
156126	182188	156511	155520	89925	89892	2040	2040
41854	36551	31014	30278	9719	9705	896	896
114272	145637	125498	125243	80207	80187	1143	1143
4672506	3357134	1667042	1617199	1159869	1124546	48615	46931
1897374	1545961	296115	284470	251185	242788	3608	3014

4-B-1 续表 4

项　　目	企业数(个)	年初存货	固定资产原　　价	本年折旧	资产总计
环境卫生管理	38	964	42495	5446	166249
城乡市容管理	1				
绿化管理	121	262111	92954	7973	1212375
公园和游览景区管理	88	18347	1143125	70215	3198946
居民服务、修理和其他服务业	**246**	**115842**	**158898**	**12210**	**650316**
居民服务业	96	98015	82435	5730	395240
家庭服务	17	881	8082	617	31654
洗染服务	9	184	10952	833	16376
理发及美容服务	6	192	585	88	1504
洗浴服务	19	47289	15868	1525	90170
保健服务	7	6	2860	205	3172
婚姻服务	1				
殡葬服务	29	25446	34135	2163	126276
其他居民服务业	8	24017	9886	293	125326
机动车、电子产品和日用产品修理业	76	15243	44247	3438	164638
汽车、摩托车修理与维护	62	13604	42192	3211	145098
计算机和办公设备维修	5	290	801	64	6395
家用电器修理	9	1349	1255	163	13145
其他服务业	74	2585	32216	3042	90438
清洁服务	65	1275	18756	2442	40320
其他未列明服务业	9	1310	13460	600	50118
教育	**159**	**3307**	**246111**	**16729**	**390216**
教育	159	3307	246111	16729	390216
学前教育	9	622	3761	169	5240
初等教育	1				
中等教育	6	22	36020	1359	48171
高等教育	4	1125	75233	2250	130372
技能培训、教育辅助及其他教育	139	1537	125280	12775	197475

单位：万元

负债合计	所有者权益合计	营业收入	#主营业务收入	营业成本	#主营业务成本	营业税金及附加	#主营业务税金及附加
101954	64295	93426	86518	69629	65302	1232	1175
749818	462556	850944	830437	725535	705954	26312	25491
1918248	1280698	420145	409683	108969	105953	17125	16932
398060	**252256**	**437435**	**428344**	**296904**	**292332**	**9710**	**9574**
252296	142944	155074	153455	83727	83007	4090	4090
10955	20699	38715	38675	18459	18454	1931	1931
12552	3824	12949	12833	5375	5375	516	516
617	887	2482	2132	861	731	82	82
74012	16158	15944	15944	5779	5708	900	900
349	2823	3782	3782	1397	1397	231	231
73660	52616	59406	58516	33611	33194	325	325
79435	45891	19708	19485	16984	16886	106	106
108812	55827	133799	127415	101850	98241	1862	1727
96234	48864	104368	100917	77255	76698	1356	1312
5145	1251	8068	8062	6776	6765	89	89
7434	5712	21363	18436	17819	14778	416	325
36952	53486	148563	147474	111327	111084	3758	3758
17575	22745	79567	79261	52110	51967	3441	3441
19377	30741	68996	68213	59218	59117	317	317
196529	**193688**	**296330**	**277070**	**161511**	**154555**	**9843**	**9266**
196529	193688	296330	277070	161511	154555	9843	9266
2026	3215	6462	6354	2115	2058	67	66
19866	28305	19999	17881	15769	14162	269	269
71013	59359	19617	18908	15349	15183	51	51
100803	96673	241982	230741	127629	122506	9456	8879

4-B-1 续表 5

项　　目	企业数(个)	年初存货	固定资产原　价	本年折旧	资产总计
卫生和社会工作	**146**	**21386**	**378790**	**26346**	**616339**
卫生	141	21112	330693	24689	559526
医院	99	15842	300735	21555	476701
社区医疗与卫生院	3	237	8276	618	9882
门诊部(所)	35	4683	19093	2291	58229
其他卫生活动	4	350	2589	226	14714
社会工作	5	274	48097	1657	56813
提供住宿社会工作	4	274	48093	1656	56706
不提供住宿社会工作	1				
文化、体育和娱乐业	**324**	**360217**	**1555676**	**100861**	**6210861**
新闻和出版业	52	74275	370632	21434	1801260
新闻业	1				
出版业	51	74234	369304	21318	1797287
广播、电视、电影和影视录音制作业	142	271223	730030	48175	3529298
电视	31	99331	428962	29858	1716932
电影和影视节目制作	45	171338	207868	10510	1481906
电影和影视节目发行	4	51	7560	436	48314
电影放映	62	504	85639	7371	282146
文化艺术业	14	173	27217	3494	85521
文艺创作与表演	9	170	25798	2763	77889
艺术表演场馆	3	3	1229	697	2082
图书馆与档案馆	1				
其他文化艺术业	1				
体育	28	10235	292943	14018	565477
体育组织	5	879	49137	2803	78185
体育场馆	3	14	11231	576	13842
休闲健身活动	20	9342	232575	10640	473449
娱乐业	88	4310	134855	13739	229306
室内娱乐活动	82	4208	105849	11732	167520
游乐园	3	47	22251	1402	46511
文化、娱乐、体育经纪代理	2	21	2850	399	12080
其他娱乐业	1				

单位：万元

负债合计	所有者权益合计	营业收入	#主营业务收入	营业成本	#主营业务成本	营业税金及附加	#主营业务税金及附加
386415	**229925**	**596334**	**591145**	**374590**	**371298**	**1065**	**1049**
381758	177768	585048	581001	367895	364603	1039	1023
340898	135803	467728	463874	294237	290993	759	750
5424	4458	7879	7759	5040	5040	45	45
30899	27331	98090	98017	61969	61933	90	89
4537	10177	11351	11351	6650	6638	145	139
4656	52157	11286	10144	6695	6695	27	27
4658	52048	7110	5968	2778	2778		
2392760	**3818101**	**2328333**	**2254873**	**1357360**	**1323765**	**36381**	**34502**
561834	1239425	603040	572103	395419	383420	8552	7573
559884	1237403	599328	568391	392931	380933	8529	7549
1258476	2270822	1449238	1421391	830239	815079	14951	14146
297093	1419840	822857	814030	484746	474508	6984	6771
760799	721107	428056	426657	231952	230652	3489	3482
31381	16933	27691	26488	21708	21708	313	152
169203	112943	170634	154215	91832	88210	4166	3741
39218	46303	43936	41883	19224	19029	1338	1303
33525	44364	32065	31016	9544	9349	1163	1127
1303	779	3635	2632	2944	2944	48	48
389588	175889	90246	78500	41103	34940	4045	4011
77750	435	27306	27306	15444	15444	626	591
17368	-3526	2554	2475	1201	1201	112	112
294470	178979	60386	48719	24458	18295	3307	3307
143644	85662	141872	140996	71376	71298	7494	7471
96406	71114	124826	124049	60208	60129	6783	6760
40773	5738	7543	7543	5482	5482	282	282
4801	7279	8520	8501	5323	5323	369	369

4-B-1 续表 6

项　　目	销售费用	管理费用	#税金	财务费用
总　计	**4356574**	**6979963**	**168440**	**1733196**
一、按登记注册类型分				
内　资	3371995	5651855	141611	1667663
国　有	176586	563612	10442	-34309
集　体	46148	127966	2229	7696
股份合作企业	9251	13881	194	-540
联营企业	8778	5687	22	182
国有联营	8048	2048	9	110
集体联营	53	75	1	
国有与集体联营				
其他联营	677	1564	...	83
有限责任公司	1612074	2679003	78572	1165033
国有独资公司	293242	699395	30465	322917
其他有限责任公司	1318832	1979609	48107	842116
股份有限公司	708596	579586	25993	163098
私营企业	797242	1643921	24011	365835
私营独资	8270	20301	263	1633
私营合伙	26770	48124	381	23
私营有限责任公司	737296	1515386	22541	314138
私营股份有限公司	24906	60109	827	50042
其他企业	13320	38199	150	667
港澳台商投资	883174	1105463	20487	-5494
与港澳台商合资经营	19258	159583	12942	53041
与港澳台商合作经营	2628	2085	32	15
港澳台商独资	821514	923564	6795	-48415
港澳台商投资股份有限公司	39774	20231	717	-10135
外商投资	101406	222645	6342	71027
中外合资经营	76461	100035	4205	61991
中外合作经营	2495	15234	965	3101
外资企业	22450	105190	1166	6083
外商投资股份有限公司				

单位：万元

#利息收入	#利息支出	投资收益	营业利润	利润总额	应交所得税	应付职工薪酬(本年贷方累计发生额)	应交增值税
794444	**2365824**	**2312211**	**9491354**	**10978565**	**1146948**	**9750358**	**886379**
630496	2162679	2100169	5253078	6639611	848246	8513187	595981
88169	51101	85822	302316	372833	35893	1077590	64158
2503	9988	11436	85596	78894	5432	126907	3503
2642	2508	685	21005	23426	674	39446	732
118	294	…	1239	1341	212	14205	778
21	127	…	393	500	65	7741	650
…			59	59	17	236	15
86	167		914	911	130	4937	
452666	1527726	1592090	3081048	4069495	412828	3848756	241489
295868	622848	759002	827641	1341383	114625	1115940	38690
156797	904878	833088	2253407	2728112	298203	2732816	202799
26314	200655	321898	1194477	1361930	214548	848068	55703
57532	369682	87362	545762	709398	174903	2502384	225879
20	1443	215	11619	11372	2214	27208	776
235	180	50	36071	36257	9032	45697	7114
48155	310585	85026	438187	594553	152885	2364900	207061
9122	57474	2071	59885	67216	10773	64580	10929
553	725	876	21634	22294	3757	55830	3739
126150	105350	167343	3961108	4038237	236184	992591	265310
21916	73218	163313	408031	415319	106943	170381	12960
34	30	200	1678	1983	312	2612	6
90205	28502	633	3314406	3376833	104145	700253	233831
13996	3600	3197	236994	244102	24783	119345	18513
37798	97795	44699	277168	300717	62519	244580	25088
32941	89465	44443	227234	244542	50147	134785	16431
162	962		5599	5530	2720	7688	2208
4547	7368	255	37843	43820	7931	101904	6424

4-B-1 续表 7

项　目	销售费用	管理费用	#税金	财务费用
二、按国民经济行业中类分				
交通运输、仓储和邮政业	**364197**	**1291079**	**44551**	**788661**
铁路运输业				
铁路货物运输				
道路运输业	124791	596516	11889	417346
城市公共交通运输	2914	105243	860	23349
公路旅客运输	15874	192853	4537	17629
道路货物运输	89367	181743	4375	31887
道路运输辅助活动	16637	116677	2119	344482
水上运输业	62830	210435	6517	226449
水上旅客运输	10756	22201	298	5098
水上货物运输	47993	99624	2387	192289
水上运输辅助活动	4082	88610	3831	29063
航空运输业	11779	46680	7821	26068
航空客货运输				
航空运输辅助活动	11575	40928	7806	25763
管道运输业				
管道运输业				
装卸搬运和运输代理业	87293	182245	3618	26111
装卸搬运	5005	29983	1662	17268
运输代理业	82288	152262	1955	8843
仓储业	55887	100726	11193	92774
谷物、棉花等农产品仓储	22056	24503	403	13548
其他仓储业	33831	76223	10790	79227
邮政业	21617	150248	3496	332
邮政基本服务	47	84058	2430	-462
快递服务	21570	66191	1066	794
信息传输、软件和信息技术服务业	**2479385**	**2322248**	**35506**	**-8957**
电信、广播电视和卫星传输服务	1677890	423040	21156	46834
电信	1644322	376299	20651	28335
广播电视传输服务	33567	46740	504	18500

单位：万元

#利息收入	#利息支出	投资收益	营业利润	利润总额	应交所得税	应付职工薪酬(本年贷方累计发生额)	应交增值税
76610	**784995**	**247831**	**494577**	**1013267**	**307964**	**2478213**	**218417**
29078	384991	133184	218497	590726	181697	1144472	112679
3259	24435	3517	-351300	-71996	3323	404013	-5154
6994	19670	23534	60047	107255	26667	305060	26455
1786	28335	19273	33008	59466	18606	271700	88169
17040	312550	86859	476742	496002	133101	163699	3210
28128	248891	82879	143041	189231	53505	358551	53839
1815	6393	2829	2096	13303	3508	34707	1793
13950	203395	48646	-122853	79638	15327	192424	36629
12363	39103	31404	263797	255567	34670	131419	15417
1496	26419	7839	-19171	2552	2095	99772	2356
1490	26231	7839	-12328	2283	2028	94386	2285
12087	30643	16511	130765	154399	35401	246332	33443
765	13508	679	19954	21648	8190	57522	6237
11323	17135	15832	110812	132752	27211	188810	27206
4568	93557	6995	-10249	27659	18160	83082	12341
1266	12912	74	-25690	5827	464	17572	63
3302	80645	6921	15442	21832	17696	65510	12278
832	494	423	20392	34682	13604	540155	2615
805		409	-27244	-18823	139	336847	80
27	494	14	47636	53505	13465	203308	2535
130432	**102374**	**37061**	**5449981**	**5700068**	**295106**	**2134920**	**374840**
5005	50852	-4833	1845710	1910641	104256	725742	14044
2370	30561	-17184	1843780	1897355	103285	653755	12111
2635	20290	12351	1930	13286	971	71988	1933

4-B-1 续表 8

项 目	销售费用	管理费用	#税金	财务费用
互联网和相关服务	431639	850728	2742	-69944
互联网接入及相关服务	951	940	2	-6
互联网信息服务	429533	847930	2740	-69944
其他互联网服务	1155	1858	1	6
软件和信息技术服务业	369857	1048481	11608	14153
软件开发	268496	888126	7114	12135
信息系统集成服务	60631	101949	3128	1083
信息技术咨询服务	35413	30419	448	-663
数据处理和存储服务	66	2067	24	352
集成电路设计	1286	6611	6	72
其他信息技术服务业	3967	19310	889	1173
房地产业	**141532**	**253657**	**5656**	**14292**
房地产业	141532	253657	5656	14292
物业管理	96440	200143	3217	3963
房地产中介服务	39211	38227	93	2550
自有房地产经营活动	1455	6855	1680	7544
其他房地产业				
租赁和商务服务业	**644275**	**1497379**	**57596**	**846331**
租赁业	10405	24512	195	12534
机械设备租赁	10346	24044	193	12526
文化及日用品出租	59	468	2	8
商务服务业	633870	1472867	57401	833797
企业管理服务	222867	663635	38692	764906
法律服务	24292	52461	343	-142
咨询与调查	18808	126891	688	6291
广告业	51860	66727	2228	1739
知识产权服务	257	6068	42	-881
人力资源服务	36039	89599	775	-117
旅行社及相关服务	50327	59244	1224	9456
安全保护服务	77610	86664	620	-924
其他商务服务业	151810	321578	12790	53470

单位：万元

#利息收入	#利息支出	投资收益	营业利润	利润总额	应交所得税	应付职工薪酬（本年贷方累计发生额）	应交增值税
85052	2576	330	3039268	3114576	105632	545326	226027
6			301	288	44	1196	...
85042	2576	330	3040313	3115597	105567	541486	225975
5			-1346	-1309	21	2644	52
40375	48946	41564	565003	674850	85218	863852	134769
22514	30103	22945	273566	364601	51403	596812	93027
15667	15617	18420	264234	279010	29624	189913	33276
1037	200	136	14750	17205	1964	58738	5312
14	505		1437	1483	145	1430	1459
34	89		690	1278	125	3965	1381
1109	2432	64	10325	11274	1956	12994	315
5223	**17369**	**11249**	**76706**	**94515**	**20904**	**583432**	**1296**
5223	17369	11249	76706	94515	20904	583432	1296
3939	6385	7029	48292	65254	15360	524187	279
883	3335	2700	18951	19546	3113	53996	988
363	7498	1520	6985	7180	1797	1600	25
506243	**1320342**	**1814355**	**2191182**	**2679722**	**281355**	**2471608**	**77772**
998	11607	2204	25121	27435	7486	16160	1194
985	11586	2204	26246	28511	7486	15572	1191
13	21		-1124	-1076	...	588	3
505245	1308735	1812151	2166061	2652287	273869	2455448	76578
432944	1181112	1731691	1604902	2039766	149475	532877	28617
236	87	22	39663	39902	9506	38838	8303
2259	7392	14705	71983	77763	13049	157373	14895
1892	3164	4453	67993	73837	11841	65164	16577
899	...	794	2379	2422	608	3414	286
1472	686	85	9751	12993	3452	1122139	885
947	9539	8566	4428	11190	2162	57607	720
1603	789	4352	42920	43682	10528	318777	376
62993	105966	47484	322042	350735	73248	159260	5918

4-B-1 续表 9

项 目	销售费用	管理费用	#税金	财务费用
科学研究和技术服务业	**210764**	**851164**	**9112**	**11909**
研究和试验发展	10274	50891	677	872
自然科学研究和试验发展	444	1981	25	-19
工程和技术研究和试验发展	5263	41024	576	1280
农业科学研究和试验发展	750	1955	9	242
医学研究和试验发展	3557	5789	67	-634
社会人文科学研究				
专业技术服务业	164906	689656	7060	4773
气象服务				
海洋服务	517	253	1	-43
测绘服务	2566	18617	135	-309
质检技术服务	20814	63356	452	1388
环境与生态监测	2895	5380	6	68
地质勘查	2846	4927	58	-450
工程技术	124589	568215	6028	3074
其他专业技术服务业	10679	28492	381	1046
科技推广和应用服务业	35584	110617	1375	6264
技术推广服务	35460	104301	889	5877
科技中介服务	124	2936	480	406
其他科技推广和应用服务业		3381	7	-20
水利、环境和公共设施管理业	**143212**	**227064**	**7198**	**62698**
水利管理业	518	17414	484	1887
防洪除涝设施管理		3046	384	…
水资源管理	12	4117	2	-483
天然水收集与分配		8020	89	2269
其他水利管理业	506	2231	10	101
生态保护和环境治理业	14103	26595	665	3502
生态保护	8603	8273	244	1502
环境治理业	5499	18322	420	2000
公共设施管理业	128592	183055	6050	57310
市政设施管理	419	22587	1188	15407

单位：万元

		投资收益	营业利润	利润总额	应交所得税	应付职工薪酬（本年贷方累计发生额）	应交增值税
#利息收入	#利息支出						
31647	**37962**	**54383**	**560209**	**605480**	**110219**	**1155113**	**135692**
2151	2465	6398	56439	64246	15434	77370	14405
82	36	90	-417	400	178	1800	307
1717	2178	4342	47842	52961	14218	67850	13913
11	250	954	2087	4001	171	1338	29
341		1011	6923	6881	867	6220	153
23431	25003	41246	467337	491915	83912	982821	104149
42	1		651	621	168	896	105
317	29	132	12641	12944	2557	20844	1988
841	1391	777	38220	41765	8679	70873	7060
14	80	61	1443	1576	327	5036	779
529	45	271	6162	7129	1511	8731	2054
21262	22365	39729	389369	403432	67516	843601	86697
426	1093	276	18748	24341	3130	32463	5466
6064	10494	6739	36434	49319	10874	94922	17138
6006	10056	5761	36018	47205	10549	91807	16607
38	438	446	597	1679	99	813	140
21	...	532	-181	435	227	2302	392
8863	**63440**	**31412**	**137198**	**208566**	**41632**	**279637**	**4167**
802	6299	2559	1679	9523	2725	12901	834
			-3027	-1813		2288	
517	3798	60	-4119	966	484	2242	
132	2399	119	4010	5475	1686	6428	364
153	102	2380	4815	4894	556	1943	470
889	4083	11384	31307	33088	5301	25355	819
163	1623	35	2021	2854	821	5657	55
726	2460	11349	29287	30234	4480	19698	764
7172	53058	17469	104211	165956	33607	241382	2515
1863	17670	2890	5664	30695	997	26251	28

4-B-1 续表 10

项　　目	销售费用	管理费用	#税金	财务费用
环境卫生管理	8051	14583	1067	1082
城乡市容管理				
绿化管理	3172	43649	1023	10397
公园和游览景区管理	116950	101850	2770	30425
居民服务、修理和其他服务业	**43380**	**66442**	**1028**	**4311**
居民服务业	23248	33581	447	2166
家庭服务	7482	11286	24	447
洗染服务	5075	1698	71	182
理发及美容服务	797	412	4	42
洗浴服务	5602	5400	208	721
保健服务	308	1420	57	14
婚姻服务				
殡葬服务	2786	11734	63	340
其他居民服务业	636	1388	21	382
机动车、电子产品和日用产品修理业	7704	17018	323	1865
汽车、摩托车修理与维护	6023	15042	316	1856
计算机和办公设备维修	434	533	4	-19
家用电器修理	1248	1443	3	28
其他服务业	12428	15843	258	281
清洁服务	10838	12441	108	344
其他未列明服务业	1589	3403	149	-64
教育	**25393**	**61759**	**911**	**2095**
教育	25393	61759	911	2095
学前教育	163	3696	18	1
初等教育				
中等教育		1559	2	190
高等教育	32	2946	22	-227
技能培训、教育辅助及其他教育	25198	50909	869	1445

单位: 万元

		投资收益	营业利润	利润总额	应交所得税	应付职工薪酬(本年贷方累计发生额)	应交增值税
#利息收入	#利息支出						
135	1174	999	-152	8647	1534	50781	613
1426	10810	869	40780	42925	8836	81837	1046
3747	23405	12711	56780	82549	21954	82195	828
707	**4416**	**2684**	**16891**	**24031**	**6319**	**109838**	**6059**
356	2236	66	8376	11434	3005	43657	462
7	454		-889	2002	676	17862	68
2	103	6	109	141	77	3842	127
1	41	7	288	136	22	1145	2
2	694		-2458	-2485	113	5399	
…			412	411	41	1443	
329	513	53	10719	10989	1963	12049	
13	395		212	257	108	1640	264
245	1854	240	3671	3893	1435	20959	3982
194	1802	240	3016	3260	1293	16993	3566
21	…		246	251	13	1469	271
30	52		409	382	130	2497	144
106	327	2378	4844	8703	1879	45223	1615
29	326		354	1430	575	41546	183
77	1	2378	4490	7273	1304	3677	1432
679	**2407**	**1323**	**36369**	**38981**	**5669**	**92328**	**108**
679	2407	1323	36369	38981	5669	92328	108
1			420	270	40	4120	
3	165	390	2391	2067	29	10053	6
229			1466	3370	14	9458	6
446	1557	932	27806	28988	4514	65373	96

4-B-1 续表 11

项 目	销售费用	管理费用	#税金	财务费用
卫生和社会工作	**70077**	**103044**	**731**	**7926**
卫生	69279	100610	719	7952
医院	56401	79474	629	7404
社区医疗与卫生院	7	2182	2	115
门诊部(所)	11101	17463	84	436
其他卫生活动	1770	1492	3	-3
社会工作	798	2434	12	-26
提供住宿社会工作	660	2338	12	-26
不提供住宿社会工作				
文化、体育和娱乐业	**234361**	**306127**	**6152**	**3929**
新闻和出版业	60225	108929	1957	-7482
新闻业				
出版业	60023	107992	1954	-7447
广播、电视、电影和影视录音制作业	117828	131643	1458	1616
电视	48574	77993	748	-13175
电影和影视节目制作	36334	24637	325	14709
电影和影视节目发行	1207	3421	1	3
电影放映	31713	25591	384	80
文化艺术业	3713	11598	132	-153
文艺创作与表演	2913	9137	122	-133
艺术表演场馆	800	1113	9	-4
图书馆与档案馆				
其他文化艺术业				
体育	25522	23900	1923	5717
体育组织	6568	5194	392	-6
体育场馆	49	2118	141	257
休闲健身活动	18904	16589	1390	5466
娱乐业	27073	30057	682	4231
室内娱乐活动	25494	24720	592	3229
游乐园	990	2439	68	1026
文化、娱乐、体育经纪代理	481	2443	5	-30
其他娱乐业				

单位：万元

#利息收入	#利息支出	投资收益	营业利润	利润总额	应交所得税	应付职工薪酬(本年贷方累计发生额)	应交增值税
520	**5164**	**1482**	**40426**	**40891**	**10335**	**136938**	**26**
492	5164	1481	39068	39534	10190	134793	26
346	4616	1161	29937	30494	7748	113896	
…	113		490	524		2780	
119	412	13	7040	6832	1918	15869	1
28	23	307	1601	1684	524	2248	25
27		…	1358	1358	145	2145	1
27			1360	1360	145	2098	
33519	**27355**	**110432**	**487815**	**573044**	**67445**	**308331**	**68003**
9814	2227	52955	84826	100527	1088	143316	16591
9779	2227	52955	84729	100252	1088	141500	16405
23337	18224	60937	404635	463675	59959	106746	49033
16795	3241	10098	223058	256504	15477	73822	30293
1094	9788	49991	162874	184404	40775	10994	15603
18	16	2	1042	1282	133	3840	313
5430	5179	847	17661	21485	3573	18090	2825
205	10	343	8559	15302	3509	10329	464
183	10	343	9785	15174	3457	8603	34
6			-1266	-46	14	1295	28
29	5627	-1	-8118	-5818	1024	23471	1076
10			-520	1270	97	8738	1023
2	257		-1182	-1121	11	850	6
17	5370	-1	-6416	-5967	916	13882	48
133	1268	-3802	-2087	-642	1866	24470	839
23	441	-302	4166	4674	1675	21253	839
87	820	-3500	-6176	-5702	20	2227	
22	7		-65	395	171	609	

4-B-2 按地区分组的规模

地　区	企业数(个)	年初存货	固定资产原　价	本年折旧	资产总计	负债合计
全　省	**7565**	**8312589**	**68822785**	**4101460**	**222204309**	**113147138**
杭州市	**2622**	**2743669**	**21644805**	**1269447**	**106069971**	**51593028**
上城区	268	59482	2121514	126463	14866634	5964703
下城区	371	317563	4990586	308444	16241884	8338113
江干区	213	72203	2772661	164914	7986839	3870210
拱墅区	195	48659	2435838	109181	5287601	3315115
西湖区	567	270594	3459922	181548	27149259	12755637
滨江区	350	292473	1954969	148960	13880854	6760439
萧山区	243	348744	1891121	97866	6880241	4156231
余杭区	189	742786	1169896	88150	8882328	4033038
桐庐县	18	4544	113015	5550	212645	158201
淳安县	30	8438	299068	14078	767800	418131
建德市	32	7448	59756	3811	310686	151056
富阳市	97	555176	248339	13300	2819799	1144802
临安市	49	15560	128120	7181	783401	527353
宁波市	**1818**	**917039**	**13760534**	**803754**	**40594632**	**22817114**
海曙区	270	46380	1956226	123541	11047270	6813624
江东区	277	178819	2561762	166797	5150905	2431141
江北区	178	15403	997228	54154	1881655	1165658
北仑区	341	28252	3214007	181446	8266723	2745205
镇海区	135	9194	868447	61279	1240599	796329
鄞州区	254	47608	896071	64877	5743218	3809506
象山县	65	226233	752781	29619	1926442	1506333
宁海县	63	1541	126326	10051	238734	129725
余姚市	74	339571	259922	10480	2436078	1694891
慈溪市	122	22678	1728261	85174	2051634	1304235
奉化市	39	1360	399505	16337	611373	420467
温州市	**615**	**308383**	**5983814**	**337609**	**14587798**	**6138703**
鹿城区	222	46068	4250404	229795	10725651	4431438
龙湾区	68	58534	890718	52683	1300106	552749
瓯海区	59	3219	118876	7450	302647	173839
洞头县	14	686	274593	15034	277494	202560
永嘉县	32	5115	45710	3640	81191	43944
平阳县	17	1194	17711	1047	82238	32347

以上服务业企业财务状况

单位：万元

所有者权益合计	营业收入	#主营业务收入	营业成本	#主营业务成本	营业税金及附加	#主营业务税金及附加
109057171	**65531628**	**63479373**	**43838546**	**42872127**	**1084931**	**1037463**
54476943	**33070740**	**32089924**	**21076189**	**20645358**	**483351**	**459066**
8901931	2092685	2034678	1734139	1703431	31901	29300
7903771	5825533	5695840	4254743	4148474	95350	91778
4116629	1844908	1805706	1104045	1084492	51376	50145
1972486	2155449	2126585	1761256	1748519	26507	24987
14393622	6047643	5968865	4144505	4107100	108976	105054
7120415	7064720	6641875	4370927	4212473	69884	62726
2724010	1717288	1684086	1369597	1328730	36309	35215
4849290	5469908	5349661	1761803	1739832	50231	47235
54445	89995	89268	70307	69788	1399	1399
349669	127289	124476	71952	70378	2665	2636
159630	81699	79962	61050	61044	1614	1614
1674998	420425	363442	280959	280492	5027	4933
256048	133199	125481	90907	90608	2114	2044
17777518	**14381552**	**13998066**	**11162194**	**11010876**	**182402**	**177583**
4233646	2931181	2883048	2332070	2320870	33114	32822
2719764	3083991	2953419	2186954	2095126	55969	53489
715997	1743579	1716061	1485516	1482410	22062	22015
5521518	2259493	2218407	1705303	1680856	15229	14676
444271	784210	766894	639715	636696	6899	6308
1933712	2246786	2171425	1891404	1882780	21466	21048
420109	287277	285178	207327	207248	2903	2900
109009	133650	129668	89648	87548	2945	2870
741187	296029	275767	228056	224145	7806	7806
747399	510970	500506	335950	334146	11812	11768
190906	104387	97694	60252	59050	2198	1881
8449096	**3349788**	**3214220**	**1932798**	**1828451**	**79650**	**76204**
6294213	2145018	2070345	1112111	1060871	57560	55152
747357	457540	439550	319207	287174	9923	9331
128808	147874	140022	89162	88002	2753	2528
74934	44524	44112	33378	33342	295	295
37247	66046	59963	48136	43747	457	403
49891	43127	39169	33697	31104	561	559

4-B-2 续表 1

地　区	企业数(个)	年初存货	固定资产原　价	本年折旧	资产总计	负债合计
苍南县	49	8461	80936	4237	126109	70877
文成县	3	1867	3147	97	8883	3862
泰顺县	6	1519	7457	367	16162	10608
瑞安市	80	130352	108051	8895	1347765	432126
乐清市	65	51368	186212	14363	319552	184352
嘉兴市	**521**	**904158**	**5359732**	**289971**	**11610173**	**5939189**
南湖区	146	499984	2279220	102457	4219000	2356938
秀洲区	80	72161	1119792	66685	1690371	637418
嘉善县	41	2002	144293	7383	257218	132227
海盐县	24	1278	104798	6955	191629	121036
海宁市	98	215450	578779	47976	3199838	1515873
平湖市	77	21828	584353	30814	809940	498953
桐乡市	55	91454	548497	27702	1242179	676743
湖州市	**220**	**467390**	**1971264**	**144323**	**5228735**	**2740521**
吴兴区	89	82735	1590185	106673	2665496	1354299
南浔区	10	128014	75630	5952	976987	336717
德清县	44	41621	100465	10149	212622	140637
长兴县	39	2311	97163	5675	130949	82005
安吉县	38	212709	107821	15874	1242681	826862
绍兴市	**392**	**431231**	**3690648**	**198679**	**7823900**	**3878683**
越城区	119	348420	2142710	126310	4480740	2087785
绍兴县	84	8032	877457	38526	1701889	905400
新昌县	33	5585	38472	5011	127187	42643
诸暨市	50	11256	158672	10496	731160	404545
上虞市	60	2726	375645	11156	567348	271067
嵊州市	46	55213	97692	7181	215576	167242
金华市	**316**	**289552**	**3909712**	**326983**	**12646463**	**6526255**
婺城区	92	8013	484558	154371	768497	402473
金东区	15	8977	823649	55118	1266652	344832
武义县	8	7373	24211	2681	42971	25566
浦江县	8	15155	27778	1316	57457	33375
磐安县	3	735	5833	654	24783	16596
兰溪市	10	238	18181	1767	249802	122161
义乌市	75	17701	1549916	60445	4417118	2706293
东阳市	70	227981	662044	36738	4918220	2515407
永康市	35	3378	313545	13893	900963	359552

单位：万元

所有者权益合计	营业收入	#主营业务收入	营业成本	#主营业务成本	营业税金及附加	#主营业务税金及附加
55232	71788	70588	47524	47312	1320	1318
5021	5606	3998	3594	3190	65	62
5554	19607	19164	9071	9041	495	495
915640	162940	159584	96174	95443	3622	3579
135200	185720	167725	140745	129226	2599	2481
5670985	**3226568**	**3097208**	**2007102**	**1964133**	**91758**	**89322**
1862061	982915	924562	580135	557092	25284	23985
1052953	674220	659510	393650	380360	17471	16963
124990	96255	90976	72908	72564	1494	1481
70592	232977	228268	191533	187038	4492	4475
1683966	548817	523425	303908	303401	29254	28952
310987	316070	309307	245478	245436	3243	3163
565435	375314	361160	219490	218243	10521	10303
2488214	**1238860**	**1185157**	**862012**	**829437**	**25916**	**24363**
1311197	789831	766500	508161	491179	19235	18734
640270	39710	19165	22231	13930	470	123
71985	149394	147960	131763	130082	2101	1918
48944	103661	102664	85533	85401	1420	1135
415818	156265	148867	114324	108845	2689	2453
3945217	**1792753**	**1715338**	**1045379**	**1007305**	**52264**	**50835**
2392956	991162	956106	545760	524068	27046	26094
796489	320521	300180	176533	169619	14637	14558
84544	95696	94510	50687	50221	2936	2912
326615	191825	186615	140083	140011	3780	3747
296281	127299	114851	86173	77580	2663	2345
48334	66250	63076	46145	45806	1203	1180
6120207	**3093078**	**2968444**	**1914972**	**1840824**	**67342**	**62129**
366025	517182	493797	375220	355855	10285	9940
921820	489375	480695	223042	196440	16756	15428
17405	19345	16626	12119	12016	149	149
24081	18295	13848	12783	12201	187	151
8187	9033	8638	7763	6196	74	74
127641	38921	36525	35515	35490	300	300
1710824	631853	561062	326032	306393	21622	18370
2402813	1197847	1193763	801066	798091	15731	15676
541410	171227	163490	121432	118143	2238	2042

4-B-2 续表 2

地　区	企业数(个)	年初存货	固定资产原　价	本年折旧	资产总计	负债合计
衢州市	**126**	**193230**	**1071207**	**69390**	**2352434**	**894494**
柯城区	40	122543	829813	53262	1773404	512685
衢江区	14	30053	45173	4908	82636	63152
常山县	20	22337	41819	1628	229028	128771
开化县	8	2646	8309	472	36325	21544
龙游县	22	13861	102196	4203	161759	116878
江山市	22	1791	43897	4918	69281	51465
舟山市	**372**	**1717955**	**5720792**	**320882**	**11980924**	**7505692**
定海区	196	1270827	4206844	210753	8597278	5295374
普陀区	116	444694	989691	76292	2658448	1703784
岱山县	46	1413	212375	13146	207967	143079
嵊泗县	14	1021	311881	20691	517231	363455
台州市	**423**	**122209**	**4664471**	**274021**	**7267298**	**4070778**
椒江区	140	17644	2567168	167548	2859358	1207179
黄岩区	41	7625	163502	15236	202442	146804
路桥区	49	29569	342488	13166	1177187	895119
玉环县	42	27325	132478	8984	1041582	386371
三门县	10	129	49336	4861	57268	37337
天台县	17	608	23468	1361	69086	34571
仙居县	11	19	18867	1754	46400	21777
温岭市	63	17409	214193	18117	383667	242739
临海市	50	21881	1152972	42996	1430310	1098882
丽水市	**140**	**217773**	**1045807**	**66401**	**2041982**	**1042682**
莲都区	55	182395	859545	58713	1428584	774778
青田县	12	24381	54862	681	200404	58912
缙云县	17	3907	31485	1512	88353	48753
遂昌县	14	102	52559	2331	153766	87459
松阳县	9	1202	8027	395	23108	15111
云和县	3	458	5290	337	12593	7930
庆元县	7	4224	8781	643	19428	16149
景宁县	10	958	14140	681	74981	10110
龙泉市	13	146	11117	1109	40766	23480

单位：万元

所有者权益合计	营业收入	#主营业务收入	营业成本	#主营业务成本	营业税金及附加	#主营业务税金及附加
1457940	**721881**	**686589**	**576959**	**562142**	**11808**	**11427**
1260719	465725	440159	343823	332756	9286	8929
19484	51699	50628	55576	55526	310	289
100256	60391	60003	54975	54617	1009	1007
14781	18617	18174	14048	14048	186	186
44882	45849	39122	34241	31120	589	589
17817	79600	78503	74297	74075	428	428
4475232	**1816330**	**1787735**	**1403954**	**1388667**	**27825**	**27292**
3301904	1117509	1094475	857622	844160	16243	15731
954664	475929	472701	363566	361988	10408	10389
64888	123193	120944	108930	108695	690	689
153777	99699	99615	73836	73824	483	483
3196520	**2310785**	**2228248**	**1458675**	**1413172**	**49606**	**47927**
1652179	1276158	1235072	704150	672469	33583	32530
55638	105423	99295	76353	71067	1806	1800
282068	161320	155723	100711	100595	3752	3713
655211	169890	161851	137086	133404	1475	1231
19931	24928	24683	20893	20893	236	206
34515	25045	24172	21071	20941	248	214
24623	15412	15120	10382	10377	284	230
140928	154101	149917	83109	82396	3457	3423
331427	378509	362415	304921	301030	4765	4580
999300	**529293**	**508445**	**398310**	**381762**	**13008**	**11317**
653806	344475	329626	252506	240982	8586	8198
141491	17681	16049	11476	11455	489	474
39600	49834	48013	39267	39267	1522	419
66306	28836	27575	23170	18685	511	373
7997	17126	16779	13039	12598	315	305
4663	4408	4373	3062	3062	106	106
3279	20623	20076	18860	18789	302	265
64872	18697	18370	15805	15799	336	336
17285	27614	27586	21126	21126	842	842

4-B-2 续表 3

地　区	销售费用	管理费用	#税金	财务费用	#利息收入
全　省	**4356574**	**6979963**	**168440**	**1733196**	**794444**
杭州市	**1995159**	**4018928**	**69027**	**588676**	**579500**
上城区	105734	282201	4772	17077	113015
下城区	417271	468878	9734	112654	62226
江干区	176572	213284	6003	30867	8829
拱墅区	72268	183610	4718	56551	58329
西湖区	298635	703435	13134	237886	96117
滨江区	602147	1131057	12347	50941	80725
萧山区	84054	165529	9947	46235	47713
余杭区	181455	772710	5061	-30230	107828
桐庐县	3400	12600	51	4456	684
淳安县	34037	19150	679	7398	245
建德市	2867	10224	166	1592	270
富阳市	10450	40182	2060	49743	2935
临安市	6269	16067	354	3506	587
宁波市	**675042**	**1068493**	**29710**	**380892**	**80667**
海曙区	150943	201926	5869	9038	18519
江东区	274566	184491	3698	75703	5206
江北区	23496	99228	2703	28292	2726
北仑区	52573	180613	8438	49859	6638
镇海区	13937	55274	1097	14168	1307
鄞州区	74909	192449	4450	119697	38029
象山县	16566	28355	743	16087	3638
宁海县	9552	17048	287	2953	477
余姚市	14977	31539	720	8396	611
慈溪市	27568	58684	1153	45965	2848
奉化市	15959	18887	551	10736	668
温州市	**388213**	**402245**	**12629**	**73148**	**38759**
鹿城区	298771	214866	8139	53723	23715
龙湾区	48631	52684	1914	8611	2126
瓯海区	14661	29432	839	2084	535
洞头县	1763	4522	108	-137	9970
永嘉县	1818	12551	94	760	542
平阳县	1024	6762	80	275	108

单位：万元

#利息支出	投资收益	营业利润	利润总额	应交所得税	应付职工薪酬(本年贷方累计发生额)	应交增值税
2365824	**2312211**	**9491354**	**10978565**	**1146948**	**9750358**	**886379**
1133404	**1549575**	**6385861**	**6994716**	**540651**	**4430149**	**562688**
140768	269062	184327	209086	-4582	386789	16238
194584	207789	662797	806232	70921	709753	47394
38896	54333	315820	332978	68222	304988	-126
111384	131556	194974	206056	22363	236333	16922
308941	755985	1308779	1435651	153600	881320	88768
116601	74100	875570	1057040	116743	1030037	161418
86667	35992	52161	121929	18013	273570	16350
65303	14053	2746976	2760501	88024	490914	205901
5173	185	-2050	75	1446	15435	2370
7515	23	-5961	-244	1456	25467	664
1491	2764	4269	7785	703	13641	1929
51925	577	33846	37080	2787	42786	3742
4156	3159	14355	20547	954	19116	1118
442308	**401928**	**1169824**	**1443561**	**226128**	**2439922**	**155843**
22398	53019	219121	289808	47223	508472	19480
77066	-34595	262798	304769	18376	367068	18515
29779	5610	88474	103657	21978	510981	24025
50951	123298	366428	392897	95586	262950	38843
15031	26524	52039	72243	9120	182696	14136
158883	205122	125781	188961	18220	364812	23839
17447	587	14906	18511	2495	40531	4423
3346	1344	12319	12780	2919	42360	2725
7525	9348	5506	17470	2980	48164	4865
48900	438	26060	33692	6794	80432	4126
10982	11233	-3608	8772	437	31456	866
102401	**34324**	**495814**	**601994**	**66951**	**716703**	**34043**
70483	27576	428051	505580	49246	406444	16433
9601	2858	18395	19626	5646	114679	5004
2468	42	9798	9885	2548	39066	1808
9798		4391	4061	683	6821	1389
520	188	2510	4390	1135	23710	1499
380	328	1136	1125	263	9133	475

4-B-2 续表 4

地　区	销售费用	管理费用	#税金	财务费用	#利息收入
苍南县	2588	17271	358	2085	436
文成县	171	1490	15	15	77
泰顺县	3615	2876	4	52	70
瑞安市	9221	35707	750	3106	796
乐清市	5949	24084	328	2574	385
嘉兴市	**253357**	**282503**	**9413**	**130229**	**13194**
南湖区	102056	84552	3343	79509	3247
秀洲区	70186	52021	2067	9142	524
嘉善县	5152	15327	341	3018	38
海盐县	2326	22464	308	1930	296
海宁市	15664	43801	1028	6988	3787
平湖市	14680	24551	815	15345	496
桐乡市	43292	39787	1510	14297	4805
湖州市	**104730**	**117888**	**2635**	**48675**	**3206**
吴兴区	92054	68157	1861	36590	1551
南浔区	2446	3240	24	2042	42
德清县	3869	13586	428	2964	304
长兴县	2568	12529	207	2761	149
安吉县	3793	20377	115	4319	1160
绍兴市	**179268**	**245197**	**7124**	**39387**	**24594**
越城区	137813	124671	4385	14767	4700
绍兴县	12233	54419	1924	12723	18237
新昌县	2557	15066	114	418	234
诸暨市	8732	17372	133	4242	229
上虞市	12882	16651	322	4446	546
嵊州市	5051	17020	247	2791	647
金华市	**286419**	**286955**	**20318**	**115414**	**21772**
婺城区	43568	70470	1734	8322	5506
金东区	106613	25092	514	5724	972
武义县	1650	2776	57	1035	7
浦江县	693	2604	143	985	157
磐安县		1403	10	160	3
兰溪市	215	2883	23	4233	118
义乌市	43828	90182	14247	32822	6050
东阳市	79849	70184	2761	56157	8257
永康市	10005	21362	830	5975	703

单位：万元

#利息支出	投资收益	营业利润	利润总额	应交所得税	应付职工薪酬(本年贷方累计发生额)	应交增值税
2488	914	1906	4818	593	22365	765
92	18	289	289	50	1747	63
	71	2969	3320	300	2941	94
3641	1686	16006	35993	3413	45870	2516
2929	645	10363	12908	3074	43927	3999
132913	**25565**	**477748**	**516020**	**95580**	**554525**	**25973**
79071	11503	117779	119132	5489	123544	5965
8405	4752	133692	138003	34244	112390	5154
2563	-54	-1643	-676	830	20324	773
1984		10231	10888	4612	142914	658
8314	7992	155706	168500	34023	61552	7245
13974	576	13288	15625	4095	38957	3066
18603	796	48697	64549	12287	54845	3113
45402	**6401**	**80122**	**124899**	**15494**	**152042**	**7412**
37586	4278	65075	93890	11547	101191	3939
1593	161	9281	14331	108	2526	104
2608	628	-4504	-258	1111	25535	622
2285	689	-496	-191	1204	8665	1971
1330	644	10765	17127	1523	14126	776
58670	**40854**	**261661**	**335738**	**45188**	**295115**	**16192**
18475	20641	152107	201430	22019	147680	7238
27880	19363	69354	80174	15752	53191	2378
418	199	24148	25918	1354	22929	943
4275	499	17475	19521	3120	27624	2649
4036	33	4500	9635	2373	24583	1600
3586	119	-5924	-940	571	19109	1384
130714	**204507**	**535774**	**695681**	**87184**	**322024**	**28323**
13766	4038	4597	15157	5634	111054	3932
6244	91	167763	168864	824	18668	194
1040		1616	1641	26	3886	180
1141	11	1052	1771	45	2360	182
164	74	265	262	20	2297	96
4174	4199	-26	-101	169	5005	314
42980	12528	129450	138073	31175	107498	4479
55058	181383	220850	358616	47292	44809	17316
6147	2182	10208	11399	2000	26448	1630

4-B-2 续表 5

地　区	销售费用	管理费用	#税金	财务费用	#利息收入
衢州市	**60420**	**65273**	**1674**	**11279**	**3071**
柯城区	53972	47902	1404	4317	1243
衢江区	1222	2907	25	640	27
常山县	2089	3587	109	235	45
开化县	1012	1634	7	618	1
龙游县	1417	4929	21	4603	1736
江山市	708	4314	109	867	20
舟山市	**119167**	**190201**	**8239**	**240010**	**18248**
定海区	74676	115286	6043	173966	8835
普陀区	36647	56591	1775	48432	8903
岱山县	7510	9051	67	5869	331
嵊泗县	334	9273	354	11744	180
台州市	**234266**	**238783**	**6410**	**97900**	**10986**
椒江区	192468	100355	2461	19942	1760
黄岩区	13336	8737	309	2836	269
路桥区	7713	27508	2399	17419	3346
玉环县	6668	14927	367	4062	628
三门县	1846	3300	112	1078	59
天台县	311	3665	70	259	26
仙居县	161	2906	11	272	23
温岭市	7154	45822	281	5102	285
临海市	4608	31564	401	46931	4590
丽水市	**60533**	**63498**	**1263**	**7585**	**447**
莲都区	52883	44200	844	4346	323
青田县	1734	2904	11	14	12
缙云县	3186	4106	82	831	21
遂昌县	1188	2761	...	1673	33
松阳县	288	2427	1	281	35
云和县		827	16	...	...
庆元县	492	937	10	246	9
景宁县	4	1691	93	20	12
龙泉市	759	3646	206	173	2

单位：万元

#利息支出	投资收益	营业利润	利润总额	应交所得税	应付职工薪酬(本年贷方累计发生额)	应交增值税
12886	**-273**	**-5219**	**17168**	**3149**	**85001**	**6809**
4712	-682	4639	15321	2407	60087	2574
660	-146	-9102	-1715	22	6238	2550
260	40	-1431	711	34	3184	378
151	188	1119	1618	389	1473	150
6260	627	583	934	191	6239	420
843	-300	-1027	299	106	7780	737
199626	**18520**	**-140847**	**-16163**	**25767**	**251840**	**27757**
131893	7566	-104015	-24565	17583	150399	18589
50950	8177	-34683	479	5902	72091	5005
5474	69	-8857	-5012	241	20636	1758
11310	2707	6708	12935	2041	8714	2404
101796	**29676**	**244983**	**269613**	**41019**	**410267**	**18039**
19501	12011	224602	231356	27047	184341	6882
3001	654	3001	3669	633	13867	882
20657	1631	4198	4418	1524	33077	1903
2832	817	5924	10139	1313	37552	2137
1104	5	-2425	-512	217	5546	282
279	656	-510	494	56	8102	393
273	5	1412	2231	453	5912	247
5178	1855	11072	10978	2263	50112	2011
48971	12043	-2291	6840	7515	71758	3301
5703	**1135**	**-14367**	**-4661**	**-163**	**92771**	**3300**
4554	-396	-19336	-10934	-1861	63172	1582
4	653	1093	2345	278	3963	16
103	2	925	673	340	3609	469
303	314	-461	-263	99	3609	320
332	36	776	613	167	2903	118
		414	316	93	907	44
250		-214	266	12	1470	…
29	527	1368	1488	282	9447	68
130	1	1069	835	428	3692	684

4-B-3 按行业中类、人员类型和职业类型

行业	从业人员期末人数	#女性	从业人员期末人数(按人员类型分)		
			在岗职工	劳务派遣人员	其他从业人员
总计	**1300550**	**384641**	**1038954**	**200398**	**61198**
交通运输、仓储和邮政业	**332909**	**82246**	**285329**	**39254**	**8326**
铁路运输业	277	23	277		
铁路货物运输	277	23	277		
道路运输业	184231	44094	168015	12113	4103
城市公共交通运输	56219	13593	53909	1624	686
公路旅客运输	47728	13179	43655	2925	1148
道路货物运输	59297	10442	51669	5941	1687
道路运输辅助活动	20987	6880	18782	1623	582
水上运输业	36252	4539	32732	2357	1163
水上旅客运输	4658	1328	4414	173	71
水上货物运输	22559	1811	20770	1041	748
水上运输辅助活动	9035	1400	7548	1143	344
航空运输业	7920	2381	6748	1026	146
航空客货运输	446	184	446		
航空运输辅助活动	7474	2197	6302	1026	146
管道运输业	106	25	44	62	
管道运输业	106	25	44	62	
装卸搬运和运输代理业	38877	13522	34752	3527	598
装卸搬运	9647	1410	8619	797	231
运输代理业	29230	12112	26133	2730	367
仓储业	12200	3276	10942	989	269
谷物、棉花等农产品仓储	2489	474	2327	75	87
其他仓储业	9711	2802	8615	914	182
邮政业	53046	14386	31819	19180	2047
邮政基本服务	20079	7466	10262	9808	9
快递服务	32967	6920	21557	9372	2038
信息传输、软件和信息技术服务业	**157197**	**61779**	**125905**	**28841**	**2451**
电信、广播电视和卫星传输服务	54270	26756	30352	22904	1014
电信	46940	24126	24257	21862	821
广播电视传输服务	7330	2630	6095	1042	193

分组的规模以上服务业企业从业人员

单位：人

从业人员期末人数(按职业类型分)					从业人员平均人数
单位负责人	专业技术人员	办事人员和有关人员	商业、服务业人员	生产、运输设备操作人员及有关人员	
48578	**292290**	**261959**	**252980**	**444743**	**1254332**
12765	**39710**	**67304**	**42676**	**170454**	**326310**
1	77			199	289
1	77			199	289
6962	16024	36494	22677	102074	181262
882	3458	5223	5139	41517	55653
2538	3920	10581	6986	23703	47841
2823	6552	14566	6156	29200	57385
719	2094	6124	4396	7654	20383
1846	12386	6381	1655	13984	36251
220	1165	703	957	1613	4815
1240	8674	4202	582	7861	22546
386	2547	1476	116	4510	8890
317	1586	1302	1618	3097	7594
12	199	235			284
305	1387	1067	1618	3097	7310
15		72		19	105
15		72		19	105
2220	5272	9942	6767	14676	38608
294	762	1831	1122	5638	9558
1926	4510	8111	5645	9038	29050
886	1465	3204	1265	5380	12307
319	586	776	178	630	2576
567	879	2428	1087	4750	9731
518	2900	9909	8694	31025	49894
276	834	1026	2571	15372	20012
242	2066	8883	6123	15653	29882
7543	**69979**	**31649**	**25297**	**22729**	**155271**
2575	14787	8727	15080	13101	54874
2018	12829	6950	13542	11601	47626
557	1958	1777	1538	1500	7248

4-B-3 续表 1

行　业	从业人员期末人数	#女性	从业人员期末人数(按人员类型分)		
			在岗职工	劳务派遣人　员	其他从业人　员
互联网和相关服务	20756	8632	20343	185	228
互联网接入及相关服务	127	51	127		
互联网信息服务	19909	8452	19532	149	228
其他互联网服务	720	129	684	36	
软件和信息技术服务业	82171	26391	75210	5752	1209
软件开发	62233	20628	57820	3874	539
信息系统集成服务	11727	3456	10037	1580	110
信息技术咨询服务	5600	1103	5028	101	471
数据处理和存储服务	134	59	133		1
集成电路设计	447	137	431		16
其他信息技术服务业	2030	1008	1761	197	72
房地产业	**155116**	**57491**	**133406**	**9736**	**11974**
房地产业	155116	57491	133406	9736	11974
物业管理	145355	53387	123987	9584	11784
房地产中介服务	8874	3694	8675	110	89
自有房地产经营活动	291	132	166	42	83
其他房地产业	596	278	578		18
租赁和商务服务业	**387461**	**85957**	**264829**	**102439**	**20193**
租赁业	2969	529	1852	846	271
机械设备租赁	2840	481	1832	737	271
文化及日用品出租	129	48	20	109	
商务服务业	384492	85428	262977	101593	19922
企业管理服务	34707	11665	29490	1925	3292
法律服务	3394	1332	3206	38	150
咨询与调查	19690	10109	18813	347	530
广告业	8172	4020	7747	200	225
知识产权服务	468	271	433		35
人力资源服务	194306	36170	103175	78620	12511
旅行社及相关服务	12773	8690	12183	270	320
安全保护服务	84749	4299	64358	19239	1152
其他商务服务业	26233	8872	23572	954	1707

单位：人

从业人员期末人数(按职业类型分)					从业人员平均人数
单位负责人	专业技术人　员	办事人员和有关人员	商业、服务业人员	生产、运输设备操作人员及有关人员	
958	12060	1994	4706	1038	20539
3	83	39		2	128
943	11911	1863	4696	496	19623
12	66	92	10	540	788
4010	43132	20928	5511	8590	79858
2874	34176	15086	4570	5527	61304
835	4715	3408	487	2282	11093
129	2812	1850	205	604	5006
3	76	14		41	160
17	291	83	33	23	455
152	1062	487	216	113	1840
4870	**12143**	**40174**	**65964**	**31965**	**154094**
4870	12143	40174	65964	31965	154094
4240	10118	36806	62533	31658	144159
583	1938	3274	2844	235	9039
25	33	43	178	12	280
22	54	51	409	60	616
10056	**48901**	**78287**	**78568**	**171649**	**353741**
169	203	653	676	1268	2914
160	203	642	567	1268	2786
9		11	109		128
9887	48698	77634	77892	170381	350827
2824	9464	10085	5895	6439	35608
340	2332	602	106	14	3303
1420	9433	4068	1835	2934	19070
594	2187	2975	1464	952	8053
39	264	108		57	458
776	14054	19739	20638	139099	164061
1281	3486	3348	3241	1417	12651
577	4823	23554	40204	15591	81408
2036	2655	13155	4509	3878	26215

4-B-3 续表 2

行　业	从业人员期末人数	#女性	从业人员期末人数(按人员类型分)		
			在岗职工	劳务派遣人　员	其他从业人　员
科学研究和技术服务业	**115819**	**31289**	**100198**	**6138**	**9483**
研究和试验发展	6538	1913	6132	140	266
自然科学研究和试验发展	377	109	303		74
工程和技术研究和试验发展	4919	1177	4705	138	76
农业科学研究和试验发展	296	115	273	2	21
医学研究和试验发展	902	486	807		95
社会人文科学研究	44	26	44		
专业技术服务业	100721	25779	86278	5512	8931
气象服务	89	5	89		
海洋服务	122	18	26	90	6
测绘服务	2213	575	2044	80	89
质检技术服务	8844	3338	7342	482	1020
环境与生态监测	595	178	572	21	2
地质勘查	1211	185	950	243	18
工程技术	83769	19934	71661	4390	7718
其他专业技术服务业	3878	1546	3594	206	78
科技推广和应用服务业	8560	3597	7788	486	286
技术推广服务	8034	3406	7262	486	286
科技中介服务	265	104	265		
其他科技推广和应用服务业	261	87	261		
水利、环境和公共设施管理业	**57641**	**20153**	**45128**	**8542**	**3971**
水利管理业	1393	380	1272	79	42
防洪除涝设施管理	95	30	67	18	10
水资源管理	265	72	258	3	4
天然水收集与分配	681	192	607	58	16
其他水利管理业	352	86	340		12
生态保护和环境治理业	4118	1331	3227	722	169
生态保护	1239	575	1131		108
环境治理业	2879	756	2096	722	61
公共设施管理业	52130	18442	40629	7741	3760
市政设施管理	4238	1231	2922	1178	138

单位：人

从业人员期末人数(按职业类型分)					从业人员平均人数
单位负责人	专业技术人员	办事人员和有关人员	商业、服务业人员	生产、运输设备操作人员及有关人员	
6442	**78722**	**15553**	**4035**	**11067**	**113414**
381	3615	711	75	1756	6625
29	270	17	4	57	356
299	3046	507	4	1063	5088
16	111	33	2	134	286
32	188	150	36	496	852
5		4	29	6	43
5537	72093	12275	2513	8303	98188
10	74	5			89
3	34	3	82		117
126	1404	312	37	334	2198
535	3591	2741	491	1486	8705
31	398	24	18	124	578
35	749	89	2	336	1196
4544	64098	8314	1377	5436	81379
253	1745	787	506	587	3926
524	3014	2567	1447	1008	8601
476	2818	2477	1256	1007	8074
22	45	52	146		265
26	151	38	45	1	262
2168	**10244**	**10333**	**13082**	**21814**	**57826**
110	488	362	31	402	1350
27	47	12	3	6	101
23	72	48	20	102	271
34	164	192	8	283	678
26	205	110		11	300
287	1436	712	371	1312	4042
82	175	181	347	454	1274
205	1261	531	24	858	2768
1771	8320	9259	12680	20100	52434
205	792	1300	2	1939	4291

4-B-3 续表 3

行　业	从业人员期末人数	#女性	从业人员期末人数(按人员类型分)		
			在岗职工	劳务派遣人员	其他从业人员
环境卫生管理	14134	6124	11924	1191	1019
城乡市容管理	27	9	27		
绿化管理	17020	4446	10388	4941	1691
公园和游览景区管理	16711	6632	15368	431	912
居民服务、修理和其他服务业	**27722**	**13307**	**24460**	**1722**	**1540**
居民服务业	10788	5420	9682	366	740
家庭服务	5266	3047	5080	124	62
洗染服务	784	475	722	48	14
理发及美容服务	319	199	311	3	5
洗浴服务	1559	818	1519	10	30
保健服务	482	355	475		7
婚姻服务	107	100	107		
殡葬服务	1986	314	1257	168	561
其他居民服务业	285	112	211	13	61
机动车、电子产品和日用产品修理业	3860	945	3190	566	104
汽车、摩托车修理与维护	3273	765	2634	538	101
计算机和办公设备维修	309	89	309		
家用电器修理	278	91	247	28	3
其他服务业	13074	6942	11588	790	696
清洁服务	12615	6812	11218	714	683
其他未列明服务业	459	130	370	76	13
教育	**14994**	**5280**	**13533**	**484**	**977**
教育	14994	5280	13533	484	977
学前教育	858	768	835	7	16
初等教育	274	170	274		
中等教育	890	474	769	117	4
高等教育	1202	549	1064	36	102
技能培训、教育辅助及其他教育	11770	3319	10591	324	855

单位：人

从业人员期末人数(按职业类型分)					从业人员平均人数
单位负责人	专业技术人员	办事人员和有关人员	商业、服务业人员	生产、运输设备操作人员及有关人员	
291	246	1805	5667	6125	14001
1	18	5	2	1	27
641	3805	2199	337	10038	17489
633	3459	3950	6672	1997	16626
819	**2139**	**4141**	**13743**	**6880**	**27218**
342	758	1533	4942	3213	10448
78	222	557	3063	1346	5025
26	50	93	267	348	789
12	134	22	82	69	325
47	195	388	842	87	1450
21	32	37	241	151	465
11		12	70	14	82
130	110	325	269	1152	2015
17	15	99	108	46	297
219	914	781	412	1534	3975
185	764	639	333	1352	3275
16	96	48	16	133	306
18	54	94	63	49	394
258	467	1827	8389	2133	12795
244	358	1550	8356	2107	12330
14	109	277	33	26	465
657	**6573**	**3666**	**1300**	**2798**	**14737**
657	6573	3666	1300	2798	14737
36	297	352	83	90	784
50	224				272
24	594	135	87	50	869
97	825	245	7	28	1173
450	4633	2934	1123	2630	11639

4-B-3 续表 4

行业	从业人员期末人数	#女性	从业人员期末人数(按人员类型分)		
			在岗职工	劳务派遣人员	其他从业人员
卫生和社会工作	**19770**	**12821**	**18192**	**369**	**1209**
卫生	19345	12474	17810	366	1169
医院	16161	10528	15101	320	740
社区医疗与卫生院	348	225	348		
门诊部(所)	2451	1523	2016	46	389
其他卫生活动	385	198	345		40
社会工作	425	347	382	3	40
提供住宿社会工作	416	340	373	3	40
不提供住宿社会工作	9	7	9		
文化、体育和娱乐业	**31921**	**14318**	**27974**	**2873**	**1074**
新闻和出版业	9433	4150	8953	310	170
新闻业	129	46	129		
出版业	9304	4104	8824	310	170
广播、电视、电影和影视录音制作业	11509	5071	8680	2346	483
电视	6749	2717	4439	2191	119
电影和影视节目制作	1638	851	1557	77	4
电影和影视节目发行	343	158	272	1	70
电影放映	2779	1345	2412	77	290
文化艺术业	1391	557	1300	32	59
文艺创作与表演	1196	467	1109	32	55
艺术表演场馆	155	65	151		4
图书馆与档案馆	20	18	20		
其他文化艺术业	20	7	20		
体育	3582	1830	3426	90	66
体育组织	175	36	173		2
体育场馆	195	82	194		1
休闲健身活动	3212	1712	3059	90	63
娱乐业	6006	2710	5615	95	296
室内娱乐活动	5382	2414	4992	95	295
游乐园	418	185	418		
文化、娱乐、体育经纪代理	139	74	138		1
其他娱乐业	67	37	67		

单位：人

从业人员期末人数(按职业类型分)					从业人员平均人数
单位负责人	专业技术人　　员	办事人员和有关人员	商业、服务业人员	生产、运输设备操作人员及有关人员	
989	**12634**	**3809**	**763**	**1575**	**19220**
960	12479	3751	656	1499	18793
841	10981	2749	510	1080	15702
12	180	72		84	343
98	1175	729	114	335	2391
9	143	201	32		357
29	155	58	107	76	427
28	155	50	107	76	418
1		8			9
2269	**11245**	**7043**	**7552**	**3812**	**32501**
920	4864	2015	245	1389	9721
12	53	32		32	130
908	4811	1983	245	1357	9591
745	5168	2660	1548	1388	11496
443	4415	1207	64	620	6793
98	347	788	68	337	1538
9	123	110	97	4	342
195	283	555	1319	427	2823
127	515	326	184	239	1489
109	470	278	119	220	1282
16	26	29	65	19	167
1		19			20
1	19				20
170	357	782	1925	348	3600
9	81	82		3	173
8	24	52	111		201
153	252	648	1814	345	3226
307	341	1260	3650	448	6195
279	269	1023	3420	391	5553
23	70	81	211	33	446
4		135			129
1	2	21	19	24	67

4-B-4 按地区、人员类型和职业类型

地区	从业人员期末人数	#女性	从业人员期末人数(按人员类型分)		
			在岗职工	劳务派遣人员	其他从业人员
全省	**1300550**	**384641**	**1038954**	**200398**	**61198**
杭州市	**483725**	**163392**	**407951**	**55026**	**20748**
上城区	38318	13223	31641	5118	1559
下城区	68950	22781	59968	6475	2507
江干区	35182	10774	26525	7516	1141
拱墅区	32697	9694	23876	6581	2240
西湖区	129139	48788	110708	8781	9650
滨江区	88115	28544	79881	7766	468
萧山区	36059	11634	25803	8911	1345
余杭区	28638	9690	26454	1368	816
桐庐县	3779	1059	3626	47	106
淳安县	4784	1973	3683	1010	91
建德市	4530	1042	4375	117	38
富阳市	9206	3105	7786	964	456
临安市	4328	1085	3625	372	331
宁波市	**360910**	**80892**	**261683**	**79401**	**19826**
海曙区	47087	14385	37741	4371	4975
江东区	51279	15742	34469	7150	9660
江北区	62829	10294	55424	6626	779
北仑区	39495	9150	36860	1648	987
镇海区	30799	6722	29255	1396	148
鄞州区	87368	11824	29723	55439	2206
象山县	6567	1820	4517	1891	159
宁海县	8101	2121	7714	91	296
余姚市	7823	2373	7389	316	118
慈溪市	14293	4551	13736	282	275
奉化市	5269	1910	4855	191	223
温州市	**105778**	**30851**	**81894**	**18975**	**4909**
鹿城区	46774	14954	39221	4558	2995
龙湾区	18709	4784	10341	7740	628
瓯海区	8323	3060	7810	470	43
洞头县	1191	199	760	221	210
永嘉县	3535	946	2950	30	555
平阳县	2049	498	1260	752	37

分组的规模以上服务业企业从业人员

单位：人

从业人员期末人数(按职业类型分)					从业人员平均人数
单位负责人	专业技术人员	办事人员和有关人员	商业、服务业人员	生产、运输设备操作人员及有关人员	
48578	**292290**	**261959**	**252980**	**444743**	**1254332**
21142	**148464**	**95462**	**91957**	**126700**	**481554**
2201	10610	7473	8068	9966	38977
3632	20375	11078	13184	20681	70372
1701	7028	6890	6518	13045	34696
1141	9152	11938	4633	5833	31253
5392	38063	26204	30646	28834	129305
3277	40183	16997	9659	17999	87925
1061	7394	5954	6942	14708	35600
1491	10967	3868	5928	6384	27463
172	624	554	1191	1238	3602
278	877	654	1431	1544	4768
167	669	247	580	2867	4490
427	1540	2695	1937	2607	8873
202	982	910	1240	994	4230
10298	**53795**	**51162**	**62042**	**183613**	**326281**
1915	9244	7356	11349	17223	45237
1885	8006	6059	15116	20213	47673
1520	5759	13362	6965	35223	60626
1592	6863	6001	7338	17701	39251
518	2162	1959	2174	23986	29613
1168	14677	7689	8426	55408	62739
287	1209	1126	1201	2744	6433
161	1010	2148	1449	3333	8170
539	1290	1530	1627	2837	7868
544	2859	2843	4164	3883	13668
169	716	1089	2233	1062	5003
4485	**20370**	**25329**	**28655**	**26939**	**102162**
1811	11166	11107	12772	9918	45996
618	2174	5691	4088	6138	16443
507	1102	1672	3864	1178	8180
56	241	125	343	426	1152
121	1107	1103	686	518	3487
131	535	518	740	125	2023

4-B-4 续表 1

地　区	从业人员期末人数	#女性	从业人员期末人数(按人员类型分)		
			在岗职工	劳务派遣人员	其他从业人员
苍南县	4596	1051	4120	304	172
文成县	493	45	463		30
泰顺县	779	184	778		1
瑞安市	9954	3042	8623	1206	125
乐清市	9375	2088	5568	3694	113
嘉兴市	**82344**	**23940**	**66752**	**9457**	**6135**
南湖区	22520	8165	16034	5010	1476
秀洲区	14848	4689	10790	2569	1489
嘉善县	4338	1246	3872	275	191
海盐县	7744	1457	6891	352	501
海宁市	12277	4019	10888	345	1044
平湖市	8565	2071	7999	252	314
桐乡市	12052	2293	10278	654	1120
湖州市	**28331**	**8909**	**21997**	**4794**	**1540**
吴兴区	16750	4808	13604	2350	796
南浔区	859	191	856		3
德清县	4640	2121	2362	1908	370
长兴县	2328	787	1951	243	134
安吉县	3754	1002	3224	293	237
绍兴市	**49385**	**16494**	**41239**	**6718**	**1428**
越城区	20167	7511	14772	4493	902
绍兴县	9115	3305	8680	226	209
新昌县	6093	1416	5743	348	2
诸暨市	5663	1937	4833	621	209
上虞市	4088	1236	3351	681	56
嵊州市	4259	1089	3860	349	50
金华市	**54813**	**17541**	**45542**	**7808**	**1463**
婺城区	18149	6047	12920	4457	772
金东区	4164	1707	2541	1546	77
武义县	911	310	885	23	3
浦江县	955	204	716	215	24
磐安县	584	215	427		157
兰溪市	1445	476	1101	307	37
义乌市	14434	4063	13471	742	221
东阳市	7587	3333	7437	134	16
永康市	6584	1186	6044	384	156

单位：人

从业人员期末人数(按职业类型分)					从业人员平均人数
单位负责人	专业技术人　员	办事人员和有关人员	商业、服务业人员	生产、运输设备操作人员及有关人员	
342	1091	1260	872	1031	4543
36	61	74	287	35	474
44	27	265	443		761
510	1302	1948	3655	2539	9853
309	1564	1566	905	5031	9250
2788	**14544**	**21719**	**17848**	**25445**	**80456**
730	4094	3024	3992	10680	22284
583	3146	2487	2493	6139	13717
94	665	1982	314	1283	4162
161	3712	1867	864	1140	7486
500	1565	3539	4708	1965	12507
368	555	3114	1770	2758	8491
352	807	5706	3707	1480	11809
859	**6074**	**8541**	**6136**	**6721**	**27326**
538	3899	5414	2255	4644	16277
20	73	205	216	345	885
91	589	876	2183	901	4064
111	825	722	374	296	2302
99	688	1324	1108	535	3798
1925	**9818**	**8640**	**10704**	**18298**	**48300**
617	4867	3536	3360	7787	19898
426	2061	1638	1886	3104	8899
186	440	482	1153	3832	5853
149	1188	942	2007	1377	5383
211	800	981	958	1138	4022
336	462	1061	1340	1060	4245
1789	**11280**	**14004**	**12633**	**15107**	**53558**
581	3594	5700	5272	3002	17744
93	1037	898	1813	323	4172
47	61	187	313	303	855
32	33	476	41	373	952
22	93	72	35	362	502
61	140	236	531	477	1455
623	2184	3290	3331	5006	14183
233	3786	2028	172	1368	7285
97	352	1117	1125	3893	6410

4-B-4 续表 2

地　　区	从业人员期末人数	#女性	从业人员期末人数(按人员类型分)		
			在岗职工	劳务派遣人　　员	其他从业人　　员
衢州市	**15739**	**5405**	**11897**	**2837**	**1005**
柯城区	8761	3197	6304	1765	692
衢江区	1171	422	1099	58	14
常山县	838	183	781	19	38
开化县	763	231	763		
龙游县	2154	575	1139	995	20
江山市	2052	797	1811		241
舟山市	**38028**	**10520**	**33595**	**2525**	**1908**
定海区	21109	6115	18082	1994	1033
普陀区	12094	3542	10996	295	803
岱山县	3701	686	3632	5	64
嵊泗县	1124	177	885	231	8
台州市	**65265**	**21344**	**52845**	**10629**	**1791**
椒江区	22011	7176	17079	4167	765
黄岩区	3432	898	3276	7	149
路桥区	7742	2901	7317	339	86
玉环县	5152	1606	4774	41	337
三门县	1373	394	1365		8
天台县	2556	351	1116	1435	5
仙居县	1135	288	721	395	19
温岭市	11165	3998	10168	748	249
临海市	10699	3732	7029	3497	173
丽水市	**16232**	**5353**	**13559**	**2228**	**445**
莲都区	8739	3152	6917	1631	191
青田县	1087	301	1047		40
缙云县	906	267	777	3	126
遂昌县	1112	422	809	301	2
松阳县	474	98	369	94	11
云和县	259	51	121	134	4
庆元县	342	83	342		
景宁县	2255	785	2248		7
龙泉市	1058	194	929	65	64

单位：人

从业人员期末人数(按职业类型分)					从业人员平均人数
单位负责人	专业技术人员	办事人员和有关人员	商业、服务业人员	生产、运输设备操作人员及有关人员	
730	**3778**	**3171**	**2623**	**5437**	**15731**
450	2979	1185	1232	2915	8703
39	82	213	42	795	1128
62	155	358	61	202	868
43	94	110	29	487	754
64	139	409	1131	411	2229
72	329	896	128	627	2049
1581	**8814**	**8013**	**4978**	**14642**	**37522**
802	4969	4245	3164	7929	20735
628	2900	2411	1404	4751	11894
112	725	856	390	1618	3600
39	220	501	20	344	1293
2187	**12564**	**21926**	**11846**	**16742**	**65415**
932	5142	6912	5728	3297	21726
118	347	1031	254	1682	3474
135	818	5235	579	975	7817
154	935	1409	623	2031	5959
53	142	307	634	237	1301
47	143	340	1621	405	2353
57	348	183	275	272	1124
273	2440	4815	864	2773	11138
418	2249	1694	1268	5070	10523
794	**2789**	**3992**	**3558**	**5099**	**16027**
491	2052	1294	2690	2212	8636
26	108	146	362	445	1105
54	160	397	60	235	880
56	53	545	207	251	1100
27	146	88	53	160	467
4	8	39	123	85	252
42	39	36		225	332
27	116	1241		871	2229
67	107	206	63	615	1026

4-B-5 按登记注册类型、控股情况和行业中类

项目	单位数（个）	#有计算机的单位数	#有网站的单位数
总 计	**7565**	**7510**	**4016**
一、按登记注册类型分			
内 资	7271	7221	3807
国 有	389	385	210
集 体	158	156	49
股份合作企业	28	28	15
联营企业	9	9	4
国有联营	3	3	2
集体联营	3	3	
国有与集体联营	1		
其他联营	2	2	1
有限责任公司	2587	2571	1381
国有独资公司	420	418	241
其他有限责任公司	2167	2153	1140
股份有限公司	224	223	159
私营企业	3820	3793	1943
私营独资	83	81	35
私营合伙	96	96	62
私营有限责任公司	3539	3514	1782
私营股份有限公司	102	102	64
其他企业	56	56	46
港澳台商投资	133	132	101
与港澳台商合资经营	59	59	45
与港澳台商合作经营	4	4	3
港澳台商独资	66	65	50
港澳台商投资股份有限公司	4	4	3
外商投资	161	157	108
中外合资经营	73	73	56
中外合作经营	8	7	4
外资企业	79	76	47
外商投资股份有限公司	1		

分组的规模以上服务业企业信息化情况

#有电子商务采购的单位数	#有电子商务销售的单位数	年末在用计算机数(台)	年末拥有网站数(个)	全年电子商务采购金额(万元)	全年电子商务销售金额(万元)
181	**331**	**549452**	**4799**	**211279**	**5532779**
173	309	477406	4559	210778	884599
10	13	51714	270	3133	11697
1	1	4286	58	2000	1
	1	801	15		76
		1217	4		
		608	2		
		6			
		573	1		
52	118	198756	1678	88859	339833
6	21	35950	293	1233	9679
46	97	162806	1385	87627	330154
3	20	64592	203	488	320511
107	155	148281	2267	116298	212435
2	1	1542	35	109	10
		3749	64		
99	147	137455	2081	95416	187214
6	7	5535	87	20773	25211
	1	7759	64		47
5	16	53570	124	78	4645500
3	3	10400	54	50	203
		67	3		
2	11	38717	64	27	4632323
	2	4386	3		12974
3	6	18476	116	424	2679
1	4	6800	60	3	2225
1	1	521	4	100	5
1	1	11115	51	321	449

4-B-5 续表 1

项　　目	单位数(个)	#有计算机的单位数	#有网站的单位数
二、按控股情况分			
国有控股	1528	1518	862
集体控股	492	487	203
私人控股	4993	4959	2610
港澳台商控股	104	103	81
外商控股	115	112	71
其　他	325	323	183
非企业免填	8	8	6
三、按国民经济行业中类分			
交通运输、仓储和邮政业	**2412**	**2391**	**946**
铁路运输业	1		
铁路货物运输	1		
道路运输业	1279	1272	421
城市公共交通运输	119	118	43
公路旅客运输	191	190	71
道路货物运输	869	864	266
道路运输辅助活动	100	100	41
水上运输业	382	379	139
水上旅客运输	27	27	9
水上货物运输	293	291	96
水上运输辅助活动	62	61	34
航空运输业	9	9	8
航空客货运输	1		
航空运输辅助活动	8	8	7
管道运输业	1		
管道运输业	1		
装卸搬运和运输代理业	514	507	269
装卸搬运	60	56	9
运输代理业	454	451	260
仓储业	164	160	70
谷物、棉花等农产品仓储	48	47	6
其他仓储业	116	113	64
邮政业	62	62	39
邮政基本服务	17	17	7
快递服务	45	45	32

#有电子商务采购的单位数	#有电子商务销售的单位数	年末在用计算机数（台）	年末拥有网站数（个）	全年电子商务采购金额（万元）	全年电子商务销售金额（万元）
25	76	203567	1062	72743	371174
5	11	20823	274	2216	94612
139	217	233118	3071	134788	401747
3	13	44636	95	127	4642685
	1	14872	78		6
9	13	31661	212	1406	22554
		775	7		
35	**45**	**95904**	**1042**	**65736**	**234489**
14	19	39621	463	1611	21948
1		6627	45	2	
2	9	10128	77	703	13834
10	8	15486	295	805	7995
1	2	7380	46	101	120
4	2	8881	152	18	22
1	1	806	11	3	22
2	1	4017	106	5	…
1		4058	35	10	
1	1	5748	8	1	410
1		5438	7	1	
11	15	20490	294	63329	198365
		1262	14		
11	15	19228	280	63329	198365
1	4	5830	75	1	6331
	1	1067	8		6000
1	3	4763	67	1	331
4	4	15104	50	776	7413
3	4	8884	10	774	7413
1		6220	40	2	

4-B-5 续表 2

项　　目	单位数(个)	#有计算机的单位数	#有网站的单位数
信息传输、软件和信息技术服务业	**672**	**670**	**531**
电信、广播电视和卫星传输服务	107	107	74
电信	73	73	56
广播电视传输服务	34	34	18
互联网和相关服务	56	56	48
互联网接入及相关服务	2	2	2
互联网信息服务	51	51	44
其他互联网服务	3	3	2
软件和信息技术服务业	509	507	409
软件开发	377	375	311
信息系统集成服务	92	92	67
信息技术咨询服务	18	18	13
数据处理和存储服务	3	3	2
集成电路设计	7	7	6
其他信息技术服务业	12	12	10
房地产业	**575**	**571**	**203**
房地产业	575	571	203
物业管理	510	506	162
房地产中介服务	56	56	37
自有房地产经营活动	8	8	3
其他房地产业	1		
租赁和商务服务业	**1747**	**1735**	**1067**
租赁业	49	48	32
机械设备租赁	47	46	31
文化及日用品出租	2	2	1
商务服务业	1698	1687	1035
企业管理服务	364	361	196
法律服务	68	68	58
咨询与调查	194	193	134
广告业	166	164	95

		年末在用计算机数(台)	年末拥有网站数(个)	全年电子商务采购金额(万元)	全年电子商务销售金额(万元)
#有电子商务采购的单位数	#有电子商务销售的单位数				
45	**89**	**214703**	**793**	**34941**	**5124464**
6	21	86124	106	2562	288659
5	20	77350	85	2062	288496
1	1	8774	21	500	163
9	20	23116	92	5239	4681863
		119	2		
8	19	22385	85	5227	4681271
1	1	612	5	12	592
30	48	105463	595	27140	153942
23	40	83131	482	19737	102258
6	5	12306	73	1874	1990
1	3	7499	20	5529	49694
		160	3		
		545	6		
		1822	11		
6	**5**	**21794**	**227**	**24**	**217**
6	5	21794	227	24	217
5	4	14484	180	19	59
		7016	43		
		88	3		
47	**79**	**73722**	**1241**	**98982**	**122660**
		1035	32		
		1003	31		
		32	1		
47	79	72687	1209	98982	122660
2	4	19627	228	9716	1542
1		3112	67	11	
2	1	16418	140	22	10
1	5	6008	122	11	2272

4-B-5 续表 3

项　目	单位数(个)	#有计算机的单位数	#有网站的单位数
知识产权服务	9	9	8
人力资源服务	150	147	55
旅行社及相关服务	288	288	244
安全保护服务	106	106	41
其他商务服务业	353	351	204
科学研究和技术服务业	**951**	**943**	**609**
研究和试验发展	47	47	32
自然科学研究和试验发展	5	5	3
工程和技术研究和试验发展	32	32	22
农业科学研究和试验发展	6	6	4
医学研究和试验发展	3	3	3
社会人文科学研究	1		
专业技术服务业	789	783	489
气象服务	1	1	1
海洋服务	2	2	1
测绘服务	39	39	18
质检技术服务	90	90	61
环境与生态监测	7	7	6
地质勘查	13	13	10
工程技术	580	576	358
其他专业技术服务业	57	55	34
科技推广和应用服务业	115	113	88
技术推广服务	106	104	83
科技中介服务	5	5	3
其他科技推广和应用服务业	4	4	2
水利、环境和公共设施管理业	**333**	**333**	**170**
水利管理业	21	21	12
防洪除涝设施管理	2	2	1
水资源管理	4	4	2
天然水收集与分配	11	11	6
其他水利管理业	4	4	3
生态保护和环境治理业	36	36	18

		年末在用计算机数（台）	年末拥有网站数（个）	全年电子商务采购金额（万元）	全年电子商务销售金额（万元）
#有电子商务采购的单位数	#有电子商务销售的单位数				
	1	418	9		2
3	1	5052	61	539	9769
28	58	9062	291	30226	38765
4		2677	41	161	
6	9	10313	250	58296	70301
22	**22**	**82031**	**667**	**10376**	**30304**
4	5	5256	34	3109	6982
		154	3		
4	5	4489	24	3109	6982
		95	4		
		516	3		
9	8	69060	533	467	451
		15	1		
		84	1		
	1	1811	18		1
1	3	6457	73	190	373
1		365	6	50	
1		675	11	25	
4	1	56376	383	106	…
2	3	3277	40	96	77
9	9	7715	100	6800	22872
8	9	7351	95	6792	22872
1		131	3	8	
		233	2		
11	**36**	**11465**	**202**	**95**	**4350**
		828	13		
		121	2		
		155	2		
		262	6		
		290	3		
1	4	1484	24	1	802

4-B-5 续表 4

项 目	单位数（个）	#有计算机的单位数	#有网站的单位数
生态保护	8	8	5
环境治理业	28	28	13
公共设施管理业	276	276	140
市政设施管理	28	28	10
环境卫生管理	38	38	8
城乡市容管理	1		
绿化管理	121	121	44
公园和游览景区管理	88	88	78
居民服务、修理和其他服务业	**246**	**244**	**103**
居民服务业	96	96	44
家庭服务	17	17	9
洗染服务	9	9	5
理发及美容服务	6	6	3
洗浴服务	19	19	6
保健服务	7	7	1
婚姻服务	1		
殡葬服务	29	29	16
其他居民服务业	8	8	3
机动车、电子产品和日用产品修理业	76	76	33
汽车、摩托车修理与维护	62	62	28
计算机和办公设备维修	5	5	2
家用电器修理	9	9	3
其他服务业	74	72	26
清洁服务	65	63	21
其他未列明服务业	9	9	5
教育	**159**	**159**	**72**
教育	159	159	72
学前教育	9	9	7
初等教育	1		
中等教育	6	6	5
高等教育	4	4	4
技能培训、教育辅助及其他教育	139	139	55

#有电子商务采购的单位数	#有电子商务销售的单位数	年末在用计算机数(台)	年末拥有网站数(个)	全年电子商务采购金额(万元)	全年电子商务销售金额(万元)
1	4	411	11	1	802
		1073	13		
10	32	9153	165	94	3548
		1576	11		
		599	8		
1	1	2911	51	17	1
9	31	4040	95	78	3546
2	**4**	**3746**	**116**	**543**	**3570**
2	2	1302	50	543	3562
2	2	290	9	543	3562
		109	5		
		56	3		
		382	6		
		46	1		
		283	22		
		66	3		
	2	1679	34		8
	2	1229	29		8
		240	2		
		210	3		
		765	32		
		477	27		
		288	5		
1	**3**	**12102**	**96**	**12**	**495**
1	3	12102	96	12	495
		285	11		
		1447	5		
		4566	7		
1	3	5757	72	12	495

4-B-5 续表 5

项　　目	单位数(个)	#有计算机的单位数	#有网站的单位数
卫生和社会工作	**146**	**144**	**116**
卫生	141	139	112
医院	99	97	84
社区医疗与卫生院	3	3	1
门诊部(所)	35	35	25
其他卫生活动	4	4	2
社会工作	5	5	4
提供住宿社会工作	4	4	4
不提供住宿社会工作	1		
文化、体育和娱乐业	**324**	**320**	**199**
新闻和出版业	52	52	47
新闻业	1		
出版业	51	51	46
广播、电视、电影和影视录音制作业	142	138	93
电视	31	28	17
电影和影视节目制作	45	44	23
电影和影视节目发行	4	4	3
电影放映	62	62	50
文化艺术业	14	14	8
文艺创作与表演	9	9	6
艺术表演场馆	3	3	2
图书馆与档案馆	1		
其他文化艺术业	1		
体育	28	28	20
体育组织	5	5	4
体育场馆	3	3	2
休闲健身活动	20	20	14
娱乐业	88	88	31
室内娱乐活动	82	82	26
游乐园	3	3	3
文化、娱乐、体育经纪代理	2	2	1
其他娱乐业	1		

#有电子商务采购的单位数	#有电子商务销售的单位数	年末在用计算机数（台）	年末拥有网站数（个）	全年电子商务采购金额（万元）	全年电子商务销售金额（万元）
1	**2**	**10305**	**151**	**...**	**4**
1	2	10223	147	...	4
1	1	8598	116	...	1
		205	1		
	1	1201	27		3
		219	3		
		82	4		
		78	4		
11	**46**	**23680**	**264**	**571**	**12225**
1	12	10431	70	25	5629
1	12	10326	69	25	5629
3	20	9439	125	357	5938
		6743	40		
1	2	1287	27	5	408
		158	3		
2	18	1251	55	353	5530
	2	394	10		110
	1	300	8		10
	1	87	2		100
3	6	986	21	103	164
		110	4		
	1	60	2		33
3	5	816	15	103	131
4	6	2430	38	85	385
4	5	2239	32	85	379
		116	3		
		62	2		

4-B-6 按地区分组的规模以上

地区	单位数（个）	#有计算机的单位数	#有网站的单位数	#有电子商务采购的单位数
全省	**7565**	**7510**	**4016**	**181**
杭州市	**2622**	**2604**	**1638**	**70**
上城区	268	263	153	2
下城区	371	371	232	12
江干区	213	213	127	6
拱墅区	195	194	135	8
西湖区	567	563	401	17
滨江区	350	348	288	13
萧山区	243	243	119	5
余杭区	189	188	87	3
桐庐县	18	18	5	
淳安县	30	28	15	
建德市	32	30	7	1
富阳市	97	97	43	1
临安市	49	48	26	2
宁波市	**1818**	**1809**	**946**	**43**
海曙区	270	269	165	4
江东区	277	277	177	7
江北区	178	176	103	5
北仑区	341	337	123	6
镇海区	135	135	45	
鄞州区	254	253	161	11
象山县	65	65	25	3
宁海县	63	63	19	1
余姚市	74	73	37	4
慈溪市	122	122	72	2
奉化市	39	39	19	
温州市	**615**	**613**	**257**	**6**
鹿城区	222	220	120	
龙湾区	68	68	30	1
瓯海区	59	59	24	2
洞头县	14	14	3	
永嘉县	32	32	12	
平阳县	17	17	4	

服务业法人单位信息化情况

#有电子商务销售的单位数	年末在用计算机数（台）	年末拥有网站数（个）	全年电子商务采购金额（万元）	全年电子商务销售金额（万元）
331	**549452**	**4799**	**211279**	**5532779**
144	**288700**	**2041**	**74853**	**5015615**
11	18849	176	815	6172
21	42005	266	5819	36186
11	22474	145	356	172497
11	14064	185	391	8188
31	52707	528	16730	36068
25	104258	395	21027	626088
8	12728	133	29177	36965
12	15625	103	13	4092400
2	811	5		257
4	959	19		159
1	719	10	9	10
4	2429	46	4	180
3	1072	30	513	446
65	**87548**	**1080**	**114714**	**370471**
4	19375	184	25399	106385
12	20906	217	82742	217319
5	8146	110	241	4403
1	10555	126	878	960
1	3853	46		40
21	15114	197	1978	27105
5	1703	33	505	6669
4	1020	23	2457	5005
5	2417	46	514	2147
5	3503	78	1	372
2	956	20		68
17	**34452**	**283**	**69**	**6022**
10	19451	130		3565
2	6259	32	2	1258
1	2148	28	61	1000
	261	3		
	810	12		
	560	4		

4-B-6 续表 1

地　区	单位数（个）	#有计算机的单位数	#有网站的单位数	#有电子商务采购的单位数
苍南县	49	49	15	2
文成县	3	3	1	
泰顺县	6	6	2	
瑞安市	80	80	23	
乐清市	65	65	23	1
嘉兴市	**521**	**517**	**245**	**13**
南湖区	146	146	81	5
秀洲区	80	79	39	1
嘉善县	41	40	19	
海盐县	24	24	11	
海宁市	98	96	33	3
平湖市	77	77	35	3
桐乡市	55	55	27	1
湖州市	**220**	**217**	**110**	**7**
吴兴区	89	89	53	4
南浔区	10	9	5	
德清县	44	43	17	1
长兴县	39	38	14	2
安吉县	38	38	21	
绍兴市	**392**	**388**	**208**	**15**
越城区	119	119	71	4
绍兴县	84	84	47	3
新昌县	33	30	8	1
诸暨市	50	49	25	2
上虞市	60	60	35	5
嵊州市	46	46	22	
金华市	**316**	**305**	**177**	**6**
婺城区	92	89	52	3
金东区	15	15	14	1
武义县	8	7	4	
浦江县	8	7	2	
磐安县	3	3	2	
兰溪市	10	10	4	
义乌市	75	74	43	2
东阳市	70	65	37	
永康市	35	35	19	

#有电子商务销售的单位数	年末在用计算机数(台)	年末拥有网站数(个)	全年电子商务采购金额(万元)	全年电子商务销售金额(万元)
2	935	19	5	66
	62	1		
	117	2		
1	2147	29		124
1	1702	23	…	10
20	**26436**	**277**	**2927**	**19871**
5	7828	85	962	1732
2	6115	46	3	16051
1	949	23		3
	5488	11		
3	2184	45	41	405
4	1576	36	1912	1562
5	2296	31	10	118
12	**10723**	**118**	**6585**	**15327**
6	7607	57	1018	9465
1	245	6		15
1	1044	18	4377	4562
2	609	14	1190	1250
2	1218	23		36
24	**24972**	**233**	**4986**	**28563**
5	16552	85	4529	22937
5	2913	51	85	1204
	2100	8	3	
3	1208	26	237	3355
8	1140	39	132	435
3	1059	24		632
16	**25687**	**239**	**3788**	**53226**
7	11048	76	3585	52016
2	3213	16	1	331
1	132	4		5
	82	2		
	118	2		
	213	6		
3	5966	59	202	677
1	3456	44		100
2	1459	30		97

4-B-6 续表 2

地　区	单位数（个）	#有计算机的单位数	#有网站的单位数	#有电子商务采购的单位数
衢州市	**126**	**126**	**52**	**4**
柯城区	40	40	29	3
衢江区	14	14	7	
常山县	20	20	4	
开化县	8	8		
龙游县	22	22	6	1
江山市	22	22	6	
舟山市	**372**	**369**	**128**	**5**
定海区	196	194	76	4
普陀区	116	116	43	1
岱山县	46	45	6	
嵊泗县	14	14	3	
台州市	**423**	**422**	**193**	**9**
椒江区	140	139	71	5
黄岩区	41	41	18	
路桥区	49	49	29	
玉环县	42	42	13	
三门县	10	10	6	1
天台县	17	17	4	
仙居县	11	11	1	
温岭市	63	63	26	1
临海市	50	50	25	2
丽水市	**140**	**140**	**62**	**3**
莲都区	55	55	33	1
青田县	12	12	3	
缙云县	17	17	5	1
遂昌县	14	14	5	1
松阳县	9	9	6	
云和县	3	3		
庆元县	7	7	2	
景宁县	10	10	3	
龙泉市	13	13	5	

#有电子商务销售的单位数	年末在用计算机数（台）	年末拥有网站数（个）	全年电子商务采购金额（万元）	全年电子商务销售金额（万元）
5	**6749**	**59**	**3005**	**10696**
4	5816	31	2989	10670
	224	8		
	179	5		
	80			
1	226	6	16	26
	224	9		
8	**11712**	**155**	**147**	**3265**
6	8216	90	128	3164
2	2686	53	19	101
	445	9		
	365	3		
13	**21784**	**241**	**46**	**6126**
6	13215	94	39	5528
	505	23		
	1087	36		
	927	16		
	212	6	1	
	269	4		
	113	1		
1	2277	28	5	1
6	3179	33	2	598
7	**10689**	**73**	**161**	**3596**
4	9209	40	10	3473
	200	3		
1	285	5	29	16
2	249	6	122	107
	194	9		
	40			
	143	2		
	160	3		
	209	5		

4-B-7 按登记注册类型、控股情况和行业中类

项目	科技活动人数(人)	#高中级技术职称人员	#全时人员	人员人工费(包括各种补贴)
总 计	**45507**	**12288**	**35241**	**652210**
一、按登记注册类型分				
内 资	33097	7221	23967	297155
国 有	541	72	526	740
集 体	28	12	17	60
有限责任公司	13096	3219	8892	135516
国有独资公司	689	62	608	8024
其他有限责任公司	12407	3157	8284	127492
股份有限公司	7995	1318	5877	67065
私营企业	11437	2600	8655	93774
私营有限责任公司	10483	2538	8501	90356
私营股份有限公司	954	62	154	3419
港澳台商投资	8788	4602	8156	293602
与港澳台商合资经营	472	120	394	4702
港澳台商独资	7251	4448	6987	247915
港澳台商投资股份有限公司	1065	34	775	40984
外商投资	3622	465	3118	61454
中外合资经营	220	15	125	1497
外资企业	3402	450	2993	59957
二、按控股情况分				
国有控股	4111	899	2745	37728
集体控股	669	145	565	5189
私人控股	25288	5897	18033	202696
港澳台商控股	8490	4536	7936	290675
外商控股	3422	437	3010	60054
其 他	3527	374	2952	55868
三、按国民经济行业中类分				
交通运输、仓储和邮政业	**1048**	**249**	**864**	**3301**
道路运输业	236	48	167	881

分组的规模以上服务业企业科技活动情况

单位：万元

企业内部用于科技活动的经费支出				当年形成用于科技活动的固定资产		使用来自政府部门的科技活动经费	委托外单位开展科技活动的经费支出
原材料费	折旧费用与长期费用摊销	无形资产摊　　销	其他费用		#仪器和设备		
44493	**84357**	**6330**	**137612**	**155386**	**153450**	**18076**	**233248**
40010	43153	5543	85055	61230	59511	16042	31422
219	89	12	335	2342	2342	207	297
2				100	100	6	
11269	11144	873	24716	44311	43553	4799	7757
532	231	43	1375	3346	2851	709	1158
10738	10914	830	23340	40965	40703	4090	6599
19758	2631	2078	19092	7575	7483	6372	14410
8762	29290	2580	40912	6903	6034	4659	8958
8715	29207	2569	40299	6516	5647	4644	8958
47	83	11	613	388	388	15	
3835	39949	628	48448	92424	92310	662	200537
3569	114	80	666	699	669	190	
267	37506	548	37109	91725	91641	308	200537
	2329		10673			164	
648	1254	159	4110	1732	1629	1372	1289
18	29	1	237	28	28	1224	706
630	1225	158	3873	1704	1601	148	583
2734	1262	422	11095	11907	11317	2195	2548
1046	608	62	2278	1218	1218	1272	190
33779	34312	5067	69480	17709	16580	12993	24962
3279	39908	548	48165	91896	91812	622	200537
179	1221	158	3804	1709	1606	148	644
3475	7046	74	2792	30947	30917	847	4368
1803	**472**	**272**	**1242**	**4774**	**4231**	**981**	**2143**
1463	221	58	787	1296	814	655	415

4-B-7 续表 1

项　　目	科技活动人数（人）	#高中级技术职称人员	#全时人员	人员人工费（包括各种补贴）
城市公共交通运输	63	6	63	134
公路旅客运输	6	1	5	50
道路货物运输	118	25	73	555
道路运输辅助活动	49	16	26	143
水上运输业	54	39	33	110
水上货物运输	43	34	22	40
水上运输辅助活动	11	5	11	70
装卸搬运和运输代理业	203	65	169	1607
运输代理业	203	65	169	1607
仓储业	77	26	37	169
谷物、棉花等农产品仓储	15	6	7	13
其他仓储业	62	20	30	156
邮政业	478	71	458	534
邮政基本服务	448	51	448	354
快递服务	30	20	10	180
信息传输、软件和信息技术服务业	**41692**	**11151**	**32558**	**623690**
电信、广播电视和卫星传输服务	1136	299	282	11153
电信	388	83	261	2645
广播电视传输服务	748	216	21	8508
互联网和相关服务	7970	4403	6900	233322
互联网信息服务	7917	4385	6847	233018
其他互联网服务	53	18	53	304
软件和信息技术服务业	32586	6449	25376	379215
软件开发	25227	4415	20774	291343
信息系统集成服务	3839	607	3076	66165
信息技术咨询服务	2514	1246	567	10778
数据处理和存储服务	10	1	9	69
集成电路设计	239	70	216	1429
其他信息技术服务业	757	110	734	9430

单位：万元

企业内部用于科技活动的经费支出				当年形成用于科技活动的固定资产		使用来自政府部门的科技活动经费	委托外单位开展科技活动的经费支出
原材料费	折旧费用与长期费用摊销	无形资产摊　销	其他费用		#仪器和设备		
520			285	602	144	7	49
5			96	60	60	15	
677	179	58	351	635	610		281
260	42		55			633	85
1	6	…	3	883	882		
1		…	3	78	77		
	6			805	805		
312	203	31	208	287	287	167	1569
312	203	31	208	287	287	167	1569
1	19	1	214	160	101	159	64
	2		104	30	30	5	
1	17	1	110	131	71	154	64
26	23	181	30	2147	2147		95
			30	2102	2102		
26	23	181		45	45		95
18274	**81895**	**4301**	**126299**	**146364**	**145189**	**14083**	**222207**
1027	596	216	5626	8052	7641	476	483
209	396	196	613	774	363	100	483
819	200	20	5014	7279	7279	376	
400	37962	552	35200	93065	93062	425	199892
397	37918	532	35198	92949	92948	425	199892
3	44	20	2	117	114		
16846	43337	3533	85473	45246	44486	13182	21832
10027	38303	2792	62643	43107	42490	10487	17698
6318	3659	323	17812	1623	1523	2178	1373
166	417	268	1496	64	62	188	967
	397		…				
136	60	109	446	155	133	326	52
199	502	41	3076	298	278	3	1743

4-B-7 续表 2

项 目	科技活动人数(人)	#高中级技术职称人员	#全时人员	人员人工费(包括各种补贴)
租赁和商务服务业	**2213**	**724**	**1407**	**20709**
租赁业	60	17	38	348
机械设备租赁	60	17	38	348
商务服务业	2153	707	1369	20361
企业管理服务	1405	506	742	15557
咨询与调查	381	137	356	2051
广告业	185	26	181	1720
人力资源服务	55	15	35	559
旅行社及相关服务	6	2	3	16
其他商务服务业	121	21	52	459
科学研究和技术服务业	**44**	**36**	**44**	**193**
研究和试验发展	8	4	8	42
农业科学研究和试验发展	8	4	8	42
专业技术服务业	36	32	36	151
工程技术	36	32	36	151
水利、环境和公共设施管理业	**323**	**115**	**245**	**2296**
生态保护和环境治理业	157	69	112	1349
环境治理业	157	69	112	1349
公共设施管理业	166	46	133	948
环境卫生管理	6	3	3	29
绿化管理	145	38	124	912
公园和游览景区管理	15	5	6	7
文化、体育和娱乐业	**187**	**13**	**123**	**2020**
广播、电视、电影和影视录音制作	159	8	112	1759
电视	8	1	1	5
电影和影视节目制作	141	5	103	1698
电影放映	10	2	8	56
娱乐业	28	5	11	261
室内娱乐活动	28	5	11	261

单位：万元

企业内部用于科技活动的经费支出				当年形成用于科技活动的固定资产		使用来自政府部门的科技活动经费	委托外单位开展科技活动的经费支出
原材料费	折旧费用与长期费用摊销	无形资产摊　销	其他费用		#仪器和设备		
20133	**1776**	**1731**	**9277**	**3756**	**3657**	**2347**	**8466**
419	48		189				299
419	48		189				299
19715	1728	1731	9089	3756	3657	2347	8168
18850	1108	1478	7619	3305	3235	1516	7456
43	425	200	569	315	315	721	587
795	146		847	7	7	106	
10	20	50	21	92	62		36
							4
16	29	3	33	38	38	4	86
419	**28**	**15**	**118**	**30**	**8**	**300**	
353	28	15	57			300	
353	28	15	57			300	
66			60	30	8		
66			60	30	8		
2923	**121**	**10**	**466**	**98**	**86**	**256**	**309**
423	89	7	451	30	30	140	289
423	89	7	451	30	30	140	289
2500	32	4	15	68	56	116	20
33			10	3	3	73	
2462	32	2	4	64	52		20
5		2	1			43	
942	**65**	**1**	**211**	**364**	**280**	**110**	**122**
883	60	1	190	351	267	110	
40	1		5				
843	60	1	185	254	170	110	
				97	97		
59	5		21	13	13		122
59	5		21	13	13		122

C.行政事业单位

4-C-1 按机构类型、登记注册类型和行业中类分组的行政事业单位主要经济指标

项目	单位数(个)	从业人员期末人数(人)	#女性	支出(费用)合计(万元)	年末资产(万元)
总 计	**38641**	**1951393**	**913365**	**62558900**	**113256274**
一、按机构类型分					
事业单位	30252	1397944	764670	39781834	88913430
机关	8389	553449	148695	22777066	24342843
二、按登记注册类型分					
内 资	38641	1951393	913365	62558900	113256274
国 有	38398	1947803	911207	62500030	113052458
集 体	100	1512	944	13789	19473
联营企业	2	10	6	132	272
集体联营	1				
其他联营	1				
有限责任公司	1				
国有独资公司	1				
其他企业	140	2064	1206	31632	149892
三、按国民经济行业中类分					
交通运输、仓储和邮政业	**225**	**15236**	**3691**	**581426**	**1691190**
道路运输业	159	12075	3025	477115	1456115
道路货物运输	1				
道路运输辅助活动	158	12073	3025	477115	1456115
水上运输业	45	1767	307	63665	151521
水上运输辅助活动	45	1767	307	63665	151521
航空运输业	8	1205	287	38804	59862
航空运输辅助活动	8	1205	287	38804	59862
装卸搬运和运输代理业	1				
运输代理业	1				
仓储业	12	131	36	1692	22709
谷物、棉花等农产品仓储	5	53	15	85	1916
其他仓储业	7	78	21	1606	20793
信息传输、软件和信息技术服务业	**324**	**6399**	**2170**	**174202**	**625383**
电信、广播电视和卫星传输服务	190	5103	1710	119230	426128
广播电视传输服务	190	5103	1710	119230	426128

4-C-1　续表 1

项　目	单位数(个)	从业人员期末人数(人)	#女性	支出(费用)合计(万元)	年末资产(万元)
互联网和相关服务	29	176	70	5213	7268
互联网接入及相关服务	2	5	1	1235	1049
互联网信息服务	27	171	69	3978	6219
软件和信息技术服务业	105	1120	390	49759	191987
软件开发	5	41	6	632	21478
信息系统集成服务	28	221	66	13883	38023
信息技术咨询服务	23	346	122	12516	92139
数据处理和存储服务	33	409	159	17674	32456
其他信息技术服务业	16	103	37	5055	7892
金融业	**29**	**596**	**218**	**2942**	**18335**
货币金融服务	9	486	171	1139	5909
银行监管服务	9	486	171	1139	5909
资本市场服务	11	41	17	664	8577
证券市场服务	8	26	11	447	7115
资本投资服务	2	10	3	39	185
其他资本市场服务	1				
保险业	1				
其他保险活动	1				
其他金融业	8	36	14	709	3595
金融信息服务	5	26	10	384	1051
其他未列明金融业	3	10	4	325	2545
房地产业	**388**	**7276**	**3136**	**681503**	**4019613**
房地产业	388	7276	3136	681503	4019613
物业管理	42	937	344	22614	267378
房地产中介服务	12	173	72	3456	47487
自有房地产经营活动	11	125	47	2177	9199
其他房地产业	323	6041	2673	653256	3695548
租赁和商务服务业	**1297**	**18890**	**7542**	**549478**	**3897975**
商务服务业	1297	18890	7542	549478	3897975
企业管理服务	619	8272	3058	334199	3222528
法律服务	178	1808	877	35791	84793

4-C-1 续表 2

项　　目	单位数(个)	从业人员期末人数(人)	#女性	支出(费用)合计(万元)	年末资产(万元)
咨询与调查	10	90	61	1111	730
广告业	2	2		178	910
知识产权服务	11	82	41	1768	9700
人力资源服务	278	3837	1763	94515	135442
旅行社及相关服务	29	211	102	6147	2659
其他商务服务业	170	4588	1640	75769	441213
科学研究和技术服务业	**2511**	**52453**	**16079**	**2458873**	**13417243**
研究和试验发展	268	10970	3964	398458	1218289
自然科学研究和试验发展	19	852	293	58185	194077
工程和技术研究和试验发展	61	2853	891	75114	279185
农业科学研究和试验发展	66	4262	1568	170811	437530
医学研究和试验发展	18	691	339	17122	51285
社会人文科学研究	104	2312	873	77227	256211
专业技术服务业	1486	32592	9506	1772135	11665629
气象服务	238	2842	959	102144	234223
地震服务	13	150	26	6197	18128
海洋服务	10	209	65	13355	24888
测绘服务	45	1559	395	53923	64064
质检技术服务	409	10046	3327	245214	486708
环境与生态监测	122	3247	1153	98751	242014
地质勘查	40	5346	906	73441	302958
工程技术	493	8252	2460	1165410	10265693
其他专业技术服务业	116	941	215	13699	26953
科技推广和应用服务业	757	8891	2609	288280	533326
技术推广服务	661	7754	2079	254725	425931
科技中介服务	71	595	247	17941	91096
其他科技推广和应用服务业	25	542	283	15614	16298
水利、环境和公共设施管理业	**1385**	**69189**	**28226**	**1841368**	**6000732**
水利管理业	596	8286	1802	208999	1235971
防洪除涝设施管理	130	1873	420	45626	224007
水资源管理	129	1450	351	51255	166423

4-C-1　续表 3

项　　目	单位数(个)	从业人员期末人数(人)	#女性	支出(费用)合　计(万元)	年末资产(万元)
天然水收集与分配	153	3087	580	67954	769743
水文服务	52	689	193	14679	20093
其他水利管理业	132	1187	258	29485	55705
生态保护和环境治理业	90	1711	518	36845	97142
生态保护	66	1426	442	30485	84666
环境治理业	24	285	76	6361	12475
公共设施管理业	699	59192	25906	1595524	4667619
市政设施管理	167	3352	980	627588	3443638
环境卫生管理	272	42144	20082	459133	431009
城乡市容管理	40	3169	982	32209	41126
绿化管理	94	5485	1902	152503	149072
公园和游览景区管理	126	5042	1960	324091	602774
居民服务、修理和其他服务业	**303**	**4883**	**1533**	**120623**	**615924**
居民服务业	241	4021	1237	97255	203379
家庭服务	4	39	12	2845	85
托儿所服务	3	41	40	503	180
保健服务	5	45	28	584	4200
婚姻服务	5	31	20	344	55
殡葬服务	140	2979	658	76628	181076
其他居民服务业	84	886	479	16351	17783
机动车、电子产品和日用产品修理业	7	123	21	1476	4788
汽车、摩托车修理与维护	3	113	18	1384	1818
计算机和办公设备维修	4	10	3	92	2970
其他服务业	55	739	275	21892	407757
清洁服务	39	546	192	18404	40829
其他未列明服务业	16	193	83	3488	366928
教育	**8111**	**637267**	**380076**	**11686507**	**23681061**
教育	8111	637267	380076	11686507	23681061
学前教育	1256	57873	53398	505909	513567
初等教育	3081	202863	135226	2931330	3535412
中等教育	2275	252482	133454	4067782	6817326
高等教育	235	99576	46244	3507036	11354834
特殊教育	74	2757	1745	48819	81397
技能培训、教育辅助及其他教育	1190	21716	10009	625632	1378525

4-C-1 续表 4

项　　目	单位数(个)	从业人员期末人数(人)	#女性	支出(费用)合计(万元)	年末资产(万元)
卫生和社会工作	**3502**	**376293**	**245455**	**13327972**	**13899756**
卫生	2643	366021	239157	13134809	13543145
医院	448	250259	165821	10281879	10511759
社区医疗与卫生院	1620	86126	53049	1992186	1904861
门诊部(所)	78	686	408	18320	14477
计划生育技术服务活动	184	2830	2188	58780	85592
妇幼保健院(所、站)	94	15440	12309	434506	465905
专科疾病防治院(所、站)	19	1091	631	30043	33592
疾病预防控制中心	114	6740	3286	224613	366683
其他卫生活动	86	2849	1465	94482	160275
社会工作	859	10272	6298	193163	356611
提供住宿社会工作	584	7963	4992	144870	277214
不提供住宿社会工作	275	2309	1306	48294	79397
文化、体育和娱乐业	**1592**	**46412**	**21844**	**1134194**	**3098734**
新闻和出版业	149	4501	2134	90048	312014
新闻业	42	1011	459	22582	34332
出版业	107	3490	1675	67466	277681
广播、电视、电影和影视录音制作业	132	16082	6156	414559	1184416
广播	25	1074	360	27635	78673
电视	92	14358	5572	369555	1073721
电影和影视节目制作	6	543	188	14379	26050
电影和影视节目发行	1				
电影放映	8	102	34	2925	5906
文化艺术业	1155	22884	12305	529287	1227541
文艺创作与表演	68	2914	1373	60865	64586
艺术表演场馆	38	1021	386	25333	132863
图书馆与档案馆	258	5721	3620	123781	297897
文物及非物质文化遗产保护	113	1598	727	44532	176556

4-C-1　续表 5

项　　目	单位数(个)	从业人员期末人数(人)	#女性	支出(费用)合计(万元)	年末资产(万元)
博物馆	109	2899	1444	116680	292769
烈士陵园、纪念馆	39	328	157	6846	15156
群众文化活动	448	7529	4248	134921	227363
其他文化艺术业	82	874	350	16329	20353
体育	121	2102	832	78093	324661
体育组织	69	1202	460	49361	231537
体育场馆	24	332	122	7858	36314
休闲健身活动	20	200	98	8099	22792
其他体育	8	368	152	12775	34018
娱乐业	35	843	417	22206	50103
室内娱乐活动	4	47	26	1348	8491
游乐园	7	223	138	3501	9633
彩票活动	20	482	212	15386	29464
文化、娱乐、体育经纪代理	3	26	9	891	1551
其他娱乐业	1				
公共管理、社会保障和社会组织	**18974**	**716499**	**203395**	**29999812**	**42290327**
中国共产党机关	1289	25946	6634	942321	501617
中国共产党机关	1289	25946	6634	942321	501617
国家机构	17019	678456	191690	28671586	41575458
国家权力机构	159	4460	939	128813	84569
国家行政机构	16421	642680	179711	27797171	40048507
人民法院和人民检察院	267	29343	10355	629851	1282552
其他国家机构	172	1973	685	115750	159829
人民政协、民主党派	316	5174	1458	122772	68234
人民政协	134	3490	811	103677	60926
民主党派	182	1684	647	19095	7309
社会保障	346	6849	3578	259663	140736
社会保障	346	6849	3578	259663	140736
群众团体、社会团体和其他成员组织	4	74	35	3471	4282
群众团体	4	74	35	3471	4282

4-C-2 按地区分组的行政事业单位主要经济指标

地区	单位数(个)	从业人员期末人数(人)	#女性	支出(费用)合计(万元)	年末资产(万元)
全 省	**38641**	**1951393**	**913365**	**62558900**	**113256274**
杭州市	**6009**	**425616**	**207194**	**17289064**	**44062617**
上城区	471	45173	24170	3260400	9284493
下城区	478	33691	18098	1410836	2995079
江干区	501	55513	26440	2154611	7189391
拱墅区	432	25667	13576	1341906	5362911
西湖区	904	73580	34244	3331161	9280443
滨江区	188	10745	5583	392288	1079103
萧山区	646	48960	25022	1653909	3590000
余杭区	544	41432	18727	1264768	1906572
桐庐县	275	14060	6708	379656	679351
淳安县	337	13769	5335	398993	835693
建德市	332	15709	7116	395299	390027
富阳市	455	26135	12877	817658	724280
临安市	446	21182	9298	487579	745274
宁波市	**4650**	**277560**	**135768**	**11271367**	**14846016**
海曙区	496	34521	16784	1415487	2589606
江东区	292	23803	11141	839755	1055801
江北区	304	17826	8879	963504	1503077
北仑区	406	20389	10175	921067	890309
镇海区	272	15486	7531	863989	817450
鄞州区	740	41720	21152	2365943	3135705
象山县	488	21311	10812	761010	874302
宁海县	316	19744	10074	587817	526603
余姚市	431	30804	14798	795757	878294
慈溪市	611	36611	17541	1248417	2129383
奉化市	294	15345	6881	508622	445485

4-C-2　续表 1

地　　区	单位数 (个)	从业人员 期末人数 (人)	#女性	支出(费用) 合　　计 (万元)	年末资产 (万元)
温州市	**4539**	**267439**	**121815**	**7955140**	**10475936**
鹿城区	749	57774	27810	1895025	2624173
龙湾区	293	14571	6391	608329	852571
瓯海区	301	30224	14021	1040969	2265221
洞头县	211	4891	2034	120762	133123
永嘉县	442	21988	9622	517419	702495
平阳县	419	22582	9595	566742	548407
苍南县	549	31092	12079	657909	660171
文成县	256	9423	4292	251795	290021
泰顺县	267	10742	4630	177196	188813
瑞安市	508	32330	15280	1167914	1002474
乐清市	544	31822	16061	951080	1208466
嘉兴市	**3271**	**133562**	**63180**	**3689815**	**6898246**
南湖区	573	26937	13891	879777	1662691
秀洲区	364	13047	5388	324490	544144
嘉善县	405	15886	7015	350064	1147984
海盐县	425	14046	6535	357493	589907
海宁市	495	22015	10910	585185	919720
平湖市	436	19298	8541	432880	804827
桐乡市	573	22333	10900	759926	1228975
湖州市	**2100**	**96430**	**42842**	**2685365**	**6011356**
吴兴区	708	33941	14659	979543	2075829
南浔区	368	10075	4469	210544	381377
德清县	352	15769	7502	399620	1063243
长兴县	348	19306	8857	620213	2020281
安吉县	324	17339	7355	475444	470626

4-C-2 续表 2

地　区	单位数(个)	从业人员期末人数(人)	#女性	支出(费用)合　计(万元)	年末资产(万元)
绍兴市	**2976**	**151147**	**72934**	**4815942**	**8054432**
越城区	715	36527	18439	1291591	4062005
绍兴县	515	24126	11432	678165	916888
新昌县	276	13101	5825	307262	407330
诸暨市	509	34234	17308	1551068	1549934
上虞市	546	23861	11350	590510	594224
嵊州市	415	19298	8580	397346	524051
金华市	**3433**	**175984**	**77846**	**4121150**	**6121566**
婺城区	659	37526	14736	1362989	1940428
金东区	239	8725	3562	194507	437669
武义县	308	12410	5565	205612	206234
浦江县	302	11695	5070	236262	334544
磐安县	237	7024	2955	122112	221745
兰溪市	423	16662	7205	304258	495957
义乌市	433	35585	15068	806763	1130529
东阳市	488	22725	11850	472035	867161
永康市	344	23632	11835	416611	487298
衢州市	**2515**	**77418**	**32483**	**1692393**	**2154615**
柯城区	582	23466	10796	568599	853813
衢江区	346	10293	3861	200056	263001
常山县	393	9262	3604	169793	216888
开化县	453	8910	3263	179456	201162
龙游县	362	11575	4998	262054	305397
江山市	379	13912	5961	312436	314354

4-C-2　续表 3

地　区	单位数(个)	从业人员期末人数(人)	#女性	支出(费用)合　计(万元)	年末资产(万元)
舟山市	**1598**	**55799**	**26085**	**1458283**	**2421720**
定海区	718	27872	12996	866293	1644942
普陀区	321	13929	6556	296426	381853
岱山县	234	8255	3894	161953	210888
嵊泗县	325	5743	2639	133611	184037
台州市	**4056**	**184621**	**86439**	**5104443**	**8557002**
椒江区	827	30824	13681	916613	1816914
黄岩区	529	18646	8477	559744	1826339
路桥区	372	15906	7440	468971	479912
玉环县	284	16541	7820	445206	477903
三门县	350	12408	5178	318226	352389
天台县	364	16638	8009	330747	372109
仙居县	383	13679	6112	328302	529834
温岭市	465	31171	15944	929866	1103569
临海市	482	28808	13778	806768	1598034
丽水市	**3494**	**105817**	**46779**	**2475938**	**3652768**
莲都区	766	29362	13273	936568	2092442
青田县	374	13580	5848	232453	270743
缙云县	487	13397	6130	306485	260505
遂昌县	227	8178	3566	160631	156630
松阳县	391	9096	3824	208312	211559
云和县	319	5957	2629	144087	154296
庆元县	278	7340	3085	166453	163842
景宁县	210	6234	2661	123037	125374
龙泉市	442	12673	5763	197912	217376

D.社会团体及其他单位

4-D-1 按机构类型、登记注册类型和行业中类分组的社会团体及其他单位主要经济指标

项目	单位数（个）	从业人员期末人数（人）	#女性	支出(费用)合计（万元）	年末资产（万元）
总计	**83661**	**773930**	**346043**	**7818668**	**37210707**
一、按机构类型分					
社会团体	18003	139239	49511	1042469	2655374
民办非企业单位	14057	245092	171967	2209627	4368595
基金会	265	1239	522	80398	373641
居委会	4139	38956	21066	414214	3678222
村委会	28778	200455	45551	2692856	14967655
其他组织机构	18419	148949	57426	1379104	11167219
二、按登记注册类型分					
内资	83648	773174	345552	7798798	37163658
国有	4575	37312	14619	560806	1167385
集体	2751	33656	17036	305335	1575548
股份合作企业	180	6576	3827	108694	506747
联营企业	398	4432	2217	25615	50909
国有联营	17	133	74	969	4655
集体联营	108	847	410	4801	8800
国有与集体联营	24	588	407	8347	11085
其他联营	249	2864	1326	11499	26369
有限责任公司	99	4441	2904	61279	123837
国有独资公司	4	20	5	211	117
其他有限责任公司	95	4421	2899	61068	123720
股份有限公司	13	279	196	2283	4823
私营企业	3342	46689	34367	332908	677949
私营独资	2591	34077	25391	220948	415670
私营合伙	470	7917	5737	60768	81683
私营有限责任公司	257	4265	2898	40195	126130
私营股份有限公司	24	430	341	10996	54466
其他企业	72290	639789	270386	6401877	33056459
港澳台商投资	5	251	154	2025	11050
与港澳台商合资经营	2	241	149	1912	5932
与港澳台商合作经营	1				
港澳台商独资	2	5	3	113	5119

4-D-1　续表 1

项　　目	单位数(个)	从业人员期末人数(人)	#女性	支出(费用)合计(万元)	年末资产(万元)
外商投资	8	505	337	17845	35999
中外合作经营	1				
外资企业	2	18	14	26	108
其他外商投资	5	27	11	161	161
三、按国民经济行业中类分					
农、林、牧、渔业	**6**	**18**	**2**	**72**	**305**
农、林、牧、渔服务业	6	18	2	72	305
农业服务业	6	18	2	72	305
交通运输、仓储和邮政业	**2**	**41**	**11**	**126**	**18**
道路运输业	2	41	11	126	18
道路货物运输	1				
道路运输辅助活动	1				
信息传输、软件和信息技术服务业	**15**	**66**	**24**	**360**	**530**
互联网和相关服务	1	3	1	3	50
其他互联网服务	1	3	1	3	50
软件和信息技术服务业	14	63	23	358	480
软件开发	5	25	7	20	37
信息技术咨询服务	4	16	4	102	54
数据处理和存储服务	2	7	5	148	346
集成电路设计	1				
其他信息技术服务业	2	14	7	88	42
金融业	**130**	**2081**	**244**	**1102**	**3755**
货币金融服务	119	1937	210	911	3341
非货币银行服务	119	1937	210	911	3341
资本市场服务	4	61	10	27	159
资本投资服务	2	7			26
其他资本市场服务	2	54	10	27	133
其他金融业	7	83	24	164	256
其他未列明金融业	7	83	24	164	256
房地产业	**53**	**610**	**324**	**4735**	**20399**
房地产业	53	610	324	4735	20399
物业管理	27	460	285	1242	854
自有房地产经营活动	17	109	33	1495	16050
其他房地产业	9	41	6	1997	3495

4-D-1 续表 2

项　目	单位数(个)	从业人员期末人数(人)	#女性	支出(费用)合计(万元)	年末资产(万元)
租赁和商务服务业	**9177**	**62947**	**17889**	**931304**	**8186395**
租赁业	8	30	5	173	150
机械设备租赁	8	30	5	173	150
商务服务业	9169	62917	17884	931131	8186245
企业管理服务	8251	53192	14157	874623	8062343
法律服务	382	2786	980	28132	14579
咨询与调查	130	951	475	8734	30191
广告业	1				
知识产权服务	4	31	15	94	79
人力资源服务	109	3751	1762	11431	3175
旅行社及相关服务	15	166	110	891	2072
安全保护服务	5	724	95	1808	202
其他商务服务业	272	1303	279	5326	73588
科学研究和技术服务业	**897**	**7879**	**2471**	**57299**	**80258**
研究和试验发展	397	3037	1038	13169	39260
自然科学研究和试验发展	9	44	16	69	5219
工程和技术研究和试验发展	92	1127	491	6056	10608
农业科学研究和试验发展	105	567	161	2090	13464
医学研究和试验发展	109	719	202	2981	6023
社会人文科学研究	82	580	168	1973	3947
专业技术服务业	71	1096	249	28115	4454
气象服务	1				
地震服务	1				
海洋服务	1				
测绘服务	1				
质检技术服务	18	134	47	2002	2071
环境与生态监测	3	24	4	69	48
工程技术	15	170	55	23925	1047
其他专业技术服务业	31	319	89	1957	1231

4-D-1　续表 3

项　目	单位数(个)	从业人员期末人数(人)	#女性	支出(费用)合计(万元)	年末资产(万元)
科技推广和应用服务业	429	3746	1184	16015	36544
技术推广服务	372	3458	1082	13308	33392
科技中介服务	38	182	61	1947	2133
其他科技推广和应用服务业	19	106	41	760	1019
水利、环境和公共设施管理业	**99**	**1370**	**514**	**8465**	**54921**
水利管理业	42	231	65	3306	43916
防洪除涝设施管理	7	58	10	1602	35478
水资源管理	3	5			
天然水收集与分配	22	76	12	1136	4825
水文服务	1				
其他水利管理业	9	91	43	567	3612
生态保护和环境治理业	16	259	50	888	3187
生态保护	8	42	12	457	2688
环境治理业	8	217	38	431	499
公共设施管理业	41	880	399	4272	7819
市政设施管理	5	63	10	78	178
环境卫生管理	10	540	312	2440	1365
城乡市容管理	2	19	4	7	3
绿化管理	10	111	28	260	284
公园和游览景区管理	14	147	45	1487	5989
居民服务、修理和其他服务业	**403**	**3934**	**2153**	**22817**	**43699**
居民服务业	350	3326	1855	14845	29975
家庭服务	3	19	14	13	60
托儿所服务	54	553	514	3014	3076
保健服务	3	16	11	43	17
婚姻服务	11	53	45	239	122
殡葬服务	84	352	46	4449	13686
其他居民服务业	195	2333	1225	7087	13014
机动车、电子产品和日用产品修理业	21	172	39	5748	11438
汽车、摩托车修理与维护	19	163	36	5748	11433
计算机和办公设备维修	1				

4-D-1 续表 4

项目	单位数(个)	从业人员期末人数(人)	#女性	支出(费用)合计(万元)	年末资产(万元)
家用电器修理	1				
其他服务业	32	436	259	2224	2286
清洁服务	7	153	78	1338	1753
其他未列明服务业	25	283	181	886	533
教育	**9264**	**180542**	**137452**	**1507435**	**2985169**
教育	9264	180542	137452	1507435	2985169
学前教育	5487	94655	85104	531322	849141
初等教育	422	22585	15207	187244	334138
中等教育	403	34681	19491	449587	1137036
高等教育	57	3743	2248	84379	404148
特殊教育	32	470	353	3866	3799
技能培训、教育辅助及其他教育	2863	24408	15049	251038	256907
卫生和社会工作	**2478**	**39791**	**23964**	**659016**	**1284307**
卫生	1020	24278	14469	505942	745844
医院	212	17985	10914	390875	641559
社区医疗与卫生院	343	2596	1479	39713	50830
门诊部(所)	433	3261	1817	74275	51936
计划生育技术服务活动	5	42	24		
专科疾病防治院(所、站)	6	40	24	226	216
疾病预防控制中心	2	12	9	77	58
其他卫生活动	19	342	202	776	1245
社会工作	1458	15513	9495	153075	538463
提供住宿社会工作	659	6768	4442	50643	204175
不提供住宿社会工作	799	8745	5053	102432	334288
文化、体育和娱乐业	**1077**	**10561**	**5184**	**37224**	**127816**
新闻和出版业	4	30	9	490	1547
新闻业	2	18	5	162	1257
出版业	2	12	4	328	291
广播、电视、电影和影视录音制作业	3	11	3	2388	558
电影和影视节目制作	1				
电影放映	2	7	1	417	455

4-D-1　续表 5

项　目	单位数(个)	从业人员期末人数(人)	#女性	支出(费用)合计(万元)	年末资产(万元)
文化艺术业	579	6058	3277	17546	102748
文艺创作与表演	175	2924	1815	5872	7067
艺术表演场馆	11	164	82	1737	3373
图书馆与档案馆	9	51	17	80	741
文物及非物质文化遗产保护	57	388	148	987	8791
博物馆	134	584	237	4000	74303
烈士陵园、纪念馆	13	115	21	889	1101
群众文化活动	126	1556	828	3180	5270
其他文化艺术业	54	276	129	801	2103
体育	453	4235	1798	13863	19884
体育组织	7	55	17	221	706
休闲健身活动	436	4099	1750	13310	18644
其他体育	10	81	31	332	534
娱乐业	38	227	97	2937	3078
室内娱乐活动	13	76	15	1272	1964
彩票活动	14	95	52	1556	890
文化、娱乐、体育经纪代理	2	4	1	34	24
其他娱乐业	9	52	29	75	200
公共管理、社会保障和社会组织	**60060**	**464090**	**155811**	**4588711**	**24423134**
国家机构	2	5	3	6	34
国家行政机构	2	5	3	6	34
社会保障	11	93	63	5625	7759
社会保障	11	93	63	5625	7759
群众团体、社会团体和其他成员组织	27107	224482	89071	1476707	5767062
群众团体	878	10721	4872	310591	424107
社会团体	16900	125836	43641	673785	2018917
基金会	265	1239	522	80398	373641
宗教组织	9064	86686	40036	411933	2950397
基层群众自治组织	32940	239510	66674	3106374	18648279
社区自治组织	4166	39158	21197	415154	3682254
村民自治组织	28774	200352	45477	2691220	14966025

4-D-2 按地区分组的社会团体及其他单位主要经济指标

地　　区	单位数(个)	从业人员期末人数(人)	#女性	支出(费用)合计(万元)	年末资产(万元)
全　省	**83661**	**773930**	**346043**	**7818668**	**37210707**
杭州市	**9837**	**106261**	**52813**	**1654903**	**9671415**
上城区	689	5460	3183	118404	182425
下城区	772	8229	4049	109163	572854
江干区	582	12122	6244	168178	2062802
拱墅区	337	5947	2929	128780	1028066
西湖区	1107	11427	5823	208284	1117428
滨江区	208	3720	2257	30163	374046
萧山区	1345	14148	8109	222044	1482681
余杭区	945	11615	5998	121822	928984
桐庐县	531	4826	1978	65812	227518
淳安县	773	7251	3014	39967	128302
建德市	628	5210	1960	88654	218111
富阳市	987	9284	4314	220330	786090
临安市	933	7022	2955	133301	562107
宁波市	**11203**	**106609**	**56327**	**1350964**	**8211455**
海曙区	680	6363	3753	73309	333285
江东区	416	6153	3111	113382	845888
江北区	544	5071	2753	39455	460378
北仑区	924	6436	3570	88487	659008
镇海区	456	5345	3227	92173	443532
鄞州区	1744	16842	9221	311476	2366674
象山县	1692	8454	3509	89306	437459
宁海县	1517	10538	4862	136251	586678
余姚市	963	12244	5890	136452	657471
慈溪市	1400	19312	11538	209026	989898
奉化市	867	9851	4893	61647	431182
温州市	**17316**	**162318**	**74361**	**1597292**	**5130802**
鹿城区	1810	21384	11759	137055	644471
龙湾区	933	10812	5721	76405	334274
瓯海区	1250	12211	6400	181323	661596
洞头县	400	4469	2111	8684	85839
永嘉县	1943	14937	5235	90406	638850
平阳县	1942	15370	5877	229395	360510

4-D-2　续表 1

地　区	单位数(个)	从业人员期末人数(人)	#女性	支出(费用)合　计(万元)	年末资产(万元)
苍南县	2326	25024	11835	155206	424977
文成县	812	5335	1670	45150	94727
泰顺县	681	7739	2994	68654	95003
瑞安市	2385	17984	8528	220348	680520
乐清市	2834	27053	12231	384665	1110036
嘉兴市	**3368**	**31604**	**15422**	**223666**	**897693**
南湖区	838	8462	4566	63730	209420
秀洲区	395	2762	1499	23702	79813
嘉善县	366	5617	2531	28749	148324
海盐县	334	3425	1764	12794	63102
海宁市	546	4855	2249	29914	157118
平湖市	413	2523	1171	21945	98018
桐乡市	476	3960	1642	42833	141897
湖州市	**2977**	**27819**	**12559**	**294836**	**1640043**
吴兴区	821	7802	3810	69886	357117
南浔区	474	3797	1312	30991	303364
德清县	394	3705	1807	48593	248367
长兴县	716	7090	3105	74699	296764
安吉县	572	5425	2525	70668	434431
绍兴市	**6122**	**48878**	**20801**	**566374**	**2496398**
越城区	1119	7438	4049	122982	639736
绍兴县	859	5904	2651	71093	437143
新昌县	746	7127	2397	38092	163704
诸暨市	985	8795	4026	152235	402800
上虞市	1261	9608	3976	120555	580028
嵊州市	1152	10006	3702	61418	272987
金华市	**10666**	**97250**	**41466**	**793411**	**3220660**
婺城区	1503	18277	8706	132815	398803
金东区	833	7333	2746	42397	167865
武义县	918	8797	2622	32594	176955
浦江县	880	7227	3085	56275	115532
磐安县	892	5628	1493	33360	89978
兰溪市	1711	10264	3864	46605	260395
义乌市	1767	19381	9884	178841	708388
东阳市	877	8426	3318	140274	994450
永康市	1285	11917	5748	130251	308293

4-D-2 续表 2

地　　区	单位数(个)	从业人员期末人数(人)	#女性	支出(费用)合　计(万元)	年末资产(万元)
衢州市	**3808**	**37979**	**14199**	**155437**	**533473**
柯城区	997	18193	7046	34092	134252
衢江区	741	4321	1206	21818	101911
常山县	577	3095	937	17788	47192
开化县	409	2674	926	21863	42032
龙游县	521	4788	1783	21609	100440
江山市	563	4908	2301	38268	107646
舟山市	**2080**	**13162**	**6043**	**181043**	**967924**
定海区	891	5040	2686	66904	383636
普陀区	652	5307	2118	77952	383489
岱山县	370	1942	878	28170	167951
嵊泗县	167	873	361	8017	32848
台州市	**10554**	**92965**	**34880**	**750083**	**3488429**
椒江区	1200	10620	4898	92869	420275
黄岩区	1683	11880	4149	86039	332331
路桥区	1036	10867	4955	97004	446925
玉环县	904	9915	5011	86972	381550
三门县	724	5615	1822	25657	136551
天台县	928	8835	2390	56258	223958
仙居县	1049	8100	2622	36532	131172
温岭市	1650	14663	5121	174329	833067
临海市	1380	12470	3912	94423	582600
丽水市	**5730**	**49085**	**17172**	**250659**	**952415**
莲都区	1081	10991	4913	65646	254935
青田县	931	8566	2919	34347	181503
缙云县	613	6296	2647	49895	179291
遂昌县	544	3764	1113	16164	54028
松阳县	615	3790	1033	27678	98113
云和县	297	2493	806	12898	60954
庆元县	561	4455	1291	12708	35838
景宁县	374	2292	590	11116	18237
龙泉市	714	6438	1860	20207	69516

附　录

第三次全国经济普查方案

第三次全国经济普查方案

根据《国务院关于开展第三次全国经济普查的通知》(国发〔2012〕60 号)和《全国经济普查条例》(中华人民共和国国务院令第 415 号),制定第三次全国经济普查方案。

一、普查的目的和基本原则

(一)普查目的

摸清我国各类单位的基本情况,全面调查我国第二产业和第三产业的发展规模及布局,系统了解我国产业组织、产业结构的现状以及各主要生产要素的构成,进一步查实服务业、战略性新兴产业、文化产业等相关产业以及小微企业的发展状况,全面更新覆盖国民经济各行业的基本单位名录库、基础信息数据库和统计电子地理信息系统,为加强和改善宏观调控,加快经济结构战略性调整,科学制定中长期发展规划,提供全面系统、真实可靠的统计信息支持。

(二)普查的基本原则

1. 突出重点。以摸清各类单位基本情况,查实服务业、战略性新兴产业、文化产业和小微企业的底数为主,辅之以其他必要的内容。

2. 优化方式。科学设计普查业务流程,普查和抽样调查相结合,以提高普查效能,减轻基层负担。

3. 统一组织。在普查机构的集中领导下,统一设计方案、统一布置培训、统一实施调查、统一处理数据、统一发布数据。

4. 创新手段。充分运用现代信息技术,全面采用手持电子终端设备和电子地图,实现普查数据的采集、报送、处理等手段的自动化、电子化,提高普查的信息化水平。

二、普查范围、对象和时间

(一)普查范围和对象

第三次全国经济普查对我国境内从事第二产业和第三产业的全部法人单位、产业活动单位和个体经营户进行登记和调查。

根据《三次产业划分规定》(国统字〔2012〕108 号),第二产业包括采矿业(不含开采辅助活动),制造业(不含金属制品、机械和设备修理业),电力、热力、燃气及水生产和供应业,建筑业;第三产业包括农、林、牧、渔服务业,开采辅助活动,金属制品、机械和设备修理业,批发和零售业,交通运输、仓储和邮政业,住宿和餐饮业,信息传输、软件和信息技术服务业,金融业,房地产业,租赁和商务服务业,科学研究和技术服务业,水利、环境和公共设施管理业,居民服务、修理和其他服务业,教育,卫生和社会工作,文化、体育和娱乐业,公共管理、社会保障和社会组织。

法人单位、产业活动单位和个体经营户按照《统计单位划分及具体办法》和普查规定的单位划分及具体处理规定进行界定。

为保证基本单位的不重不漏,结合第三次全国经济普查,对农业、林业、畜牧业和渔业的法人单位、产业活动单位进行普查登记。

(二)普查时点和时期

普查标准时点为 2013 年 12 月 31 日,普查时期为 2013 年 1 月 1 日-12 月 31 日。

普查登记和数据采集工作从 2014 年 1 月 1 日至 3 月 31 日。

三、普查方法

(一)全面登记

对法人单位、产业活动单位和个体经营户由其主要经营地普查机构负责进行全面登记,但建筑业法人单位由其注册地普查机构负责普查登记。多法人联合体不能作为一个普查单位,应分别对每个法人单位进行登记。

(二)联网直报与手持电子终端设备(PDA)采集相结合

对所有普查对象(除军队、武警系统和保密单位)由普查员使用手持电子终端设备进行定位、底册信息核查和相关证照拍照。联网直报单位[①]普查表由普查机构通过国家统计联网直报平台布置给普查单位填报,非联网直报单位和个体经营户普查

[①]联网直报单位包括:年主营业务收入 2000 万元及以上的工业法人单位,有资质的建筑业法人单位,年主营业务收入 2000 万元及以上的批发业法人单位,年主营业务收入 500 万元及以上的零售业法人单位,年主营业务收入 200 万元及以上的住宿和餐饮业法人单位,房地产开发经营业法人单位,重点服务业法人单位。

表由普查员使用手持电子终端设备采集数据。

军队、武警系统的普查登记及数据采集方式由中国人民解放军、中国人民武装警察部队经济普查机构确定；保密单位的普查登记及数据采集方式由各地普查机构与相关部门协商确定。

（三）普查与抽样调查相结合

为取得个体经营户的经营数据，普查后抽取一定比例的个体经营户由国家调查队进行配套抽样调查。抽样调查方案参见附件。

四、普查内容和普查表

对联网直报单位、非联网直报单位和个体经营户分别设置普查内容和普查表。

（一）联网直报单位

普查内容包括单位基本属性、组织结构情况、从业人员及工资总额、财务状况、生产经营情况、能源和水消费情况、科技情况和信息化情况等。分设7种普查表。

（二）非联网直报单位

1. 法人单位的普查内容包括单位基本属性、从业人员、实收资本、资产总计、企业营业收入或非企业支出（费用）、税金、煤炭消费量（限工业法人单位）等。设1张普查表。

2. 产业活动单位的普查内容包括单位基本属性、从业人员、经营性收入或非经营性支出（费用）等。设1张普查表。

（三）个体经营户

普查内容包括个体经营户基本属性和从业人员，设2张普查表。抽样调查内容包括营业收入、营业支出、付给雇员的报酬、缴纳的税费等，设1张抽样调查表。

为满足普查公报和年鉴的需要，设置若干普查综合表。

普查表、综合表的具体表式见附件。

五、普查业务流程

第三次全国经济普查的业务流程，主要包括：普查区划分与绘图，确定单位底册，手持电子终端设备内容加载，普查告知，普查登记，数据审核、检查和验收，数据汇总，事后质量抽查与数据评估，主要数据发布，普查成果的开发与应用等10个阶段。

（一）普查区划分与绘图（2013年9月-11月）

1. 布置底图。国务院经济普查办公室统一选定普查用底图，逐级分解下发至县级普查机构。

2. 绘制普查区电子地图。县级普查机构统一组织，根据底图结合现场勘查，划分普查区（或小区，下同）边界，对普查区命名和编码；利用绘图软件，绘制普查区电子地图。

3. 合并普查区电子地图。县级普查机构合并形成县级普查区电子地图，再逐级上报合并形成地、省和国家级电子地图。

（二）确定单位底册（2013年9月-12月上旬）

1. 收集整理部门数据。各级普查机构向同级具有单位审批、登记职能的部门收集法人单位和产业活动单位名录资料，逐级分解下发至县级普查机构。

2. 进行单位比对。以组织机构代码、单位名称和登记注册号为关联，比对部门数据和名录库数据，生成单位比对库。

3. 开展现场核查。根据单位比对库，对辖区内所有单位进行现场勘查核实，排重、补缺并更新相关信息，生成核查数据库。

4. 生成单位底册。根据联网直报单位年度审核结果和金融、铁路系统提供的名单，在核查数据库中标注联网直报单位和金融、铁路系统单位；选取部分字段，生成单位底册。

（三）手持电子终端设备内容加载（2013年11月-12月）

1. 软件加载。加载内容包括：单位普查表、个体经营户普查表、国民经济行业分类、产品分类目录、指标解释等。

2. 普查区图加载。以乡镇为单位将普查区地图载入手持电子终端设备。

3. 单位底册加载。以县级为单位，单位底册载入手持电子终端设备。

（四）普查告知（2013年12月）

1. 国务院经济普查办公室通过国家统计联网直报平台向联网直报单位发送第三次全国经济普查告知书。

2. 地方普查机构通过有效方式向非联网直报单位和个体经营户发送第三次全国经济普查告知书，指导和督促其做好相关准备工作。包括准备相关证照、统计台账、财务报表等，并按照告知书要求整理相关数据供登记使用。

普查告知书由国务院经普办统一印制。

（五）普查登记（2014 年 1 月-3 月）

1. 入户登记。普查员使用手持电子终端设备对所有普查对象（不含军队、武警系统和保密单位）进行入户登记，确定坐标，核实普查对象基本信息、拍摄相关证照。联网直报单位按规定登录国家统计联网直报平台填报普查表，非联网直报单位和个体经营户由普查员继续使用手持电子终端设备采集普查表数据。

2. 留档备查。非联网直报单位按照普查告知书要求事先填写的相关基础数据，由有关人员签字盖章后，普查员用 PDA 拍照留存。

3. 数据传输。联网直报单位通过国家统计联网直报平台将普查表数据直接传输到指定服务器；手持电子终端设备数据利用无线网络，或在乡级普查机构通过统计内网报送到指定服务器。

（六）数据审核、检查和验收（2014 年 1 月-4 月）

1. 数据审核。县及县以上各级普查机构在数据采集处理平台上，对普查表数据按专业审核，发现问题逐级退回，由基层普查机构负责联系普查对象核实修改，并保留修改痕迹。

2. 数据检查。县级普查机构有重点地选择部分普查区，每个被抽中的普查区要抽选一定比例的普查表，对其普查数据质量进行检查。

3. 数据验收。各级普查机构按照统一要求组织开展数据验收工作。对于验收不合格的地区，要进行全面复查、验收，直至符合规定的质量要求。

（七）数据汇总（2014 年 4 月-6 月）

1. 快速汇总。根据普查基层表汇总全国以及分地区、分行业等分组的法人单位、产业活动单位和个体经营户基本情况数据。

2. 全面汇总。在快速汇总的基础上，分别汇总全国以及分地区、分行业等分组的法人单位、产业活动单位主要经济指标数据。

3. 专题汇总。根据普查基层表及相关信息，汇总全国服务业、战略性新兴产业、高技术服务业、文化产业和小微企业单位、从业人员和营业收入等数据，以及分行业和分地区数据。

4. 推算汇总。根据个体经营户抽样调查表和普查表，推算汇总个体经营户收入及其分行业门类和分地区数据。

（八）事后质量抽查和数据评估（2014 年 5 月-6 月）

1. 普查事后质量抽查。在全国抽取一定比例的普查区，对单位填报率、普查表主要指标的填报情况等进行质量抽查。

2. 普查数据质量评估。通过对普查对象漏报率、主要数据的差错率等质量抽查结果，评估普查基础数据质量。结合相关历史数据、部门行政记录，对主要指标和分行业、分地区数据进行比较分析，评估普查数据的真实性、一致性和可靠性。

事后质量抽查和数据评估工作方案另行印发。

（九）主要数据发布（2014 年 6 月-8 月）

按照有关规定，以公报的形式及时向社会发布普查主要成果。

（十）普查成果的开发与应用（2014 年 7 月-2015 年 7 月）

1. 建立和完善经济普查相关数据库，全面更新覆盖国民经济各行业的基本单位名录库、基础信息数据库和统计电子地理信息系统。

2. 开展经济普查专题分析研究。依据普查资料，对各级党委政府和社会各界所关心的热点问题，进行专题分析研究。

3. 编辑出版经济普查年鉴。经济普查年鉴的主要内容包括：法人单位及产业活动单位基本情况、从业人员情况、财务状况和能源消费情况，小微企业的发展状况，个体经营户基本情况，以及服务业、战略性新兴产业和文化产业发展规模及布局等普查数据。

六、普查纪律和质量控制

（一）普查纪律

1. 各地方、各部门、各单位负责人不得干涉经济普查机构和经济普查人员依法独立行使调查、报告、监督的职权，不得自行修改经济普查资料，不得强令或者授意经济普查机构、经济普查人员或者其他机构、人员篡改经济普查资料或者编造虚假普查数据。

2. 各级经济普查机构和经济普查人员要严格按照《统计法》、《全国经济普查条例》、《国务院关于开展第三次全国经济普查的通知》及相关规定组织开展工作，不得篡改经济普查资料、编造虚假数据，不得擅自发布经济普查数据，不得对外提供、泄露经济普查取得的能够识别或者推断单位和个人身份的资料，或者将其用于经济普查以外的目的。

3. 经济普查对象应当按照经济普查机构和经济普查人员的要求，及时提供与经济普查有关的资料，如实、按时填报经济普查表，不得虚报、瞒报、拒报和迟报经济普查数据。

4. 对违反统计法规和普查纪律的任何单位和个人，视情节轻重，由县级以上人民政府统计机构或相关职能部门依法进行约谈、通报、曝光或给予处分。对拒报、虚报、瞒报和迟报经济普查数据的企业事业组织和个体经营户依法给予警告和罚款。

（二）普查质量控制

1. 地方各级经济普查机构应当根据国务院经济普查领导小组办公室的统一规定，结合本地实际，制定经济普查质量控制办法和实施细则，进一步完善普查业务流程，明确各级、各部门、各专业的职责任务，规范各环节质量管理的具体标准，对经济普查实施全过程质量管理。

2. 地方各级经济普查机构要设立普查质量管理小组，统一管理、指导和评估各级、各部门、各专业和各阶段的质量控制工作，要建立经济普查数据质量控制岗位责任制，对经济普查实施中的每个环节实行质量控制和检查验收。

3. 地方各级经济普查机构应建立与普查数据用户、普查对象的相互交流沟通机制，收集、整理、分析普查各阶段工作中出现的问题，采取有效措施及时加以解决。对带有共性的质量问题，要及时向上级普查办公室汇报，防止出现大范围的系统性误差。

4. 地方各级经济普查机构要认真做好普查员的选聘和培训工作，确保相关人员切实理解经济普查的各项专业技术要求，并能熟练操作手持电子终端设备。及时将普查登记的时间、内容和相关要求告知普查对象，指导和督促普查对象建立和完善相关的统计台账，做好基础数据的准备工作，保证普查现场调查工作的顺利进行。

5. 各级经济普查机构要强化底线思维，制定好应对突发事件的应急处置方案，采取有效措施，防止普查数据在采集、存储、传输、处理等过程中丢失、泄漏、被窃，确保各关键环节工作安全、可靠、顺畅。

七、普查的组织实施

（一）全国统一领导

第三次全国经济普查领导小组负责普查组织和实施中重大问题的研究和决策。国务院第三次全国经济普查领导小组办公室设在国家统计局，采取集中办公的方式，具体负责普查的宣传动员、方案设计、培训和部署、单位登记、数据处理、资料开发和日常的组织和协调工作。

（二）部门分工协作

编制、民政、税务、工商和质检等行政审批登记部门，要及时提供其审批登记的单位名录；铁路、银行、证券、保险等垂直管理部门，成立经济普查机构，负责提供本系统单位名录，并协助各级地方普查机构开展对本系统法人单位和产业活动单位的普查登记工作；军队、武警系统的普查工作由中国人民解放军、中国人民武装警察部队成立的经济普查办公室负责组织实施。

部门分工的具体要求参见附件。

（三）地方分级负责

地方各级人民政府要设立相应的普查领导小组及其办公室，加强领导，履行职责，组织好本地区普查工作。街道办事处、居（村）民委员会和社区基层组织，要成立专门机构或指定专人负责动员和组织社会力量积极参与并认真做好经济普查工作；大型企业应当设立经济普查机构，负责本企业经济普查表的填报工作。其他各类法人单位应当指定相关人员负责本单位经济普查表的填报工作。

（四）各方共同参与

各地区、各部门要按照国务院关于第三次经济普查的要求，各负其责，认真做好普查的宣传动员、条件保障和组织实施工作，对于普查工作中遇到的困难和问题，要及时采取措施，切实予以解决，确保普查各项工作顺利开展。

附：1. 普查表及填报说明
2. 主要指标解释
3. 普查单位划分及具体处理规定
4. 普查区划分及绘图工作细则（略）
5. 普查登记工作细则（略）
6. 普查人员选聘和业务培训工作细则（略）
7. 部门分工具体要求（略）
8. 普查数据全过程质量控制办法（略）
9. 个体经营户抽样调查方案（略）
10. 普查工作进度表（略）
11. 普查业务流程（略）
12. 普查用标准分类目录

附 1：普查表及填报说明

一、报表目录

（一）　普查基层表

表号	表名	统计范围	填报截止时间
1. 联网直报单位普查表			
601 表	调查单位基本情况	辖区内规模以上工业、有资质的建筑业、限额以上批发和零售业、限额以上住宿和餐饮业、房地产开发经营业、重点服务业法人单位	2014 年 2 月 28 日
602-1 表	从业人员及工资总额	同上	同上
B603-1 表	规模以上工业法人单位财务状况（非成本费用调查单位填报）	辖区内规模以上工业非成本费用调查法人单位	同上
B603-2 表	规模以上工业法人单位成本费用（成本费用调查单位填报）	辖区内规模以上工业成本费用调查法人单位	同上
B604-1 表	规模以上工业法人单位产品生产、销售、库存情况	辖区内规模以上工业法人单位	同上
B604-3 表	规模以上工业法人单位主要工业产品生产能力	同上	同上
C603 表	有总承包和专业承包资质的建筑业法人单位财务状况	辖区内有总承包和专业承包资质的建筑业法人单位	同上
C604-1 表	有总承包和专业承包资质的建筑业法人单位生产经营情况	同上	同上
C604-2 表	有总承包和专业承包资质的建筑业法人单位房屋竣工面积及价值	同上	同上
C604-3 表	劳务分包建筑业法人单位生产经营情况	辖区内有劳务分包资质的建筑业法人单位	同上
E603 表	限额以上批发和零售业法人单位财务状况	辖区内限额以上批发和零售业法人单位	同上
E604-1 表	限额以上批发和零售业法人单位商品购进、销售和库存	同上	同上
S603 表	限额以上住宿和餐饮业法人单位财务状况	辖区内限额以上住宿和餐饮业法人单位	同上
S604-1 表	限额以上住宿和餐饮业法人单位经营情况	同上	同上
X603 表	房地产开发经营业法人单位财务状况	辖区内全部房地产开发经营业法人单位	同上
X604-1 表	房地产开发项目经营情况	同上	2014 年 1 月 7 日
X604-2 表	房地产开发法人单位资金和土地情况	同上	同上
F603 表	重点服务业法人单位财务状况	辖区内重点服务业法人单位	2014 年 2 月 28 日

续表 1

表号	表名	统计范围	填报截止时间
605-1 表	规模以上工业法人单位能源购进、消费与库存	辖区内规模以上工业法人单位	2014 年 1 月 7 日
605-2 表	规模以上工业法人单位能源购进、消费与库存附表	辖区内有能源加工转换活动或回收利用的规模以上工业法人单位	同上
605-3 表	主要耗能工业企业单位产品能源消费情况	辖区内年综合能源消费量 1 万吨标准煤及以上的规模以上工业法人单位	2014 年 1 月 7 日
605-4 表	规模以上工业法人单位用水情况	辖区内规模以上工业法人单位	2014 年 2 月 20 日
605-5 表	非工业单位能源消费情况	辖区内有资质的建筑业、限额以上批发和零售业、限额以上住宿和餐饮业、房地产开发经营业、重点服务业法人单位	2014 年 2 月 28 日
605-6 表	规模以上工业法人单位能源产品生产、销售、库存情况	辖区内规模以上工业法人单位	同上
605-7 表	规模以上工业法人单位煤炭销售去向	同上	2014 年 1 月 7 日
607-1 表	规模以上工业法人单位科技项目情况	同上	2014 年 2 月 28 日
607-2 表	规模以上工业法人单位科技活动及相关情况	同上	同上
607-3 表	重点服务业企业科技项目情况	辖区内部分重点服务业企业法人单位，包括交通运输、仓储和邮政业，信息传输、软件和信息技术服务业，租赁和商务服务业，水利、环境和公共设施管理业，文化、体育和娱乐业等重点企业法人单位。	同上
607-4 表	重点服务业企业科技活动情况	同上	同上
609 表	信息化情况	辖区内大中型工业、有资质的建筑业、大中型批发和零售业、大中型住宿和餐饮业、房地产开发经营业、重点服务业法人单位	同上
2．非联网直报单位普查表			
611 表	单位普查表(通用表)	辖区内除联网直报调查单位、铁路和金融系统法人单位以外的全部法人单位和产业活动单位	2014 年 3 月 31 日
PDA 用表	农业法人单位普查表	辖区内农业法人单位	同上
PDA 用表	农业产业活动单位普查表	辖区内农业产业活动单位	同上
PDA 用表	工业法人单位普查表	辖区内除联网直报调查单位以外的工业法人单位	同上
PDA 用表	工业产业活动单位普查表	辖区内工业产业活动单位	同上
PDA 用表	建筑业法人单位普查表	辖区内除联网直报调查单位以外的建筑业法人单位	同上
PDA 用表	建筑业产业活动单位普查表	辖区内建筑业产业活动单位	同上

续表 2

表号	表名	统计范围	填报截止时间
PDA 用表	批发和零售业法人单位普查表	辖区内除联网直报调查单位以外的批发和零售业法人单位	同上
PDA 用表	批发和零售业产业活动单位普查表	辖区内批发和零售业产业活动单位	同上
PDA 用表	住宿和餐饮业法人单位普查表	辖区内除联网直报调查单位以外的住宿和餐饮业法人单位	同上
PDA 用表	住宿和餐饮业产业活动单位普查表	辖区内住宿和餐饮业产业活动单位	同上
PDA 用表	房地产开发经营业法人单位普查表	辖区内除联网直报调查单位以外的房地产开发经营业法人单位	2014 年 3 月 31 日
PDA 用表	房地产开发经营业产业活动单位普查表	辖区内房地产开发经营业产业活动单位	同上
PDA 用表	金融系统视同法人单位普查表	辖区内金融系统视同法人单位	同上
PDA 用表	金融系统产业活动单位普查表	辖区内金融系统产业活动单位	同上
PDA 用表	铁路系统视同法人单位普查表	辖区内铁路系统视同法人单位	同上
PDA 用表	铁路系统产业活动单位普查表	辖区内铁路系统产业活动单位	同上
PDA 用表	其他法人单位普查表	辖区内其他法人单位	同上
PDA 用表	其他产业活动单位普查表	辖区内其他产业活动单位	同上
612 表	金融系统法人单位基本情况	金融系统法人单位	同上
613 表	铁路系统法人单位基本情况	铁路系统法人单位	同上
3. 个体经营户			
614-1 表	个体经营户普查表	辖区内从事第二、第三产业经营活动的个体经营户，不含无挂靠个体运输户	2014 年 3 月 31 日
614-2 表	个体经营户抽样调查表	抽样调查被抽中个体经营户	2014 年 4 月 30 日
614-3 表	个体运输普查表	辖区内无挂靠个体运输户	2014 年 3 月 31 日

(二)普查综合表

表号	表名	统计范围	截止时间
621 表	法人单位及产业活动单位情况	全部法人单位和产业活动单位	2014 年 4 月
622 表	按机构类型分组的法人单位情况	全部法人单位	同上
623 表	按机构类型分组的从业人员情况	同上	同上
624 表	按机构类型分组的产业活动单位情况	全部产业活动单位	同上
625 表	法人单位主要经济指标	全部法人单位	2014 年 5 月
626 表	个体经营户基本情况	全部个体经营户	2014 年 4 月
627 表	个体经营户经营情况	同上	2014 年 6 月
628 表	小微法人企业基本情况	全部小微法人企业	同上
629 表	服务业基本情况	全部服务业法人单位	同上
630 表	高技术产业(制造业)基本情况	从事高技术产业(制造业)的法人单位	同上
631 表	高技术产业(服务业)基本情况	从事高技术产业(服务业)的法人单位	同上
632 表	战略性新兴产业基本情况	从事战略性新兴产业的产业活动单位	同上
633 表	文化及相关产业基本情况	从事文化及相关产业的法人单位	同上
634 表	工业法人单位煤炭消费情况	全部工业法人单位	同上
635 表	规模以上工业法人单位产品生产、销售、库存	规模以上工业法人单位	同上
636 表	规模以上工业法人单位产品生产能力	同上	同上
637 表	规模以上工业法人单位主要财务状况	同上	同上
638 表	规模以上工业法人单位 R&D 活动及相关情况	同上	同上
639 表	规模以上工业法人单位从业人员及工资总额	同上	同上
640 表	大中型工业法人单位信息化情况	大中型工业法人单位	同上
641 表	总承包和专业承包建筑业法人单位生产经营情况	有资质的建筑业法人单位	同上
642 表	总承包和专业承包建筑业法人单位主要财务状况	同上	同上
643 表	劳务分包建筑业法人单位生产和财务状况	同上	同上
644 表	有资质建筑业法人单位从业人员及工资总额	同上	同上
645 表	有资质建筑业法人单位能源消费情况	同上	同上
646 表	有资质建筑业法人单位信息化情况	同上	同上
647 表	限额以上批发和零售业法人单位基本情况	限额以上批发和零售业法人单位	同上
648 表	限额以上批发和零售业法人单位商品购进、销售和库存	同上	同上
649 表	限额以上批发和零售业法人单位主要财务状况	同上	同上
650 表	限额以上批发和零售业法人单位从业人员及工资总额	同上	同上
651 表	限额以上批发和零售业法人单位能源消费情况	同上	同上
652 表	大中型批发和零售业法人单位信息化情况	大中型批发和零售业法人单位	同上
653 表	限额以上住宿和餐饮业法人单位基本情况	限额以上住宿和餐饮业法人单位	同上
654 表	限额以上住宿和餐饮业法人单位经营情况	同上	同上
655 表	限额以上住宿和餐饮业法人单位主要财务状况	同上	同上
656 表	限额以上住宿和餐饮业法人单位从业人员及工资总额	同上	同上
657 表	限额以上住宿和餐饮业法人单位能源消费情况	同上	同上
658 表	大中型住宿和餐饮业法人单位信息化情况	大中型住宿和餐饮业法人单位	同上
659 表	房地产开发经营业法人单位主要指标	房地产开发经营业法人单位	同上
660 表	房地产开发经营业法人单位主要财务状况	同上	同上
661 表	房地产开发经营业法人单位从业人员及工资总额	同上	同上
662 表	房地产开发经营业法人单位能源消费情况	同上	同上
663 表	房地产开发经营业法人单位信息化情况	同上	同上
664 表	重点服务业法人单位主要财务状况	重点服务业法人单位	同上
665 表	重点服务业法人单位能源消费情况	同上	同上
666 表	重点服务业法人单位信息化情况	同上	同上
667 表	重点服务业法人企业 R&D 活动情况	部分重点服务业企业法人单位，包括交通运输、仓储和邮政业，信息传输、软件和信息技术服务业，租赁和商务服务业，水利、环境和公共设施管理业，文化、体育和娱乐业	同上

二、表式及审核关系

(一)普查基层表

1．联网直报单位普查表

调查单位基本情况

表　　号：601 表
制定机关：国家统计局
国务院经济普查办公室
文　　号：国统字(2013)56 号
有效期至：2014 年 6 月

2013 年

101	组织机构代码　□□□□□□□□—□
102	单位详细名称＿＿＿＿＿＿＿＿
103	行业类别(GB/T 4754-2011) 主要业务活动(或主要产品) 1＿＿＿＿＿＿　2＿＿＿＿＿＿　3＿＿＿＿＿＿ 行业代码　□□□□
104	报表类别　□ A 农业　B 工业　C 建筑业　E 批发和零售业　S 住宿和餐饮业 X 房地产开发经营业　F 重点服务业　U 其他
105	单位所在地及区划 ＿＿＿＿省(自治区、直辖市)＿＿＿＿地(区、市、州、盟)＿＿＿＿县(区、市、旗) ＿＿＿＿乡(镇)＿＿＿＿街(村)、门牌号 单位位于：＿＿＿＿街道办事处＿＿＿＿社区(居委会) 区划代码　□□□□□□□□□□□□　城乡代码　□□□
106	单位注册地及区划 ＿＿＿＿省(自治区、直辖市)＿＿＿＿地(区、市、州、盟)＿＿＿＿县(区、市、旗) ＿＿＿＿乡(镇)＿＿＿＿街(村)、门牌号 注册地位于：＿＿＿＿街道办事处＿＿＿＿社区(居委会) 区划代码　□□□□□□□□□□□□　城乡代码　□□□
191	单位规模　□　1 大型　2 中型　3 小型　4 微型
192	从业人员　从业人员期末人数＿＿＿＿人　其中：女性＿＿＿＿人
193	企业主要经济指标 营业收入＿＿＿＿千元　其中：主营业务收入＿＿＿＿千元　资产总计＿＿＿＿千元
201	法定代表人(单位负责人)＿＿＿＿
202	开业(成立)时间＿＿＿＿年＿＿＿＿月
203	联系方式 长途区号　□□□□□□ 固定电话　□□□□□□□□-□□□□□□ 移动电话　□□□□□□□□□□□ 传真号码　□□□□□□□□-□□□□□□ 邮政编码　□□□□□□ 电子邮箱＿＿＿＿ 网　　址＿＿＿＿
204	登记注册(或批准)机关名称、级别、注册号(如登记注册或批准机关为多个，请复选) 机关级别：1 国家　2 省(自治区、直辖市)　3 地(区、市、州、盟)　4 县(区、市、旗) 1.工商行政管理部门　机关级别 □　登记注册号＿＿＿＿ 2.编制部门　机关级别 □　登记注册号＿＿＿＿ 3.民政部门　机关级别 □　登记注册号＿＿＿＿ 4.国家税务部门　机关级别 □　登记注册号＿＿＿＿ 5.地方税务部门　机关级别 □　登记注册号＿＿＿＿ 9.其他(请注明批准机关)　机关级别 □　＿＿＿＿
205	登记注册类型　□□□ **内资** 110 国有　120 集体　130 股份合作　141 国有联营　142 集体联营　143 国有与集体联营　149 其他联营　151 国有独资公司 159 其他有限责任公司　160 股份有限公司　171 私营独资　172 私营合伙　173 私营有限责任公司　174 私营股份有限公司　190 其他 **港澳台商投资** 210 与港澳台商合资经营　220 与港澳台商合作经营　230 港澳台商独资　240 港澳台商投资股份有限公司　290 其他港澳台投资 **外商投资** 310 中外合资经营　320 中外合作经营　330 外资企业　340 外商投资股份有限公司　390 其他外商投资

206	企业控股情况 □ 1 国有控股 2 集体控股 3 私人控股 4 港澳台商控股 5 外商控股 9 其他
207	隶属关系 □□ 10 中央 20 省(自治区、直辖市) 40 地(区、市、州、盟) 50 县(区、市、旗) 61 街道 62 镇 63 乡 71 社区(居委会) 72 村委会 90 其他
208	营业状态 □ 1 营业 2 停业(歇业) 3 筹建 4 当年关闭 5 当年破产 9 其他
209	执行会计标准类别 □ 1 企业会计制度 2 事业单位会计制度 3 行政单位会计制度 4 民间非营利组织会计制度 9 其他
210	是否执行 2006 年《企业会计准则》 □ 1 是 2 否
211	机构类型 □□ 10 企业 20 事业单位 30 机关 40 社会团体 51 民办非企业单位 52 基金会 53 居委会 54 村委会 90 其他组织机构
213	企业集团情况(限企业集团母公司及成员企业填写) 本企业是 □ 1 集团母公司(核心企业或集团总部) 2 成员企业——请填直接上级法人单位组织机构代码 □□□□□□□□—□
C01	建筑业企业资质等级(请填写资质证书编号前 4 位) □□□□
X01	房地产开发经营业企业资质等级 □ 1 一级 2 二级 3 三级 4 四级 5 暂定 9 其他
E01	批发和零售业企业经营形式 □ 1 独立门店 2 连锁总店(总部) 3 连锁门店 9 其他
E02	零售业态 □□□□ **有店铺零售** 1010 食杂店 1020 便利店 1030 折扣店 1040 超市 1050 大型超市 1060 仓储会员店 1070 百货店 1080 专业店 1090 专卖店 1100 家居建材商店 1110 购物中心 1120 厂家直销中心 **无店铺零售** 2010 电视购物 2020 邮购 2030 网上商店 2040 自动售货亭 2050 电话购物
E03	批发和零售业年末零售营业面积________平方米
S01	住宿和餐饮业企业经营形式 □ 1 独立门店 2 连锁总店(总部) 3 连锁门店 9 其他
S02	住宿业企业星级评定情况 □ 1 一星 2 二星 3 三星 4 四星 5 五星 9 其他
S03	住宿和餐饮业年末餐饮营业面积________平方米

单位组织结构情况

214

本法人单位是否有上一级法人 □ 1. 是 2. 否

如为 1，请填写上一级法人组织机构代码 □□□□□□□□—□

上一级法人单位详细名称 ____________

本法人单位绝对(相对)控股的下一级法人单位数 ______个

下一级法人单位情况：

序号	组织机构代码	单位详细名称	详细地址	区划代码	联系电话	主要业务活动(或主要产品)	行业代码	从业人员期末人数(人)	*营业收入或支出(费用)(千元)
甲	1	2	3	4	5	6	7	8	9
……									

*营业收入或支出(费用)：企业法人单位填写“营业收入”；非企业法人单位填写“支出(费用)”。

212

产业活动单位数 ______个 (单产业法人本指标填 1，免填所属产业活动单位情况)

所属产业活动单位情况：

序号	*单位类别	组织机构代码	单位详细名称	详细地址	区划代码	联系电话	主要业务活动(或主要产品)	行业代码	从业人员期末人数(人)	*营业收入或支出(费用)(千元)
甲	1	2	3	4	5	6	7	8	9	10
……										

*单位类别：1 法人单位本部(总部、本店、本所等) 2 法人单位分支机构 (分部、分厂、分店、支所等)。

单位负责人： 统计负责人： 填表人： 联系电话： 报出日期：20 年 月 日

说明：1. 统计范围：辖区内规模以上工业、有资质的建筑业、限额以上批发和零售业、限额以上住宿和餐饮业、全部房地产开发经营业法人单位，重点服务业法人单位。

2. 报送日期及方式：调查单位次年 2 月 28 日 24 时前网上填报，省级统计机构次年 4 月 15 日 24 时前完成数据审核、验收、上报。

3. 本表涉及的填报目录：《国民经济行业分类》(GB/T 4754-2011)、2013 年《统计用区划代码和城乡划分代码》和《建筑业企业资质等级编码》。

4. 调查单位填报要求：本表主要数据由国家统计局或省级统计机构在调查开始前统一导入数据采集处理软件中，生成报表数据。调查单位应根据实际情况对表中的数据进行认真核对与填写，指标数据如有变动应及时进行修改(加灰底的指标除外)。

5. 统计机构数据审核、处理要求：

(1) 调查单位不能修改本表中“101 组织机构代码”、“103 行业代码”、“104 报表类别”、“105、106”中的“区划代码和城乡代码”。

(2) 统计机构不能修改本表中的“101 组织机构代码”、“104 报表类别”，不能跨报表类别修改“103 行业代码”，不能跨省(区、市)修改“105、106”中的“区划代码”；“105、106”中的“城乡代码”根据 2013 年《统计用区划代码》提取生成。

(3) “191 单位规模”、“192 从业人员”和“193 企业主要经济指标”等指标数据由各级统计机构待相关报表数据确认后进行摘抄或计算取得。具体方法为：“192 从业人员”数据从 2013 年“从业人员及工资总额”(602-1 表)中的“从业人员期末人数(01)”和“其中：女性(02)”摘抄取得；“193 企业主要经济指标”数据分别从各行业 2013 年“财务状况”(603 表)中的“营业收入(301)”、“其中：主营业务收入(302)”和“资产总计(213)”摘抄取得；“191 单位规模”依据《统计上大中小微型企业划分办法》及“192 从业人员”和“193 企业主要经济指标”的数据计算取得。

从业人员及工资总额

表　　号：６０２－１表
制定机关：国家统计局
国务院经济普查办公室
文　　号：国统字（2013）56号
有效期至：２０１４年６月

组织机构代码□□□□□□□□-□
单位详细名称：　　　　２０１３年

指标名称	计量单位	代码	数量	指标名称	计量单位	代码	数量
甲	乙	丙	1	甲	乙	丙	1
一、从业人员	—	—		专业技术人员	人	77	
从业人员期末人数	人	01		办事人员和有关人员	人	78	
其中：女性	人	02		商业、服务业人员	人	79	
其中：非全日制	人	03		生产、运输设备操作人员及有关人员	人	80	
按人员类型分	—	—		二、工资总额	—	—	
在岗职工	人	05		从业人员工资总额	千元	12	
劳务派遣人员	人	06		按人员类型分	—	—	
其他从业人员	人	07		在岗职工	千元	13	
按职业类型分	—	—		基本工资	千元	14	
单位负责人	人	71		绩效工资	千元	15	
专业技术人员	人	72		工资性津贴和补贴	千元	16	
办事人员和有关人员	人	73		其他工资	千元	17	
商业、服务业人员	人	74		劳务派遣人员	千元	18	
生产、运输设备操作人员及有关人员	人	75		其他从业人员	千元	19	
从业人员平均人数	人	08		按职业类型分	—	—	
按人员类型分	—	—		单位负责人	千元	81	
在岗职工	人	09		专业技术人员	千元	82	
劳务派遣人员	人	10		办事人员和有关人员	千元	83	
其他从业人员	人	11		商业、服务业人员	千元	84	
按职业类型分	—	—		生产、运输设备操作人员及有关人员	千元	85	
单位负责人	人	76					

补充资料：

一、规模以上工业和有资质的建筑业法人单位填报

从事主营业务活动的从业人员期末人数(51)__________人

从事主营业务活动的从业人员平均人数(48)__________人

二、有资质的建筑业法人单位填报

总承包和专业承包法人单位从业人员期末人数：其中：工程技术人员(41)_______人

其中：一级建造师(42)________人

其中：现场施工人员(43)_______人

其中：持证上岗人员(44)_______人

劳务分包法人单位从业人员期末人数：其中：工程技术人员(46)______人

其中：现场施工人员(47)_____人

三、不能填报“从业人员”和“工资总额”数据的法人单位填报

发放工资的法人单位：组织机构代码(49)□□□□□□□□－□

单位详细名称(50)______________________________

单位负责人：　　统计负责人：　　填表人：　　联系电话：　　报出日期：２０　　年　　月　　日

说明：1.统计范围：辖区内规模以上工业、有资质的建筑业、限额以上批发和零售业、限额以上住宿和餐饮业、房地产开发经营业、重点服务业法人单位。

2.报送日期及方式：调查单位次年2月28日24时前网上填报；省级统计机构次年3月31日24时前完成数据审核、验收、上报。

3.本表“补充资料一”由规模以上工业、有资质的建筑业调查单位填报，其他行业调查单位免填；“补充资料二”由有资质的建筑业调查单位填报，其他行业调查单位免填；“补充资料三”由主表数据为空的调查单位填报。

4.审核关系：

(1)01≥02　(2)01≥03　(3)01=05+06+07　(4)08=09+10+11
(5)12=13+18+19　(6)13=14+15+16+17　(7)01>47　(8)01=71+72+73+74+75
(9)08=76+77+78+79+80　(10)12=81+82+83+84+85　(11)48≠0　(12)01>41
(13)01>42　(14)01>43　(15)01>46　(16)43≥44

规模以上工业法人单位财务状况

（非成本费用调查单位填报）

表　　号：B 6 0 3 － 1 表
制定机关：国　家　统　计　局
国务院经济普查办公室
文　　号：国统字（2013）56 号
有效期至：2 0 1 4 年 6 月
计量单位：千　元

组织机构代码□□□□□□□□-□
单位详细名称：　　　　2 0 1 3 年

指标名称	代码	本年	指标名称	代码	本年
甲	乙	1	甲	乙	1
一、年初存货	101		其他业务利润	311	
其中：产成品	102		销售费用	312	
二、期末资产负债	—		管理费用	313	
流动资产合计	201		其中：税金	314	
其中：应收账款	202		财务费用	317	
存货	205		其中：利息收入	318	
其中：产成品	206		利息支出	319	
在产品	207		资产减值损失	320	
固定资产合计	208		公允价值变动收益（损失以“-”号记）	321	
固定资产原价	209		投资收益（损失以“-”号记）	322	
累计折旧	210		营业利润	323	
其中：本年折旧	211		营业外收入	325	
在建工程	212		其中：补贴收入	324	
资产总计	213		营业外支出	326	
流动负债合计	214		利润总额	327	
其中：应付账款	215		应交所得税	328	
非流动负债合计	216		四、人工成本及增值税	—	
负债合计	217		应付职工薪酬（本年贷方累计发生额）	401	
所有者权益合计	218		应交增值税	402	
其中：实收资本	219		五、其他资料	—	
国家资本	220		工业总产值（当年价格）	601	
集体资本	221		工业销售产值（当年价格）	602	
法人资本	222		其中：出口交货值	603	
个人资本	223				
港澳台资本	224				
外商资本	225				
三、损益及分配	—				
营业收入	301				
其中：主营业务收入	302				
营业成本	307				
其中：主营业务成本	308				
营业税金及附加	309				
其中：主营业务税金及附加	310				

单位负责人：　　统计负责人：　　填表人：　　联系电话：　　报出日期：2 0　　年　　月　　日

说明：1. 统计范围：辖区内规模以上工业非成本费用调查法人单位。

2. 报送日期及方式：调查单位次年 2 月 28 日 24 时前网上填报；省级统计机构次年 4 月 15 日 24 时前完成数据审核、验收、上报。

3. 审核关系：

(1)年初存货(101)≥其中：产成品(102)

(2)流动资产合计(201)＞其中：应收账款(202)+其中：存货(205)

(3)存货(205)≥其中：产成品(206)+其中：在产品(207)

(4)资产总计(213)≥流动资产合计(201)+固定资产合计(208)

(5)流动负债合计(214)＞应付账款(215)

(6)负债合计(217)≥流动负债合计(214)

(7)所有者权益合计(218)=资产总计(213)-负债合计(217)

(8)所有者权益合计(218)＞实收资本(219)

(9)实收资本(219)=国家资本(220)+集体资本(221)+法人资本(222)+个人资本(223)+港澳台资本(224)
+外商资本(225)

(10)营业收入(301)≥其中：主营业务收入(302)

(11)营业成本(307)≥其中：主营业务成本(308)

(12)营业税金及附加(309)≥其中：主营业务税金及附加(310)

(13)管理费用(313)＞其中：税金(314)

(14)当利润总额(327)＞0时，利润总额(327)＞应交所得税(328)

(15)工业销售产值(602)≥其中：出口交货值(603)

(16)允许所有者权益合计(218)、财务费用(317)、其他业务利润(311)、营业利润(323)、投资收益(322)、利润总额(327)、应交增值税(402)小于0，并用“-”号表示。

规模以上工业法人单位成本费用

（成本费用调查单位填报）

表　　号：B603－2表
制定机关：国　家　统　计　局
国务院经济普查办公室
文　　号：国统字（2013）56号
有效期至：2014年6月
组织机构代码□□□□□□□□-□
单位详细名称：　　　　2013年　　　　计量单位：千　元

指标名称	代码	本年	指标名称	代码	本年
甲	乙	1	甲	乙	1
一、年初存货	101		水电费	820	
其中：产成品	102		其中：上缴的各项税费	821	
二、期末资产负债	—		机物料消耗	822	
流动资产合计	201		差旅费	823	
其中：应收账款	202		办公费	824	
存货	205		劳务费	825	
其中：产成品	206		邮政通信费	826	
在产品	207		外部加工费	827	
固定资产合计	208		社保费	828	
固定资产原价	209		其他制造费用	829	
累计折旧	210		其中：支付给个人部分	830	
其中：本年折旧	211		上交给政府部分	898	
在建工程	212		四、销售费用	312	
资产总计	213		运输费	831	
流动负债合计	214		装卸费	832	
其中：应付账款	215		包装费	833	
非流动负债合计	216		保险费	834	
负债合计	217		仓库保管费	835	
所有者权益合计	218		委托代销手续费	836	
其中：实收资本	219		广告费、展览费、宣传费	837	
国家资本	220		业务费	838	
集体资本	221		经营租赁费	839	
法人资本	222		销售服务费用	840	
个人资本	223		销售部门人员工资	841	
港澳台资本	224		销售部门人员福利费	842	
外商资本	225		差旅费	843	
三、制造成本	801		办公费	844	
直接材料消耗	802		邮政通信费	845	
直接人工	803		招待费	846	
其他直接费用	804		折旧费	847	
其中：支付给个人部分	805		修理费	848	
上交给政府部分	897		机物料消耗	849	
制造费用	806		低值易耗品摊销	850	
生产单位管理人员工资	807		社保费	851	
生产单位管理人员福利费	808		其他销售费用	852	
折旧费	809		其中：支付给个人部分	853	
修理费	810		上交给政府部分	899	
经营租赁费	811		五、管理费用	313	
保险费	812		公司经费	854	
取暖费	813		其中：行政管理人员工资	855	
运输费	814		行政管理人员福利费	856	
劳动保护费	815		折旧费	857	
其中：保健补贴、洗理费	816		差旅费	315	
工具摊销	817		办公费	858	
设计制图费	818		修理费	859	
研发、试验检验费	819		机物料消耗	860	
			低值易耗品摊销	861	
			工会经费	316	

续表

指标名称	代码	本年	指标名称	代码	本年
甲	乙	1	甲	乙	1
无形资产摊销	862		汇兑损失	894	
邮政通信费	863		金融服务和调剂外汇手续费	895	
印刷费	864		其他财务费用	896	
会议费	865		七、损益及分配	—	
水电费	866		营业收入	301	
其中：上缴的各项税费	867		其中：主营业务收入	302	
警卫消防费、人防基金	868		营业成本	307	
仓库经费	869		其中：主营业务成本	308	
劳动保护费	870		营业税金及附加	309	
其中：保健补贴、洗理费	871		其中：主营业务税金及附加	310	
上交管理费	872		其他业务利润	311	
职工取暖费和防暑降温费	873		资产减值损失	320	
劳务费	874		公允价值变动收益(损失以“-”号记)	321	
社保费	875		投资收益(损失以“-”号记)	322	
住房公积金和住房补贴	876		营业利润	323	
董事会费	877		营业外收入	325	
聘请中介机构费(审计费)	878		其中：补贴收入	324	
咨询费	879		营业外支出	326	
诉讼费	880		利润总额	327	
业务招待费	881		应交所得税	328	
税金	314		八、人工成本及增值税	—	
上交的各种专项费用	882		应付职工薪酬(本年贷方累计发生额)	401	
技术转让费	883		应交增值税	402	
职工教育经费	884		进项税额	403	
技术(研究)开发费	885		销项税额	404	
其中：支付科研人员的工资及福利费	886		九、其他资料	—	
汽车费支出	887		工业总产值(当年价格)	601	
排污费	888		工业销售产值(当年价格)	602	
绿化费	889		其中：出口交货值	603	
坏账准备	890				
存货跌价准备	891				
其他管理费用	892				
其中：支付给个人部分	893				
上交给政府部分	900				
六、财务费用	317				
利息收入	318				
利息支出	319				

单位负责人： 统计负责人： 填表人： 联系电话： 报出日期：2 0 年 月 日

说明：1. 统计范围：辖区内规模以上工业成本费用调查法人单位。

2. 报送日期及方式：调查单位次年 2 月 28 日 24 时前网上填报；省级统计机构次年 4 月 15 日 24 时前完成数据审核、验收、上报。

3. 审核关系：

(1)年初存货(101)≥其中：产成品(102)

(2)流动资产合计(201)＞其中：应收账款(202)+其中：存货(205)

(3)存货(205)≥其中：产成品(206)+其中：在产品(207)

(4)资产总计(213)≥流动资产合计(201)+固定资产合计(208)

(5)流动负债合计(214)＞应付账款(215)

(6)负债合计(217)≥流动负债合计(214)

(7)所有者权益合计(218)=资产总计(213)-负债合计(217)

(8)所有者权益合计(218)＞实收资本(219)

(9)实收资本(219)=国家资本(220)+集体资本(221)+法人资本(222)+个人资本(223)+港澳台资本(224)+外商资本(225)

(10)制造成本(801)=直接材料消耗(802)+直接人工(803)+其他直接费用(804)+制造费用(806)

(11)当其他直接费用(804)＞0 时，其他直接费用(804)＞其中：支付给个人部分(805)

(12)当其他直接费用(804)＞0 时，其他直接费用(804)＞其中：上交给政府部分(897)

(13)制造费用(806)=生产单位管理人员工资(807)+生产单位管理人员福利费(808)+折旧费(809)+修理费(810)
+经营租赁费(811)+保险费(812)+取暖费(813)+运输费(814)+劳动保护费(815)
+工具摊销(817)+设计制图费(818)+研发、试验检验费(819)+水电费(820)
+机物料消耗(822)+差旅费(823)+办公费(824)+劳务费(825)+邮政通信费(826)
+外部加工费(827)+社保费(828)+其他制造费用(829)

(14)劳动保护费(815)≥其中：保健补贴、洗理费(816)

(15)当水电费(820)＞0 时，水电费(820)＞其中：上缴的各项税费(821)

(16)当其他制造费用(829)＞0 时，其他制造费用(829)＞其中：支付给个人部分(830)

(17)当其他制造费用(829)＞0 时，其他制造费用(829)＞其中：上交给政府部分(898)

(18)销售费用(312)=运输费(831)+装卸费(832)+包装费(833)+保险费(834)+仓库管理费(835)
+委托代销手续费(836)+广告费、展览费、宣传费(837)+业务费(838)+经营租赁费(839)
+销售服务费用(840)+销售部门人员工资(841)+销售部门人员福利费(842)+差旅费(843)
+办公费(844)+邮政通信费(845)+招待费(846)+折旧费(847)+修理费(848)+物料消耗(849)
+低值易耗品摊销(850)+社保费(851)+其他销售费用(852)

(19)当其他销售费用(852)＞0 时，其他销售费用(852)＞其中：支付给个人部分(853)

(20)当其他销售费用(852)＞0 时，其他销售费用(852)＞其中：上交给政府部分(899)

(21)管理费用(313)=公司经费(854)+工会经费(316)+无形资产摊销(862)+邮政通信费(863)+印刷费(864)
+会议费(865)+水电费(866)+警卫消防费、人防基金(868)+仓库经费(869)+劳动保护费(870)
+上交管理费(872)+职工取暖费和防暑降温费(873)+劳务费(874)+社保费(875)
+住房公积金和住房补贴(876)+董事会费(877)+聘请中介机构费(审计费)(878)
+咨询费(879)+诉讼费(880)+业务招待费(881)+税金(314)+上交的各种专项费用(882)
+技术转让费(883)+职工教育经费(884)+技术(研究)开发费(885)+汽车费支出(887)
+排污费(888)+绿化费(889)+坏账准备(890)+存货跌价准备(891)+其他管理费用(892)

(22)公司经费(854)＞行政管理人员工资(855)+行政管理人员福利费(856)+折旧费(857)+差旅费(315)
+办公费(858)+修理费(859)+机物料消耗(860)+低值易耗品摊销(861)

(23)当水电费(866)＞0 时，水电费(866)＞其中：上缴的各项税费(867)

(24)劳动保护费(870)≥其中：保健补贴、洗理费(871)

(25)当技术(研究)开发费(885)＞0 时，技术(研究)开发费(885)＞其中：支付科研人员的工资及福利费(886)

(26)当其他管理费用(892)＞0 时，其他管理费用(892)＞其中：支付给个人部分(893)

(27)当其他管理费用(892)＞0 时，其他管理费用(892)＞其中：上交给政府部分(900)

(28)财务费用(317)=利息支出(319)-利息收入(318)+汇兑损失(894)+金融服务和调剂外汇手续费(895)
+其他财务费用(896)

(29)营业收入(301)≥其中：主营业务收入(302)

(30)营业成本(307)≥其中：主营业务成本(308)

(31)营业税金及附加(309)≥其中：主营业务税金及附加(310)

(32)工业销售产值(602)≥其中：出口交货值(603)

(33)允许所有者权益合计(218)、其他业务利润(311)、财务费用(317)、公允价值变动收益(321)、投资收益(322)、营业利润(323)、利润总额(327)、应交增值税(402)小于 0，并用“-”号表示。

规模以上工业法人单位产品生产、销售、库存情况

表　　号：B604—1表
制定机关：国家统计局
国务院经济普查办公室
组织机构代码□□□□□□□□-□　　文　　号：国统字（2013）56号
单位详细名称：　　2013年　　有效期至：2014年6月

产品名称	计量单位	产品代码	年初库存量	本年生产量	本年销售量	本年销售金额(千元)	实际销售平均单价(元)	企业自用及其他	年末库存量
甲	乙	丙	1	2	3	4	5	6	7

单位负责人：　统计负责人：　填表人：　联系电话：　报出日期：20　年　月　日

说明：1.统计范围：辖区内规模以上工业法人单位。

2.报送日期及方式：调查单位次年2月28日24时前网上填报；省级统计机构次年4月15日24时前完成数据审核、验收、上报。

3.本表甲栏下按《规模以上工业产品生产、销售、库存目录》填报。

4.“实际销售平均单价(元)”为计算指标，计算公式为：5=4/3×1000，调查单位免填。

规模以上工业法人单位主要工业产品生产能力

表　　号：B604—3表
制定机关：国家统计局
国务院经济普查办公室
组织机构代码□□□□□□□□-□　　文　　号：国统字（2013）56号
单位详细名称：　　2013年　　有效期至：2014年6月

产品名称	计量单位	产品代码	年初生产能力	年末生产能力	产品产量
甲	乙	丙	1	2	3

单位负责人：　统计负责人：　填表人：　联系电话：　报出日期：20　年　月　日

说明：1.统计范围：辖区内规模以上工业法人单位。

2.报送日期及方式：调查单位次年2月28日24时前网上填报；省级统计机构次年4月15日24时前完成数据审核、验收、上报。

3.本表甲栏下按《主要工业产品生产能力目录》填报。

有总承包和专业承包资质的建筑业法人单位财务状况

表　　号：C 6 0 3 表
制定机关：国家统计局
国务院经济普查办公室
文　　号：国统字（2013）56 号
有效期至：2 0 1 4 年 6 月
计量单位：千　元

组织机构代码□□□□□□□□-□
单位详细名称：　　　　2 0 1 3 年

指标名称	代码	本年	指标名称	代码	本年
甲	乙	1	甲	乙	1
一、年初存货	101		营业成本	307	
二、期末资产负债	—		其中：主营业务成本	308	
流动资产合计	201		营业税金及附加	309	
其中：应收工程款	203		其中：主营业务税金及附加	310	
存货	205		其他业务利润	311	
固定资产合计	208		销售费用	312	
固定资产减值准备	226		管理费用	313	
固定资产原价	209		其中：税金	314	
累计折旧	210		财务费用	317	
其中：本年折旧	211		其中：利息收入	318	
在建工程	212		利息支出	319	
资产总计	213		资产减值损失	320	
流动负债合计	214		公允价值变动收益（损失以“-”号记）	321	
其中：应付账款	215		投资收益（损失以“-”号记）	322	
非流动负债合计	216		营业利润	323	
负债合计	217		营业外收入	324	
所有者权益合计	218		其中：补贴收入	325	
其中：实收资本	219		营业外支出	326	
国家资本	220		利润总额	327	
集体资本	221		应交所得税	328	
法人资本	222		四、人工成本	—	
个人资本	223		应付职工薪酬（本年贷方累计发生额）	401	
港澳台资本	224		五、其他资料	—	
外商资本	225		建筑业企业在境外完成的营业收入	611	
三、损益及分配	—				
营业收入	301				
其中：主营业务收入	302				

单位负责人：　　统计负责人：　　填表人：　　联系电话：　　报出日期：2 0　年　月　日

说明：1. 统计范围：辖区内有总承包和专业承包资质的建筑业法人单位。

2. 报送日期及方式：调查单位次年 2 月 28 日 24 时前网上填报；省级统计机构次年 4 月 15 日 24 时前完成数据审核、验收、上报。

3. 审核关系：

(1) 201≥203+205　(2) 210≥211　(3) 208≥(209-210)+212

(4) 213≥201+208　(5) 214≥215　(6) 217≥214+216　(7) 218≥219

(8) 218=213-217　(9) 219=220+221+222+223+224+225　(10) 301≥302

(11) 307≥308　(12) 309≥310　(13) 313≥314

(14) 323≥301-307-309-312-313-317

有总承包和专业承包资质的建筑业法人单位生产经营情况

表　　号：C 6 0 4 — 1 表
制定机关：国　家　统　计　局
国务院经济普查办公室
文　　号：国统字（2013）56 号
有效期至：2 0 1 4 年 6 月

组织机构代码□□□□□□□□-□
单位详细名称：　　　　2 0 1 3 年

指标名称	计量单位	代码	本年	指标名称	计量单位	代码	本年
甲	乙	丙	1	甲	乙	丙	1
一、建筑业合同情况	—	—		五、房屋施工面积	平方米	15	
签订合同额	千元	01		其中：新开工面积	平方米	16	
上年结转合同额	千元	02		其中：实行投标承包面积	平方米	17	
本年新签合同额	千元	03		其中：新开工面积	平方米	18	
二、承包工程完成情况	—	—		六、年末自有施工机械设备	—	—	
直接从建设单位承揽工程完成的产值	千元	04		净值	千元	19	
自行完成施工产值	千元	05		总台数	台	20	
分包出去工程的产值	千元	06		总功率	千瓦	21	
从建设单位以外承揽工程完成的产值	千元	07		七、主要建筑材料消耗量	—	—	
三、建筑业总产值	千元	08		钢材	吨	22	
其中：装饰装修产值	千元	09		木材	立方米	23	
其中：在外省完成的产值	千元	10		水泥	吨	24	
建筑工程产值	千元	11		平板玻璃	重量箱	25	
安装工程产值	千元	12			平方米	26	
其他产值	千元	13		铝材	吨	27	
四、竣工产值	千元	14		八、企业总产值	千元	28	

在外省完成的产值

省(自治区、直辖市)名称	代码	建筑业总产值(千元)
甲	乙	41

单位负责人：　　统计负责人：　　填表人：　　联系电话：　　报出日期：2 0　年　月　日

说明：1. 统计范围：辖区内有总承包和专业承包资质的建筑业法人单位。

2. 报送日期间及方式：调查单位次年 2 月 28 日 24 时前网上填报；省级统计机构次年 4 月 15 日 24 时前完成数据审核、验收、上报。

3. 本表“在外省完成的产值”甲栏下按《省(自治区、直辖市)目录》填报。

4. 审核关系：

(1) 01=02+03　(2) 04=05+06　(3) 08=05+07　(4) 08=11+12+13　(5) 08≥09

(6) 08≥10　(7) 15≥16　(8) 15≥17　(9) 17≥18

有总承包和专业承包资质的建筑业法人单位房屋竣工面积及价值

表　　号：　C 6 0 4 － 2 表
制定机关：　国家统计局
　　　　　　国务院经济普查办公室
文　　号：　国统字（2013）56 号
有效期至：　2 0 1 4 年 6 月

组织机构代码□□□□□□□□-□
单位详细名称：　　　　　　　　2 0 1 3 年

房屋建筑分类	代码	本年	
		房屋竣工面积（平方米）	房屋竣工价值（千元）
甲	乙	1	2
合计	01		

单位负责人：　统计负责人：　填表人：　联系电话：　报出日期：2 0　年　月　日

说明：1. 统计范围：辖区内有总承包和专业承包资质的建筑业法人单位。

2. 报送日期及方式：调查单位次年 2 月 28 日 24 时前网上填报；省级统计机构次年 4 月 15 日 24 时前完成数据审核、验收、上报。

3. 本表甲栏合计下按《房屋建筑分类目录》填报，目录中带*的为暂未列入《统计用产品分类目录》的建筑业产品。

劳务分包建筑业法人单位生产经营情况

表　　号：	C604－3表
制定机关：	国家统计局 国务院经济普查办公室
文　　号：	国统字（2013）56号
有效期至：	2014年6月

组织机构代码□□□□□□□□-□

单位详细名称：　　　　　　　　　　2013年

财务状况

指标名称	计量单位	代码	本年	指标名称	计量单位	代码	本年
甲	乙	丙	1	甲	乙	丙	1
一、期末资产负债	—	—		管理费用	千元	313	
固定资产原价	千元	209		其中：税金	千元	314	
本年折旧	千元	211		财务费用	千元	317	
资产总计	千元	213		营业利润	千元	323	
负债合计	千元	217		利润总额	千元	327	
实收资本	千元	219		三、人工成本	—	—	
二、损益及分配	—	—		应付职工薪酬(本年贷方累计发生额)	千元	401	
营业收入	千元	301					
其中：主营业务收入	千元	302					
营业成本	千元	307					
其中：主营业务成本	千元	308					
营业税金及附加	千元	309					
其中：主营业务税金及附加	千元	310					
销售费用	千元	312					

产值完成情况

指标名称	计量单位	代码	本年
甲	乙	丙	1
建筑业总产值	千元	708	
其中：装饰装修产值	千元	709	

单位负责人：　　统计负责人：　　填表人：　　联系电话：　　报出日期：20　年　月　日

说明：1. 统计范围：辖区内有劳务分包资质的建筑业法人单位。

2. 报送日期及方式：调查单位次年2月28日24时前网上填报；省级统计机构次年4月15日24时前完成数据审核、验收、上报。

3. 审核关系：

(1) 301≥302　(2) 307≥308　(3) 309≥310　(4) 313≥314

(5) 323≥301-307-309-312-313-317　(6) 708≥709

限额以上批发和零售业法人单位财务状况

表　　号：E603表
制定机关：国家统计局
国务院经济普查办公室
文　　号：国统字(2013)56号
有效期至：2014年6月

组织机构代码□□□□□□□□-□
单位详细名称：　　　　2013年　　　　计量单位：千元

指标名称	代码	本年	指标名称	代码	本年
甲	乙	1	甲	乙	1
一、年初存货	101		营业成本	307	
二、期末资产负债	—		其中：主营业务成本	308	
流动资产合计	201		营业税金及附加	309	
其中：应收账款	202		其中：主营业务税金及附加	310	
存货	205		其他业务利润	311	
固定资产合计	208		销售费用	312	
固定资产原价	209		管理费用	313	
累计折旧	210		其中：税金	314	
其中：本年折旧	211		财务费用	317	
在建工程	212		其中：利息收入	318	
资产总计	213		利息支出	319	
流动负债合计	214		资产减值损失	320	
其中：应付账款	215		公允价值变动收益(损失以“-”号记)	321	
非流动负债合计	216		投资收益(损失以“-”号记)	322	
负债合计	217		营业利润	323	
所有者权益合计	218		营业外收入	325	
其中：实收资本	219		其中：补贴收入	324	
国家资本	220		利润总额	327	
集体资本	221		应交所得税	328	
法人资本	222		四、人工成本及增值税	—	
个人资本	223		应付职工薪酬(本年贷方累计发生额)	401	
港澳台资本	224		应交增值税	402	
外商资本	225				
三、损益及分配	—				
营业收入	301				
其中：主营业务收入	302				

单位负责人：　　统计负责人：　　填表人：　　联系电话：　　报出日期：20　年　月　日

说明：1. 统计范围：辖区内限额以上批发和零售业法人单位。

2. 报送日期及方式：调查单位次年2月28日24时前网上填报；省级统计机构次年4月15日24时前完成数据审核、验收、上报。

3. 审核关系：

(1)201≥202+205　(2)如果执行2006年《企业会计准则》，则：208=209-210

(3)如果未执行2006年《企业会计准则》，则：208≥209-210

(4)210≥211　(5)213=217+218　(6)213≥201+208　(7)214≥215　(8)219=220+221+222+223+224+225

(9)301≥302　(10)307≥308　(11)309≥310　(12)313>314

限额以上批发和零售业法人单位商品购进、销售和库存

表　　号：E604－1表
制定机关：国家统计局
国务院经济普查办公室
文　　号：国统字(2013)56号
有效期至：2014年6月

组织机构代码□□□□□□□□-□
单位详细名称：　　　　2013年

指标名称	计量单位	代码	本年
甲	乙	丙	1
商品购进额	千元	01	
其中：进口	千元	02	
商品销售额	千元	03	
批发额	千元	04	
其中：出口	千元	05	
零售额	千元	06	
期末商品库存额	千元	07	

单位负责人：　　统计负责人：　　填表人：　　联系电话：　　报出日期：20　年　月　日

说明：1. 统计范围：辖区内限额以上批发和零售业法人单位。

2. 报送日期及方式：调查单位次年2月28日24时前网上填报；省级统计机构次年4月15日24时前完成数据审核、验收、上报。

3. 审核关系：

(1)本表填报数据大于或等于零

(2)01≥02　(3)03＝04+06　(4)04≥05　(5)07≥01-03

限额以上住宿和餐饮业法人单位财务状况

表　　号：S 6 0 3 表
制定机关：国 家 统 计 局
国务院经济普查办公室
文　　号：国统字（2013）56 号
有效期至：2 0 1 4 年 6 月

组织机构代码□□□□□□□□-□
单位详细名称：　　　　　　　　2 0 1 3 年　　　　　　计量单位：千　元

指标名称	代码	本年	指标名称	代码	本年
甲	乙	1	甲	乙	1
一、年初存货	101		营业成本	307	
二、期末资产负债	—		其中：主营业务成本	308	
流动资产合计	201		营业税金及附加	309	
其中：应收账款	202		其中：主营业务税金及附加	310	
存货	205		其他业务利润	311	
固定资产合计	208		销售费用	312	
固定资产原价	209		管理费用	313	
累计折旧	210		其中：税金	314	
其中：本年折旧	211		财务费用	317	
在建工程	212		其中：利息收入	318	
资产总计	213		利息支出	319	
流动负债合计	214		资产减值损失	320	
其中：应付账款	215		公允价值变动收益（损失以“-”号记）	321	
非流动负债合计	216		投资收益（损失以“-”号记）	322	
负债合计	217		营业利润	323	
所有者权益合计	218		营业外收入	325	
其中：实收资本	219		其中：补贴收入	324	
国家资本	220		利润总额	327	
集体资本	221		应交所得税	328	
法人资本	222		四、人工成本	—	
个人资本	223		应付职工薪酬（本年贷方累计发生额）	401	
港澳台资本	224				
外商资本	225				
三、损益及分配	—				
营业收入	301				
其中：主营业务收入	302				

单位负责人：　　统计负责人：　　填表人：　　联系电话：　　报出日期：2 0　年　月　日

说明：1. 统计范围：辖区内限额以上住宿和餐饮业法人单位。

2. 报送日期及方式：调查单位次年 2 月 28 日 24 时前网上填报；省级统计机构次年 4 月 15 日 24 时前完成数据审核、验收、上报。

3. 审核关系：

（1）201≥202+205　（2）如果执行 2006 年《企业会计准则》，则：208=209-210

（3）如果未执行 2006 年《企业会计准则》，则：208≥209-210

（4）210≥211　（5）213=217+218　（6）213≥201+208　（7）214≥215

（8）219=220+221+222+223+224+225　（9）301≥302　（10）307≥308

（11）309≥310　（12）313＞314

限额以上住宿和餐饮业法人单位经营情况

表　　号：　S604－1表
制定机关：　国　家　统　计　局
　　　　　　国务院经济普查办公室
文　　号：　国统字（2013）56号
有效期至：　2014年6月

组织机构代码□□□□□□□□－□
单位详细名称：　　　　　　　　　2013年

指标名称	计量单位	代码	本年
甲	乙	丙	1
营业额	千元	01	
客房收入	千元	02	
餐费收入	千元	03	
商品销售额	千元	04	
其他收入	千元	05	

补充资料：
客房数(11) ____________间　　床位数(12) ____________个　　餐位数(13) ____________位

单位负责人：　　统计负责人：　　填表人：　　联系电话：　　报出日期：20　　年　　月　　日

说明：1.统计范围：辖区内限额以上住宿和餐饮业法人单位。

2.报送日期及方式：调查单位次年2月28日24时前网上填报；省级统计机构次年4月15日24时前完成数据审核、验收、上报。

3.审核关系：

(1)本表填报的数据必须大于或等于零

(2)01=02+03+04+05　　(3)11≤12

房地产开发经营法人单位财务状况

表　　号：X 6 0 3 表
制定机关：国家统计局
国务院经济普查办公室
文　　号：国统字（2013）56 号
有效期至：2 0 1 4 年 6 月
计量单位：千　元

组织机构代码□□□□□□□□-□
单位详细名称：　　　　2 0 1 3 年

指标名称	代码	本年	指标名称	代码	本年
甲	乙	1	甲	乙	1
一、年初存货	101		营业成本	307	
二、期末资产负债	—		其中：主营业务成本	308	
流动资产合计	201		营业税金及附加	309	
其中：应收账款	202		其中：主营业务税金及附加	310	
存货	205		其他业务利润	311	
固定资产合计	208		销售费用	312	
固定资产原价	209		管理费用	313	
累计折旧	210		其中：税金	314	
其中：本年折旧	211		财务费用	317	
在建工程	212		其中：利息收入	318	
资产总计	213		利息支出	319	
流动负债合计	214		资产减值损失	320	
其中：应付账款	215		公允价值变动收益（损失以“-”号记）	321	
非流动负债合计	216		投资收益（损失以“-”号记）	322	
负债合计	217		营业利润	323	
所有者权益合计	218		营业外收入	325	
其中：实收资本	219		其中：补贴收入	324	
三、损益及分配	—		营业外支出	326	
营业收入	301		利润总额	327	
其中：主营业务收入	302		应交所得税	328	
土地转让收入	303		四、人工成本	—	
商品房销售收入	304		应付职工薪酬（本年贷方累计发生额）	401	
房屋出租收入	305				
其他收入	306				

单位负责人：　　统计负责人：　　填表人：　　联系电话：　　报出日期：2 0　　年　　月　　日

说明：1. 统计范围：辖区内全部房地产开发经营法人单位。

2. 报送日期及方式：调查单位次年 2 月 28 日 24 时前网上填报；省级统计机构次年 4 月 15 日 24 时前完成数据审核、验收、上报。

3. 审核关系：

(1) 201≥205　(2) 210≥211　(3) 213=217+218　(4) 213≥201+209-210

(5) 218≥219　(6) 302=303+304+305+306　(7) 309≥310　(8) 313≥314

(9) 317≥319-318

房地产开发项目经营情况

表　　号：　X604－1表
制定机关：　国　家　统　计　局
　　　　　　国务院经济普查办公室
组织机构代码□□□□□□□□-□　　文　　号：　国统字(2013)56号
单位详细名称：　　2013年　　有效期至：　2014年6月

项目基本情况

01	项目代码　□□□□□□□□-□□□□	02	项目名称________
03	项目建设所在地及区划　　区划代码　□□□□□□□□□□□□ ______省(自治区、直辖市)______地(区、市、州、盟)______县(区、市、旗) ______乡(镇)______街(村)、门牌号		
04	项目开工时间______年____月	05	项目竣工时间______年____月
066	项目所在地土地级别　□□	077	项目属性　□　1 纯商品住宅　2 其他

项目规划情况

指标名称	计量单位	代码	数量	指标名称	计量单位	代码	数量
甲	乙	丙	1	甲	乙	丙	1
项目规划占地面积	平方米	06		规划住宅套数	套	08	
容积率	—	061		其中：90平方米及以下	套	081	
项目规划建筑面积	平方米	07		144平方米以上	套	083	
住宅	平方米	071		其中：别墅、高档公寓	套	084	
商业营业用房	平方米	072					
办公楼	平方米	073					
其他	平方米	074					

项目投资完成情况

指标名称	计量单位、	代码	数量	指标名称	计量单位	代码	数量
甲	乙	丙	1	甲	乙	丙	1
计划总投资	万元	101		按工程用途分：	—	—	
自开始建设累计完成投资	万元	103		住宅	万元	118	
本年完成投资	万元	107		其中：90平方米及以下	万元	117	
按构成分：	—	—		144平方米以上	万元	129	
建筑工程	万元	108		其中：别墅、高档公寓	万元	119	
安装工程	万元	109		办公楼	万元	121	
设备工器具购置	万元	110		商业营业用房	万元	122	
其他费用	万元	112		其他	万元	123	
其中：旧建筑物购置费	万元	113		本年新增固定资产	万元	128	
土地购置费	万元	114					

续表

项目房屋面积施工、销售及待售情况

指标名称	计量单位	代码	合计	按用途分						
				住宅	户型结构		其中：别墅、高档公寓	办公楼	商业营业用房	其他
					其中：90平方米及以下	其中：144平方米以上				
甲	乙	丙	1	2	3	4	5	6	7	8
房屋施工面积	平方米	601								
其中：本年新开工面积	平方米	602								
本年房屋竣工面积	平方米	603								
其中：不可销售面积	平方米	604								
本年住宅竣工套数	套	605	—					—	—	—
本年房屋竣工价值	万元	608								
本年批准预售面积	平方米	626								
本年批准预售住宅套数	套	627	—					—	—	—
房屋出租面积	平方米	609								
本年商品房销售面积	平方米	610								
现房销售面积	平方米	611								
期房销售面积	平方米	612								
本年商品房销售额	万元	613								
现房销售额	万元	614								
期房销售额	万元	615								
本年商品住宅销售套数	套	616	—					—	—	—
现房销售套数	套	617	—					—	—	—
期房销售套数	套	618	—					—	—	—
待售面积	平方米	623								
其中：待售1-3年(含1年)	平方米	624								
待售3年以上(含3年)	平方米	625								

单位负责人：　　统计负责人：　　填表人：　　联系电话：　　报出日期：20　年　月　日

说明：1. 统计范围：辖区内全部房地产开发经营业法人单位，一个项目填报一张表。

2. 报送日期及方式：调查单位次年1月7日24时前网上填报；省级统计机构次年1月10日24时前完成数据审核、验收、上报。

3. 本表除“项目基本情况”、“项目规划情况”、“计划总投资”、“自开始建设累计完成投资”、“房屋出租面积”、“待售面积”、“待售1-3年(含1年)”和“待售3年以上(含3年)”指标外，其他指标均为年初至报告期末累计数。

4. 审核关系：

“项目规划和投资完成情况”：

(1) 07=071+072+073+074　(2) 08≥081+083　(3) 08≥084　(4) 103≥107

(5) 107=108+109+110+112　(6) 112≥113+114　(7) 107=118+121+122+123　(8) 118≥117+129

(9) 118≥119

“项目房屋面积施工、销售及待售情况”主栏：

(1) 601 ≥ 602　(2) 603 ≥ 604　(3) 610=611+612　(4) 613=614+615　(5) 616=617+618

(6) 623≥624+625

“项目房屋面积施工、销售及待售情况”宾栏：

(1) 1=2+6+7+8　(2) 2≥3+4　(3) 2≥5

房地产开发法人单位资金和土地情况

表　　号：　X 6 0 4 — 2 表
制定机关：　国　家　统　计　局
　　　　　　国务院经济普查办公室
组织机构代码□□□□□□□□-□
单位详细名称：　　　　　　　　　　文　　号：　国统字（2013）56 号
项目个数(80)□□□　　　　　2 0 1 3 年　　有效期至：　2 0 1 4 年 6 月

指标名称	计量单位	代码	数量
甲	乙	丙	1
本年实际到位资金合计	万元	301	
上年末结余资金	万元	302	
本年实际到位资金小计	万元	303	
国内贷款	万元	305	
银行贷款	万元	322	
非银行金融机构贷款	万元	325	
利用外资	万元	307	
其中：外商直接投资	万元	308	
自筹资金	万元	311	
其中：自有资金	万元	316	
股东投入资金	万元	326	
借入资金	万元	327	
其他资金来源	万元	318	
其中：定金及预收款	万元	323	
个人按揭贷款	万元	324	
本年各项应付款合计	万元	320	
其中：工程款	万元	321	
待开发土地面积	平方米	403	
本年土地购置面积	平方米	404	
本年土地成交价款	万元	405	
其中：拆迁补偿费	万元	406	
土地使用权出让金	万元	407	
契税	万元	408	

单位负责人：　　统计负责人：　　填表人：　　联系电话：　　　　报出日期：2 0　　年　　月　　日

说明：1. 统计范围：辖区内全部房地产开发经营业法人单位，一个法人单位填报一张表，包括本单位全部资金到位情况。

2. 报送日期及方式：调查单位次年 1 月 7 日 24 时前网上填报；省级统计机构次年 1 月 10 日 24 时前完成数据审核、验收、上报。

3. 本表除“上年末结余资金”和“待开发土地面积”指标外，其他指标均为年初至报告期末累计数。

4. 审核关系：

(1) 301＝302+303　(2) 302≥0　(3) 303＝305+307+311+318　(4) 305=322+325

(5) 307≥308　(6) 311≥316+326+327　(7) 318≥323+324

(8) 320≥321　(9) 405≥406+407

重点服务业法人单位财务状况

表　　号：　F 6 0 3 表
制定机关：　国 家 统 计 局
　　　　　　国务院经济普查办公室
文　　号：　国统字(2013)56 号
有效期至：　2 0 1 4 年 6 月
计量单位：　千　元

组织机构代码□□□□□□□□-□
单位详细名称：　　　　2 0 1 3 年

指标名称	代码	本　年	上年同期
甲	乙	1	2
一、年初存货	101		
二、期末资产负债	—		
固定资产原价	209		
本年折旧	211		
资产总计	213		
负债合计	217		
所有者权益合计	218		
三、损益及分配	—		
营业收入	301		
其中：主营业务收入	302		
营业成本	307		
其中：主营业务成本	308		
营业税金及附加	309		
其中：主营业务税金及附加	310		
销售费用	312		
管理费用	313		
其中：税金	314		
财务费用	317		
其中：利息收入	318		
利息支出	319		
投资收益(损失以“-”号记)	322		
营业利润	323		
利润总额	327		
应交所得税	328		
四、人工成本及增值税	—		
应付职工薪酬(本年贷方累计发生额)	401		
应交增值税	402		

单位负责人：　　统计负责人：　　填表人：　　联系电话：　　报出日期：2 0 　年　月　日

说明：1. 统计范围：辖区内重点服务业法人单位。包括：交通运输、仓储和邮政业，信息传输、软件和信息技术服务业，租赁和商务服务业，科学研究和技术服务业，水利、环境和公共设施管理业，居民服务、修理和其他服务业，教育，卫生和社会工作，文化、体育和娱乐业；以及物业管理、房地产中介服务等行业。

2. 报送日期及方式：调查单位次年 2 月 28 日 24 时前网上填报；省级统计机构次年 4 月 15 日 24 时前完成数据审核、验收、上报。

3. 本表“上年同期”数据由调查单位自行填报。

4. 审核关系：

(1)218=213-217　(2)301≥302　(3) 307≥308　(4)309≥310

(5)313＞314　(6)当 327＞0 时，327＞328

规模以上工业法人单位能源购进、消费与库存

表　号：605－1表
制定机关：国家统计局
国务院经济普查办公室
文　号：国统字（2013）56号
有效期至：2014年6月

组织机构代码□□□□□□□□-□
单位详细名称：　　　　2013年

能源名称	计量单位	代码	年初库存量	购进量		消费量					期末库存量	采用折标系数	参考折标系数
				实物量	金额（千元）	合计	1.工业生产消费	用于原材料	2.非工业生产消费	合计中：运输工具消费			
甲	乙	丙	1	2	3	4	5	6	7	8	9	10	丁

补充资料：

上年同期：综合能源消费量(41)________吨标准煤　　工业总产值（当年价）(42)________千元
非工业生产消费(43)________吨标准煤　　电力消费合计(44)____________万千瓦时
工业生产电力消费(45)________万千瓦时　　电力产出(46)____________万千瓦时
火力发电投入(47)________吨标准煤

本　期：综合能源消费量(48)________吨标准煤　　工业总产值（当年价）(49)________千元

单位负责人：　　统计负责人：　　填表人：　　联系电话：　　报出日期：20　年　月　日

说明：1.统计范围：辖区内规模以上工业法人单位。

2.报送日期及方式：调查单位次年1月7日24时前网上填报；省级统计机构次年1月10日12时前完成数据审核、验收、上报。

3.本表甲栏下按《工业企业能源购进、消费与库存目录》填报。

4.本表“上年同期”数据统一由国家统计局或省级统计机构复制，调查单位和各级统计机构均不得修改；本年新增的调查单位自行填报“上年同期”数据。

5.综合能源消费量计算方法：

(1)没有能源加工转换活动或回收利用的调查单位：

综合能源消费量(48)=工业生产消费(本表第5列能源合计)

(2)有能源加工转换活动或回收利用的调查单位：

综合能源消费量(48)=工业生产消费(本表第5列能源合计)-能源加工转换产出(605-2表第11列能源合计)-回收利用（605-2表第12列能源合计）

规模以上工业法人单位能源购进、消费与库存附表

表　　号：605－2表
制定机关：国家统计局
国务院经济普查办公室
文　　号：国统字（2013）56号
有效期至：2014年6月

组织机构代码□□□□□□□□-□
单位详细名称：　　　　　　　　　　　2013年

能源名称	计量单位	代码	工业生产消费量	加工转换投入合计	火力发电	供热	原煤入洗	炼焦	炼油及煤制油	制气	天然气液化	加工煤制品	能源加工转换产出	回收利用
甲	乙	丙	1	2	3	4	5	6	7	8	9	10	11	12

单位负责人：　　统计负责人：　　填表人：　　联系电话：　　报出日期：20　年　月　日

说明：1.统计范围：辖区内有能源加工转换活动或回收利用的规模以上工业法人单位。

2.报送日期及方式：调查单位次年1月7日24时前网上填报；省级统计机构次年1月10日12时前完成数据审核、验收、上报。

3.本表甲栏下按《工业企业能源购进、消费与库存目录》填报。

4.审核关系：

(1)工业生产消费量与605-1表的工业生产消费量数值一致

(2)加工转换投入合计=火力发电投入+供热投入+原煤入洗投入+炼焦投入+炼油及煤制油投入+制气投入+天然气液化投入+加工煤制品投入

主要耗能工业企业单位产品能源消耗情况

表　　号：6　0　5　—　3　表
制定机关：国　家　统　计　局
国务院经济普查办公室
文　　号：国统字(2013)56 号
有效期至：2　0　1　4　年　6　月

组织机构代码□□□□□□□□—□
单位详细名称：　　　　　　　　　　2013 年

单位产品能耗名称	计量单位			代码	单位换算系数	本期			上年同期		
	指标单位	子项单位	母项单位			指标值	子项值	母项值	指标值	子项值	母项值
甲	乙	丙	丁	戊	1	2	3	4	5	6	7

单位负责人：　　统计负责人：　　填表人：　　联系电话：　　报出日期：20　年　月　日

说明：1. 统计范围：辖区内年综合能源消费量 1 万吨标准煤及以上的规模以上工业法人单位。

2. 报送日期及方式：调查单位次年 1 月 7 日 24 时前网上填报；省级统计机构 1 月 13 日 12 时前完成数据审核、验收、上报。

3. 本表“上年同期”数据统一由国家统计局或省级统计机构复制，调查单位和各级统计机构均不得修改；本年新增的调查单位自行填报“上年同期”数据。

4. 本表甲栏下按《主要耗能工业企业单位产品能源消耗情况目录》填报。

5. 审核关系：

指标值=子项值/母项值×单位换算系数

规模以上工业法人单位用水情况

表　　号：　6　0　5　—　4　表
制定机关：　国　家　统　计　局
国务院经济普查办公室
文　　号：　国统字(2013)56 号
有效期至：　2　0　1　4　年　6　月

组织机构代码□□□□□□□□-□
单位详细名称：　　　　　　　　2 0 1 3 年

指标名称	代码	取水量 (立方米)			外供水量 (立方米)
			支付费用的取水量 (立方米)	取水支付金额 (千元)	
甲	乙	1	2	3	4
合计	00				

补充资料：
重复用水量(11)____________立方米　　河湖海冷却直排水量(12)____________立方米
废水排放量(13)____________立方米

单位负责人：　统计负责人：　填表人：　联系电话：　报出日期：20　年　月　日

说明：1. 统计范围：辖区内规模以上工业法人单位。

2. 报送日期及方式：调查单位次年 2 月 20 日 24 时前网上填报；省级统计机构次年 2 月 28 日 12 时前完成数据审核、验收、上报。

3. 本表甲栏合计下按《工业企业用水目录》填报。

4. 审核关系：

(1) 合计＝陆地地表水+地下水+自来水+海水+其他水

(2) 取水量≥支付费用的取水量

(3) 取水量≥外供水量+废水排放量

5. 其他

(1) 自来水生产企业的取水量包括为加工自来水所提取的陆地地表水、地下水和其他自来水厂供应的自来水。

(2) 污水处理企业的取水量包括需处理的污水(填报在其他水中)，外供水量中包括经加工的外供再生水(中水)，但经处理后排放的废水不作外供水量统计(统计在废水排放量中)。

(3) 企业的废水供污水处理厂处理，作废水排放量统计，不作为外供水量统计。

(4) 海水淡化企业取水量包括为加工淡化水所提取的海水，外供水量中包括经加工的外供淡化水。

非工业单位能源消费情况

表　　号：　6　0　5　—　5　表
制定机关：　国　家　统　计　局
　　　　　　国务院经济普查办公室
文　　号：　国统字（2013）56 号
有效期至：　2　0　1　4　年　6　月

组织机构代码□□□□□□□□-□
单位详细名称：　　　　2013 年

能源名称	计量单位	代码	本年		上年同期		参考折标准煤系数
			消费量	消费金额（千元）	消费量	消费金额（千元）	
甲	乙	丙	1	2	3	4	丁
电力	千瓦时（度）	01					0.1229 千克标准煤/千瓦时
煤炭	吨	02					0.7143 吨标准煤/吨
焦炭	吨	03					0.9714 吨标准煤/吨
管道煤气	立方米	04					0.5714 千克标准煤/立方米
天然气	立方米	05					1.33 千克标准煤/立方米
液化石油气	吨	06					1.7143 吨标准煤/吨
汽油	吨	07					1.4714 吨标准煤/吨
煤油	吨	08					1.4714 吨标准煤/吨
柴油	吨	09					1.4571 吨标准煤/吨
燃料油	吨	10					1.4286 吨标准煤/吨
外购热力	百万千焦	11					0.0341 吨标准煤/百万千焦
能源合计	吨标准煤	12		—		—	—

单位负责人：　　统计负责人：　　填表人：　　联系电话：　　报出日期：20　年　月　日

说明：1. 统计范围：辖区内有资质的建筑业、限额以上批发和零售业、限额以上住宿和餐饮业、房地产开发经营业、重点服务业法人单位。

2. 报送日期及方式：调查单位次年 2 月 28 日 24 时前网上填报；省级统计机构次年 4 月 15 日 24 时前完成数据审核、验收、上报。

3. 油品重量单位与容积单位的换算关系：

（1）汽　油：1 升=0.73 千克=0.00073 吨
（2）轻柴油：1 升=0.86 千克=0.00086 吨
（3）重柴油：1 升=0.92 千克=0.00092 吨
（4）煤　油：1 升=0.82 千克=0.00082 吨
（5）燃料油：1 升=0.91 千克=0.00091 吨

4. 能源合计＝Σ各能源品种消费量×折标准煤系数

规模以上工业法人单位能源产品生产、销售、库存情况

表　　号：605－6表
制定机关：国家统计局
国务院经济普查办公室
文　　号：国统字（2013）56号
有效期至：2014年6月

组织机构代码□□□□□□□□-□
单位详细名称：　　　　2013年

产品名称	计量单位	产品代码	年初库存量	本年生产量	本年销售量	本年销售金额(千元)	实际销售平均单价(元)	企业自用及其他	年末库存量
甲	乙	丙	1	2	3	4	5	6	7

单位负责人：　　统计负责人：　　填表人：　　联系电话：　　报出日期：20　　月　　日

说明：1. 统计范围：辖区内规模以上工业法人单位。

2. 报送日期及方式：调查单位次年2月28日24时前网上填报；省级统计机构次年4月15日24时前完成数据审核、验收、上报。

3. 本表甲栏下按《规模以上工业能源产品生产、销售、库存目录》填报。

4. “实际销售平均单价(元)”为计算指标，计算公式为：5=4/3×1000，调查单位免填。

规模以上工业法人单位煤炭销售去向

表　　号：6　0　5　—　7　表
制表机关：国　家　统　计　局
国务院经济普查办公室
文　　号：国统字（2013）56 号
有效期至：2　0　1　4　年　6　月

组织机构代码 □□□□□□□□-□

单位详细名称：　　　　　　　　　2 0 1 3 年　　　　　　　　　计量单位：　　吨

指标名称	代码	原煤		洗煤			
						其中：洗精煤	
		本年	上年同期	本年	上年同期	本年	上年同期
甲	乙	1	2	3	4	5	6
销售量合计	01						
其中销往：北京	02						
天津	03						
河北	04						
山西	05						
内蒙古	06						
辽宁	07						
吉林	08						
黑龙江	09						
上海	10						
江苏	11						
浙江	12						
安徽	13						
福建	14						
江西	15						
山东	16						
河南	17						
湖北	18						
湖南	19						
广东	20						
广西	21						
海南	22						
重庆	23						
四川	24						
贵州	25						
云南	26						
西藏	27						
陕西	28						
甘肃	29						
青海	30						
宁夏	31						
新疆	32						
出口	33						

单位负责人：　　　　统计负责人：　　　　填表人：　　　　联系电话：　　　　　　报出日期：2 0　　年　月　日

说明：1. 统计范围：辖区内规模以上工业法人单位。

2. 报送日期及方式：调查单位次年 1 月 7 日 24 时前网上填报；省级统计机构次年 1 月 10 日 24 时前完成数据审核、验收、上报。

3. 审核关系：行关系：01=02+03+…+33

列关系：(1)3≥5　(2)4≥6

规模以上工业法人单位科技项目情况

表　　号：6 0 7 — 1 表
制定机关：国　家　统　计　局
国务院经济普查办公室
文　　号：国统字(2013)56 号
有效期至：2 0 1 4 年 6 月

组织机构代码□□□□□□□□-□
单位详细名称：　　　　　　2 0 1 3 年

序号	项目名称	项目来源	项目合作形式	项目成果形式	项目技术经济目标	项目起始日期	项目完成日期	跨年项目所处进展阶段	参加项目人员（人）	项目人员实际工作时间（人月）	项目经费内部支出（千元）	
												政府资金
甲	乙	1	2	3	4	5	6	7	8	9	10	11

单位负责人：　　统计负责人：　　填表人：　　联系电话：　　报出日期：2 0　　年　　月　　日

说明：1. 统计范围：辖区内规模以上工业法人单位；填报立项经费在 10 万元及以上的科技项目情况，无 10 万元以上项目的企业填报全部科技项目情况。

2. 报送日期及方式：调查单位次年 2 月 28 日 24 时前网上填报；省级统计机构次年 4 月 15 日 24 时前完成数据审核、验收、上报。

3. 本表“项目来源”按《科技项目来源分类目录》填报；

“项目合作形式”按《科技项目合作形式分类目录》填报；

“项目成果形式”依据《科技项目成果形式分类目录》按重要程度选择其中最主要的 1—2 项填报；

“项目技术经济目标”按《科技项目技术经济目标分类目录》填报；

“跨年项目所处进展阶段”按《跨年科技项目所处进展阶段分类目录》填报，非跨年项目免填。

4. 审核关系：

(1)若 6≠000000，则 5≤6 且 5≤201312 且 6≥201301

(2)若 5≤201212 或 6≥201401，则第 7 项的有效代码为 1、2、3 或 4

(3)若 8>0，则 10>0

(4)若 10>0，则 9>0

(5)10≥11

规模以上工业法人单位科技活动及相关情况

表　号：6 0 7 － 2 表
制定机关：国 家 统 计 局
国务院经济普查办公室
文　号：国统字（2013）56 号
有效期至：2 0 1 4 年 6 月

组织机构代码□□□□□□□□-□
单位详细名称：　　　　2 0 1 3 年

指标名称	计量单位	代码	数量	指标名称	计量单位	代码	数量
甲	乙	丙	1	甲	乙	丙	1
一、科技活动人员情况	—	—		机构经费支出	千元	29	
科技活动人员合计	人	3		仪器和设备原价	千元	30	
其中：参加科技项目人员	人	4		其中：进口	千元	31	
科技管理和服务人员	人	5		五、科技活动产出及相关情况	—	—	
其中：女性	人	6		(一)自主知识产权情况	—	—	
其中：高中级技术职称人员	人	7		专利申请数	件	32	
其中：全时人员	人	8		其中：发明专利	件	33	
二、科技活动费用情况	—	—		有效发明专利数	件	34	
(一)企业内部用于科技活动的经费支出	千元	9		其中：境外授权	件	35	
人员人工费(包含各种补贴)	千元	10		专利所有权转让及许可数	件	36	
原材料费	千元	11		专利所有权转让及许可收入	千元	37	
折旧费用与长期费用摊销	千元	12		(二)新产品生产及销售情况	—	—	
无形资产摊销	千元	13		新产品产值	千元	38	
其他费用	千元	14		新产品销售收入	千元	39	
(二)委托外单位开展科技活动的经费支出	千元	15		其中：出口	千元	40	
其中：对境内研究机构支出	千元	16		(三)其他情况	—	—	
对境内高等学校支出	千元	17		发表科技论文	篇	41	
对境外支出	千元	18		拥有注册商标	件	42	
(三)当年形成用于科技活动的固定资产	千元	19		其中：境外注册	件	43	
其中：仪器和设备	千元	20		形成国家或行业标准	项	44	
(四)使用来自政府部门的科技活动资金	千元	21		六、其他相关情况	—	—	
三、科技项目情况	—	—		(一)政府相关政策落实情况	—	—	
全部科技项目数	项	22		研究开发费用加计扣除减免税	千元	45	
全部科技项目经费内部支出	千元	23		高新技术企业减免税	千元	46	
四、企业办科技机构情况	—	—		(二) 技术获取和技术改造情况	—	—	
机构数	个	24		引进国外技术经费支出	千元	47	
机构人员合计	人	25		引进技术的消化吸收经费支出	千元	48	
其中：博士毕业	人	26		购买国内技术经费支出	千元	49	
硕士毕业	人	27		技术改造经费支出	千元	50	
本科毕业	人	28		(三)企业在境外设立的科技活动机构	个	51	

单位负责人：　　统计负责人：　　填表人：　　联系电话：　　报出日期：2 0　　年　　月　　日

说明：1. 统计范围：辖区内规模以上工业法人单位。

2. 报送日期及方式：调查单位次年 2 月 28 日 24 时前网上填报；省级统计机构次年 4 月 15 日 24 时前完成数据审核、验收、上报。

3. 审核关系：

表内审核：

(1) 3=4+5≥25　(2) 3≥6　(3) 3≥7　(4) 3≥8
(5) 9=10+11+12+13+14　(6) 若 3>0，则 10>0　(7) 若 10>0，则 3>0　(8) 19≥20
(9) 15≥16+17+18　(10) 9+20+21-12-13≥23　(11) 若 22>0，则 4>0 且 23>0
(12) 若 4>0，则 22>0 且 23>0　(13) 若 23>0，则 22>0 且 4>0　(14) 25≥26+27+28
(15) 9+19+21-12-13≥29　(16) 30≥31　(17) 若 24>0，则 25>0 且 29>0
(18) 若 25>0，则 24>0 且 29>0　(19) 若 29>0，则 24>0 且 25>0　(20) 若 30>0，则 24>0
(21) 32≥33　(22) 34≥35　(23) 39≥40　(24) 42≥43

表间审核：

(1) 607-2 表(4)≥607-1 表Σ(8)　(2) 607-2 表(21)≥607-1 表Σ(11)
(2) 607-2 表(22)≥607-1 表项目数合计　(4) 607-2 表(23)≥607-1 表Σ(10)

重点服务业企业科技项目情况

表　号：607－3表
制定机关：国家统计局
国务院经济普查办公室
文　号：国统字（2013）56号
有效期至：2014年6月

组织机构代码□□□□□□□□□-□
单位详细名称：　　　　2013年

序号	项目名称	项目来源	项目合作形式	项目成果形式	项目技术经济目标	项目起始日期	项目完成日期	跨年项目所处进展阶段	参加项目人员（人）	项目人员实际工作时间（人月）	项目经费内部支出（千元）	
												政府资金
甲	乙	1	2	3	4	5	6	7	8	9	10	11

单位负责人：　　统计负责人：　　填表人：　　联系电话：　　分机号：　　报出日期：20　年　月　日

说明：1.统计范围：辖区内部分重点服务业企业法人单位，包括交通运输、仓储和邮政业，信息传输、软件和信息技术服务业，租赁和商务服务业，水利、环境和公共设施管理业，文化、体育和娱乐业等重点企业法人单位；填报全部科技项目情况。

2.报送日期及方式：调查单位次年2月28日24时前网上填报；省级统计机构次年4月15日24时前完成数据审核、验收、上报。

3.本表“项目来源”按《科技项目来源分类目录》填报；

“项目合作形式”按《科技项目合作形式分类目录》填报；

“项目成果形式”依据《科技项目成果形式分类目录》按重要程度选择其中最主要的1—2项填报；

“项目技术经济目标”按《科技项目技术经济目标分类目录》填报；

“跨年项目所处进展阶段”按《跨年科技项目所处进展阶段分类目录》填报，非跨年项目免填。

4.审核关系：

(1)若6≠000000，则5≤6且5≤201312且6≥201301

(2)若5≤201212或6≥201401，则第7项的有效代码为1、2、3或4

(3)若8>0，则10>0

(4)若10>0，则9>0

(5)10≥11

重点服务业企业科技活动情况

表　　号：6 0 7 － 4 表
制定机关：国　家　统　计　局
国务院经济普查办公室
文　　号：国统字（2013）56号
有效期至：2 0 1 4 年 6 月

组织机构代码□□□□□□□□-□
单位详细名称：　　　　2 0 1 3 年

指标名称	计量单位	代码	数量
甲	乙	丙	1
一、科技活动人员合计	人	3	
其中：高中级技术职称人员	人	7	
其中：全时人员	人	8	
二、科技活动的经费支出合计	千元	62	
(一)企业内部用于科技活动的经费支出	千元	9	
人员人工费(包含各种补贴)	千元	10	
原材料费	千元	11	
折旧费用与长期费用摊销	千元	12	
无形资产摊销	千元	13	
其他费用	千元	14	
(二)当年形成用于科技活动的固定资产	千元	19	
其中：仪器和设备	千元	20	
(三)使用来自政府部门的科技活动资金	千元	21	
(四)委托外单位开展科技活动的经费支出	千元	15	

单位负责人：　　统计负责人：　　填表人：　　联系电话：　　分机号：　　报出日期：2 0　　年　　月　　日

说明：1.统计范围：辖区内部分重点服务业企业法人单位，包括交通运输、仓储和邮政业，信息传输、软件和信息技术服务业，租赁和商务服务业，水利、环境和公共设施管理业，文化、体育和娱乐业等重点企业法人单位。

2.报送日期及方式：调查单位次年2月28日24时前网上填报；省级统计机构次年4月15日24时前完成数据审核、验收、上报。

3.审核关系：

表内审核：

(1)3≥7；　(2)3≥8；　(3)62=9+19+21+15；

(4)9=10+11+12+13+14；　(5)若3>0，则10>0；

(6)若10>0，则3>0；　(7)19≥20

表间审核：

(1)607-4表(3)≥607-3表Σ(8)

(2)607-4表(21)≥607-3表Σ(11)

(3)607-4表(9+20+21-12-13)≥607-3表Σ(10)

信息化情况

表　　号：6 0 9 表
制定机关：国 家 统 计 局
国务院经济普查办公室
文　　号：国统字（2013）56 号
有效期至：2 0 1 4 年 6 月

组织机构代码□□□□□□□□-□
单位详细名称：　　　　　2 0 1 3 年

	一、基本信息
01	贵企业2013年是否使用计算机？　□　1 是　2 否　（如选“2 否”转至问题05）
02	截止2013年底贵企业使用的计算机数量_________台
03	贵企业有多少员工在工作中每周至少使用一次计算机___________人？
04	贵企业专职从事信息技术工作的人员___________人
05	贵企业是否有局域网(LAN)　□　1 是　2 否
06	贵企业在以下哪些方面采用了信息化管理(可多选)？ 1 财务管理 □　2 购销存管理 □　3 生产制造管理 □　4 物流配送管理 □ 5 客户关系管理 □　6 人力资源管理 □　7 其他 □　8 没有 □
07	贵企业是否使用互联网？　□　1 是　2 否　（如选“2 否”停止调查）
08	贵企业有多少员工因工作需要每周至少使用一次互联网_________人？
09	贵企业通过哪些方式接入互联网(可多选)？(如未选“3 移动宽带”转至问题10) 1 窄带(固定拨号/ISDN) □　2 固定宽带 □　3 移动宽带 □　4 其他 □ 如果通过移动宽带上互联网，通过什么手段(可多选)？ 3.1 笔记本 □ 3.2 平板电脑 □ 3.3 手机 □ 3.4 其他 □
10	贵企业的互联网接入带宽是多少？　□ 1 网速＜1Mbps　2 1Mbps≤网速＜10Mbps　3 10Mbps≤网速＜30Mbps　4 30Mbps≤网速＜100Mbps 5 100Mbps≤网速＜500Mbps　6 500Mbps≤网速＜1G　7 网速≥1G
11	贵企业通过互联网开展过以下哪些活动(可多选)？ 01 收发电子邮件 □　02 了解商品和服务的信息 □ 03 从政府机构获取信息 □　04 与政府机构互动(不包括从政府机构获取信息) □ 05 使用网上银行 □　06 使用其他金融服务(网上交易股票、基金、保险等) □ 07 提供客户服务 □　08 拨打互联网电话或召开视频会议 □ 09 在线提供产品 □　10 发布信息或即时消息 □ 11 员工培训 □　12 对外或者对内招聘 □　13 其他 □
12	截止2013年底贵企业拥有的网站数量 _______个
13	贵企业通过互联网采取哪些形式对本企业进行宣传和推广（可多选）？ 1 独立网站(自有网站) □　2 互联网广告 □　3 搜索引擎 □　4 电子商务平台 □　5 电子邮件 □ 6 微博 □　7 博客 □　8 社交网站 □　9 其他 □　10 没有 □
	二、电子商务
14	贵企业2013年是否通过互联网接收商品或服务的订单(电子商务销售)？　□　1 是　2 否　(如选“2 否”转至问题15) 如果选“1 是”，全年电子商务销售金额(不含增值税)_____________千元 其中：通过自营电子商务交易平台的电子商务销售金额(不含增值税)_____________千元 销售给消费者个人(B2C)金额___________千元　销售的服务类商品金额___________千元 面向大陆以外区域的销售金额___________千元
15	贵企业2013年是否通过互联网发出商品或服务的订单(电子商务采购)？　□　1 是　2 否　(如选“2 否”转至问题16) 如果选“1 是”，全年电子商务采购金额(不含增值税)_____________千元 其中：通过自营电子商务交易平台的电子商务采购金额(不含增值税)_____________千元 面向大陆以外区域的采购金额___________千元　采购的服务类商品金额___________千元
16	贵企业是否提供第三方电子商务交易平台？　□ 1 是　2 否　（如选“2 否”停止调查） 2013年在贵企业提供的第三方电子商务交易平台上完成的交易金额___________千元 2013年贵企业收取的电子商务交易服务费用金额_____________千元

单位负责人：　　统计负责人：　　填表人：　　联系电话：　　报出日期：20　　年　月　日

说明：1.统计范围：辖区内大中型工业、有资质的建筑业、大中型批发和零售业、大中型住宿和餐饮业、房地产开发经营业、重点服务业法人单位。

2.报送日期及方式：调查单位次年2月28日24时前网上填报；省级统计机构次年4月15日24时前完成数据审核、验收、上报。

2. 非联网直报单位普查表

单位普查表(通用表)

表　　号：6　1　1　表
制定机关：国　家　统　计　局
国务院经济普查办公室
文　　号：国统字(2013)56号
2013 年　　有效期至：2014年6月

01 报表类别(104) □ A 农业　B 工业　C 建筑业　E 批发和零售业　S 住宿和餐饮业　X 房地产开发经营业　T 铁路系统　J 金融系统　U 其他

02 单位类型(110) □ 1 法人单位　2 产业活动单位

03 普查小区代码(107)□□　10 底册顺序码(108)□□□□□□□□□□□□□□□□
04 行业代码(103)　□□□□(国民经济行业类别(GB/T 4754-2011)
05 单位所在地区划代码(105)　□□□□□□□□□□□□
06 单位注册地区划代码(106)　□□□□□□□□□□□□

调查对象基本情况和经济指标

项目 1 组织机构代码(101) □□□□□□□□—□

项目 2 单位详细名称(102) ______________

项目 3 法定代表人(单位负责人)(201) ______________

项目 4 开业(成立)时间(202) ______年______月

项目 5 主要业务活动(或主要产品)(103-1)

1______________ 2______________ 3______________

项目 6 地理位置

项目 6A 单位所在地(105-2)

______省(自治区、直辖市)______地(区、市、州、盟)______县(区、市、旗)
______乡(镇)______________街(村)、门牌号
单位位于：______街道办事处______社区(居委会)

项目 6B 单位注册地(106-2)

______省(自治区、直辖市)______地(区、市、州、盟)______县(区、市、旗)
______乡(镇)______________街(村)、门牌号
单位位于：______街道办事处______社区(居委会)

项目 7 联系方式(203)

长途区号　□□□□□□
固定电话　□□□□□□□□□-□□□□□□　电子邮箱______________
移动电话　□□□□□□□□□□□□□　网　址______________
传真号码　□□□□□□□□□-□□□□□□
邮政编码　□□□□□□

项目 8 机构类型(211) □□

10 企业　20 事业单位　30 机关　40 社会团体　51 民办非企业单位
52 基金会　53 居委会　54 村委会　90 其他组织机构

项目 9 营业状态(208) □ **1 营业　2 停业(歇业)　3 筹建　4 当年关闭　5 当年破产　9 其他**

项目 10 登记注册(或批准)机关名称、级别、注册号(204)(如登记注册或批准机关为多个，请复选)

机关级别：1 国家　2 省(自治区、直辖市)　3 地(区、市、州、盟)　4 县(区、市、旗)

1. 工商行政管理部门　机关级别 □　登记注册号______________
2. 编制部门　机关级别 □　登记注册号______________
3. 民政部门　机关级别 □　登记注册号______________
4. 国家税务部门　机关级别 □　登记注册号______________
5. 地方税务部门　机关级别 □　登记注册号______________
9. 其他(请注明批准机关)　机关级别 □　______________

项目 11 登记注册类型(205) □□□

内资

110 国有　120 集体　130 股份合作　141 国有联营　142 集体联营　143 国有与集体联营　149 其他联营　151 国有独资公司
159 其他有限责任公司　160 股份有限公司　171 私营独资　172 私营合伙　173 私营有限责任公司　174 私营股份有限公司　190 其他

港澳台商投资

210 与港澳台商合资经营　220 与港澳台商合作经营　230 港澳台商独资　240 港澳台商投资股份有限公司　290 其他港澳台投资

外商投资

310 中外合资经营　320 中外合作经营　330 外资企业　340 外商投资股份有限公司　390 其他外商投资

项目 12 企业控股情况(206) □ 1 国有控股　2 集体控股　3 私人控股　4 港澳台商控股　5 外商控股　9 其他

项目 13 隶属关系(207) □□

10 中央　20 省(自治区、直辖市)　40 地(区、市、州、盟)　50 县(区、市、旗)　61 街道
62 镇　63 乡　71 社区(居委会)　72 村委会　90 其他

项目 14　会计制度情况
项目 14A　执行会计标准类别 (209)　□
1 企业会计制度　2 事业单位会计制度　3 行政单位会计制度　4 民间非营利组织会计制度　9 其他
项目 14B　是否执行 2006 年《企业会计准则》(210)　□　1 是　2 否

项目 15　法人单位经济指标
从业人员 (192)　从业人员期末人数＿＿＿＿人　其中：女性＿＿＿＿人
项目 15A　企业主要经济指标 (193)
营业收入＿＿＿＿元　其中：主营业务收入＿＿＿＿元
营业税金及附加＿＿＿＿元　其中：主营业务税金及附加＿＿＿＿元
资产总计＿＿＿＿元　实收资本＿＿＿＿元
项目 15B　非企业法人单位填报 (194)
非企业单位支出(费用)＿＿＿＿元　年末资产＿＿＿＿元

项目 16　单位类别和产业活动单位归属法人单位情况
单位类别 □(181)　1 法人单位本部(总部、本店、本所等)　2 法人单位分支机构　(分部、分厂、分店、支所等)
产业活动单位归属法人单位情况 (182)
法人单位组织机构代码　□□□□□□□□—□　法人单位详细名称＿＿＿＿
法人单位详细地址＿＿＿＿　法人单位行政区划代码　□□□□□□

项目 17　产业活动单位经济指标
从业人员 (192)　从业人员期末人数＿＿＿＿人　其中：女性＿＿＿＿人
项目 17A　经营性单位填报　经营性单位收入 (195)＿＿＿＿元
项目 17B　非经营性单位填报　非经营性单位支出(费用)(196)＿＿＿＿元

项目 18　行业指标
项目 18B 仅工业法人单位填报 (B01)
本年煤炭消费量＿＿＿＿吨
项目 18C 仅建筑业法人单位填报 (C01)
建筑业企业资质等级(请填写资质证书编号前 4 位，没有资质等级的企业填写“9999”)　□□□□
项目 18X 仅房地产开发经营业法人单位填报 (X01)
房地产开发经营业企业资质等级　□　1 一级　2 二级　3 三级　4 四级　5 暂定　9 其他
项目 18E 批发和零售业法人单位和产业活动单位填报
批发和零售业企业经营形式 (E01)　□　1 独立门店　2 连锁总店(总部)　3 连锁门店　9 其他
零售业态 (E02)　□□□□
有店铺零售
1010 食杂店　1020 便利店　1030 折扣店　1040 超市　1050 大型超市　1060 仓储会员店
1070 百货店　1080 专业店　1090 专卖店　1100 家居建材商店　1110 购物中心　1120 厂家直销中心
无店铺零售
2010 电视购物　2020 邮购　2030 网上商店　2040 自动售货亭　2050 电话购物
批发和零售业年末零售营业面积 (E03)＿＿＿＿平方米
项目 18S 住宿和餐饮业法人单位和产业活动单位填报
住宿和餐饮业企业经营形式 (S01)　□　1 独立门店　2 连锁总店(总部)　3 连锁门店　9 其他
住宿业企业星级评定情况 (S02)　□　1 一星　2 二星　3 三星　4 四星　5 五星　9 其他
住宿和餐饮业年末餐饮营业面积 (S03)＿＿＿＿平方米

项目 19　法人所属产业单位情况 (212)
产业活动单位数＿＿＿＿个　(单产业法人本指标填 1，免填所属产业活动单位情况)
项目 19A　多产业法人所属产业单位情况

序号	*单位类别	组织机构代码	单位详细名称	详细地址	区划代码	联系电话	主要业务活动(或主要产品)	行业代码	从业人员期末人数(人)	经营性单位收入(或非经营性单位支出)(元)
甲	1	2	3	4	5	6	7	8	9	10
……										

*单位类别：1 法人单位本部(总部、本店、本所等)　2 法人单位分支机构　(分部、分厂、分店、支所等)

单位负责人：　统计负责人：　填表人：　联系电话：　报出日期：2 0　年　月　日

说明：1. 统计范围：辖区内除联网直报调查单位、铁路和金融系统法人单位以外的全部法人单位和全部产业活动单位。
2. 报送日期及方式：普查员 2014 年 3 月 31 日前利用手持电子终端设备采集数据，通过无线网络或在乡级普查机构通过统计内网报送到指定服务器中。
3. 本表涉及的填报目录：《国民经济行业分类》(GB/T 4754-2011)、2013 年《统计用区划代码和城乡划分代码》和《建筑业企业资质等级编码》。
4. 填报说明：
(1)“报表类别”(104)中的“金融系统”是指由人民银行、银行业监督管理委员会、保险监督管理委员会、证券监督管理委员会垂直管理的单位，“铁路系统”是指原铁道部垂直管理的单位。
(2)企业或执行企业会计制度的法人单位填报“企业主要经济指标”(193)内全部指标，免填“非企业法人单位指标”(194)内全部指标。
(3)非企业且不执行企业会计制度的法人单位填报“非企业主要经济指标”(194)内全部指标，免填“企业法人单位指标”(193)内全部指标。
(4)铁路系统、金融系统的视同法人单位和产业活动单位免填“企业主要经济指标”(193)、“非企业法人单位指标”(194)内全部指标。
5. 本表为通用表。在使用 PDA 采集数据时，自动将表式按“报表类别”(104)和“单位类型”(110)进行分表，实现所见即所填。

农业法人单位普查表（PDA 用）

2013 年

01 报表类别(104) □ A 农业
02 单位类型(110) □ 1 法人单位
03 普查小区代码(107)□□ 10 底册顺序码(108)□□□□□□□□□□□□□□□□□□
04 行业代码(103) □□□□(国民经济行业类别(GB/T 4754-2011)
05 单位所在地区划代码(105) □□□□□□□□□□□□□□□
06 单位注册地区划代码(106) □□□□□□□□□□□□□□□

调查对象基本情况和经济指标

项目 1 组织机构代码(101) □□□□□□□□—□

项目 2 单位详细名称(102) ____________________

项目 3 法定代表人(单位负责人)(201) ____________

项目 4 开业(成立)时间(202) ________年________月

项目 5 主要业务活动(或主要产品)(103-1)

1____________________ 2____________________ 3____________________

项目 6 地理位置

项目 6A 单位所在地(105-2)

________省(自治区、直辖市)________地(区、市、州、盟)________县(区、市、旗)
________乡(镇)________________________街(村)、门牌号
单位位于：________________街道办事处________________社区(居委会)

项目 6B 单位注册地(106-2)

________省(自治区、直辖市)________地(区、市、州、盟)________县(区、市、旗)
________乡(镇)________________________街(村)、门牌号
单位位于：________________街道办事处________________社区(居委会)

项目 7 联系方式(203)

长途区号 □□□□□□
固定电话 □□□□□□□□□-□□□□□□□ 电子邮箱____________________
移动电话 □□□□□□□□□□□□□□ 网 址____________________
传真号码 □□□□□□□□□-□□□□□□□
邮政编码 □□□□□□□

项目 8 机构类型(211) □□

10 企业 20 事业单位 30 机关 40 社会团体 51 民办非企业单位
52 基金会 53 居委会 54 村委会 90 其他组织机构

项目 9 营业状态(208) □ **1 营业 2 停业(歇业) 3 筹建 4 当年关闭 5 当年破产 9 其他**

项目 10 登记注册(或批准)机关名称、级别、注册号(204)(如登记注册或批准机关为多个，请复选)

机关级别：1 国家 2 省(自治区、直辖市) 3 地(区、市、州、盟) 4 县(区、市、旗)

1. 工商行政管理部门 机关级别 □ 登记注册号____________
2. 编制部门 机关级别 □ 登记注册号____________
3. 民政部门 机关级别 □ 登记注册号____________
4. 国家税务部门 机关级别 □ 登记注册号____________
5. 地方税务部门 机关级别 □ 登记注册号____________
9. 其他(请注明批准机关) 机关级别 □ ____________

项目 11 登记注册类型(205) □□□

内资

110 国有
120 集体
130 股份合作
141 国有联营
142 集体联营
143 国有与集体联营
149 其他联营
151 国有独资公司
159 其他有限责任公司
160 股份有限公司
171 私营独资
172 私营合伙
173 私营有限责任公司
174 私营股份有限公司
190 其他

港澳台商投资

210 与港澳台商合资经营
220 与港澳台商合作经营
230 港澳台商独资
240 港澳台商投资股份有限公司
290 其他港澳台投资

外商投资

310 中外合资经营
320 中外合作经营
330 外资企业
340 外商投资股份有限公司
390 其他外商投资

项目 12 企业控股情况(206) □ 1 国有控股 2 集体控股 3 私人控股 4 港澳台商控股 5 外商控股 9 其他

项目 13 隶属关系(207) □□

10 中央 20 省(自治区、直辖市) 40 地(区、市、州、盟) 50 县(区、市、旗) 61 街道
62 镇 63 乡 71 社区(居委会) 72 村委会 90 其他

项目 14 会计制度情况

项目 14A 执行会计标准类别(209) □

1 企业会计制度 2 事业单位会计制度 3 行政单位会计制度 4 民间非营利组织会计制度 9 其他

项目 14B 是否执行 2006 年《企业会计准则》(210) □ 1 是 2 否

项目 15　法人单位经济指标

从业人员(192)　　从业人员期末人数______________人　　　　其中：女性______________人

项目 15A　企业主要经济指标(193)

营业收入_________元　　　　其中：主营业务收入 _________元

营业税金及附加_________元　　其中：主营业务税金及附加 ____________元

资产总计_____________元　　实收资本_____________元

项目 15B　非企业法人单位填报(194)

非企业单位支出(费用)_______________元　　　年末资产_______________元

项目 19　法人所属产业单位情况(212)

产业活动单位数　__________个　（单产业法人本指标填 1，免填所属产业活动单位情况）

项目 19A　多产业法人所属产业单位情况

序号	*单位类别	组织机构代码	单位详细名称	详细地址	区划代码	联系电话	主要业务活动(或主要产品)	行业代码	从业人员期末人数(人)	经营性单位收入(或非经营性单位支出)(元)
甲	1	2	3	4	5	6	7	8	9	10
……										

*单位类别：1 法人单位本部(总部、本店、本所等)　2 法人单位分支机构　(分部、分厂、分店、支所等)

单位负责人：　　统计负责人：　　填表人：　　　联系电话：　　　　　　　　报出日期：2 0　年　月　日

说明：1.统计范围：辖区内农业法人单位。

2.报送日期及方式：普查员 2014 年 3 月 31 日前利用手持电子终端设备采集数据，通过无线网络或在乡级普查机构通过统计内网报送到指定服务器中。

3.本表涉及的填报目录：《国民经济行业分类》(GB/T 4754-2011)、2013 年《统计用区划代码和城乡划分代码》。

4.填报说明：

(1)企业或执行企业会计制度的法人单位填报“企业主要经济指标”(193)内全部指标，免填“非企业法人单位指标”(194)内全部指标。

(2)非企业且不执行企业会计制度的法人单位填报“非企业主要经济指标”(194)内全部指标，免填“企业法人单位指标”(193)内全部指标。

农业产业活动单位普查表（PDA 用）

2013 年

01 报表类别(104) □ A 农业
02 单位类型(110) □ 2 产业活动单位
03 普查小区代码(107)□□ 10 底册顺序码(108)□□□□□□□□□□□□□□□□□
04 行业代码(103) □□□□(国民经济行业类别(GB/T 4754-2011)
05 单位所在地区划代码(105) □□□□□□□□□□□□
06 单位注册地区划代码(106) □□□□□□□□□□□□

调查对象基本情况和经济指标

项目 1 组织机构代码(101) □□□□□□□□—□

项目 2 单位详细名称(102) ______________________

项目 3 法定代表人(单位负责人)(201) ____________

项目 4 开业(成立)时间(202) ________年________月

项目 5 主要业务活动(或主要产品)(103-1)
1______________________ 2______________________ 3______________________

项目 6 地理位置
项目 6A 单位所在地(105-2)
__________省(自治区、直辖市)____________地(区、市、州、盟)__________县(区、市、旗)
__________乡(镇)____街(村)、门牌号
单位位于：__________________街道办事处__________________________社区(居委会)
项目 6B 单位注册地(106-2)
__________省(自治区、直辖市)____________地(区、市、州、盟)__________县(区、市、旗)
__________乡(镇)____街(村)、门牌号
单位位于：__________________街道办事处__________________________社区(居委会)

项目 7 联系方式(203)
长途区号 □□□□□
固定电话 □□□□□□□□-□□□□□□ 电子邮箱______________________
移动电话 □□□□□□□□□□□ 网 址______________________
传真号码 □□□□□□□□-□□□□□□
邮政编码 □□□□□□

项目 8 机构类型(211) □□
10 企业 20 事业单位 30 机关 40 社会团体 51 民办非企业单位
52 基金会 53 居委会 54 村委会 90 其他组织机构

项目 9 营业状态(208) □ 1 营业 2 停业(歇业) 3 筹建 4 当年关闭 5 当年破产 9 其他

项目 10 登记注册(或批准)机关名称、级别、注册号(204)(如登记注册或批准机关为多个，请复选)
机关级别：1 国家 2 省(自治区、直辖市) 3 地(区、市、州、盟) 4 县(区、市、旗)
1. 工商行政管理部门 机关级别 □ 登记注册号______________
2. 编制部门 机关级别 □ 登记注册号______________
3. 民政部门 机关级别 □ 登记注册号______________
4. 国家税务部门 机关级别 □ 登记注册号______________
5. 地方税务部门 机关级别 □ 登记注册号______________
9. 其他(请注明批准机关) 机关级别 □ ______________

项目 11 登记注册类型(205) □□□

内资
110 国有
120 集体
130 股份合作
141 国有联营
142 集体联营
143 国有与集体联营
149 其他联营
151 国有独资公司
159 其他有限责任公司
160 股份有限公司
171 私营独资
172 私营合伙
173 私营有限责任公司
174 私营股份有限公司
190 其他

港澳台商投资
210 与港澳台商合资经营
220 与港澳台商合作经营
230 港澳台商独资
240 港澳台商投资股份有限公司
290 其他港澳台投资

外商投资
310 中外合资经营
320 中外合作经营
330 外资企业
340 外商投资股份有限公司
390 其他外商投资

项目 16　单位类别和产业活动单位归属法人单位情况

单位类别 □(181)　　1 法人单位本部(总部、本店、本所等)　　2 法人单位分支机构 (分部、分厂、分店、支所等)

产业活动单位归属法人单位情况(182)

法人单位组织机构代码　□□□□□□□□—□　　法人单位详细名称________________

法人单位详细地址________________　　法人单位行政区划代码　□□□□□□

项目 17　产业活动单位经济指标

从业人员(192)　从业人员期末人数________人　　其中：女性________人

项目 17A　经营性单位填报　经营性单位收入(195)________元

项目 17B　非经营性单位填报　非经营性单位支出(费用)(196)________元

单位负责人：　　统计负责人：　　填表人：　　联系电话：　　报出日期：2 0　年　月　日

说明：1. 统计范围：辖区内农业产业活动单位。

2. 报送日期及方式：普查员 2014 年 3 月 31 日前利用手持电子终端设备采集数据，通过无线网络或在乡级普查机构通过统计内网报送到指定服务器中。

3. 本表涉及的填报目录：《国民经济行业分类》(GB/T 4754-2011)、2013 年《统计用区划代码和城乡划分代码》和《建筑业企业资质等级编码》。

工业法人单位普查表（PDA 用）

2 0 1 3 年

01 报表类别(104) □ B 工业
02 单位类型(110) □ 1 法人单位

03 普查小区代码(107)□□ 10 底册顺序码(108)□□□□□□□□□□□□□□□□□□
04 行业代码(103) □□□□(国民经济行业类别(GB/T 4754-2011)
05 单位所在地区划代码(105) □□□□□□□□□□□□
06 单位注册地区划代码(106) □□□□□□□□□□□□

调查对象基本情况和经济指标

项目 1 组织机构代码(101) □□□□□□□□—□
项目 2 单位详细名称(102) ________
项目 3 法定代表人(单位负责人)(201) ________
项目 4 开业(成立)时间(202) ____年____月
项目 5 主要业务活动(或主要产品)(103-1)
1________ 2________ 3________

项目 6 地理位置
项目 6A 单位所在地(105-2)
____省(自治区、直辖市)____地(区、市、州、盟)____县(区、市、旗)
____乡(镇)____街(村)、门牌号
单位位于：____街道办事处____社区(居委会)
项目 6B 单位注册地(106-2)
____省(自治区、直辖市)____地(区、市、州、盟)____县(区、市、旗)
____乡(镇)____街(村)、门牌号
单位位于：____街道办事处____社区(居委会)

项目 7 联系方式(203)
长途区号 □□□□□□
固定电话 □□□□□□□□-□□□□□□ 电子邮箱________
移动电话 □□□□□□□□□□□ 网 址________
传真号码 □□□□□□□□-□□□□□□
邮政编码 □□□□□□

项目 8 机构类型(211) □□
10 企业 20 事业单位 30 机关 40 社会团体 51 民办非企业单位
52 基金会 53 居委会 54 村委会 90 其他组织机构

项目 9 营业状态(208) □ 1 营业 2 停业(歇业) 3 筹建 4 当年关闭 5 当年破产 9 其他

项目 10 登记注册(或批准)机关名称、级别、注册号(204)(如登记注册或批准机关为多个，请复选)
机关级别：1 国家 2 省(自治区、直辖市) 3 地(区、市、州、盟) 4 县(区、市、旗)
1. 工商行政管理部门 机关级别 □ 登记注册号________
2. 编制部门 机关级别 □ 登记注册号________
3. 民政部门 机关级别 □ 登记注册号________
4. 国家税务部门 机关级别 □ 登记注册号________
5. 地方税务部门 机关级别 □ 登记注册号________
9. 其他(请注明批准机关) 机关级别 □ ________

项目 11 登记注册类型(205) □□□

内资
110 国有
120 集体
130 股份合作
141 国有联营
142 集体联营
143 国有与集体联营
149 其他联营
151 国有独资公司
159 其他有限责任公司
160 股份有限公司
171 私营独资
172 私营合伙
173 私营有限责任公司
174 私营股份有限公司
190 其他

港澳台商投资
210 与港澳台商合资经营
220 与港澳台商合作经营
230 港澳台商独资
240 港澳台商投资股份有限公司
290 其他港澳台投资

外商投资
310 中外合资经营
320 中外合作经营
330 外资企业
340 外商投资股份有限公司
390 其他外商投资

项目 12 企业控股情况(206) □ 1 国有控股 2 集体控股 3 私人控股 4 港澳台商控股 5 外商控股 9 其他

项目 13 隶属关系(207) □□
10 中央 20 省(自治区、直辖市) 40 地(区、市、州、盟) 50 县(区、市、旗) 61 街道
62 镇 63 乡 71 社区(居委会) 72 村委会 90 其他

项目 14 会计制度情况
项目 14A 执行会计标准类别(209) □
1 企业会计制度 2 事业单位会计制度 3 行政单位会计制度 4 民间非营利组织会计制度 9 其他
项目 14B 是否执行 2006 年《企业会计准则》(210) □ 1 是 2 否

项目 15　法人单位经济指标

从业人员(192)　　从业人员期末人数______人　　其中：女性______人

项目 15A　企业主要经济指标(193)

营业收入______元　　其中：主营业务收入 ______元

营业税金及附加______元　　其中：主营业务税金及附加 ______元

资产总计______元　　实收资本______元

项目 15B　非企业法人单位填报(194)

非企业单位支出(费用)______元　　年末资产______元

项目 18　行业指标

项目 18B 仅工业法人单位填报(B01)

本年煤炭消费量　______ 吨

项目 19　法人所属产业单位情况(212)

产业活动单位数　______个　(单产业法人本指标填 1，免填所属产业活动单位情况)

项目 19A 多产业法人所属产业单位情况

序号	*单位类别	组织机构代码	单位详细名称	详细地址	区划代码	联系电话	主要业务活动(或主要产品)	行业代码	从业人员期末人数(人)	经营性单位收入(或非经营性单位支出)(元)
甲	1	2	3	4	5	6	7	8	9	10
……										

*单位类别：1 法人单位本部(总部、本店、本所等)　2 法人单位分支机构　(分部、分厂、分店、支所等)

单位负责人：　　统计负责人：　　填表人：　　联系电话：　　报出日期：2 0　年　月　日

说明：1. 统计范围：辖区内除联网直报以外的工业法人单位。

2. 报送日期及方式：普查员 2014 年 3 月 31 日前利用手持电子终端设备采集数据，通过无线网络或在乡级普查机构通过统计内网报送到指定服务器中。

3. 本表涉及的填报目录：《国民经济行业分类》(GB/T 4754-2011)、2013 年《统计用区划代码和城乡划分代码》。

4. 填报说明：

(1)企业或执行企业会计制度的法人单位填报“企业主要经济指标”(193)内全部指标，免填“非企业法人单位指标”(194)内全部指标。

(2)非企业且不执行企业会计制度的法人单位填报“非企业主要经济指标”(194)内全部指标，免填“企业法人单位指标”(193)内全部指标。

工业产业活动单位普查表（PDA 用）

2013 年

01 报表类别(104) □ B 工业
02 单位类型(110) □ 2 产业活动单位

03 普查小区代码(107)□□　　10 底册顺序码(108)□□□□□□□□□□□□□□
04 行业代码(103)　□□□□(国民经济行业类别(GB/T 4754-2011)
05 单位所在地区划代码(105)　□□□□□□□□□□□□
06 单位注册地区划代码(106)　□□□□□□□□□□□□

调查对象基本情况和经济指标

项目 1　组织机构代码(101)　□□□□□□□□—□

项目 2　单位详细名称(102)　________

项目 3　法定代表人(单位负责人)(201)　________

项目 4　开业(成立)时间(202)　____年____月

项目 5　主要业务活动(或主要产品)(103-1)

1________　2________　3________

项目 6　地理位置

项目 6A 单位所在地(105-2)

____省(自治区、直辖市)____地(区、市、州、盟)____县(区、市、旗)
____乡(镇)____街(村)、门牌号
单位位于：____街道办事处____社区(居委会)

项目 6B 单位注册地(106-2)

____省(自治区、直辖市)____地(区、市、州、盟)____县(区、市、旗)
____乡(镇)____街(村)、门牌号
单位位于：____街道办事处____社区(居委会)

项目 7　联系方式(203)

长途区号　□□□□□
固定电话　□□□□□□□□-□□□□□□　　电子邮箱________
移动电话　□□□□□□□□□□□　　网　址________
传真号码　□□□□□□□□-□□□□□□
邮政编码　□□□□□□

项目 8　机构类型(211)　□□

10 企业　20 事业单位　30 机关　40 社会团体　51 民办非企业单位
52 基金会　53 居委会　54 村委会　90 其他组织机构

项目 9　营业状态(208)　□　1 营业　2 停业(歇业)　3 筹建　4 当年关闭　5 当年破产　9 其他

项目 10　登记注册(或批准)机关名称、级别、注册号(204)(如登记注册或批准机关为多个，请复选)

机关级别：1 国家　2 省(自治区、直辖市)　3 地(区、市、州、盟)　4 县(区、市、旗)

1. 工商行政管理部门　机关级别 □　登记注册号________
2. 编制部门　机关级别 □　登记注册号________
3. 民政部门　机关级别 □　登记注册号________
4. 国家税务部门　机关级别 □　登记注册号________
5. 地方税务部门　机关级别 □　登记注册号________
9. 其他(请注明批准机关)　机关级别 □　________

项目 11　登记注册类型(205)　□□□

内资		港澳台商投资	外商投资
110 国有	159 其他有限责任公司	210 与港澳台商合资经营	310 中外合资经营
120 集体	160 股份有限公司	220 与港澳台商合作经营	320 中外合作经营
130 股份合作	171 私营独资	230 港澳台商独资	330 外资企业
141 国有联营	172 私营合伙	240 港澳台商投资股份有限公司	340 外商投资股份有限公司
142 集体联营	173 私营有限责任公司	290 其他港澳台投资	390 其他外商投资
143 国有与集体联营	174 私营股份有限公司		
149 其他联营	190 其他		
151 国有独资公司			

项目 16　单位类别和产业活动单位归属法人单位情况

单位类别 □(181)　　1 法人单位本部(总部、本店、本所等)　　2 法人单位分支机构　(分部、分厂、分店、支所等)

产业活动单位归属法人单位情况(182)

法人单位组织机构代码　□□□□□□□□—□　　法人单位详细名称______________

法人单位详细地址______________　　法人单位行政区划代码　□□□□□□

项目 17　产业活动单位经济指标

从业人员(192)　从业人员期末人数__________人　　其中：女性__________人

项目 17A　经营性单位填报　经营性单位收入(195)__________元

项目 17B　非经营性单位填报　非经营性单位支出(费用)(196)__________元

单位负责人：　统计负责人：　填表人：　联系电话：　报出日期：2 0　年　月　日

说明：1. 统计范围：辖区内工业产业活动单位。

2. 报送日期及方式：普查员 2014 年 3 月 31 日前利用手持电子终端设备采集数据，通过无线网络或在乡级普查机构通过统计内网报送到指定服务器中。

3. 本表涉及的填报目录：《国民经济行业分类》(GB/T 4754-2011)、2013 年《统计用区划代码和城乡划分代码》。

建筑业法人单位普查表（PDA 用）

2 0 1 3 年

01 报表类别(104) □ C 建筑业
02 单位类型(110) □ 1 法人单位
03 普查小区代码(107) □□ 10 底册顺序码(108) □□□□□□□□□□□□□□□
04 行业代码(103) □□□□(国民经济行业类别(GB/T 4754-2011)
05 单位所在地区划代码(105) □□□□□□□□□□□□
06 单位注册地区划代码(106) □□□□□□□□□□□□

调查对象基本情况和经济指标

项目 1 组织机构代码(101) □□□□□□□□—□

项目 2 单位详细名称(102) ______________

项目 3 法定代表人(单位负责人)(201) ______________

项目 4 开业(成立)时间(202) ______年______月

项目 5 主要业务活动(或主要产品)(103-1)
1______________ 2______________ 3______________

项目 6 地理位置
项目 6A 单位所在地(105-2)
______省(自治区、直辖市)______地(区、市、州、盟)______县(区、市、旗)
______乡(镇)______________街(村)、门牌号
单位位于：______街道办事处______社区(居委会)
项目 6B 单位注册地(106-2)
______省(自治区、直辖市)______地(区、市、州、盟)______县(区、市、旗)
______乡(镇)______________街(村)、门牌号
单位位于：______街道办事处______社区(居委会)

项目 7 联系方式(203)
长途区号 □□□□□□
固定电话 □□□□□□□□-□□□□□□ 电子邮箱______________
移动电话 □□□□□□□□□□□ 网 址______________
传真号码 □□□□□□□□-□□□□□□
邮政编码 □□□□□□

项目 8 机构类型(211) □□
10 企业 20 事业单位 30 机关 40 社会团体 51 民办非企业单位
52 基金会 53 居委会 54 村委会 90 其他组织机构

项目 9 营业状态(208) □ 1 营业 2 停业(歇业) 3 筹建 4 当年关闭 5 当年破产 9 其他

项目 10 登记注册(或批准)机关名称、级别、注册号(204)(如登记注册或批准机关为多个，请复选)
机关级别：1 国家 2 省(自治区、直辖市) 3 地(区、市、州、盟) 4 县(区、市、旗)
1. 工商行政管理部门 机关级别 □ 登记注册号______________
2. 编制部门 机关级别 □ 登记注册号______________
3. 民政部门 机关级别 □ 登记注册号______________
4. 国家税务部门 机关级别 □ 登记注册号______________
5. 地方税务部门 机关级别 □ 登记注册号______________
9. 其他(请注明批准机关) 机关级别 □ ______________

项目 11 登记注册类型(205) □□□
内资
110 国有
120 集体
130 股份合作
141 国有联营
142 集体联营
143 国有与集体联营
149 其他联营
151 国有独资公司
159 其他有限责任公司
160 股份有限公司
171 私营独资
172 私营合伙
173 私营有限责任公司
174 私营股份有限公司
190 其他
港澳台商投资
210 与港澳台商合资经营
220 与港澳台商合作经营
230 港澳台商独资
240 港澳台商投资股份有限公司
290 其他港澳台投资
外商投资
310 中外合资经营
320 中外合作经营
330 外资企业
340 外商投资股份有限公司
390 其他外商投资

项目 12 企业控股情况(206) □ 1 国有控股 2 集体控股 3 私人控股 4 港澳台商控股 5 外商控股 9 其他

项目 13 隶属关系(207) □□
10 中央 20 省(自治区、直辖市) 40 地(区、市、州、盟) 50 县(区、市、旗) 61 街道
62 镇 63 乡 71 社区(居委会) 72 村委会 90 其他

项目 14 会计制度情况
项目 14A 执行会计标准类别(209) □
1 企业会计制度 2 事业单位会计制度 3 行政单位会计制度 4 民间非营利组织会计制度 9 其他
项目 14B 是否执行 2006 年《企业会计准则》(210) □ 1 是 2 否

项目 15 法人单位经济指标

从业人员(192) 从业人员期末人数______人 其中：女性______人

项目 15A 企业主要经济指标(193)

营业收入______元 其中：主营业务收入 ______元

营业税金及附加______元 其中：主营业务税金及附加 ______元

资产总计______元 实收资本______元

项目 15B 非企业法人单位填报(194)

非企业单位支出(费用)______元 年末资产______元

项目 18 行业指标

项目 18C 仅建筑业法人单位填报(C01)

建筑业企业资质等级(请填写资质证书编号前 4 位，没有资质等级的企业填写“9999”) □□□□

项目 19 法人所属产业单位情况(212)

产业活动单位数 ______个 (单产业法人本指标填 1，免填所属产业活动单位情况)

项目 19A 多产业法人所属产业单位情况

序号	*单位类别	组织机构代码	单位详细名称	详细地址	区划代码	联系电话	主要业务活动(或主要产品)	行业代码	从业人员期末人数(人)	经营性单位收入(或非经营性单位支出)(元)
甲	1	2	3	4	5	6	7	8	9	10
……										

*单位类别：1 法人单位本部(总部、本店、本所等) 2 法人单位分支机构 (分部、分厂、分店、支所等)

单位负责人： 统计负责人： 填表人： 联系电话： 报出日期：2 0 年 月 日

说明：1.统计范围：辖区内除联网直报调查单位以外的建筑业法人单位。

2.报送日期及方式：普查员 2014 年 3 月 31 日前利用手持电子终端设备采集数据，通过无线网络或在乡级普查机构通过统计内网报送到指定服务器中。

3.本表涉及的填报目录：《国民经济行业分类》(GB/T 4754-2011)、2013 年《统计用区划代码和城乡划分代码》和《建筑业企业资质等级编码》。

4.填报说明：

(1)企业或执行企业会计制度的法人单位填报“企业主要经济指标”(193)内全部指标，免填“非企业法人单位指标”(194)内全部指标。

(2)非企业且不执行企业会计制度的法人单位填报“非企业主要经济指标”(194)内全部指标，免填“企业法人单位指标”(193)内全部指标。

建筑业产业活动单位普查表（PDA 用）

2 0 1 3 年

01 报表类别(104) □ C 建筑业

02 单位类型(110) □ 2 产业活动单位

03 普查小区代码(107)□□ 10 底册顺序码(108)□□□□□□□□□□□□□□□□□

04 行业代码(103) □□□□(国民经济行业类别(GB/T 4754-2011)

05 单位所在地区划代码(105) □□□□□□□□□□□□

06 单位注册地区划代码(106) □□□□□□□□□□□□

调查对象基本情况和经济指标

项目 1 组织机构代码(101) □□□□□□□□—□

项目 2 单位详细名称(102) ______________

项目 3 法定代表人(单位负责人)(201) ______________

项目 4 开业(成立)时间(202) ________年________月

项目 5 主要业务活动(或主要产品)(103-1)

1______________ 2______________ 3______________

项目 6 地理位置

项目 6A 单位所在地(105-2)

________省(自治区、直辖市)________地(区、市、州、盟)________县(区、市、旗)

________乡(镇)________街(村)、门牌号

单位位于：________街道办事处________社区(居委会)

项目 6B 单位注册地(106-2)

________省(自治区、直辖市)________地(区、市、州、盟)________县(区、市、旗)

________乡(镇)________街(村)、门牌号

单位位于：________街道办事处________社区(居委会)

项目 7 联系方式(203)

长途区号 □□□□□□

固定电话 □□□□□□□□-□□□□□□ 电子邮箱________

移动电话 □□□□□□□□□□□ 网 址________

传真号码 □□□□□□□□-□□□□□□

邮政编码 □□□□□□

项目 8 机构类型(211) □□

10 企业 20 事业单位 30 机关 40 社会团体 51 民办非企业单位

52 基金会 53 居委会 54 村委会 90 其他组织机构

项目 9 营业状态(208) □ 1 营业 2 停业(歇业) 3 筹建 4 当年关闭 5 当年破产 9 其他

项目 10 登记注册(或批准)机关名称、级别、注册号(204)(如登记注册或批准机关为多个，请复选)

机关级别：1 国家 2 省(自治区、直辖市) 3 地(区、市、州、盟) 4 县(区、市、旗)

1. 工商行政管理部门 机关级别 □ 登记注册号________

2. 编制部门 机关级别 □ 登记注册号________

3. 民政部门 机关级别 □ 登记注册号________

4. 国家税务部门 机关级别 □ 登记注册号________

5. 地方税务部门 机关级别 □ 登记注册号________

9. 其他(请注明批准机关) 机关级别 □ ________

项目 11 登记注册类型(205) □□□

内资

110 国有
120 集体
130 股份合作
141 国有联营
142 集体联营
143 国有与集体联营
149 其他联营
151 国有独资公司
159 其他有限责任公司
160 股份有限公司
171 私营独资
172 私营合伙
173 私营有限责任公司
174 私营股份有限公司
190 其他

港澳台商投资

210 与港澳台商合资经营
220 与港澳台商合作经营
230 港澳台商独资
240 港澳台商投资股份有限公司
290 其他港澳台投资

外商投资

310 中外合资经营
320 中外合作经营
330 外资企业
340 外商投资股份有限公司
390 其他外商投资

项目 16　单位类别和产业活动单位归属法人单位情况

单位类别 □(181)　　1 法人单位本部(总部、本店、本所等)　　2 法人单位分支机构　(分部、分厂、分店、支所等)

产业活动单位归属法人单位情况(182)

法人单位组织机构代码　□□□□□□□□—□　　法人单位详细名称________________

法人单位详细地址________________　　法人单位行政区划代码　□□□□□□

项目 17　产业活动单位经济指标

从业人员(192)　从业人员期末人数________人　　其中：女性________人

项目 17A　经营性单位填报　经营性单位收入(195)________元

项目 17B　非经营性单位填报　非经营性单位支出(费用)(196)________元

单位负责人：　统计负责人：　填表人：　联系电话：　　报出日期：2 0　年　月　日

说明：1.统计范围：辖区内建筑业产业活动单位。

2.报送日期及方式：普查员 2014 年 3 月 31 日前利用手持电子终端设备采集数据，通过无线网络或在乡级普查机构通过统计内网报送到指定服务器中。

3.本表涉及的填报目录：《国民经济行业分类》(GB/T 4754-2011)、2013 年《统计用区划代码和城乡划分代码》。

批发和零售业法人单位普查表（PDA 用）

2013 年

01 报表类别(104) □ E 批发和零售业
02 单位类型(110) □ 1 法人单位
03 普查小区代码(107)□□ 10 底册顺序码(108)□□□□□□□□□□□□□□□□□
04 行业代码(103) □□□□(国民经济行业类别(GB/T 4754-2011)
05 单位所在地区划代码(105) □□□□□□□□□□□□
06 单位注册地区划代码(106) □□□□□□□□□□□□

调查对象基本情况和经济指标

项目 1 组织机构代码(101) □□□□□□□□—□
项目 2 单位详细名称(102) ______________
项目 3 法定代表人(单位负责人)(201) ______________
项目 4 开业(成立)时间(202) ______年______月
项目 5 主要业务活动(或主要产品)(103-1)
1______________ 2______________ 3______________

项目 6 地理位置
项目 6A 单位所在地(105-2)
______省(自治区、直辖市)______地(区、市、州、盟)______县(区、市、旗)
______乡(镇)______________街(村)、门牌号
单位位于：______街道办事处______社区(居委会)
项目 6B 单位注册地(106-2)
______省(自治区、直辖市)______地(区、市、州、盟)______县(区、市、旗)
______乡(镇)______________街(村)、门牌号
单位位于：______街道办事处______社区(居委会)

项目 7 联系方式(203)
长途区号 □□□□□□
固定电话 □□□□□□□□□-□□□□□□□ 电子邮箱______________
移动电话 □□□□□□□□□□□□□ 网 址______________
传真号码 □□□□□□□□□-□□□□□□□
邮政编码 □□□□□□□

项目 8 机构类型(211) □□
10 企业 20 事业单位 30 机关 40 社会团体 51 民办非企业单位
52 基金会 53 居委会 54 村委会 90 其他组织机构

项目 9 营业状态(208) □ 1 营业 2 停业(歇业) 3 筹建 4 当年关闭 5 当年破产 9 其他

项目 10 登记注册(或批准)机关名称、级别、注册号(204)(如登记注册或批准机关为多个，请复选)
机关级别：1 国家 2 省(自治区、直辖市) 3 地(区、市、州、盟) 4 县(区、市、旗)
1.工商行政管理部门 机关级别 □ 登记注册号______________
2.编制部门 机关级别 □ 登记注册号______________
3.民政部门 机关级别 □ 登记注册号______________
4.国家税务部门 机关级别 □ 登记注册号______________
5.地方税务部门 机关级别 □ 登记注册号______________
9.其他(请注明批准机关) 机关级别 □ ______________

项目 11 登记注册类型(205) □□□

内资		港澳台商投资	外商投资
110 国有	159 其他有限责任公司	210 与港澳台商合资经营	310 中外合资经营
120 集体	160 股份有限公司	220 与港澳台商合作经营	320 中外合作经营
130 股份合作	171 私营独资	230 港澳台商独资	330 外资企业
141 国有联营	172 私营合伙	240 港澳台商投资股份有限公司	340 外商投资股份有限公司
142 集体联营	173 私营有限责任公司	290 其他港澳台投资	390 其他外商投资
143 国有与集体联营	174 私营股份有限公司		
149 其他联营	190 其他		
151 国有独资公司			

项目 12 企业控股情况(206) □ 1 国有控股 2 集体控股 3 私人控股 4 港澳台商控股 5 外商控股 9 其他

项目 13 隶属关系(207) □□
10 中央 20 省(自治区、直辖市) 40 地(区、市、州、盟) 50 县(区、市、旗) 61 街道
62 镇 63 乡 71 社区(居委会) 72 村委会 90 其他

项目 14 会计制度情况
项目 14A 执行会计标准类别(209) □
1 企业会计制度 2 事业单位会计制度 3 行政单位会计制度 4 民间非营利组织会计制度 9 其他
项目 14B 是否执行 2006 年《企业会计准则》(210) □ 1 是 2 否

项目 15　法人单位经济指标

从业人员(192)　　从业人员期末人数________人　　其中：女性________人

项目 15A　企业主要经济指标(193)

营业收入________元　　其中：主营业务收入 ________元

营业税金及附加________元　　其中：主营业务税金及附加 ________元

资产总计________元　　实收资本________元

项目 15B　非企业法人单位填报(194)

非企业单位支出(费用)________元　　年末资产________元

项目 18　行业指标

项目 18E　批发和零售业法人单位和产业活动单位填报

批发和零售业企业经营形式(E01) □ 1 独立门店　2 连锁总店(总部)　3 连锁门店　9 其他

零售业态(E02)　□□□□

有店铺零售

1010 食杂店　1020 便利店　1030 折扣店　1040 超市　1050 大型超市　1060 仓储会员店

1070 百货店　1080 专业店　1090 专卖店　1100 家居建材商店　1110 购物中心　1120 厂家直销中心

无店铺零售

2010 电视购物　2020 邮购　2030 网上商店　2040 自动售货亭　2050 电话购物

批发和零售业年末零售营业面积(E03)________平方米

项目 19　法人所属产业单位情况(212)

产业活动单位数　________个　(单产业法人本指标填 1，免填所属产业活动单位情况)

项目 19A　多产业法人所属产业单位情况

序号	*单位类别	组织机构代码	单位详细名称	详细地址	区划代码	联系电话	主要业务活动(或主要产品)	行业代码	从业人员期末人数(人)	经营性单位收入(或非经营性单位支出)(元)
甲	1	2	3	4	5	6	7	8	9	10
……										

*单位类别：1 法人单位本部(总部、本店、本所等)　2 法人单位分支机构　(分部、分厂、分店、支所等)

单位负责人：　统计负责人：　填表人：　联系电话：　报出日期：2 0　年　月　日

说明：1. 统计范围：辖区内除联网直报调查单位以外的批发和零售业法人单位。

2. 报送日期及方式：普查员 2014 年 3 月 31 日前利用手持电子终端设备采集数据，通过无线网络或在乡级普查机构通过统计内网报送到指定服务器中。

3. 本表涉及的填报目录：《国民经济行业分类》(GB/T 4754-2011)、2013 年《统计用区划代码和城乡划分代码》。

4. 填报说明：

(1) 企业或执行企业会计制度的法人单位填报“企业主要经济指标”(193)内全部指标，免填“非企业法人单位指标”(194)内全部指标。

(2) 非企业且不执行企业会计制度的法人单位填报“非企业主要经济指标”(194)内全部指标，免填“企业法人单位指标”(193)内全部指标。

批发和零售业产业活动单位普查表（PDA 用）

2 0 1 3 年

01 报表类别(104) □ E 批发和零售业
02 单位类型(110) □ 2 产业活动单位

03 普查小区代码(107)□□　　10 底册顺序码(108)□□□□□□□□□□□□□□□□□□
04 行业代码(103)　□□□□(国民经济行业类别(GB/T 4754-2011)
05 单位所在地区划代码(105)　□□□□□□□□□□□□
06 单位注册地区划代码(106)　□□□□□□□□□□□□

调查对象基本情况和经济指标

项目 1 组织机构代码(101) □□□□□□□□—□

项目 2 单位详细名称(102) ______________

项目 3 法定代表人(单位负责人)(201) ______________

项目 4 开业(成立)时间(202) ________年________月

项目 5 主要业务活动(或主要产品)(103-1)

1______________ 2______________ 3______________

项目 6 地理位置

项目 6A 单位所在地(105-2)

________省(自治区、直辖市)________地(区、市、州、盟)________县(区、市、旗)
________乡(镇)________________街(村)、门牌号
单位位于：________街道办事处________社区(居委会)

项目 6B 单位注册地(106-2)

________省(自治区、直辖市)________地(区、市、州、盟)________县(区、市、旗)
________乡(镇)________________街(村)、门牌号
单位位于：________街道办事处________社区(居委会)

项目 7 联系方式(203)

长途区号　□□□□□□
固定电话　□□□□□□□□□-□□□□□□□　　电子邮箱______________
移动电话　□□□□□□□□□□□□□　　网　址______________
传真号码　□□□□□□□□□-□□□□□□□
邮政编码　□□□□□□

项目 8 机构类型(211) □□

10 企业　20 事业单位　30 机关　40 社会团体　51 民办非企业单位
52 基金会　53 居委会　54 村委会　90 其他组织机构

项目 9 营业状态(208) □　1 营业　2 停业(歇业)　3 筹建　4 当年关闭　5 当年破产　9 其他

项目 10 登记注册(或批准)机关名称、级别、注册号(204)(如登记注册或批准机关为多个，请复选)

机关级别：1 国家　2 省(自治区、直辖市)　3 地(区、市、州、盟)　4 县(区、市、旗)

1. 工商行政管理部门　机关级别 □　登记注册号______________
2. 编制部门　机关级别 □　登记注册号______________
3. 民政部门　机关级别 □　登记注册号______________
4. 国家税务部门　机关级别 □　登记注册号______________
5. 地方税务部门　机关级别 □　登记注册号______________
9. 其他(请注明批准机关)　机关级别 □　______________

项目 11 登记注册类型(205) □□□

内资

110 国有
120 集体
130 股份合作
141 国有联营
142 集体联营
143 国有与集体联营
149 其他联营
151 国有独资公司
159 其他有限责任公司
160 股份有限公司
171 私营独资
172 私营合伙
173 私营有限责任公司
174 私营股份有限公司
190 其他

港澳台商投资

210 与港澳台商合资经营
220 与港澳台商合作经营
230 港澳台商独资
240 港澳台商投资股份有限公司
290 其他港澳台投资

外商投资

310 中外合资经营
320 中外合作经营
330 外资企业
340 外商投资股份有限公司
390 其他外商投资

项目 16 单位类别和产业活动单位归属法人单位情况

单位类别 □(181)　1 法人单位本部(总部、本店、本所等)　2 法人单位分支机构　(分部、分厂、分店、支所等)
产业活动单位归属法人单位情况(182)
法人单位组织机构代码　□□□□□□□□—□　法人单位详细名称______________
法人单位详细地址______________　法人单位行政区划代码　□□□□□□

项目 17 产业活动单位经济指标

从业人员(192)　从业人员期末人数________人　其中：女性________人
项目 17A 经营性单位填报　经营性单位收入(195)________元
项目 17B 非经营性单位填报　非经营性单位支出(费用)(196)________元

项目 18　行业指标

项目 18E 批发和零售业法人单位和产业活动单位填报

批发和零售业企业经营形式(E01) □ 1 独立门店　2 连锁总店(总部)　3 连锁门店 9 其他

零售业态(E02)　　□□□□

有店铺零售

1010 食杂店　1020 便利店　1030 折扣店　1040 超市　1050 大型超市　1060 仓储会员店

1070 百货店　1080 专业店　1090 专卖店　1100 家居建材商店　1110 购物中心　1120 厂家直销中心

无店铺零售

2010 电视购物　2020 邮购　2030 网上商店　2040 自动售货亭　2050 电话购物

批发和零售业年末零售营业面积(E03)＿＿＿＿＿＿＿＿平方米

单位负责人：　统计负责人：　填表人：　联系电话：　报出日期：2 0　年　月　日

说明：1. 统计范围：辖区内批发和零售业产业活动单位。

2. 报送日期及方式：普查员 2014 年 3 月 31 日前利用手持电子终端设备采集数据，通过无线网络或在乡级普查机构通过统计内网报送到指定服务器中。

3. 本表涉及的填报目录：《国民经济行业分类》(GB/T 4754-2011)、2013 年《统计用区划代码和城乡划分代码》。

住宿和餐饮业法人单位普查表（PDA 用）

2 0 1 3 年

01 报表类别(104) □ S 住宿和餐饮业
02 单位类型(110) □ 1 法人单位

03 普查小区代码(107)□□　　10 底册顺序码(108)□□□□□□□□□□□□□□□□□
04 行业代码(103)　□□□□(国民经济行业类别(GB/T 4754-2011)
05 单位所在地区划代码(105)　□□□□□□□□□□□□
06 单位注册地区划代码(106)　□□□□□□□□□□□□

调查对象基本情况和经济指标

项目 1 组织机构代码(101) □□□□□□□□—□

项目 2 单位详细名称(102) ____________

项目 3 法定代表人(单位负责人)(201) ____________

项目 4 开业(成立)时间(202) ______年______月

项目 5 主要业务活动(或主要产品)(103-1)
1______ 2______ 3______

项目 6 地理位置

项目 6A 单位所在地(105-2)
______省(自治区、直辖市)______地(区、市、州、盟)______县(区、市、旗)
______乡(镇)______街(村)、门牌号
单位位于：______街道办事处______社区(居委会)

项目 6B 单位注册地(106-2)
______省(自治区、直辖市)______地(区、市、州、盟)______县(区、市、旗)
______乡(镇)______街(村)、门牌号
单位位于：______街道办事处______社区(居委会)

项目 7 联系方式(203)
长途区号 □□□□□□
固定电话 □□□□□□□□□-□□□□□□□　　电子邮箱______
移动电话 □□□□□□□□□□□□□　　网　址______
传真号码 □□□□□□□□□-□□□□□□□
邮政编码 □□□□□□

项目 8 机构类型(211) □□
10 企业　20 事业单位　30 机关　40 社会团体　51 民办非企业单位
52 基金会　53 居委会　54 村委会　90 其他组织机构

项目 9 营业状态(208) □ **1 营业　2 停业(歇业)　3 筹建　4 当年关闭　5 当年破产　9 其他**

项目 10 登记注册(或批准)机关名称、级别、注册号(204)(如登记注册或批准机关为多个，请复选)
机关级别：1 国家　2 省(自治区、直辖市)　3 地(区、市、州、盟)　4 县(区、市、旗)
1. 工商行政管理部门　机关级别 □　登记注册号______
2. 编制部门　机关级别 □　登记注册号______
3. 民政部门　机关级别 □　登记注册号______
4. 国家税务部门　机关级别 □　登记注册号______
5. 地方税务部门　机关级别 □　登记注册号______
9. 其他(请注明批准机关)　机关级别 □　______

项目 11 登记注册类型(205) □□□

内资
110 国有　120 集体　130 股份合作　141 国有联营　142 集体联营　143 国有与集体联营　149 其他联营　151 国有独资公司
159 其他有限责任公司　160 股份有限公司　171 私营独资　172 私营合伙　173 私营有限责任公司　174 私营股份有限公司　190 其他

港澳台商投资
210 与港澳台商合资经营　220 与港澳台商合作经营　230 港澳台商独资　240 港澳台商投资股份有限公司　290 其他港澳台投资

外商投资
310 中外合资经营　320 中外合作经营　330 外资企业　340 外商投资股份有限公司　390 其他外商投资

项目 12 企业控股情况(206) □ 1 国有控股　2 集体控股　3 私人控股　4 港澳台商控股　5 外商控股　9 其他

项目 13 隶属关系(207) □□
10 中央　20 省(自治区、直辖市)　40 地(区、市、州、盟)　50 县(区、市、旗)　61 街道
62 镇　63 乡　71 社区(居委会)　72 村委会　90 其他

项目 14 会计制度情况

项目 14A 执行会计标准类别(209) □
1 企业会计制度　2 事业单位会计制度　3 行政单位会计制度　4 民间非营利组织会计制度　9 其他

项目 14B 是否执行 2006 年《企业会计准则》(210) □　1 是　2 否

项目 15 法人单位经济指标

从业人员(192) 从业人员期末人数______________人 其中：女性______________人

项目 15A 企业主要经济指标(193)

营业收入________元 其中：主营业务收入 ________元

营业税金及附加________元 其中：主营业务税金及附加 __________元

资产总计____________元 实收资本____________元

项目 15B 非企业法人单位填报(194)

非企业单位支出(费用)______________元 年末资产______________元

项目 18 行业指标

项目 18S 住宿和餐饮业法人单位和产业活动单位填报

住宿和餐饮业企业经营形式(S01) □ 1 独立门店 2 连锁总店(总部) 3 连锁门店 9 其他

住宿业企业星级评定情况(S02) □ 1 一星 2 二星 3 三星 4 四星 5 五星 9 其他

住宿和餐饮业年末餐饮营业面积(S03)________________平方米

项目 19 法人所属产业单位情况(212)

产业活动单位数 ________个 (单产业法人本指标填 1，免填所属产业活动单位情况)

项目 19A 多产业法人所属产业单位情况

序号	*单位类别	组织机构代码	单位详细名称	详细地址	区划代码	联系电话	主要业务活动(或主要产品)	行业代码	从业人员期末人数(人)	经营性单位收入(或非经营性单位支出)(元)
甲	1	2	3	4	5	6	7	8	9	10
……										

*单位类别：1 法人单位本部(总部、本店、本所等) 2 法人单位分支机构 (分部、分厂、分店、支所等)

单位负责人： 统计负责人： 填表人： 联系电话： 报出日期：2 0 年 月 日

说明：1. 统计范围：辖区内除联网直报调查单位以外的住宿和餐饮业法人单位。

2. 报送日期及方式：普查员 2014 年 3 月 31 日前利用手持电子终端设备采集数据，通过无线网络或在乡级普查机构通过统计内网报送到指定服务器中。

3. 本表涉及的填报目录：《国民经济行业分类》(GB/T 4754-2011)、2013 年《统计用区划代码和城乡划分代码》。

4. 填报说明：

(1) 企业或执行企业会计制度的法人单位填报“企业主要经济指标”(193)内全部指标，免填“非企业法人单位指标”(194)内全部指标。

(2) 非企业且不执行企业会计制度的法人单位填报“非企业主要经济指标”(194)内全部指标，免填“企业法人单位指标”(193)内全部指标。

住宿和餐饮业产业活动单位普查表（PDA 用）

2 0 1 3 年

01 报表类别(104) □ S 住宿和餐饮业
02 单位类型(110) □ 2 产业活动单位

03 普查小区代码(107)□□ 10 底册顺序码(108)□□□□□□□□□□□□□□□□□
04 行业代码(103) □□□□(国民经济行业类别(GB/T 4754-2011)
05 单位所在地区划代码(105) □□□□□□□□□□□□
06 单位注册地区划代码(106) □□□□□□□□□□□□

调查对象基本情况和经济指标

项目 1 组织机构代码(101) □□□□□□□□—□

项目 2 单位详细名称(102) ____________

项目 3 法定代表人(单位负责人)(201) ____________

项目 4 开业(成立)时间(202) ______年______月

项目 5 主要业务活动(或主要产品)(103-1)
1______ 2______ 3______

项目 6 地理位置
项目 6A 单位所在地(105-2)
______省(自治区、直辖市)______地(区、市、州、盟)______县(区、市、旗)
______乡(镇)______街(村)、门牌号
单位位于：______街道办事处______社区(居委会)
项目 6B 单位注册地(106-2)
______省(自治区、直辖市)______地(区、市、州、盟)______县(区、市、旗)
______乡(镇)______街(村)、门牌号
单位位于：______街道办事处______社区(居委会)

项目 7 联系方式(203)
长途区号 □□□□□
固定电话 □□□□□□□□-□□□□□□ 电子邮箱______
移动电话 □□□□□□□□□□□ 网 址______
传真号码 □□□□□□□□-□□□□□□
邮政编码 □□□□□□

项目 8 机构类型(211) □□
10 企业 20 事业单位 30 机关 40 社会团体 51 民办非企业单位
52 基金会 53 居委会 54 村委会 90 其他组织机构

项目 9 营业状态(208) □ 1 营业 2 停业(歇业) 3 筹建 4 当年关闭 5 当年破产 9 其他

项目 10 登记注册(或批准)机关名称、级别、注册号(204)(如登记注册或批准机关为多个，请复选)
机关级别：1 国家 2 省(自治区、直辖市) 3 地(区、市、州、盟) 4 县(区、市、旗)
1. 工商行政管理部门 机关级别 □ 登记注册号______
2. 编制部门 机关级别 □ 登记注册号______
3. 民政部门 机关级别 □ 登记注册号______
4. 国家税务部门 机关级别 □ 登记注册号______
5. 地方税务部门 机关级别 □ 登记注册号______
9. 其他(请注明批准机关) 机关级别 □ ______

项目 11 登记注册类型(205) □□□

内资
110 国有
120 集体
130 股份合作
141 国有联营
142 集体联营
143 国有与集体联营
149 其他联营
151 国有独资公司
159 其他有限责任公司
160 股份有限公司
171 私营独资
172 私营合伙
173 私营有限责任公司
174 私营股份有限公司
190 其他

港澳台商投资
210 与港澳台商合资经营
220 与港澳台商合作经营
230 港澳台商独资
240 港澳台商投资股份有限公司
290 其他港澳台投资

外商投资
310 中外合资经营
320 中外合作经营
330 外资企业
340 外商投资股份有限公司
390 其他外商投资

项目 16 单位类别和产业活动单位归属法人单位情况
单位类别 □(181) 1 法人单位本部(总部、本店、本所等) 2 法人单位分支机构 (分部、分厂、分店、支所等)
产业活动单位归属法人单位情况(182)
法人单位组织机构代码 □□□□□□□□—□ 法人单位详细名称______
法人单位详细地址______ 法人单位行政区划代码 □□□□□□

项目 17 产业活动单位经济指标
从业人员(192) 从业人员期末人数______人 其中：女性______人
项目 17A 经营性单位填报 经营性单位收入(195)______元
项目 17B 非经营性单位填报 非经营性单位支出(费用)(196)______元

项目 18　行业指标

项目 18S 住宿和餐饮业法人单位和产业活动单位填报

住宿和餐饮业企业经营形式(S01)　□　1 独立门店　2 连锁总店(总部)　3 连锁门店　9 其他

住宿业企业星级评定情况(S02)　□　1 一星　2 二星　3 三星　4 四星　5 五星　9 其他

住宿和餐饮业年末餐饮营业面积(S03)________________平方米

单位负责人：　统计负责人：　填表人：　联系电话：　报出日期：2 0　年　月　日

说明：1. 统计范围：辖区内住宿和餐饮业产业活动单位。

2. 报送日期及方式：普查员 2014 年 3 月 31 日前利用手持电子终端设备采集数据，通过无线网络或在乡级普查机构通过统计内网报送到指定服务器中。

3. 本表涉及的填报目录：《国民经济行业分类》(GB/T 4754-2011)、2013 年《统计用区划代码和城乡划分代码》。

房地产开发经营业法人单位普查表（PDA 用）

2013 年

01 报表类别(104) □ X 房地产开发经营业
02 单位类型(110) □ 1 法人单位

03 普查小区代码(107)□□ 10 底册顺序码(108)□□□□□□□□□□□□□□□
04 行业代码(103) □□□□(国民经济行业类别(GB/T 4754-2011)
05 单位所在地区划代码(105) □□□□□□□□□□□□
06 单位注册地区划代码(106) □□□□□□□□□□□□

调查对象基本情况和经济指标

项目 1 组织机构代码(101) □□□□□□□□—□

项目 2 单位详细名称(102) ______

项目 3 法定代表人(单位负责人)(201) ______

项目 4 开业(成立)时间(202) ______年______月

项目 5 主要业务活动(或主要产品)(103-1)
1______ 2______ 3______

项目 6 地理位置

项目 6A 单位所在地(105-2)
______省(自治区、直辖市)______地(区、市、州、盟)______县(区、市、旗)
______乡(镇)______街(村)、门牌号
单位位于：______街道办事处______社区(居委会)

项目 6B 单位注册地(106-2)
______省(自治区、直辖市)______地(区、市、州、盟)______县(区、市、旗)
______乡(镇)______街(村)、门牌号
单位位于：______街道办事处______社区(居委会)

项目 7 联系方式(203)
长途区号 □□□□□□
固定电话 □□□□□□□□-□□□□□□ 电子邮箱______
移动电话 □□□□□□□□□□□ 网 址______
传真号码 □□□□□□□□-□□□□□□
邮政编码 □□□□□□

项目 8 机构类型(211) □□
10 企业 20 事业单位 30 机关 40 社会团体 51 民办非企业单位
52 基金会 53 居委会 54 村委会 90 其他组织机构

项目 9 营业状态(208) □ 1 营业 2 停业(歇业) 3 筹建 4 当年关闭 5 当年破产 9 其他

项目 10 登记注册(或批准)机关名称、级别、注册号(204)(如登记注册或批准机关为多个，请复选)
机关级别：1 国家 2 省(自治区、直辖市) 3 地(区、市、州、盟) 4 县(区、市、旗)
1. 工商行政管理部门 机关级别 □ 登记注册号______
2. 编制部门 机关级别 □ 登记注册号______
3. 民政部门 机关级别 □ 登记注册号______
4. 国家税务部门 机关级别 □ 登记注册号______
5. 地方税务部门 机关级别 □ 登记注册号______
9. 其他(请注明批准机关) 机关级别 □ ______

项目 11 登记注册类型(205) □□□

内资
110 国有
120 集体
130 股份合作
141 国有联营
142 集体联营
143 国有与集体联营
149 其他联营
151 国有独资公司
159 其他有限责任公司
160 股份有限公司
171 私营独资
172 私营合伙
173 私营有限责任公司
174 私营股份有限公司
190 其他

港澳台商投资
210 与港澳台商合资经营
220 与港澳台商合作经营
230 港澳台商独资
240 港澳台商投资股份有限公司
290 其他港澳台投资

外商投资
310 中外合资经营
320 中外合作经营
330 外资企业
340 外商投资股份有限公司
390 其他外商投资

项目 12 企业控股情况(206) □ 1 国有控股 2 集体控股 3 私人控股 4 港澳台商控股 5 外商控股 9 其他

项目 13 隶属关系(207) □□
10 中央 20 省(自治区、直辖市) 40 地(区、市、州、盟) 50 县(区、市、旗) 61 街道
62 镇 63 乡 71 社区(居委会) 72 村委会 90 其他

项目 14 会计制度情况

项目 14A 执行会计标准类别(209) □
1 企业会计制度 2 事业单位会计制度 3 行政单位会计制度 4 民间非营利组织会计制度 9 其他

项目 14B 是否执行 2006 年《企业会计准则》(210) □ 1 是 2 否

项目 15　法人单位经济指标

从业人员(192)　　从业人员期末人数＿＿＿＿＿＿人　　其中：女性＿＿＿＿＿＿人

项目 15A　企业主要经济指标(193)

营业收入＿＿＿＿元　　其中：主营业务收入＿＿＿＿元

营业税金及附加＿＿＿＿元　　其中：主营业务税金及附加＿＿＿＿元

资产总计＿＿＿＿元　　实收资本＿＿＿＿元

项目 15B　非企业法人单位填报(194)

非企业单位支出(费用)＿＿＿＿＿＿元　　年末资产＿＿＿＿＿＿元

项目 18　行业指标

项目 18X 仅房地产开发经营业法人单位填报(X01)

房地产开发经营业企业资质等级　□　1 一级　2 二级　3 三级　4 四级　5 暂定　9 其他

项目 19　法人所属产业单位情况(212)

产业活动单位数　＿＿＿＿个　(单产业法人本指标填 1，免填所属产业活动单位情况)

项目 19A　多产业法人所属产业单位情况

序号	*单位类别	组织机构代码	单位详细名称	详细地址	区划代码	联系电话	主要业务活动(或主要产品)	行业代码	从业人员期末人数(人)	经营性单位收入(或非经营性单位支出)(元)
甲	1	2	3	4	5	6	7	8	9	10
……										

*单位类别：1 法人单位本部(总部、本店、本所等)　2 法人单位分支机构　(分部、分厂、分店、支所等)

单位负责人：　　统计负责人：　　填表人：　　联系电话：　　报出日期：20　年　月　日

说明：1. 统计范围：辖区内除联网直报调查单位以外的房地产开发经营业法人单位。

2. 报送日期及方式：普查员 2014 年 3 月 31 日前利用手持电子终端设备采集数据，通过无线网络或在乡级普查机构通过统计内网报送到指定服务器中。

3. 本表涉及的填报目录：《国民经济行业分类》(GB/T 4754-2011)、2013 年《统计用区划代码和城乡划分代码》。

4. 填报说明：

(1) 企业或执行企业会计制度的法人单位填报“企业主要经济指标”(193)内全部指标，免填“非企业法人单位指标”(194)内全部指标。

(2) 非企业且不执行企业会计制度的法人单位填报“非企业主要经济指标”(194)内全部指标，免填“企业法人单位指标”(193)内全部指标。

房地产开发经营业产业活动单位普查表（PDA 用）

2 0 1 3 年

01 报表类别(104) □ X 房地产开发经营业
02 单位类型(110) □ 2 产业活动单位

03 普查小区代码(107)□□ 10 底册顺序码(108)□□□□□□□□□□□□□□□□□
04 行业代码(103) □□□□(国民经济行业类别(GB/T 4754-2011)
05 单位所在地区划代码(105) □□□□□□□□□□□□□□
06 单位注册地区划代码(106) □□□□□□□□□□□□□□

调查对象基本情况和经济指标

项目 1 组织机构代码(101) □□□□□□□□—□

项目 2 单位详细名称(102) ________________

项目 3 法定代表人(单位负责人)(201) ________________

项目 4 开业(成立)时间(202) ________年________月

项目 5 主要业务活动(或主要产品)(103-1)

1________________ 2________________ 3________________

项目 6 地理位置

项目 6A 单位所在地(105-2)

________省(自治区、直辖市)________地(区、市、州、盟)________县(区、市、旗)
________乡(镇)________________街(村)、门牌号
单位位于：________街道办事处________社区(居委会)

项目 6B 单位注册地(106-2)

________省(自治区、直辖市)________地(区、市、州、盟)________县(区、市、旗)
________乡(镇)________________街(村)、门牌号
单位位于：________街道办事处________社区(居委会)

项目 7 联系方式(203)

长途区号 □□□□□□
固定电话 □□□□□□□□□-□□□□□□□ 电子邮箱________________
移动电话 □□□□□□□□□□□□□ 网　址________________
传真号码 □□□□□□□□□-□□□□□□□
邮政编码 □□□□□□□

项目 8 机构类型(211) □□

10 企业　20 事业单位　30 机关　40 社会团体　51 民办非企业单位
52 基金会　53 居委会　54 村委会　90 其他组织机构

项目 9 营业状态(208) □ **1 营业　2 停业(歇业)　3 筹建　4 当年关闭　5 当年破产　9 其他**

项目 10 登记注册(或批准)机关名称、级别、注册号(204)(如登记注册或批准机关为多个，请复选)

机关级别：1 国家　2 省(自治区、直辖市)　3 地(区、市、州、盟)　4 县(区、市、旗)

1. 工商行政管理部门　机关级别 □　登记注册号________________
2. 编制部门　机关级别 □　登记注册号________________
3. 民政部门　机关级别 □　登记注册号________________
4. 国家税务部门　机关级别 □　登记注册号________________
5. 地方税务部门　机关级别 □　登记注册号________________
9. 其他(请注明批准机关)　机关级别 □　________________

项目 11 登记注册类型(205) □□□

内资

110 国有
120 集体
130 股份合作
141 国有联营
142 集体联营
143 国有与集体联营
149 其他联营
151 国有独资公司
159 其他有限责任公司
160 股份有限公司
171 私营独资
172 私营合伙
173 私营有限责任公司
174 私营股份有限公司
190 其他

港澳台商投资

210 与港澳台商合资经营
220 与港澳台商合作经营
230 港澳台商独资
240 港澳台商投资股份有限公司
290 其他港澳台投资

外商投资

310 中外合资经营
320 中外合作经营
330 外资企业
340 外商投资股份有限公司
390 其他外商投资

项目 16 单位类别和产业活动单位归属法人单位情况

单位类别 □(181)　1 法人单位本部(总部、本店、本所等)　2 法人单位分支机构　(分部、分厂、分店、支所等)
产业活动单位归属法人单位情况(182)
法人单位组织机构代码　□□□□□□□□□—□　法人单位详细名称________________
法人单位详细地址________________　法人单位行政区划代码　□□□□□□

项目 17 产业活动单位经济指标

从业人员(192)　从业人员期末人数________人　其中：女性________人
项目 17A 经营性单位填报　经营性单位收入(195)________元
项目 17B 非经营性单位填报　非经营性单位支出(费用)(196)________元

单位负责人：　统计负责人：　填表人：　联系电话：　报出日期：2 0　年　月　日

说明：1. 统计范围：辖区内房地产开发经营业产业活动单位。
2. 报送日期及方式：普查员 2014 年 3 月 31 日前利用手持电子终端设备采集数据，通过无线网络或在乡级普查机构通过统计内网报送到指定服务器中。
3. 本表涉及的填报目录：《国民经济行业分类》(GB/T 4754-2011)、2013年《统计用区划代码和城乡划分代码》。

金融系统视同法人单位普查表（PDA 用）

2013 年

01 报表类别(104) □ J 金融系统
02 单位类型(110) □ 1 视同法人单位

03 普查小区代码(107)□□　　10 底册顺序码(108)□□□□□□□□□□□□□□□□
04 行业代码(103)　□□□□(国民经济行业类别(GB/T 4754-2011)
05 单位所在地区划代码(105)　□□□□□□□□□□□□
06 单位注册地区划代码(106)　□□□□□□□□□□□□

调查对象基本情况和经济指标

项目 1 组织机构代码(101) □□□□□□□□—□

项目 2 单位详细名称(102) ____________

项目 3 法定代表人(单位负责人)(201) ____________

项目 4 开业(成立)时间(202) ______年______月

项目 5 主要业务活动(或主要产品)(103-1)
1______________ 2______________ 3______________

项目 6 地理位置

项目 6A 单位所在地(105-2)
______省(自治区、直辖市)______地(区、市、州、盟)______县(区、市、旗)
______乡(镇)______________街(村)、门牌号
单位位于：______街道办事处______社区(居委会)

项目 6B 单位注册地(106-2)
______省(自治区、直辖市)______地(区、市、州、盟)______县(区、市、旗)
______乡(镇)______________街(村)、门牌号
单位位于：______街道办事处______社区(居委会)

项目 7 联系方式(203)
长途区号 □□□□□□
固定电话 □□□□□□□□□-□□□□□□□　电子邮箱______
移动电话 □□□□□□□□□□□□□　网　址______
传真号码 □□□□□□□□□-□□□□□□□
邮政编码 □□□□□□

项目 8 机构类型(211) □□
10 企业　20 事业单位　30 机关　40 社会团体　51 民办非企业单位
52 基金会　53 居委会　54 村委会　90 其他组织机构

项目 9 营业状态(208) □ **1 营业　2 停业(歇业)　3 筹建　4 当年关闭　5 当年破产　9 其他**

项目 10 登记注册(或批准)机关名称、级别、注册号(204)(如登记注册或批准机关为多个，请复选)
机关级别：1 国家　2 省(自治区、直辖市)　3 地(区、市、州、盟)　4 县(区、市、旗)
1.工商行政管理部门　机关级别 □　登记注册号______
2.编制部门　机关级别 □　登记注册号______
3.民政部门　机关级别 □　登记注册号______
4.国家税务部门　机关级别 □　登记注册号______
5.地方税务部门　机关级别 □　登记注册号______
9.其他(请注明批准机关)______　机关级别 □

项目 11 登记注册类型(205) □□□

内资
110 国有　120 集体　130 股份合作　141 国有联营　142 集体联营　143 国有与集体联营　149 其他联营　151 国有独资公司
159 其他有限责任公司　160 股份有限公司　171 私营独资　172 私营合伙　173 私营有限责任公司　174 私营股份有限公司　190 其他

港澳台商投资
210 与港澳台商合资经营　220 与港澳台商合作经营　230 港澳台商独资　240 港澳台商投资股份有限公司　290 其他港澳台投资

外商投资
310 中外合资经营　320 中外合作经营　330 外资企业　340 外商投资股份有限公司　390 其他外商投资

项目 12 企业控股情况(206) □ 1 国有控股　2 集体控股　3 私人控股　4 港澳台商控股　5 外商控股　9 其他

项目 13 隶属关系(207) □□
10 中央　20 省(自治区、直辖市)　40 地(区、市、州、盟)　50 县(区、市、旗)　61 街道
62 镇　63 乡　71 社区(居委会)　72 村委会　90 其他

项目 14 会计制度情况

项目 14A 执行会计标准类别(209) □
1 企业会计制度　2 事业单位会计制度　3 行政单位会计制度　4 民间非营利组织会计制度　9 其他

项目 14B 是否执行 2006 年《企业会计准则》(210)　□　1 是　2 否

项目 15 法人单位经济指标
从业人员(192)　从业人员期末人数______人　其中：女性______人

单位负责人：　统计负责人：　填表人：　联系电话：　报出日期：2 0　年　月　日

说明：1.统计范围：辖区内金融系统视同法人单位。
2.报送日期及方式：普查员 2014 年 3 月 31 日前利用手持电子终端设备采集数据，通过无线网络或在乡级普查机构通过统计内网报送到指定服务器中。
3.本表涉及的填报目录：《国民经济行业分类》(GB/T 4754-2011)、2013 年《统计用区划代码和城乡划分代码》。

金融系统产业活动单位普查表（PDA 用）

2 0 1 3 年

01 报表类别(104) □ J 金融系统
02 单位类型(110) □ 2 产业活动单位
03 普查小区代码(107)□□ 10 底册顺序码(108)□□□□□□□□□□□□□□
04 行业代码(103) □□□□(国民经济行业类别(GB/T 4754-2011)
05 单位所在地区划代码(105) □□□□□□□□□□□□
06 单位注册地区划代码(106) □□□□□□□□□□□□

调查对象基本情况和经济指标

项目 1 组织机构代码(101) □□□□□□□□—□
项目 2 单位详细名称(102) ______
项目 3 法定代表人(单位负责人)(201) ______
项目 4 开业(成立)时间(202) ______年______月
项目 5 主要业务活动(或主要产品)(103-1)
1______ 2______ 3______

项目 6 地理位置
项目 6A 单位所在地(105-2)
______省(自治区、直辖市)______地(区、市、州、盟)______县(区、市、旗)
______乡(镇)______街(村)、门牌号
单位位于：______街道办事处______社区(居委会)
项目 6B 单位注册地(106-2)
______省(自治区、直辖市)______地(区、市、州、盟)______县(区、市、旗)
______乡(镇)______街(村)、门牌号
单位位于：______街道办事处______社区(居委会)

项目 7 联系方式(203)
长途区号 □□□□□
固定电话 □□□□□□□□□-□□□□□□ 电子邮箱______
移动电话 □□□□□□□□□□□ 网 址______
传真号码 □□□□□□□□□-□□□□□□
邮政编码 □□□□□□

项目 8 机构类型(211) □□
10 企业 20 事业单位 30 机关 40 社会团体 51 民办非企业单位
52 基金会 53 居委会 54 村委会 90 其他组织机构

项目 9 营业状态(208) □ 1 营业 2 停业(歇业) 3 筹建 4 当年关闭 5 当年破产 9 其他

项目 10 登记注册(或批准)机关名称、级别、注册号(204)(如登记注册或批准机关为多个，请复选)
机关级别：1 国家 2 省(自治区、直辖市) 3 地(区、市、州、盟) 4 县(区、市、旗)
1. 工商行政管理部门 机关级别 □ 登记注册号______
2. 编制部门 机关级别 □ 登记注册号______
3. 民政部门 机关级别 □ 登记注册号______
4. 国家税务部门 机关级别 □ 登记注册号______
5. 地方税务部门 机关级别 □ 登记注册号______
9. 其他(请注明批准机关) 机关级别 □ ______

项目 11 登记注册类型(205) □□□

内资
110 国有
120 集体
130 股份合作
141 国有联营
142 集体联营
143 国有与集体联营
149 其他联营
151 国有独资公司
159 其他有限责任公司
160 股份有限公司
171 私营独资
172 私营合伙
173 私营有限责任公司
174 私营股份有限公司
190 其他

港澳台商投资
210 与港澳台商合资经营
220 与港澳台商合作经营
230 港澳台商独资
240 港澳台商投资股份有限公司
290 其他港澳台投资

外商投资
310 中外合资经营
320 中外合作经营
330 外资企业
340 外商投资股份有限公司
390 其他外商投资

项目 16 单位类别和产业活动单位归属法人单位情况
单位类别 □(181) 1 法人单位本部(总部、本店、本所等) 2 法人单位分支机构 (分部、分厂、分店、支所等)
产业活动单位归属法人单位情况(182)
法人单位组织机构代码 □□□□□□□□—□ 法人单位详细名称______
法人单位详细地址______ 法人单位行政区划代码 □□□□□□

项目 17 产业活动单位经济指标
从业人员(192) 从业人员期末人数______人 其中：女性______人

单位负责人： 统计负责人： 填表人： 联系电话： 报出日期：2 0 年 月 日

说明：1. 统计范围：辖区内金融系统产业活动单位。
2. 报送日期及方式：普查员 2014 年 3 月 31 日前利用手持电子终端设备采集数据，通过无线网络或在乡级普查机构通过统计内网报送到指定服务器中。
3. 本表涉及的填报目录：《国民经济行业分类》(GB/T 4754-2011)、2013 年《统计用区划代码和城乡划分代码》。

铁路系统视同法人单位普查表（PDA 用）

2 0 1 3 年

01 报表类别(104) □ T 铁路系统
02 单位类型(110) □ 1 视同法人单位

03 普查小区代码(107)□□ 10 底册顺序码(108)□□□□□□□□□□□□□□□□□□

04 行业代码(103) □□□□(国民经济行业类别(GB/T 4754-2011)

05 单位所在地区划代码(105) □□□□□□□□□□□□

06 单位注册地区划代码(106) □□□□□□□□□□□□

调查对象基本情况和经济指标

项目 1 组织机构代码(101) □□□□□□□□—□

项目 2 单位详细名称(102) ______

项目 3 法定代表人(单位负责人)(201) ______

项目 4 开业(成立)时间(202) ______年______月

项目 5 主要业务活动(或主要产品)(103-1)

1______ 2______ 3______

项目 6 地理位置

项目 6A 单位所在地(105-2)

______省(自治区、直辖市)______地(区、市、州、盟)______县(区、市、旗)
______乡(镇)______街(村)、门牌号
单位位于：______街道办事处______社区(居委会)

项目 6B 单位注册地(106-2)

______省(自治区、直辖市)______地(区、市、州、盟)______县(区、市、旗)
______乡(镇)______街(村)、门牌号
单位位于：______街道办事处______社区(居委会)

项目 7 联系方式(203)

长途区号 □□□□□
固定电话 □□□□□□□□-□□□□□□ 电子邮箱______
移动电话 □□□□□□□□□□□ 网 址______
传真号码 □□□□□□□□-□□□□□□
邮政编码 □□□□□□

项目 8 机构类型(211) □□

10 企业 20 事业单位 30 机关 40 社会团体 51 民办非企业单位
52 基金会 53 居委会 54 村委会 90 其他组织机构

项目 9 营业状态(208) □ **1 营业 2 停业(歇业) 3 筹建 4 当年关闭 5 当年破产 9 其他**

项目 10 登记注册(或批准)机关名称、级别、注册号(204)(如登记注册或批准机关为多个，请复选)

机关级别：1 国家 2 省(自治区、直辖市) 3 地(区、市、州、盟) 4 县(区、市、旗)

1. 工商行政管理部门 机关级别 □ 登记注册号______
2. 编制部门 机关级别 □ 登记注册号______
3. 民政部门 机关级别 □ 登记注册号______
4. 国家税务部门 机关级别 □ 登记注册号______
5. 地方税务部门 机关级别 □ 登记注册号______
9. 其他(请注明批准机关) 机关级别 □

项目 11 登记注册类型(205) □□□

内资
110 国有
120 集体
130 股份合作
141 国有联营
142 集体联营
143 国有与集体联营
149 其他联营
151 国有独资公司
159 其他有限责任公司
160 股份有限公司
171 私营独资
172 私营合伙
173 私营有限责任公司
174 私营股份有限公司
190 其他

港澳台商投资
210 与港澳台商合资经营
220 与港澳台商合作经营
230 港澳台商独资
240 港澳台商投资股份有限公司
290 其他港澳台投资

外商投资
310 中外合资经营
320 中外合作经营
330 外资企业
340 外商投资股份有限公司
390 其他外商投资

项目 12 企业控股情况(206) □ 1 国有控股 2 集体控股 3 私人控股 4 港澳台商控股 5 外商控股 9 其他

项目 13 隶属关系(207) □□

10 中央 20 省(自治区、直辖市) 40 地(区、市、州、盟) 50 县(区、市、旗) 61 街道
62 镇 63 乡 71 社区(居委会) 72 村委会 90 其他

项目 14 会计制度情况

项目 14A 执行会计标准类别(209) □

1 企业会计制度 2 事业单位会计制度 3 行政单位会计制度 4 民间非营利组织会计制度 9 其他

项目 14B 是否执行 2006 年《企业会计准则》(210) □ 1 是 2 否

项目 15 法人单位经济指标

从业人员(192) 从业人员期末人数______人 其中：女性______人

单位负责人： 统计负责人： 填表人： 联系电话： 报出日期：2 0 年 月 日

说明：1. 统计范围：辖区内铁路系统视同法人单位。
2. 报送日期及方式：普查员 2014 年 3 月 31 日前利用手持电子终端设备采集数据，通过无线网络或在乡级普查机构通过统计内网报送到指定服务器中。
3. 本表涉及的填报目录：《国民经济行业分类》(GB/T 4754-2011)、2013 年《统计用区划代码和城乡划分代码》。

铁路系统产业活动单位普查表（PDA 用）

2 0 1 3 年

01 报表类别(104) □ T 铁路系统
02 单位类型(110) □ 2 产业活动单位
03 普查小区代码(107)□□ 10 底册顺序码(108)□□□□□□□□□□□□□□□□□□
04 行业代码(103) □□□□(国民经济行业类别(GB/T 4754-2011)
05 单位所在地区划代码(105) □□□□□□□□□□□□
06 单位注册地区划代码(106) □□□□□□□□□□□□

调查对象基本情况和经济指标

项目 1 组织机构代码(101) □□□□□□□□—□

项目 2 单位详细名称(102) ______________

项目 3 法定代表人(单位负责人)(201) ______________

项目 4 开业(成立)时间(202) ________年________月

项目 5 主要业务活动(或主要产品)(103-1)

1______________ 2______________ 3______________

项目 6 地理位置

项目 6A 单位所在地(105-2)

________省(自治区、直辖市)________地(区、市、州、盟)________县(区、市、旗)
________乡(镇)________________街(村)、门牌号
单位位于：________街道办事处________社区(居委会)

项目 6B 单位注册地(106-2)

________省(自治区、直辖市)________地(区、市、州、盟)________县(区、市、旗)
________乡(镇)________________街(村)、门牌号
单位位于：________街道办事处________社区(居委会)

项目 7 联系方式(203)

长途区号 □□□□□□
固定电话 □□□□□□□□□-□□□□□□ 电子邮箱______________
移动电话 □□□□□□□□□□□□□ 网 址______________
传真号码 □□□□□□□□□-□□□□□□
邮政编码 □□□□□□

项目 8 机构类型(211) □□

10 企业 20 事业单位 30 机关 40 社会团体 51 民办非企业单位
52 基金会 53 居委会 54 村委会 90 其他组织机构

项目 9 营业状态(208) □ 1 营业 2 停业(歇业) 3 筹建 4 当年关闭 5 当年破产 9 其他

项目 10 登记注册(或批准)机关名称、级别、注册号(204)(如登记注册或批准机关为多个，请复选)

机关级别：1 国家 2 省(自治区、直辖市) 3 地(区、市、州、盟) 4 县(区、市、旗)

1. 工商行政管理部门 机关级别 □ 登记注册号______________
2. 编制部门 机关级别 □ 登记注册号______________
3. 民政部门 机关级别 □ 登记注册号______________
4. 国家税务部门 机关级别 □ 登记注册号______________
5. 地方税务部门 机关级别 □ 登记注册号______________
9. 其他(请注明批准机关) 机关级别 □ ______________

项目 11 登记注册类型(205) □□□

内资
110 国有
120 集体
130 股份合作
141 国有联营
142 集体联营
143 国有与集体联营
149 其他联营
151 国有独资公司
159 其他有限责任公司
160 股份有限公司
171 私营独资
172 私营合伙
173 私营有限责任公司
174 私营股份有限公司
190 其他

港澳台商投资
210 与港澳台商合资经营
220 与港澳台商合作经营
230 港澳台商独资
240 港澳台商投资股份有限公司
290 其他港澳台投资

外商投资
310 中外合资经营
320 中外合作经营
330 外资企业
340 外商投资股份有限公司
390 其他外商投资

项目 16 单位类别和产业活动单位归属法人单位情况

单位类别 □(181) 1 法人单位本部(总部、本店、本所等) 2 法人单位分支机构 (分部、分厂、分店、支所等)
产业活动单位归属法人单位情况(182)
法人单位组织机构代码 □□□□□□□□—□ 法人单位详细名称______________
法人单位详细地址______________ 法人单位行政区划代码 □□□□□□

项目 17 产业活动单位经济指标

从业人员(192) 从业人员期末人数________人 其中：女性________人

单位负责人： 统计负责人： 填表人： 联系电话： 报出日期：2 0 年 月 日

说明：1. 统计范围：辖区内铁路系统产业活动单位。
2. 报送日期及方式：普查员 2014 年 3 月 31 日前利用手持电子终端设备采集数据，通过无线网络或在乡级普查机构通过统计内网报送到指定服务器中。
3. 本表涉及的填报目录：《国民经济行业分类》(GB/T 4754-2011)、2013 年《统计用区划代码和城乡划分代码》。

其他法人单位普查表（PDA 用）

2013 年

01 报表类别(104)　□　U 其他
02 单位类型(110)　□　1 法人单位
03 普查小区代码(107)□□　　10 底册顺序码(108)□□□□□□□□□□□□□□□□□□
04 行业代码(103)　□□□□(国民经济行业类别(GB/T 4754-2011)
05 单位所在地区划代码(105)　□□□□□□□□□□□□□□
06 单位注册地区划代码(106)　□□□□□□□□□□□□□□

调查对象基本情况和经济指标

项目 1　组织机构代码(101)　□□□□□□□□—□

项目 2　单位详细名称(102) ______________

项目 3　法定代表人(单位负责人)(201) ______________

项目 4　开业(成立)时间(202) ________年________月

项目 5　主要业务活动(或主要产品)(103-1)
1______________　2______________　3______________

项目 6　地理位置

项目 6A 单位所在地(105-2)
________省(自治区、直辖市)________地(区、市、州、盟)________县(区、市、旗)
________乡(镇)________________街(村)、门牌号
单位位于：________________街道办事处________________社区(居委会)

项目 6B 单位注册地(106-2)
________省(自治区、直辖市)________地(区、市、州、盟)________县(区、市、旗)
________乡(镇)________________街(村)、门牌号
单位位于：________________街道办事处________________社区(居委会)

项目 7　联系方式(203)
长途区号　□□□□□□
固定电话　□□□□□□□□□-□□□□□□□　　电子邮箱
移动电话　□□□□□□□□□□□□□　　网　址________________
传真号码　□□□□□□□□□-□□□□□□□
邮政编码　□□□□□□

项目 8　机构类型(211)　□□
10 企业　20 事业单位　30 机关　40 社会团体　51 民办非企业单位
52 基金会　53 居委会　54 村委会　90 其他组织机构

项目 9　营业状态(208)　□　1 营业　2 停业(歇业)　3 筹建　4 当年关闭　5 当年破产　9 其他

项目 10　登记注册(或批准)机关名称、级别、注册号(204)(如登记注册或批准机关为多个，请复选)
机关级别：1 国家　2 省(自治区、直辖市)　3 地(区、市、州、盟)　4 县(区、市、旗)
1.工商行政管理部门　机关级别 □　登记注册号________________
2.编制部门　机关级别 □　登记注册号________________
3.民政部门　机关级别 □　登记注册号________________
4.国家税务部门　机关级别 □　登记注册号________________
5.地方税务部门　机关级别 □　登记注册号________________
9.其他(请注明批准机关)　机关级别 □　________________

项目 11　登记注册类型(205)　□□□

内资		港澳台商投资	外商投资
110 国有	159 其他有限责任公司	210 与港澳台商合资经营	310 中外合资经营
120 集体	160 股份有限公司	220 与港澳台商合作经营	320 中外合作经营
130 股份合作	171 私营独资	230 港澳台商独资	330 外资企业
141 国有联营	172 私营合伙	240 港澳台商投资股份有限公司	340 外商投资股份有限公司
142 集体联营	173 私营有限责任公司	290 其他港澳台投资	390 其他外商投资
143 国有与集体联营	174 私营股份有限公司		
149 其他联营	190 其他		
151 国有独资公司			

项目 12　企业控股情况(206)　□　1 国有控股　2 集体控股　3 私人控股　4 港澳台商控股　5 外商控股　9 其他

项目 13　隶属关系(207)　□□
10 中央　20 省(自治区、直辖市)　40 地(区、市、州、盟)　50 县(区、市、旗)　61 街道
62 镇　63 乡　71 社区(居委会)　72 村委会　90 其他

项目 14　会计制度情况

项目 14A　执行会计标准类别(209)　□
1 企业会计制度　2 事业单位会计制度　3 行政单位会计制度　4 民间非营利组织会计制度　9 其他

项目 14B　是否执行 2006 年《企业会计准则》(210)　□　1 是　2 否

项目 15 法人单位经济指标

从业人员(192) 从业人员期末人数______人 其中：女性______人

项目 15A 企业主要经济指标(193)

营业收入______元 其中：主营业务收入 ______元

营业税金及附加______元 其中：主营业务税金及附加 ______元

资产总计______元 实收资本______元

项目 15B 非企业法人单位填报(194)

非企业单位支出(费用)______元 年末资产______元

项目 19 法人所属产业单位情况(212)

产业活动单位数 ______个 (单产业法人本指标填 1，免填所属产业活动单位情况)

项目 19A 多产业法人所属产业单位情况

序号	*单位类别	组织机构代码	单位详细名称	详细地址	区划代码	联系电话	主要业务活动(或主要产品)	行业代码	从业人员期末人数(人)	经营性单位收入(或非经营性单位支出)(元)
甲	1	2	3	4	5	6	7	8	9	10
……										

*单位类别：1 法人单位本部(总部、本店、本所等) 2 法人单位分支机构 (分部、分厂、分店、支所等)

单位负责人： 统计负责人： 填表人： 联系电话： 报出日期：2 0 年 月 日

说明：1. 统计范围：辖区内其他法人单位。

2. 报送日期及方式：普查员 2014 年 3 月 31 日前利用手持电子终端设备采集数据，通过无线网络或在乡级普查机构通过统计内网报送到指定服务器中。

3. 本表涉及的填报目录：《国民经济行业分类》(GB/T 4754-2011)、2013 年《统计用区划代码和城乡划分代码》。

4. 填报说明：

(1) 企业或执行企业会计制度的法人单位填报“企业主要经济指标”(193)内全部指标，免填“非企业法人单位指标”(194)内全部指标。

(2)非企业且不执行企业会计制度的法人单位填报“非企业主要经济指标”(194)内全部指标，免填“企业法人单位指标”(193)内全部指标。

其他产业活动单位普查表（PDA 用）

2 0 1 3 年

01 报表类别(104)　□　U 其他
02 单位类型(110)　□　2 产业活动单位
03 普查小区代码(107)□□　　10 底册顺序码(108)□□□□□□□□□□□□□□□□□□
04 行业代码(103)　□□□□(国民经济行业类别(GB/T 4754-2011)
05 单位所在地区划代码(105)　□□□□□□□□□□□□□□
06 单位注册地区划代码(106)　□□□□□□□□□□□□□□

调查对象基本情况和经济指标

项目 1　组织机构代码(101)　□□□□□□□□—□

项目 2　单位详细名称(102)　________

项目 3　法定代表人(单位负责人)(201)　________

项目 4　开业(成立)时间(202)　______年______月

项目 5　主要业务活动(或主要产品)(103-1)
1________　2________　3________

项目 6　地理位置

项目 6A 单位所在地(105-2)
______省(自治区、直辖市)______地(区、市、州、盟)______县(区、市、旗)
______乡(镇)______街(村)、门牌号
单位位于：______街道办事处______社区(居委会)

项目 6B 单位注册地(106-2)
______省(自治区、直辖市)______地(区、市、州、盟)______县(区、市、旗)
______乡(镇)______街(村)、门牌号
单位位于：______街道办事处______社区(居委会)

项目 7　联系方式(203)
长途区号　□□□□□□
固定电话　□□□□□□□□□-□□□□□□　　电子邮箱______
移动电话　□□□□□□□□□□□□□　　网　址______
传真号码　□□□□□□□□□-□□□□□□
邮政编码　□□□□□□□

项目 8　机构类型(211)　□□
10 企业　20 事业单位　30 机关　40 社会团体　51 民办非企业单位
52 基金会　53 居委会　54 村委会　90 其他组织机构

项目 9　营业状态(208)　□　**1 营业　2 停业(歇业)　3 筹建　4 当年关闭　5 当年破产　9 其他**

项目 10　登记注册(或批准)机关名称、级别、注册号(204)(如登记注册或批准机关为多个，请复选)
机关级别：1 国家　2 省(自治区、直辖市)　3 地(区、市、州、盟)　4 县(区、市、旗)
1.工商行政管理部门　机关级别 □　登记注册号______
2.编制部门　机关级别 □　登记注册号______
3.民政部门　机关级别 □　登记注册号______
4.国家税务部门　机关级别 □　登记注册号______
5.地方税务部门　机关级别 □　登记注册号______
9.其他(请注明批准机关)　机关级别 □　______

项目 11　登记注册类型(205)　□□□

内资		港澳台商投资	外商投资
110 国有	159 其他有限责任公司	210 与港澳台商合资经营	310 中外合资经营
120 集体	160 股份有限公司	220 与港澳台商合作经营	320 中外合作经营
130 股份合作	171 私营独资	230 港澳台商独资	330 外资企业
141 国有联营	172 私营合伙	240 港澳台商投资股份有限公司	340 外商投资股份有限公司
142 集体联营	173 私营有限责任公司	290 其他港澳台投资	390 其他外商投资
143 国有与集体联营	174 私营股份有限公司		
149 其他联营	190 其他		
151 国有独资公司			

项目 16　单位类别和产业活动单位归属法人单位情况
单位类别 □(181)　1 法人单位本部(总部、本店、本所等)　2 法人单位分支机构　(分部、分厂、分店、支所等)
产业活动单位归属法人单位情况(182)
法人单位组织机构代码　□□□□□□□□—□　　法人单位详细名称______
法人单位详细地址______　　法人单位行政区划代码　□□□□□□

项目 17　产业活动单位经济指标
从业人员(192)　从业人员期末人数______人　　其中：女性______人
项目 17A　经营性单位填报　经营性单位收入(195)______元
项目 17B　非经营性单位填报　非经营性单位支出(费用)(196)______元

单位负责人：　统计负责人：　填表人：　联系电话：　报出日期：2 0　年　月　日

说明：1.统计范围：辖区内其他产业活动单位。
2.报送日期及方式：普查员 2014 年 3 月 31 日前利用手持电子终端设备采集数据，通过无线网络或在乡级普查机构通过统计内网报送到指定服务器中。
3.本表涉及的填报目录：《国民经济行业分类》(GB/T 4754-2011)、2013 年《统计用区划代码和城乡划分代码》。

金融系统法人单位基本情况

表　　号：6　1　2　表
制定机关：国　家　统　计　局
国务院经济普查办公室
文　　号：国统字（2013）56号
有效期至：2　0　1　4　年　6　月

2013 年

101	组织机构代码 □□□□□□□□—□ 102 单位详细名称________________
108	底册顺序码 □□□□□□□□□□□□□□
103	行业类别(GB/T 4754-2011) 主要业务活动(或主要产品)10 1________ 2________ 3________ 行业代码 □□□□
105	单位所在地及区划 ________省(自治区、直辖市)________地(区、市、州、盟)________县(区、市、旗) ________乡(镇)________街(村)、门牌号 单位位于：________街道办事处________社区(居委会) 区划代码 □□□□□□□□□□□□
106	单位注册地及区划 ________省(自治区、直辖市)________地(区、市、州、盟)________县(区、市、旗) ________乡(镇)________街(村)、门牌号 注册地位于：________街道办事处________社区(居委会) 区划代码 □□□□□□□□□□□□
192	从业人员　从业人员期末人数________人　其中：女性________人
193	企业主要经济指标 营业收入________千元　其中：主营业务收入________千元　资产总计________千元 营业税金及附加________千元　其中：主营业务税金及附加________千元　实收资本________千元
194	非企业单位支出(费用)________千元　年末资产________千元
201	法定代表人(单位负责人)________ 202 开业(成立)时间________年________月
203	联系方式 长途区号 □□□□□　电子邮箱________ 固定电话 □□□□□□□□-□□□□□□ 移动电话 □□□□□□□□□□□ 传真号码 □□□□□□□□-□□□□□□　网　址________ 邮政编码 □□□□□□
204	登记注册(或批准)机关名称、级别、注册号(如登记注册或批准机关为多个，请复选) 机关级别：1 国家　2 省(自治区、直辖市)　3 地(区、市、州、盟)　4 县(区、市、旗) 1. 工商行政管理部门　机关级别 □　登记注册号________ 2. 编制部门　机关级别 □　登记注册号________ 3. 民政部门　机关级别 □　登记注册号________ 4. 国家税务部门　机关级别 □　登记注册号________ 5. 地方税务部门　机关级别 □　登记注册号________ 9. 其他(请注明批准机关)　机关级别 □　________
205	登记注册类型 □□□ **内资** 110 国有　120 集体　130 股份合作　141 国有联营　142 集体联营　143 国有与集体联营　149 其他联营　151 国有独资公司 159 其他有限责任公司　160 股份有限公司　171 私营独资　172 私营合伙　173 私营有限责任公司　174 私营股份有限公司　190 其他 **港澳台商投资** 210 与港澳台商合资经营　220 与港澳台商合作经营　230 港澳台商独资　240 港澳台商投资股份有限公司　290 其他港澳台投资 **外商投资** 310 中外合资经营　320 中外合作经营　330 外资企业　340 外商投资股份有限公司　390 其他外商投资

206	企业控股情况　□　1 国有控股　2 集体控股　3 私人控股　4 港澳台商控股　5 外商控股　9 其他
207	隶属关系　□□ 10 中央　20 省(自治区、直辖市)　40 地(区、市、州、盟)　50 县(区、市、旗)　61 街道 62 镇　63 乡　71 社区(居委会)　72 村委会　90 其他
208	营业状态　□　1 营业　2 停业(歇业)　3 筹建　4 当年关闭　5 当年破产　9 其他
209	执行会计标准类别　□ 1 企业会计制度　2 事业单位会计制度　3 行政单位会计制度　4 民间非营利组织会计制度　9 其他
210	是否执行 2006 年《企业会计准则》　□　1 是　2 否
211	机构类型　□□ 10 企业　20 事业单位　30 机关　40 社会团体　51 民办非企业单位 52 基金会　53 居委会　54 村委会　90 其他组织机构
213	企业集团情况(限企业集团母公司及成员企业填写)　本企业是 □ 1 集团母公司(核心企业或集团总部) 2 成员企业——请填直接上级法人单位组织机构代码　□□□□□□□□—□

单位组织结构情况

214

本法人单位的下级视同法人单位数 ________个

下级视同法人单位情况：

序号	组织机构代码	单位详细名称	详细地址	区划代码	联系电话	主要业务活动(或主要产品)	行业代码	从业人员期末人数(人)	
									女性（人）
甲	1	2	3	4	5	6	7	8	9
……									

营业收入（千元）	主营业务收入（千元）	营业税金及附加（千元）	主营业务税金及附加（千元）	资产总计（千元）	实收资本（千元）	非企业单位支出（费用）（千元）	非企业单位年末资产（千元）
10	11	12	13	14	15	16	17

说明：企业单位填报 10-15 栏，免填 16-17 栏；非企业单位填报 16-17 栏，免填 10-15 栏。

212

产业活动单位数 ________个　（单产业法人本指标填 1，免填所属产业活动单位情况）

所属产业活动单位情况：

序号	*单位类别	组织机构代码	单位详细名称	详细地址	区划代码	联系电话	主要业务活动(或主要产品)	行业代码	从业人员期末人数(人)	*营业收入或支出(费用)(千元)
甲	1	2	3	4	5	6	7	8	9	10
……										

*单位类别：1 法人单位本部(总部、本店、本所等)　2 法人单位分支机构　(分部、分厂、分店、支所等)。

营业收入或支出(费用)：企业法人单位填写“营业收入”；非企业法人单位填写“支出(费用)”。

单位负责人：　统计负责人：　填表人：　联系电话：　报出日期：2 0　年　月　日

说明：1. 统计范围：金融系统法人单位。

2. 报送日期：金融系统法人单位次年 3 月 31 日 24 时前填报，金融管理部门次年 4 月 15 日 24 时前上报国家统计局。

3. 本表涉及的填报目录：《国民经济行业分类》(GB/T 4754-2011)、2013 年《统计用区划代码和城乡划分代码》。

铁路系统法人单位基本情况

表　　号：　6 1 3 表
制定机关：　国家统计局
　　　　　　国务院经济普查办公室
文　　号：　国统字（2013）56号
2013年　　有效期至：　2014年6月

101	组织机构代码　□□□□□□□□—□　　102　单位详细名称________
108	底册顺序码　□□□□□□□□□□□□□□□
103	行业类别（GB/T 4754-2011） 主要业务活动（或主要产品）10 1________　2________　3________ 行业代码　□□□□
105	单位所在地及区划 ________省（自治区、直辖市）________地（区、市、州、盟）________县（区、市、旗） ________乡（镇）________街（村）、门牌号 单位位于：________街道办事处________社区（居委会） 区划代码　□□□□□□□□□□□□
106	单位注册地及区划 ________省（自治区、直辖市）________地（区、市、州、盟）________县（区、市、旗） ________乡（镇）________街（村）、门牌号 注册地位于：________街道办事处________社区（居委会） 区划代码　□□□□□□□□□□□□
192	从业人员　从业人员期末人数________人　其中：女性________人
193	企业主要经济指标 营业收入________千元　其中：主营业务收入________千元　资产总计________千元 营业税金及附加________千元　其中：主营业务税金及附加________千元　实收资本________千元
194	非企业单位支出（费用）________千元　年末资产________千元
201	法定代表人（单位负责人）________　　202　开业（成立）时间________年________月
203	联系方式 长途区号　□□□□□□ 固定电话　□□□□□□□□-□□□□□□ 移动电话　□□□□□□□□□□□ 传真号码　□□□□□□□□-□□□□□□ 邮政编码　□□□□□□ 电子邮箱________ 网　　址________
204	登记注册（或批准）机关名称、级别、注册号（如登记注册或批准机关为多个，请复选） 机关级别：1 国家　2 省（自治区、直辖市）　3 地（区、市、州、盟）　4 县（区、市、旗） 1. 工商行政管理部门　机关级别 □　登记注册号________ 2. 编制部门　机关级别 □　登记注册号________ 3. 民政部门　机关级别 □　登记注册号________ 4. 国家税务部门　机关级别 □　登记注册号________ 5. 地方税务部门　机关级别 □　登记注册号________ 9. 其他（请注明批准机关）　机关级别 □　________
205	登记注册类型　□□□ **内资** 110 国有　159 其他有限责任公司 120 集体　160 股份有限公司 130 股份合作　171 私营独资 141 国有联营　172 私营合伙 142 集体联营　173 私营有限责任公司 143 国有与集体联营　174 私营股份有限公司 149 其他联营　190 其他 151 国有独资公司 **港澳台商投资** 210 与港澳台商合资经营 220 与港澳台商合作经营 230 港澳台商独资 240 港澳台商投资股份有限公司 290 其他港澳台投资 **外商投资** 310 中外合资经营 320 中外合作经营 330 外资企业 340 外商投资股份有限公司 390 其他外商投资

206	企业控股情况　□　1 国有控股　2 集体控股　3 私人控股　4 港澳台商控股　5 外商控股　9 其他
207	隶属关系　□□ 10 中央　20 省(自治区、直辖市)　40 地(区、市、州、盟)　50 县(区、市、旗)　61 街道 62 镇　63 乡　71 社区(居委会)　72 村委会　90 其他
208	营业状态　□　1 营业　2 停业(歇业)　3 筹建　4 当年关闭　5 当年破产　9 其他
209	执行会计标准类别　□ 1 企业会计制度　2 事业单位会计制度　3 行政单位会计制度　4 民间非营利组织会计制度　9 其他
210	是否执行 2006 年《企业会计准则》　□　1 是　2 否
211	机构类型　□□ 10 企业　20 事业单位　30 机关　40 社会团体　51 民办非企业单位 52 基金会　53 居委会　54 村委会　90 其他组织机构
213	企业集团情况(限企业集团母公司及成员企业填写)　本企业是 □ 1 集团母公司(核心企业或集团总部) 2 成员企业——请填直接上级法人单位组织机构代码　□□□□□□□□—□

单位组织结构情况

214

本法人单位的下级视同法人单位数 ____________个

下级视同法人单位情况：

序号	组织机构代码	单位详细名称	详细地址	区划代码	联系电话	主要业务活动(或主要产品)	行业代码	从业人员期末人数(人)	女性（人）
甲	1	2	3	4	5	6	7	8	9
……									

营业收入（千元）	主营业务收入（千元）	营业税金及附加（千元）	主营业务税金及附加（千元）	资产总计（千元）	实收资本（千元）	非企业单位支出（费用）（千元）	非企业单位年末资产（千元）
10	11	12	13	14	15	16	17

说明：企业单位填报 10-15 栏，免填 16-17 栏；非企业单位填报 16-17 栏，免填 10-15 栏。

212

产业活动单位数 ____________个　　(单产业法人本指标填 1，免填所属产业活动单位情况)

所属产业活动单位情况：

序号	*单位类别	组织机构代码	单位详细名称	详细地址	区划代码	联系电话	主要业务活动(或主要产品)	行业代码	从业人员期末人数(人)	*营业收入或支出(费用)(千元)
甲	1	2	3	4	5	6	7	8	9	10
……										

*单位类别：1 法人单位本部(总部、本店、本所等)　2 法人单位分支机构　(分部、分厂、分店、支所等)。

营业收入或支出(费用):企业法人单位填写“营业收入”；非企业法人单位填写“支出(费用)”。

单位负责人：　统计负责人：　填表人：　联系电话：　报出日期：2 0　年　月　日

说明：1. 统计范围：铁路系统法人单位。

2. 报送日期：铁路系统法人单位次年 3 月 31 日 24 时前填报；铁路管理部门次年 4 月 15 日 24 时前上报国家统计局。

3. 本表涉及的填报目录：《国民经济行业分类》(GB/T 4754-2011)、2013 年《统计用区划代码和城乡划分代码》。

3．个体经营户普查表

个体经营户普查表

表　　号：6 1 4 — 1 表
制定机关：国家统计局
国务院经济普查办公室
文　　号：国统字（2013）56 号
2013 年　　有效期至：2014 年 6 月

区划代码(105)□□□□□□ — □□□□□□　　普查小区代码(107)□□

________省(自治区、直辖市)__________地(区、市、州、盟)_____________县(市、区、旗)________乡镇(街道办事处)

社区(居委会)、村委会 __________普查小区

序号	个体经营户名称	个体经营户主姓名	街(村)、门牌号	联系电话	有无工商或民政证照(1有，0无)	是否办理税务登记证(1办理，0尚未办理)	从业人员期末人数	主要业务活动(或主要产品)	行业代码
甲	1	2	3	4	5	6	7	8	9

填表人：　　　　联系电话：　　　　报出日期：20　年　月　日

说明：1.统计范围：辖区内从事第二、第三产业经营活动的个体经营户，不含无挂靠个体运输户。

2.报送日期及方式：普查员 2014 年 3 月 31 日前利用手持电子终端设备采集数据，通过无线网络或在乡级普查机构通过统计内网报送到指定服务器中。

3.填报要求：

(1)从业人员期末人数，指参加经营活动的所有人员，包括业主、雇员以及参加经营活动的其他人员，如家庭成员、帮手和学徒。

(2)行业代码普查机构按《国民经济行业分类》(GB/T 4754-2011)行业中类代码填写。

(3)挂靠运输企业的出租车或货运车辆，作为个体经营户，由普查机构根据运输企业提供的资料登记车辆数量和从业人员情况。

个体经营户抽样调查表

表　　号：6 1 4 — 2 表
制定机关：国家统计局
国务院经济普查办公室
文　　号：国统字（2013）56号
有效期至：2014年6月

个体经营户编码：□□□□　　　　2013年

一、个体经营户基本情况

个体经营户名称（102）＿＿＿＿＿＿	区划代码（105）□□□□□□-□□□□□□
个体经营户主姓名（201）＿＿＿＿＿＿	普查小区代码（107）□□
联系方式（203）　联系电话：＿＿＿＿	有无工商或民政证照（1有，0无）□
经营所在地（105-2）	是否办理税务登记证（1办理，0尚未办理）□
＿＿＿＿省（自治区、直辖市）	从业人员期末人数（192）＿＿＿＿人
＿＿＿＿地（区、市、州、盟）	行业类别（103）
＿＿县（市、区、旗）＿＿＿乡镇（街道办事处）	主要业务活动（或主要产品）＿＿＿＿
＿＿＿社区（居委会）、村委会＿＿＿普查小区	行业代码□□□
＿＿＿＿街(村)、门牌号	

二、个体经营户经济指标

1. 您全年雇用雇员的总支出一共是＿＿＿元。
（指个体经营户的业主或管理者向所雇用的人员支出的工资、奖金；业主提供的雇员伙食费用支出；业主提供的雇员房租等）

2. 您全年缴纳的各种税费一共是＿＿＿元。
（指个体经营户向税务部门缴纳的税金总额及向工商部门和其他部门缴纳的各种管理费用）

3. 您全年与经营相关的总支出一共是＿＿＿元。（应大于等于1—2项的合计）

4. 您全年的营业收入有＿＿＿元。
（指个体经营户全年在生产经营过程中取得的全部收入。如，工业个体经营户营业收入是指产品销售收入，包括销售产成品及自制半成品收入和对外加工费收入；批发零售业个体经营户营业收入是指商品销售实现收入等）。

填表人：　　　　　联系电话：　　　　　　报出日期：20　年　月　日

说明：1. 统计范围：抽样调查被抽中个体经营户填报。
2. 报送日期及方式：普查员2014年4月30日前利用手持电子终端设备采集数据，通过无线网络或在乡级普查机构通过统计内网报送到指定服务器中。本表由调查队系统采集报送。
3. 审核要求：
(1)第3项≥第1项+第2项；
(2)如果第4项<第3项，请核实。

个体运输普查表

表　　号：6 1 4 － 3 表
制定机关：国　家　统　计　局
国务院经济普查办公室
文　　号：国统字(2013)56 号
有效期至：2 0 1 4 年 6 月

2 0 1 3 年

区划代码(105)□□□□□□
_______省(自治区、直辖市)__________地(区、市、州、盟)_____________县(市、区、旗)

指标	户数 （个）	从业人员期末人数 （人）
甲	1	2
无挂靠个体运输户（货运）		
无挂靠个体运输户（客运）		

填表人：　　　　联系电话：　　　　报出日期：2 0　　年　　月　　日

说明：1. 统计范围：辖区内无挂靠个体运输户。
2. 报送日期及方式：县级普查机构根据交通运输管理部门资料填写，2014 年 3 月 31 日前通过统计内网报送到指定服务器中。

（二）　普查综合表

法人单位及产业活动单位情况

表　　号：　6　2　1　表
制定机关：　国　家　统　计　局
国务院经济普查办公室
文　　号：　国统字（2013）56 号
综合机关名称：　　2013 年　　有效期至：　2014 年 12 月

指标名称	代码	法人单位数（个）	单产业法人单位	多产业法人单位	产业活动单位数（个）	其中：多产业法人所属的产业活动单位
甲	乙	1	2	3	4	5
总　计						
一、　按国民经济行业分组[1]						
二、　按登记注册类型分组						
三、按地区分组						

单位负责人：　　填表人：　　报出日期：2014 年　月　日

按机构类型分组的法人单位情况

表　　号：　6　2　2　表
制定机关：　国　家　统　计　局
国务院经济普查办公室
文　　号：　国统字（2013）56 号
综合机关名称：　　2013 年　　有效期至：　2014 年 12 月

指标名称	代码	法人单位数（个）	企业	事业单位	机关	社会团体	民办非企业单位	基金会	居委会	村委会	其他组织机构
甲	乙	1	2	3	4	5	6	7	8	9	10
总　计											
一、按国民经济行业分组											
二、按登记注册类型分组											
三、按地区分组											

单位负责人：　　填表人：　　报出日期：2014 年　月　日

[1] 按国民经济行业分组：不特别说明的行业分组要分到国民经济行业小类。

按机构类型分组的从业人员情况

表　　号：6　2　3　表
制定机关：国　家　统　计　局
国务院经济普查办公室
文　　号：国统字(2013)56号
有效期至：2　0　1　4　年　1　2　月

综合机关名称：　　　　2 0 1 3 年

指标名称	代码	从业人员期末人数(个)	女性	企业从业人员数(个)	事业单位从业人员数(个)	机关从业人员数(个)	社会团体从业人员数(个)	民办非企业从业人员数(个)	基金会从业人员数(个)	居委会从业人员数(个)	村委会从业人员数(个)	其他组织机构从业人员数(个)
甲	乙	1	2	3	4	5	6	7	8	9	10	11
总　计												
一、按国民经济行业分组												
二、按登记注册类型分组												
三、按地区分组												

单位负责人：　　　　填表人：　　　　报出日期：2014年　月　日

按机构类型分组的产业活动单位情况

表　　号：6　2　4　表
制定机关：国　家　统　计　局
国务院经济普查办公室
文　　号：国统字(2013)56号
有效期至：2　0　1　4　年　1　2　月

综合机关名称：　　　　2 0 1 3 年

指标名称	代码	产业活动单位数(个)	企业	事业	机关	社会团体	其他
甲	乙	1	2	3	4	5	6
总　计							
一、按国民经济行业分组							
二、按登记注册类型分组							
三、按地区分组							

单位负责人：　　　　填表人：　　　　报出日期：2014年　月　日

法人单位主要经济指标

表　　号：625表
制定机关：国家统计局
国务院经济普查办公室
文　　号：国统字（2013）56号
有效期至：2014年12月
计量单位：个，千元

综合机关名称：　　　　2013年

指标名称	代码	法人单位数	企业法人			事业单位法人			机关法人			社会团体法人			民办非企业单位			其他法人		
			法人单位数	营业收入	资产总计	法人单位数	支出(费用)	年末资产	法人单位数	支出(费用)	年末资产	法人单位数	支出(费用)	年末资产	法人单位数	支出(费用)	年末资产	法人单位数	支出(费用)	年末资产
甲	乙	1	2	3	4	5	6	7	8	9	10	11	12	13	14	15	16	17	18	19
总　计																				
一、按国民经济行业分组																				
二、按地区分组																				

单位负责人：　　　　填表人：　　　　报出日期：2014年　月　日

个体经营户基本情况

表　　号：626表
制定机关：国家统计局
国务院经济普查办公室
文　　号：国统字（2013）56号
有效期至：2014年12月

综合机关名称：　　　　2013年

指标名称	代码	户数(个)	有证照	#有营业执照	#已办理税务登记	从业人员期末人数(人)	有证照	#有营业执照	#已办理税务登记
甲	乙	1	2	3	4	5	6	7	8
总　计									
一、按国民经济行业分组									
二、按地区分组									

单位负责人：　　　　填表人：　　　　报出日期：2014年　月　日

个体经营户经营情况

表　　号：　6　2　7　表
制定机关：　国　家　统　计　局
　　　　　　国务院经济普查办公室
文　　号：　国统字(2013)56 号
有效期至：　2 0 1 4 年 1 2 月

综合机关名称：　　　　　　　　2 0 1 3 年

<table>
<tr><th rowspan="2">指标名称</th><th rowspan="2">代码</th><th rowspan="2">营业收入
(万元)</th><th rowspan="2">营业支出
(万元)</th><th colspan="2"></th></tr>
<tr><th>雇员报酬</th><th>缴纳税费</th></tr>
<tr><td>甲</td><td>乙</td><td>1</td><td>2</td><td>3</td><td>4</td></tr>
<tr><td>总　计</td><td></td><td></td><td></td><td></td><td></td></tr>
<tr><td>一、按国民经济行业分组</td><td></td><td></td><td></td><td></td><td></td></tr>
<tr><td>二、按地区分组</td><td></td><td></td><td></td><td></td><td></td></tr>
</table>

单位负责人：　　　　填表人：　　　　报出日期：2014 年　　月　　日

小微法人企业基本情况

表　　号：　6　2　8　表
制定机关：　国　家　统　计　局
　　　　　　国务院经济普查办公室
文　　号：　国统字(2013)56 号
有效期至：　2 0 1 4 年 1 2 月

综合机关名称：　　　　　　　　2 0 1 3 年

<table>
<tr><th rowspan="2">指标名称</th><th rowspan="2">代码</th><th rowspan="2">法人单位数
(个)</th><th rowspan="2">从业人员
期末人数
(人)</th><th></th><th rowspan="2">营业收入
(万元)</th><th rowspan="2">营业税金
及附加
(万元)</th><th rowspan="2">资产总计
(万元)</th></tr>
<tr><th>女性</th></tr>
<tr><td>甲</td><td>乙</td><td>1</td><td>2</td><td>3</td><td>4</td><td>5</td><td>6</td></tr>
<tr><td>总　计</td><td></td><td></td><td></td><td></td><td></td><td></td><td></td></tr>
<tr><td>一、按工业、建筑业、批发和零售业、住宿和餐饮业、房地产业、其他服务业分组</td><td></td><td></td><td></td><td></td><td></td><td></td><td></td></tr>
<tr><td>二、按登记注册类型分组</td><td></td><td></td><td></td><td></td><td></td><td></td><td></td></tr>
<tr><td>三、按地区分组</td><td></td><td></td><td></td><td></td><td></td><td></td><td></td></tr>
</table>

单位负责人：　　　　填表人：　　　　报出日期：2014 年　　月　　日

服务业基本情况

表　　号：6　2　9　表
制定机关：国　家　统　计　局
国务院经济普查办公室
文　　号：国统字(2013)56号
有效期至：2014年12月

综合机关名称：　　　　2013年

指标名称	代码	法人单位数(个)	从业人员期末人数(人)	营业收入(万元)	资产总计(万元)	支出(费用)(万元)	年末资产(万元)
甲	乙	1	2	3	4	5	6
总　计							
一、按国民经济行业分组							
二、按登记注册类型分组							
三、按企业控股情况分组							
四、按机构类型分组							
五、按地区分组							

单位负责人：　　　　填表人：　　　　报出日期：2014年　月　日

高技术产业(制造业)基本情况

表　　号：　6　3　0　表
制定机关：　国　家　统　计　局
　　　　　　国务院经济普查办公室
文　　号：　国统字(2013)56号
综合机关名称：　　　　2013年　　　　有效期至：　2014年12月

指标名称	代码	法人单位数（个）	#有R&D活动	工业总产值（万元）	主营业务收入（万元）	资产总计（万元）	从业人员平均人数（人）	利税（万元）
甲	乙	1	2	3	4	5	6	7
总　计								
一、按《高技术产业(制造业)分类(2013)》分组								
二、按地区分组								

续表1

R&D人员合计（人）	R&D人员折合全时当量合计（人年）	R&D经费内部支出合计（(万元）	R&D项目数（项）	参加R&D项目人员（人）	R&D项目人员折合全时当量（人年）	全部R&D项目经费内部支出（万元）	机构数（个）	机构人员合计（人）	机构经费支出（万元）
8	9	10	11	12	13	14	15	16	17

续表2

专利申请数（件）	有效发明专利数（件）	新产品开发项目数（项）	新产品开发经费支出（万元）	新产品产值（万元）	新产品销售收入（万元）	引进技术经费支出（万元）	消化吸收经费支出（万元）	购买国内技术经费支出（万元）	技术改造经费支出（万元）
18	19	20	21	22	23	24	25	26	27

单位负责人：　　　　填表人：　　　　报出日期：2014年　月　日

高技术产业(服务业)基本情况

表　　号：6 3 1 表
制定机关：国家统计局
国务院经济普查办公室
文　　号：国统字(2013)56号
有效期至：2014年12月

综合机关名称：　　2013 年

指标名称	代码	法人单位数(个)	从业人员期末人数(人)	营业收入(万元)	支出(费用)(万元)
甲	乙	1	2	3	4
总　计 一、按《高技术产业(服务业)分类(2013)》分组 二、按地区分组					

单位负责人：　　填表人：　　报出日期：2014 年　月　日

战略性新兴产业基本情况

表　　号：6 3 2 表
制定机关：国家统计局
国务院经济普查办公室
文　　号：国统字(2013)56号
有效期至：2014年12月

综合机关名称：　　2013 年

指标名称	代码	单位数(个)	营业收入(万元)
甲	乙	1	2
总　计 一、按节能环保产业、新一代信息技术产业、生物产业、高端装备制造产业、新能源产业、新材料产业、新能源汽车产业分组 二、按地区分组		战略性新兴产业的营业收入按企业营业收入的一定比例计算	

单位负责人：　　填表人：　　报出日期：2014 年　月　日

文化及相关产业基本情况

表　　号：6　3　3　表
制定机关：国　家　统　计　局
国务院经济普查办公室
文　　号：国统字（2013）56 号
有效期至：2 0 1 4 年 1 2 月

综合机关名称：　　　　2 0 1 3 年

指标名称	代码	法人单位数(个)	从业人员期末人数(人)	女性	营业收入(万元)	资产总计(万元)	支出（费用)(万元)	年末资产(万元)
甲	乙	1	2	3	4	5	6	7
总　计								
一、按单位规模分组								
二、按登记注册类型分组								
三、按企业控股情况分组								
四、按隶属关系分组								
五、按国民经济行业分组								
六、按地区分组								

单位负责人：　　填表人：　　报出日期：2014 年　月　日

工业法人单位煤炭消费情况

表　　号：6　3　4　表
制定机关：国　家　统　计　局
国务院经济普查办公室
文　　号：国统字（2013）56 号
有效期至：2 0 1 4 年 1 2 月

综合机关名称：　　　　2 0 1 3 年

指标名称	代码	煤炭消费量(万吨)
甲	乙	1
总　计		
一、按国民经济行业分组		
二、按登记注册类型分组		
三、按企业控股情况分组		
四、按机构类型分组		

单位负责人：　　填表人：　　报出日期：2014 年　月　日

规模以上工业法人单位产品生产、销售、库存

表　　号：6　3　5　表
制定机关：国　家　统　计　局
国务院经济普查办公室
文　　号：国统字（2013）56 号
有效期至：2 0 1 4 年 1 2 月

综合机关名称：　　2 0 1 3 年

产品名称	计量单位	产品代码	法人单位数(个)	年初库存量	本年生产量	本年销售			本企业自用量及其他	年末库存量
						数量	销售平均单价(元)	销售金额(千元)		
甲	乙	丙	1	2	3	4	5	6	7	8
按《规模以上工业产品生产、销售、库存目录》分产品叠加汇总										

单位负责人：　　填表人：　　报出日期：2014 年　月　日

注：产品销售平均单价=（Σ销售额/Σ数量）×1000

规模以上工业法人单位产品生产能力

表　　号：6　3　6　表
制定机关：国　家　统　计　局
国务院经济普查办公室
文　　号：国统字（2013）56 号
有效期至：2 0 1 4 年 1 2 月

综合机关名称：　　2 0 1 3 年

产品名称	产品代码	计量单位	年初生产能力	年末生产能力	产品产量
甲	乙	丙	1	2	3
按《主要工业产品生产能力目录》分组					

单位负责人：　　填表人：　　报出日期：2014 年　月　日

规模以上工业法人单位主要财务状况

表　　号：6　　3　　7　　表
制定机关：国　家　统　计　局
　　　　　国务院经济普查办公室
文　　号：国统字（2013）56 号
有效期至：2　0　1　4 年 1　2 月
计量单位：千　元

综合机关名称：　　　　　　　　　　2 0 1 3 年

指标名称	代码	法人单位数(个)		工业总产值(当年价格)	工业销售产值(当年价格)		年初存货		资产总计
			亏损企业			出口交货值		产成品	
甲	乙	1	2	3	4	5	6	7	8
总　　计									
其中：国有控股企业									
一、按轻重工业分组									
二、按登记注册类型分组									
三、按地区分组									
四、按规模分组									
五、按国民经济行业分组									

续表 1

流动资产合计					固定资产合计	固定资产原价	累计折旧		在建工程	负债合计	流动负债合计	
	应收账款	存货						本年折旧				应付账款
			产成品	在产品								
9	10	11	12	13	14	15	16	17	18	19	20	21

续表 2

所有者权益合计								营业收入		营业成本		营业税金及附加	
	实收资本								主营业务收入		主营业务成本		主营业务税金及附加
		国家资本	集体资本	法人资本	个人资本	港澳台资本	外商资本						
22	23	24	25	26	27	28	29	30	31	32	33	34	35

续表 3

其他业务利润	管理费用		销售费用	财务费用			资产减值损失	公允价值变动收益	投资收益	营业利润	营业外收入		营业外支出
		税金			利息收入	利息支出						补贴收入	
36	37	38	39	40	41	42	43	44	45	46	47	48	49

续表 4

利润总额	应交所得税	亏损企业亏损总额	应付职工薪酬	应交增值税
50	51	52	53	54

单位负责人：　　　　　　　　填表人：　　　　　　　　报出日期：2014 年　　月　　日

规模以上工业法人单位 R&D 活动及相关情况

表　　号：　6 3 8 表
制定机关：　国 家 统 计 局
　　　　　　国务院经济普查办公室
文　　号：　国统字（2013）56 号
有效期至：　2 0 1 4 年 1 2 月

综合机关名称：　　　　　　2 0 1 3 年

指标名称	代码	法人单位数（个）	#有R&D活动	#有科技机构	从业人员期末人数（人）	工业总产值（万元）	主营业务收入（万元）	利润总额（万元）	资产总计（万元）	出口交货值（万元）
甲	乙	1	2	3	4	5	6	7	8	9
总　计										
一、按企业规模分组										
二、按隶属关系分组										
三、按登记注册类型分组										
四、按国民经济行业大类分组										
五、按企业控股情况分组										
六、按地区分组										

续表 1

R&D 人员合计（人）	R&D 人员折合全时当量合计（人年）	R&D 经费内部支出合计（万元）	R&D 经费外部支出合计（万元）	项目数（项）	参加项目人员（人）	R&D 项目人员折合全时当量（人年）	全部 R&D 项目经费内部支出（万元）	机构数（个）	机构人员合计（人）	机构经费支出（万元）
10	11	12	13	14	15	16	17	18	19	20

续表 2

仪器和设备原价（万元）	进口	境外机构数（个）	专利申请数（件）	发明专利	有效发明专利数(件)	境外授权	专利所有权转让及许可数（项）	专利所有权转让与许可收入（万元）	发表科技论文（篇）	拥有注册商标数(件)	境外注册
21	22	23	24	25	26	27	28	29	30	31	32

续表 3

形成国家或行业标准数(项)	新产品开发项目数（项）	新产品开发经费支出（万元）	新产品产值（万元）	新产品销售收入（万元）	出口	来自政府部门的科技活动资金（万元）	研究开发费用加计扣除减免税（万元）	高新技术企业减免税（万元）	引进技术经费支出（万元）	消化吸收经费支出（万元）	购买国内技术经费支出（万元）	技术改造经费支出（万元）
33	34	35	36	37	38	39	40	41	42	43	44	45

单位负责人：　　　　填表人：　　　　报出日期：2014 年　月　日

规模以上工业法人单位从业人员及工资总额

表　　号：639表
制定机关：国家统计局
国务院经济普查办公室
文　　号：国统字（2013）56号
有效期至：2014年12月

综合机关名称：　　2013年

指标名称	代码	法人单位数(个)	从业人员期末人数(人)						
				在岗	劳务派遣	单位负责人	专业技术人员	商业、服务业人员	生产、运输设备操作人员
甲	乙	1	2	3	4	5	6	7	8
总　　计									
一、按国民经济行业分组									
二、按登记注册类型分组									
三、按控股情况分组									
四、按地区分组									

续表1

年末平均从业人员数(人)							从业人员工资总额(千元)						
	在岗	劳务派遣	单位负责人	专业技术人员	商业、服务业人员	生产、运输设备操作人员		在岗	劳务派遣	单位负责人	专业技术人员	商业、服务业人员	生产、运输设备操作人员
9	10	11	12	13	14	15	16	17	18	19	20	21	22

单位负责人：　　填表人：　　报出日期：2014年　月　日

大中型工业法人单位信息化情况

表　　号：6　4　0　表
制定机关：国　家　统　计　局
国务院经济普查办公室
文　　号：国统字（2013）56号
有效期至：2　0　1　4　年　1　2　月

综合机关名称：　　　　2013年

指标名称	代码	法人单位数（个）								
			使用计算机	有信息技术人员	有局域网	使用信息化管理	使用互联网	连接宽带	有网站	通过互联网对本企业进行宣传和推广
甲	乙	1	2	3	4	5	6	7	8	9
总　计										
一、按单产多产法人分组										
二、按国民经济行业分组										
三、按规模分组										
四、按登记注册类型分组										
五、按企业控股情况分组										
六、按地区分组										

续表

有电子商务的法人单位数（个）	电子商务销售的法人单位数（个）						
		有B2B的企业		有B2C的企业		有电子商务采购的企业	
		个数	销售额（千元）	个数	销售额（千元）	个数	采购额（千元）
10	11	12	13	14	15	16	17

单位负责人：　　　　填表人：　　　　报出日期：2014年　月　日

总承包和专业承包建筑业法人单位生产经营情况

表　　号：6 4 1 表
制定机关：国 家 统 计 局
国务院经济普查办公室
文　　号：国统字（2013）56号
综合机关名称：　　　　2013年　　　　有效期至：2014年12月

指标名称	代码	法人单位数（个）		签订的合同额（千元）			年末自有施工机械设备		
			有工作量	合计	上年结转合同额	本年新签合同额	总台数（台）	净值（千元）	总功率（万千瓦）
甲	乙	1	2	3	4	5	6	7	8
总　计									
一、按建筑业行业分组									
二、按登记注册类型分组									
三、按控股情况分组									
四、按企业资质等级分组									
五、按隶属关系分组									

说明：1. 有工作量的企业数为建筑业总产值大于零的企业个数。
2. 本表按资质等级第一位为1或者2的企业汇总。

续表

建筑业总产值（千元）				竣工产值（千元）	房屋建筑施工面积(平方米)	钢材消耗(吨)	木材消耗(立方米)	水泥消耗(吨)	房屋竣工面积(平方米)		房屋竣工价值（千元）	
合计	建筑工程产值	安装工程产值	其他产值							住宅		住宅
9	10	11	12	13	14	15	16	17	18	19	20	21

单位负责人：　　　　填表人：　　　　报出日期：2014年　月　日

总承包和专业承包建筑业法人单位主要财务状况

表　　号：6 4 2 表
制定机关：国 家 统 计 局
国务院经济普查办公室
文　　号：国统字（2013）56 号
有效期至：2 0 1 4 年 1 2 月

综合机关名称：　　　　2013 年

指标名称	代码	法人企业数（个）	年初存货	流动资产合计	应收工程款		存货	固定资产合计	固定资产原价	累计折旧	
						竣工工程					本年折旧
甲	乙	1	2	3	4	5	6	7	8	9	10
总　计											
一、按建筑业行业分组											
二、按登记注册类型分组											
三、按控股情况分组											
四、按企业资质等级分组											
五、按隶属关系分组											

续表 1

在建工程	资产总计	流动负债合计	负债合计	所有者权益合计	实收资本						
						国家资本	集体资本	法人资本	个人资本	港澳台资本	外商资本
11	12	13	14	15	16	17	18	19	20	21	22

续表 2

营业收入		营业成本		营业税金及附加		销售费用	管理费用	财务费用	营业利润	利润总额	应交所得税	应付职工薪酬（本年贷方累计发生额）	建筑业企业在境外完成的营业收入
	主营业务		主营业务		主营业务								
23	24	25	26	27	28	29	31	32	33	34	35	36	37

单位负责人：　　　　填表人：　　　　报出日期：2014 年　月　日

劳务分包建筑业法人单位生产和财务状况

表　　号：6　4　3　表
制定机关：国　家　统　计　局
国务院经济普查办公室
文　　号：国统字（2013）56号
有效期至：2014年12月

综合机关名称：　　　　2013年

指标名称	代码	法人单位数(个)	有工作量	建筑业总产值	装饰装修产值	固定资产原价	本年折旧	资产总计	负债合计	实收资本
甲	乙	1	2	3	4	5	6	7	8	9
总　计										
一、按建筑业行业分组										
二、按登记注册类型分组										
三、按控股情况分组										
四、按企业资质等级分组										
五、按隶属关系分组										

续表1

营业收入	主营业务	营业成本	主营业务	营业税金及附加	主营业务	销售费用	管理费用	税金	财务费用	营业利润	利润总额	应付职工薪酬（本年贷方累计发生额）
10	11	12	13	14	15	16	17	18	19	20	21	22

单位负责人：　　　　填表人：　　　　报出日期：2014年　月　日

有资质建筑业法人单位从业人员及工资总额

表　　号：6 4 4 表
制定机关：国　家　统　计　局
国务院经济普查办公室
文　　号：国统字（2013）56号
有效期至：2014年12月

综合机关名称：　　　　2013年

指标名称	代码	法人单位数（个）	从业人员期末人数（人）	在岗	劳务派遣	单位负责人	专业技术人员	商业、服务业人员	生产、运输设备操作人员
甲	乙	1	2	3	4	5	6	7	8
总　　计									
一、按国民经济行业分组									
二、按登记注册类型分组									
三、按控股情况分组									
四、按地区分组									

续表1

年末平均从业人员数（人）	在岗	劳务派遣	单位负责人	专业技术人员	商业、服务业人员	生产、运输设备操作人员	从业人员工资总额	在岗	劳务派遣	单位负责人	专业技术人员	商业、服务业人员	生产、运输设备操作人员
9	10	11	12	13	14	15	16	17	18	19	20	21	22

单位负责人：　　　　填表人：　　　　报出日期：2014年　月　日

有资质建筑业法人单位能源消费情况

表　　号：6　　4　　5　　表
制定机关：国　　家　　统　　计　　局
　　　　　国务院经济普查办公室
文　　号：国统字（2013）56号
有效期至：2　0　1　4　年　1　2　月

综合机关名称：　　　　　　　　　　　2013 年

	法人单位数(个)	本年		上年同期	
		消费量	消费金额(千元)	消费量	消费金额(千元)
甲	1	2	3	4	5
一、 电力					
按国民经济行业分组					
按地区分组					
二、 煤炭					
按国民经济行业分组					
按地区分组					
三、 焦炭					
按国民经济行业分组					
按地区分组					
四、 管道煤气					
按国民经济行业分组					
按地区分组					
五、 天然气					
按国民经济行业分组					
按地区分组					
六、 液化石油气					
按国民经济行业分组					
按地区分组					
七、 汽油					
按国民经济行业分组					
按地区分组					
八、 煤油					
按国民经济行业分组					
按地区分组					
九、 柴油					
按国民经济行业分组					
按地区分组					
十、 燃料油					
按国民经济行业分组					
按地区分组					
十一、外购热力					
按国民经济行业分组					
按地区分组					

单位负责人：　　　　　　　　填表人：　　　　　　　　报出日期：2014年　　月　　日

有资质建筑业法人单位信息化情况

表　　号：6　4　6　表
制定机关：国　家　统　计　局
国务院经济普查办公室
文　　号：国统字（2013）56 号
有效期至：2　0　1　4　年　1　2　月

综合机关名称：　　　　2 0 1 3 年

指标名称	代码	法人单位数（个）	使用计算机	有信息技术人员	有局域网	使用信息化管理	使用互联网	连接宽带	有网站	通过互联网对本企业进行宣传和推广
甲	乙	1	2	3	4	5	6	7	8	9
总　计										
一、按单产多产法人分组										
二、按国民经济行业分组										
三、按规模分组										
四、按登记注册类型分组										
五、按企业控股情况分组										
六、按地区分组										

续表

有电子商务的法人单位数（个）	电子商务销售的法人单位数（个）	有 B2B 的企业		有 B2C 的企业		有电子商务采购的企业	
		个数	销售额（千元）	个数	销售额（千元）	个数	采购额（千元）
10	11	12	13	14	15	16	17

单位负责人：　　　　填表人：　　　　报出日期：2014 年　　月　　日

限额以上批发和零售业法人单位基本情况

表　　号：6　4　7　表
制定机关：国　家　统　计　局
国务院经济普查办公室
文　　号：国统字（2013）56号
有效期至：2014年12月

综合机关名称：　　　　2013年

指标名称	代码	法人单位数（个）	从业人员期末人数（人）		法人所属产业活动单位数（个）		
				女性		批发业	零售业
甲	乙	1	2	3	4	5	6
总　　计							
一、批发业							
1. 按批发行业分组							
2. 按登记注册类型分组							
3. 按控股情况分组							
4. 按经营形式分组							
5. 按单位规模分组						—	—
6. 按零售营业面积分组		—					
7. 按城乡分组							
8. 按地区分组							
二、零售业							
1. 按零售行业分组							
2. 按登记注册类型分组							
3. 按控股情况分组							
4. 按经营形式分组							
5. 按单位规模分组							
6. 按零售业态分组							
7. 按零售营业面积分组						—	—
8. 按城乡分组		—					
9. 按地区分组							

单位负责人：　　　　填表人：　　　　报出日期：2014 年　月　日

限额以上批发和零售业法人单位商品购进、销售和库存

表　　号：6 4 8 表
制定机关：国 家 统 计 局
国务院经济普查办公室
文　　号：国统字（2013）56 号
有效期至：2 0 1 4 年 1 2 月
计量单位：千　元

综合机关名称：　　　　　2 0 1 3 年

指标名称	代码	法人单位数（个）	从业人员期末人数（人）	商品购进额		商品销售额				期末商品库存额	年末零售营业面积（万平方米）
					进口		批发额		零售额		
								出口			
甲	乙	1	2	3	4	5	6	7	8	9	10
总　　计											
一、批发业											
1. 按批发行业分组											
2. 按登记注册类型分组											
3. 按控股情况分组											
4. 按经营形式分组											
5. 按单位规模分组											
6. 按零售营业面积分组											
7. 按城乡分组		—									
8. 按地区分组											
二、零售业											
1. 按零售行业分组											
2. 按登记注册类型分组											
3. 按控股情况分组											
4. 按经营形式分组											
5. 按单位规模分组											
6. 按零售业态分组											
7. 按零售营业面积分组											
8. 按城乡分组											
9. 按地区分组		—									

单位负责人：　　　　　填表人：　　　　　报出日期：2014 年　月　日

限额以上批发和零售业法人单位主要财务状况

表　　号：6　4　9　表
制定机关：国　家　统　计　局
国务院经济普查办公室
文　　号：国统字（2013）56号
有效期至：2014年12月
综合机关名称：　　　　2013年　　　　计量单位：千　元

指标名称	代码	法人单位数（个）	一、年初存货	二、期末资产负债							
				流动资产合计	应收账款	存货	固定资产合计	固定资产原价	累计折旧	本年折旧	在建工程
甲	乙	1	2	3	4	5	6	7	8	9	10
总　计											
一、批发业											
1. 按批发行业分组											
2. 按登记注册类型分组											
3. 按控股情况分组											
4. 按经营形式分组											
5. 按单位规模分组											
6. 按地区分组											
二、零售业											
1. 按零售行业分组											
2. 按登记注册类型分组											
3. 按控股情况分组											
4. 按经营形式分组											
5. 按单位规模分组											

续表 1

二、期末资产负债											三、损益及分配			
资产总计	流动负债合计	负债合计	所有者权益合计	实收资本							营业收入		营业成本	
					国家资本	集体资本	法人资本	个人资本	港澳台资本	外商资本		主营		主营
11	12	13	14	15	16	17	18	19	20	21	22	23	24	25

续表 2

三、损益及分配										四、工人成本及增值税	
营业税金及附加		其他业务利润	销售费用	管理费用	财务费用	营业利润	营业外收入	利润总额	应交所得税	应付职工薪酬(本年贷方累计发生额)	应交增值税
	主营										
26	27	28	29	30	31	32	33	34	35	36	37

单位负责人：　　　　填表人：　　　　报出日期：2014年　月　日

限额以上批发和零售业法人单位从业人员及工资总额

表　　号：6　5　0　表
制定机关：国　家　统　计　局
国务院经济普查办公室
文　　号：国统字（2013）56号
有效期至：2014年12月

综合机关名称：　　　　　　　　2013年　　　　　　　　计量单位：千　元

指标名称	代码	法人单位数(个)	从业人员期末人数(人)	在岗	劳务派遣	单位负责人	专业技术人员	商业、服务业人员	生产、运输设备操作人员
甲	乙	1	2	3	4	5	6	7	8
总　计									
一、按国民经济行业分组									
二、按登记注册类型分组									
三、按控股情况分组									
四、按地区分组									

续表1

年末平均从业人员数(人)	在岗	劳务派遣	单位负责人	专业技术人员	商业、服务业人员	生产、运输设备操作人员	从业人员工资总额	在岗	劳务派遣	单位负责人	专业技术人员	商业、服务业人员	生产、运输设备操作人员
9	10	11	12	13	14	15	16	17	18	19	20	21	22

单位负责人：　　　　　　　　填表人：　　　　　　　　报出日期：2014年　月　日

限额以上批发和零售业法人单位能源消费情况

表　　号：6　　5　　1　　表
制定机关：国　　家　　统　　计　　局
国务院经济普查办公室
文　　号：国统字（2013）56号
综合机关名称：　　　　2013年　　　　有效期至：2014年12月

	企业数（个）	本年		上年同期	
		消费量	消费金额（千元）	消费量	消费金额（千元）
甲	1	2	3	4	5
一、电力					
按国民经济行业分组					
按地区分组					
二、煤炭					
按国民经济行业分组					
按地区分组					
三、焦炭					
按国民经济行业分组					
按地区分组					
四、管道煤气					
按国民经济行业分组					
按地区分组					
五、天然气					
按国民经济行业分组					
按地区分组					
六、液化石油气					
按国民经济行业分组					
按地区分组					
七、汽油					
按国民经济行业分组					
按地区分组					
八、煤油					
按国民经济行业分组					
按地区分组					
九、柴油					
按国民经济行业分组					
按地区分组					
十、燃料油					
按国民经济行业分组					
按地区分组					
十一、外购热力					
按国民经济行业分组					
按地区分组					

单位负责人：　　　　填表人：　　　　报出日期：2014年　月　日

大中型批发和零售业法人单位信息化情况

表　　号：6　5　2　表
制定机关：国　家　统　计　局
国务院经济普查办公室
文　　号：国统字（2013）56号
有效期至：2014年12月

综合机关名称：　　　　2013年

指标名称	代码	法人单位数（个）	使用计算机	有信息技术人员	有局域网	使用信息化管理	使用互联网	连接宽带	有网站	通过互联网对本企业进行宣传和推广
甲	乙	1	2	3	4	5	6	7	8	9
总　计										
一、按单产多产法人分组										
二、按国民经济行业分组										
三、按规模分组										
四、按登记注册类型分组										
五、企业控股情况分组										
六、按地区分										

续表

有电子商务的法人单位数（个）	电子商务销售的法人单位数（个）	有B2B的企业		有B2C的企业		有电子商务采购的企业	
		个数	销售额（千元）	个数	销售额（千元）	个数	采购额（千元）
10	11	12	13	14	15	16	17

单位负责人：　　　　填表人：　　　　报出日期：2014年　月　日

限额以上住宿和餐饮业法人单位基本情况

表　　号：6　5　3　表
制定机关：国　家　统　计　局
国务院经济普查办公室
文　　号：国统字（2013）56号
有效期至：2014年12月
综合机关名称：　　　　2013年　　　　计量单位：千　元

指标名称	代码	法人单位数(个)	从业人员期末人数(人)		法人所属产业活动单位数(个)		
				女性		住宿业	餐饮业
甲	乙	1	2	3	4	5	6
总　计							
一、住宿业							
1.按住宿行业小类分组							
2.按登记注册类型分组							
3.按控股情况分组							
4.按经营形式分组							
5.按单位规模分组					—	—	—
6.按星级分组							
7.按餐饮营业面积分组							
8.按城乡分组							
9.按地区分组							
二、餐饮业							
1.按餐饮业行业小类分组							
2.按登记注册类型分组							
3.按控股情况分组					—	—	—
4.按经营形式分组							
5.按单位规模分组							
6.按餐饮营业面积分组							
7.按城乡分组							
8.按地区分组							

单位负责人：　　　　填表人：　　　　报出日期：2014 年　月　日

限额以上住宿和餐饮业法人单位经营情况

表　　号：6　54　表
制定机关：国家统计局
国务院经济普查办公室
文　　号：国统字（2013）56 号
有效期至：2014 年 12 月

综合机关名称：　　2013 年　　计量单位：千元

指标名称	代码	法人单位数（个）	从业人员期末人数（人）	营业额				
					客房收入	餐费收入	商品销售收入	其他收入
甲	乙	1	2	3	4	5	6	7
总　　计								
一、住宿业								
1. 按住宿行业分组								
2. 按登记注册类型分组								
3. 按控股情况分组								
4. 按经营形式分组								
5. 按单位规模分组								
6. 按星级分组		—				—	—	—
7. 按餐饮营业面积分组								
8. 按城乡分组								
9. 按地区分组								
二、餐饮业								
1. 按餐饮业行业分组								
2. 按登记注册类型分组								
3. 按控股情况分组								
4. 按经营形式分组								
5. 按单位规模分组		—				—	—	—
6. 按餐饮营业面积分组								
7. 按城乡分组								
8. 按地区分组								

续表

客房数（万间）	床位数（万个）	餐位数（万位）	年末餐饮营业面积（万平方米）
8	9	10	11

单位负责人：　　填表人：　　报出日期：2014 年　月　日

限额以上住宿和餐饮业法人单位主要财务状况

表　　号：6　5　5　表
制定机关：国　家　统　计　局
国务院经济普查办公室
文　　号：国统字(2013)56 号
有效期至：2 0 1 4 年 1 2 月

综合机关名称：　　　　2 0 1 3 年　　　　计量单位：千　元

指标名称	代码	法人单位数(个)	一、年初存货	二、期末资产负债							
				流动资产合计	应收账款	存货	固定资产合计	固定资产原价	累计折旧	本年折旧	在建工程
甲	乙	1	2	3	4	5	6	7	8	9	10
总　　计											
一、住宿业											
1. 按住宿行业小类分组											
2. 按登记注册类型分组											
3. 按控股情况分组											
4. 按经营形式分组											
5. 按单位规模分组											
6. 按星级分组											
7. 按地区分组											
二、餐饮业											
1. 按餐饮小类分组											
2. 按登记注册类型分组											
3. 按控股情况分组											
4. 按经营形式分组											
5. 按单位规模分组											
6. 地区分组											

续表 1

二、期末资产负债											三、损益及分配			
资产总计	流动负债合计	负债合计	所有者权益合计	实收资本	国家资本	集体资本	法人资本	个人资本	港澳台资本	外商资本	营业收入	主营	营业成本	主营
11	12	13	14	15	16	17	18	19	20	21	22	23	24	25

续表 2

三、损益及分配										四、工人成本及增值税	
营业税金及附加	主营	其他业务利润	销售费用	管理费用	财务费用	营业利润	营业外收入	利润总额	应交所得税	应付职工薪酬(本年贷方累计发生额)	应交增值税
26	27	28	29	30	31	32	33	34	35	36	37

单位负责人：　　　　填表人：　　　　报出日期：2014 年　月　日

限额以上住宿和餐饮业法人单位从业人员及工资总额

表　　号：656表
制定机关：国家统计局
国务院经济普查办公室
文　　号：国统字(2013)56号
有效期至：2014年12月

综合机关名称：　　　　2013年　　　　计量单位：千元

指标名称	代码	法人单位数(个)	从业人员期末人数(人)						
				在岗	劳务派遣	单位负责人	专业技术人员	商业、服务业人员	生产、运输设备操作人员
甲	乙	1	2	3	4	5	6	7	8
总　计									
一、按国民经济行业分组									
二、按登记注册类型分组									
三、按控股情况分组									
四、按地区分组									

续表

年末平均从业人员数(人)							从业人员工资总额						
	在岗	劳务派遣	单位负责人	专业技术人员	商业、服务业人员	生产、运输设备操作人员		在岗	劳务派遣	单位负责人	专业技术人员	商业、服务业人员	生产、运输设备操作人员
9	10	11	12	13	14	15	16	17	18	19	20	21	22

单位负责人：　　　　填表人：　　　　报出日期：2014年　月　日

限额以上住宿和餐饮业法人单位能源消费情况

表　　号：6　5　7　表
制定机关：国　家　统　计　局
国务院经济普查办公室
文　　号：国统字（2013）56号
有效期至：2014年12月

综合机关名称：　　　　　　2013年

	法人单位数（个）	本年		上年同期	
		消费量	消费金额(千元)	消费量	消费金额(千元)
甲	1	2	3	4	5
一、电力					
按国民经济行业分组					
按地区分组					
二、煤炭					
按国民经济行业分组					
按地区分组					
三、焦炭					
按国民经济行业分组					
按地区分组					
四、管道煤气					
按国民经济行业分组					
按地区分组					
五、天然气					
按国民经济行业分组					
按地区分组					
六、液化石油气					
按国民经济行业分组					
按地区分组					
七、汽油					
按国民经济行业分组					
按地区分组					
八、煤油					
按国民经济行业分组					
按地区分组					
九、柴油					
按国民经济行业分组					
按地区分组					
十、燃料油					
按国民经济行业分组					
按地区分组					
十一、外购热力					
按国民经济行业分组					
按地区分组					

单位负责人：　　　　填表人：　　　　报出日期：2014年　月　日

大中型住宿和餐饮业法人单位信息化情况

表　　号：　6　5　8　表
制定机关：　国　家　统　计　局
　　　　　　国务院经济普查办公室
文　　号：　国统字(2013)56号
有效期至：　2014年12月

综合机关名称：　　　　　　　　　　2013年

指标名称	代码	法人单位数(个)								
			使用计算机	有信息技术人员	有局域网	使用信息化管理	使用互联网	连接宽带	有网站	通过互联网对本企业进行宣传和推广
甲	乙	1	2	3	4	5	6	7	8	9
总　计										
一、按单产多产法人分组										
二、按国民经济行业分组										
三、按规模分组										
四、按登记注册类型分组										
五、企业控股情况分组										
六、按地区分组										

续表

有电子商务的法人单位数(个)	电子商务销售的法人单位数(个)	有B2B的企业		有B2C的企业		有电子商务采购的企业	
		个数	销售额(千元)	个数	销售额(千元)	个数	采购额(千元)
10	11	12	13	14	15	16	17

单位负责人：　　　　　　　　填表人：　　　　　　　　报出日期：2014年　月　日

房地产开发经营业法人单位主要指标

表　　号：659表
制定机关：国家统计局
国务院经济普查办公室
文　　号：国统字（2013）56号
有效期至：2014年12月

综合机关名称：　　2013年　　计量单位：千元

指标名称	代码	法人单位数（个）	计划总投资	累计完成投资	本年完成投资额					
					合计	本月完成投资	配套工程投资	建筑工程投资	安装工程	设备工器具购置
甲	乙	1	2	3	4	5	6	7	8	9
总　计										
一、按登记注册类型分组										
二、按控股情况分组										
三、按资质等级分组										
四、按隶属关系分组										

续表1

本年完成投资额												
其他费用			住宅完成投资额									
	旧建筑物购置费	土地购置费		90平方米及以下	144平方米及以上	别墅、高档公寓	办公楼完成投资额	商业营业用房完成投资额	其他完成投资额	本年新增固定资产	本年完成土地开发面积	本年土地购置面积
10	11	12	13	14	15	16	17	18	19	20	21	22

续表2

房屋施工面积		本年房屋竣工面积	本年房屋竣工价值	本年商品房销售面积	住宅销售面积				
	本年新开工面积					90平方米及以下住宅销售面积	144平方米及以上住宅销售面积	别墅、高档公寓销售面积	办公楼销售面积
23	24	25	26	27	28	29	30	31	32

续表3

商业营业用房销售面积	其他销售面积	本年商品房销售额	住宅销售额						
				90平方米及以下住宅销售额	144平方米及以上住宅销售额	别墅、高档公寓销售额	办公楼销售额	商业营业用房销售额	其他销售额
33	34	35	36	37	38	39	40	41	42

单位负责人：　　填表人：　　报出日期：2014年　月　日

房地产开发经营业法人单位主要财务状况

表　　号：6　　6　　0　　表
制定机关：国　　家　　统　　计　　局
国务院经济普查办公室
文　　号：国统字（2013）56号
有效期至：2　0　1　4　年　1　2　月
计量单位：千　元

综合机关名称：　　　　　　2013年

指标名称	代码	法人单位数（个）	年初存货	流动资产合计	应收工程款	存货	固定资产合计	固定资产原价	累计折旧	
										本年折旧
甲	乙	1	2	3	4	5	6	7	8	9
总　计										
一、按登记注册类型分组										
二、按控股情况分组										
三、按企业资质等级分组										
四、按隶属关系分组										

续表1

在建工程	资产总计	流动负债合计	负债合计	所有者权益合计	实收资本	营业收入					
							主营业务				
								土地转让收入	商品房销售收入	房屋出租收入	其他收入
10	11	12	13	14	15	16	17	18	19	20	21

续表2

营业成本		营业税金及附加		其他业务利润	销售费用	管理费用	财务费用	营业利润	利润总额	应交所得税	应付职工薪酬（本年贷方累计发生额）
	主营业务		主营业务								
22	23	24	25	26	27	28	29	30	31	32	33

单位负责人：　　　　　　填表人：　　　　　　报出日期：2014年　　月　　日

房地产开发经营业法人单位从业人员及工资总额

表　　号：6　6　1　表
制定机关：国　家　统　计　局
国务院经济普查办公室
文　　号：国统字(2013)56 号
有效期至：2 0 1 4 年 1 2 月

综合机关名称：　　　　2 0 1 3 年　　　　计量单位：千　元

指标名称	代码	法人单位数(个)	从业人员期末人数(人)						
				在岗	劳务派遣	单位负责人	专业技术人员	商业、服务业人员	生产、运输设备操作人员
甲	乙	1	2	3	4	5	6	7	8
总　计									
一、按国民经济行业分组									
二、按登记注册类型分组									
三、按控股情况分组									
四、按地区分组									

续表 1

年末平均从业人员数(人)							从业人员工资总额						
	在岗	劳务派遣	单位负责人	专业技术人员	商业、服务业人员	生产、运输设备操作人员		在岗	劳务派遣	单位负责人	专业技术人员	商业、服务业人员	生产、运输设备操作人员
9	10	11	12	13	14	15	16	17	18	19	20	21	22

单位负责人：　　　　填表人：　　　　报出日期：2014 年　　月　　日

房地产开发经营业法人单位能源消费情况

表　　号：　6　6　2　表
制定机关：　国　家　统　计　局
国务院经济普查办公室
文　　号：　国统字(2013)56 号
综合机关名称：　　　　2 0 1 3 年　　　　有效期至：　2 0 1 4 年 1 2 月

	法人单位数(个)	本年		上年同期	
		消费量	消费金额(千元)	消费量	消费金额(千元)
甲	1	2	3	4	5
一、 电力					
按国民经济行业分组					
按地区分组					
二、 煤炭					
按国民经济行业分组					
按地区分组					
三、 焦炭					
按国民经济行业分组					
按地区分组					
四、 管道煤气					
按国民经济行业分组					
按地区分组					
五、 天然气					
按国民经济行业分组					
按地区分组					
六、 液化石油气					
按国民经济行业分组					
按地区分组					
七、 汽油					
按国民经济行业分组					
按地区分组					
八、 煤油					
按国民经济行业分组					
按地区分组					
九、 柴油					
按国民经济行业分组					
按地区分组					
十、 燃料油					
按国民经济行业分组					
按地区分组					
十一、外购热力					
按国民经济行业分组					
按地区分组					

单位负责人：　　　　填表人：　　　　报出日期：2014 年　　月　　日

房地产开发经营业法人单位信息化情况

表　　号：　6　6　3　表
制定机关：　国　家　统　计　局
国务院经济普查办公室
文　　号：　国统字（2013）56 号
综合机关名称：　　　　2013 年　　　　有效期至：　2014 年 12 月

指标名称	代码	法人单位数（个）	使用计算机	有信息技术人员	有局域网	使用信息化管理	使用互联网	连接宽带	有网站	通过互联网对本企业进行宣传和推广
甲	乙	1	2	3	4	5	6	7	8	9
总　　计										
一、按单产多产法人分组										
二、按国民经济行业分组										
三、按规模分组										
四、按登记注册类型分组										
五、企业控股情况分组										
六、按地区分										

续表

有电子商务的法人单位数（个）	电子商务销售的法人单位数（个）	有 B2B 的企业		有 B2C 的企业		有电子商务采购的企业	
		个数	销售额（千元）	个数	销售额（千元）	个数	采购额（千元）
10	11	12	13	14	15	16	17

单位负责人：　　　　填表人：　　　　报出日期：2014 年　月　日

重点服务业法人单位主要财务状况

表　　号：　6　6　4　表
制定机关：　国家统计局
　　　　　　国务院经济普查办公室
文　　号：　国统字（2013）56号
有效期至：　2014年12月
计量单位：　千元

综合机关名称：　　　　2013年

指标名称	代码	法人单位数（个）	产业活动单位数（个）							年初存货	固定资产原价
				农林牧渔业	工业	建筑业	批发零售业	住宿和餐饮业	房地产业		
甲	乙	1	2	3	4	5	6	7	8	9	10
总　计											
其中：执行2006年《企业会计准则》											
其中：亏损企业											
一、按国民经济行业分组											
二、按登记注册类型分组											
三、按企业控股情况分组											
四、按营业状态分组											
五、按机构类型分组											
六、按地区分组											

续表1

本年折旧	资产总计	负债合计	所有者权益合计	营业收入	其中：主营业务收入	营业成本	其中：主营业务成本	营业税金及附加	其中：主营业务税金及附加	销售费用	管理费用
11	12	13	14	15	16	17	18	19	20	21	22

续表2

其中：税金	财务费用	其中：利息收入	其中：利息支出	投资收益	营业利润	利润总额	应交所得税	应付职工薪酬	应交增值税	从业人员期末人数	从业人员平均人数
23	24	25	26	27	28	29	30	31	32	33	34

单位负责人：　　　　填表人：　　　　报出日期：2014年　月　日

重点服务业法人单位能源消费情况

表　　号：6　6　5　表
制定机关：国　家　统　计　局
国务院经济普查办公室
文　　号：国统字(2013)56号
综合机关名称：　　2013年　　有效期至：2014年12月

	法人单位数(个)	本年		上年同期	
		消费量	消费金额(千元)	消费量	消费金额(千元)
甲	1	2	3	4	5
一、电力					
按国民经济行业分组					
按地区分组					
二、煤炭					
按国民经济行业分组					
按地区分组					
三、焦炭					
按国民经济行业分组					
按地区分组					
四、管道煤气					
按国民经济行业分组					
按地区分组					
五、天然气					
按国民经济行业分组					
按地区分组					
六、液化石油气					
按国民经济行业分组					
按地区分组					
七、汽油					
按国民经济行业分组					
按地区分组					
八、煤油					
按国民经济行业分组					
按地区分组					
九、柴油					
按国民经济行业分组					
按地区分组					
十、燃料油					
按国民经济行业分组					
按地区分组					
十一、外购热力					
按国民经济行业分组					
按地区分组					

单位负责人：　　填表人：　　报出日期：2014年　月　日

重点服务业法人单位信息化情况

表　　号：6　6　6　表
制定机关：国　家　统　计　局
国务院经济普查办公室
文　　号：国统字（2013）56 号
有效期至：2014 年 12 月

综合机关名称：　　　　2013 年

指标名称	代码	法人单位数（个）								
			使用计算机	有信息技术人员	有局域网	使用信息化管理	使用互联网	连接宽带	有网站	通过互联网对本企业进行宣传和推广
甲	乙	1	2	3	4	5	6	7	8	9
总　计										
一、按单产多产法人分组										
二、按国民经济行业分组										
三、按规模分组										
四、按登记注册类型分组										
五、企业控股情况分组										
六、按地区分										

续表

有电子商务的法人单位数（个）	电子商务销售的法人单位数（个）	有 B2B 的企业		有 B2C 的企业		有电子商务采购的企业	
		个数	销售额（千元）	个数	销售额（千元）	个数	采购额（千元）
10	11	12	13	14	15	16	17

单位负责人：　　　　填表人：　　　　报出日期：2014 年　　月　　日

重点服务业法人企业 R&D 活动情况

表　　号：6　6　7　表
制定机关：国　家　统　计　局
国务院经济普查办公室
文　　号：国统字（2013）56 号
综合机关名称：　　　　2 0 1 3 年　　　　有效期至：2 0 1 4 年 1 2 月

	代码	企业数（个）		从业人员期末人数（人）	主营业务收入（万元）	R&D 人员合计（人）	R&D 人员折合全时当量合计（人年）
			有 R&D 活动				
甲	乙	1	2	3	4	5	6
总　　计							
一、按规模分组							
二、按隶属关系分组							
三、按登记注册类型分组							
四、按国民经济行业大类分组							
五、按企业控股情况分组							
六、按地区分组							

续表

R&D 经费内部支出合计（万元）					R&D 项目数（项）	参加 R&D 项目人员（人）	项目人员折合全时当量（人年）	全部 R&D 项目经费内部支出（万元）
	#试验发展	#经常费支出	#政府资金	#企业资金				
7	8	9	10	11	12	13	14	15

单位负责人：　　　　填表人：　　　　报出日期：2014 年　　月　　日

附 2：

主要指标解释

一、单位基本情况

组织机构代码　指根据中华人民共和国国家标准《全国组织机构代码编制规则》（GB11714-1997），由组织机构代码登记主管部门给每个企业、事业单位、机关、社会团体和民办非企业等单位颁发的在全国范围内唯一的、始终不变的法定代码。组织机构代码共 9 位，无论是法人单位还是产业活动单位，组织机构代码均由 8 位无属性的数字和 1 位校验码组成。所有单位均填写本项。

1. 法定代码填写规定

已经领取了法定代码的法人单位和产业活动单位必须使用法定代码，不得使用临时代码。在填写时，要按照技术监督部门颁发的《中华人民共和国组织机构代码证》上的代码填写（也可参照税务部门颁发的税务登记证书上的税务登记号的后九位填写）。

产业活动单位是本部的，如果没有法定代码，使用法人单位法定代码的前八位，第九位校验码填“B”。

2. 临时代码使用规定

尚未领到法定代码或不属于法定代码赋码范围的单位，一律由各级统计部门从临时码段中赋予代码。

单位详细名称　指经有关部门批准正式使用的单位全称。所有单位均填写本项。

企业、个体工商户的详细名称按工商部门登记的名称填写；行政、事业单位的详细名称按编制部门登记、批准的名称填写；社会团体、民办非企业单位、基金会和基层群众自治组织的详细名称按民政部门登记、批准的名称填写。填写时要求使用规范化汉字填写，并与单位公章所使用的名称完全一致。凡经登记主管机关核准或批准，具有两个或两个以上名称的单位，要求填写一个单位名称，同时用括号注明其余的单位名称。

行业类别　指根据其从事的社会经济活动性质对各类单位进行的分类。本项分两部分填写：

第一部分：主要业务活动（或主要产品），所有单位均填写本项。具体填写各单位的一至三种主要业务活动（或主要产品）名称，并按其重要程度或总产值所占比重，从大到小顺序排列。

筹建单位按建成投产（营业）后活动性质填写主要业务活动（或主要产品）名称。

第二部分：行业代码，普查单位免填。由所在地普查机构根据各单位填写的主要业务活动（或主要产品名称）对照《国民经济行业分类》（GB/T4754－2011）填写行业小类代码。

筹建单位按建成投产（营业）后的活动性质填写行业小类代码。

报表类别　指调查单位需要填报某一行业报表的类别，通过报表类别来确定需要填报的报表内容。联网直报单位的报表类别包括农业、工业、建筑业、批发和零售业、住宿和餐饮业、房地产开发经营业、重点服务业和其他。此项由普查机构统一填写，普查单位免填。非联网直报单位的报表类别包括农业、工业、建筑业、批发和零售业、住宿和餐饮业、房地产开发经营业、铁路系统、金融系统和其他。除铁路系统、金融系统外，此项由普查员使用 PDA 统一录入，普查单位免填。铁路系统、金融系统由程序自动生成。

单位类型　非联网直报单位分为法人单位和产业活动单位，按照《普查单位划分及具体处理规定》执行。所有非联网直报单位均填写本项。

底册顺序码　由 14 位数字和字母组成，前 6 位为区划代码；第 7、8 位为部门代码（BZ 为各级编制部门，MZ 为各级民政部门，GS 为各级工商部门，RH 为人民银行，YJ 为银监会，ZJ 为证监会、BJ 为保监会，TL 为铁路，其余为 ML；第 9 到 14 位为单位顺序码。此项由普查机构填写，普查单位免填。

普查小区代码　由普查机构填写，普查单位免填。

单位所在地及区划（详细地址）　指单位实际所处的详细地址、区划代码、城乡代码。本栏分四部分填写：

第一部分：区划代码，指单位所在地区的区划代码。按统计设计管理部门最新更新的统计用区划代码填写，由所在地普查机构统一填写，普查单位免填。

第二部分：城乡代码，指单位所在地的城乡代码，按统计设计管理部门最新更新的城乡代码填写。由所在地普查机构统一填写，普查单位免填。

第三部分：单位实际所在地的详细地址。所有单位均填写本项。要求写明单位所在的省（自治区、直辖市）、地（区、市、州、盟）、县（区、市、旗）、乡（镇）以及具体街（村）的名称和详细的门牌号码，不能填写通讯号码或通讯信箱号码。

第四部分：单位归属的街道办事处、社区（居委会）。限位于城市的单位均填写本项。位于城市内的单位填写所在街道办事处、社区（居委会）的名称；位于农村的单位免填本项。

单位注册地址及区划 指单位在工商部门登记注册的经营地址、区划代码和城乡代码。本栏分为三部分填写：

第一部分：区划代码，指单位注册地的区划代码，按设计管理部门最新更新的统计用区划代码填写，由所在地普查机构统一填写，普查单位免填。

第二部分：城乡代码，指单位注册地的城乡代码，按统计设计管理部门最新更新的城乡代码填写，由所在地普查机构统一填写，普查单位免填。

第三部分：单位注册的详细地址，所有注册地与经营地不一致的单位均填写本项，地址相同的单位免填本项。要求写明单位注册地所在的省（自治区、直辖市）、地（区、市、州、盟）、县（区、市、旗）、乡（镇）以及具体街（村）的名称和详细的门牌号码，不能填写通讯号码或通讯信箱号码。

单位规模 根据国家统计局《统计上大中小微型企业划分办法》（国统字〔2011〕75 号）规定，依据从业人员、营业收入、资产总额等指标或替代指标将单位划分为大型、中型、小型和微型。普查单位免填。

从业人员期末人数 指报告期末最后一日 24 时在本单位工作，并取得工资或其他形式劳动报酬的人员数。该指标为时点指标，不包括最后一日当天及以前已经与单位解除劳动合同关系的人员，是在岗职工、劳务派遣人员及其他从业人员之和。所有单位均填写本项。

从业人员不包括：

1. 离开本单位仍保留劳动关系，并定期领取生活费的人员；

2. 利用课余时间打工的学生及在本单位实习的各类在校学生；

3. 本单位因劳务外包而使用的人员，如：建筑业整建制使用的人员。

法定代表人（单位负责人） 指依照法律或者法人组织章程规定，代表法人行使职权的负责人。所有单位均填写本项。

企业法定代表人按《企业法人营业执照》填写；事业单位法定代表人按《事业单位法人证书》填写；机关法定代表人填写单位主要负责人；社团法定代表人按《社团法人登记证》填写；个体工商户按《营业执照》填写；民办非企业单位按《民办非企业登记证书》填写；基金会按《基金会法人登记证书》填写；产业活动单位填写本单位的主要负责人。

开业（成立）时间 指企业开业或成立的具体年月。除筹建单位外，所有单位均填写本项。

分以下几种情况填报：

1. 解放前成立的单位填写最早开工或成立的年月。

2. 解放后成立的单位填写领取营业执照或批准成立的时间，如开业年月早于领取营业执照的时间，填写最早开业年月。

3. 机关、事业单位的成立时间分三种情况：（1）新设立的单位成立时间填新设立时间；（2）恢复设立的单位（指中间因某种原因停顿，后又恢复的单位）成立时间填以前设立的时间；（3）机构改革中，有些单位虽然名称有变化，但其基本职能未变，成立时间要填写最早成立时间。

4. 乡镇、街道、社区（居委会）、村委会，如管辖区域基本未改变，其成立时间按原成立时间填写；否则，按新成立时间填写。

5. 改制企业的开业时间按原成立时间填写。

6. 企业分立、合并分二种情况：一种是因合并或分立而新设的企业，其开业时间按工商部门重新登记的开业时间填写；另一种是合并或分立后继续存在的企业，填写原企业开业时间。

7. 与外方或港、澳、台合资的企业，按领取合资企业营业执照的时间填写。

联系方式 包括固定电话、移动电话、传真电话、邮政编码、电子信箱和网站地址等能够与单位取得联系的信息。所有单位均填写本项。在填写电话号码时，将号码以左顶齐方式从左向右填写在方框内；号码超过所列空位时，向方框外右面扩充。电话号码以填写固定电话号码为主，对于确实没有固定电话号码的单位，可以填写主要负责人的移动电话号码。所有单位均填写本项。

登记注册（或批准）情况 包括办理登记注册手续的机关（或批准成立的机关）名称、级别和登记注册号。所有单位均填写本项。

登记注册（或批准）机关名称为复选指标，登记注册机关（或批准机关）为前五项中一个以上时，可复选多项，在选中的代码上划圈；若已选前五项中的任何一项，就不能再选“9 其他”。不属于前五项的选填“9 其他”，并在登记注册号栏中最下行横线上，用文字注明具体的批准机关名称；如果确实未经任何部门批准，请注明“无”。机关以及社区（居委会）、村委会一律选填“9 其他”，不需文字注明批准机关。

机关级别，填报单位应在与圈选的登记注册（或批准）机关名称相对应的机关级别栏中，填入所选机关级别代码。登记注册（或批准）机关级别划分为：1. 国家；2. 省（自治区、直辖市）；3. 地（区、市、州、盟）；4. 县（区、市、旗）。

登记注册号，填报单位应在与圈选的登记注册（或批准）机关名称相对应的登记注册号栏中，填写所选的在工商、编制、民政部门、国家税务部门或地方税务部门办理审批、登记注册的号码。企业填写营业执照正本上的注册号；事业单位填写事业单位登记证上的登记号；社会团体填写社会团体登记证上的登记号；民办非企业单位填写民办非企业登记证号；基金会填写基金会登记证上的登记号；所有纳税单位均填写税务部门登记号。

登记注册类型　所有单位均填写本项。

指企业或企业产业活动单位的登记注册类型，按其在工商行政管理机关登记注册的类型填写。

机关、事业单位和社会团体及其他组织的登记注册类型，按其主要经费来源和管理方式，根据实际情况，比照《关于划分企业登记注册类型的规定》确定。

1.工商行政管理部门对企业（单位）登记注册的类型分为以下几种：

(1) 国有企业：指企业全部资产归国家所有，并按《中华人民共和国企业法人登记管理条例》规定登记注册的非公司制的经济组织。不包括有限责任公司中的国有独资公司。

(2) 集体企业：指企业资产归集体所有，并按《中华人民共和国企业法人登记管理条例》规定登记注册的经济组织。

(3) 股份合作企业：指以合作制为基础，由企业职工共同出资入股，吸收一定比例的社会资产投资组建，实行自主经营，自负盈亏，共同劳动，民主管理，按劳分配与按股分红相结合的一种集体经济组织。

(4) 联营企业：指两个及两个以上相同或不同所有制性质的企业法人或事业单位法人，按自愿、平等、互利的原则，共同投资组成的经济组织。联营企业包括国有联营企业、集体联营企业、国有与集体联营企业和其他联营企业。

国有联营企业：指所有联营单位均为国有。

集体联营企业：指所有联营单位均为集体。

国有与集体联营企业：指联营单位既有国有也有集体。

其他联营企业：指上述三种联营企业之外的其他联营形式的企业。

(5) 有限责任公司：指根据《中华人民共和国公司登记管理条例》规定登记注册，由两个以上，五十个以下的股东共同出资，每个股东以其所认缴的出资额对公司承担有限责任，公司以其全部资产对其债务承担责任的经济组织。有限责任公司包括国有独资公司以及其他有限责任公司。

国有独资公司：指国家授权的投资机构或者国家授权的部门单独投资设立的有限责任公司。

其他有限责任公司：指国有独资公司以外的其他有限责任公司。

(6) 股份有限公司：指根据《中华人民共和国公司登记管理条例》规定登记注册，其全部注册资本由等额股份构成并通过发行股票筹集资本，股东以其认购的股份对公司承担有限责任，公司以其全部资产对其债务承担责任的经济组织。

(7) 私营企业：指由自然人投资设立或由自然人控股，以雇佣劳动为基础的营利性经济组织。包括按照《公司法》、《合伙企业法》、《私营企业暂行条例》以及《个人独资企业法》规定登记注册的私营独资企业、私营合伙企业、私营有限责任公司、私营股份有限公司和个人独资企业。

私营独资企业：指按《私营企业暂行条例》的规定，由一名自然人投资经营，以雇佣劳动为基础，投资者对企业债务承担无限责任的企业。

私营合伙企业：指按《合伙企业法》或《私营企业暂行条例》的规定，由两个以上自然人按照协议共同投资、共同经营、共负盈亏，以雇佣劳动为基础，对债务承担无限责任的企业。

私营有限责任公司：指按《公司法》、《私营企业暂行条例》的规定，由两个以上自然人投资或由单个自然人控股的有限责任公司。

私营股份有限公司：指按《公司法》的规定，由五个以上自然人投资，或由单个自然人控股的股份有限公司。

个人独资企业：指按《个人独资企业法》、《个人独资企业登记管理办法》的规定，由一个自然人投资，财产为投资人个人所有，投资人以其个人财产对企业债务承担无限责任的经营实体。个人独资企业填表时归入私营独资企业。

(8) 其他内资企业：指上述第（1）条至第（7）条之外的其他内资经济组织。

(9) 与港澳台商合资经营企业：指港澳台地区投资者与内地的企业依照《中华人民共和国中外合资经营企业法》及有关法律的规定，按合同规定的比例投资设立，分享利润和分担风险的企业。

(10) 与港澳台商合作经营企业：指港澳台地区投资者与内地企业依照《中华人民共和国中外合作经营企业法》及有关法律的规定，依照合作合同的约定进行投资或提供条件设立，分配利润、分担风险和亏损的企业。

(11) 港澳台商独资经营企业：指依照《中华人民共和国外资企业法》及有关法律的规定，在内地由港澳台地区投资者全额投资设立的企业。

(12) 港澳台商投资股份有限公司：指根据国家有关规定，经商务部（原外经贸部）批准设立，并且其中港、澳、台商的股本占公司注册资本的比例达25%以上的股份有限公司。凡其中港、澳、台商的股本占公司注册资本的比例小于25%的，属于内资中的股份有限公司。

(13) 其他港、澳、台商投资企业：指在中国境内参照《外国企业或个人在中国境内设立合伙企业管理办法》和《外商投资合伙企业登记管理规定》，依法设立的港、澳、台商投资合伙企业。

(14) 中外合资经营企业：指外国企业或外国人与中国内地企业依照《中华人民共和国中外合资经营企业法》及有关法律的规定，按合同规定的比例投资设立，分享利润和分担风险的企业。

(15) 中外合作经营企业：指外国企业或外国人与中国内地企业依照《中华人民共和国中外合作经营企业法》及有关法律的规定，依照合作合同的约定进行投资或提供条件设立，分配利润、分担风险和亏损的企业。

(16) 外资企业：指依照《中华人民共和国外资企业法》及有关法律的规定，在中国内地由外国投资者全额投资设立的企业。

(17) 外商投资股份有限公司：指根据国家有关规定，经商务部（原外经贸部）批准设立，并且其中外资的股本占公司注册资本的比例达25%以上的股份有限公司。凡其中外资股本占公司注册资本的比例小于25%的，属于内资中的股份有限公司。

(18) 其他外商投资企业：指在中国境内依照《外国企业或个人在中国境内设立合伙企业管理办法》和《外商投资合伙企业登记管理规定》，依法设立的外商投资合伙企业。

2. 在具体填报时应注意：

(1) 各级机关（国家权力机关、国家行政机关、国家司法机关、政党机关、军队武警、政协组织），各级直属事业单位、各级机关所属事业单位，机构编制部门管理的群众团体，应选填“国有”。

(2) 各种社团组织、民办非企业单位和基金会，若经费来源清楚，则比照《企业登记注册类型与代码》确定；若经费来源不清楚的，应选填“190 其他”。

(3) 社区（居委会）、村委会的登记注册类型应选填“190 其他”。

(4) 如单位登记注册类型改变，但未重新办理变更登记，应按原登记注册类型填写。

(5) 对营业执照上的登记注册类型只填写“有限责任公司”的情况，统计人员要认真查询。首先，对那些 2007 年 7 月 1 日前登记注册的企业，可查看其《营业执照》上的编码，如果登记注册号未由 13 位更换为 15 位，则可根据注册号区分是私营企业还是非私营企业。其识别方法为看营业执照上的编码左数第七位，为 1 的是非私营企业，为 2 的是私营企业；然后，再根据其是否为国家授权的投资机构或者国家授权的部门单独投资设立的公司来确定其登记注册类型是“国有独资公司”还是“其他有限责任公司”，并填写相应的代码。

企业控股情况 限全部企业法人单位填写。根据企业实收资本中某种经济成分的出资人的实际投资情况，或出资人对企业资产的实际控制、支配程度进行分类。具体分为国有控股、集体控股、私人控股、港澳台商控股、外商控股和其他六类。

1. 国有控股：包括：

(1) 在企业的全部实收资本中，国有经济成分的出资人拥有的实收资本（股本）所占企业全部实收资本（股本）的比例大于 50%的国有绝对控股。

(2) 在企业的全部实收资本中，国有经济成分的出资人拥有的实收资本（股本）所占比例虽未大于50%，但相对大于其他任何一方经济成分的出资人所占比例的国有相对控股；或者虽不大于其他经济成分，但根据协议规定拥有企业实际控制权的国有协议控股。

(3) 投资双方各占50%，且未明确由谁绝对控股的企业，若其中一方为国有经济成分的，一律按国有控股处理。

2. 集体控股：包括：

(1) 在企业的全部实收资本中，集体经济成分的出资人拥有的实收资本（股本）所占企业全部实收资本（股本）的比例大于50%的集体绝对控股。

(2) 在企业的全部实收资本中，集体经济成分的出资人拥有的实收资本（股本）所占比例虽未大于50%，但相对大于其他任何一方经济成分的出资人所占比例的集体相对控股；或者虽不大于其他经济成分，但根据协议规定拥有企业实际控制权的集体协议控股。

3. 私人控股：包括：

(1) 在企业的全部实收资本中，私人经济成分的出资人拥有的实收资本（股本）所占企业全部实收资本（股本）的比例大于50%的私人绝对控股。

(2) 在企业的全部实收资本中，私人经济成分的出资人拥有的实收资本（股本）所占比例虽未大于50%，但相对大于其他任何一方经济成分的出资人所占比例的私人相对控股；或者虽不大于其他经济成分，但根据协议规定拥有企业实际控制权的私人协议控股。

4. 港澳台商控股：包括：

(1) 在企业的全部实收资本中，港澳台商经济成分的出资人拥有的实收资本（股本）所占企业全部实收资本（股本）的比例大于50%的港澳台商绝对控股。

(2) 在企业的全部实收资本中，港澳台商经济成分的出资人拥有的实收资本（股本）所占比例虽未大于50%，但相对大于其他任何一方经济成分的出资人所占比例的港澳台商相对控股；或者虽不大于其他经济成分，但根据协议规定拥有企业实际控制权的港澳台商协议控股。

5.外商控股：包括：

(1) 在企业的全部实收资本中，外商经济成分的出资人拥有的实收资本（股本）所占企业全部实收资本（股本）的比例大于50%的外商绝对控股。

(2) 在企业的全部实收资本中，外商经济成分的出资人拥有的实收资本（股本）所占比例虽未大于50%，但相对大于其他任何一方经济成分的出资人所占比例的外商相对控股；或者虽不大于其他经济成分，但根据协议规定拥有企业实际控制权的外商协议控股。

6.其他：除上述五类以外的企业控股情况。

隶属关系 指本单位隶属于哪一级行政管理单位。按照国家标准《单位隶属关系代码》(GB/T12404-1997）分为：中央、省、地、县、街道、镇、乡、居民委员会、村民委员会和其他。所有法人单位均填写本项。

中央与地方双重领导的单位，以领导为主的一方来划分中央属或地方属。

各级政府（中央，省，地，县，街道、镇、乡)、党委、人大、政协等机关的隶属关系填写本级。如：省政府的隶属关系填“省”。

居委会、村委会的隶属关系分别填“居委会”和“村委会”。

隶属于“中央”的单位兴办的集体企业，隶属关系填“其他”；省属以下的企业（单位）办的企业（单位)，其隶属关系与企业（单位）本身的隶属关系一致。

无主管部门的单位、本省（自治区、直辖市）在外省（自治区、直辖市）的办事机构所开办的第三产业等单位填“其他”。

营业状态 指企业（单位）的生产经营状态。限企业法人单位和企业产业活动单位填写。

1.营业：指全年正常开业的企业和季节性生产开工三个月以上的企业，包括部分投产的新建企业。临时性停产和季节性停产的企业视为营业。

2.停业（歇业)：指由于某种原因已处于停产状态，待条件改变后将恢复生产经营的企业。

3.筹建：一般指企业未经工商部门登记开业，正在进行生产经营前的筹建工作。如研究和论证建设、投产或经营方案，办理征地拆迁，订购设备材料，进行基建等。有些三资企业虽经工商部门登记，但未正常投产开业，仍属于筹建。有些行业的企业，由于行业管理或其他政策性管理的需要必须经过一定时间的试营业才能正式开业，这些处于试营业状态的单位也属于筹建。

4.当年关闭：指当年因某种原因终止经营的企业，包括关闭、注销、吊销的企业，但不包括破产企业。

5.当年破产：指当年依照《破产法》或相关法律、法规宣布破产的企业。

6.其他：指上述情况以外的其他企业。

执行会计标准类别 所有法人单位均填写本项。分为执行企业会计制度、事业单位会计制度、行政单位会计制度、民间非营利组织会计制度和其他五种情况。

1.企业会计制度：执行2006年企业会计准则、2001年企业会计制度和小企业会计制度的企业选填此项。包括实行企业化管理、执行企业会计制度的事业单位。

2.事业单位会计制度：执行事业会计制度的各类事业单位选填此项。包括执行特殊行业会计制度的事业单位（如执行科学事业单位会计制度、中小学校会计制度、高等学校会计制度、医院会计制度、测绘事业单位会计制度、国家物资储备资金会计制度等）以及执行事业会计制度的社会团体；但不包括实行企业化管理、执行企业会计制度的事业单位。

3.行政单位会计制度：执行行政会计制度的单位选填此项。包括各类行政机关、政党机关及执行行政会计制度的社会团体。

4.民间非营利组织会计制度：执行民间非营利组织会计制度的单位选填此项。包括执行民间非营利组织会计制度的社会团体、基金会、民办非企业单位和寺院、宫、观、清真寺、教堂等。

5.其他：不执行以上四类会计制度的单位选填此项。社区（居委会)、村委会选填此项。

是否执行2006年《企业会计准则》 限执行企业会计制度的法人单位填写本项。按相应的分类填写代码，具体的分类及代码是：1.是，2.否。

机构类型 所有单位均填写本项。分为企业、事业单位、机关、社会团体、民办非企业单位、基金会、居委会、村委会和其他组织机构。

1.企业：包括（1）领取《企业法人营业执照》的各类企业；（2）个人独资企业、合伙企业；（3）由其他行政主管部门依据有关法律法规审批成立，且具备法人条件的企业；（4）未经有关部门批准、但实际从事生产经营活动的企业；（5）经各级工商行政管理部门核准登记，领取《营业执照》的各类企业产业活动单位或经营单位；（6）未经有关部门批准但实际从事生产经营活动、且符合产业活动单位条件的企业法人的本部及分支机构。

2. 事业单位：包括（1）经机构编制部门批准成立和登记或备案，领取《事业单位法人证书》，取得法人资格的单位；（2）由其他行政主管部门依据有关法律法规审批成立，且具备法人条件的事业单位；（3）事业法人单位的本部及分支机构或派出机构。

3. 机关：包括国家权力机关、国家行政机关、国家司法机关、政党机关、政协组织、人民解放军、武警部队和其他机关；还包括机关法人单位的本部，以及国家权力机关分支机构、国家行政机关分支或派出机构、人民法院分支机构、人民检察院分支机构等。

（1）国家权力机关：指全国人民代表大会及其常务委员会、地方各级人民代表大会及其常务委员会和办事机构。

（2）国家行政机关：指国务院和地方各级人民政府及其工作部门，以及地区行政行署。

（3）国家司法机关：指国家审判机关和检察机关。

（4）政党机关：指中国共产党各级机关和所属办事机构、各民主党派各级机关和办事机构。

（5）政协组织：指中国人民政治协商会议全国委员会和地方各级委员会及其办事机构。

4. 社会团体：指中国公民自愿组成，为实现会员共同意愿，按照其章程开展活动的非营利性社会组织。包括（1）经各级民政部门核准登记，领取《社会团体法人证书》的各类社会团体；（2）由各级机构编制管理部门直接管理其机关机构编制的群众团体；（3）经国务院批准可以免于登记的社会团体；（4）由其他行政主管部门依据有关法律法规审批成立，不需要进行登记的具备法人条件的社会团体；（5）社团法人单位的本部，以及经各级民政部门核准登记，领取《社会团体分支机构登记证书》或《社会团体代表机构登记证书》的社会团体分支机构或代表机构。

5. 民办非企业单位：指企业单位、事业单位、社会团体和其他社会力量以及公民个人利用非国有资产举办的，从事非营利性社会服务的社会组织。包括（1）经各级民政部门核准登记，领取《民办非企业单位（法人）登记证书》的民办非企业单位；（2）由其他行政主管部门依据有关法律法规审批成立，不需要进行登记的具备法人条件的民办非企业单位。

民办非企业法人不得设立分支机构。

6. 基金会：包括（1）民政部和省级民政部门核准登记的，颁发《基金会法人登记证书》的基金会；（2）基金会的本部及分支机构和境外基金会代表机构。

7. 居民委员会：由不设区的市、市辖区的人民政府决定设立的社区（居委会）。

8. 村民委员会：由乡、民族乡、镇的人民政府提出，经村民会议讨论同意后，报县级人民政府批准，设立的村民委员会。

9. 其他组织机构：指除企业、事业单位、机关、社会团体、民办非企业单位、基金会、居民委员会和村民委员会以外的其他符合法人和产业活动单位条件的机构。包括：律师事务所和各类寺庙等。

企业集团情况 限企业集团母公司及成员企业填写。企业集团是指以资本为主要联结纽带的母子公司为主体，以集团章程为共同行为规范的母公司、子公司、参股公司及其他成员企业或机构共同组成的具有一定规模的企业联合体。企业集团不具有企业法人资格。母公司应当是依法登记注册，取得企业法人资格的控股企业；子公司应当是母公司对其拥有全部股权或者控制权的企业法人。

本制度所指企业集团包括：一是中央管理的企业集团；二是由国务院批准的国家试点企业集团；三是由国务院主管部门批准的企业集团；四是由省、自治区、直辖市人民政府批准的企业集团；五是企业集团的母公司注册资本在5000万元人民币以上，并至少拥有5家子公司。母公司和其子公司的注册资本总和在1亿元人民币以上。上述五类企业集团的统计调查单位是以母子公司为整体的企业集团，即包括企业集团的母公司、在中国境内和境外的全资子公司（单位）、绝对控股子公司（单位）和相对控股子公司（单位）；不包括参股和协作企业（单位）。上述企业集团中交叉重复的以母公司为主填报。

建筑业企业资质等级 限建筑业法人单位填写。根据企业的人员素质、管理水平、资金数量、承包能力和建设业绩进行综合评价划分的等级。凡依据建设部《建筑业企业资质管理规定》（中华人民共和国建设部令2007年第159号）及《建筑业企业资质等级标准》（建[2001]82号），已经领取《建筑业企业资质证书》的企业，按其证书编号的前4位代码填写。没有资质等级的企业填写“9999”。

房地产开发经营业企业资质等级 限房地产法人单位填写。根据企业的人员素质、管理水平、资金数量、承包能力和建设业绩进行综合评价划分的等级。依据建设部《房地产开发企业资质管理规定》（中华人民共和国建设部令2000年第77号）划分为一级、二级、三级、四级、暂定级，没有级别的填写“9其他”。

批发和零售业企业经营形式 限批发和零售业企业（单位）填写。批发和零售业企业经营的基本形式，包括：

1. 独立门店：以相对独立的店铺形式，单独组织批发和零售经营活动的企业。

2. 连锁总店（总部）：负责连锁企业资源（如商号、商誉、经营模式、服务标准、管理模式等等）的开发、配置、控制或使用等功能的企业核心管理机构。连锁经营是指经营同类商品或服务，使用统一商号的若干店铺，在同一总店（总部）的管理下，采取统一采购或特许经营等方式，实现规模效益的组织形式。

3. 连锁门店：在连锁企业经营管理的基础上，按照总店（总部）的指示和服务规范要求，承担日常销售业务的店铺，称连锁门店，包括直营店和加盟店。直营店是指由连锁企业总部投资开设，按连锁经营管理模式，由总部统一管理的店铺。加盟店是指在特许连锁中，被特许人获得特许人授权后，使用其商标、商号、经营模式、专利和专有技术等经营资源建立的店铺，也包括自愿连锁的成员店。

4. 其他方式：指不属于上述经营形式的企业。

零售业态　限零售业企业（单位）填写。指零售企业（单位）为满足不同的消费需求进行相应的要素组合而形成的不同经营形态；分类原则是，零售业态按零售店铺的结构特点，根据其经营方式、商品结构、服务功能，以及选址、商圈、规模、店堂设施、目标顾客和有无固定营业场所进行分类。

零售业态从总体上可以分为有店铺零售业态和无店铺零售业态两类。按照零售业态分类原则分为食杂店、便利店、折扣店、超市、大型超市、仓储会员店、百货店、专业店、专卖店、家居建材商店、购物中心、厂家直销中心、电视购物、邮购、网上商店、自动售货亭、电话购物等 17 种零售业态。

有店铺零售　有固定的进行商品陈列和销售所需要的场所和空间，并且消费者的购买行为主要在这一场所内完成的零售业态。

—食杂店：以香烟、酒、饮料、休闲食品为主，独立、传统的无明显品牌形象的零售业态。

—便利店：满足顾客便利性需求为主要目的的零售业态。

—折扣店：店铺装修简单，提供有限服务，商品价格低廉的一种小型超市业态。拥有不到 2000 个品种，经营一定数量的自有品牌商品。

—超市：开架售货，集中收款，满足社区消费者日常生活需要的零售业态。根据商品结构的不同，可以分为食品超市和综合超市。

—大型超市：实际营业面积 6000 平方米以上，品种齐全，满足顾客一次性购齐的零售业态。根据商品结构，可以分为以经营食品为主的大型超市和以经营日用品为主的大型超市。

—仓储会员店：以会员制为基础，实行储销一体、批零兼营，以提供有限服务和低价格商品为主要特征的零售业态。

—百货店：在一个建筑物内，经营若干大类商品，实行统一管理，分区销售，满足顾客对时尚商品多样化选择需求的零售业态。

—专业店：以专门经营某一大类商品为主的零售业态。例如办公用品专业店（office supply）、玩具专业店（toy stores）、家电专业店（home appliance）、药品专业店（drug store）、服饰店（apparel shop）。

—专卖店：以专门经营或被授权经营某一主要品牌商品为主的零售业态。

—家居建材商店：以专门销售建材、装饰、家居用品为主的零售业态。

—购物中心：多种零售店铺、服务设施集中在由企业有计划地开发、管理、运营的一个建筑物内或一个区域内，向消费者提供综合性服务的商业集合体。

社区购物中心：在城市的区域商业中心建立的，面积在 5 万平方米以内的购物中心。

市区购物中心：在城市的商业中心建立的，面积在 10 万平方米以内的购物中心。

城郊购物中心：在城市的郊区建立的，面积在 10 万平方米以上的购物中心。

—厂家直销中心：由生产商直接设立或委托独立经营者设立，专门经营本企业品牌商品，并且多个企业品牌的营业场所集中在一个区域的零售业态。

无店铺零售　不通过店铺销售，由厂家或商家直接将商品递送给消费者的零售业态。

—电视购物：以电视作为向消费者进行商品推介展示的渠道，并取得订单的零售业态。

—邮购：以邮寄商品目录为主向消费者进行商品推介展示的渠道，并通过邮寄的方式将商品送达给消费者的零售业态。

—网上商店：通过互联网络进行买卖活动的零售业态。

—自动售货亭：通过售货机进行商品售卖活动的零售业态。

—电话购物：主要通过电话完成销售或购买活动的一种零售业态。

批发和零售业年末零售营业面积　限批发和零售业企业（单位）填写。指批发和零售业企业用于本企业从事零售业务的对外营业的面积，不包括其办公用房、仓库、加工场地以及对外出租场地。按年末实有建筑面积统计。本指标应与商品销售额统计相匹配。

住宿和餐饮业企业经营形式　限住宿和餐饮业企业（单位）填写。住宿和餐饮业企业经营的基本形式，包括：

1. 独立门店：以相对独立的店铺形式，单独组织住宿和餐饮经营活动的企业。

2. 连锁总店（总部）：负责连锁企业资源（如商号、商誉、经营模式、服务标准、管理模式等等）的开发、配置、控制或使用等功能的企业核心管理机构。连锁经营是指经营同类商品或服务，使用统一商号的若干店铺，在同一总店（总部）的管理下，采取统一采购或特许经营等方式，实现规模效益的组织形式。

3. 连锁门店：在连锁企业经营管理的基础上，按照总店（总部）的指示和服务规范要求，承担日常销售业务的店铺，称连锁门店，包括直营店和加盟店。直营店是指由连锁企业总部投资开设，按连锁经营管理模式，由总部统一管理的店铺。加盟店是指在特许连锁中，被特许人获得特许人授权后，使用其商标、商号、经营模式、专利和专有技术等经营资源建立的店铺，也包括自愿连锁的成员店。

4.其他方式：指不属于上述经营形式的企业。

住宿业企业星级评定情况 限住宿业企业（单位）填写。星级等级指符合《中华人民共和国星级酒店评定标准》（GB/T14308-2003），并经过有关旅游管理权威部门评定（验收）后授予“星级”称号的宾馆、饭店等住宿设施的等级划分，分为一星级到五星级5个标准。星级越高，表示企业的档次越高；没有星级等级的填写“9其他”。

住宿和餐饮业年末餐饮营业面积 限住宿和餐饮业企业（单位）填写。指住宿和餐饮业企业对外提供餐饮服务的就餐面积和从事食品加工、烹饪、调制的厨房面积，不包括办公用房和仓库等面积。按年末实有建筑面积统计。本指标应与餐费收入统计相匹配。

单位类别 产业活动单位分为法人单位本部和分支机构。所有产业活动单位均填写本项。

1.法人单位本部（总部、本店、本所等）：指法人单位中起领导和核心作用的产业活动单位。

2.法人单位分支机构（分部、分厂、分店、支所等）：指法人单位中符合产业活动单位条件的除本部以外的其他产业活动单位。

单位组织结构情况 反映法人单位与其上、下一级法人单位和所属产业活动单位的关系。主要包括法人单位的上一级法人组织机构代码、单位名称；法人单位的下一级法人单位的组织机构代码、单位名称、详细地址、区划代码、联系电话、主要业务活动、行业代码、从业人员期末人数、营业收入或支出；所属产业活动单位的单位类别、组织机构代码、单位名称、详细地址、区划代码、联系电话、主要业务活动、行业代码、从业人员期末人数、营业收入或支出。联网直报法人单位均填写本项。

上一级法人单位 指根据本企业实收资本中出资人的实际投资情况，或根据出资人对企业资产的实际控制、支配程度情况，对本企业进行绝对控股和相对控股的法人单位。联网直报法人单位均填写本项。

本法人单位绝对（相对）控股的下一级法人单位数 本项指标填写法人单位绝对或者相对控股的下一级法人单位总计数。联网直报法人单位均填写本项。

产业活动单位数 本项指标填写法人单位所属的全部产业活动单位数。所有法人单位均填写本项。

单产业法人单位填本项时，选填“1”。

多产业法人单位填报本项时，要填报包括本部在内的所有产业活动单位（包括在外省、自治区、直辖市开办的产业活动单位）总计数，并依次填写所属产业活动单位情况。

经营性单位收入 指经营性产业活动单位在全年生产经营活动中取得的收入。限经营性产业活动单位填写本项。

非经营性单位支出（费用） 限事业、机关、社团、基金会、居村委会及其他产业活动单位填写本项。其中具有行政事业性质的产业活动单位填报日常业务支出，包括除固定资产购置以外的所有经常性业务支出；其他产业活动单位填报各种费用合计，包括业务活动成本、管理费用、筹资费用和其他费用。

企业主要经济指标，限企业或执行企业会计制度的法人单位填写。

营业收入 指企业经营主要业务和其他业务所确认的收入总额。营业收入合计包括“主营业务收入”和“其他业务收入”。根据会计“利润表”中“营业收入”项目的本期金额数填报。

主营业务收入 指企业确认的销售商品、提供劳务等主营业务的收入。根据会计“主营业务收入”科目的期末贷方余额（结转前）填报。执行2006年《企业会计准则》的企业，如未设置该科目，以“营业收入”代替填报。

资产总计 指企业过去的交易或者事项形成的、由企业拥有或者控制的、预期会给企业带来经济利益的资源。资产一般按流动性（资产的变现或耗用时间长短）分为流动资产和非流动资产。其中流动资产可分为货币资金、交易性金融资产、应收票据、应收账款、预付款项、其他应收款、存货等；非流动资产可分为长期股权投资、固定资产、无形资产及其他非流动资产等。根据会计“资产负债表”中“资产总计”项目的期末余额数填报。

执行2006年《企业会计准则》的企业：资产总计＝流动资产合计＋非流动资产合计；未执行2006年《企业会计准则》企业的资产包括流动资产、长期投资、固定资产、无形资产和其他资产等。

营业税金及附加 指企业因从事生产经营活动按税法规定缴纳的应从经营收入中抵扣的税金和附加，包括营业税、消费税、城市维护建设税、教育费附加等。根据会计“利润表”中“营业税金及附加”项目的本期金额数填报。

主营业务税金及附加 指企业经营主要业务应负担的营业税、消费税、城市维护建设税、教育费附加等。根据会计“主营业务税金及附加”科目的期末借方余额（结转前）填报。执行2006年《企业会计准则》的企业，如未设置该科目，以“营业税金及附加”代替填报。

实收资本 指企业各投资者实际投入的资本（或股本）总额，包括货币、实物、无形资产等各种形式的投入。实收资本按投资主体可分为国家资本、集体资本、法人资本、个人资本、港澳台资本和外商资本。根据会计“资产负债表”中“所有者权益”项下“实收资本”的期末余额数填报。

非企业单位支出（费用） 行政事业单位填报“本年支出合计”，指行政事业单位在业务活动中发生的各项资产耗费和损失等支出情况。根据行政事业单位“收入支出决算总表”中的“本年支出合计”项目填报。社团、民办非企业单位、基金会及其他单位填报“本年费用合计”，指单位为完成各种目标所发生的费用，包括业务活动成本、管理费用、筹资费用和其他费用。执行民间非营利组织会计制度的单位根据会计“业务活动表”中“费用合计”科目的发生额填列。非企业且不执行企业会计制度的法人单位填写本项。

年末资产 指非企业单位占有或者使用的，能以货币计量的经济资源。包括流动资产、固定资产、债权和其他权利。取自资产负债表中的资产合计年末数。非企业且不执行企业会计制度的法人单位填写本项。

本年煤炭消费量 仅限规模以下工业法人单位填写。指用煤单位年度实际使用的各种煤及煤制品的数量。不包括焦炭、下脚煤和石煤。煤炭是原煤（烟煤、无烟煤、褐煤）、洗精煤、其他洗煤以及泥煤、型煤（蜂窝煤、煤球、煤饼）等的统称。

煤炭的消费以吨计量，1吨＝1000千克（公斤），用煤单位应按照实际消费称重记录填报，如缺少称重记录，可通过下式计算获得：消费量＝年初库存＋购入量－年末库存，或用一年的购入煤炭量代替。

二、从业人员及工资总额

从业人员期末人数 指报告期末最后一日24时在本单位工作，并取得工资或其他形式劳动报酬的人员数。该指标为时点指标，不包括最后一日当天及以前已经与单位解除劳动合同关系的人员，是在岗职工、劳务派遣人员及其他从业人员之和。从业人员不包括：

1.离开本单位仍保留劳动关系，并定期领取生活费的人员；

2.利用课余时间打工的学生及在本单位实习的各类在校学生；

3.本单位因劳务外包而使用的人员，如：建筑业整建制使用的人员。

非全日制人员 根据《中华人民共和国劳动合同法》规定，非全日制人员指以小时计酬为主，其在同一用人单位一般平均每日工作时间不超过四小时，每周工作时间累计不超过二十四小时，且劳动报酬结算支付周期最长不得超过十五日的人员。非全日制人员不包括不定时工作制人员，如：老师、编辑等不坐班人员。

在岗职工 指在本单位工作且与本单位签订劳动合同，并由单位支付各项工资和社会保险、住房公积金的人员，以及上述人员中由于学习、病伤、产假等原因暂未工作仍由单位支付工资的人员。在岗职工还包括：

1.应订立劳动合同而未订立劳动合同人员（如使用的农村户籍人员）；

2.处于试用期人员；

3.编制外招用的人员，如临时人员；

4.派往外单位工作，但工资仍由本单位发放的人员（如挂职锻炼、外派工作等情况）。

在岗职工不包括：

1.本单位使用的且由本单位直接支付工资的劳务派遣人员，应统计在本单位“劳务派遣人员”指标中；

2.本单位因劳务外包而使用的人员，由承包劳务的单位统计为在岗职工。

劳务派遣人员 根据《中华人民共和国劳动合同法》规定，指与劳务派遣单位签订劳动合同，并被劳务派遣单位派遣到实际用工单位工作，且劳务派遣单位与实际用工单位签订《劳务派遣协议》的人员。

注意：无论用工单位是否直接支付劳动报酬，劳务派遣人员均由实际用工单位填报，而劳务派遣单位（派出单位）不填报这些人员。

其他从业人员 指在本单位工作，不能归到在岗职工、劳务派遣人员中的人员。此类人员是实际参加本单位生产或工作并从本单位取得劳动报酬的人员。具体包括：非全日制人员、聘用的正式离退休人员、兼职人员和第二职业者等，以及在本单位中工作的外籍和港澳台方人员。

单位负责人 指在单位及其职能部门中担任领导职务并具有决策、管理权的人员。包括单位主要负责人或高级管理人员（包含同级别及副职）、单位内的一级部门或内设机构的负责人（包含同级别及副职），特大型单位可以包括一级部门内设的管理机构的负责人（包含副职）。具体包括中国共产党中央委员会和地方各级组织负责人、国家机关及其工作机构负责人、民主党派和社会团体及其工作机构负责人、事业单位负责人、企业负责人。

专业技术人员 指专门从事各种科学研究和专业技术工作的人员。从事本类职业工作的人员，一般都要求接受过系统的专业教育，具备相应的专业理论知识，并且按规定的标准条件评聘专业技术职务，以及未聘任专业技术职务，但在专业技术岗位上工作的人员。具体包括科学研究人员、工程技术人员、农业技术人员、飞机和船舶技术人员、卫生专业技术人员、经济业务人员、金融业务人员、法律专业人员、教学人员、文学艺术工作人员、体育工作人员、新闻出版、文化工作人员、宗教职业者、其他专业技术人员。

办事人员和有关人员 指在国家机关、党群组织、企业、事业单位中从事行政业务、行政事务工作的人员和从事安全保卫、消防、邮电等业务的人员。具体包括行政办公人员、安全保卫和消防人员、邮政和电信业务人员、其他办事人员和有关人员。

商业、服务业人员 指从事商业、餐饮、旅游、娱乐、运输、医疗辅助服务及社会和居民生活等服务工作的人员。具体包括购销人员、仓储人员、餐饮服务人员、饭店、旅游及健身娱乐场所服务人员、运输服务人员、医疗卫生辅助服务人员、社会服务和居民生活服务人员、其他商业、服务业人员。

生产、运输设备操作人员及有关人员 指从事矿产勘查、开采，产品的生产制造、工程施工和运输设备操作的人员及有关人员。具体包括勘测及矿物开采人员，金属冶炼、轧制人员，化工产品生产人员，机械制造加工人员，机电产品装配人员，机械设备修理人员，电力设备安装、运行、检修及供电人员，电子元器件与设备制造、装配、调试及维修人员，橡胶和塑料制品生产人员，纺织、针织、印染人员，裁剪、缝纫和皮革、毛皮制品加工制作人员，粮油、食品、饮料生产加工及饲料生产加工人员，烟草及其制品加工人员，药品生产人员，木材加工、人造板生产、木制品制作及制浆、造纸和纸制品生产加工人员，建筑材料生产加工人员，玻璃、陶瓷、搪瓷及其制品生产加工人员，广播影视制品制作、播放及文物保护作业人员，印刷人员、工艺、美术品制作人员，文化教育、体育用品制作人员，工程施工人员，运输设备操作人员及有关人员，环境监测与废物处理人员，检验、计量人员，其他生产、运输设备操作人员及有关人员。

从业人员平均人数 指报告期内（年度、季度、月度）平均拥有的从业人员数。季度或年度平均人数按单位实际月平均人数计算得到，不得用期末人数替代。

1.月平均人数是以报告月内每天实有的全部人数相加之和，除以报告月的日历日数。计算公式为：

$$月平均人数=\frac{报告月内每天实有的全部人数之和}{报告月的日历日数}$$

对人员增减变动很小的单位，其月平均人数也可以用月初人数与月末人数之和除以 2 求得。计算公式为：

$$月平均人数=\frac{月初人数+月末人数}{2}$$

在计算月平均人数时应注意：

（1）公休日与节假日的人数应按前一天的人数计算。

（2）对新建立不满整月的单位（月中或月末建立），在计算报告月的平均人数时，应以其建立后各天实有人数之和，除以报告期日历日数求得，而不能除以该单位建立的天数。

2.“1-本季平均人数”是季报基层表中应填报的平均人数，以年初至报告季内各月平均人数之和除以报告季内月数求得。计算公式为：

$$一季度:1-本季平均人数=\frac{1月平均人数+2月平均人数+3月平均人数}{3}$$

$$二季度:1-本季平均人数=\frac{1月平均人数+...+6月平均人数}{6}$$

$$三季度:1-本季平均人数=\frac{1月平均人数+...+9月平均人数}{9}$$

或（用本季平均人数计算）

一季度：1-本季平均人数=1 季度本季平均人数

$$二季度:1-本季平均人数=\frac{1季度本季平均人数+2季度本季平均人数}{2}$$

$$三季度:1-本季平均人数=\frac{1季度本季平均人数+2季度本季平均人数+3季度本季平均人数}{3}$$

本季平均人数以报告季内三个月的平均人数之和除以 3 求得。计算公式为：

$$本季平均人数=\frac{报告季内3个月平均人数之和}{3}$$

3.年平均人数是以 12 个月的平均人数相加之和除以 12 求得，或以 4 个季度的平均人数之和除以 4 求得。计算公式为：

$$年平均人数=\frac{报告年内12个月平均人数之和}{12}$$

或：

$$年平均人数=\frac{报告年内4个季度平均人数之和}{4}$$

在年内新成立的单位年平均人数计算方法为：从实际开工之月起到年底的月平均人数相加除以 12 个月。计算公式为：

$$年平均人数=\frac{开工之月平均人数+\cdots+12月平均人数}{12}$$

从业人员工资总额　指根据《关于工资总额组成的规定》（1990 年 1 月 1 日国家统计局发布的一号令）进行修订，本单位在报告期内（季度或年度）直接支付给本单位全部从业人员的劳动报酬总额。包括计时工资、计件工资、奖金、津贴和补贴、加班加点工资、特殊情况下支付的工资，是在岗职工工资总额、劳务派遣人员工资总额和其他从业人员工资总额之和。

工资总额是税前工资，包括单位从个人工资中直接为其代扣或代缴的房费、水费、电费、住房公积金和社会保险基金个人缴纳部分等。

工资总额不论是计入成本的还是不计入成本的，不论是以货币形式支付的还是以实物形式支付的，均应列入工资总额的计算范围。

在岗职工工资总额　指本单位在报告期内直接支付给本单位全部在岗职工的劳动报酬总额。在岗职工工资总额由基本工资、绩效工资、工资性津贴和补贴、其他工资四部分组成。工资总额不包括病假、事假等情况的扣款。

各单位在填报在岗职工工资总额四项构成时，应根据实际情况调整对应项目；如不能确定调整项，可扣减基本工资项。

基本工资　也可称为标准工资、合同工资、谈判工资。指本单位在报告期内（季度或年度）支付给本单位在岗职工的按照法定工作时间提供正常工作的劳动报酬。各单位给个人确定的底薪可作为基本工资。包括工龄工资。

基本工资不含定时、定额发放的各种奖金、各种津贴和补贴、加班工资，也不包括补发的上一季度或上一年度的基本工资。

绩效工资　也可称为效益工资、业绩工资。指根据本单位利润增长和工作业绩定期支付给本单位在岗职工的奖金；支付给本单位从业人员的超额劳动报酬和增收节支的劳动报酬。具体包括：值加班工资、绩效奖金（如年度、季度、月度等）、全勤奖、生产奖、节约奖、劳动竞赛奖和其他名目的奖金；以及某工作事项完成后的提成工资、年底双薪等。但不包括入股分红、股权激励兑现的钱和各种资本性收益。

工资性津贴和补贴　指本单位制定的员工相关工资政策中，为补偿本单位在岗职工特殊或额外的劳动消耗和因其他特殊原因支付的津贴，以及为保证其工资水平不受物价影响而支付的物价补贴。具体包括：补偿特殊或额外劳动消耗的津贴及岗位性津贴、保健性津贴、技术性津贴、地区津贴和其他津贴。如：过节费、通讯补贴、交通补贴、不休假补贴、无食堂补贴、单位发的可自行支配的住房补贴以及为员工缴纳的各种商业性保险等。上述各种项目既包括货币性质的，也包括实物性质的以及各种形式的充值卡、购物卡（券）等。

其他工资　指上述基本工资、绩效工资、工资性津贴和补贴三类工资均不能包括的发给在岗职工的工资，如补发上一年度的工资等。

劳务派遣人员工资总额　指实际用工单位（派遣人员的使用方）在一定时期内为使用劳务派遣人员而付出的劳动报酬总额，包括用工单位负担的基本工资、加班工资、绩效工资以及各种津贴、补贴等，但不包括因使用派遣人员而支付的管理费用和其他用工成本。

其他从业人员工资总额　指本单位在报告期内直接支付给本单位其他从业人员的全部劳动报酬。

从事主营业务活动的从业人员期末人数　指报告期末最后一日 24 时企业实际拥有的、与主营业务活动高度相关的人员数。该指标为时点指标，不包括最后一日当天及以前已经不再从事主营业务活动的人员。

对于工业企业，包括参加企业主营业务活动的正式人员，劳务派遣人员和其他临时人员。具体包括参与加工、组装、维修、保养等直接生产活动的人员；包括对外安装本企业产品、保管、清洁、销售、管理等与生产行为直接相关活动的人员；对于不属于与企业主营业务高度相关的活动，如利用本单位的车辆、仓储等设施进行的运输、仓库活动，但主要为本企业主营业务活动提供服务的人员，也视为直接从事主营业务活动人员。不包括在本企业领取工资、股息、红利未参加主营业务活动的人员；不包括医疗、教育等为企业提供社会性服务活动的人员；不包括参加本企业建筑施工但所从事的工作与本企业主营业务活动基本无关的人员。

对于建筑业企业，包括自行招用的且与建筑施工活动有关的临时人员、农民工和非个体工商户的工程队等。不包括在企业内部社会服务性机构工作的人员，如在企业内部开办的宾馆、饭店中工作的人员；不包括整建制使用的外单位人员以及由本企业支付工资但所从事的工作与本企业主营业务活动基本无关的人员。确定直接从事主营业务活动的期末人数必须遵循可比性原则，即生产的产品与劳动消耗在时间范围和空间范围上必须一致。

从事主营业务活动的从业人员平均人数　指报告期企业平均实际拥有的、与主营业务活动高度相关的人员数。

工程技术人员　指报告期末在本单位工作，负担工程技术和工程技术管理工作，并具有工程技术工作能力的人员。包括：

1. 取得工程技术职务资格，已被聘或任命工程技术职务，并担任工程技术工作的人员；

2. 无工程技术职务，但取得工程技术职务资格或从大、中专理工科系毕业，并担任工程技术工作的人员；

3. 未取得工程技术职务资格或无学历，但实际担任工程技术工作的人员；

4. 已取得工程技术职务资格或从大学、中专理工科系毕业，在企业中担任工程技术管理工作的人员。包括：总工程师、车间主任以及在计划、生产、生产准备、检查、安全技术、设计、工艺、劳动定额、工具设备、动力、基建、环境保护等科室从事工程技术管理工作的人员。

工程技术人员中，不包括已取得工程技术职务资格或从大学、中专理工科系毕业，但未担任工程技术和工程技术管理工作的人员。

一级建造师　指报告期末在本单位工作，按照人力资源社会保障部、住房城乡建设部制定的《建造师执业资格制度暂行规定》（人发[2002]111号），取得《中华人民共和国一级建造师执业资格证书》和《中华人民共和国一级建造师注册证》，并在住房城乡建设部或其授权的注册管理机构备案的实有人员。

现场施工人员　指报告期末在本单位工作，在施工现场从事建筑安装工作和直接服务于施工过程的工人。包括自行招用的且与建筑施工活动有关的临时人员、农民工和非个体工商户的工程队等。不包括整建制使用的外单位施工人员。

持证上岗人员　指报告期末在本单位工作，经过企业培训或劳动部门培训后，考试（考核）合格，经主管部门批准承认并持有各类证书的实有人员。

三、财务状况

资产总计　指企业过去的交易或者事项形成的、由企业拥有或者控制的、预期会给企业带来经济利益的资源。资产一般按流动性（资产的变现或耗用时间长短）分为流动资产和非流动资产。其中流动资产可分为货币资金、交易性金融资产、应收票据、应收账款、预付款项、其他应收款、存货等；非流动资产可分为长期股权投资、固定资产、无形资产及其他非流动资产等。根据会计“资产负债表”中“资产总计”项目的期末余额数填报。

执行 2006 年《企业会计准则》的企业：资产总计＝流动资产合计＋非流动资产合计；未执行 2006 年《企业会计准则》企业的资产包括流动资产、长期投资、固定资产、无形资产和其他资产等。

流动资产合计　资产满足以下条件之一应归为流动资产：（1）预计在一个正常营业周期中变现、出售或耗用，主要包括存货、应收账款等；（2）主要为交易目的而持有；（3）预计在资产负债表日起一年内（含一年）变现；（4）自资产负债日起一年内，交换其他资产或清偿负债的能力不受限制的现金或现金等价物。包括货币资金、应收票据、应收账款、存货等项目。根据会计“资产负债表”中“流动资产合计”项目的期末余额数填报。

应收账款　指企业因销售商品、提供劳务等经营活动，应向购货单位或接受劳务单位收取的款项，主要包括企业销售商品或提供劳务等应向有关债务人收取的价款及代购货单位垫付的包装费、运杂费等。根据会计“资产负债表”中“应收账款”项目的期末余额数填报。

应收工程款　指建筑业企业在报告期末向发包单位应收而未收的工程款。根据会计“应收账款——应收工程款”明细账对应科目填报。注意事项：（1）应收工程款中不包括质量保证金和工程款押金，一般纳入“其他应收款”；（2）建设工程质量保证金或保修金，是发包人与承包人在建设工程承包合同中约定，从应付的工程款中预留，用以保证工程质量的资金。

存货　指企业在日常活动中持有以备出售的产成品或商品、处在生产过程中的在产品、在生产过程或提供劳务过程中耗用的材料或物料等，通常包括原材料、在产品、半成品、产成品、商品以及周转材料等。根据会计“资产负债表”中“存货”项目的期末余额数填报。其中：“年初存货”根据会计“资产负债表”中“存货”项目的年初余额数填报。注意：“存货”具有实物形态，不属于无形资产，由于企业持有存货的最终目的是为了出售，所以房地产开发企业（单位）购置的土地、尚未销售的商品房等均计入“存货”。

产成品　指工业企业已经完成全部生产过程并验收入库，可以按照合同规定的条件送交订货单位，或者可以作为商品对外销售的产品。根据会计“产成品”科目的借方余额填报。

固定资产合计　指企业为生产商品、提供劳务、出租或经营管理而持有的，使用寿命超过一个会计年度的有形资产。包括使用期限超过一年的房屋、建筑物、机器、机械、运输工具以及其他与生产、经营有关的设备、器具、工具等。固定资产合计是时点指标，表示固定资产经过扣减折旧、减值准备等后的期末余额。执行 2006 年《企业会计准则》的企业，根据会计“资产负债表”中“固定资产”项目的期末余额数填报。

固定资产减值准备　指企业确认固定资产发生减值时，按其固定资产可收回金额低于账面价值的差额计提的减值准备。根据会计“固定资产减值准备”科目的期末贷方余额填报。

固定资产原价　指固定资产的成本，包括企业在购置、自行建造、安装、改建、扩建、技术改造某项固定资产时所发生的全部支出总额。根据会计“固定资产”科目的期末借方余额填报。

固定资产折旧　指企业在固定资产的使用寿命内，按照确定的方法对应计折旧额进行系统分摊。

累计折旧　指企业在报告期末提取的历年固定资产折旧累计数。根据会计“累计折旧”科目的期末贷方余额填报。

本年折旧　指企业在报告期内提取的固定资产折旧合计数。可以根据会计“财务状况变动表”中“固定资产折旧”项的数值填报。若企业执行 2001 年《企业会计制度》，可以根据会计核算中《资产减值准备、投资及固定资产情况表》内“当年计提的固定资产折旧总额”项本年增加数填报。

在建工程　指企业在基建、更新改造等方面发生的支出。根据会计“在建工程”科目的期末借方余额填报。

负债合计　指企业过去的交易或者事项形成的，预期会导致经济利益流出企业的现时义务。负债一般按偿还期长短分为流动负债和非流动负债。根据会计“资产负债表”中“负债合计”项目的期末余额数填报。

执行2006年《企业会计准则》的企业：负债合计＝流动负债合计＋非流动负债合计；未执行2006年《企业会计准则》企业的负债包括流动负债和长期负债。

流动负债合计　负债满足下列条件之一的应归为流动负债：（1）预计在一个正常营业周期中清偿；（2）主要为交易目的而持有；（3）自资产负债表日起一年内到期应予清偿；（4）企业无权自主地将清偿推迟至资产负债表日后一年以上。包括短期借款、应付票据、应付账款、应付职工薪酬、应交税费等项目。根据会计“资产负债表”中“流动负债合计”项目的期末余额数填报。

应付账款　指企业因购买材料、商品和接受劳务供应等经营活动应支付的款项。根据会计“资产负债表”中“应付账款”项目的期末余额数填报。

非流动负债合计　指流动负债之外的负债。包括长期借款、应付债券等。根据会计“资产负债表”中“非流动负债合计”项目的期末余额数填报。未执行2006年《企业会计准则》的企业，根据会计“资产负债表”中的“长期负债合计”的期末余额数填报。

所有者权益合计　指企业资产扣除负债后由所有者享有的剩余权益。公司的所有者权益又称股东权益。包括实收资本、资本公积、盈余公积、未分配利润等。根据会计“资产负债表”中“所有者权益合计”项目的期末余额数填报。

实收资本　指企业各投资者实际投入的资本（或股本）总额，包括货币、实物、无形资产等各种形式的投入。实收资本按投资主体可分为国家资本、集体资本、法人资本、个人资本、港澳台资本和外商资本。根据会计“资产负债表”中“所有者权益”项下“实收资本”的期末余额数填报。

国家资本　指有权代表国家投资的政府部门或机构、直属事业单位对企业形成的资本金。根据会计“实收资本”科目计算填报。

集体资本　指由本企业职工等自然人集体投资或各种机构对企业进行扶持形成的集体性质的资本金。根据会计“实收资本”科目计算填报。

法人资本　指法人以其依法可支配的资产投入企业形成的资本金。根据会计“实收资本”科目计算填报。

个人资本　指自然人实际投入企业的资本金。根据会计“实收资本”科目计算填报。

港澳台资本　指我国香港、澳门和台湾地区投资者实际投入企业的资本金。根据会计“实收资本”科目计算填报。

外商资本　指外国投资者实际投入企业的资本金。根据会计“实收资本”科目计算填报。

营业收入　指企业经营主要业务和其他业务所确认的收入总额。营业收入合计包括“主营业务收入”和“其他业务收入”。根据会计“利润表”中“营业收入”项目的本期金额数填报。

主营业务收入　指企业确认的销售商品、提供劳务等主营业务的收入。根据会计“主营业务收入”科目的期末贷方余额（结转前）填报。执行2006年《企业会计准则》的企业，如未设置该科目，以“营业收入”代替填报。

土地转让收入　指房地产开发企业按国家规定在报告期转让已经开发的土地和未经开发的土地所得到的收入。根据会计“利润表”和相关核算资料计算填报。

商品房销售收入　指房地产开发企业在报告期售出商品房屋的收入，一次收款的，一次性全部计入销售收入，按合同规定分期收款的，可按合同规定的时间分次计入收入。根据会计“利润表”和相关核算资料计算填报。

房屋出租收入　指房地产开发企业在报告期内，在不改变现有财产所有权关系的条件下，将企业的全部或部分房屋出租给其他单位或个人使用所得到的租金收入。根据会计“利润表”和相关核算资料计算填报。

其他（主营业务）收入　指房地产开发企业在报告期内从事除以上收入外的其他业务活动所得到的收入，包括配套设施销售收入、代建工程结算收入等。根据会计“利润表”和相关核算资料计算填报。

营业成本　指企业经营主要业务和其他业务所发生的成本总额。包括企业（单位）在报告期内从事销售商品、提供劳务等日常活动发生的各种耗费。包括“主营业务成本”和“其他业务成本”。根据会计“利润表”中“营业成本”项目的本期金额数填报。

主营业务成本　指企业经营主要业务所发生的成本总额。根据会计“主营业务成本”科目的期末借方余额（结转前）填报。执行2006年《企业会计准则》的企业，如未设置该科目，以“营业成本”代替填报。

营业税金及附加　指企业因从事生产经营活动按税法规定缴纳的应从经营收入中抵扣的税金和附加，包括营业税、消费税、城市维护建设税、教育费附加等。根据会计“利润表”中“营业税金及附加”项目的本期金额数填报。

主营业务税金及附加　指企业经营主要业务应负担的营业税、消费税、城市维护建设税、教育费附加等。根据会计“主营业务税金及附加”科目的期末借方余额（结转前）填报。执行2006年《企业会计准则》的企业，如未设置该科目，以“营业税金及附加”代替填报。

其他业务利润　指企业经营除主要业务以外的其他业务实现的利润。根据会计“其他业务收入”科目的期末贷方余额减

"其他业务成本"科目的期末借方余额计算填报。执行2006年《企业会计准则》的企业，如果未设置该科目，则在此处填0。

销售费用 指企业在销售商品和材料、提供劳务的过程中发生的各种费用，包括保险费、包装费、展览费和广告费、商品维修费、预计产品质量保证损失、运输费、装卸费等以及为销售本企业商品而专设的销售机构（含销售网点、售后服务网点等）的职工薪酬、业务费、折旧费等经营费用。建筑业企业销售费用指企业从事施工生产活动过程中发生的各项费用，包括应由企业负担的运输费、装卸费、包装费、保险费、维修费、展览费、差旅费、广告费和其他经费。房地产企业销售费用指企业在从事主要经营业务过程中所发生的各项销售费用，包括转让、销售、结算和出租开发产品等。根据会计"利润表"中"销售费用"项目的本期金额数填报。未执行2006年《企业会计准则》的企业，根据会计"利润表"中"营业费用（或经营费用）"项目的本期金额数填报。

管理费用 指企业为组织和管理企业生产经营所发生的费用，包括企业在筹建期间内发生的开办费、董事会和行政管理部门在企业经营管理中发生的，或者应当由企业统一负担的公司经费等。根据会计"利润表"中"管理费用"项目的本期金额数填报。

税金 指企业按照规定从管理费用中支付的房产税、印花税、车船使用税和土地使用税。根据"管理费用明细账"中"管理费用——税金"的期末借方余额（结转前）分析填报。

差旅费 指企业行政管理部门的差旅费，包括市内公出的交通费和外地出差的差旅费。根据"管理费用明细账"中"管理费用——差旅费"的期末借方余额（结转前）分析填报。

工会经费 指企业按职工工资总额（扣除按规定标准发放的住房补贴，下同）的2%计提并拨交给工会使用的经费。根据"管理费用明细账"中"管理费用——工会经费"的期末借方余额（结转前）分析填报。

财务费用 指企业为筹集生产经营所需资金等而发生的筹资费用，包括企业生产经营期间发生的利息支出（减利息收入）、汇兑损失（减汇兑收益）以及相关的手续费等。根据会计"利润表"中"财务费用"项目的本期金额数填报。

利息收入 指非金融企业存款业务所确认的利息金额。根据企业"财务费用明细账"中"财务费用——利息收入"科目的本期发生额填报。如果企业没有设置该科目，此处可填"0"。

利息支出 指企业短期借款利息、长期借款利息、应付票据利息、票据贴现利息、应付债券利息、长期应付引进国外设备款利息等利息支出。根据企业"财务费用明细账"中"财务费用——利息支出"科目的本期发生额填报。如果企业没有单独设立"利息收入"科目，应填报利息支出减去银行存款等的利息收入后的净额。

资产减值损失 指企业计提各项资产减值准备所形成的损失。根据会计"利润表"中"资产减值损失"项目的本期金额数填报。未执行2006年《企业会计准则》的企业可免填。

公允价值变动收益 指企业的交易性金融资产、交易性金融负债，以及采用公允价值模式计量的投资性房地产、衍生工具、套期保值业务等公允价值变动形成的应计入当期损益的利得或损失。根据会计"利润表"中"公允价值变动收益"项目的本期金额数填报，或根据"公允价值变动损益"会计科目的余额填报。余额在贷方，则为净收益，余额在借方，则为净损失，以"-"号记。未执行2006年《企业会计准则》的企业可免填。

投资收益 指企业确认的投资收益或投资损失，反映企业以各种方式对外投资所取得的收益。根据会计"利润表"中"投资收益"项目的本期金额数填报。如为投资损失以"-"号记。

营业利润 指企业从事生产经营活动所取得的利润。执行2006年《企业会计准则》的企业，营业利润为营业收入减去营业成本、营业税金及附加、销售费用、管理费用、财务费用、资产减值损失，再加上公允价值变动收益和投资收益。未执行2006年《企业会计准则》的企业，营业利润为主营业务收入减去主营业务成本、主营业务税金及附加，加上其他业务利润后，再减去销售费用、管理费用、财务费用后的金额。根据会计"利润表"中"营业利润"项目的本期金额数填报。

营业外收入 指企业发生的与经营业务无直接关系的各项收入，包括非流动资产处置利得、非货币性资产交换利得、债务重组利得、政府补助、盘盈利得、捐赠利得等。根据会计"利润表"中"营业外收入"项目的本期金额数填报；未执行2006年《企业会计准则》的企业，"营业外收入"中不含"补贴收入"。

补贴收入 指企业实际收到的补贴收入，包括实际收到的先征后返的增值税；企业按销量或工作量等，依据国家规定的补助定额计算并按期给予的定额补贴。执行2006年《企业会计准则》的企业，根据会计 "营业外收入——补贴收入" 科目的期末贷方余额（结转前）填报；未执行2006年《企业会计准则》的企业，根据会计"补贴收入"科目的期末贷方余额（结转前）填报。

营业外支出 指企业发生的与经营业务无直接关系的各项支出，包括非流动资产处置损失、非货币性资产交换损失、债务重组损失、公益性捐赠支出、非常损失、盘亏损失等。根据会计"利润表"中"营业外支出"项目的本期金额数填报。

利润总额 指企业在一定会计期间的经营成果，是生产经营过程中各种收入扣除各种耗费后的盈余，反映企业在报告期内实现的盈亏总额。根据会计"利润表"中"利润总额"项目的本期金额数填报。执行2006年《企业会计准则》的企业，利润总额为营业利润加上营业外收入，减去营业外支出后的金额；未执行2006年《企业会计准则》的企业，利润总额为营业利润加上投资收益、补贴收入、营业外收入，再减去营业外支出后的金额。

应交所得税　指企业按税法规定，应从生产经营等活动的所得中缴纳的税金。执行 2006 年《企业会计准则》的企业，根据会计“利润表”中“所得税费用”项目的本期金额数填报；未执行 2006 年《企业会计准则》的企业，根据会计“利润表”中 “所得税”项目的本期金额数填报。

制造成本　指企业在生产过程中实际消耗的直接材料、直接人工、其他直接费用和制造费用。

制造成本中的：

直接材料消耗　指企业在生产产品过程中所消耗的、直接用于产品生产并构成产品实体的原料及主要原材料、燃料和动力、包装物、外购半成品、修理用备件（备品配件）和其他直接材料。直接材料消耗价值量按不含进项税的购进价格计算。购进价格由下列各项组成：买价；运杂费（包括运输费、装卸费、保险费、包装费、仓库费等）；运输途中的合理损耗；入库前的整理挑选费用（包括整理挑选中发生工、费支出和必要的损耗，并扣除回收的下脚废料价值）；购入材料负担的税金（指进项税以外的其他应负担的税金）；外汇价差和其他费用。

直接人工　指企业在生产产品过程中，直接从事产品生产的工人工资、奖金、津贴和补贴，以及按生产工人工资总额和规定的比例计算提取的职工福利费。

其他直接费用　指企业发生的除直接材料费用和直接人工以外的，与生产产品有直接关系的费用。

其他直接费用中支付给个人部分　指企业发生的其他直接费用中支付给个人的各种补贴。

其他直接费用中上交给政府部分　指企业发生的其他直接费用中上交给政府管理部门的各项费用。

制造费用　指企业各生产车间（或分厂，下同）为生产产品和提供劳务而发生的各项间接费用，包括生产车间管理人员的工资和福利费、折旧费、维修费、办公费、机物料消耗、劳动保护费、季节性和修理期间的停工损失等，但不包括企业行政管理部门为组织和管理生产经营活动而发生的管理费用。

生产单位管理人员工资　指生产车间管理人员的工资。

生产单位管理人员福利费　指为生产车间管理人员提取的福利费。

折旧费　指生产车间根据应计提折旧的固定资产原值和规定折旧率计提的资产折旧费。包括生产车间的厂房、建筑物、管理用房屋和设备的折旧费。

修理费　指生产车间为修理房屋、固定资产和低值易耗品等资产所支付的费用。

经营租赁费　指生产车间租用办公用房、生产用房、机械设备、低值易耗品等所支付的租赁费用和土地租赁费用。

保险费　指生产车间当年支付的房屋、设备等财产的保险费。

取暖费　指生产车间当年支付的取暖费。

运输费　指生产车间在生产或销售产品过程中进行运输活动所支付的费用。

劳动保护费　指生产车间为职工配备的工作服、手套、安全保护用品、防暑降温用品等所发生的支出和高温、高空、有害工作津贴，洗理费等。

保健补贴、洗理费　指劳动保护费中所有支付给职工个人的各种保健补贴和洗理费。

工具摊销　指生产工具摊销和车间管理用品摊销。

设计制图费　指生产车间当年支付的设计制图费。

研发、试验检验费　指生产车间当年支付的用于研发、试验检验的费用。

水电费　指生产车间支付的用于外购的水费和电费。

水电费中上缴的各项税费　指企业的水电费中包含的代政府部门征收的各种税费，具体包括水费中的污水处理费，电费中的三峡基金、农网还贷、水库移民资金等。

机物料消耗　指生产车间实际发生的机物料消耗。

差旅费　指生产车间支付的差旅费，包括市内公出的交通费和外地出差的差旅费。

办公费　指生产车间发生的各项办公经费支出。

劳务费　指生产车间支付给劳务派遣公司的全部费用以及给雇佣的临时生产人员的，而且没有包括在直接人工中的劳务费用，如果这部分劳务费用已经包括在直接人工中，则此项免填。

邮政通信费　指生产车间用于邮政和通信方面的费用，包括邮政费，固定电话、移动电话、微机联网等的费用；其中，邮政费指生产车间用于邮政基本服务和快递服务等的费用；上网费指生产车间用于上互联网的费用。

外部加工费　指企业委托外单位（企业）加工支付的加工费。

社保费　指生产车间为本单位人员缴纳的各项社会保险费用的总计数，包括养老保险、医疗保险、失（待）业保险、劳动保险、工伤保险、生育保险、企业为个人支付的商业保险等。

其他制造费用　指企业在报告期发生的除上述制造费用以外的所有制造费用。该指标与企业会计账目中的“其他制造费用”项的数据不同，因为它不仅包括企业会计账目中的“其他制造费用”项，还包括企业制造费用中核算了的、但本调查表中未列出的制造费用项目。即本表的“其他制造费用”是企业会计账目中的“制造费用”扣除本表已列出的各项制造费用之后的差额。

其他制造费用中支付给个人部分　指其他制造费用中支付给个人的各种补贴。

其他制造费用中上交给政府部分　指其他制造费用中上交给政府管理部门的各项费用。

销售费用中的：

运输费　指企业在销售产品过程中进行运输活动所支付的费用。

装卸费　指企业在销售自销产品时所应负担的装卸费。

包装费　指企业在销售自销产品时所应负担的包装费。

保险费　指企业列支在销售费用中的保险费，既包括销售部门的房屋、设备等财产的保险费，也包括为销售货物投保的保险费。

仓库保管费　指企业在销售自销产品时所应负担的仓库保管费用。

委托代销手续费　指企业委托其他单位代销，按代销合同规定支付的委托代销手续费。

广告费、展览费、宣传费　指为销售本企业产品所支付的广告费，参加展览、展销所支付的费用和进行各种宣传所支付的费用。

业务费　指企业按销售收入的比例给销售人员的提成费。

经营租赁费　指企业为扩大销售而租用的柜台、设备等的费用，不包括融资租赁费。

销售服务费用　指企业提供的商品售后服务等的费用。

销售部门人员工资　指为销售本企业商品而专设的销售机构（含销售网点、售后服务网点等）的职工工资。

销售部门人员福利费　指为销售本企业商品而专设的销售机构（含销售网点、售后服务网点等）的职工福利费。

办公费　指为销售本企业商品而专设的销售机构（含销售网点、售后服务网点等）发生的各项办公经费支出。

邮政通信费　指为销售本企业商品而专设的销售机构（含销售网点、售后服务网点等）用于邮政和通信方面的费用，包括邮政费，固定电话、移动电话、微机联网等的费用。

招待费　指为销售本企业商品而专设的销售机构（含销售网点、售后服务网点等）发生的各项招待费用。

折旧费　指为销售本企业商品而专设的销售机构（含销售网点、售后服务网点等）根据应计提折旧的固定资产原价和规定折旧率计提的资产折旧费。

修理费　指为销售本企业商品而专设的销售机构（含销售网点、售后服务网点等）为修理房屋、固定资产和低值易耗品等资产所支付的费用。

机物料消耗　指为销售本企业商品而专设的销售机构（含销售网点、售后服务网点等）发生的机物料消耗。

低值易耗品摊销　指为销售本企业商品而专设的销售机构（含销售网点、售后服务网点等）发生的低值易耗品摊销。

社保费　指为销售本企业商品而专设的销售机构（含销售网点、售后服务网点等）为本机构人员缴纳的各种社会保险费用的总计数，包括养老保险、医疗保险、失（待）业保险、劳动保险、工伤保险、生育保险、企业为个人支付的商业保险等。

其他销售费用　指企业在报告期发生的除上述销售费用项目以外的所有销售费用。该指标与企业会计账目中的“其他销售费用”项的数据不同，因为它不仅包括企业会计账目中的“其他销售费用”项，还包括企业销售费用中核算了的、但本调查表中未列出的销售费用项目。即本表的“其他销售费用”是企业会计账目中的“销售费用”扣除本表已列出的各销售费用之后的差额。

其他销售费用中支付给个人部分　指其他销售费用中支付给个人的各种补贴。

其他销售费用中上交给政府部分　指其他销售费用中上交给政府管理部门的各种费用。

管理费用中的：

公司经费　指直接在企业行政管理部门发生的各项费用，包括行政管理部门职工工资、修理费、物料消耗、低值易耗品摊销、办公费和差旅费等。

行政管理人员工资　指企业行政管理部门的职工工资。

行政管理人员福利费　指企业行政管理部门的职工福利费。

折旧费　指企业行政管理部门的固定资产按规定折旧率计提的资产折旧费。

差旅费　见损益及分配部分。

办公费　指企业行政管理部门发生的各项办公经费支出。

修理费　指企业行政管理部门为修理房屋、固定资产和低值易耗品等资产所支付的费用。

机物料消耗　指企业行政管理部门发生的机物料消耗。

低值易耗品摊销　指企业行政管理部门发生的低值易耗品摊销。

工会经费　见损益及分配部分。

无形资产摊销　指企业行政管理部门发生的无形资产摊销。

邮政通信费　指企业行政管理部门用于邮政和通信方面的费用，包括邮政费，固定电话、移动电话、微机联网等的费用。

印刷费　指企业支付的各种印刷费。

会议费　指企业用于召开会议的费用。

水电费　指企业行政管理部门支付的用于外购的水费和电费。

水电费中上缴的各种税费　指企业的水电费中包含的代政府部门征收的各种税费，具体包括水费中的污水处理费，电费中的三峡基金、农网还贷、水库移民资金等。

警卫消防费、人防基金　指企业进行警卫消防活动所发生的各项费用支出，和企业支付的人防基金。

仓库经费　指企业使用和租赁外单位仓库发生的费用。

劳动保护费　指企业为职工配备的工作服、手套、安全保护用品、防暑降温用品等所发生的支出和高温、高空、有害工作津贴，洗理费等。如果“制造费用”中已经核算了劳动保护费，则此项不包括“制造费用”中的劳动保护费。

保健补贴、洗理费　指劳动保护费中所有支付给职工个人的各种保健补贴和洗理费。不包括“制造费用”中已经核算并填报的部分。

上交管理费　指企业上交给上级单位的管理费。

职工取暖费和防暑降温费　指企业支付给职工个人的取暖和防暑降温补贴。

劳务费　指企业支付给劳务派遣公司的全部费用以及给雇佣的临时生产人员的，而且没有包括在工资中的劳务费用，但不包括在“制造成本”中已经填报的劳务费。

社保费　指企业为员工缴纳的各种社会保险费用的总计数，包括养老保险、医疗保险、失（待）业保险、劳动保险、工伤保险、生育保险、企业为个人支付的商业保险等。如果企业的社保费是在制造费用、销售费用、管理费用中分别核算的，则本指标只包括企业管理人员的社保费；如果企业所有员工的社保费都在管理费用中核算，则本指标填报企业所有员工的社保费。

住房公积金和住房补贴　指企业支付给职工个人的住房公积金和住房补贴。

董事会费　指企业董事会或最高权力机构及其成员为执行职权而发生的各项费用，包括成员津贴、差旅费、会议费等。

聘请中介机构费（审计费）　指企业聘请中介机构进行查账、验资，以及资产评估、清账等发生的费用和企业接受审计发生的费用。

咨询费　指企业向有关咨询机构进行生产技术经营管理咨询所支付的各项费用，包括聘请企业经济技术顾问、法律顾问等支付的费用。

诉讼费　指企业向法院起诉或应诉而发生的费用。

业务招待费　指企业为业务经营的合理需要而支付的列入管理费的业务招待费用。

税金　见损益及分配部分。

上交的各种专项费用　指企业上交管理部门的各种专项费用的总和，包括矿产资源补偿费、防洪建设费、煤炭开采企业的安全费用、煤炭风险基金、专项维简费及井巷费、新井建设基金、地面塌陷补偿、水土补治费、土地复垦费、水资源补偿费以及未包括在上述项目中的各种政府规费、捐赠等。

技术转让费　指企业使用非专利技术而支付的费用。

职工教育经费　指企业为职工学习先进技术和提高文化水平而支付的费用，按职工工资总额的1.5%计提。

技术（研究）开发费　指企业开发新产品、新技术所发生的新产品设计费、工艺规程制定费、设备调试费、原材料和半成品的试验费、技术图书资料费、未纳入国家计划的中间试验费、研究人员的工资、研究设备的折旧、与新产品、新技术研究有关的其他经费、委托其他单位进行的科研试制的费用以及试制失败损失等。不包括在“制造费用”中已经填报的“研发、试验检验费”。

技术（研究）开发费中支付科研人员的工资及福利费　指企业的科研机构单独支付的科研人员的工资及福利费，如果科研人员的工资及福利费没有单独列出，而是包括在职工的工资及福利费中，则此项免填。

汽车费支出　指企业用于汽车使用和保养方面的各项支出，包括养路费、车险、过路过桥费、停车费、修车费、耗油（天然气）费等，以及企业用于租车、打车的费用。

排污费　指企业按照规定交纳的排污费用。

绿化费　指企业对厂区、矿区进行绿化而发生的零星绿化费用。

坏账准备　指企业按应收账款的一定比例计提的坏账准备。执行2006 年《企业会计准则》的企业免填此项。

存货跌价准备　指企业按存货的期末可变现净值低于其成本的差额计提的存货跌价准备。执行2006 年《企业会计准则》的企业免填此项。

其他管理费用　指企业在报告期发生的除上述管理费用项目以外的所有管理费用，该指标与企业会计账目中的“其他管理费用”项的数据不同，因为它不仅包括企业会计账目中的“其他管理费用”项，还包括企业管理费用中核算了的、但本调查表中未列出的管理费用项目。即本表的“其他管理费用”是企业会计账目中的“管理费用”扣除本表已列出的各项管理费用之后的差额。

其他管理费用中支付给个人部分 指其他管理费用中支付给个人的各种补贴。

其他管理费用中上交给政府部分 指其他管理费用中上交给政府管理部门的各项费用。

财务费用中的：

汇兑损失 指企业因向银行结售或购入外汇而产生的银行买入、卖出价与计账所采用的汇率之间的差额，以及月度（季度、年度）终了，各种外币账户的外币期末余额，按照期末规定汇率折合的记账人民币金额与原账面人民币金额之间的差额等。

金融服务和调剂外汇手续费 指发行债券所需支付的手续费、开出汇票的银行手续费、调剂外汇手续费等（但不包括发行股票所支付的手续费）。也包括企业得到其他金融服务需支付的手续费。

其他财务费用 指除上述各项财务费用以外企业发生的其他所有财物费用。

应付职工薪酬 指企业为获得职工提供的服务而给予各种形式的报酬以及其他相关支出。包括职工工资、奖金、津贴和补贴，职工福利费，医疗保险费、养老保险费、失业保险费、工伤保险费和生育保险费等社会保险费，住房公积金，工会经费和职工教育经费，非货币性福利，因解除与职工的劳动关系给予的补偿，其他与获得职工提供的服务相关的支出。执行2006年《企业会计准则》的企业，根据会计科目“应付职工薪酬”的本年贷方累计发生额填报；未执行2006年《企业会计准则》的企业，应将本年上述职工薪酬包含的科目归并填报。

应交增值税 指企业按税法规定，从事货物销售或提供加工、修理修配劳务等增加货物价值的活动本期应交纳的税金，不含期初未抵扣税额。根据会计相关科目贷方累计发生额，按下述公式计算填报：

应交增值税＝销项税额－（进项税额－进项税额转出）－出口抵减内销产品应纳税额－减免税款＋出口退税

建筑业企业在境外完成的营业收入 指建筑业企业报告期内在国外及港、澳、台等区域所有经营活动的货币表现。本指标是有境外施工或劳务输出业务的总承包和专业承包建筑业企业填报，填报时注意是外币的，要按照报告期末的人民币汇率折算填报。

四、生产经营情况

1．工业企业

工业总产值（当年价格） 指工业企业在报告期内生产的以货币形式表现的工业最终产品和提供工业劳务活动的总价值量。

（1）工业总产值计算应遵循的原则

①工业生产的原则。即凡是企业在报告期内生产的最终产品和提供的劳务，均应包括在内。其中的最终产品，不管是否在报告期内销售，只要是报告期内生产的，就应包括在内。凡不是工业生产的产品，均不得计入工业总产值。

②最终产品的原则。即企业生产的成品价值必须是本企业生产的，经检验合格不需再进行任何加工的最终产品。企业对外销售的半成品也应视为最终产品计入工业总产值。而在本企业内各车间转移的半成品和在制品只能计算其期末期初差额价值。

③“工厂法”原则。即以法人工业企业作为一个整体计算工业总产值，是其报告期内生产的最终产品和提供劳务的总价值量。

（2）工业总产值的内容

包括三部分：生产的成品价值、对外加工费收入、自制半成品在制品期末期初差额价值。

①成品价值：指企业在报告期内生产，并在报告期内不再进行加工，经检验合格、包装入库的已经销售和准备销售的全部工业成品（包括半成品）价值合计。成品价值中包括企业生产的自制设备及提供给本企业在建工程、其他非工业部门和生活福利部门等单位使用的成品价值，但不包括用订货者来料加工的成品（半成品）价值。

工业总产值是按现行价格计算的。成品价值按成品实物量乘以报告期不含应交增值税（销项税额）的产品实际销售平均单价计算。会计核算中按成本价格转账的自制设备和自产自用的成品，按成本价格计算生产成品价值。

②对外加工费收入：指企业在报告期内完成的对外承做的工业品加工（包括用订货者来料加工生产）的加工费收入和对外工业品修理作业所收取的加工费收入和对内非工业部门提供的加工修理、设备安装等收入。对外加工费收入按不含应交增值税（销项税额）的价格计算。

对于以对外加工生产为主，对外加工费收入所占比重较大的企业，如果对外加工费收入出现跨报告期支付的情况，为保证总产值生产口径计算的准确性，则应将对外加工费收入按实际情况调整，记录本报告期应实际收取的对外加工费收入。

③自制半成品在制品期末期初差额价值。为了使工业总产值与工业中间投入中的物耗价值一致，以便同口径地计算工业

增加值，规定本指标的计算原则是：凡是企业会计产品成本核算中计算半成品、在制品成本，则工业总产值中必须包括自制半成品在制品期末期初差额价值。反之则不包括。

自制半成品在制品期末期初差额价值等于自制半成品在制品期末价值减去期初价值后的余额，如果期末价值小于期初价值，该指标为负值，企业在计算产值时，应按负值计算，不能作为零处理。

(3) 工业总产值计算的几种具体规定

①凡自备原材料（包括自备零部件）生产，不论其加工繁简程度如何，一律按全价，即包括自备原材料的价值，计算工业总产值。

②凡来料加工，加工企业只收取加工费，则加工企业一律按财务上结算的加工费计算工业总产值，即不包括定货者来料的价值。一般分两种情况：a.工业企业之间的来料加工，加工企业（即承包单位）按财务上结算的加工费计算工业总产值；委托加工的企业（即发包单位）按全价计算工业总产值。b.工业企业与非工业企业之间的来料加工，当工业企业作为加工企业时一律按加工费计算工业总产值。

③自制半成品、在制品期末期初差额价值，原则上应计入工业总产值，但如果会计产品成本核算中不计算自制半成品、在制品成本，则不计入工业总产值；如果会计产品成本核算中计算自制半成品、在制品成本的，则计入工业总产值。

区分来料加工与自备原材料生产的依据是加工企业与委托加工企业间的财务结算关系。如果委托企业提供原材料而不与加工企业结算，加工企业收取加工费，产品返回委托企业销售，则这种模式是来料加工；如果委托加工企业提供的原材料与加工企业是结算的，制成品由加工企业返给委托企业也是结算的，则这种模式是自备原材料生产。

工业销售产值（当年价格）　指以货币形式表现的，工业企业在报告期内销售的本企业生产的工业产品或提供工业性劳务价值的总价值量。工业销售产值包括的内容为：

(1) 销售成品价值：指企业在报告期内实际销售（包括本期生产和非本期生产）的全部成品、半成品的总价值，即按报告期产品的实际销售数量乘以不含增值税（销项税额）的产品实际销售平均单价计算。销售成品价值中包括企业生产的自制设备及提供给本企业在建工程、其他非工业部门和生活福利部门等单位使用的成品价值，但不包括用订货者来料加工，并且只收取加工费的成品（半成品）价值。

(2) 对外加工费收入：指企业在报告期内完成的对外承接的工业品加工（包括用定货者来料加工的产品）的加工费收入，对外工业品修理作业可收取的加工费收入和对内非工业部门提供的加工修理、设备安装等收入。对外加工费收入按不含增值税（销项税额）的价格计算。

对于以对外加工生产为主，对外加工费收入所占比重较大的企业，如果对外加工费收入出现跨报告期支付的情况，为保证总产值生产口径计算的准确性，则应将对外加工费收入按实际情况调整，记录本报告期实际收取的对外加工费收入。

区分来料加工与自备原材料生产的依据同工业总产值中的规定。

出口交货值　指工业企业交给外贸部门或自营（委托）出口（包括销往香港、澳门、台湾），用外汇价格结算的产品价值，以及外商来样、来料加工、来件装配和补偿贸易等生产的产品价值。在计算出口交货值时，要把外汇价格按交易时的汇率折成人民币计算。

产品产量　指工业企业在报告期内生产的并符合产品质量要求的实物数量，包括商品量和自用量两部分。

(1) 产品生产量计算应遵循的原则

①产品质量标准：产品必须符合规定的质量标准或订货合同规定的技术条件，才可统计生产量。工业产品质量标准一律按国家标准或部颁标准执行。没有国家标准或部颁标准的产品，应按企业主管机关的标准或订货合同规定的技术条件执行，不得擅自更改标准或降低标准，不合格的产品不能计算生产量。

②统计时间：产品生产量反映的是报告期内的工业生产成果，凡报告期内生产的产品都应计算在内，即截止报告期最后一天检验合格并办理了入库手续的产品，其中规定要求包装的产品必须包装好才能计算其生产量。至于报告期最后一天以哪一个班次作为截止计算产量的班次则由企业主管机关规定，并应与会计核算的结算时间一致。结算时间一经确定，就要严格执行，不得随意提前或移后。

③准确度量：准确度量是计算产品产量的重要一环，企业应配备必要的计量设备，对产量进行实际度量，不得随意估算，对确有困难不得不推算的某些产品，一定要按照主管部门规定的推算方法计算，使之尽量接近实际。

(2) 产品生产量包括的内容

①企业各车间（主要车间、辅助车间、附属品车间及副产品车间）用自备原材料生产的全部产品产量，不论是要销售的商品量还是本企业的自用量，均应统计生产量。

②凡用订货者来料加工生产的产品，并且加工企业只收取加工费的，如果订货者是境内非工业企业和境外企业，其产品生产量由加工企业统计；如果订货者是境内工业企业，产品生产量由委托企业（即发包企业）统计，加工企业（即承包企业）不统计。

③经正式鉴定合格的新产品、自产自用的生产设备、未正式投入生产以前试生产的合格品以及基本建设附产的合格品，

都应包括在产品生产量中。

④用进口原材料或关键零件生产的产品，或用进口整套散装零件及用进口组装件加工、装配的产品，不论是在国内销售还是外商经销，生产量均统计在国内同种产品生产量中。

⑤在我国国土范围内的外商投资和港、澳、台商投资工业企业生产的产品，其生产量全部统计在国内同种产品生产量中。

区分来料加工与自备原材料生产的依据同工业总产值中的规定。

(3) 工业产品生产量不应包括的内容

①在生产工业产品的同时，产生的下脚余料或废料，如冶金工业的氧化铁、汤道、中心注管、钢材切头、切尾，机械工业的切屑，木材工业的锯末，粮食加工工业的糠、麸，酿酒工业的酒糟等，一般做下脚料出售，不应统计为产品生产量。

②投入生产过程中的原材料没有完全消耗掉，而加以回收、提浓，再供本企业自用的，如机械工业回收的润滑油，合成洗涤剂厂回收的盐酸、硫酸等都不计算产品生产量。

③企业从外购进的工业品，未经本企业任何加工的，不得作为本企业的产品生产量统计。

④某些产品在检验产品质量时，需做破坏性试验（如试验灯泡的使用寿命，手电池的间歇放电时间等），这些用作试验的产品，不计算在产品生产量中。

库存量 指工业企业在期初、期末时点上，尚存在企业产成品仓库中而暂未售出的产品的实物数量。

(1) 产品库存量计算应遵循的原则

①产品库存必须是处于“实际库存”状态的产品，即产品生产出来经过检验合格并办了入库手续的产品。有的产品虽已结束了生产过程，但还没有验收合格，还没有办理入库手续，不能作为产品库存统计。有的产品已经售出，但按提货制要求还没有办妥货款结算手续的，或按送货制要求未办理承运手续的，仍应作为本企业的产品库存量统计，而不能作为产品销售量统计。

②计入产品库存量的产品，必须是本企业有权销售的产品，对于已经销售并已办妥各项手续，但尚未提货的产品，本企业无权支配，这种产品虽然仍存在本企业仓库中，但不应统计为库存量。凡企业有权销售的产品，不论存放在什么地方，均应统计。

③产品库存量不能出现负数。如果产品还没有入库就已售出，应将售出的这部分产品补填入库和出库凭证，并相应计入产品产量中。

(2) 产品库存量包括的内容

①本企业生产的，报告期内经检验合格入库的产品。

②库存产品虽有销售对象，但尚未发货的。

③非工业企业和境外订货者来料加工产品尚未拨出的。

④盘点中的账外产品。

⑤产品入库后发现有质量问题，但未办理退库手续的产品。

(3) 产品库存量不应包括的内容

①属于提货制销售的产品，已办理货款结算和开出提货单，但用户尚未提走的产品。

②代外单位保管的产品。

③已结束生产过程但尚未办理入库存手续的产品。

销售量 指报告期内工业企业实际销售的由本企业生产（包括本期生产和非本期生产）的符合规定的质量标准或定货合同规定的技术条件的工业产品的实物数量。凡用订货者来料加工生产的产品，并且加工企业只收取加工费的，如果订货者是境内非工业企业和境外企业，其产品销售量由加工企业（即承包企业）统计；如果订货者是境内工业企业，产品销售量由委托企业（即发包企业）统计，加工企业不统计。

区分来料加工与自备原材料生产的依据同工业总产值中的规定。

(1) 产品销售量的核算原则：产品销售量以产品销售实现为核算原则，即在产品已发出，货款已经收到或者得到了收取货款的凭据时作为销售实现，统计产品销售量。按照企业销售方式的不同，产品销售量统计遵从以下几种规定：

①采用送货制销售的，产品如由本企业运输部门发运，以产品出库单上的数量、日期为准；如委托专业运输部门发运，则以运输部门的承运单上的数量、日期为准。

②采用提货制销售的，以给用户开具的发票和提货单上的数量、日期为准。

③委托其他单位代销的产品，以企业收到代销单位的代销清单为准。

④采用预收货款销售的，在发出产品时作为销售。产品尚未生产出来，已预收货款或预开提货单的，不应算作销售。

⑤企业出口销售的产品，陆运以取得承运货物收据或铁路运单，海运以取得出口装船提单，空运以取得空运运单，并向银行办理出口交单的数量、日期为准。企业自营出口的产品，在委托外贸部门代理出口（实行代理制）的情况下，以收到外贸部门代办的运单和银行交单凭证的数量、日期为准。

（2）统计产品销售量应注意以下几点：

①只有企业销售的合格产品才能统计其销售量，销售的次品不能计入产品销售量。

②企业直接从外购进产成品，只是更换了标签或包装的，不能作为销售量统计。

③分清产品销售和预售的界限：预售指产品还没有生产出来以前，用户为了购买这种产品事先向工厂支付货款。预售不能算作销售。相反，有些产品采用了分期付款的形式，只要是用户拿到了这个商品，不管货款是否已付清，作为企业已经取得了收取货款的凭证就应作为销售。

（3）售出产品退货的处理遵从以下规定：

①退回报告期内销售的合格品，应从报告期销售量中扣除，同时计入库存量；退回报告期内销售的不合格品，要在报告期销售量中扣除，还要同时扣除报告期生产量。

②退回报告期以前售出的合格品，报告期销售量不变，计入产品库存量中；退回报告期以前售出的不合格品，报告期销售量和报告期生产量均不变。

③退回修理的产品，修理后仍交原用户的，不作为退货处理，在统计报表上不做反映。

销售金额　指产品的销售额，即企业在报告期内按各种价格销售同一种产品所得到的销售总金额，与销售量的口径是一致的，凡是计算了销售量的产品都应该计算其销售额。这里需要注意两点：第一，产品销售额是按不含增值税（销项税额）的价格计算的，这是为了与现行财税制度对财务会计核算的要求和规定保持一致；第二，用订货者来料加工生产的成品（半成品）的销售额按加工费计算。

企业自用及其他　本指标包括企业自用量和其他两部分。企业自用量又称企业自产自用量，指工业企业在报告期内生产的、已作本企业产量统计的、又作为本企业生产另一种产品的原材料使用的产品的数量。如钢铁企业用本企业生产的生铁炼钢，其计算了生铁产量又用于炼钢的生铁数量，应作为企业自用量统计。但是，由本企业验收合格后，作为商品出售给本企业生活用、在建工程用或行政部门用的产品数量，不能作为自用量统计，而作为销售量统计。如钢铁企业将本企业生产的钢材用于本企业房屋维修的数量，应作为销售量而不是自用量统计。其他是指工业企业在报告期内将产品用于展览、捐赠、借出以及报废等方面的产品数量和盘盈盘亏的数量。企业以促销手段搭售的产品不能视为捐赠，而应作为销售对待。

生产能力　一般指产品的综合生产能力，但也有些产品指其主要设备的能力。在填报时分为两种情况：

（1）产品生产能力：指在一个企业范围内生产某种产品的综合平衡能力，是生产某种产品的全部设备（包括主要生产设备、辅助生产设备、起重运输设备、动力设备及有关的厂房和生产用建筑物等）在原材料、燃料动力供应充分，劳动力配备合理，设备正常运转的条件下，报告期内可能达到的生产量。企业在具体填报时，可以区分以下三种情况：第一种是原有设计能力未经重大技术改造的用设计能力填报；经过技术改造后，有技术改造后设计能力的，填报技术改造后的设计能力。第二种是原有设计能力已不能反映实际情况，有核定能力的，按核定能力填报。第三种是既没有设计能力也没有核定能力，或原设计能力（或核定能力）已与实际生产水平相差很大，按查定能力填报。

（2）设备能力：指某种设备的单位时间内可能生产的产品数量，也就是说，某种设备在单位时间内的工作量，即一般所称的设备效率，或设备生产率，它不考虑与其他设备的平衡问题。

企业在具体填报时，还要注意以下几点：

（1）以生产能力表的产品为基准填报。以水泥生产设备为例，如果企业的设备既能生产水泥，也能生产水泥熟料，而报告期企业只生产熟料，没有生产水泥，则企业不能填报水泥的生产能力。

（2）停产企业要继续填报生产能力。

（3）破产企业不需填报生产能力。

生产能力利用率　指报告期内主要产品产量与相应的生产能力之比。

2．建筑业

签订的合同额　指建筑业企业在报告期直接同建设单位签订合同的总价款和以前年度同建设单位签定合同的未完工程跨入本年度继续施工工程合同的总价款余额。

上年结转合同额　指以前年度同建设单位签订合同的未完工程跨入本年度继续施工工程合同的总价款余额。

本年新签合同额　指建筑业企业在报告期内同建设单位直接新签订的各种国内工程合同的总价款，不包括与其他建筑业企业新签的分包合同额。

以上三个指标的填报依据：（1）有施工合同管理台账的企业，依据施工合同管理台账填报；（2）没有施工合同管理台账的企业，依据企业与项目建设单位签订的各种施工合同文本。

填写时应注意：（1）三个指标均指建筑业企业直接同建设单位签订合同，即甲方必须是业主（建设单位）；（2）签订的合同额包括公开投标、暗标、甲方指定、口头协议等，不管企业用什么方式，也不管合同的形式，只要是从建设单位直接承包的工程项目都应统计；（3）在填写上年结转合同额时，只须填报未完工程跨入本年度继续施工工程合同的总价款余额部分。如果企业在上年实际完成工作量超过了合同总价款，并且在本年度尚有施工任务，在填报该指标时应把上年结转合同额视同为零。

直接从建设单位承揽工程完成的产值 指总承包企业或专业承包企业直接与建设单位（业主）签订的承包合同（包括报告期及以往年度签订的合同，不包括无效合同和中途解除的合同），在报告期内完成的工程总值。包括企业向其他专业承包企业或劳务分包企业分包出去的工程所完成产值，还包括分包企业缴纳的管理费。

自行完成施工产值 指总承包企业或专业承包企业直接与建设单位（业主）签订的总承包合同或专业承包合同中，自行完成的工程总值。包括总承包企业和专业承包企业自行完成的工作量和分包企业缴纳的管理费。

分包出去工程的产值 指专业承包企业或劳务分包企业与总承包企业或专业承包企业签订的专业承包或劳务分包合同中在报告期所完成的产值。分包企业如果是一个独立核算的经济实体，其完成的产量产值，不包括在总承包企业或专业承包企业自行完成产值中。

在当前建筑市场中，还有一些零散的建筑业包工队（组）以小包工队形式从建筑施工企业分包部分“单位工程”或“分部工程”，这些包工队（组）并不具备填报国家统计报表的条件，其完成的产量产值均应由总承包企业或专业承包企业填报。为了保持相关数据的一致性，包工队（组）参与施工的人数也应统计在总承包企业或专业承包企业的人数内。

从建设单位以外承揽工程完成的产值 指总承包企业或专业承包企业从其他总承包企业或专业承包企业处承揽工程而完成的产值。不包括总承包企业或专业承包企业从建设单位承揽工程中自行完成的产值和分包企业缴纳的管理费。

建筑业总产值 指以货币表现的建筑业企业在一定时期内生产的建筑业产品和服务的总和。建筑业总产值包括建筑工程产值、安装工程产值和其他产值三部分内容。

劳务分包企业建筑业总产值指劳务分包企业与总承包企业或专业承包企业签定劳务分包合同后，从事建筑安装工程取得的所有劳务收入。

注意事项：根据税法规定，在劳务分包合同中，支付给劳务的报酬不缴纳税金，所以有部分劳务企业就把这部分人工费没有核算到建筑业总产值中，包括装饰装修产值、营业收入甚至人数也没有统计，所以，在填报本表时，一定要按照签定的合同全口径填报建筑业总产值。

装饰装修产值 包括装饰、装修两部分产值。装修装饰指对新旧房屋及建筑物进行的内外装修装饰；对新建房屋及建筑物经过施工后，尚未完全达到使用标准，而进行的二次装修装饰；以及对原有房屋经使用若干年后进行的二次内外装饰。包括抹灰、门窗、玻璃、吊顶、隔断、饰面板（砖）、涂料、裱糊、刷浆、花饰等。

在外省完成的产值 指建筑业企业在其他省份施工所完成的建筑业产值。

建筑工程产值 指列入建筑工程预算内的各种工程价值，包括：

（1）各种房屋如厂房、仓库、办公室、住宅、商店、学校、医院、俱乐部、食堂、车库、招待所等房屋建筑，按照当前预算制度规定，列入房屋工程预算内的暖气、卫生、通风、照明、煤气等设备价值及其装饰油漆工程，以及列入建筑工程预算内的各种管道（如蒸汽、压缩空气、石油、给排水等管道），电力、电讯电缆导线的敷设等工程。

（2）设备基础、支柱、操作平台、梯子、烟囱、凉水塔、水池、灰塔等建筑工程、炼焦炉、裂解炉、蒸汽炉等各种窑炉的砌筑工程及金属结构工程。

（3）为施工而进行的建筑场地的布置，工程地质勘探，原有建筑物和障碍物的拆除及平整土地，施工临时用水、电、汽、道路工程，以及完工后建筑场地的清理，环境绿化工作等。

（4）矿井的开凿、井巷掘进延伸、露天矿的剥离、石油、天然气钻井工程和铁路、公路、港口、桥梁等工程。

（5）水利工程，如水库、堤坝、灌渠以及河道整治等工程。

（6）防空、地下建筑等特殊工程。

（7）装饰装修工程。

安装工程产值 指设备安装工程价值，包括：

（1）生产、动力、起重、运输、传动和医疗、实验等各种需要安装设备的装配和安装与设备相连的工作台、梯子、栏杆等装设工程，附属于被安装设备的管线敷设工程、被安装设备的绝缘、防腐、保温、油漆等工作。

（2）为测定安装工作质量，对单个设备、系统设备进行单机试运和系统联动无负荷试运工作。

在设备安装产值中，不得包括被安装设备本身价值。

其他产值 建筑业总产值中除建筑工程、安装工程以外的产值。包括房屋构筑物修理产值、非标准设备制造产值、总包企业向分包企业收取的管理费以及不能明确划分的施工活动所完成的产值。

房屋构筑物修理产值：指房屋和构筑物的修理所完成的产值，但不包括被修理房屋、构筑物本身价值和生产设备的修理价值。

非标准设备制造产值：指加工制造没有定型的非标准生产设备的加工费和原材料价值（如化工厂、炼油厂用的各种罐、槽，矿井生产统一使用的各种漏斗、三角槽、阀门等）以及附属加工厂为本企业承建工程制作的非标准设备的价值。

建筑业总产值相关指标填报时应注意事项：

(1) 直接从建设单位承揽工程完成的产值

①该指标统计的对象是与建设单位签订的所有有效合同的工程项目；

②该指标是指在报告期内完成的工程总值，不管是自行完成还是分包出去的都应统计在内；

③该指标还包括分包企业缴纳的管理费；

④提醒注意，签订的合同额与直接从建设单位承揽工程完成的产值的关系，这两个指标的口径一致，核算的工程都是一致的，都是从建设单位直接承包的。签订的合同额和直接从建设单位承揽工程完成的产值在数量上，没有严格的关系，但签订的合同额一般应大于等于直接从建设单位承揽工程完成的产值，尤其是当有分包出去的产值时，至少自行完成产值应小于签订的合同额，如果出现签订的合同额小于直接从建设单位承揽工程完成的产值时，一定要查明原因。

(2) 自行完成施工产值

①该指标统计的对象是与建设单位签订的所有有效合同的工程项目中本企业自行施工部分；

②该指标包括总承包企业和专业承包企业向分包企业收取的管理费；

③该指标包括分包给非独立核算的经济实体完成的那部分产值，如：分包给一些非独立核算的零散的建筑业包工队（组）等，为了保持相关数据的一致性，包工队（组）参与施工的人数也应统计在总承包企业或专业承包企业的从业人员内。

(3) 分包出去工程的产值

①该指标统计的对象是与建设单位承揽的工程项目中本企业不施工部分，并且分包企业是一个独立核算的经济实体的那部分工程；

②该指标不包括总包企业向分包企业收取的管理费；

③如果分包给一个非独立核算的经济实体，其完成的产量产值，不包括在该指标，应在总包企业自行完成产值中反映。

(4) 从建设单位以外承揽工程完成的产值

该指标统计的对象是从其他建筑企业承揽的工程项目。

(5) 建筑工程产值

①列入建筑工程预算内的产值；

②只要是装饰装修工程都应统计在建筑工程产值中。

(6) 安装工程产值

①安装企业负责施工的工程，不一定都是安装工程产值；

②在安装工程产值中，不得包括被安装设备本身价值，以及场外及合同外的运费等相关费用。

(7)其他产值

①其他产值包括房屋构筑物修理产值，但不包括被修理房屋、构筑物本身价值和生产设备的修理价值；

②其他产值中的非标准设备制造产值，强调的是用于工程，包括非标准设备的加工费和原材料价值两部分。

竣工产值　一般是以单位工程为对象，当该工程按照设计所规定的工程内容全部完成，达到了设计规定的交工条件，经有关部门检查验收鉴定合格的单位工程价值，即为竣工产值。

(1) 竣工产值包括范围：竣工产值是报告期内竣工的单位工程从开工到竣工的全部自行完成的价值，包括范围是：

①对跨年度施工的单位工程，其竣工产值应当包括该工程从开始到竣工的全部自行完成价值。

②对有些大型单位工程，如大型厂房、高级宾馆、各种管道、公路、铁路等，能够分跨、分层、分段施工并按合同规定，能够分开交付使用的，可以分开计算竣工产值。

竣工产值不包括附属辅助企业或内部核算的其他单位为外单位生产和服务的价值。

(2) 竣工产值统计依据：竣工产值统计的依据是企业承包的工程只有同时满足以下两个条件时，才能计算竣工产值。

①承包合同中规定的单位工程内容全部完成，达到设计规定的交工条件。

②经有关部门检查验收鉴定合格。

(3) 竣工产值填报依据：竣工产值填报的依据是工程验收鉴定合格证书（或文本）、工程结算（或决算）文本。

房屋施工面积　指报告期内施工的全部房屋建筑面积。包括本期新开工的房屋建筑面积、上期跨入本期继续施工的房屋建筑面积、上期停缓建在本期恢复施工的房屋建筑面积、本期竣工的房屋建筑面积以及本期施工后又停缓建的房屋建筑面积。多层建筑应填各层建筑面积之和。

房屋新开工面积　指报告期内新开工建设的房屋建筑面积，以单位工程为核算对象，即整栋房屋的全部建筑面积，不能分割计算。不包括在上期开工跨入报告期继续施工的房屋建筑面积和上期停缓建而在本期恢复施工的房屋建筑面积。房屋的开工应以房屋正式开始破土刨槽（地基处理或打永久桩）的日期为准。

实行投标承包面积　指报告期内建筑施工企业经过投标招标而承担的全部房屋建筑面积。

年末自有施工机械设备净值　指本企业（或单位）自有施工机械设备经过使用、磨损后实际存在的价值，即原值减去折旧后的净额。

年末自有施工机械设备总台数 指年末本企业（或单位）自有的直接用于工程施工的各种机械设备的台数。但不包括附属辅助生产机械设备、运输机械设备、生产试验机械设备的台数。

年末自有施工机械设备总功率 指年末本企业（或单位）自有的直接用于工程施工的各种机械设备年末总功率，按设定能力或查定能力计算。包括施工机械本身的动力和为该机械服务的单独动力设备，如电动机等。但不包括附属辅助生产机械设备、运输机械设备、生产试验机械设备的功率。计量单位用千瓦，动力换算可按 1 马力＝0.735 千瓦折合成千瓦数。电焊机、变压器、锅炉不计算动力。

建筑材料消耗量 指报告期内实际耗用于建筑产品生产过程中的全部材料数量，包括建设工程直接耗用的材料，现场临时设施，预制建筑构件，非标准设备制造等所耗用的材料。它是编制和检查材料消耗计划，核算单位产品材料消耗水平，考核消耗定额和反映节约情况的依据。

钢材 包括重轨、轻轨、大型型钢、中型型钢、小型型钢、带钢、线材、特厚钢板、中厚钢板、薄钢板、硅钢片、优质型材、无缝钢管、焊接钢管和其他钢材等品种，以吨为计量单位。不包括钢锭、钢材边角料，已经使用过的旧钢材、铸铁管，以及钢丝绳、铅丝等金属制品。

木材 包括原木、锯材和各种人造板，统一按原木数量计算，以立方米为计量单位。不经过纵锯就直接使用的原木，如桩木、电杆和脚手杆等，可直接计入消耗量。经过纵锯或加工而成的材料、板材和人造板，必须按规定的出材率和换算方法计算出原木数量后，再计入消耗量。计算木材消耗量，不包括小规格材和废旧材料。

水泥 包括普通建筑水泥、装饰水泥和特种水泥（如快硬高强水泥、膨胀水泥、耐酸耐火、防射线水泥等），以吨为计量单位。不包括无熟料水泥和土水泥。

平板玻璃 建筑用平板玻璃主要指无色的普通平板玻璃和吸热玻璃（即在熔化玻璃液时加入不同的着色剂，可以生产茶、灰、蓝等不同色泽的平板玻璃，俗称彩色玻璃）。

计量单位为重量箱和平方米。“每一重量箱”指厚度为 2 毫米，面积 10 平方米的平板玻璃。其折算公式如下：

$$\text{某种玻璃的重量箱数}=\frac{\text{某种厚玻璃消耗量(平方米)}\times\text{某种玻璃的厚度}/2}{10}$$

“平方米”指不同厚度玻璃的实际表面面积。

铝材 指铝成品材。包括纯铝及铝合金加工的板材、带材、箔材、管材、棒材、线材、型材、压模件、自由锻件等。不包括边角料、裸铝线及电线厂自产自用的铝盘条。

建筑主要材料统计指标的填报依据是企业材料消耗统计台账、或企业建筑施工活动中的用料记录。

主要材料消耗注意问题：（1）建筑业企业原材料消耗核算是从建筑材料进入第一道生产工序，改变了原来的形态或性能，或者已经实际投入使用开始，即作材料消耗统计。包括因施工错误、技术指导错误或甲方变更设计而造成的返工、报废工程所耗用的材料，但不包括已领取但未投入使用的材料，因此，企业在做材料消耗统计时，不能以领代耗、也不能以进代耗。（2）注意计量单位。（3）注意主要材料的总价值必须小于建筑业总产值，其中：

主要材料的总价值=Σ（各种主要材料×当地的材料均价）。

企业总产值 指建筑业企业在报告期内全部经济活动的最终成果的货币表现。在企业总产值中除包括建筑业总产值外，还包括建筑业企业从事其他经济活动所创造的价值（如工业产值、交通运输产值、商业服务业产值、其他产值收入和劳务收入等）。

注意：所有总承包和专业承包建筑业企业都要填报本指标，填报时注意企业总产值≥建筑业总产值。

房屋竣工面积 指报告期内房屋建筑按照设计要求已全部完工，达到住人和使用条件，经验收鉴定合格或达到竣工验收标准，可正式移交使用的各栋房屋建筑面积的总和。

竣工面积以房屋单位工程（栋）为核算对象，在整栋房屋符合竣工条件后按其全部建筑面积一次性计算，而不是按各栋施工房屋中已完成的部分或层次分割计算。

计算房屋竣工面积，要求严格执行房屋竣工验收标准。民用建筑一般应按设计要求在土建工程和房屋本身附属的水、电、卫（包括设计中有的煤气、暖气）工程已经完工，通风、电梯等设备已经安装完毕，做到水通、灯亮，经验收鉴定合格，并正式交付给使用单位后，才能计算竣工面积。工业及科研等生产性房屋建筑一般应按设计要求在土建工程（包括水、暖、电、卫、通风）及属于房屋组成部分的生活间、操作间等已经完成（不包括安装设备的基础工程），可以进行工艺设备和管线安装时，方可计算房屋竣工面积。

房屋竣工价值 指报告期内按规定已经上报竣工的房屋本身的建造价值。一般按房屋设计和预算规定的内容计算。包括竣工房屋本身的基础、结构、屋面、装修以及水、电、卫等附属工程的建筑价值；也包括作为房屋建筑组成部分而列入房屋建筑工程预算内的设备（如电梯、通风设备等）的购置和安装费用。不包括厂房内的工艺设备、工艺管线的购置和安装，工艺设备基础的建造；室外的水、暖、电、卫、道路工程、挡土墙等环境工程的费用；办公和生活用家具的购置等费用；购置土地的费用；迁移补偿费和场地平整的费用及城市建设配套投资。

房屋竣工价值不仅包括该竣工房屋在报告期内完成的价值，也包括跨年施工的房屋在本期以前完成的价值。未竣工而转让给其他单位的房屋建筑工程，出让单位不计算竣工价值，待接受单位继续施工并符合竣工条件后，由接受单位计算其竣工价值，包括出让单位在出让前所完成的价值。房屋竣工价值一般按结算价格（或中标价）计算。

3．批发和零售业

商品购进额　指从本企业以外的单位和个人购进（包括从国外直接进口）作为转卖或加工后转卖的商品金额（含增值税）。本指标反映批发和零售业从国内外市场上购进商品的总价。

商品购进包括：（1）从工农业生产者、批发和零售业企业、住宿和餐饮业企业、出版社或报社的出版发行部门和其他服务业企业购进的商品；（2）从机关团体、事业单位购进的商品；（3）从海关、市场管理部门购进的缉私和没收的商品；（4）从居民收购的废旧商品等。

不包括：（1）企业为本单位自身经营用，不是作为转卖而购进的商品，如材料物资、包装物、低值易耗品、办公用品等；（2）未通过买卖行为而收入的商品，如接受其他部门移交的商品、借入的商品、收入代其他单位保管的商品、其他单位赠送的样品、加工回收的成品等；（3）经本单位介绍，由买卖双方直接结算，本单位只收取手续费的业务；（4）销售退回和买方拒付货款的商品；（5）商品溢余。

购进的各种商品，不论是否进入本单位仓库，凡是通过本企业结算货款的，都包括在内。从国内购进的商品，以进货全价计算商品购进，包括原始进价（或农副产品收购价）和购入环节缴纳的各项税金（包括增值税），企业购进商品发生的购进折扣、退回和折让，及购进商品发生的经确认的索赔收入，冲减商品购进金额。进口商品的国外进价按到岸价格（CIF）、折合成人民币计算，如果对外合同以离岸价格（FOB）成交，商品离开对方口岸后，应由我方企业负担的各项费用也包括在商品购进的金额内，但不包括到达我国口岸后发生的各项费用，收入的进口佣金冲减购进金额，不包括不易按商品认定的佣金金额。企业委托其他单位代理进口的商品，其购进金额为实际支付给代理单位的全部价款。

进口　指直接从国外进口或委托外贸企业代理进口的商品金额，不包括从国内有关单位购进的进口商品。对外贸易企业只统计自主经营进口的商品，不统计受托代理进口的商品。

商品销售额　指对本单位以外的单位和个人出售的商品金额（包括售给本单位消费用的商品，含增值税）。在批发和零售业中，本指标反映在国内市场上销售商品以及出口商品的总量。

商品销售包括：（1）售给城乡居民和社会集团消费用的商品；（2）售给农业、工业、建筑业、服务业等国民经济各行业用于生产、经营用的商品，包括售予批发和零售业作为转卖或加工后转卖的商品；（3）对国（境）外直接出口的商品。

商品销售不包括：（1）未通过买卖行为付出的商品，如随机构变动移交给其他企业单位的商品、借出的商品、归还受其他单位委托代保管的商品、付出的加工原料和赠送给其他单位的样品等；（2）经本单位介绍，由买卖双方直接结算，本单位只收取手续费的业务；（3）购货退回的商品；（4）商品损耗和损失；（5）出售本单位自用的废旧物资。

商品销售是指商品已经售出、商品所有权已经转移给买方后，以收到货款或取得收取货款的证据时作为商品销售。（1）采取直接收款方式的，在实际收到货款或取得收款的凭证时作为商品销售；采取托收承付和委托银行收款结算方式的，在发出商品并办妥托收手续时作为商品销售；采用分期收款方式的，按合同约定的收款日期作为商品销售；采用预收货款方式的，在商品发出时作为商品销售；（2）委托其他单位代销商品，以收到代销单位的销售清单时作为商品销售。在交款提货的情况下，如货款已经收到，只要账单和提货单已经交给买方，不论商品是否发出，都应作为商品销售；（3）出口商品销售，陆路以取得承运货物收据或铁路联运运单、海运以取得出口装船提单、空运以取得运单并在银行办理了交单作业作为商品销售。预收货款不通过银行交单的，取得以上提单、运单后作为商品销售。出口商品一律以离岸价（FOB）计算商品销售，如按到岸价（CIF）对外成交的，应扣除商品离境后发生的由我方负担的国外运费、保险费、佣金（不包括不易按商品认定的累计佣金）、银行财务费和对外理赔款等作为商品销售；（4）自营进口商品销售，企业与境内用户签订合同实行货到结算的，在商品到达我国境内港口取得船舶到港通知，企业向订货单位开出结算凭证时作为商品销售；合同规定对境内实行单向结算的，企业凭境外账单向订货单位开出结算凭证时作为商品销售；已先期到达并存放在相应的仓储企业单位库存的进口商品，企业凭出库单向用户开出结算凭证后作为商品销售。

批发额　指售给国民经济各行业用于生产、经营用的商品金额。

商品批发包括：（1）售给农业、工业、建筑业等行业用于生产的各种机器设备、工具、原料、材料、燃料、建筑材料，售给农民的农业生产资料，售给交通运输、仓储和邮政业用于业务活动的设备、车辆和燃料等；（2）售给信息传输、软件和信息技术服务，科学研究和技术服务业，水利、环境和公共设施管理业等行业用于生产经营、勘察设计、科研试验等业务经营使用的商品，售给批发和零售业、住宿和餐饮业使用的各种设备、工具、原材料、燃料、仓储运输用的商品；（3）售给居民服务、修理和其他服务业各种营业用品，如售给理发业的理发工具、毛巾等，日用品修理业的设备、工具、材料、零配件等，售给民政部门救灾用的商品等；（4）售给批发和零售业作为转卖用的商品；售给餐饮业用于烹饪、调制加工后出售的商品和转卖的商品；售给服务业转卖的商品；（5）出口的商品。

出口　指直接向国（境）外出口商品和委托外贸企业代理出口的商品金额，商品出口不包括售给外贸企业出口或加工后出口的商品，以及在国内市场以外币销售的商品。外贸企业只统计自主经营出口的商品，不包括受托代理出口的商品。

零售额 指售给城乡居民用于生活消费和社会集团用于公共消费的商品金额。

商品零售包括：（1）售给城乡居民的各种生活消费品，售给入境旅游的外国人、华侨、港澳台同胞的各类商品；（2）售给行政事业单位、社会团体、军队和武警等机构的商品，以及以零售方式售给各类企业的商品。具体包括：用于非生产和社会交往的办公用品，如通讯设备、计算器具和设备、电讯网络设备、文印设备、音像视听器材和设备、纸张、本册、文具及装订文印材料、家具、日用电器、针纺织品、清洁卫生用品、文体用品、奖品、纪念品、礼品等；供内部人员乘坐的交通工具和燃料；用于办公设施修缮的各类配件、材料、工具等；用于取暖和防暑降温的设备、燃料、材料及食品等；专用于教学的用品和设备；非营利医疗机构的中、西药品、中药材和医疗设备器材；非专用的劳动保护用品；不对外营业的内部食堂用的餐具、炊具、设备、清洁卫生工具和食品、燃料等；军队、武警用于其人员生活的衣着品和个人用品；其他各类非生产性设备和用品。

商品零售不包括：（1）售给城乡居民已确知是用于生产、经营的商品；（2）售给各类农业生产者的生产资料类商品，如农机、农药化肥、农膜、种子饲料等商品；（3）售给企业单位生产用具及生产上专用的劳动保护用品。

商品库存额 对于批发和零售业法人企业和个体经营户，是指报告期末取得所有权的全部商品金额（含增值税）；对于批发和零售业产业活动单位，是指报告期末实际在库且归属法人具有所有权的全部商品金额（含增值税）。这个指标反映批发和零售业的商品库存情况，以及对市场商品供应的保证程度。

库存商品包括：（1）存放在本单位（如门市部、批发站、采购站、经营处）的仓库、货场、货柜和货架中的商品；（2）挑选、整理、包装中的商品；（3）已记入购进而尚未运到本单位的商品，即发货单或银行承兑凭证已到而货未到的商品；（4）寄放他处的商品，如因购货方拒绝付款而暂时存在购货方的商品；（5）委托其他单位代销（未作销售或调出）尚未售出的商品；（6）代其他单位购进尚未交付的商品。

库存商品不包括：（1）所有权不属于本单位的商品，如商品已作销售但买方尚未取走的商品，代替他人保管、运输、加工的商品，代其他单位销售（未做购进或调入）而未售出的商品；（2）委托外单位加工的商品（包括本单位所属加工厂和其他生产单位加工生产尚未收回成品的商品）；（3）外贸企业代理其他单位从国外进口，尚未付给订货单位的商品；（4）代国家储备部门保管的商品。

库存商品金额可以采用进价或售价进行核算。采用进价核算的商品，应按商品进货原则（或实际采购成本）计算期末库存；采用售价核算的商品，应按商品的售价计算期末库存。购入的商品，在商品到达验收入库后计算期末库存（对已记入购进尚未运到的商品，也可计算期末库存）；对于月终尚未开出承兑商业汇票的入库商品，按应付给供货单位的价款暂估计算期末库存；年度终了，凡已转入库存和已作销售的进口商品，属于国外以离岸价格成交、有应付未付国外运保费的，应先估计期末库存，委托其他单位代销的商品包括在期末库存中；委托外单位加工的商品，在发出商品时作减少期末库存，当加工商品收回时增加期末库存（包括商品进货原价、加工费用、加工税金等）。

4．住宿和餐饮业

营业额 指住宿和餐饮业单位在经营活动中因提供服务或销售商品等取得的全部收入，包括：客房收入、餐费收入、商品销售额（含增值税）和其他收入。不包括法人企业附营的其他行业产业活动单位的餐费收入、商品销售收入等各项收入。

客房收入 指住宿和餐饮业单位在经营活动中因提供住宿服务取得的收入。不包括法人企业附营的其他行业产业活动单位的客房收入。

餐费收入 指住宿和餐饮业单位为顾客提供就餐服务取得的收入。包括：经烹饪、调制加工后出售的各种食品，如主食、炒菜、凉拌菜等的收入。不包括法人企业附营的其他行业产业活动单位的餐费收入。

商品销售额 指对本单位以外的单位和个人出售的商品金额（包括售给本单位消费用的商品，含增值税）。在住宿和餐饮业中，本指标反映住宿和餐饮业单位出售商品的销售总额（含增值税），不包括法人企业附营的其他行业产业活动单位的商品销售额。

其他收入 指营业额中除客房收入、餐费收入、商品销售额（含增值税）以外的其他收入。

客房数 指住宿和餐饮业连锁门店提供住宿服务的房间数，该指标按报告期内正常情况下的实有数统计。

床位数 指住宿和餐饮业连锁门店供应旅客使用的床位数，不包括临时加床和门店内部工作人员使用的床位。该指标按报告期内正常情况下的实有数统计。

餐位数 指住宿和餐饮业连锁门店为顾客提供就餐服务时，正常可同时容纳就餐人员的餐位数量，不包括临时加的餐位。该指标按报告期内正常情况下的实有数统计。

5．房地产开发经营业

项目 指房地产开发企业，按照城市建设规划要求，立项审批（备案）并取得《施工许可证》后，在依法取得土地使用权的土地上开发的楼盘或小区工程。包括前期准备、设计、施工建设、收尾移交和销售或出租等阶段的全部过程。项目划分原则上以《国有土地使用证》为准，项目分期开发的，每一期工程作为一个项目填报。对于联建项目（两个或两个以上企业联合开发的项目)，由获得土地使用权的企业上报。

项目代码　是房地产开发项目的唯一标识码，共12位。前9位为企业组织机构代码，必须和项目所属企业组织机构代码保持一致。后面三位为顺序码，顺序码填写一般从“001”起。

项目名称　指经城市建设规划部门立项审批（备案）的房地产开发项目的全称，按项目主管部门审批（备案）文件上的名称填写。

项目建设所在地及区划　指房地产开发项目实际所处的详细地址及相应的区划代码。其中，项目实际所在地的详细地址，要求写明项目所在的省（自治区、直辖市）、地（区、市、州、盟）、县（区、市、旗）、乡（镇）以及具体街（村）的名称和详细的门牌号码，不能填写通讯号码或通讯信箱号码。区划代码指项目所在地区的区划代码，共12位，按设计管理部门最新更新的统计用区划代码填写。

项目开工时间　指项目开始建设的年月。代码6位，代码前4位为年份，后2位为月份，在填写1-9月份编码时，十位上应补“0”。按建设项目设计文件中规定的永久性工程第一次开始施工的年月填写。如果没有设计，就以计划方案规定的永久性工程实际开始施工的年月为准。

建设项目永久性工程的开工时间，一般是指永久性工程正式破土开槽开始施工的时间，作为建筑物组成部分的正式打桩也算为开工。在此以前的准备工作，如工程地质勘察、平整场地、旧有建筑物的拆除、临时建筑、施工用临时道路、水、电等工程都不算正式开工。总体设计内的工程开工之前，用迁移补偿费先进行拆迁还建工程的项目不算正式开工。以前年度全部停缓建在本年复工的项目，仍按设计文件中规定的永久性工程第一次正式开工的年月填报，不按复工的时间填报开工年月。

项目竣工时间　指项目所有永久性建筑物均已竣工验收（取得甲方、乙方、监理方、设计方四方验收单）的时间。以项目最后的单体建筑竣工时间为准。

项目所在地土地级别　指根据房地产开发企业开发的项目（楼盘或小区）所处自然地理位置的土地级别而划分的等级。土地级别是由各级土地管理部门根据土地使用价值及所处地段繁华程度的不同而划分的土地等级，是计算土地价值的重要依据之一。目前各地区对土地等级划分的标准并不统一，一般的划分原则是按照土地距离市中心的距离划分为一、二、三、四级以及其他级别。部分城市首先对土地先做区位划分，每个区位里再进一步划分土地级别。本指标按照中心城市所处位置来填写，如在北京市密云县城中心开发的楼盘，土地等级要按照楼盘距离北京市中心的远近划分，应该确定为“其他”地段，而不是处在密云的“一级”地段。一级，二级，三级……地段依次分别填为01，02，03……99。

项目属性中的纯商品住宅项目　指全部是以市场价销售的商品住宅项目。

项目属性中的其他项目　指经济适用房、廉租房、公共租赁房、两限房等不以市场价销售的住宅以及办公楼、商业营业用房及其他商品房等项目。

项目规划占地面积　指房地产开发项目规划书载明的相关部门规划的该项目占地面积。

容积率　指一定地块内，地上总建筑面积计算值与总建设用地面积之比。地上总建筑面积计算值为建设用地内各栋建筑物地上建筑面积计算值之和；地下有经营性面积的，其经营面积不纳入计算容积率的建筑面积。一般情况下，建筑面积计算值按照《建筑工程建筑面积计算规范》(GB/T50353-2005)的规定执行。

项目规划建筑面积　指房地产开发项目总的建筑面积。项目尚未开工或正在建设时，以规划建筑面积为准。

规划住宅套数　指房地产开发项目中规划建设住宅套数。

计划总投资　指在建的建设工程按照总体设计（或按设计概算或预算）规定的内容全部建成计划需要的总投资。

自开始建设累计完成投资　指房地产开发企业在建的房屋建设工程或正在开发的土地开发工程从开始建设到本期止累计完成的全部投资。其计算范围原则上应与“计划总投资”指标包括的工程内容相一致。

报告期以前已建成投产或停、缓建工程完成的投资以及拆除、报废工程的投资，仍应包括在内。但转出的“在建工程”累计投资应予以扣除，转入的“在建工程”以前年度完成的投资应当包括。

完成投资　指各种登记注册类型的房地产开发法人单位统一开发的包括统代建、拆迁还建的住宅、厂房、仓库、饭店、宾馆、度假村、写字楼、办公楼等房屋建筑物，配套的服务设施，土地开发工程（如道路、给水、排水、供电、供热、通讯、平整场地等基础设施工程）和土地购置的投资；不包括单纯的土地开发和交易活动。

建筑工程　指各种房屋、建筑物的建造工程，又称建筑工作量。这部分投资额必须兴工动料，通过施工活动才能实现。

安装工程　指各种设备、装置的安装工程，又称安装工作量。

设备工器具购置　指报告期内购置或自制的，达到固定资产标准的设备、工具、器具的价值。

(1) 设备：指各种生产设备、传导设备、动力设备、运输设备等。分为需要安装的设备和不需要安装的设备两种。

需要安装的设备（简称“需安设备”）：是指必须将其整体或几个部位装配起来，安装在基础上或建筑物支架上才能使用的设备。如轧钢机、发电机、蒸汽锅炉、变压器、塔、换热器、各种泵、机床等。有的设备虽不要基础，但必须进行组装工作，并在一定范围内使用，如生产用电铲、塔吊、门吊、皮带运输机等也作为需要安装的设备统计。

不需要安装的设备（简称“不需安设备”）：指不必固定在一定位置或支架上就可以使用的各种设备，如电焊机、叉车、汽车、机车、飞机、船舶以及生产上流动使用的空压机、泵等。

(2) 工具、器具：是指具有独立用途的各种生产用具、工作工具和仪器。如生产和维修用的切削工具、压延工具、铆焊工具、模压器、铸型、风镐等，检验、实验测量用的各种计量、分析、化验仪器，以及达到固定资产标准的包装容器等。

其他费用 指在固定资产建造和购置过程中发生的，除建筑安装工程和设备、工器具购置投资完成额以外的费用，不指经营中财务上的其他费用。包括土地出让金、大市政费、四源费（煤、热、自来水、污水）、不可预见费、旧房屋购置，基本畜禽支出，林木支出，退耕退牧还林还草、土壤改良、城市绿化，办公生活用家具、器具购置，建设单位管理费，土地征用、购置及迁移补偿费，政府收费，勘察设计费，研究实验费，可行性研究费，临时设施费，施工机械转移费，设备检验费，负荷联合试车费，土地占用、使用费，建设期应付利息，包干结余，企业债券发行费，合同公证费及工程质量监测费，国外借款手续费及承诺费，汇兑损益，调整器材调拨价格折价，坏账损失，固定资产亏损及损失等。

旧建筑物购置费 指购置已使用过的各种旧房屋及其他建筑物，即对旧房屋及其他建筑物的赔偿费。

土地购置费 指房地产开发企业通过各种方式取得土地使用权而支付的费用。土地购置费包括：(1) 通过划拨方式取得的土地使用权所支付的土地补偿费、附着物和青苗补偿费、安置补偿费及土地征收管理费等；(2) 通过出让方式取得土地使用权所支付的出让金；(3) 通过“招拍挂”方式取得土地使用权所支付的资金。以划拨和“招拍挂”方式取得土地所支付的资金在房地产项目竣工后计入新增固定资产，以出让方式取得土地所有权所支付的出让金不计入新增固定资产。土地购置费按当期实际发生额计入投资。土地购置费为分期付款的，应分期计入房地产开发投资。

投资额按工程用途分组：

(1) 住宅：指专供居住的房屋，包括别墅、公寓、职工家属宿舍和集体宿舍（包括职工单身宿舍和学生宿舍）等。但不包括住宅楼中作为人防用、不住人的地下室等。住宅按照用途可以划分为经济适用住房和别墅、高档公寓等。按照户型结构可以划分为90平方米以下住房，144平方米以上住房等。

①90平方米及以下住房：指在房地产开发企业投资建设的商品住宅中，套型建筑面积不超过90平方米（包括90平方米）的住房。套型建筑面积是指单套住房的建筑面积，由套内建筑面积和分摊的共有建筑面积组成。现房应以商品房销售合同中实际测绘的建筑面积为统计标准，期房根据商品房预售合同中规划设计面积进行统计，待住宅竣工交付使用后，应根据实际测绘面积进行相应调整。

②144平方米以上住房：指在房地产开发企业投资建设的商品住宅中，套型建筑面积超过144平方米（不包括144平方米）的住房。现房应以商品房销售合同中实际测绘的建筑面积为统计标准，期房根据商品房预售合同中规划设计面积进行统计，待住宅竣工交付使用后，应根据实际测绘面积进行相应调整。

③别墅、高档公寓：指建筑造价和销售价格明显高于一般商品住宅的商品住宅。别墅一般指地处郊区，独立成栋的商品住宅；高档公寓一般指地处市内高档社区，高层或多层的商品住宅。别墅、高档公寓的确定标准：一是经有房地产投资计划审批权的主管部门审批建设的别墅、高档公寓开发项目；二是销售价格高于当地同等地段商品住宅平均销售价格一倍以上的别墅、公寓开发项目。该指标可以分析房地产投资结构，反映高收入家庭商品住宅的供求平衡情况。

(2) 办公楼：指企业、事业、机关、团体、学校、医院等单位使用的各类办公用房（又称写字楼）。

(3) 商业营业用房：指商业、粮食、供销、饮食服务业等部门对外营业的用房，如度假村、饭店、商店、门市部、粮店、书店、供销店、饮食店、菜店、加油站、日杂等房屋。

(4) 其他：凡不属于上述各项用途的房屋建筑物，如中小学教学用房、托儿所、幼儿园、图书馆、体育馆等。

本年新增固定资产 指在报告期已经完成建造和开发过程并交付使用的房屋和土地开发面积的价值。指房地产开发公司进行开发经营活动的最终成果，即为社会提供的固定资产，而且是在报告期内新增加的。不是反映房地产开发企业本身固定资产的增加。

房屋施工面积 见建筑业经营情况部分。

房屋新开工面积 见建筑业经营情况部分。

房屋竣工面积 见建筑业经营情况部分。

不可销售面积 指报告期房地产公司竣工的用于拆迁还建的房屋面积；接受委托、定向开发建设，并收取一定的管理费所建设的统建代建房屋竣工面积；竣工的学校、幼儿园、派出所、居委会、商店等公益设施建筑面积。

住宅竣工套数 指报告期内按照设计要求已全部完工，经验收合格，达到住人或使用条件的正式交给开发公司的成套住宅数量（以设计图纸为准）。

房屋竣工价值 见建筑业经营情况部分。

批准预售面积 指报告期内，经批准可供销售的未竣工商品房建筑面积，依据《城市商品房预售管理办法》(建设部令第131号）填报。

批准预售住宅套数 指报告期内，经批准可供销售的未竣工商品房总套数，依据《城市商品房预售管理办法》(建设部令第131号）填报。

房屋出租面积　指在报告期末房屋开发单位出租的商品房屋的全部面积。

商品房销售面积　指报告期内出售商品房屋的合同总面积（即双方签署的正式买卖合同中所确定的建筑面积）。本月销售面积指从本月 1 日起至本月最后一天止出售商品房屋的合同总面积。商品房销售面积由现房销售面积和期房销售面积两部分组成。

(1) 现房销售面积：指在报告期内正式签订买卖合同、已经竣工达到入住条件的商品房屋建筑面积。包括以一次性付款方式和分期付款方式销售的现房建筑面积。

(2) 期房销售面积：指在报告期内正式签订买卖合同、正在建设尚未竣工交付使用的商品房屋建筑面积。包括以一次性付款方式和分期付款方式销售的商品房屋建筑面积。期房销售建筑面积竣工后不再结转为现房销售建筑面积。

商品房销售额　指报告期内出售商品房屋的合同总价款（即双方签署的正式买卖合同中所确定的合同总价）。本月销售额指从本月 1 日起至本月最后一天止出售商品房屋的合同总价款。该指标与商品房销售面积同口径，由现房销售额和期房销售额两部分组成。

(1) 现房销售额：指报告期内销售的已竣工商品房屋的合同总价款。包括现房销售前期预收的定金、预收款、首付款及全部按揭贷款的本金等款项。该指标与现房销售面积同口径。

(2) 期房销售额：指报告期内销售的正在建设尚未竣工的商品房屋的合同总价款。包括预售房屋前期预收的定金、预收款、首付款及全部按揭贷款的本金等项。该指标与期房销售面积同口径。

商品住宅销售套数　指报告期内出售商品房屋合同中总的成套住宅数量（即双方签署的正式买卖合同中所确定的成套住宅数量）。由现房销售套数和期房销售套数两部分组成。

(1) 现房销售套数：指报告期内销售的已竣工商品房屋合同中总的成套住宅数量。

(2) 期房销售套数：指报告期内销售的正在建设尚未竣工的商品房屋合同中总的成套住宅数量。

待售面积　指报告期末已竣工的可供销售或出租的商品房屋建筑面积中，尚未销售或出租的商品房屋建筑面积，包括以前年度竣工和本期竣工的房屋面积，但不包括报告期已竣工的拆迁还建、统建代建、公共配套建筑、房地产公司自用及周转房等不可销售或出租的房屋面积。按照商品房待售时间的长短可以划分为待售一年以下、待售一到三年（含一年）和待售三年以上（含三年）。

项目个数　指报告期内，房地产开发企业正在开发的房地产项目个数之和。项目分期独立开发上报的，独立上报的每期各计为一个项目。

本年实际到位资金合计　指房地产开发企业在本年内收到的可用于房地产开发和经营的各种资金来源数之和，包括上年末结余资金、本年度内拨入、借入或以各种方式筹集的资金。

上年末结余资金　指上年资金来源中没有形成投资额而结余的资金。包括尚未用到工程中的材料价值、未开始安装的需要安装设备价值及结存的现金和银行存款等。可根据有关财务数字填报。上年末结余资金不能出现负数，即不能把上年应付工程、材料款作为上年末结余资金的负数来处理。

本年实际到位资金小计　指房地产开发企业实际拨入的，用于房地产开发的各种货币资金。包括国内贷款、利用外资、自筹资金和其他资金。

国内贷款　指报告期内向银行及非银行金融机构借入的各种国内借款，包括银行利用自有资金及吸收存款发放的贷款、上级主管部门拨入的国内贷款、国家专项贷款（包括煤代油贷款、劳改煤矿专项贷款等），地方财政专项资金安排的贷款、国内储备贷款、周转贷款等。

银行贷款　指报告期内向各商业银行、政策性银行借入的用于项目开发建设的各项贷款。

非银行金融机构贷款　指向除上述银行之外从事金融业务的机构借入的用于房地产开发与经营的各项贷款。非银行金融机构包括城市信用社、农村信用社、保险公司、金融信托投资公司、证券公司、财务公司、金融租赁公司、融资公司（中心）等。

利用外资　指报告期内收到的境外（包括外国及港澳台地区）资金（包括设备、材料、技术在内）。包括对外借款（外国政府贷款、国际金融组织贷款、出口信贷、外国银行商业贷款、对外发行债券和股票）、外商直接投资、外商其他投资（包括补偿贸易、加工装配由外商提供的设备价款、国际租赁，外商投资收益的再投资资金）。不包括我国自有外汇资金（国家外汇、地方外汇、留成外汇、调剂外汇和中国境内银行自有资金发放的外汇贷款等）。各类外资按报告期的外汇牌价（中间价）折成人民币计算。

外商直接投资　指外国投资者在我国境内通过设立外商投资企业、合伙企业、与中方投资者共同进行石油资源的合作勘探开发以及设立外国公司分支机构等方式进行投资。外国投资者可以用现金、实物、无形资产、股权等投资，还可以用从外商投资企业获得的利润进行再投资。

自筹资金　指各地区、各部门及企事业单位筹集用于房地产开发与经营的预算外资金。

自有资金　指凡属于房地产企业（单位）所有者权益范围内所包括的资金，是按财务制度规定归企业支配的各种自有资金。包括企业折旧资金、资本金、资本公积金、企业盈余公积金及其他自有资金，也包括通过发行股票筹集的资金。

股东投入资金 指项目单位从股东处融入的用于固定资产投资的资金。项目单位的股东为项目建设投入的资金，如果不是来源于金融机构贷款、各级财政资金或外资，应做为自筹资金统计。来源于项目单位总公司或上级部门的资金，也应归入此类。

借入资金 指项目单位从其他单位（不包括股东）筹集的用于固定资产投资的资金，但不包括财政资金、贷款和外资。

其他资金来源 指在报告期收到的除以上各种资金之外其他用于房地产开发与经营的资金。包括国家预算内资金、债券、社会集资、个人资金、无偿捐赠的资金及用征地迁移补偿费、移民费等进行房地产开发的资金。

定金及预收款 定金是为使甲乙双方按约定签订正式经济合同，实现房屋交易，根据有关规定由购房者或单位在报告期交纳的押金。预收款是甲乙双方签订购销房屋合同后，在报告期由购房者或单位交付的首付款及各种手续费（包括其中的外汇）。

个人按揭贷款 又称“个人住房商业性贷款”。是指按照中国人民银行（《个人住房贷款管理办法》，银发[1998]190 号）中规定，贷款人（商业银行）向借款人发放的采用分期偿还方式用于购买自用普通住房的贷款。它是银行用其信贷资金所发放的自营性贷款。具体指具有完全民事行为能力的自然人，购买商品房时以其购买的产权住房（或银行认可的其他担保方式）为抵押，作为偿还贷款的保证而向银行申请的住房商业性贷款。从 1999 年 2 月开始，个人住房贷款可扩大到借款人自用的各类型住房贷款（《关于开展个人消费信贷的指导意见》，银发[1999]73 号）。

本年各项应付款合计 指在房地产开发过程中应付未付的投资款。包括应付工程款、应付器材款、应付工资、应付有偿调入器材及工程款、其他应付款、应交税金、应交基建收入、应交投资包干结余、应交能源交通建设基金、应交预算调节基金及其他应交款。各项应付款填报本报告期实际增加数（或发生数），不是填报开始建设以来的累计数。

工程款 指在房地产开发过程中应付未付给施工单位（乙方）的工程投资款。

待开发土地面积 指经有关部门批准，通过各种方式获得土地使用权，但尚未开工建设的土地面积。

本年土地购置面积 指在本年内通过各种方式获得土地使用权的土地面积。

本年土地成交价款 指进行土地使用权交易活动的最终金额。在土地一级市场，是指土地最后的划拨款、“招拍挂”价格和出让价；在土地二级市场是指土地转让、出租、抵押等最后确定的合同价格。土地成交价款与土地购置面积同口径，可以计算土地的平均购置价格。

拆迁补偿费 指土地成交价款中包含的向被拆迁房屋的所有权人或使用人支付的各种补偿金。

土地使用权出让金 指政府将土地使用权出让给土地使用者，并向受让人收取的政府放弃若干年土地使用权的全部货币或其他物品及权利折合成货币的补偿。房地产企业填报此指标应以《国有土地使用权出让合同》中相应指标为依据。

契税 指以所有权发生转移变动的不动产（土地）为征税对象，向产权承受人征收的一种财产税。

五、能源和水消费

1. 能源消费情况

能源库存量 指能源使用企业（单位）在报告期的某时间点所拥有的、用于企业（单位）消费的各种能源的库存量。本指标解释不涉及能源生产企业的能源产成品库存和能源贸易企业的能源商品库存。

（1）库存量的核算原则：

①时点性原则。库存量是指企业在报告期的某时间点所拥有的各种能源数量，所以必须按照制度所规定的时间点盘点库存，不得提前或推后。

②实际数量原则。企业在库存盘点后，可能出现账面数量与实际库存数量不一致的现象，在这种情况下，应以盘点数量为准来调整账面数量，差额作盘盈或盘亏处理。

③库存量的核算，以验收合格、办理完入库手续为准，未经验收或不合格的，不能计入库存。

④能源使用企业（单位）用于消费的能源库存按照能源的使用权原则统计。

（2）库存量的统计范围：

能源使用企业（单位）用于消费的能源库存的统计范围，是企业购进和调入（加工来料和借入）的、在报告期某一时点尚未消费、存放在原材料、能源供应仓库（或场地）、车间、工地中的各种能源，主要包括：

①凡是本单位有权支配的，不论来源（自行采购的、借用的、外单位拨来的等），也不论存放在什么地方（总库、分库、车间、工地、本单位之外的其他地方等），均应统计在本单位的库存量中；

②在统计时点上尚未投入消费的，包括车间、工地、班组从仓库已领取但尚未投入第一道生产工序的（应办理假退料手续）；

③外单位来料加工或自外单位借入的，在报告期末尚未消费的；

④已决定外调（卖出、借出、捐赠等），但尚未办理出库手续的；

⑤委托外单位代保管的；

⑥不属于正常周转库存的超出积压或特准储备、战略储备；

⑦清点盘库时查出属于账外的。

不包括：

①已拨交外单位委托加工的；

②已外调（借出、捐赠等），已经办理出库手续的；

③供货单位错发到本单位的；

④代外单位保管的；

⑤已查实确属损失或丢失的；

⑥已付货款，但还在运输途中的；

⑦已运到本单位，但尚未办理或尚未办完验收入库手续的。

⑧能源生产企业的产成品库存。

能源购进量　指能源使用企业（单位）在报告期购进、用于本企业（单位）消费的各种能源数量。本指标解释不涉及能源贸易企业的能源购进量。

购进量的核算原则：

(1) 计算购进量的能源必须具备以下三个条件：

一是已实际到达本单位；

二是经过验收、检验；

三是办理完入库手续。但是，在未办理完入库手续前已经投入使用，要计算在购进量中；使用多少，计算多少。

(2)“谁购进，谁统计”。

凡属本单位实际购进的，符合上述原则，不论从何处购进，均应计算在内，包括作价的加工来料。

凡属本报告期实际购进的，办理完入库手续，即计算购进量；什么时间办理入库手续，什么时间计算购进量。

根据以上原则，下述情况不能计算在购进量内：

(1)供货单位已发货，但尚未运到本单位，即使已经付款；

(2)货已运到本单位，但尚未办理验收、入库手续；

(3)经验收发现的亏吨（按验收后的实际数量计算购进量）；

(4)借入的，自产自用的，车间、工地上年领用今年退回的，以及加工来料（作价的除外）。

能源购进量按照实物量和价值量（金额）分别填报。各种能源的能源购进实物量分别按照报表规定的、体现物质形态属性的计量单位（如：吨、立方米）计算的能源购进量。

能源购进金额　指各种能源按照购进价格计算的能源购进量，以价值量（金额）表示，含增值税。计算能源购进金额时要注意：

(1)价值量指标要与实物量指标相一致，即计算实物量的，亦计算价值量，反之亦然；

(2)已验收入库尚未结算，购货发票未到，购进量以实际验收数量计算，购进金额以货物的上期平均价或合同价格乘购进量计算，待结算后再作调整。

(3)实物量与价值量之一，如不够一个计量单位，两者都不填报，待以后两者都达到一个计量单位时，再同时填报。

(4)能源购进金额不包括运输、装卸费用。

能源消费量　指能源使用企业（单位）在报告期内实际消费的各种能源的数量。能源消费量分实物量和标准量两种。能源消费实物量是按照报表规定的、体现物质形态属性的计量单位（如：吨、立方米）计算的能源消费量；能源消费标准量是按照能源标准计量单位（如：吨标准煤）计算的能源消费量。

能源消费量的统计原则：

(1)谁消费、谁统计。即不论其所有权的归属，由哪个单位消费，就由哪个单位统计其消费量。

(2)何时投入使用，何时计算消费量。企业的能源消费，在时间、工艺界限上，以投入第一道生产工序为标志，即投入第一道生产工序即计算消费，何时投入第　道生产工序，何时计算消费量。

(3)在计算企业（单位）的综合能源消费量时，不得重复计算，要扣除二次能源的产出量和余热、余能的回收利用量。

(4)耗能工质（如水、氧气、压缩空气等），不论是外购的还是自产自用的，均不统计在能源消费量中（计算单位产品能耗时是否包括耗能工质，视统计指标的具体规定而定）。

(5)企业自产的能源，作为企业生产另一种产品的原料或燃料，是否计算消费量，视以下两种情况而定：一是自产的能源如果计算产量，消费时则计算消费量，二是自产的能源如果不计算产量，消费时则不计算消费量，视同产品生产过程中的半成品和中间产品。原则是：计算产量，则计算消费；不计算产量，则不计算消费。

工业企业能源消费量 指工业企业在工业生产活动和非工业生产活动中消费的能源，包括工业生产活动中作为燃料、动力、原料、辅助材料使用的能源，生产工艺中使用的能源，用于能源加工转换的能源；非工业生产活动中使用的能源。具体包括：

(1)用于本企业产品生产、工业性作业和其他生产性活动的能源；

(2)用于技术更新改造措施、新技术研究和新产品试制以及科学试验等方面的能源；

(3)用于经营维修、建筑及设备大修理、机电设备和交通运输工具等方面的能源；

(4)用于劳动保护的能源；

(5)生产交通运输工具的企业（如造船厂、汽车制造厂），向成品轮船、汽车中添加动力用油，应算作企业的能源消费，但不作为工业生产消费，应作为非工业生产消费和交通运输工具消费。

(6)其他非生产消费的能源。

不包括：

(1)由仓库发到车间，但在报告期最后一天没有消费的能源。这部分能源应在办理假退料手续后计入库存量。

(2)拨到外单位，委托外单位加工用的能源。

(3)调出本单位或借给外单位的能源。

工业生产能源消费量 指工业企业为进行工业生产活动所消费的能源。主要包括：

(1)用于本企业产品生产、工业性作业的能源，包括用作原料、材料、燃料、动力的能源；作为能源加工转换企业，还包括用作加工转换的能源（这部分能源不能理解为用作原材料，用作原材料的概念见后面的解释）。

(2)产品生产过程中作为辅助材料使用的能源。

(3)生产工艺过程使用的能源。

(4)新技术研究、新产品试制、科学试验使用的能源。

(5)为了工业生产活动而在进行的各种修理过程中使用的能源。

(6)生产区内的劳动保护用能等。

用于原材料的能源消费量 指能源产品不作能源使用，即不作燃料、动力使用，而作为生产另外一种产品（非能源产品）的原料或作为辅助材料使用，作原料使用时通常构成这种产品的实体。它与用作加工转换的区别是：用作加工转换，投入的是能源，产出的主要产品还是能源（或产出的产品属于加工转换过程中产生的不作能源使用的其他副产品和联产品）。而用作原材料时，投入的是能源，产出的主要产品是能源范畴以外的产品，包括产出的某种产品在广义上可以用作能源（比如可以燃烧以提供热量），但通常意义上不作能源使用的产品。

非工业生产能源消费量 指在工业企业能源消费中，除“工业生产能源消费”以外的能源消费，即非工业生产用能和工业企业附属的不从事工业生产活动的非独立核算单位用能。比如本企业施工单位进行技术更新改造、维修等过程用能，非生产区的劳动保护用能，科研单位、农场、车队、学校、医院、食堂、托儿所等单位用能。但是必须注意，上述单位如果是独立核算的，其用能既不能包括在“工业企业能源消费”中，亦不能包括在“非工业生产能源消费”中。

生产交通运输工具的企业（如造船厂、汽车制造厂），向成品轮船、汽车中添加动力用油，应算作企业的非工业生产消费。

运输工具能源消费量 指在厂区内、外进行交通运输活动的交通运输工具所消费的能源。生产交通运输工具的企业（如造船厂、汽车制造厂），向成品轮船、汽车中添加动力用油，应作为交通运输工具消费。

如果工业企业所属的车队是独立核算的企业，其消费的能源既不能包括在“工业企业能源消费”中，亦不能包括在“运输工具消费”中，它的消费应为交通运输业企业消费。

综合能源消费量 指企业（单位）在报告期内工业生产实际消费的各种能源（扣除能源加工转换和能源回收利用等重复因素）的总和。计算综合能源消费量时，需要将各种能源品种的消费量换算成按照标准计量单位（如：吨标准煤）计量的消费量。不同工业法人单位的计算方法见《规模以上工业能源购进、消费与库存》(605-1表）的说明。

能源加工转换投入 能源加工转换，指为了特定的用途，将一种能源（一般为一次能源），经过一定的工艺，加工或转换成另外一种能源（二次能源）。

能源加工，是能源的物理形态的变化，比如用蒸馏的方式将原油炼制成汽油、煤油、柴油等石油制品；用筛选、水洗的方式将原煤洗选成洗煤；以焦化的方式将煤炭高温干馏成焦炭；以气化的方式将煤炭气化成煤气，等等。这些方法在加工前后能源均未发生质的变化。

能源转换，是能源的能量形态和化学形态的变化，比如经过一定的工艺过程，将煤炭、重油等转换为电力和热力，将热能转换为机械能，将机械能转换为电能，将电能转换为热能等；又比如，经过裂化，将重质石油转换成轻质石油（转换前、后的物质具有不同的化学结构和化学性质）。

能源加工转换投入量，指以生产二次能源产品为目的而投入能源加工转换生产装置的能源（一般为一次能源）的数量。

用作能源加工转换的能源不能算作用于原材料。两者的区别是：用作加工转换，投入的是能源，产出的主要产品还是能源，或产出的产品属于加工转换过程中产生的不作能源使用的其他副产品和联产品。而用作原材料时，投入的是能源，产出的主要产品却是能源范畴以外的产品，包括产出的某种产品在广义上可以用作能源（比如可以燃烧以提供热量），但通常意义上不作能源使用的产品。

能源加工转换企业的能源投入量不包括：

(1)加工转换本身的工艺用能，如发电厂的发电装置的电机用电、点火用燃料、车间通风设备用电及其他厂用电；炼焦厂的焦炉原料预热用的焦炉煤气、设备运转用电等。

(2)车间用能。

(3)辅助生产系统用能。

(4)经营管理用能。

(5)除上述项目以外的其他生产用能。

火力发电的加工转换投入　指火力发电企业为发电而投入发电锅炉燃烧室的燃料数量。通常燃料主要有：煤炭、燃料油、天然气、焦炉煤气、高炉煤气、转炉煤气、生物质燃料、可燃废弃物和可燃垃圾等。

供热的加工转换投入　指热力生产企业为生产热力而投入供热锅炉燃烧室的燃料数量，以及热电联产机组按照热电产出比例分摊的用于供热的燃料投入量。

原煤入洗的加工转换投入　指洗煤厂为生产洗煤而投入煤炭洗选生产装置的原煤数量。

炼焦的加工转换投入　指焦化企业为生产焦化产品而投入炼焦生产设备的煤炭（原煤、洗煤）数量。

炼油及煤制油的加工转换投入　炼油加工转换投入是指炼油厂为生产成品油和其他石油制品而投入炼油生产装置的原油或其他原料油数量。煤制油加工转换投入是指煤化工企业以生产成品油为目的而投入煤制油化工生产装置的煤炭（原煤、洗煤）数量。煤制油是以煤炭为原料，通过化学加工过程生产成品油的一项技术，包含煤直接液化和煤间接液化两种技术路线。煤的直接液化将煤在高温高压条件下，通过催化加氢直接液化合成液态烃类燃料，并脱除硫、氮、氧等原子。煤的间接液化首先把煤气化，再通过费托合成转化为烃类燃料。

制气的加工转换投入　指煤气生产企业为生产煤气而投入煤气生产装置的煤炭、焦炭、燃料油等能源产品数量。

天然气液化的加工转换投入　指天然气液化企业为生产液态天然气而投入天然气液化装置的天然气数量。

加工煤制品的加工转换投入　指煤制品生产企业，在不改变煤炭基本属性的情况下，为生产型煤（煤球、煤饼、蜂窝煤）、煤粉、水煤浆等煤制品而使用的原煤或其他煤炭产品的数量。

能源加工转换产出量　指一次能源经过加工转换产出的二次能源产品（包括不作能源使用的其他副产品和联产品）的数量，比如火力发电产出的电力，热电联产同时产出的电力、蒸汽、热水，原煤洗选产出的洗精煤、洗中煤、洗煤泥等，炼焦产出的焦炭、焦炉煤气和其他焦化产品（煤焦油、粗苯等），炼油和煤制油产出的汽油、煤油、柴油、燃料油、液化石油气、炼厂干气 、石脑油、润滑油、石蜡、溶剂油、石油焦、石油沥青等，制气（指煤气生产）产出的发生炉煤气、焦炭和其他焦化产品（煤焦油、粗苯等）。

工业企业回收能利用　指企业将废气、废液、废渣及其余热，产品和工艺生产介质余热，工艺温差、压差，以及其他非直接投入的能量形态和能量物质，作为能源进行使用的数量。目前工业企业回收能的能量，绝大部分来自企业曾经投入使用的能源物质，很小部分来自其他物质在生产工艺过程中释放的能量（比如非能源物质的化学反应热）。所以，目前企业回收能利用量，只在报表中的高炉煤气、转炉煤气和余热余压目录中填报；其他目录均不得填报；企业的综合能源消费量不得出现负值。

非工业企业能源消费量　指不是工业企业的法人单位所消费的各种能源，具体指建筑业和第三产业的企事业法人单位。其能源消费主要包括：（1）用于生产经营活动的能源；（2）用于技术更新改造措施、新技术研究以及科学试验等方面的能源；（3）用于经营维修、建筑及设备大修理、机电设备和交通运输工具等方面的能源；（4）用于劳动保护的能源；（5）其他非生产消费的能源。

非工业企业法人单位的能源消费合计＝Σ（某能源品种的消费量×某能源品种的折标准煤系数）。

《非工业重点耗能单位能源消费情况》（605-5表）的能源消费合计（吨标准煤）＝电力消费量（千瓦时）×0.1229/1000＋煤炭消费量（吨）×0.7143＋焦炭消费量（吨）×0.9714＋管道煤气消费量（立方米）×0.5714/1000＋天然气消费量（立方米）×1.33/1000＋液化石油气消费量（吨）×1.7143＋汽油消费量（吨）×1.4714＋煤油消费量（吨）×1.4714＋柴油消费量（吨）×1.4571＋燃料油消费量（吨）×1.4286＋外购热力消费量（百万千焦）×0.0341。计算时，各能源品种的计量单位必须与上述公式中的计量单位保持一致。部分能源品种换算关系如下：汽油1升＝0.73千克＝0.00073吨，轻柴油1升＝0.86千克＝0.00086吨，重柴油1升＝0.92千克＝0.00092吨，煤油1升＝0.82千克＝0.00082吨，燃料油1升＝0.91千克＝0.00091吨。

主要耗能工业企业单位产品能源消耗指标计算方法

煤炭（06）

吨原煤生产综合能耗

计算公式：吨原煤生产综合能耗（千克标准煤/吨）＝1000×原煤生产综合能源消费量（吨标准煤）/ 原煤产量（吨）

分子项：原煤生产综合能源消费量。指企业原煤生产所消费的各种能源。

主要包括：矿井（或露天）原煤生产过程中的回采、掘进（剥离）、运输（不包括为矿区服务的大铁路运输）、提升、通风、排水、压风、坑木加工、瓦斯抽放、消火灌浆、井口选矸、矿井采暖、水砂充填、矿灯充电、矿机修、工业照明、工业供水等用能，以及与上述有关的电力线路和变压器的电损。

不包括：非原煤生产、非生产部门、基本建设工程等用能和生活用能。

非原煤生产用能量，指煤矿企业附属的其他工业产品生产用能量。如选煤厂、机修厂、运输队、建材厂、火药厂、化工厂、支架厂、钢铁厂、综合利用厂等用能量和由各种专用基金支付的工程（如大修理、更新改造工程等）用能，以及与上述有关的电力线路和变压器的电损。

非生产部门用能，指煤矿企业的非生产部门用能量，如学校、托儿所、幼儿园、机关职工食堂、住宅区浴室、消防队等用能，以及与上述有关的电力线路和变压器的电损。

基本建设工程用能，指企业内基本建设工程用能量，以及与上述有关的电力线路和变压器的电损。

分母项：原煤产量。指矿井产量、露天矿产量和其他产量。

⑴矿井产量，指回采产量、掘进产量和矿井其他产量。

①回采产量，指生产矿井中全部回采工作面所采出的煤炭产量。但下列情况应区别处理：

矿井未正式移交之前，对准备出煤的回采工作面进行实际采煤，其采煤量应计为基建工程煤；列入科研计划的新采煤方法试验面和使用新机试采面的出煤，应计为矿井其他产量。

已完成掘进，在回采过程中掘凿的巷道（一般称“采后掘进”）出煤，应计为回采产量；

对已报废的矿井进行复采，由原煤生产费负担的，计入矿井其他产量。

②掘进产量，指在生产矿井中由生产费用负担的生产掘进巷道的出煤。不包括由更改资金进行的掘进工作出煤和井巷维修工作出煤。对采掘产量混在一起分不清的，以下式计算：

掘进产量（吨）＝煤巷及半煤巷的煤断面（平方米）×进尺（米）×煤的容重（吨/立方米）

③矿井其他产量，指生产矿井回采和掘进产量以外的其他产量，主要包括井巷维修出煤，已报废矿井复采后所出的煤，质量不合格经处理后合格的回收煤，科研试采出煤，出井无牌煤，水砂充填或水采矿井扫沉淀的煤泥，盘点发生的盈（亏）吨煤，以及由生产费用开支不计能力的矿井产量。

⑵露天矿产量，指露天煤矿采煤阶段的煤炭产量、剥离阶段的煤炭产量和露天矿其他产量。

露天矿其他产量，指露天采煤阶段和剥离阶段以外的其他产量。主要包括由生产费用开支的不计能力的露天产量，由排土场回收的拣煤量，露天坑内的残煤回收量。

⑶其他产量，指不由原煤生产费用开支的出煤，主要包括基建工程煤、更改工程煤、不计能力的小井和小露天矿出煤。

①基建工程煤，指基本建设矿井、露天矿在没有移交生产以前的工程出煤和试生产期间的煤炭产量。

②更改工程煤，指在生产矿井中用更改资金进行掘进工作所产出的煤。

③不计能力的小井、小露天矿产量，指年生产能力三万吨以下的小井、小露天矿产量。

吨原煤生产耗电量

计算公式：吨原煤生产耗电量（千瓦时/吨）＝10000×原煤生产用电量（万千瓦时） /原煤产量（吨）

分子项：原煤生产用电量。见上述原煤生产综合能源消费量的说明。

分母项：原煤产量。同原煤生产综合能源消费量的说明。

选煤电力单耗

计算公式：洗煤电力单耗（千瓦时/吨）＝10000×洗煤生产过程耗电量（万千瓦时） /入洗原煤量（吨）

分子项：洗煤生产过程耗电量。按电力部门结算的电量计算，不包括洗煤厂向外转供的电量，以及与洗煤生产无直接关系的各种用电量（如居民生活用电、基建工程用电、文化福利设施用电等）。

分母项：入洗原煤量。指从入厂毛煤中拣出的不计原煤产量的大块矸石（一般指50毫米以上）后进入洗选煤过程，进行加工处理的原煤量。

石油和天然气（07）

单位油气产量综合能耗

计算公式：单位油气产量综合能耗（千克标准煤/吨）＝1000×油气田生产综合能源消费量（吨标准煤）/油气当量产量（吨）

分子项：油气田生产综合能源消费量。指油气田采油（气）生产所消耗的各种能源，包括采油（气）生产和为采油（气）生产服务的辅助生产设施用能以及管理部门用能。

分母项：油气当量产量。指换算成统一计量单位的原油产量和天然气产量，换算关系：

1255 立方米天然气＝1 吨原油

单位油气产量耗电

计算公式：单位油气产量耗电（千瓦时/吨）＝10000×油气田生产用电量（万千瓦时）/油气当量产量（吨）

分子项：油气田生产用电量。指油气田采油（气）生产所消耗的电力，包括采油（气）生产和为采油（气）生产服务的辅助生产设施用电以及管理部门用电。

分母项：油气当量产量。解释同上。

黑色金属矿（08）

铁矿采矿工序单位能耗

计算公式：铁矿采矿工序单位能耗（千克标准煤/吨）＝1000×铁矿采矿工序净耗能量（吨标准煤）/铁矿采剥（掘）总量或采出原矿量（吨）

分子项：铁矿采矿工序净耗能量。指报告期内铁矿采矿工序消耗的各种能源，扣除工序内向外提供的能源量。

分母项：铁矿采剥（掘）总量或采出原矿量。指露天采矿用采剥（掘）总量和地下采矿用采出原矿量。

铁矿选矿工序单位能耗

计算公式：铁矿选矿工序单位能耗（千克标准煤/吨）＝1000×铁矿选矿工序净耗能量（吨标准煤）/铁矿处理原矿量（吨）

分子项：铁矿选矿工序净耗能量。指报告期内铁矿选矿工序消耗的各种能源，扣除工序内向外提供的能源量。

分母项：铁矿处理原矿量。指报告期内选矿工序所处理的原矿量。

化学纤维（28）　纺织品（17）

吨粘胶纤维综合能耗（短纤）

计算公式：吨粘胶纤维综合能耗（短纤）（千克标准煤/吨）＝1000×企业生产综合能源消费量（吨标准煤）/ 粘胶短纤维产量（吨）

吨粘胶纤维用电量（短纤）

计算公式：吨粘胶纤维用电量（短纤）（千瓦时/吨）＝10000×企业生产用电量（万千瓦时）/粘胶短纤维产量（吨）

分子项：企业生产综合能源消费量是指企业生产消费的各种能源，主要包括煤、油、电、燃气和外购热力。生产消费包括与生产有关的直接或间接的消费量，即直接用于产品生产过程的消费量和辅助生产设施的消费量。

企业生产综合能源消费量＝各种能源用于生产消费折标准煤之和－二次能源产出量折标准煤之和－回收利用的余热余能折标准煤。

企业生产用电量是指工业企业在统计报告期内为进行工业生产活动所使用的电量，包括生产系统、辅助生产系统、附属生产系统的用电量。

企业生产综合能耗和用电量包括生产合格品、废次品的全部消耗。

分母项：粘胶短纤维产量指合格的产品产量。计算“产品单耗”的产品，只限于正式投产的产品。试制阶段的新产品、科研产品以及正式投产以前试验生产的产品，不计算单耗指标。

综合能耗类似的指标有：吨粘胶纤维综合能耗（长丝）、吨锦纶综合能耗、吨涤纶综合能耗（短纤）、吨涤纶综合能耗（长丝）、吨腈纶综合能耗、吨维纶综合能耗、吨纱（线）混合数综合能耗、万米布混合数综合能耗、万米印染布综合能耗、吨桑蚕丝综合能耗、万米丝织品综合能耗。

电耗类似的指标有：吨粘胶纤维用电量（长丝）、吨锦纶用电量、吨涤纶用电量（短纤）、吨涤纶用电量（长丝）、吨腈纶用电量、吨维纶用电量、吨纱（线）混合数生产用电量、万米布混合数生产用电量、万米丝织品用电量。其中“纱”指的是用天然纤维（棉为主）和化学纤维经棉纺生产设备和工艺生产的纱。“线”指使用捻线机对纱（棉型）加捻合股后的产品。包括棉纺厂、独立捻线厂、单织厂、针织厂等生产的线。“布”指用棉型纱、线（棉为主）在织机上织造的各种坯布、色织布。“印染布”指棉纺织厂生产的棉布、混纺布、纯化纤布经棉印染设备加工整理的漂白布、染色布、印花布的统称。“桑蚕丝”指桑蚕茧采用制丝工艺、经桑蚕缫丝机加工缫制的丝，包括厂丝、双工丝、农工丝等。“丝织品”指丝织厂以蚕丝或化纤长丝为原料经丝织机织成的丝织物，分为：桑蚕丝及其交织品、柞蚕丝及其交织品、绢紬丝及其交织品、人造丝及其交织品、合纤丝及其交织品。

造纸及纸制品（22）

机制纸及纸板综合能耗

计算公式：机制纸及纸板综合能耗（千克标准煤/吨）＝1000×企业生产综合能源消费量（吨标准煤）/机制纸及纸板（外购原纸加工除外）产量（吨）

分子项：企业生产综合能耗。包括直接生产系统、辅助生产系统和附属生产系统的能源消耗。直接生产系统包括备料、制浆、造纸系统等。辅助生产系统包括动力、供电、机修、供水、仪表及厂内原料厂等。附属生产系统包括生产指挥系统（厂部）和厂区内为生产服务的部门和单位如车间浴室、开水站、蒸饭站、保健站、哺乳室等。

企业生产综合能源消费量＝各种用于生产消费的能源（标准煤）之和－二次能源产出量（标准煤）之和－回收利用的余能（标准煤）之和

分母项：机制纸及纸板（外购原纸加工除外）产量。指合格品产量，包括未涂布印刷书写用纸、涂布类印刷用纸、卫生用纸原纸、包装用纸及纸板、感应纸及纸板（含光敏、热敏、压敏及其他感应纸及纸板的原纸和原纸板）、纤维类过滤纸及纸板、以及其他机制纸及纸板。不包括加工纸（指对原纸或纸板等成品纸进行再次加工处理而成的纸），手工制纸及纸板，纸制品（指用纸或纸板为原料进一步加工而成的纸制品）。

机制纸及纸板耗电

计算公式：机制纸及纸板耗电（千瓦时/吨）＝10000×企业生产用电量（万千瓦时）/机制纸及纸板（外购原纸加工除外）产量（吨）

分子项：企业生产用电量。计算和解释同上。

分母项：机制纸及纸板产量（外购原纸加工除外）。计算和解释同上。

焦炭（25）

炼焦工序单位能耗

计算公式：炼焦工序单位能耗（千克标准煤/吨）＝1000×炼焦工序净耗能量（吨标准煤）/全部焦炭产量（干基）（吨）

分子项：炼焦工序净耗能量。指炼焦工艺生产系统的备煤车间（不包括洗煤）、厂内部原料煤的损耗、炼焦车间、回收车间（冷凝鼓风、氨回收、粗苯、脱硫脱氰、黄血盐）、辅助生产系统的机修、化验、计量、环保等，以及直接为生产服务的附属生产系统的食堂、浴池、保健站、休息室、生产管理和调度指挥系统等所消耗的各种能源合计，扣除焦化产品、回收利用余热余能产出的电力和外供热力。

炼焦工序净耗能量（标准煤）＝原料煤（标准煤）＋燃料动力（标准煤）－焦化产品（标准煤）－利用炼焦余能余热的发电量（标准煤）－外供热力（标准煤）

原料煤指装入焦炉的干洗精煤量；燃料动力指各类燃料（如加热用的煤、高炉煤气、发生炉煤气、焦炉煤气等）、电、外购蒸汽等；焦化产品指焦炭、回收的焦炉煤气、煤焦油、粗苯、其他焦化产品等。

分母项：全部焦炭产量（干基）。

原油加工（25）

原油加工单位综合能耗

计算公式：原油加工单位综合能耗（千克标准油 / 吨）＝1000×炼油综合能耗量（吨标准油）/原油及外购原料油加工量（吨）

分子项：炼油综合能耗量。主要指炼油加工能耗，包括炼油生产装置以及为之服务的辅助系统的全部耗能，不含聚丙烯的生产装置和库房的耗能。炼油生产装置包含：蒸馏、催化、焦化、制氢、加氢、精制、脱蜡、白土、气分、烷基化、脱硫、回收、降粘、汽提等工艺单元；炼油辅助系统包含炼油厂界区内的储运、污水处理、化验、研究、消防、生产管理等。

不包括用于厂内、外生活福利设施（如食堂、浴室、采暖和宿舍等）的能耗。

不包括作为原料用途的能源（注：在填报《工业企业能源购进、消费与库存》及其附表时，则要计算能源消费量）。

炼油综合能耗统计的燃料动力品种主要有：原煤、原油、汽油、煤油、柴油、燃料用油、燃料气、电、蒸汽、水、石油焦等。

燃料用油主要有燃料油（仅指炼厂生产的）、碳五馏分（拔头油）、碳九馏分、乙烯焦油（裂解焦油）、渣油（重油）、碳六馏分、苯乙烯焦油、聚烯烃焦油等。

燃料气主要有天然气、液化天然气、液化石油气（轻馏分、丁烯-2）、炼厂干气、甲烷氢、回收火炬气、瓦斯气等。

分母项： 原油加工量。指原油通过蒸馏设备加工处理的数量。裂化、焦化等设备处理原油时，这部分原油量也应计算在原油加工量内。

原油及外购原料油加工量＝原油加工量＋外购原料油加工量。

外购原料油加工量，指企业外购的，进入装置加工生产石油产品的原料油量。外购原料包括外购的裂化料、重整料、润滑油料、溶剂油等原料油，以及外供化工、化纤原料油返回炼油厂进一步加工的部分。用于生产汽油的 MTBE、生产 MTBE 用的甲醇的外购量和外购氢气，也作为外购原料计算。但不包括用于生产添加剂、催化剂的外购原料。

原油加工单位耗电

计算公式：原油加工单位耗电（千瓦时/吨）＝10000×炼油系统电消耗量（万千瓦时）/原油及外购原料油加工量（吨）

分子项：炼油系统电消耗量，指各套炼油装置（包括添加剂、催化剂装置）和工艺炉以及为这些装置服务的辅助系统，如储运、装卸油、供排水、供汽（包括自备电站供汽）、压缩空气、机修、仪修、电修、化验室、维修、厂区内采暖设施等消耗的电量。

分母项：原油及外购原料油加工量。解释和说明同上。

无机碱（26）

单位烧碱生产综合能耗

计算公式：单位烧碱生产综合能耗（千克标准煤/吨）＝1000×液体烧碱综合能源消耗量（吨标准煤）／液体烧碱（折100%）产量（吨）

分子项：烧碱综合能源消耗量。指用于烧碱生产的各种能源折标准煤后的总和。包括烧碱生产工艺系统、为烧碱生产服务的辅助系统和附属生产系统等的耗能量。

烧碱生产系统耗能量的统计范围：从原料投入开始，包括盐水制备、整流、电解、蒸发、蒸煮至成品烧碱包装入库为止的所有工艺用的电解用交流电、动力用电、蒸汽、油、煤等实际消耗量。

烧碱生产的辅助和附属系统耗能量的统计范围包括：电槽修理、阳极组装、石棉绒回收、炭极加工以及车间检修、车间分析、车间办公室、休息室、更衣室等各种耗能量。

分母项：烧碱（折100%）产量。烧碱产量按折100%纯量计算。烧碱（折100%）包括由盐水电解法或由纯碱（或天然碱）苛化法生产的液体氢氧化钠、氢气干燥和本企业其他产品自用的合格烧碱。不同方法生产的各种烧碱，经检验符合国家标准（GB209-93），方可统计产量。产量中不包括在使用烧碱过程中回收的烧碱和生产烧碱过程中自用的电解碱液、浓缩碱液、回收盐液中的含碱量。企业填报烧碱产量，应将不同的生产方法（水银法、隔膜法、离子膜法、苛化法）生产的液碱折成100%纯量后计算产量。

单位烧碱生产耗交流电

计算公式：单位烧碱生产耗交流电（千瓦时/吨）＝10000×交流电消耗量（万千瓦时）／液体烧碱（折100%）产量（吨）

分子项：交流电消耗量。以电业局安装的直流耗交流电度表计量数值为准。没有安装电表的企业，以电业局安装的总交流电度表指示的交流电量，扣除动力系统安装的交流电度表的交流电量后，计算直流电所消耗的交流电量。

分母项：烧碱（折100%）产量。烧碱产量按折100%纯量计算。说明同上。

单位纯碱生产综合能耗

计算公式：单位纯碱生产综合能耗（千克标准煤/吨）＝1000×纯碱综合能源消耗总量（吨标准煤）／纯碱（碳酸钠）产量（吨）

分子项：纯碱综合能源消耗总量。指在报告期内，从能源投入开始，至成品入库为止的生产全过程以及中、小修，事故处理所耗用的能源。其中应扣除系统向外输出的物料及能源量。纯碱综合能源消耗分为氨碱法用能和联碱法用能两种。

氨碱法用能：包括化盐及盐水精制、氨盐水制、碳化和重碱过滤、重碱煅烧、氨回收、石灰石煅烧等生产系统工序用能和辅助生产系统用能。不包括锅炉耗能。

联碱法用能：包括洗盐、氨母液制备、碳化和重碱过滤、重碱煅烧、氯化铵结晶等生产系统工序用能和辅助生产系统用能。不包括合成氨耗能。

仅生产单一纯碱产品的企业，产品能源消耗量就是企业的能源消耗总量。

生产多个产品，辅助生产系统和附属生产系统用能，要按照产品的能耗比例合理分摊到各个产品中，通过计量表送入生产系统的以计量表计量的数量计算。现场检修、自备运输工具、附属生产系统用能的分摊，需要企业制定合理的分摊系数，一般根据产品能耗的大小、产量的多少、产品生产车间人员的多少，综合考虑确定分摊系数。

分母项：纯碱（碳酸钠）产量。指氨碱法和联碱法生产的无水碳酸钠，及以天然碱为原料加工的精制碱。纯碱均按国家标准（GB210-92）检验，合格者统计产量。未经煅烧的重碱和清扫设备、场地收集的不合格纯碱，均不统计纯碱产量。纯碱产量按合格品的实物量计算。

纯碱生产能耗计算有关问题的补充规定：

⑴企业自用碱计入碱产量；

⑵自备电站能耗不计入纯碱能耗统计范围；

⑶分别计算轻质纯碱和重质纯碱的能耗。重质纯碱的能耗应包括轻质纯碱的能耗和由轻质纯碱生产重质纯碱增加的能耗；

⑷计算联碱双吨能耗时，要注明氯化铵是干铵还是湿铵。既生产干铵又生产湿铵的联碱企业，要分别计算生产干铵的双吨能耗和生产湿铵的双吨能耗。生产干铵的双吨能耗，应包括生产湿铵的能耗和由湿铵生产干铵增加的能耗；

⑸纯碱系统没有单独设立取水系统和循环水系统的企业，纯碱与其他产品按实际用水量合理分摊用水能耗；

⑹采用浓气制碱的联碱企业，合成氨脱碳工序的能耗计入合成氨的能耗，不计入联碱能耗。往联碱输送二氧化碳的低压

机的能耗计入联碱能耗；

(7)采用变换气制碱的联碱企业，压缩机的能耗计入合成氨的能耗，不计入联碱能耗。设在联碱碳化塔前或塔后的升压机的能耗计入联碱能耗。

单位纯碱生产耗电

计算公式：单位纯碱生产耗电（千瓦时/吨）＝10000×纯碱生产耗电总量（万千瓦时）/纯碱（碳酸钠）产量（吨）

分子项：纯碱生产耗电总量。包括纯碱生产系统以及为纯碱生产服务的辅助系统和附属生产系统耗电量。

分母项：纯碱（碳酸钠）产量。说明同上。

无机盐（26）

单位电石生产综合能耗

计算公式：单位电石生产综合能耗（千克标准煤/吨）＝1000×电石综合能源消耗总量（吨标准煤）/碳化钙（电石，折300升/千克）产量（吨）

分子项：电石综合能源消耗总量。指从焦炭等原材料和能源，经计量进入电石生产开始，到电石成品计量入库的电石产品的整个生产过程的用能量。生产过程是由生产系统工艺装置、辅助生产系统和附属生产系统设施三部分组成。

综合能耗应扣除向外输出的能源。向电石生产界区外输出的密闭炉气和回收的余热，按向外输出能源计算。调出的焦（煤）粉，自产自用的石灰，按向外输出的能源计算，其热值按实测低位热值计算。

电石产品综合能耗包括：

(1)电力消耗包括电炉、动力、除尘和照明用电。

(2)碳素原料包括焦炭、石油焦、无烟煤、电极糊和其他碳素还原剂等。以进入生产后第一道工序为计量点。

(3)干燥焦炭耗燃料，计算起点同上。如果使用电石生产的余热干燥焦炭时，其余热不计算燃料消耗。

(4)辅助生产系统消耗的能源，指各辅助工序（包括电石生产界区内自石灰进厂到电石成品入库止）所消耗的能源。（前项中计算过的不得重复统计）

(5)附属生产系统消耗的能源，包括电石生产界区内维修工段、化验室、控制室、库房及车间办公室等消耗的能源。

由于各种能源的热值不同，计算综合能耗时要将各种能源折成标准能源单位（标准煤）。企业外购的各种能源，其热值采用该地区或该企业在报告期内实测的低位热值。没有实测条件的，可采用能源统计报表制度中的参考折标系数。

企业外购电力采用当量热值折标系数，即1.229吨标准煤/万千瓦时。

分母项：碳化钙（电石，折300升/千克）产量。电石是用碳素材料和生石灰在高温电炉中化合而制得的碳化钙。凡符合国家标准（GB10665-89）规定技术条件1（电石粒度）和2（电石质量）要求的电石，均可统计产量。电石产量包括商品量和自用量。商品量应在包装检验合格入库以后计算产量，自用量按输送到使用车间头道工序的数量计算产量。

电石产量按折合标准发气量（300升/千克）计算。电石发气量，指每一千克电石在20℃、760毫米汞柱压力下与水作用，所发生的干乙炔气体体积（以升计量）。

碳化钙（电石，折300升/千克）产量（吨）＝Σ各批合格电石实物产量（吨）×〔各批电石实际发气量（升/千克）/300（升/千克）〕

单位电石生产耗电

计算公式：单位电石生产耗电（千瓦时/吨）＝10000×电石生产耗电总量（万千瓦时）/碳化钙（电石，折300升/千克）产量（吨）

分子项：电石生产耗电量。包括电石生产系统以及为电石生产服务的辅助系统和附属生产系统耗电量，包括电炉工艺用电和动力电。

分母项：碳化钙（电石，折300升/千克）产量。说明同上。

单位黄磷生产综合能耗

计算公式：单位黄磷生产综合能耗（千克标准煤/吨）＝1000×黄磷综合能源消耗总量（吨标准煤）/黄磷产量（吨）

分子项：黄磷综合能源消耗总量。指黄磷生产界区（从磷矿、焦炭、硅石、电力、蒸汽等原材料和能源经计量进入工序开始，到成品黄磷计量入库和黄磷“三废”经处理送出为止的整个生产过程）消耗的能源。包括黄磷生产系统、辅助生产系统和附属生产系统的各种能源消耗量和损失量，以及用作原料、材料的能源。不包括基建、技改项目建设及以生活为目的的能耗；不包括向外输出的能源。

黄磷生产消耗的能源主要有煤炭、石油、天然气、电力、焦炭、煤气、电石、碳素制品、蒸汽；消耗的耗能工质有水、氧气、氮气、压缩空气等。耗能工质不包括自产的耗能工质，但包括其所消耗的能源。企业黄磷生产界区外的辅助生产系统、附属生产系统能源消耗量和损失量应按能耗比例法分摊。碳素砖、润滑油的消耗不计入产品综合能耗。

焦炭（或无烟煤）消耗，包括实际入炉量和损失量，不包括调出的焦（煤）粉。供辅助、附属生产系统的焦（煤）粉按比例分摊法计入总能耗。

黄磷生产界区内回收本界区内产生的余热、余能及化学反应热，不计入能源消耗量。供界区外装置回收利用的，应按其实际回收的能量从本界区能耗中扣除。

分母项：黄磷产量。包括黄磷产品产量和泥磷回收折元素磷两部分。即粗磷精制、过滤所得的，以及泥磷通过真空过滤或蒸磷等方法得到的符合国家标准 GB7816—1998 的黄磷产品；泥磷回收折磷，指泥磷通过烧制磷酸或制其他化学品回收的元素磷量。

单位黄磷生产耗电

计算公式：单位黄磷生产耗电（千瓦时/吨）＝10000×黄磷生产耗电总量（万千瓦时）/黄磷产量（吨）

分子项：黄磷产品耗电。包括电炉电耗和动力电耗两部分。

(1)电炉电耗包括电炉加热的直接用电、电炉短网电耗、电炉变压器损耗、电炉变压器高压线路损耗以及供电线路损耗所分摊给电炉变压器的电耗；不包括电炉及其附属设备和建筑物所消耗的动力和照明用电。

(2)动力电耗包括生产系统、辅助生产系统和附属生产系统所分摊的动力和照明用电。

①生产系统所消耗的动力和照明用电，包括生产系统所有装置、设施所消耗的动力、照明用电及其供电损耗，以及所分摊的动力变压器和供电线路损耗。

②辅助生产系统和附属生产系统所分摊的动力和照明用电量，指这两个系统按比例分摊给黄磷产品的动力和照明电耗以及它们的损耗。

分母项：黄磷产量。说明同上。

有机化学原料（26）

单位乙烯生产综合能耗

计算公式：单位乙烯生产综合能耗（千克标准煤/吨）＝1000×乙烯燃动综合能源消耗量（吨标准煤）/乙烯产量（吨）

分子项：乙烯燃动综合能源消耗量。包括燃料油、燃料气、蒸汽、电力等的消耗，不包括作为生产乙烯的原料消耗（注：在填报《工业企业能源购进、消费与库存》及其附表时，要计算能源消费量）。计算能耗的乙烯装置界区仅指乙烯工艺装置本身，包括原料脱硫、脱砷、裂解炉区、急冷区、压缩区、分离区、废碱处理、火炬气回收压缩机（回收气返回裂解炉燃料系统）工艺单元。

乙烯生产装置界区不包括：开工锅炉、锅炉给水、循环水、空压站等辅助生产设施。这些辅助设施用能不计入乙烯燃动综合能源消耗量。

分母项：乙烯生产量。指乙烯生产量，不包括丙烯等联产品。乙烯是指用油（轻油、柴油、重油、石脑油、原油）、气（乙烷、丙烷炼厂气）经裂解、分离过程制成的乙烯；不包括用酒精脱水制成的乙烯，亦不包括直接利用未经分离的裂解气体或其他气体中的乙烯馏分。各种未用尽的乙烯，返回乙烯生产装置时，不得再计算乙烯产量。

单位乙烯生产耗电

计算公式：单位乙烯生产耗电（千瓦时/吨）＝10000×乙烯生产耗电总量（万千瓦时）/乙烯生产量（吨）

分子项：乙烯生产耗电量。指乙烯装置界区内的耗电量。

分母项：乙烯生产量。说明同上。

氮肥（26）

单位合成氨生产综合能耗

计算公式：单位合成氨生产综合能耗（千克标准煤/吨）＝1000×合成氨生产综合能耗（吨标准煤）/合成氨（无水氨）产量（吨）

分子项：合成氨生产综合能耗。指合成氨生产实际的能源消耗或称为生产所必需的能源消耗。包括原料加工到液氨进氨库整个生产系统的消耗以及辅助和附属生产系统的消耗。

合成氨生产综合能耗＝合成氨消耗的各种能源（标准煤）之和－合成氨输出的各种能源（标准煤）之和。

合成氨输出能源：指合成氨系统向界外输出的，供其他产品或装置使用的能源。对于合成氨系统中的废气、废液、废渣等未回收使用的、无计量的、没有实测热值以及不作为能源再次利用的（如直接用于修路、盖房等），均不得计入输出能源。输出的耗能工质不能计入合成氨输出能源。合成氨输出能源有以下形式：

(1)作为能源（原料、燃料）供其他产品或装置使用的合成氨吹出气、弛放气、解析气（包括作为民用燃料气）。按实测燃料气组成成分计算热值。

(2)作为能源供其他产品或装置使用的合成氨系统输出的物料（造气排出的炉渣、干灰、湿灰和锅炉排出的炉渣等，制成蜂窝煤，煤球，烧制砖瓦，作热电厂燃料等）。按实测低位发热值折标系数计入输出能源。

(3)自备电厂利用合成氨系统余热（含自产的炉渣、废气、热水）、余压，发电、产汽（不掺烧其他外购燃料），向企业以外供应的蒸汽和电力。

外供蒸汽折标准量（标准煤）方法同外购蒸汽。

全余热自发电量（标准煤）＝供电量（千瓦时）×0.1229（千克标准煤/千瓦时）。

(4)供其他产品或装置预热物料（或生产用水）的合成氨生产中的余热。按回收热能量统计。回收热能量计算公式为：Q＝D×C×（T出－T入），式中字母符号：

D—被预热的物料量（千克）；

C—被预热物料的比热（千卡/千克·度）；

T出、T入—被预热物料出、入合成氨系统的温度（℃）；

(5)供其他产品或用户使用（包括用于生活目的）的合成氨系统外送冷凝液（热水）。作为输出能源按其利用热量从综合能耗中扣除（向外输送冷凝液或热水所耗用的电力也应扣除）。

计算公式：Q ＝ W×（T出－T环），式中字母符号：

W—合成氨系统外送冷凝液（或热水）量；

T出—外送冷凝液（热水）温度（℃）；

T环—报告期平均环境温度（℃）。

分母项：合成氨（无水氨）产量。以液态氨为最终计量状态，按实物量计算，不折100%的纯品。合成氨产量包括：厂内各用氨单位的使用量、销售的商品液氨量、合成氨生产过程中的自用量（净化与脱硫用）以及氨罐弛放气、合成放空气、中间槽解析气等气体回收的氨水含氨量（按回收产品含氨100%折算）。

合成氨产量不包括：冰机自用氨量（损失）、净化和氨水脱硫回收的氨水含氨量、碳化清洗塔及回收塔析出的氨水含氨量。

合成氨产量采用仪表计量或以最终含氮产品计量。

(1)仪表计量：

为保证液氨流量表准确计量，液氨必须经过中间槽减压解析液氨中溶解的气体，并要进行温度压力补偿。当企业既有氨产量总氨表，又有各用户的使用量分表时，总表必须与分表平衡，不得超过液氨流量表允许误差值。

合成氨产量（吨）＝氨表的表记值＋自用氨量＋商品液氨量＋吹出、解析、弛放气回收氨量＋（氨罐期末库存－氨罐期初库存）。

吹出、解析、弛放气回收氨量，指合成吹出气、中间槽解析气、氨罐弛放气回收到系统内加以利用或销售的氨量。

(2)以最终含氮产品计量：

以最终含氮产品计算合成氨产量时，按含氮产品的实际含量折算氨产量。

合成氨产量（吨）＝（合格固体化肥折氮100%＋不合格固体化肥折氮100%）×1.26654（吨）＋（合格氨水折氨100%＋不合格氨水折氨100%）×1.04167（吨）＋自用氨量（吨）＋商品液氨量（吨）＋〔氨罐期末库存（吨）－氨罐期初库存（吨）〕

式中：

1.26654＝1÷（0.82245×96%）

1.04167＝1÷96%

0.82245为氨理论含氮量；

96%为固体化肥和氨水的氨利用率。

商品液氨量以装瓶或装车量为准。

自用氨量：当合成氨生产过程用氨的各用户均有氨计量表时，自用氨量以表记值为准；当各用户无表计量时，其规定及计算公式如下：

(1)铜洗法自用氨量为总氨量的0.4%；铜洗自用氨量（吨）＝合成氨产量×0.4%

(2)铜洗后氨洗的自用氨量为总氨量的0.5%；氨洗自用氨量（吨）＝合成氨产量×0.5%

(3)脱硫工艺自用氨为总氨量的1%；脱硫自用氨量（吨）＝合成氨产量×1%

上述三项自用氨有哪项就计算哪项，没有的均不得计算自用氨，同时也不得将其他形式的耗氨量计在自用氨中。

氨水折氨量包括：直接用合成吹出气、中间槽解析气、氨罐弛放气回收生产的合格和不合格农业氨水和工业氨水。氨水折氨量不包括：净化（铜洗）、脱硫回收的氨水、碳化清洗塔及回收塔出来的氨水，也不包括净化（铜洗）和脱硫的自用氨水，及排放掉的合格或不合格的氨水。

用多种原料生产合成氨时，氨产量的确定：同时用天然气、煤等多种原料生产合成氨的企业，在填报合成氨总产量时，应按原料分列合成氨产量。确定各种不同原料生产的合成氨产量，应在总氨量中按各种原料产气量及其有效气体成分来划定，计算公式：

某种原料生产的合成氨产量＝合成氨总产量×[（某种原料产气量×有效气体成分%）
/Σ各种原料产气量×有效气体成分%]

单位合成氨耗电

计算公式：单位合成氨耗电（千瓦时/吨）＝10000×合成氨耗电总量（万千瓦时）/合成氨（无水氨）产量（吨）

分子项：合成氨耗电总量。指合成氨生产系统和辅助、附属生产系统消耗的电量及界区内损失的电量。以电表计量为准，计量单位为万千瓦时。

合成氨耗电总量应包括：

⑴合成氨生产系统耗电。指从原料开始至液氨进氨库止所消耗的全部电量，包括：原料场、库运料（煤、焦、油、气）、预处理[原料煤破碎（制煤粉、制水煤浆）、型煤（制煤球、煤棒）等]、造气、净化、压缩、氨合成、冰机[包括氨合成冷冻分离用电和制液氨用电（如为尿素等耗氨产品和商品液氨增开的冰机用电）]、氨库以及辅助锅炉各工序用电；上述各工序的车间照明、安全通风、采暖、空调、排风降温、车间办公室、分析化验和烘烤电机等用电；计划中修、小修和事故停修的作业用电（如起重、电焊）以及因检修（含大修）引起的开停车过程点火、烘炉、升温、热备用、置换等消耗的电量。大修作业用电按全年产量平均分摊。

⑵合成氨辅助、附属生产系统消耗电量。包括：合成氨消耗的各种载能工质（如一次水、循环水、化学软水、除氧水、氧气、氮气、压缩空气等）的制备、提取、运输所消耗的实际电量；合成氨生产过程中三废处理的耗电量（硫磺回收、油回收、污水处理等）；自备锅炉耗电（如引风机、鼓风机、送水，冷却循环水泵等用电）；机、电、仪维修和金加工等工序耗电以及车间照明、通风、降温、车间办公室耗电（按其实际承担合成氨生产系统的维修和加工的工时合理分摊用电量）。

合成氨耗电总量不包括：

⑴联产产品耗电（联醇的粗甲醇耗电等）。

⑵扩建和技改工程作业用电。

⑶合成氨以外的产品消耗的耗能工质和蒸汽，应合理分摊其用电量。

对于集中（数月或全年）扣除的（或计入）的用电量（如大修等），不能在当月集中扣除（或计入），应该按月均摊，并在当月累计数中调整，并以文字说明。

合成氨联产企业耗电分摊规定：

⑴合成氨联产甲醇企业，按单位合成氨耗电与单位粗甲醇（100%）耗电比按1:0.8分摊公共电耗量。

合成氨耗电总量＝氨醇耗电总量×〔合成氨产量/（0.8×粗甲醇（折100%）产量＋合成氨产量）〕

⑵合成氨热电联产企业，合成氨的用电量不扣减全余热发电量（热电系统全部用合成氨余热、余压发电时，其发电量称为全余热发电量），其发电量计入合成氨输出能源，并用文字说明。热电系统全部或部分利用外购燃料煤发电时，热电系统独立核算，合成氨的用电量也不扣减自发电量，用于热电联产的合成氨余热、余压的热量，计入合成氨输出能源。

⑶合成氨联产碳铵企业的碳铵工段（属合成氨的脱碳过程）耗电应全部计入合成氨耗电。

⑷合成氨联产纯碱企业采用浓气制碱工艺时，与合成氨系统相对独立的，不存在电耗的分摊；变换气制碱工艺的重碱工段电耗应全部计入碱生产的电耗。

分母项：合成氨（无水氨）产量。说明同上。

单位合成氨耗天然气

计算公式：单位合成氨消耗天然气（标准立方米/吨）＝10000×合成氨消耗天然气总量（万标准立方米）/合成氨（无水氨）产量（吨）

分子项：合成氨耗天然气总量。包括制气用的天然气、加热转化炉管和辅助锅炉用天然气、合成氨正常生产及开工时蒸汽锅炉使用的天然气。

使用油田气、焦炉气、炼厂气、煤田气等制氨，计算方法同上。

分母项：合成氨（无水氨）产量。说明同上。

单位合成氨耗原料煤

计算公式：单位合成氨耗原料煤（千克标准煤/吨）＝1000×合成氨原料煤耗（吨标准煤）/合成氨（无水氨）产量（吨）

分子项：合成氨原料煤耗。指投入造气炉的实物煤或焦炭（标准煤），不包括入炉前筛出的粉煤（焦）、煤矸石。

返炭（二炭）、返焦不再计入消耗，也不从消耗中扣除。回收合成氨生产过程中排放的气体（如造气吹风气、合成放空气、氨贮罐弛放气等）作燃料使用时，不能将其热量折成煤（焦）从消耗中扣除。

有关消耗分摊的规定：

⑴合成氨联产甲醇的企业，氨与粗醇（100%）单位产品消耗原料的比，按1∶1.06分摊共用的原料。

合成氨耗入炉实物原料煤总量＝入炉实物原料煤总量×〔合成氨产量/（1.06×粗甲醇（折100%）产量＋合成氨产量）〕

⑵自合成氨系统输出的原料气用于其他产品的原料时，按用量折煤（焦）实物量，从系统耗原料煤（焦）实物消耗总量

中扣除。

使用焦炭（土焦）、褐煤和煤球、煤棒等型煤的计算方法同上，煤球、煤棒等型煤要扣除所含的黏结剂（如石灰、水泥等）重量。

合成氨原料煤耗（标准煤）＝Σ各批入炉原料煤实物量×折标准煤系数

折标准煤系数＝煤的热值（低位热值）（千卡/千克）/ 7000（千卡/千克）

各批次煤的低位热值一律以入炉煤取样、用氧弹仪分析的数据为准。标准燃料煤的低位发热值为7000（千卡/千克或29271千焦/千克）。

分母项：合成氨（无水氨）产量。说明同上。

单位合成氨耗标准燃料煤

计算公式：单位合成氨耗标准燃料煤（千克标准煤/吨）＝1000×合成氨耗标准燃料煤总量（吨标准煤）/合成氨（无水氨）产量（吨）

分子项：合成氨耗标准燃料煤。指各批次燃料煤折标准煤之和。

合成氨耗标准燃料煤总量，主要指用来发生蒸汽，以满足合成氨生产系统和辅助、附属生产系统用蒸汽消耗的燃料煤。外购蒸汽量应按进厂焓值和锅炉效率折标准燃料煤。

生产系统耗汽量，包括从造气、净化、压缩、氨合成、冰机到氨库止各工序生产和开停过程用汽（含大、中、小修开车），以及上述各工序设备、管道保温用汽和车间、分析化验、车间办公室采暖用汽等。

辅助、附属生产系统耗汽量，包括煤球制造、除氧水制备、原料和燃料场库及预处理、煤球车间、自备锅炉房及机、电、仪修车间和上述车间办公室的全部采暖用汽，以及计划大、中、小修和事故检修的置换、吹洗用汽以及安全生产、三废处理、环保过程用汽。

蒸汽只供合成氨使用时，燃料煤消耗量或蒸汽量全部计入合成氨消耗；蒸汽为多产品使用，应合理分摊燃料煤消耗量。

锅炉掺烧的返炭、炉渣、煤矸石、块煤中筛分的沫煤不计入燃料消耗量，从锅炉烧余物中捡回的返炭不从消耗中扣除。

合成氨生产过程副产的蒸汽，为本系统自用的不计消耗，放空或输出的蒸汽也不从燃料煤消耗中扣除。

分母项：合成氨（无水氨）产量。说明同上。

水泥（30）

水泥生产工艺分为新型干法（预分解窑）立窑、湿法窑、中空窑、预热器窑、粉磨站、其他。

吨水泥熟料综合能耗

计算公式：吨水泥熟料综合能耗（千克标准煤/吨）＝1000×生产水泥熟料综合能源消费量（吨标准煤）/硅酸盐水泥熟料产量（吨）

分子项：生产水泥熟料综合能源消费量。包括电力、煤炭、油品、天然气、煤气、液化气、蒸汽的消费。企业自备锅炉，自备发电机组生产的蒸汽、电力，由本企业消耗的，只计算第一次能源消耗，不重复计算蒸汽及电的消耗；利用余热发电亦不重复计算。

分母项：硅酸盐水泥熟料产量。为报告期合格品产量，计量单位为吨。凡是由本企业生产的水泥熟料，无论是作为商品熟料出售，还是作为水泥生产过程中的半成品，都应统计水泥熟料产量。外购的熟料不得统计产量。

吨水泥熟料烧成标准煤耗

计算公式：吨水泥熟料烧成标准煤耗（千克标准煤/吨）＝1000×标准煤消费量（吨）/硅酸盐水泥熟料产量（吨）

分子项：标准煤消费量。指将实物煤消费量折算成标准煤的数量，包括入窑煤粉，以及烧成煤在制备过程中的损耗（如果收尘下的煤泥、煤粉转作其他生产用途，可以在烧成煤耗内扣除）。使用黑料浆的企业，包括掺入料浆的煤粉和采用窑外分解的回转窑进入分解炉的燃料，以及窑点火用油和烧气燃料。烧油气的企业，应将油气消耗折算成标准煤计入烧成煤耗。

采用不同方法（干法、半干法、湿法回转窑和立窑）生产熟料的企业应分别计算熟料烧成煤耗。

采用余热发电的回转窑企业，除按上式计算“每吨熟料烧成标准煤消耗量”外，为正确反映这类企业烧成用煤的实际情况，还要计算扣除带补燃料的余热发电煤耗后的每吨水泥熟料烧成标准煤耗。计算公式：

扣除带补燃料的余热发电煤耗后每吨水泥熟料烧成标准煤耗（千克）＝1000×扣除带补燃料的余热发电煤耗后的标准煤消耗量（吨）/ 硅酸盐水泥熟料产量（吨）

说明：公式中的“扣除带补燃料的余热发电煤耗后的标准煤消耗量（吨）”，按下式计算：

扣除带补燃料的余热发电煤耗后的标准煤消耗量（吨）＝烧成标准煤总消耗量（吨）－｛〔电站发电量（千瓦时）－电站自用电量（千瓦时）〕×0.1229（千克/千瓦时）÷1000｝

注意：采用纯低温余热发电技术的新型干法水泥企业，其熟料烧成煤耗既没有增加，也没有减少，不得将发电量折标准煤抵扣熟料烧成标准煤耗分母项：硅酸盐水泥熟料产量。指报告期合格品产量，计量单位为吨。

吨水泥熟料综合电耗

计算公式：吨水泥熟料综合电耗（千瓦时/吨）＝10000×熟料生产综合电力消费量（万千瓦时）/硅酸盐水泥熟料产量（吨）

分子项：熟料生产综合电力消费量。包括熟料工序用电，以及生料电力消耗。熟料工序用电中还包括生产煤粉各项用电，即生产水泥熟料的全部电耗。

熟料生产综合电力消费量＝熟料工序电力消耗量＋生料消耗量×本期每吨生料电力消耗量

只生产水泥熟料的企业（不生产水泥），熟料生产综合电力消费量还要包括水泥熟料发送工序的电力消耗量。

采用纯低温余热发电技术的新型干法水泥企业其电力自用量不得抵扣熟料生产综合电力消费量。

分母项：硅酸盐水泥熟料产量。指报告期合格品产量，计量单位为吨。

吨水泥综合能耗

计算公式：吨水泥综合能耗（千克标准煤/吨）＝1000×生产水泥综合能源消费量（吨标准煤）/水泥产量（吨）

分子项：生产水泥综合能源消费量。包括电力、原煤、洗精煤、焦炭、原油、重油（包括渣油）、汽油、煤油、柴油、天然气、煤气、液化气、蒸汽等。企业自备锅炉、自备发电机组生产的蒸汽、电力，由本企业消耗的，只计算第一次能源消耗，不再重复计算蒸汽及电的消耗；余热发电亦不重复计算。依据分子分母对应原则，生产水泥综合能源消费量不应包括已销售的商品熟料所消耗的能源。

分母项：水泥产量。指报告期合格品产量，计量单位为吨。水泥是指加水拌和成塑性浆体，能胶结砂、石等适当材料并能在空气和水中硬化的粉状水硬性胶凝材料。企业在统计水泥产量时，不得将达不到水泥强度等级的废品水泥和已销售的商品熟料折合成水泥统计在水泥产量中。

吨水泥实物煤耗

计算公式：吨水泥实物煤耗（千克/吨）＝ 1000 × 水泥生产实物煤综合消费量（吨）/ 水泥产量（吨）

分子项：水泥生产实物煤综合消费量。包括熟料综合煤耗、混合材烘干煤耗以外，还包括为水泥生产直接服务的其他煤耗，如机修车间烘炉用煤，蒸汽锅炉用煤。原煤在粉磨过程中，用收尘办法回收的煤粉重新用于生产时应计算消耗，用于生产其他产品或用于生活福利的，则应扣除。

水泥生产实物煤综合消费量（吨）＝熟料消耗量（吨）×每吨熟料综合煤耗（吨）＋混合材消耗量（吨）×每吨混合材烘干煤耗（吨）＋其他生产用煤（吨）

分母项：水泥产量。说明同上。

吨水泥标准煤耗

吨水泥标准煤耗的计算公式、包括范围同“吨水泥实物煤耗”，区别仅是将实物煤用折标准煤系数换算成标准煤。

吨水泥综合电耗

计算公式：吨水泥综合电耗（千瓦时/吨）＝10000×水泥生产综合电力消费量（万千瓦时）/水泥产量（吨）

分子项：水泥生产综合电力消费量。指生产水泥（不分品种、标号）所消耗的电力。消耗的电力应包括：水泥工序电耗，水泥所消耗的熟料、石膏、混合材的电力消耗量，水泥出厂时，进行包装或者散装所消耗的电力。为各种辅助用电，如机修、供热、供水、供风、化验等辅助用电，变电、配电、线路损失的电力，厂区、办公室、仓库照明用电，如果企业除生产水泥外，还生产其他产品，则要按比例进行合理分摊。

水泥生产综合电力消费量＝水泥粉磨及包装工序耗电量＋熟料消耗量×本期每吨熟料电力消耗量＋混合材消耗量×本期每吨混合材电力消耗量＋石膏消耗量×本期每吨石膏电力消耗量＋应分摊的辅助用电量

只进行水泥生产的企业（俗称水泥粉磨站），水泥生产综合电力消费量＝水泥粉磨及包装工序耗电量＋水泥粉磨原料消耗量×本期每吨原料进厂工序电耗＋水泥发运工序耗电＋应分摊的辅助用电量

分母项：水泥产量。说明同上。

平板玻璃（30）

平板玻璃生产工艺分为：浮法、垂直引上、格法、平拉、其他。

每重量箱平板玻璃综合能耗

计算公式：每重量箱平板玻璃综合能耗（千克标准煤/重量箱）＝1000×平板玻璃综合能源消耗量（吨标准煤）/平板玻璃产量（重量箱）

分子项：平板玻璃综合能源消耗量。包括生产平板玻璃直接消耗的各种能源、辅助生产系统和附属生产系统消耗的一次能源和二次能源，以及需要分摊的企业内部亏损能源。不包括用于基本建设、生活福利设施等非工业生产所消耗的能源和回收利用的余能等。

分母项：平板玻璃产量。包括浮法、垂直引上、格法、平拉等各种生产工艺生产的平板玻璃。计量单位为重量箱。

每重量箱平板玻璃耗燃油

计算公式：每重量箱平板玻璃耗燃油（千克/重量箱）＝1000×燃油消耗量（吨）/平板玻璃产量（重量箱）

分子项：燃油消耗量。指生产平板玻璃的重油、煤焦油、燃料油的消耗量。

分母项：平板玻璃产量。计量单位为重量箱。

每重量箱平板玻璃耗电

计算公式：每重量箱平板玻璃耗电（千瓦时/重量箱）＝10000×电力消耗量（万千瓦时）/平板玻璃产量（重量箱）

分子项：电力消耗量。指生产平板玻璃时的生产用电，包括辅助、附属生产用电，以及厂区、车间、办公室、仓库照明用电。为多种生产服务的辅助、附属生产部门电力消耗，按其为生产平板玻璃服务的工作量进行分摊。分摊系数由企业自定。

分母项：平板玻璃产量。计量单位为重量箱。

钢铁工业有关概念

钢铁工业生产

指铁、铬、锰等黑色金属矿物的采选、人造块矿、铁合金冶炼、炼铁、炼钢、钢加工、钢丝及其制品、焦炭、耐火材料制品、碳素制品和为钢铁工业生产服务的运输、机修、动力等生产。 钢铁产品主要有：生铁、粗钢、钢材，生产的主要原材料有：铁矿石及各种辅助原料矿及其成品矿、人造块矿、铁合金、洗煤、焦炭、焦炉煤气及煤化工产品、耐火材料制品、碳素制品等，钢铁制品主要有：钢丝、钢丝绳、钢绞线、铁丝、铁钉等。

企业钢铁工业生产中自耗能源

指报告期内钢铁工业生产直接消耗的各种能源及其辅助生产系统、直接为钢铁工业生产服务的附属生产系统实际消耗的各种能源，不包括非钢铁工业生产消耗的能源和外销能源。

企业钢铁工业生产中自耗能源量＝企业购入能源量＋期初库存量－期末库存量－非钢铁工业生产消耗的能源量－外销能源量

企业钢铁工业生产中自耗能源量＝企业钢铁工业生产各部位用能之和＋企业能源亏损量

企业外销能源量

指企业向外销售的购入能源、企业二次能源、下脚燃料及余热等。驻厂施工单位、独立核算的非工业生产单位和厂区（车间）以外的生活耗能（如服务公司、医院、学校、职工食堂等），凡有据可查的部分均可作为外销能源处理。

工序产品合格产出量

指企业某生产工序在报告期内生产、已结束本工序全部生产过程（不一定已结束本企业全部生产过程）、并符合产品质量要求的产品实物数量。包括订货者来料加工的产品，不包括委外加工生产的产品。

工序净耗能量

指企业内某工序（如铁矿采矿、铁矿选矿、人造块矿、炼铁、炼钢、钢加工、铁合金冶炼以及钢丝及其制品、焦炭、耐火材料制品、碳素制品生产）生产过程所消耗的各种能源量（包括主要生产系统、辅助生产系统以及直接为生产服务的附属生产系统所消耗的各种能源），扣除外供量。

工序净耗能量＝工序内各种能源消耗量之和－工序内能源外供量之和

钢铁生产的耗能工质

钢铁工业生产各有关工序单位能耗计算中，通常包含耗能工质的消耗。主要包括：水、氩气、氮气、氧气、蒸汽、压缩空气。

有关产品、原材料、能源的折标准量系数

钢铁行业在计算工序单位能耗时，电力的折标系数按其热功当量折标系数 0.1229 千克标准煤/千瓦时计算，蒸汽按其热功当量系数 0.03412 千克标准煤/百万焦耳折算；氧气、氮气、氩气、水、压缩空气按其等价热量折算（千克标准煤/千克或立方米）；其他耗能介质的折标系数，有实测值的按实测值计算，没有实测值的按国家统计局公布的折标准煤参考系数计算。

等价热量：指为得到一个单位的能量（或物质），在其生产过程中所消耗的热量。如压缩空气的等价热量：

压缩空气的等价热量（千克标准煤/立方米）＝生产压缩空气能源自耗量（吨标准煤）/压缩空气生产量（立方米）×1000

黑色金属（31）

吨钢综合能耗

计算公式：吨钢综合能耗（千克标准煤/吨）＝1000×企业净耗能源量（吨标准煤）/粗钢合格产出量（吨）

分子项：企业净耗能源量。指报告期内钢铁工业生产直接消耗的各种能源及其辅助生产系统、直接为钢铁工业生产服务的附属生产系统实际消耗的各种能源总量，不包括非钢铁工业生产消耗的能源量和外销能源量。

企业净耗能源量＝企业购入能源量＋期初库存量－期末库存量－非钢铁工业生产消耗的能源量－外销能源量

钢铁工业生产，指铁、铬、锰等黑色金属矿物的采选、人造块矿、铁合金冶炼、炼铁、炼钢、钢加工、钢丝及其制品、焦炭、耐火材料制品、碳素制品和为钢铁工业生产服务的运输、机修、动力等生产。在这些之外的生产活动为非钢铁工业生产。

企业外销能源量，指企业向外销售的购入能源、企业生产的二次能源、下脚燃料及余热等。驻厂施工单位、独立核算的非工业生产单位和厂区（车间）以外的生活耗能（如服务公司、医院、学校、职工食堂等），凡有据可查的部分均可作为外销能源处理。

分母项：粗钢合格产出量。指报告期内，企业完成了粗钢生产过程，并符合产品质量要求的模铸钢锭、连铸钢坯、铸造用液态钢（铸钢水）产出量之和，包括订货者来料加工生产的产品，不包括委外加工生产的产品。

吨钢耗电

计算公式：吨钢耗电（千瓦时/吨）＝10000×钢铁工业生产中净耗电总量（万千瓦时）/粗钢合格产出量（吨）

分子项：钢铁工业生产中净耗电总量。包括报告期内生产直接消耗的各种电力及其辅助生产系统实际消耗的各种电力，即企业净耗的全部电量。

分母项：粗钢合格产出量。说明同上。

吨钢耗新水

计算公式：吨钢耗新水（吨/吨）＝企业耗用新水量（吨）/ 粗钢合格产出量（吨）

分子项：企业耗用新水量。指企业报告期内用新鲜水量，即直接取自“自来水”、“地下水”、“地表水”及其他外购水及水产品的数量。

钢铁联合企业的普通钢厂或特殊钢厂的新水取水量（新水量）供给范围，包括主要生产（含烧结、球团、焦化、炼铁、炼钢、轧钢、金属制品等）、辅助生产（含鼓风机站、氧气站、石灰窑、空压站、锅炉房、机修、电修、检化验、运输等）和附属生产（含厂部、科室、绿化、厂内食堂、厂区和车间浴室、保健站、厕所等），不包括企业电厂用于发电的取水量（含电厂自用的化学水）、矿山选矿用水和外供水量。

不产粗钢的企业可以选定自己的主产品，参照本指标计算“吨产品耗新水”。

分母项：粗钢合格产出量。说明同上。

铁矿烧结工序单位能耗

计算公式：铁矿烧结工序单位能耗（千克标准煤/吨 ）＝1000×烧结矿工序净耗能量 （吨标准煤）/ 烧结矿产出量（吨）

分子项：烧结矿工序净耗能量。包括配料中用的焦粉、煤粉，点火和焙烧中用的燃油、煤气（包括为保持水分稳定所进行的烘干作业所耗的煤气）和生产中用的电力等，扣除外供量。

分母项：烧结矿产出量。

炼铁工序单位能耗

计算公式：炼铁工序单位能耗（千克标准煤/吨）＝1000×炼铁工序净耗能量（吨标准煤）/ 生铁合格产出量（吨）

分子项：炼铁工序净耗能量。

炼铁工序净耗能量＝炼铁工序内各种能源消耗量之和－炼铁工序能源外供量之和

分母项：生铁合格产出量。

转炉炼钢综合工序单位能耗

计算公式：转炉炼钢综合工序单位能耗（千克标准煤/吨）＝1000×转炉炼钢综合工序净耗能量（吨标准煤）/ 转炉钢合格产出量（吨）

分子项：转炉炼钢综合工序净耗能量。指从原料进厂到钢锭、连铸钢坯、铸造用液态钢（铸钢水）出厂的整个炼钢工序过程，包括铁水预处理、转炉冶炼、二次冶金（精炼）、连铸和铸锭精整、产品出厂等全过程的能源消耗量，扣除炼钢工序外供能源量。

分母项：转炉钢合格产出量。

电炉炼钢综合工序单位能耗

计算公式：电炉炼钢综合工序单位能耗（千克标准煤/吨）＝1000×电炉炼钢综合工序净耗能量（吨标准煤）/ 电炉钢合格产出量（吨）

分子项：电炉炼钢综合工序净耗能量。指从原料进厂到钢锭、连铸钢坯、铸造用液态钢（铸钢水）出厂的整个炼钢工序过程，包括：废钢预热和处理、原材料的烘烤、干燥（包括石灰的二次烘烤、耐火材料及粉状材料的干燥、铁合金的烘烤等），电炉冶炼（包括熔炼、洗炉、液渣保护等），二次冶金（炉外精炼、炉外处理等），连铸和铸锭精整等的能源消耗量，不是仅指电炉冶炼。

分母项：电炉钢合格产出量。

电炉炼钢综合电力消耗

计算公式：电炉炼钢综合电力消耗（千瓦时/吨）＝10000×电炉炼钢综合电力净消耗量（万千瓦时）/电炉钢合格产出量（吨）

分子项：电炉炼钢综合电力净耗量。指从原料进厂到钢锭、连铸钢坯、铸造用液态钢（铸钢水）出厂的整个炼钢工序过程，包括：废钢预热和处理、原材料的烘烤、干燥（包括石灰的二次烘烤、耐火材料及粉状材料的干燥、铁合金的烘烤等），电炉冶炼（包括熔炼、洗炉、液渣保护等），二次冶金（炉外精炼、炉外处理等），连铸和铸锭精整等的电力消耗量，不是仅指电弧炉冶炼耗电。

分母项：电炉钢合格产出量。

轧钢工序单位能耗

计算公式：轧钢工序单位能耗（千克标准煤/吨）＝1000×轧钢工序净耗能量（吨标准煤）/企业最终钢材产品合格产出量（吨）

分子项：轧钢工序净耗能量。指包括热压延加工、冷压延加工、焊接加工、镀涂层加工等钢材生产的各个环节所消耗的净能量。

分母项：企业最终钢材产品合格产出量。轧钢包括的种类主要有：线材（盘条）、特厚板、厚钢板、中板、热轧薄板、冷轧薄板、中厚宽钢带、热轧薄宽钢带、冷轧薄宽钢带、热轧窄钢带、冷轧窄钢带等。

轧钢工序单位电力消耗

计算公式：轧钢工序单位电力消耗（千瓦时/吨）＝10000×轧钢工序电力净消耗量（万千瓦时）/企业最终钢材产品合格产出量（吨）

分子项：轧钢工序电力消耗量。指钢材生产过程的全部用电量，其中包括热处理、压缩空气、氮气、蒸汽、氢气、冷却水等介质系统的用电，但不包括大修理及非生产用电。

分母项：企业最终钢材产品合格产出量。轧钢类型同上。

硅铁工序单位能耗

计算公式：硅铁工序单位能耗（千克标准煤/标准吨）＝1000×硅铁工序净耗能量（吨标准煤）/硅铁合格产品标准量（标准吨）

分子项：硅铁工序净耗能量。指硅铁工序中的能耗量。

分母项：硅铁合格产品标准量。指硅铁按含硅75%的标准折算为标准吨。

硅铁单位电耗

计算公式：硅铁单位电耗（千瓦时/标准吨）＝10000×硅铁冶炼总耗电量（万千瓦时）/ 硅铁合格产品标准量（标准吨）

分子项：硅铁冶炼总耗电量。指硅铁工序中的电力消耗量，包括产品冶炼过程用电和生产时的烘炉用电、洗炉用电、动力用电、照明用电等。

分母项：硅铁合格产品标准量。硅铁按含硅75%的标准折算为标准吨。

锰硅合金工序单位能耗

计算公式：锰硅合金工序单位能耗（千克标准煤/标准吨）＝1000×锰硅合金工序净耗能量（吨标准煤）/ 锰硅合金合格产品标准量（标准吨）

分子项：锰硅合金工序净耗能量。指锰硅合金冶炼工序中的能耗量。

分母项：锰硅合金合格产品标准量。锰硅合金按硅＋锰＝82%的标准折算。

锰硅合金单位电耗

计算公式：锰硅合金单位电耗（千瓦时/标准吨）＝10000×锰硅合金冶炼总耗电量（万千瓦时）/ 锰硅合金合格产品标准量（标准吨）

分子项：锰硅合金冶炼总耗电量。指硅锰合金冶炼工序中电力消耗量。电力消耗量包括产品冶炼过程电和生产时的烘炉电、洗炉电、动力电、照明电等。

分母项：锰硅合金合格产品标准量。锰硅合金按硅＋锰＝82%的标准折算。

铜（32）

单位粗铜综合能耗

计算公式：单位粗铜综合能耗（千克标准煤/吨）＝1000×矿产粗铜综合能源消费量（吨标准煤）/ 矿产粗铜产量（吨）

分子项：矿产粗铜综合能源消费量。指从处理铜精矿到产出粗铜所消耗的能源总量。

分母项：矿产粗铜产量。指合格入库产量。

铜精炼综合能耗

计算公式：铜精炼综合能耗（千克标准煤/吨）＝1000×粗铜到精炼铜消耗的能源总量（吨标准煤）/ 精炼铜（电解铜）产量（吨）

分子项：粗铜到精炼铜（电解铜）消耗的能源总量。指从投入粗铜开始到产出精炼铜（电解铜）的生产过程中消耗的能源量。

分母项：精炼铜（电解铜）产量。指合格入库产量。包括以铜精矿作原料经电解生产的矿产阴极铜（也叫矿产铜）、以铜废料作原料经电解生产的再生铜（杂产铜）、以购买的粗铜和阳极铜作原料经电解生产的精炼铜和湿法冶炼生产的电极铜。

单位铜冶炼综合能耗

计算公式：单位铜冶炼综合能耗（千克标准煤/吨）＝1000×铜冶炼各工序综合能源消费量（吨标准煤）/ 精炼铜（电解铜）产量（吨）

分子项：铜冶炼各工序综合能源消费量。指从处理铜精矿等物料到产出精炼铜（电解铜）的过程中所消耗的各类能源总量。

分母项：精炼铜（电解铜）产量。说明同上。

铜电解直流电单耗

计算公式：铜电解直流电单耗（千瓦时/吨）＝10000×精炼铜（电解铜）消耗的直流电量（万千瓦时）/ 精炼铜（电解铜）产量（吨）

分子项：精炼铜（电解铜）消耗的直流电量。包括线路损失量和始极片耗电量。

分母项：精炼铜（电解铜）产量。说明同上。

铝（32）

单位氧化铝综合能耗

计算公式：单位氧化铝综合能耗（千克标准煤/吨）＝1000×氧化铝生产综合能源消费量（吨标准煤）/ 实产氧化铝产量（吨）

分子项：氧化铝生产综合能源消费量。包括氧化铝工艺用能和间接能源消耗。氧化铝工艺用能，指生产氧化铝所直接消耗的各项能源，包括煤、油、焦、汽、电、煤气、汽油、柴油等消耗；间接能源消耗，指企业辅助、附属部门能耗分摊量、能源转换损耗分摊量和企业内部能源正常损耗量。

分母项：实产氧化铝产量。包括冶金级氧化铝（指生产电解铝的原料）和化学品级氧化铝（折合量），如氢氧化铝系列商品折合量（普通氢氧化铝、特种氢氧化铝、白色氢氧化铝填料氢氧化铝等）、氧化铝系列折合量（煅烧氧化铝、助燃剂用低温氧化铝、电工填料氧化铝等）、拟薄水铝石系列折合量等。

单位电解铝综合能耗

计算公式：单位电解铝综合能耗（千克标准煤/吨）＝1000×全厂综合能源消费量（吨标准煤）/ 合格交库的电解铝产量（吨）

分子项：全厂综合能源消费量。包括电解铝工艺能耗总量（直接消耗），辅助和附属部门消耗的柴油、汽油、蒸汽。

分母项：合格交库的电解铝产量。说明同上。

单位铝锭综合交流电耗

计算公式：单位铝锭综合交流电耗（千瓦时/吨）＝10000×铝锭交流电消耗总量（万千瓦时）/合格交库的铝锭产量（吨）

分子项：铝锭交流电消耗总量为铝锭生产全部用电量，含电解工序交流电用量；电解工序、铸造工序的动力及照明用电；如电解的通风排烟和烟气净化设施，铸造的混合炉、熔炼炉、扒渣机、堆垛机、天车等设备用电；分摊的辅助、附属部门用电。如为电解服务的供电车间、机修车间、电维车间、计算机室、化验室等分摊的线路损失等。

分母项：合格交库的铝锭产量是指报告期内生产合格交库的铝锭产量，包括商品产量和自用量之和。

铅锌（32）

单位粗铅综合能耗

计算公式：单位粗铅综合能耗（千克标准煤/吨）＝1000×矿产粗铅综合能源消费量（吨标准煤）/合格交库的矿产粗铅产出量（吨）

分子项：矿产粗铅综合能源消费量。包括粗铅工艺能耗（动力＋燃料）和辅助用能分摊量。

辅助用能分摊量＝辅助用能×分摊系数

分摊系数＝粗铅工艺总能耗/（全厂总能耗－辅助用能）

分母项：合格交库的矿产粗铅产出量。指合格交库的粗铅产量。矿产粗铅指用铅精矿作原料生产的矿产粗铅，不含开炉用粗铅和用铅碎料作原料生产的再生粗铅。

单位铅冶炼综合能耗

计算公式：单位铅冶炼综合能耗（千克标准煤/吨）＝1000×铅产品能源消耗总量（吨标准煤）/合格交库的铅产量（吨）

分子项：铅产品能源消耗总量。包括电铅工艺用能量（动力＋燃料）和辅助用能分摊量。

辅助用能分摊量＝辅助用能×分摊系数

分摊系数＝电铅工艺总能耗 /（全厂总能耗－辅助用能）

分母项：合格交库的铅产量。指从处理铅精矿到产出合格交库的电铅产出量。铅按原料来源分为以铅精矿作原料生产的矿产铅（电铅或铅锭）、以再生铅（铅蓄电池）作原料生产的再生铅或再生铅合金锭（杂产铅或杂产铅合金锭）、以购买的粗铅作原料生产的铅（电铅或铅锭）。按经济用途分为电铅（铅锭）、商品精铅（经火法精炼铸型生产出的不需电解的铅锭）、铸造锡铅焊料折铅（铅≥90%，不含用成品电铅或精铅作原料生产的焊料）、铅基合金（不含用成品电铅或精铅作原料生产的铅基合金，包括电缆护套铅和含铅大于99.13%的铅钙合金）。

析出铅直流电单耗

计算公式：析出铅直流电单耗（千瓦时/吨）＝10000×直流电消耗总量（万千瓦时）/实际析出铅产量（吨）

分子项：直流电消耗总量。包括线路损失电量和电解液净化槽耗电量。

分母项：实际析出铅产量。

蒸馏锌综合标准煤耗单耗

计算公式：蒸馏锌综合标准煤耗单耗（千克标准煤/吨）＝1000×蒸馏锌综合标准煤消耗总量（吨标准煤）/合格蒸馏锌产量（吨）

分子项：蒸馏锌综合标准煤消耗总量。包括煤炭、焦炭、重油、蒸汽等的消费（标准煤），蒸汽用煤（标准煤）应减去沸腾炉回收余热蒸汽（标准煤）。

分母项：合格蒸馏锌产量。指交库的合格蒸馏锌产量。

单位精锌（电锌）综合能耗

计算公式：单位精锌（电锌）综合能耗（千克标准煤/吨）＝1000×精锌（电锌）产品能源消耗总量（吨标准煤）/合格交库的精锌（电锌）产量（吨）

分子项：精锌（电锌）产品能源消耗总量。指精锌（电锌）工艺能源消耗量（动力＋燃料）和辅助用能分摊量。

辅助用能分摊量＝辅助用能×分摊系数

分摊系数＝精锌（电锌）工艺总能耗/（全厂总能耗－辅助用能）

分母项：合格交库的精锌（电锌）产量。指从处理锌精矿到产出合格交库的精锌（电锌）产出量。

火法和湿法炼锌均采用此办法。

析出锌（湿法）直流电单耗

计算公式：析出锌（湿法）直流电单耗（千瓦时/吨）＝10000×直流电消耗总量（万千瓦时）/实际析出锌产量（吨）

分子项：直流电消耗总量包括线路损失电量和电解液净化槽耗电量。

分母项：实际析出锌产量。

有色金属材（32）

吨铜加工材消耗电量

计算公式：吨铜加工材消耗电量（千瓦时/吨）＝10000×铜加工材用电消耗总量（万千瓦时）/合格交库的铜材产量（吨）

分子项：铜加工材用电消耗总量。包括铜加工生产分厂（车间）、辅助分厂（车间）和附属单位所消耗的电量，以及按比例分摊的线路损失电量；不包括铜深加工产品消耗的电量、基建及专供其他单位的用电。

分母项：合格交库铜材产量。包括自用量，不包括深加工产品产量。

吨铜加工材消耗能源量

计算公式：吨铜加工材消耗能源量（千克标准煤/吨）＝1000×铜加工材能源消耗总量（吨标准煤）/合格交库的铜材产量（吨）

分子项：铜加工材能源消耗总量。包括铜加工生产分厂（车间）、辅助分厂（车间）和附属单位所消耗的能源，能源亏损量应计入能耗。不包括深加工产品耗能、基建、改造用能和专供其他单位的用能。计量单位为吨标准煤。

分母项：合格交库铜材产量。说明同上。

铜材指用精炼铜和直接利用再生铜作原料，经挤压、锻造、轧制、或拉伸生产的铜加工产品。铜加工产品按形状、尺寸不同可分为：板材、带材、管材、棒材、线材、型材、箔材、锻件等加工材产品。

吨铝加工材消耗电量

计算公式：吨铝加工材消耗电量（千瓦时/吨）=10000×铝加工材用电消耗总量（万千瓦时）/合格交库的铝材产量（吨）

分子项：铝加工材用电消耗总量。包括铝加工生产分厂（车间），辅助分厂（车间）和附属单位所消耗的电量，以及按比例分摊的线路损失电量。不包括铝深加工产品所消耗的电量、基建及专供其他单位用电。

分母项：合格交库的铝材产量。包括自用量，不包括深加工产品产量。

铝材指用铝液、电解铝锭、铝合金锭及直接利用的再生铝作原料，经挤压、锻造、轧制、或拉伸生产的铝加工产品。铝加工产品按形状、尺寸不同可分为：板材、带材、管材、棒材、线材、型材、箔材、排材、锻件等铝加工材产品。

吨铝加工材消耗能源量

计算公式：吨铝加工材消耗能源量（千克标准煤/吨）=1000×铝加工材能源消耗总量（吨标准）/合格交库的铝材产量（吨）

分子项：铝加工材能源消耗总量。包括铝加工生产、辅助单位和附属单位能源消耗的总和，能源亏损量要计入消耗量内。不包括深加工产品耗能以及基建、改造用能和专供其他单位的用能。计量单位为吨标准煤。

分母项：合格交库的铝材产量。说明同上。

火力发电（44）

电厂火力发电标准煤耗

计算公式：电厂火力发电标准煤耗（克标准煤/千瓦时）=100×发电耗用标准煤量（吨标准煤）/火力发电量（万千瓦时）

分子项：发电耗用标准煤量。指发电生产耗用的原煤、燃料油和燃气等（标准煤）。不包括如下用项：

(1)新设备或大修后设备的烘炉、煮炉、暖风机、空载运行的用能；

(2)新设备在未移交生产前的带负荷试运行期间的用能；

(3)计划大修以及基建、更改工程施工的用能；

(4)发电机作调相运行时耗用的用能；

(5)自备机车、船舶等耗用的用能；

(6)升、降压变压器（不包括厂用电变压器）、变波机、调相机等消耗的用能；

(7)修配车间、车库、副业、综合利用、集体企业、外供及非生产用（食堂、宿舍、幼儿园、学校、医院、服务公司和办公室等）的燃料。

发电企业对外供热，其“发电耗用标准煤量”计算方法如下：

发电耗用标准煤量=发电、供热耗用标准煤量-供热耗用标准煤量

式中“供热耗用标准煤量”的计算，根据不同的供热方式，分别采用如下计算方法：

(1)由供热式汽轮机组供热：

供热耗用标准煤量（吨）=发电、供热耗用标准煤量×〔供热量（百万千焦）/发电、供热总耗热量（百万千焦）〕

(2)由锅炉直接供热：

供热耗用标准煤量（吨）=锅炉供热量折标准煤量（吨）/锅炉热效率

分母项：火力发电量。指报告期内火力发电厂生产的电量，扣除试运行期间的电量。

电厂火力供电标准煤耗

计算公式：电厂火力供电标准煤耗（克标准煤/千瓦时）=100×发电耗用标准煤量（吨标准煤）/ 电厂供电量（万千瓦时）

分子项：发电耗用标准煤量。说明同上。

分母项：电厂供电量。即电厂火力发电量减去厂用电量。厂用电量包括电厂动力、照明、通风、取暖及经常维修等用电量，以及其他励磁用电量、设备属于电厂资产并由电厂负责其运行和检修的厂外输油管道系统、循环管道系统和除灰管道系统等用电量。厂用电量既包括本厂生产的电力供本厂生产耗用的电量，也包括购电量中供本厂使用的电量。

厂用电量不包括：

(1)新设备或大修后设备的烘炉、煮炉、暖风机、空载运行的用电；

(2)新设备在未移交生产前的带负荷试运行期间的用电；

(3)计划大修以及基建、更改工程施工用电；

(4)发电机作调相运行时的用电；

(5)自备机车、船舶等的用电；

(6)升、降压变压器（不包括厂用电变压器）、变波机、调相机等的用电；

(7)修配车间、车库、副业、综合利用、集体企业、外供及非生产（食堂、宿舍、幼儿园、学校、医院、服务公司和办公室等）的用电。

发电厂用电率

计算公式：发电厂用电率（%）＝发电厂用电量（万千瓦时）/发电量（万千瓦时）×100%

发电量、发电厂用电量说明同上。

2.水消费情况

取水量　指工业法人企业从各种水源实际提取的用于生产和生活的水量。包括提取的地表水、地下水、自来水、污水处理达标水、未达标污水、雨水收集利用、企业从市场购得的其他水或水产品（如纯净水、矿泉水等），还包括采盐企业所取的海水、地下卤水、盐湖水，海水淡化企业所取的海水，自来水生产企业所取的地表水和地下水，污水处理厂处理的污水。

取水量不包括重复用水量；不包括企业采自河流、水库、湖泊、海洋，用于冷却，不重复使用，又排回到河流、水库、湖泊、海洋的水（这部分水应填报“河湖海冷却直排水量”指标）；不包括水力发电厂的发电动力用水量。

取水量按取水企业和供水企业（单位）商定的水表结算流量计算。如没有水表，按取水企业和供水企业（单位）商定的、或有关管理部门规定的计算方法计算。

支付费用的取水量　指取水量中需向供水企业（单位）支付水费的水量。

取水支付金额　指报告期企业取水所支付的费用，计算范围与形成当地水价格的费用结构相同，如水费、资源税、排水（污）费等。不包括取水过程的成本费，如电费、人工费、设备费等。

外供水量　指供水企业向用水单位提供的符合用水单位质量要求的水量。包括自来水生产企业外供的自来水，纯净水、矿泉水生产企业外供的纯净水、矿泉水，污水处理厂外供的中水或符合用户质量要求的、经过处理的水，海水淡化水企业外供的淡化水，提取地下水、地表水的企业向用户提供的水。不包括向自然界直接排放的水量。

陆地地表水　指分别存在于河流、湖泊、沼泽、冰川和冰盖等陆地地表水体中的水。包括河流、湖泊、沼泽、水库的水。陆地地表水分为淡水和咸水，其中陆地咸水湖的水为咸水。工业企业在取用陆地咸水湖的水时，应填报《工业企业用水情况》（605-4表）中的“其中：陆地湖咸水”项。

地下水　指埋藏和运动于地面以下各种不同深度含水层中的水。地下水分为淡水和咸水。工业企业在取用地下咸水时，应填报《工业企业用水情况》（605-4表）中的“其中：地下咸水”项。

自来水　指地表水、地下水等经过供水企业加工处理，经认定达到自来水供水标准，通过城镇自来水管网供应的水。

海水　指海洋的水。包括企业用来制盐、化工生产、海水淡化所提取的海水。不包括直接利用的海水，如海水冷却、海水脱硫、海水冲渣等。

其他水　指上述水源没有涵盖的，或者界定不清的水。包括一些产品水，如纯净水、矿泉水、海水淡化水；包括经过初步处理，未达到自来水标准的水；包括污水处理厂处理的污水。不包括茶饮料、碳酸饮料、果汁饮料、酒类等大量用水的产品。

雨水收集利用　指用水单位专门建立雨水收集设施，将收集到的雨水作为水源的补充并利用的水。不包括天降雨、雪后，流到江河、湖泊、水库的水。

海水淡化水　指海水淡化企业取提海水，经过特定的生产工艺去除海水中的盐分后得到的淡水产品。

再生水（中水）　指污水经适当处理后，达到一定的水质指标，满足某种使用要求，可以进行有益使用的水。

重复用水量　工业企业重复用水量是指在企业内部，对生产和生活排放的废水直接或经过处理后回收再利用的水量。不包括企业从城市污水处理厂购买的中水和符合企业用水标准的废水，不包括河湖海冷却直排水量。

重复用水量的计算原则：

1.开放原则。即水的循环在开放系统进行，循环一次计算一次，封闭式循环系统的循环水不计算重复用水量。

2.“源头”计算原则。对循环水来说，使用后的水，又回流到系统的取水源头，流经源头一次，计算一次。循环系统中的中间环节用水不得计算重复用水量。

3.异地原则。对于非循环系统，根据不同工艺对不同水质的要求，在一个地方（工艺）使用过的水，在另外一个地方（工艺）中又进行使用，使用一次，计算一次。在同一地方（容器）多次使用的水，不得计算重复用水量。

4. 企业经过净化处理后的水重复再用，在任何情况下都可按照重复用水计算。

河湖海冷却直排水量　指企业采自河流、水库、湖泊、海洋，用于冷却，但不重复使用，又直接排回到的河流、水库、湖泊、海洋的水。

废水排放量　指企业提取的各种水经使用或处理后，经过企业厂区所有排放口排放到企业外部的废水量。包括生产废水、超标排放的矿井地下水、厂区生活污水；包括经本企业净化处理达到环保排放标准的废水和虽经净化处理但未达到环保排放标准的废水。废水排放量不包括河湖海冷却直排水量。

废水排放量的计算方法：

1.实测法

企业有计量装置的，按计量装置计量数据计算废水排放量。

2. 排放系数法

废水排放量=（取水量－外供水量）×废水排放系数

不同的工业类型废水排放系数数值有所不同，一般在 0.6~0.9 范围内取值，常取 0.80 或 0.85。

3. 物料衡算法

废水排放量=（取水量－外供水量）－（产品带走水量＋水漏失量＋锅炉蒸发量＋其他损失量）。

六、科技活动

科技活动 指在自然科学、农业科学、医药科学、工程与技术科学、人文与社会科学领域（简称科学技术领域）中，与科技知识的产生、发展、传播和应用密切相关的有组织的活动。企业的科技活动包括：1. 在科学技术领域，为增加知识总量、以及运用这些知识去创造新的应用进行的系统的创造性的活动。其中较为常见的活动是利用现有知识和实际经验，为产生新的产品、材料和装置，建立新的工艺、系统和服务，以及对已产生和建立的上述各项做实质性的改进而进行的系统性工作。这些活动的成果形式主要是专利、专有技术、新产品原型或样机样件等。2. 为使产生的新产品、材料和装置，建立的新工艺、系统和服务以及做实质性改进后的上述各项能够投入生产或实际应用，解决所存在的技术问题而进行的系统性的工作。这些活动的成果形式大多是可供生产和实际操作的带有技术和工艺参数的图纸、技术标准和操作规范。企业的科技活动不包括企业从事的常规性技术升级或对某项科研成果直接应用等活动（如直接采用新的工艺、材料、装置、产品、服务或知识等）。在企业中只有列入企业工作计划的科技活动才予以统计，而独立发明人等在企业外或计划外进行的科技活动不在统计范围之内。

项目名称 按企业科技项目的立项计划书、项目任务书或项目合同书等有关立项资料中确定的项目名称填写。

项目来源 按相应的分类填写代码，具体的分类及代码是：1. 国家科技项目；2. 地方科技项目；3.（其他）企业委托科技项目；4. 自选科技项目；5. 来自境外的科技项目；6. 其他科技项目。

项目合作形式 按重要程度选择最主要的项目合作形式并按相应的代码填写，具体的分类与代码是：1. 与境外机构合作；2. 与境内高校合作；3. 与境内独立研究机构合作；4. 与境内注册的外商独资企业合作；5. 与境内注册的其他企业合作；6. 独立研究；7. 其他。

项目成果形式 按重要程度选择最主要的 1-2 个项目成果形式并按相应的代码填写，具体的分类与代码是：1. 论文或专著；2. 自主研制的新产品原型或样机、样件、样品、配方、新装置；3. 自主开发的新技术或新工艺、新工法；4. 发明专利；5. 实用新型专利；6. 外观设计专利；7. 带有技术、工艺参数的图纸、技术标准、操作规范；8. 基础软件；9. 应用软件；10. 其他。

项目技术经济目标 指项目立项时确定的技术经济目标。若一个项目有两个及以上的技术经济目标，应按重要程度选择最主要的技术经济目标填写。具体的分类与代码是：1. 科学原理的探索、发现；2. 技术原理的研究；3. 开发全新产品；4. 增加产品功能或提高性能；5. 提高劳动生产率；6. 减少能源消耗或提高能源使用效率；7. 节约原材料；8. 减少环境污染；9. 其他。

项目起始日期 填写项目列入企业计划或签订协议后、有组织进行开发的年月，即开始动用人力、物力、财力投入到开发项目的年月。项目起始日期为 6 位编码，其中前 4 位为年份，后 2 位为月份（1 月至 9 月必须前补 0）。

项目完成日期 填写项目技术鉴定的年月，为 6 位编码，其中前 4 位为年份，后 2 位为月份（1 月至 9 月必须前补 0）。如项目至当年底仍在继续进行，填写预期完成时间；如项目年内以失败告终，填写 000000；如项目未鉴定就投产，填写投产使用时间。

跨年项目所处进展阶段 选择当年所处最主要的进展阶段并按相应的代码填写，具体的分类与代码是：1. 研究阶段；2. 小试阶段；3. 中试阶段；4. 试生产阶段。非跨年项目该指标免填。

参加项目人员 指企业在报告期实际参加某科技项目活动的人员。项目组一般指企业认定的从事科技活动的最小单元，其人员指实际参加科技项目活动的时间（不包括加班时间）占全年工作时间在10%及以上的人员。专职负责项目管理并且是某些项目组的成员，视其主要归属情况归入某一项目组填报，其他项目免填。企业科技活动管理人员，一般不填报在项目组内。若某人同时担负几个科技项目的研究任务，则按其最主要的项目填报，其他项目免填。项目在报告期内确认科技活动工作失败，也应按其实际情况填写参加本项目组活动的人员。项目组人员不包括外单位参加本企业科技项目的人员和临时协作人员。

项目人员实际工作时间 指报告期项目组人员实际工作的时间，按月计算。同时参加两个及以上项目的人员，应按项目分别计算工作时间，但一人在报告期内的实际工作时间不得超过 12 个月。

项目经费内部支出 指报告期在企业内部开展科技项目活动的经费支出，不包括委托研制或合作研制而支付外单位的经费等。

政府资金 指报告期企业各类科技项目经费支出中来自政府部门的经费，包括政府科技贷款。

科技活动人员合计 指企业内部直接参加科技项目以及项目的管理人员和直接服务的人员。不包括全年累计从事科技活动时间不足制度工作时间10%的人员。

参加科技项目人员 指编入各类科技项目小组并实际从事（参与）科技活动的人员。

科技管理和服务人员 指企业中专门从事科技活动管理和为科技活动提供直接服务的人员，不包括全年累计从事科技活动管理和服务的时间占制度工作时间10%以下的人员。科技活动管理人员包括企业主管科技活动工作的负责人，企业科技活动管理部门（科研管理处、部、科等）的工作人员以及企业办技术中心、科研院（所）、中试车间、试验基地、实验室等的管理人员；为科技活动提供直接服务的人员包括为科技活动提供资料文献、材料供应、设备维护等服务的人员（含中试车间、实验室、试验基地等的工人），但不包括为科技活动提供间接服务的保卫、医疗保健、司机、食堂人员、茶炉工、水暖工、清洁工等人员。为避免重复计算，该指标应扣除已计入参加科技项目的人员数。

科技活动人员合计中高中级技术职称人员 指企业科技活动人员中已评定为高级和中级技术职称（职务）的人员。高级技术职称人员包括：高级工程师、高级经济师、高级会计师、高级统计师、正副教授、正副研究员等；中级技术职称人员包括：工程师、经济师、会计师、统计师、讲师、助理研究员等。

科技活动人员合计中全时人员 指企业科技活动人员中在报告期实际从事科技活动的时间占制度工作时间90%及以上的人员。在企业科技活动管理部门（科研管理处、部、科等）专职从事科技管理工作的人员、企业办科技机构中专职从事科技活动以及管理和直接服务人员，以及上述人员以外在报告期主要从事科技项目活动的人员可视作全时人员。

科技活动的经费支出合计 指在报告期企业科技活动的经费支出合计，包括内部用于科技活动的经费支出、当年形成用于科技活动的固定资产、使用来自政府部门的科技活动资金和委托外单位开展科技活动的经费支出。

企业内部用于科技活动的经费支出 指在报告期企业内部用于全部科技活动的直接支出，以及用于科技活动的管理费、服务费以及外协加工费等支出。不包括生产性活动支出、归还贷款支出以及与外单位合作或委托外单位进行科技活动而转拨给对方的经费支出，也不包括来自政府部门的科技活动资金和当年形成用于科技活动的固定资产，以及购买专利等无形资产支出。对于在财务上单独核算研究开发费或技术开发费的企业，该指标直接抄取相应会计科目当年实际发生额，包括人员人工费、直接投入（包括原材料费等）、折旧费用与长期费用摊销、无形资产摊销、其他费用（含设计费、装备调试费等）等。未对研究开发费或技术开发费进行单独核算的企业，该指标应分项目归集整理，即按项目分列人员劳务费、原材料费、其他费用等支出项，再加上未列入项目经费的相关人员工资、管理和服务费用等支出取得。

企业内部用于科技活动的经费支出中人员人工费（包含各种补贴）指企业在报告期支付给科技活动人员的工资薪金，包括基本工资、奖金、津贴、补贴、各种保险、年终加薪、加班工资以及与科技活动人员任职或者受雇有关的其他支出。

企业内部用于科技活动的经费支出中原材料费 指企业在报告期为实施科技项目而购买的原材料等相关支出。如：水和燃料（包括煤气和电）使用费等，实际消耗的原材料、辅助材料、备用配件、外购半成品，用于中间试验和产品试制达不到固定资产标准的模具、样品、样机及一般测试手段购置费、试制产品的检验费等。

企业内部用于科技活动的经费支出中折旧费用与长期费用摊销 指企业在报告期为实施科技活动而购置的仪器和设备以及在用建筑物的折旧费用，包括研发设施改建、改装、装修和修理过程中发生的长期待摊费用。

企业内部用于科技活动的经费支出中无形资产摊销 指企业在报告期因科技活动需要购入的专有技术（包括专利、非专利发明、许可证、专有技术、设计和计算方法等）所发生的费用摊销。

企业内部用于科技活动经费支出中的其他费用 指企业在报告期为科技活动所发生的除人员人工费、原材料费、折旧费用与长期费用摊销、无形资产摊销等费用之外的其他费用，包括用于科技活动的设计费、装备调试费、办公费、通讯费、专利申请维护费、高新科技研发保险费等。

委托外单位开展科技活动的经费支出 指报告期企业委托外单位或与外单位合作进行科技活动而拨给对方的经费。不包括外协加工费。

委托外单位开展科技活动的经费支出中对境内研究机构的支出 指报告期企业委托或与境内独立研究机构合作开展科技活动而支付予其的经费。

委托外单位开展科技活动的经费支出中对境内高等学校支出 指报告期企业委托或与境内高等学校合作开展科技活动而支付予其的经费。

委托外单位开展科技活动的经费支出中对境外支出 指报告期企业委托或与境外机构合作开展科技活动而支付予其的经费。

当年形成用于科技活动的固定资产 指企业在报告期形成的用于科技活动的固定资产原价。对于科研与生产共用的固定资产应按比例进行分摊，其中仪器和设备一般应按使用时间进行分摊，建筑物一般应按使用面积进行分摊。为避免重复统计，本项指标不含由政府资金形成的固定资产。

当年形成用于科技活动的固定资产中的仪器和设备 指企业在报告期形成的用于科技活动的固定资产中的仪器和设备原价，其中设备包括用于科技活动的各类机器和设备、试验测量仪器、运输工具、工装工具等。

使用来自政府部门的科技活动资金　指企业在报告期使用的从政府有关部门得到的科技活动资金，包括纳入国家计划的中间试验费等。

全部科技项目数　指企业在报告期当年立项并开展研究工作、以前年份立项仍继续进行的科技项目数，包括当年完成和年内研究工作已告失败的科技项目，但不包括委托外单位进行的科技项目数。

全部科技项目经费内部支出　指企业内部在报告期进行科技项目研究和试制等的实际支出。包括劳务费、原材料费、设备购置费、其他日常支出、外协加工费等，不包括委托或与外单位合作进行项目研究而拨付给对方使用的经费，企业科技活动管理部门的费用，用于科技活动目的的基建支出，以及为科技活动提供间接服务人员的费用等。

企业办科技机构数　企业办科技机构指企业自办（或与外单位合办），管理上同生产系统相对独立（或者单独核算）的专门科技活动机构，如企业办的技术中心、研究院所、开发中心、开发部、实验室、中试车间、试验基地等。企业办科技活动机构经过资源整合，被国家或省级有关部门认定为国家级或省级技术中心的，应按一个机构填报。与外单位合办的科技活动机构若主要由本企业出资兴办，则由本企业统计，否则应由合办方统计。企业科技管理职能处（科）室（如科研处、技术科等）一般不统计在内；若科研处、技术科等同时挂有科技活动机构的牌子，视其报告年度内主要工作任务而定，主要任务是从事科技活动的可以统计，否则不予统计。本指标不含企业在中国境外设立的科技活动机构数。

机构人员合计　指报告期末企业办科技活动机构中从业人员合计。

机构人员合计中博士毕业　指报告期末企业办科技机构中具有博士学历或博士学位的人员。

机构人员合计中硕士毕业　指报告期末企业办科技机构中具有硕士学历或硕士学位的人员。

机构人员合计中本科毕业　指报告期末企业办科技机构中具有大学本科学历或学士学位的人员。

机构经费支出　指报告期企业办科技机构用于内部开展科技活动实际支出的总费用。包括机构人员劳务费（含工资）支出、机构业务费支出、管理费支出、固定资产购建支出以及其他维持机构正常工作的日常费用等的支出总和。

仪器和设备原价　指企业办科技机构报告期末固定资产中仪器和设备的原价（不包括长期闲置不用的仪器和设备）。

仪器和设备原价中进口　指企业办科技机构报告期末固定资产中从国外购入的仪器和设备的原价（不包括长期闲置不用的仪器和设备）。

专利申请数　指企业在报告期内向国内外知识产权行政部门提出专利申请并被受理的件数。

专利申请数中发明专利　指企业在报告期内向国内外知识产权行政部门提出发明专利申请并被受理的件数。

有效发明专利数　指报告期末企业作为专利权人在报告期拥有的、经国内外知识产权行政部门授权且在有效期内的发明专利件数。

有效发明专利数中境外授权　指报告期末企业作为专利权人拥有的、经国外及港澳台知识产权行政部门授予且有效期内的发明专利件数。

专利所有权转让及许可数　指报告期企业向外单位转让专利所有权或允许专利技术由被许可单位使用的专利件数。

专利所有权转让及许可收入　指报告期企业向外单位转让专利所有权或允许专利技术由被许可单位使用而得到的收入。包括当年从被转让方或被许可方得到的一次性付款和分期付款收入，以及利润分成、股息收入等。

新产品产值　指报告期企业生产的新产品的产值。新产品是指采用新技术原理、新设计构思研制、生产的全新产品，或在结构、材质、工艺等某一方面比原有产品有明显改进，从而显著提高了产品性能或扩大了使用功能的产品。新产品产值、新产品销售收入既包括经政府有关部门认定并在有效期内的新产品，也包括企业自行研制开发，未经政府有关部门认定，从投产之日起一年之内的新产品。

新产品销售收入　指报告期企业销售新产品实现的销售收入。

新产品销售收入中出口　指报告期企业将新产品销售给外贸部门和直接出售给外商所实现的销售收入。

发表科技论文　指企业立项的科技项目产生的、并在有正规刊号的刊物上发表的科技论文数量。

拥有注册商标　指企业在报告期末拥有的注册商标件数。包括在境内和境外注册的商标件数，一件商标在境内外同时注册时只统计一件。

拥有注册商标中境外注册　指企业在报告期末拥有的在国外或港澳台注册的商标件数。

形成国家或行业标准　指报告期企业在自主研发或自主知识产权基础上形成的经有关部门批准的国家或行业标准项数。

研究开发费用加计扣除减免税　指企业按有关政策和税法规定税前加计扣除的研究开发活动费用所得税，按当年税务部门实际减免的税额填报。对尚未得到当年减免税额的企业，按上年实际减免税额填报。

高新技术企业减免税　指高新技术企业按照国家有关政策依法享受的企业所得税减免额，按当年税务部门实际减免的税额填报。对尚未得到当年减免税额的企业，按上年实际减免税额填报。

引进国外技术经费支出　指企业在报告期用于购买境外技术的费用支出，包括产品设计、工艺流程、图纸、配方、专利等技术资料的费用支出，以及购买关键设备、仪器、样机和样件等的费用支出。

引进技术的消化吸收经费支出　引进技术的消化吸收指对引进技术的掌握、应用、复制而开展的工作，以及在此基础上的创新。引进技术的消化吸收经费支出包括：人员培训费、测绘费、参加消化吸收人员的工资、工装、工艺开发费、必备的配套设备费、翻版费等。消化吸收经费支出中属于科技活动的经费支出，除包含在本项外，还要计入企业科技活动经费支出中。

购买国内技术经费支出 指企业在报告期购买境内其他单位科技成果的经费支出。包括购买产品设计、工艺流程、图纸、配方、专利、技术诀窍及关键设备的费用支出。

技术改造经费支出 指企业在报告期进行技术改造而发生的费用支出。技术改造指企业在坚持科技进步的前提下，将科技成果应用于生产的各个领域（产品、设备、工艺等），用先进工艺、设备代替落后工艺、设备，实现以内涵为主的扩大再生产，从而提高产品质量、促进产品更新换代、节约能源、降低消耗，全面提高综合经济效益。

企业在境外设立的科技活动机构 指企业在境外自办（或与外单位合办）的专门科技活动机构。与外单位合办的科技活动机构若主要由本企业出资兴办，则由本企业统计，否则应由合办方统计。

七、信息化情况

计算机数 指报告期末企业（单位）使用的计算机数量，包括台式机、笔记本电脑和平板电脑。

信息技术人员 指专职从事信息技术系统的制定、设计、开发、安装、操作、维护、管理和评估的人员。

局域网（LAN）指在局部区域，如单一建筑物、独立部门，连接计算机的网络，可以是无线网络。

互联网 指在世界范围内的公共计算机网络。它提供一系列通信服务（包括万维网）的接入，并传送电子邮件、新闻、娱乐和数据文件等。

窄带 包括通过模拟调制解调器（电话线拨号）、ISDN（综合业务数字网）、速度低于256kbit/s的DSL和移动电话以及表明下载速度低于256kbit/s的其他接入方式。请注意，窄带移动电话接入服务包括CDMA1*（版本0）、GPRS、WAP和i-mode。

固定宽带 指一个或两个方向速度至少为256kbit/s的技术，如DSL（数字用户线路）、电缆调制解调器、高速租用线路、光纤入户、输电线、微型、固定无线、无线局域网和WiMAX。

移动宽带 指一个或两个方向速度至少为256kbit/s的技术，如宽带CDMA（W-CDMA），可通过任何装置（如平板电脑、笔记本电脑或者移动电话等）接入。

互联网接入带宽 指在单位时间内从网络中的某一点到另一点所能通过的最高数据率,即网络可通过的最高数据流量,通常的单位是bps（bit per second）。带宽是指在固定的时间可传输的资料数量，亦即在传输管道中可以传递数据的能力。

从政府机构获取信息 指企业（单位）通过浏览网站或者发送电子邮件获取与政府相关的信息。

与政府机构互动 指企业（单位）通过互联网向政府机构采购或者销售、在线支付以及在线填写或者下载政府要求提供的表格等活动。

提供客户服务 指企业（单位）通过网站或者电子邮件提供产品的规格、价目表以及提供售后服务（如产品维修咨询、在线订单跟踪等）。

在线提供产品 指企业（单位）通过互联网以数字形式交付产品（如报告、软件、音乐、视频、电脑游戏等）、以及提供在线服务（如计算机相关服务、信息服务、旅游预订或金融服务等）。

员工培训 指企业（单位）基于内网或者外部网站开展的电子教学应用。

网站数 指报告期末企业拥有和维护的，在互联网上可浏览的网站数，不包括企业内网。网站是指在公共互联网上，面向公众使用的，基于TCP/IP协议的计算机系统，以域名本身或者“WWW.＋域名”为网址的web站点，由地址、软件、硬件和内容组成。

搜索引擎 指通过一定的策略和计算机程序从互联网上提取各个网站的信息，对信息进行组织和处理后，建立起数据库，根据用户检索和查询条件匹配信息显示给用户的互联网服务系统。

电子商务平台 是为企业（单位）或个人提供网上交易洽谈的平台，可提供网上交易和管理等全过程的服务，一般具有广告宣传、咨询洽谈、网上订购、网上支付、电子账户、服务传递、意见征询、交易管理等各项功能。一般分为B2B、B2C、C2C等几种形式。

电子邮件 是一种通过网络实现相互传送和接收信息的现代化通信方式。电子邮件账号（地址）在形式上通常以“ABC@域名”的形式呈现，这里的ABC可以是字母、符号、或者文字。

微博 是一种通过关注机制分享简短实时信息的广播式的社交网络平台。允许用户发布的内容一般较短，大多以140字左右的文字更新信息，并实现即时分享。

博客 是一种提供自主网络空间，包括文字、图片、多媒体等服务的网站或频道。

社交网站 是狭义的社交网站，即与人人网（校内网）等形态和功能类似的、基于用户真实社交关系从而为用户提供一个沟通、交流平台的社交网站，这些网站一般鼓励用户尽可能提供真实信息。

全年电子商务销售金额 指报告期内企业（单位）借助网络订单而销售的商品和服务总额。借助网络订单指通过网络接

受订单。付款和配送可以不借助于网络。

全年电子商务采购金额 指报告期内企业（单位）借助网络订单而采购的商品和服务总额。借助网络订单指通过网络发送订单。付款和配送可以不借助于网络。

第三方电子商务交易平台 指为其他单位或个人开展电子商务交易活动提供服务的平台。

自营电子商务交易平台 指为企业自己开展电子商务交易活动提供服务的平台。

服务类商品 指有形的实体类商品以外的商品。

电子商务平台交易服务费用 指提供第三方电子商务交易平台的企业通过电子商务平台为交易各方提供服务所收取的费用。

八、个体经营户普查表

个体经营户名称 按工商部门登记批准的名称填写，或据实填写。对于无证经营、无正式名称的个体经营户可以“户主＋经营性质”方式命名。

个体经营户主姓名 填写领取工商执照的经营者姓名，或据实填写。

街（村）、门牌号 填写经营场所所在地的具体街（村）、门牌号。

联系电话 电话号码以填写固定座机电话号码为主，对于确实没有座机电话号码的个体户，可以填写户主的移动电话号码。

有无工商或民政证照 有工商部门营业执照或者民政部门登记证书的填写“1”，无填写“0”。

是否办理税务登记证 指在税务部门办理税务登记并领取税务登记证的填写“1”，否则填写“0”。

从业人员期末人数 指参加经营活动的所有人员，包括业主、雇员以及参加经营活动的其他人员，如家庭成员、帮手和学徒。

主要业务活动（或主要产品） 指个体经营户从事生产、销售和提供服务的主要活动内容或产品（服务）的具体名称。如生产刨花板、销售刨花板。

行业代码 普查单位免填。由所在地普查机构根据各单位填写的主要业务活动（或主要产品名称）对照《国民经济行业分类》(GB/T4754－2011) 填写行业中类代码。

区划代码 普查单位免填。由所在地普查机构按统计设计管理部门最新更新的统计用区划代码统一填写。

普查小区代码 由普查机构填写，普查单位免填。

附 3：

普查单位划分及具体处理规定

一、法人单位、产业活动单位和个体经营户划分规定

(一)法人单位

法人单位是指有权拥有资产、承担负债，并独立从事社会经济活动（或与其他单位进行交易）的组织。法人单位应同时具备以下条件：

1. 依法成立，有自己的名称、组织机构和场所，能够独立承担民事责任；

2. 独立拥有（或授权使用）资产或者经费，承担负债，有权与其他单位签订合同；

3. 具有包括资产负债表在内的账户，或者能够根据需要编制账户。

法人单位包括五种类型：企业法人、事业单位法人、机关法人、社会团体法人、其他法人。

(1) 企业法人。指依据《中华人民共和国公司登记管理条例》、《中华人民共和国企业法人登记管理条例》等国家法律和法规，经各级工商行政管理机关登记注册，领取《企业法人营业执照》的企业。包括：

①公司制企业法人；

②非公司制企业法人；

③依据《中华人民共和国个人独资企业法》、《中华人民共和国合伙企业法》，经各级工商行政管理机关登记注册，领取《营业执照》的个人独资企业、合伙企业。

(2) 事业单位法人。指经国务院或地方县级以上机构编制管理部门批准，经国家或地方县级以上事业单位登记管理部门登记或备案，领取《事业单位法人证书》，取得法人资格的事业单位。包括：

①各级党委、政府直属事业单位；

②中共中央、国务院直属事业单位举办的事业单位；

③各级人大、政协机关，人民法院、人民检察院和各民主党派机关举办的事业单位；

④各级党委部门和政府部门举办的事业单位；

⑤使用财政性经费的群众团体举办的事业单位；

⑥国有企业及其他组织利用国有资产举办的事业单位；

⑦依照法律或有关规定，应当由各级登记管理机关登记的其他事业单位。

(3) 机关法人。是指各级政党机关和国家机关。包括：

①县级以上各级中国共产党委员会及其所属各工作部门；

②县级以上各级人民代表大会机关；

③县级以上各级人民政府及其所属各工作部门，以及地区行政行署；

④县级以上各级政治协商会议机关；

⑤县级以上各级人民法院、检察院机关；

⑥县级以上各民主党派机关；

⑦乡、镇中国共产党委员会和人民政府。

(4) 社会团体法人是指依据《社会团体登记管理条例》，经国家或县级以上民政部门登记注册或备案、领取《社会团体法人登记证书》的各类社会团体，以及由机构编制管理部门管理其编制的群众团体。包括：

①社会团体法人；

②群众团体法人。

(5) 其他法人是指除上述类型以外的法人。是依据《中华人民共和国居民委员会组织法》、《中华人民共和国村民委员会组织法》、《民办非企业单位登记管理暂行条例》、《基金会管理条例》、《农民专业合作社登记管理条例》及其他法律、法规，依法成立，具备法人条件的单位。包括：

①居民委员会和村民委员会；

②基金会；

③领取《民办非企业单位（法人）登记证书》的民办非企业单位；

④宗教组织和活动场所；

⑤农民专业合作社；

⑥其他未列明法人单位。

（二）产业活动单位

产业活动单位是指位于一个地点，从事一种或主要从事一种社会经济活动的组织或组织的一部分。产业活动单位应同时具备以下条件：

1. 在一个场所从事一种或主要从事一种社会经济活动；

2. 相对独立地组织生产活动或经营活动；

3. 能提供收入、支出等相关资料。

产业活动单位是法人单位的组成部分。仅包含一个产业活动单位的法人单位，称为单产业法人单位，该法人单位同时也是一个产业活动单位；由两个及以上产业活动单位组成的法人单位，称为多产业法人单位，这些产业活动单位接受法人单位的管理和控制。

（三）个体经营户

个体经营户是指生产资料归劳动者个人所有，以个体劳动为基础，劳动成果归劳动者个人占有和支配的一种经营组织。本次经济普查的个体经营户包括：

1. 按照《中华人民共和国民法通则》和《城乡个体工商户管理暂行条例》规定，经各级工商行政管理机关登记注册、领取《营业执照》的个体工商户；

2. 依据《民办非企业单位登记管理暂行条例》，经国务院民政部门和县级以上地方各级人民政府民政部门核准登记，并领取《民办非企业单位（合伙）登记证书》或《民办非企业单位（个人）登记证书》的民办非企业单位。

3. 没有领取上述证照但有相对固定场所、实际从事个体经营活动三个月以上的城镇、农村个体经营户。但不包括农民家庭以辅助劳力或利用农闲时间进行的一些兼营性的工业、商业及其他活动。

二、普查单位划分有关问题的处理规定

鉴于以往经济普查中遇到的一些特殊情况，结合《统计单位划分及具体处理办法》（国统字〔2011〕96 号）的规定，特规定以下具体处理办法：

（一）以下垂直管理单位的跨地区分支机构的处理办法

1. 国有商业银行、国家开发银行及政策性银行、股份制商业银行、中国邮政储蓄银行、城市商业银行、外资银行、农村商业银行的省级（省、自治区、直辖市）和地级（地区、地级市、州、盟）分支机构，视同法人单位；县级（区、市、旗）支行及所属的分理处、储蓄所等营业网点作为产业活动单位；

农村信用合作社除独立法人外，都作为产业活动单位；

其他银行业金融机构的分支机构作为产业活动单位；

2. 保险公司垂直管理的省、地级保险机构视同法人单位；县级及以下分支机构作为产业活动单位；

3. 中国电信、中国移动、中国联通、中国卫星通信等通信公司的省、地级分支机构视同法人单位；县级分支机构及营业网点作为产业活动单位。为电信公司提供分销服务且不隶属于电信系统的经营代办网点，根据证照确定单位类型；

4. 中国石油天然气集团公司、中国石油天然气股份公司、中国石油化工集团公司、中国石油化工股份公司、中国海洋石油总公司的省、地级分支机构（分公司）视同法人单位；省、地级石油销售公司视同法人单位，县级及以下的石油销售单位作为产业活动单位。中国石油天然气集团公司、中国石油天然气股份公司、中国石油化工集团公司、中国石油化工股份公司、中国海洋石油总公司下属的加油站作为产业活动单位；不隶属于上述公司的加油站根据证照确定单位类型；

5. 铁路系统的铁路局一级单位，以及隶属于铁路系统的疾病控制所、防疫站视同法人单位；铁路局下属的站段、铁路办事处一级单位为产业活动单位；

6. 隶属于国家邮政集团公司的省、地级邮政机构视同法人单位；县级及以下分支机构作为产业活动单位；

7. 隶属于国家烟草专卖局（中国烟草总公司）、中国盐业总公司的地级及以上烟草、盐业专卖机构视同法人单位；

8. 国家电网公司、区域电网公司下属的非法人省级分公司视同法人单位；发电公司、供电公司下属的非独立核算电力生产企业视同法人单位；非独立核算的地、县级供电公司作为产业活动单位。

（二）领取多个法人执照的一户多证（照）机构，如果是相同的人员、在相同的场地、从事同种活动，并统一核算的作为一个法人单位；如果分别核算收入和支出的则作为不同的法人单位。

（三）派出机构按照以下方法处理

1. 企业法人和事业单位法人派驻各地的派出机构（办事处、联络处、办公室、销售部、售后服务部等），按照以下情况处理：

(1) 对外从事经营活动的派出机构（如销售部、售后服务部等），在工商部门登记注册并具有法人资格的，作为法人单位，

否则作为产业活动单位；

(2)未领取相关证照、不直接从事经营活动的派出机构（如办事处、联络处、办公室等），不单独作为普查对象。

2.机关法人的派出机构，按照以下情况处理：

(1)机关法人驻外地的办事处和在乡（镇）设立的派出机构（如法庭、检察分院、公安派出所、财税所、工商所、国土所等），作为产业活动单位；

(2)城镇街道办事处视同法人单位；

(3)机关法人驻外地的办事处开办的经营性机构（宾馆、招待所、培训中心等），在工商部门登记注册并具有法人资格的，作为法人单位的，否则作为产业活动单位。

3.外国企业和港澳台企业在中国境内常驻的从事与该企业业务有关的非营利性活动的办事处、代表处等机构，不具有法人资格的，作为产业活动单位。

(四)内设机构按照以下方法处理

1.住宿业单位（宾馆、饭店）的内设机构，如从事餐饮、娱乐、健身、洗浴、商务服务等活动，符合产业活动单位条件的，作为产业活动单位；否则不单独作为普查单位。住宿业单位（宾馆、饭店）将内设机构承包给外单位（含个人），从事餐饮、娱乐、健身、洗浴、商务服务等活动，作为承包方的产业活动单位处理。

2.企事业单位、机关下属不具备法人单位条件，以为本单位提供住宿、餐饮、卫生、洗浴、托儿所、运输、建筑、农业（农场、牧场）等服务为主的机构，符合产业活动单位条件的，作为产业活动单位；否则不单独作为普查对象。

3.购物中心（百货商场、超市、仓储会员店等）内经营单位的划分，按照以下情况处理：

(1)购物中心自营的商品销售或餐饮经营活动，符合产业活动单位条件的，作为产业活动单位，否则不单独作为统计单位。

(2)购物中心对外出租店面或柜台的活动。由购物中心统一核算收支（或统一收银结算范围内）的出租店面或柜台，不单独划分单位，其各项指标包含在主体法人企业中；不在购物中心统一核算收支（或统一收银结算范围内），但已进行登记注册的承租单位，根据登记执照确定单位；未进行登记注册的承租单位，均作为个体经营户。

百货商场、超市、仓储会员店以及其他商品零售门店或场所内出租店面或柜台的，参照上述情况处理。

4.商品交易市场（集贸市场）内的经营单位，经工商部门登记注册且具有法人资格的，作为法人单位；符合个体经营户的规定条件，作为个体经营户。

(五)企业集团问题

企业集团是指以资本为主要联结纽带的母子公司为主体，以集团章程为共同行为规范的母公司、子公司、参股公司及其他成员企业或机构共同组成的具有一定规模的企业法人联合体。企业集团的母公司（核心企业）、子公司（成员企业），在法律和经济上都是独立的，是企业法人，应分别单独填报法人单位普查表，其各项指标只包括本法人及其所属的产业活动单位的数据。

对企业集团本部根据下述情况分别处理：

1.按照《企业集团登记管理暂行规定》登记、并领取《企业集团登记证》的企业集团，不具有法人资格，不单独作为普查对象。如果企业集团本部符合产业活动单位条件，则作为其母公司（核心企业）的产业活动单位；其母公司、子公司及成员单位分别作为法人单位进行普查；

2.如果企业集团本部具有法人资格，且自己从事对外经营活动，则企业集团本部按所从事的活动单独填报法人单位普查表，其各项指标只包括企业本部的数据；

3.如果企业集团本部具有法人资格，但自己不从事对外经营活动，则企业集团本部单独填报法人单位普查表，行业归入“企业管理机构”，其各项指标只包括企业本部的数据。

(六)其他有关单位的具体划分问题

1.工会问题

按照国家行政区划在县级行政区域以上成立的各级总工会，以及同行业或相近行业成立的符合法人单位条件的产业工会作为社团法人单位；各单位内部工会组织不单独作为普查对象。

2.乡镇政府和党委问题

乡镇政府和党委，如果分别有单独的“三定方案”，且财务上能够单独核算资产，则分别作为法人单位填报普查表；否则，按一个法人单位填报普查表，单位名称统一填写“××××乡（或镇）人民政府（党委）”。

3.乡镇事业单位问题

乡镇事业单位，如在编制部门领取事业单位法人证书，并且单独设账，作为法人单位填报普查表；虽然在编制部门领取事业单位证书，但实际不单独设账的乡镇事业单位，本次普查原则上作为乡镇政府（党委）的产业活动单位填报普查表。

4.乡镇中小学问题

乡镇中小学若领取法人证书的，作为单独的法人单位；若未领取法人证书但能掌握收支和人员工资等财务资料的，则作为乡镇中心学校（法人单位）的产业活动单位；乡村教学点一书律并入乡村中小学，不单独划分产业活动单位。

5. 乡镇所属的站、所问题

乡镇所属的站、所，如农业经济技术推广站等，虽然没有取得法人证书，但具备法人条件的，视同法人单位；不具备法人条件的作为乡镇政府机关法人的产业活动单位。

6. 村级经济合作社问题

村级经济合作社（或其他名称的村级集体经济组织），如与村（居）委会统一核算的，并入村（居）委会；如与村（居）委会分别核算的，无论是否办理工商登记，均单独作为一个法人单位。

7. 村和社区医疗服务单位问题

村和社区医疗服务单位符合法人单位条件的，按法人单位进行登记；由医院或乡镇卫生院派遣医务人员的村和社区医疗服务单位，符合产业活动单位条件的可作为派出单位的产业活动单位；领取卫生部门发的个体行医证的，作为个体经营户。不属于上述三种情况的村和社区医疗服务单位作为村委会（居委会）的产业活动单位。

8. 跨地区水利系统的分支机构问题

凡跨县级以上行政区划的流域水利管理机构的县级及以上分支机构（河务局、处、所）视作法人单位。

9. 律师事务所、公证、司法鉴定机构问题

由司法部门管辖并登记批准的律师事务所、公证机构、司法鉴定机构等单位，按司法部门登记的类型确定法人单位和产业活动单位（分支机构）。

10. 出租车及货运车辆问题

出租车公司能整体核算的，各出租车不单独作为个体户；如出租车或货运车辆挂靠运输企业，只交一定的管理费，而运输企业不对这些车辆进行整体核算，则由挂靠企业将这些车辆作为个体经营户填报车辆数量和从业人员情况。

如个体出租车或货运车辆未挂靠的，依据县级交通运管部门行政登记资料进行登记。

11. 彩票销售网点的问题

彩票销售网点是各级彩票中心下属的彩票投注站点，一般依附于其他单位存在，本次普查不作为单独的单位填报普查表。

12. 宗教组织与宗教场所问题

(1)各类宗教团体法人单位以民政部门颁发的《社会团体法人登记证书》为准；

(2)经各级宗教事务管理部门批准成立，财务上独立核算的寺庙、清真寺、教堂等宗教活动场所作为法人单位；财务上不独立核算的寺庙、清真寺、教堂等宗教活动场所作为上一级宗教组织法人单位的产业活动单位；

(3)不符合产业活动单位条件的宗教活动点和未经批准的自发的宗教活动场所不作为普查对象。

(七)未领取证照的个体经营户的界定问题

1. 下列未领取证照的个体活动不列入本次普查范围：

(1)无个体行医证的个体医生；

(2)无固定场所的临时性早市或夜市摊贩及流动摊贩；

(3)各种未领取营运证照的客货运输车船；

(4)家庭保姆、家庭教师；

(5)农户对收获的（或有部分是收购的）农副产品进行一些季节性的简单加工（如香菇烘干、竹笋、地瓜晒干等）；

(6)家庭成员在家承接企业发包的对产品、零部件的简单加工或包装，领取劳动报酬的活动；

(7)居民个人出租或转租房屋，收取租金的活动；

(8)无实体店的网络商店。

2. 个体建筑业问题。在城镇、乡村从事建筑业活动的个体劳动者（如：泥瓦工、木工、油漆工等），对外承接工程、单独从事建筑业活动或雇佣人员进行施工、年累计经营活动达三个月以上、完成施工项目并同业主进行财务结算的，作为建筑业个体经营户；受雇于别人（即打工者）的人员不作为个体建筑业经营户。

附 12:

普查用标准分类目录

本方案采用统一的统计分类标准和目录，统计机构和调查单位必须严格执行，不得自行更改。第三次全国经济普查用统计分类标准和目录共有 35 种，列示如下：

1. 三次产业划分规定
2. 全国组织机构代码编制规则
3. 统计调查单位临时代码管理办法
4. 国民经济行业分类
5. 战略性新兴产业分类（2012）（试行）
6. 文化及相关产业分类（2012）
7. 高技术产业（服务业）分类（2013）（试行）
8. 高技术产业（制造业）分类（2013）
9. 统计上划分城乡的规定
10. 统计用区划代码和城乡划分代码编制规则
11. 统计用区划代码和城乡划分代码（略）
12. 统计单位划分及具体处理办法
13. 统计上大中小微型企业划分办法
14. 关于划分企业登记注册类型的规定
15. 企业登记注册类型对照表
16. 单位隶属关系代码
17. 组织机构类型
18. 建筑业企业资质等级编码
19. 房地产开发企业资质管理规定
20. 零售业态分类
21. 东西中部和东北地区划分方法
22. 规模以上工业产品生产、销售、库存目录
23. 主要工业产品生产能力目录
24. 房屋建筑分类目录
25. 商品分类目录
26. 重要商品购进、销售和库存目录
27. 工业企业能源购进、消费与库存目录
28. 主要耗能工业企业单位产品能源消耗情况目录
29. 工业企业用水目录
30. 规模以上工业能源产品生产、销售、库存目录
31. 科技项目来源分类目录
32. 科技项目合作形式分类目录
33. 科技项目成果形式分类目录
34. 科技项目技术经济目标分类目录
35. 跨年科技项目所处进展阶段分类目录